신학과 응답

신학과 응답

2014년 6월 16일 인쇄
2014년 6월 20일 발행

지은이 | 배경식
펴낸이 | 김영호
펴낸곳 | 도서출판 동연
등 록 | 제1-1383호(1992. 6. 12.)
주 소 | 서울시 마포구 월드컵로 163-3
전 화 | (02) 335-2630
팩 스 | (02) 335-2640
이메일 | yh4321@gmail.com

ISBN 978-89-6447-245-3 93200

신학과 응답

우 리 가 만 들 어 가 는 신 학

배경식 지음

동연

책 을 내 면 서

2014년 현재 필자가 한일장신대학교에서 조직신학 교수로 재직한 지 벌써 23년째가 되어 가고 있다. 10여 년 전부터 조직신학에 관한 책을 쓰기 위해 계획을 세웠으나 내용도 빈약하고 출판의 기회가 주어지지 않았다.

필자가 『신학과 응답』이라는 조직신학 책을 펴내면서 다루고 싶었던 것은 신학이 '하나님 이야기'(God talk)로부터 시작하여 인간과 세계의 문제를 체계화된 신앙의 언어로 우리가 함께 만들어 가는 신학으로 서술하자는 것이었다. 그래서 조직신학은 의미상으로는 Theo-anthropo-cosmology(Θεὸ ἀἐν θ ραποῦκόσμολοδ3ι), 즉 신-인-세계학이 되어야 한다는 점이다.

신학이 신-인-세계학이라는 말 속에는 신학의 추상적인 면을 뛰어넘어 창조주 하나님이 극진히 사랑하시는(요 3:16) 세상의 문제들을 신학의 내용에서 다루어 줘야 한다는 의미가 담겨 있다.

이 책에 수록된 글들은 지금까지 본인이 20여 년 이상 한일장신대학교에서 강의를 하면서 모은 글들이다. 그 내용을 제한된 시간 안에 정리하기에는 글 내용이 아직도 미숙하다. 게다가 조직신학 전반에 관한 모든 부분을 다루지 못하였다. 향후에 이 글들을 근거로 하여 또 하나의 책을 펴낼 때에는 "신학과 반응"이라는 주제로 좀 더 체계적이며 오늘의 상황을 신앙적으로 진언해 주는 글들이 새롭게 산출되기를 기대해 본다.

이 책이 나오도록 수고를 아끼지 않으신 여러분들이 계시다. 먼저 조직신학 책의 출판에 관한 조언을 준 허호익 교수와 부족한 사람의 원고가 출판 되도록 허락해 주신 동연출판사의 김영호 사장님과 편집부 직원들에게 감사를 드린다. 학교의 어려운 행정을 맡아 수고하시는 오덕호 총장과 믿음의 형제 유태주 교수 그리고 박대우 교수와 기쁨을 나누고 싶다. 또한 20여 년간 함께한 동료 교수들과 직원 여러분들에게도 감사를 드린다. 이 책의 내용을 정리한 제자인 한일신학대학원의 권웅 군에게 감사를 드린다. 또한 이 책에 수록된 글들 중 일부는 추고, 수정, 보완하여 다른 학술지에 논문으로 제출한 바가 있음을 밝힌다. 각 글의 서두에 이에 대한 정보를 표기해 두었다.

최근에 받은 조직신학 관련 책으로 최윤배 교수와 이찬섭 그리고 이신건 교수의 책들은 각기 장로교 신학 내용과 신학의 토착화, 나아가서는 전통적인 신학을 특징적으로 다루고 있었다. 이에 비해 이 책은 조직신학에서 다루어는 중요한 내용을 선별하여 주제별로 다루어 보았다.

특히 개인적으로는 어려운 재정적인 상황 하에서 묵묵히 기도하며 생활을 책임지고 있는 나의 아내 김현옥 권사와 하나님 나라의 확장과 복음전파에 나서는 인열이, 미국에서 국제 교류와 여성의 문제를 공부하는 인아 그리고 신소재 공부를 하다가 군 입대를 앞두고 있는 신열이와 함께 이 책의 출판의 기쁨을 나누고 싶다.

2013년에 한국 기독교학회 산하 조직신학회 회장으로 추대를 받아 한·중·일 신학자 대회를 앞둔 상황에서 충실하게 신학회를 이끌어 주는 황돈형 총무와 임원들 그리고 말씀교회 담임 한인수 목사님, 새문안교회 이수영 목사님, 내 혈육으로 남아 있는 누님 배경숙과 남편 한스 뮐러 율겐 교수에게 이 책을 헌정하고 싶다. 하나님께서 이분들의 사역에 크신 은혜와 축복을 내려 주시기를 간구한다.

이 졸저를 통해 '오직 하나님께만 영광을!'(Soli Deo Gloria!) 드린다.

2014년 4월 중순
전북 완주 신리 어두골에서
배경식

차례

제 I 부

조직신학 개론

제1장

신학의 제반 문제들

1. 신학이란?

1) 개념 정리

신학(Theology, Theologia)이란 말은 어원적으로 보면 Theos(θεό)와 logia(λόγι α)의 합성어로서 하나님에 관한 논술, 이야기(God-talk)를 말한다. 이 말을 처음 사용한 사람은 플라톤이었으며 이후 희랍 철학자들이 사용한 '신학'이라는 개념은 신들에 관한 서사시 내지는 설화들과 이에 대한 철학적 해석을 뜻하였다.[1] 중세 이래 신학은 하나님과 인간의 문제를 다루는 최고의 지식이기 때문에 학문의 여왕(regina scientiae)으로 불렸다.

아우구스티누스는 신학을 "신성에 관한 이론 내지 연설"(*de divinitate ratio sive sermo*)이라고 정의하여 신론, 특히 삼위일체에 관한 것을 의미하였다. 중세

---

[1] 김균진, 『기독교조직신학 I』(서울: 연세대학교출판부, 1993), 10쪽 이하 참조. 이 책에는 신학의 개념과 역사적인 발전 과정이 상세하게 다루어져 있다.

기에 이르러 신학은 교의학의 모든 분야로 확대되어 창조론, 신론, 인간론, 그리스도론, 교회론 등을 모두 다루었다. 토마스 아퀴나스의 『신학대전』(*Summa theologiae*)은 기독교에 관한 진리의 전반을 다룬다. 13세기 이후 대학에 법학이나 의학 등 다른 학과가 설립되면서 신학은 하나의 학과로서 존속하게 되었고, 기독교의 진리 전체를 포괄하는 넓은 의미로 사용되기 시작하였다.

루터는 신학을 "하나님의 영을 통하여 그의 말씀으로 얻어진 그리스도에 관한 인식"이라고 정의하였다. 개신교 정통신학자의 한 명인 요한 게하르트 (1582-1637)는 신학을 "하나님의 말씀으로부터 나오며, 인간이 참된 신앙과 경건한 생활 가운데에서 영원한 생명으로 지음을 받는 이론"(doctrina ex vervo Dei extracta, qua homines in fide vera et vita pia erudiuntur ad vitam aeternam)이라고 정의하였다. 신학이란 하나님에 관한 학문에서 출발하였으나 기독교 진리 전반에 대한 학문으로 발전되어 교의학, 오늘날의 조직신학이 된 것이다.

2) 신학의 학문성

신학이란 절대자인 신을 믿는 사람이 자신이 처한 삶의 정황(Sitz im Leben)과 시대적 상황에서 자신이 믿는 신을 더 잘 이해하려는 하나의 객관적인 학문 (science, Wissenschaft)이다. 보이지 않는 절대자인 신을 인간의 좁은 지식과 언어로 표현해야 하는 인간의 노작(勞作)으로서 학문의 범주로서는 인문과학에 속한다.

칼빈에 의하면 "신을 아는 지식은 사람의 마음속에 본성적으로 심겨져 있다."[2] 그래서 하나님에 관한 지식과 인간에 관한 지식은 서로 관계가 있다. 하나님을 알지 못하고서는 자신을 알 수 없으며 자신을 알지 못하고는 하나님을 알 수 없다. 성경은 인간의 창조가 하나님의 형상을 따라 되어졌다고 말한다.

---

2) 존 칼빈, 『기독교 강요』 상권, 원광연 옮김 (서울: 크리스챤다이제스트사, 2003), 49쪽 이하.

피조물 가운데 오직 인간만이 절대자인 하나님과 긴밀한 영적 관계를 가지며, 이성과 양심의 소리를 통해 신을 지각하는 능력이 주어졌다. 인간이 범죄함으로 인해 하나님 형상의 잔재가 거의 소멸되었다고 하지만 인간의 마음속에는 종교의 씨앗이 심겨져 있다. 세상이 시작된 이래 인간의 역사 속에서는 종교가 없는 지역이나 국가, 가족이 없었다. 이러한 사실은 신에 관한 지각이 모든 사람들에게 새겨져 있다는 무언의 고백이 된다.

문제는 '자신의 신이 누구냐'라는 점이다. 바울은 행전 17장 23절에서 아덴에서 사람들이 "알지 못하는 신에게로 새긴 단"을 보았다고 말하면서 알지 못하면서도 경외하는 그것을 알게 하겠다고 말한다. 삶의 욕망과 궁극적인 신뢰의 대상을 찾아 나서는 인간 개인의 여정에 있어서 자신이 추구하는 신을 찾지 않는 사람이 없으며, 심지어 무신론자라 할지라도, 인간의 삶 자체가 미래에 대한 불확실성과 두려움의 연속이기 때문에, 신을 부정하는 그 자체가 역설적으로 신을 추구하는 강한 몸부림으로 보는 것이 옳을 것이다. 그럼에도 불구하고 자연을 통한 하나님의 계시는 인간에게 소용이 없다. 믿음으로 세계가 하나님의 말씀으로 지어진 줄을 알며(히 11:3) 눈에 보이지 않는 신성이 명백히 계시 되지만 신앙을 통해 하나님의 내적 계시에 조명되지 않는 한 그것을 볼 수 없다(롬 1:19).

안셀무스의 고전적 정의에 의하면 신학은 '이해를 추구하는 신앙'(fides quaerens intellectum)이다.[3] 그가 말하는 신앙이란 예수 그리스도 안에서 보여지는 진리의 말씀과 죄에서의 자유함에 대한 신뢰와 순종을 넘어서서 보다 나은 신앙적인 삶에 대한 질문과 대답을 하는 것을 의미한다. 틸리히 역시 신학이란 '주어진 상황에서 주어진 질문에 답하는 것'[4]이라고 정의한다.

---

3) 다니엘 L. 밀리오리, 『기독교조직신학 개론, 이해를 추구하는 신앙』 (서울: 한국장로교출판사, 2002), 24쪽.

4) P. Tillich, *Systematishe Theologie Bd. I* (Stuttgart, Evangelisches Verlagswerk, 1979), Einleitung.

인간 개개인의 삶의 정황과 신학적 상황이 다르기 때문에 하나의 절대적인 신학은 없으며 강조점에 따라 다양한 신학이 가능하다. 이에는 개신교 정통주의 신학으로부터 시작하여 가톨릭 신학, 신의 죽음의 신학, 세속화 신학, 정치와 해방의 신학, 흑인 신학, 여성신학, 생태학적 신학, 희망의 신학, 민중신학, 기다림의 신학 등 수없이 많다.

신학은 영원하신 하나님의 말씀을 근거로 하여 부족한 인간의 이성적인 사고와 언어를 사용하여 한 인간이 처한 환경 속에서 주어진 질문에 답해야 하는 학문이기 때문에 시대와 상황에 따라 그 표현 방식이 달라질 수 있다. 창조주 하나님을 알려는 모든 사람에게 안내자와 교사로서 성경이 절대적으로 필요하다. 신학이 추구하는 것은 영적인 지식이다. 이 지식을 통해 하나님은 세계의 근원이며 삼라만상의 유일한 창조주임을 고백하고 중보자의 위격을 갖는 구속주로 알게 된다.[5]

3) 신-인-세계학

신학은 하나님에 관한 학문이다. 그런데 이 하나님은 인간과 그의 세계와의 관계 속에 있다. 인간 및 그 세계와 관계없는 하나님에 대해 성경은 아무런 관심이 없다. 그러므로 신학은 인간과 그의 세계와의 관계 속에 있는 하나님에 관하여 연구할 수밖에 없다. 신학이 하나님과 인간을 그 주제로 하게 되면 신-인학(Theanthropology)이 되며 하나님과 인간 그리고 세계를 그 주제로 하면 신-인-세계학(Theanthropokosmology)이 되는 것이다.

그런데 인간과 그의 세계는 고정된 것이 아니라 언제나 다시금 변한다. 또한 신학은 인간의 제한된 언어와 논리와 사고방식을 사용한다. 그리고 세계의 역사적, 문화적, 종교적, 정치적 상황들은 모두 다르다. 이와 같이 인간과 세계

---

5) 존 칼빈, 『영한기독교 강요 I』, 편집부 번역 (서울: 성문출판사, 1993), 129쪽 이하.

의 다양성과 신학을 연구하는 인간의 제한성 때문에 다양한 신학의 형성은 불가피하다.

'신학의 주제를 신과 인간 그리고 세계로 삼는 것은 타당한가?'라는 질문에 대해서는 하나님의 창조사역에 비추어 볼 때 가능하며, 하나님의 구원은 인간의 영혼에만 국한되는 것이 아니라 자연도 포함되어야 한다는 결론에 이르게 되므로 그 타당성이 인정된다. 신학은 이 세대를 향한 하나님의 뜻을 연구하는 학문이라 해도 과언이 아니다.

4) 신학의 분야들

신학은 하나님의 창조 역사와 그분의 전우주적인 섭리와 연관이 있는 학문이다. 신학의 분야는 크게 성경신학과 교회사 그리고 조직신학으로 나뉘며 여기에 변증신학과 기독교 윤리로 불리는 실천적 신학을 첨부하기도 한다.

성경신학은 신·구약성경 안에 있는 하나님과 인간, 죄, 구원, 종말과 심판, 재림 등의 내용을 다룬다. 성경에는 사상적 통일성을 갖는 히브리 세계관이 들어 있으며 계약의 중심 개념으로 해석하기도 한다. 성경을 계시의 규범으로 보는 한편 역사신학의 일부분으로 보는 관점도 있다.

역사신학은 신약성경의 시대 이후 나타난 기독교 사상들을 체계적으로 연구하는 것으로서 초대교회의 교부들과 그 이후의 신앙과 다양한 신학들을 다룬다. 교부들의 신학, 중세와 종교개혁신학 그리고 근대와 현대신학 등인데 이들이 이해한 기독교의 복음이 오늘 우리에게 어떤 의미를 갖는지 연구하는 것이다. 오늘의 기독교를 가능케 한 2000년 역사를 사상적으로 재해석하는 일이다.

조직신학은 오늘의 시대에 우리를 향하신 하나님의 말씀이 무엇인지를 시대적인 상황과 연결해 묻고 대답하는 작업이다. 신학을 이런 면에서 신학함

(Doing Theology)이라고 말하는 것이 옳다. 조직신학을 통해 교회가 갖는 교리들을 체계화한다.

변증신학은 세계가 갖는 신과 인간 그리고 교회에 관한 비판적인 물음들에 대해 기독교 신앙적으로 답하는 것이다. 기독교는 변증으로부터 시작하여 신학이 체계화되었다. 예수의 십자가와 부활을 사려 깊게 이해한 사도 바울역시 훌륭한 변증가였다(행 22:1-21). 정보화를 통해 지식의 양이 급격히 많아짐으로써 이단적이며 혼란한 사상이 지배하는 지금의 시대에서는 변증의 신학이 시급히 요청된다.

필론(Philo)은 고대 후기에 희랍철학과 유대교의 가르침을 혼합한 형태인종교철학과 기독교 신학 사이의 중재 역할을 했는데 그에게 있어서 모세(Moses)는 뛰어난 신학자이었다. 파피아스(Papias)가 사도 요한을 신학자라고부른 것이 신학이라는 말의 기독교적 사용의 처음이다. 교부시대는 기독교의교리적 발전이 이루어지는 시기였다.[6]

중세의 신학은 신론을 의미하여 '거룩한 가르침'(sancta doctrina)으로 표현되었으며 후기 스콜라신학에서는 교의학의 의미를 갖는 조직신학으로 넓게사용되었다. 종교개혁시대에는 전적으로 성경주석에 기초를 두는 성서적 해석신학이 되었다.

신학을 하나의 통일체 보고 신학적 훈련으로 칭한 사람은 근대 신학의 아버지인 슐라이어마허(F. Schleiermacher)이다. 그는 신학을 철학적 신학, 역사신학 그리고 실천신학으로 구분하였다. 실천신학(practical theology), 응용신학(applied theology) 혹은 도덕신학(moral theology)에는 기독교교육학, 실천신학, 기독교상담학, 기독교윤리학 등이 있다.

신학이 세분화됨에 따라 지금은 신·구약성경을 연구하는 주경신학과 역사, 조직, 실천, 선교, 윤리, 기독교 교육, 상담 등으로 나누이며 여성신학이나

---

6) 박봉랑, 『교의학방법론 (I)』 (서울: 대한기독교출판사, 2001), 73쪽.

문화신학이 독립되어 학회를 구성하기도 한다. 조직신학에서는 신론, 계시론, 기독론, 죄론, 구원론, 예정론, 교회론, 성화론, 성령론, 국가론, 종말론으로 나눌 수 있으며, 칼빈이나 바르트는 사도신경에 근거하여 창조자 하나님, 속죄주 그리스도, 구원주 성령 그리고 교회론으로 대별하여 나누었다.

2. 교회와 신학

1) 장로교와 신학

장로교회의 신학(presbyterian theology)은 개혁신학(reformed theology)을 말한다. 개혁신학은 종교개혁의 핵심 주장인 '오직 믿음으로'(sola fide), '오직 은혜로'(sola gratia), '오직 성경으로'(sola scriptura)로 대변된다. 종교개혁자들이 '오직 믿음으로'라고 강조한 구원관은 '행위는 필요 없다'는 것이 아니라 '행위를 구원의 조건으로 여기지 않았다'는 것이다. 즉 구원을 얻기 위해 선행을 하는 것이 아니라 구원을 받았기 때문에 선행을 하는 것이란 말이다. 신앙에서 '이신칭의'(以信稱義)를 강조할 뿐 아니라 성화(Sanctification)를 강조함으로써 균형을 이룬 것은 루터교신학과 개혁신학의 차이이며 개혁신학이 기독교 신학 발전에 기여한 부분이다.

구원은 "하나님의 은혜와 우리의 의지가 협력해 이루는 것이 아니라 전적으로 하나님께서 은혜로 행하시는 일"이란 것이 종교개혁자들의 믿음이었다. 이는 천주교가 구원을 전적인 하나님의 은혜만이 아니라 우리의 의지와 협력으로 이루어진다고 주장하는 것에 반대하는 것이다. 또 장로교신학은 성경 외의 다른 것을 진리의 원천과 규범으로 삼는 것을 배격하였으며 오직 성경만을 하나님의 말씀으로 받아들였다. 여기서 개혁신학은 삼위일체 하나님과 그의 주권 및 영광에 큰 관심을 갖는 신학으로서 그 정체성을 드러낸다.

2) 감리교와 신학

감리교 신학의 고유한 특징은 성경 전통과 이성이라는 영국국교회의 신앙지침을 공유하면서 체험을 신학의 지침으로 수용한 존 웨슬리(John Wesley)의 유산에서 나온다. 웨슬리는 기독교를 '성경적 체험적 참 종교'라고 규정했다. 감리교 신학은 한국 문화와 심성에 뿌리를 내리는 기독교 영성을 지향하며 한국 교회를 위한 건설적, 실천적 신학을 수립하는 데 힘써 왔다. 웨슬리는 본질적인 감리교를 원죄, 칭의, 성결로 요약했다. 이것은 인간이 타락했으나 그리스도의 은혜를 통해 죄인이 의롭다 여김을 받고 하나님과 화목하게 된다는 것을 의미한다.

한국 감리교회의 신학적 전통 중 하나는 복음주의를 표방하면서도 근본주의에 떨어지지 않으며, 진보신학과 에큐메니칼 연대를 추구해 왔다는 점이다. 감리교회는 신학적으로 교리적 정통성보다는 성경적인 구원의 삶과 바른 실천을 중심으로 형성되었다. 신학은 체험적, 실천적 차원에 집중됐다. 웨슬리의 신학 전통은 기독교의 참 종교성을 실천적인 신학에서 찾는다. 따라서 전통적인 감리교 신학의 강조점은 '바른 체험', '정통 체험'이다. 감리교 신학의 최우선적인 목적은 하나님의 진리를 탐구하는 것이다.

3) 성결교와 신학

성결교회는 근본적으로 예수 그리스도와 사도들의 교훈에 신앙적 토대를 두고 있다는 면에서는 개신교 복음주의에 속한 다른 교회와 입장을 같이한다. 또 16세기 종교개혁 신학에 뿌리를 두고 18세기 존 웨슬리의 성경 해석의 원리를 따르고 있다는 면에서 칼빈의 입장을 따르는 개혁파 교회보다 감리교와 입장을 같이 한다. 그러나 19세기 성결운동, 특히 만국성결교회를 통해 계승된 웨슬리의 전통을 따른다는 면에서는 감리교회와도 구별된다.

성결교회는 복음주의 흐름 가운데 경건주의적 복음주의에 속한다. 왜냐하면 성결교회는 바른 교리보다 바른 삶과 체험적 신앙을 강조하기 때문이다. 성결교회 신학은 웨슬리 신학을 근간으로 하여 성결운동의 신앙 개조에서 유래한 것이다. 19세기 미국의 성결운동, 특히 만국성결교회는 성결교회 신학의 가장 직접적인 근원이 된다. 특히 성결교회가 성결운동으로부터 물려받은 가장 대표적인 것은 사중복음이다. 따라서 웨슬리 신학과 사중복음은 성결교 신학의 두 축을 이룬다.

성결교회는 중생, 성결, 신유, 재림을 사중복음으로 믿고 그것을 힘 있게 전하기 위해 창립됐다. 사중복음은 성결교회라는 건물을 떠받치고 있는 4개의 기둥과 같고 그 기둥이 서 있는 토대는 웨슬리 정신과 전통이다. 즉 성결교회 신학의 정체성과 근원은 개신교 복음주의, 웨슬리 신학, 그리고 사중복음으로 요약될 수 있다.

4) 자유주의 신학

자유주의 신학이란 19세기 유럽의 문화적 분위기에서 발생한 특정 시대의 신학사조 이름이다. 자유주의 신학이 지닌 핵심적 특징은 성경의 문자 무오설을 용납하지 않고 비평적 성경연구방법을 필수적인 것으로 주장한다는 것이다. 또 현대 과학사상과 대립하는 보수적 전통 신학을 비판하고 진화론 등 자연과학 사상을 수용한다. 또 인간 본성과 역사의 발전에 대하여 매우 낙관적이며 초월 대신에 내재 원리를 더 강조하는 인본주의적 신학, 혹은 인간 중심적 윤리적 기독교 해석, 문화적 개신교를 강조한다는 점이다.

자유주의 신학은 성경 연구의 방법론에 획기적 발전을 가져왔다. 계몽주의적 비판정신을 가지고 신성불가침이라는 신성의 보자기에 싸인 종교적 권위들의 허구성을 비판함으로써 종교적 권위라는 우상에서 기독인들을 해방시켰다. 또 교리적 그리스도가 아니라 역사적 예수를 탐구하려는 열정에 불을 붙였다.

그러나 성경 비판은 성경의 권위와 그 참된 신적 영감을 파괴하는 역기능을 초래하는 경우가 많았고, 자연과학의 지식으로 설명되지 않는 신앙적 증언들을 미신이나 신화로 경솔하게 처리하며, 인간과 역사에 대해 낙관주의에 빠져 하나님의 초월성을 내재성으로 바꾸어 버린 과오를 범하기도 했다.

한국 교회에는 개혁신학과 신정통주의 신학에 대한 오해가 존재한다. 개혁신학을 종교개혁 신학과 일치시키는 경향, 개혁신학의 전통을 옛 정통주의 신학과 근본주의 신학과 일치시키는 오해이다. 개혁교회 신학의 두 거장은 칼빈과 칼 바르트이다. 바르트는 오랫동안 자유주의 신학 사조에 휩쓸려 보이지 않던 종교개혁자들이 발견한 복음의 내용을 20세기의 언어로 재구성하여 표현했고 세계 신학계를 뒤흔들며 등장한 신학자이다. 그를 통해 루터와 칼빈 등 종교개혁의 신학은 다시 재조명되었으며, 그를 통해 신학이 갖는 편협성과 오류는 크게 수정되고 발전했다. 바르트는 성경이 인간의 거룩한 종교적 체험을 기록한 문서라는 자유주의 신학의 성경관을 근본적으로 배격하고 성경은 계시된 하나님의 말씀임을 강조했다.

신정통주의 신학의 특징은 성경 중심의 신학, 삼위일체 신학, 예수 그리스도의 속죄론이 존재하는 신학, 하나님 주권의 신학이다. 이런 면에서 바르트를 중심으로 하는 신정통주의 신학은 20세기의 대표적인 개혁신학이며 복음적인 신학이다.

3. 신학의 근거와 규범

신학의 근거와 규범은 하나님의 말씀인 성경이다. 인간의 이성이나 경험, 자기의식 그리고 개인적 체험은 신학의 근거와 규범이 될 수 없다. 신앙의 모든 활동은 성경에서 출발하여야 하며 그 타당성도 성경에 비추어 검토되어야 한다. 그것이 참으로 기독교적인지 아닌지는 성경을 기본으로 제정된 "신앙의 규준"(regula fidei)에 의해 해석되어야 한다. 신앙의 규준은 성경과 사도적 전승 그리고 교회의 고백이라고 말할 수 있다. 이것을 신학의 자료들(sources of theology)라고도 한다.

1) 성경(The Bible)

종교개혁을 통해 개혁자들은 신앙과 행위에 있어서 절대무오한 하나님의 말씀으로서의 성경과 그것의 절대적 권위를 주장하고 그 기준에서 가톨릭교회의 전통과 교의 그리고 관습들을 비판, 수정하였다. 그 이후 성경은 개신교 정통주의 신학의 기준과 규범이 되었다. 성경은 하나님의 영감으로 기록된 하나님의 말씀으로서 선한 삶에 관한 인간의 신앙과 생활의 지침서이다. 십계명(출 20:1-17)과 산상수훈(마 5-7장), 황금률(마 7:12) 등이 그 구체적인 예이다. 성경은 창조주 한 분 하나님의 합리적인 계획에 따라 전 우주가 창조되었다는 창조기사를 통해 우주적인 구원의 문제를 제기하며 교회의 책으로서 인간과 세계의 창조와 구원 그리고 종말의 문제를 다루고 있다. 성경은 인간과 세계의 구원의 문제를 다루는 진리의 말씀이기 때문에 책 중의 책이다.

　　루터는 "십자가에 달린 그리스도 안에 참된 신학과 하나님 인식이 있다"(In Christo crucifixo est vera theologia et cognitio Dei)라고 말했다. 하나님의 자기계시인 예수 그리스도가 기독교 신학의 궁극적인 근거요 규범이다. 신학은 예수 그리스도의 계시로 인하여 형성되고 성립된다. 십자가에 달리시고 고난당하신 하나님, 이 고난을 통하여 인간이 당해야 할 모든 죄의 형벌을 대신 담당하시며 인간과 세계 속에서 하나님의 나라를 세우시는 하나님은 그의 영을 통해 새로운 세계를 이룩하고자 하신다. 이러한 삼위일체의 하나님이 신학의 근거와 규범이다. 교회와 신학은 이 근거와 규범을 따라야 한다.

2) 전통

전통이란 성경과 교회의 문헌 속에 담긴 신앙의 내용을 교회의 공동체가 경험적으로 받아들이며 재해석하는 것을 말한다. 개신교는 가톨릭이나 희랍정교와는 달리 전통을 성경의 권위 아래에 두었다. 가톨릭에서 주장하는 교황 무오설이나 마리아 무흠수태설, 성모육신 승천 등의 교리는 성경에 언급이 없으나 가톨릭교회에는 신앙의 중요한 부분이 되었다. 가톨릭과 개신교의 교회일치 운동(ecumenical movement)을 하면서 개신교는 교회의 전통을 성경과 함께 중요한 신학적 자료로 인정하게 되었다. 오늘날 교황청이 매년 발간하는 교황의 교시(enzyclika)는 시대적인 세계의 문제를 다루는 가톨릭교회의 신앙적 증언서로서 성경에 준하는 권위와 호소력을 갖는다.

과거의 전통과 현재의 경험 사이에는 단절과 긴장이 있다. 전통을 이어받은 현대인들은 이성을 중시하는 계몽주의 시대를 넘어서서 21세기라는 정보화 시대에 살고 있기 때문에 과거의 전통에 얽매여 살 수는 없다. "진리를 알지니 진리가 너희를 자유케 하리라"(요 8:32)는 말씀에도 위배된다. 진보 발전된 세계에서의 인간은 그 시대마다 가치관이 다르며 그 가치관에 의해 세계를 다르게 해석하며 행동한다. 과거의 전통은 그 의미를 이미 상실한 부분들이 많이 있다.

예를 들면 "여자는 교회에서 잠잠하라"(고전 14:34-35)는 고린도 교회의 전통이나 1950년대 까지도 한국 교회당의 내부에 포장을 쳐서 남녀가 구분되는 것이라든지, 오늘날은 신성한 강단에서 교회의 일반 행사가 진행되는 것 등을 통해 볼 때 과거의 형식을 보존하려는 것보다 미래지향적인 진보와 발전의 발걸음을 내디딘 것 등을 들 수 있다. 그 이외에 풍물을 이용한 국악 예배와 찬송 인도의 사례는 획기적인 변화 중의 하나라고 말할 수 있다.

3) 인간의 경험과 문화

인간의 궁극적 관심인 신과 구원에 관한 내용들은 개인과 교회의 총체적인 경험에 의해 결정된다. 경험에는 종교적인 경험과 비종교적 경험도 있다. 자유주의 신학의 아버지인 슐라이어마허(F. Schleiermacher, 1768-1834)의 신학명제인 "절대 의존의 감정"(feeling of absolute dependence)은 종교적 경험을 표현하는 대표적인 것이다. 기독교 신앙은 기독교에 관해 아는 것이나 행하는 것보다 하나님을 주관적으로 느끼는 것에 주안점을 둔 경험적인 신앙을 말한다.

문화란 인간의 다양한 삶의 형태 속에서 우러나오는 전반적인 삶의 표현을 말한다. 하나님을 믿는 이론적인 체계를 논리적으로 서술하는 신학은 문화적인 틀을 갖는다. 다양한 신학이 존재하는 것은 이것에 연유한다. 토착화신학(indigenous theology)은 이를 대별해 주며 라틴아메리카에서 시작한 해방신학이나 한국의 민중신학, 여성신학, 아시아 신학, 아프리카 흑인 신학, 인도의 불가촉천민인 달리트 신학 등이 있다.

4. 신앙과 이성, 계시

기독교 신앙은 예수 그리스도 안에서 일어난 하나님의 구원 사건에 관한 개인적인 응답에 의해 생겨난다. 이 하나님은 창조주이시며 그리스도 안에서 속죄주이시며 성령을 통해 구속주이심을 고백하게 된다. 이것을 "알기 위해서 믿고 믿기 위해서 아는 것"이 기독교 신앙의 역사이다. 신앙(fiducia)과 앎(notitia)의 문제를 대표적으로 다루어 보면 다음과 같다.

1) 신앙우위설

캔터베리의 대주교 안셀무스(Anselmus, 1033-1109)는 신앙의 우위성을 인정하였다. 그의 신앙은 "이해를 구하는 믿음"이다. "나는 알기 위해 믿는다"(credo, utintelligam)라는 그의 말은 매우 유명하다. 안셀무스는 먼저 신앙으로 신앙의 교리들을 받아들이고 이성으로 그것들을 변호하려 하였다. 하나님은 진리이기 때문에 모든 교의와 하나님의 존재까지도 논리적으로 증명할 수 있다고 생각하였다. 그는 신 존재에 대한 존재론적 증명을 내세운다. "하나님은 인간이 더 큰 것을 생각할 수 없는 그러한 존재"라는 것이다. 완전한 논리적 연역으로 볼 때 하나님은 존재하지 않으면 안 된다. 만일 하나님이 계시지 않는다면 우리는 존재하는 더 큰 것을 생각할 수 없을 것이다. 따라서 하나님의 존재는 우리가 갖고 있는 그분에 대한 개념의 필연적인 논리의 연역으로 존재하신다는 것이다. 아우구스티누스도 이 이론을 받아들이는데 이는 인격적인 결단과 신뢰에서 얻어진 것이라기보다는 교회의 권위에 복종함으로써 생겨나는 아래로부터의 신앙이다.

초대교회는 희랍철학과 기독교신앙을 조화시키려고 하는 "포괄적인 신앙"(inklusive fides)을 가지고 있었다. 그러나 교회가 확산되고 조직화됨에 따라 신앙의 개념이 신뢰보다는 지식(notitia)과 동의(asbestus)로 바뀌었다. 이를 "배타적인 신앙"(exclusive fides)이라 한다. 대표적인 사람이 테르툴리아누스이다. 그의 신앙 명제 "나는 불합리하기에 믿는다"(Credo, quia absurdum)라는 말은 이를 뒷받침해 준다.

2) 상호보충설

토마스 아퀴나스(Thomas Aquinas, 1225-1274)는 이성과 신앙, 철학과 종교의
통합을 통해 중세 스콜라철학을 완성하였다. 신앙과 이성이 각자 자기 영역을
지키는 한 양자가 설 수 있는 자리가 있다고 보았다. 인간의 이성은 자연적인
차원에 속하며 기독교 신앙을 가능케 하는 계시는 보다 높은 초자연적인(the
supernatural) 차원으로부터 온다고 보았다. 계시는 인간의 이성을 보충하고 완
전케 한다는 것이다.

　신학은 학문이라고 전제하고 산술, 기하학은 이성의 통찰을 통해 가능하
며 신학은 상위학문으로서 하나님과 성현에게서 온 지식에서 출발한다고 보
았다. 음악은 산술학자가 알려주는 원칙을 믿는 것처럼 신학에서는 하나님이
계시한 원칙을 믿어야 한다고 하였다.

　중세의 신앙은 이처럼 교회가 가르치는 신앙 내용에 대한 지식과 지적인
승인으로 이해되어 신앙과 이성은 조화된 것으로 보았다. 정통주의 시대에는
신앙의 세 가지 요소인 앎(notitia)과 동의(assensus), 신뢰(fiducia)를 모두 중시
하였으나 신앙의 지식인 앎에 비중을 두었다. 신앙은 무엇을 믿는지 알고 믿
어야 한다는 주장 때문에 인격적인 신앙행위가 경시되기도 하였다.

3) 종교개혁자들은 인격적인 신뢰의 신앙을 새롭게 주장하여 신뢰와 신앙은
이들에게서 동의어로 쓰였다. 루터의 대요리문답, 아우구스부르크의 신앙고
백에 나오는 산 신앙(fide viva)은 이를 말해 준다. 믿음과 행위가 구원을 준다
는 가톨릭신학을 산 믿음은 좋은 행위를 가져온다는 것으로 변화시켰다. 이것
을 수학적인 도식으로 표현하면 다음과 같다.

가톨릭: 구원 = 믿음(belief) + 행위

개신교: 구원 = 산 믿음(living faith)

믿음은 지적인 의미를 갖는 belief와 행위에 가까운 faith가 있다. 두 가지 모두 지적인 것을 전제로 한다. 산 믿음이란 행위를 포함하는 믿음이다. 이는 마치 율법과 복음의 관계와도 같다. 율법 속에는 복음이 포함되어 있으며 복음 속에는 율법이 들어 있다. 복음은 새로운 율법이라고 해도 과언이 아니다. 산상수훈에서 예수님이 즐겨 사용하신 "⋯라고 너희는 들었으나 나는 너희에게 이르노니⋯"(Ηκούσατε ὅτι ἐρρέθη, ἐγὼ δὲ λέγω ὑμίν)에서 이것을 확인할 수 있다. 이런 면에서 보면 가톨릭 신앙은 제사장적인 것이요 개신교 신앙은 예언자적이다.

가톨릭과 프로테스탄트의 차이는 시각적인 것과 청각적인 것, 통일적인 것과 다원적인 것, 구심적인 것과 원심적인 것, 미사주의와 설교주의, 사제주의와 예언자의 종교 등으로서 역사적 변천에 따라 기독교의 이중구조를 갖게 하였다.[7] 경건운동은 이러한 정통주의의 객관적인 신앙을 극복하면서 나타난, 경건한 삶을 강조하는 신앙 개혁운동이었다. "교회 안의 작은 교회"(Ecclesiola in ecclesia) 운동을 전개하면서 많은 사람들에게 신앙적인 영향력을 주었다.[8] 경건한 삶의 강조는 개혁교회(Reformed Church) 신앙에서 성화(Sanctification)를 중시하게 되었다. 성화의 삶은 신앙의 열매를 맺는 신앙생활(갈 5:22-24)을 의미한다.

---

7) 김성식, 『루터』(서울: 삼오문화사, 1986), 40쪽.
8) 배경식, 『경건과 신앙』(서울: 장로교출판사, 1988), 36쪽: 경건주의는 가톨릭과 개신교의 교권 쟁탈 전쟁이던 30년 전쟁 이후에 나타난 개신교 내에서의 신앙개혁운동이다. 경건주의자들은 딤후 3:5를 근간으로 하여 "교리보다는 생명(Leben gegen Lehre)을, 직제보다는 영(Geist gegen Amt)을 그리고 믿는 체하는 것보다는 능력(Kraft gegen Schein)"을 원했기 때문에 주관주의적인 신앙으로 볼 수 있다.

계몽주의 시대인 18세기 이후 기독교 사상가들은 역사성과 과학적 객관성의 이름으로 기독교의 교리와 제도 그리고 전통을 비판하였다. 이는 교회와 성경의 권위에 대한 도전이며 인간 이성의 밝은 빛에 비추어 모든 문제를 해결하고 사회의 불합리한 요소를 제거하려는 사상운동이었다. 이성에 의해 비판적으로 검증되지 않는 것은 믿지 않았다. 이것은 인간 이해에 대한 새로운 태도인 휴머니즘(humanism)이 만들어낸 결과이다.

인간은 각자가 자신의 능력에 따라 자유스럽게 자연과 모든 지식을 이용하여 자신의 생을 인간의 이성으로 지배해 나간다는 것을 말한다. 고전에 대한 언어학적 연구와 비판의 자유 및 학문의 연구는 전통적 교회의 교리와 의식에 커다란 도전이 되기도 하였다. 이 운동의 근본정신은 인간의 사후에나 얻을 수 있다는 하늘나라를 지상에 건설하자는 데 있다. 이 시대는 분명 이성의 시대로서 부자연스럽고 불합리한 것들을 부정하려든 시대이었다. 우리는 지금도 이러한 사상적인 영향 아래 살아가고 있다.

슐라이어마허는 "기독교는 교리나 규범, 인간적인 행동이 아니라 성령에 의해서 마음속에 각성된 내적인 절대 의존의 감정"임을 강조함으로써 관념적인 신학을 주장한다. 경건주의가 낳은 주관주의적인 신앙이다. 헤겔(Hegel)을 대표로 하는 신-프로테스탄티즘(New-Protestantism)에서는 신앙과 정신적 사고를 하나의 동일한 것으로 보았다. 철학과 신학은 신을 찾는 같은 학문이며 이성과 신앙은 동일한 정신적 사유로 간주되었다. 오늘날 유럽의 사변주의적인 신학은 여기에서 유래한다. 이러한 철학-신학적인 사고에 반기를 든 사람은 실존주의 철학자인 키에르케고르(Kierkegaard)이다. 신앙과 사고는 보충적인 것이 아니라 적대적인 것임을 지적하면서 신학과 철학의 종합을 반대하였다.

세계 제1차 대전 이후 칼 바르트(Karl Barth)를 중심으로 시작된 변증법적 신학은 "계시된 하나님의 말씀"에 그 출발점을 두는 배타적인 신학을 주장하고 있다. 여기에 입장을 같이하는 신학자들은 브루너(E. Brunner), 고가르텐(F.

Gogarten), 불트만(R. Bultmann) 등이다.

이상에서 보는 바와 같이 신학은 시대적인 삶의 정황이라는 신앙을 체계화하면서 나온 학문적인 작업이다. 신앙은 객관적이면서도 주관적이고 우리의 앎이면서도 하나님께 대한 절대적인 신뢰가 요청된다. 신앙은 우리가 믿는 근본적인 구원의 내용이면서도 행위이어야 함은 삶과 신앙을 분리할 수 없기 때문이다. 이런 면에서 신앙은 하나님의 구원에 대한 사랑과 감사에서 나오는 경외심을 전제로 하여 우리의 이성과 사고와 전인격이 수반될 때 온전한 신앙이 될 수 있는 것이다. 신앙과 이성 그리고 계시는 신학적인 작업을 하는 한 긴밀한 연관성에서 상호보완적이다. 계시의 신앙에서 시작되는 신학적 작업에 이성이라는 인간의 합리성이 신학적인 내용을 체계화할 수 있는 것이다. 그럼에도 불구하고 이것이 올바른 것인가라는 물음은 성경의 내용에 비추어 보면서 끊임없이 물어야 한다.

5. 교회의 회의들

하나님에 관한 학문으로 자리 매김을 한 신학은 2000년이라는 긴 역사를 가지면서 영지주의를 대표로 하는 여러 이단적인 사상들과 싸우면서 발전하여 왔다. 이를 정립하기 위해 수많은 교회의 회의가 열렸으며 그 대표적인 것들은 세계 최초의 종교회의인 니케아 회의(A.D. 325)로부터 시작하여 콘스탄티노플 회의(381), 에베소 회의(431), 칼케돈 회의(451) 등이 있다. 이러한 회의들을 통해 교회는 삼위일체의 문제와 기독론의 문제들을 해결하였다.

1) 니케아 공회의(325)

아리우스주의에 대해 정통신앙을 방어하기 위한 논쟁이 쟁점이 된 니케아 회의는 325년 콘스탄티누스 대제가 소집하였다. 삼위일체 논쟁 중의 하나인 그리스도의 동일본질성인 호모우시오스(homoousios)에 대해 논의되었다. 이 회의는 행 15장의 예루살렘 회의 이후 최초의 에큐메니칼(The First Ecu- menical Council) 회의이다. 이 신조는 비교적 짧으며 "그리고 성령을 믿습니다"(And we believe in the Holy Spirit)라는 말로 끝을 맺고 있다.

아리우스(Arius)는 예수님은 다른 피조물처럼 태초에 무로부터 창조되었다고 하였다. 성자는 시작이 있으며 실제 하나님이 아니고 명목상 이름을 갖는 하나님이다. 하늘의 로고스가 인간 예수의 영혼 대신에 자리 잡고 있으므로 하나님일 수 있다는 것이다. 아리우스는 여기에서 예수의 완전한 인성을 거부하게 되었다. 예수님을 신도 인간도 아닌 다른 제3의 무엇(terbium quod)으로 만들어 버렸다. 여호와의 신성만을 인정하는 유대교는 예수님의 양자설(adoptionism)로 가며 예수의 신성을 인정하지 못하는 헬라 전통은 형이상학적 신관 때문에 아들의 성육신을 인정하지 못하게 되어 가현설로 기울게 되었다: "아리우스는 영원한 신성은 성부만 있다고 해서 기독교의 신론에 손상을 주었고, 성부, 성자, 성령의 이름으로 세례를 주는 성자에게 기도드리는 것을 거부하였으며 그리스도를 통한 구원론을 무너뜨렸다."

제2차 니케아 회의는 787년에 모였으며 이 회의에서는 그리스도뿐 아니라 마리아, 천사, 성인 등의 화상숭배가 회복되었다. 동로마 제국의 테오도시우스 황제에 의해 소집된 콘스탄티노플 회의(381)는 성령의 동질성을 승인하고 니케아신조를 수정하였다.

2) 콘스탄티노플 회의(381)

테오도시우스 1세가 소집한 이 회의는 동방교회에서 문제가 되고 있던 아리우스 이단설에 결정적인 결말을 가져오게 되었다. 지금까지 이들의 신앙은 성자 하나님이 성부 하나님보다 지위가 낮으며 다른 실체라고 주장하였다. 이회의를 통해 삼위일체 안에서 성자는 성부와 그 본성이 동일하다는 니케아 공의회의 신조를 재확인하였다. 또한 성령이 곧 하나님임을 고백하였다. "성령은 성부로부터 오시며 성부 성자와 함께 경배와 영광을 받으시는 분이시다. 예언자들을 통해 말씀하셨던 생명의 주이시다. 생명의 창시자로서 성부와 그리고 아들에게서(filioque) 나왔음을 믿사오며"라고 하였다. 이 논쟁은 서방교회로 하여금 성령을 아들과 말씀에 긴밀하게 연결시키는 결과를 가져왔고 동방교회는 성령을 창조와 역사에 두게 되었다.

이 공의회에서 동방교회를 위한 네 가지의 법이 제정되었다. 아리우스주의를 추종하는 이단자들인 사벨리우스와 반 아리우스 등을 파문하였다. 주교가 다른 교구의 주교를 간섭하지 않으며 콘스탄티노플 주교는 로마의 주교 다음의 위치를 가지며 그리고 콘스탄티노플 교구의 제반 규율문제를 다루었다.

3) 에베소 회의(431)

에베소 회의(431)는 테오도시우스 2세가 소집하였으며 알렉산드리아의 대주교 키릴루스와 콘스탄티노플의 네스토리우스를 비롯한 안디옥 학파 사이의 논쟁이다. 네스토리우스는 그리스도의 인성을 강조하는 입장에서 마리아를 "하나님의 어머니"라고 하는 것을 거부하였다. 교황은 키릴루스의 편을 들어 네스토리우스의 콘스탄티노플의 총주교직이 박탈당하고 파문을 당하고 말았다. 니케아 회의의 결과를 재확인하게 되었다. 키릴루스가 예수의 신성을 강조하다 보니 마리아를 하나님의 어머니라고 표현하게 되었다. 이들의 주장을 요약하여 보면 다음과 같다.

네스토리우스: ① 그리스도의 신-인격에 있어서 신성과 인성은 구별되어야 한다. 윤리적으로 결합된 그리스도의 이성설을 주장하였다. ② 그리스도는 신이 아니고 로고스가 임한 것이다. ③ 마리아가 낳은 분은 로고스를 모신 "하나님을 싣고 다니는 분"(Theophorus)이시다.

키릴루스: ① 마리아는 신의 어머니이다. ② 그리스도의 신성을 강조하였다. ③ 그리스도 안에서 인성과 신성이 연합하여 하나의 본체를 구성함으로 신격에 속한 초자연적 기적과 이사들을 인격에 돌릴 수도 있다. 또한 인간의 자연적인 약점들을 신격에 돌릴 수 있음이 문제인데 그리스도를 "참 하나님이자 참 인간"(vere Deus vere homo)이라는 점에서 이 문제는 해결할 수 있다.

4) 칼케돈 회의(451)

마르키아누스에 의해 소집된 칼케돈 회의(451)에서는 신-인양성론이 확정되었다. 이로서 니케아-콘스탄티노플신조에 의거한 삼위일체적 신앙이 확증되게 되었다. 시리아, 애굽 등지에서는 이에 관한 분쟁이 계속되었다. 이 회의에서는 네스토리우스와 아폴리나리우스 그리고 아리우스주의를 이단으로 규정하였으며 니케아-콘스탄티노플신조의 삼위일체적 신앙이 정식으로 확증되어 낭독되었다. "그리스도는 신성에 있어서 아버지와 동일본질이시고 인성에 있어서 우리와 동일본질이지만 죄를 제외하고는 우리와 똑같으시다. 이분은 동일하신 하나님이시오 신적인 로고스이시다."

니케아-콘스탄티노플신조는 서방교회의 사도신경만큼의 무게를 갖는 동방교회의 신조로서 삼위일체와 교회론을 말하고 있다. 니케아신조가 사도신경보다 더 형상학적 개념들인 본질과 빛 등을 말하고 있으나 역시 성경이 제시하고 있는 하나님을 말하고 있으며 사도신경과 더불어 지중해 연안의 세계 교회적인 에큐메니칼 신관을 말해 주고 있다.

니케아신조에 나타나는 "하나의 거룩한, 보편적, 사도적 교회"는 교회에 관한 정의의 근간을 이루게 한다. 오늘날 기독교는 삼위일체의 하나님을 믿고 있다. 중세의 신학뿐 아니라 루터와 칼빈의 종교개혁 신학 그리고 바르트와 몰트만을 대표로 하는 현대의 개혁신학에 이르기까지 삼위일체 하나님 신앙은 중요한 교리 중의 하나이다. 창조주 성부 하나님은 성자와 성령을 통하여 그의 백성을 구원하시고 통치하실 뿐 아니라 인류 역사와 사회 속에서 그의 통치를 확장시켜 나가신다. "이에 대해 종교개혁시대의 좌경화된 신학과 오늘의 해방신학 등은 삼위일체 하나님을 거부하는 신관을 가지고 있다고 보인다."[9]

6. 종교개혁과 그 이전의 개혁운동

16세기의 종교개혁에서 한 가지 생각해 볼 것은 유럽에서의 종교개혁은 대개 루터와 칼빈을 중심으로 하는 종교개혁을 말하나 역사적으로 더 거슬러 올라가면 영국에서의 존 위클리프(J. Wyclif, 1328-1384)와 보헤미아 지방을 중심으로 이루어진 요한 밀리히(J. Milich, ?-1374) 그리고 얀 후스(Jan Huss, 1371-1415)의 교회 개혁운동을 종교개혁 이전의 제1, 제2의 개혁운동으로 보는 것이 옳다.

---

9) 참조: 이형기 편저, 『세계개혁교회의 신앙고백서』 (서울: 대한예수교장로회총회출판국, 1991), 26쪽 이하.

1) 존 위클리프와 교회개혁운동

옥스퍼드에서 가장 유명한 신학 교수로 명성이 높던 위클리프는 당시 철학을 지배하던 실재론자이었으며 아우구스티누스와 플라톤의 영향을 받았다. 1374년 왕명으로 루터보르트의 교구장이 되었으며 교황 그레고리 11세의 신학고문이 되었다.

1376년 "시민지배권에 대해"(On civil Lordship)라는 강의를 통해 교회의 부(영지와 재산)와 특히 교황의 정치 간섭을 비판하였다: "신은 위대하신 지배자로 영적 지배권을 교회에, 물적 지배권을 정부에 위탁하시고 성실한 봉사를 요구하신다. 그것은 소유가 아니요 신탁하신 봉토(fief, feud)이다. 나쁜 성직은 성직의 특권을 잃고 세상 것을 신에게서 위임 맡은 세속권이 나쁜 성직을 제거할 수 있다."

위클리프는 사도적 청빈을 기대하던 많은 귀족들과 일반 백성들과 경건한 수도사 등 많은 사람들로부터 전폭적인 지지를 받았다. 특히 세속권이 물적 지배권을 갖는다는 주장은 영적인 권리와 세속적인 권리를 모두 갖고 있던 당시의 교황청에 대한 큰 도전이었다. 1377년에는 런던의 감독 코트니(W. Courtenay)로부터, 그리고 1378년에는 교황 그레고리 11세의 교서(bull)에 의해 호출되어 심문을 받게 되었으나 지지자들의 보호로 위기를 모면하였다.

그는 영어와 라틴어로 많은 논문들을 써내면서 개혁활동을 활발하게 전개하였다. 그는 교황제도 자체를 부인하지는 않았다: "교회의 법은 성경뿐이다. 교회는 교황이나 추기경들을 중심으로 모인 것이 아니라 선택된 자들의 모임이다. 교회가 베드로와 같은 지도자를 모신다면 그의 인도로 초대 교회와 같은 순수한 상태로 되돌아갈 수 있을 것이다. 그러나 교황들은 세속의 권세를 탐하여 세금 징수에만 열중하고 있다. 그들은 택하심을 받았기는커녕 적그리스도들이다."

성경이 하나님의 법임을 확신한 그는 1382-84년에 라틴역(Vulgate)에서 영역을 했다. 그는 신약을 번역하고 구약은 헤어포드의 니콜라스(Nicholas)가 번역을 했다고 하는데 영국인의 경건에 큰 도움을 주었으며 영문학에도 지대한 공헌을 하였다. 1388년에 그의 제자 퍼비(J. Purvey, 1353-1428)가 개정을 하였다. 이 책은 가톨릭교회로부터 압수를 당하는 등 수난을 겪었으나 약 150부가 전해 내려오고 있다.

위클리프는 복음을 전하기 위해 가난한 사제들(poor priests)을 파송하였다. 사도적 청빈을 본받아 긴 겉옷을 입고 지팡이를 손에 들고 맨발로 둘씩 짝을 이루어 초기 발도파나 프랜시스 전도인들 처럼 행동하여 열렬한 지지를 받았다. 이 운동을 롤라드(Lollard) 운동이라 한다.

그는 하나님으로부터 선택된 자만이 참된 사제라고 믿었다. 감독들의 모든 주장은 비성경적이라 하였다. 화체설(transubstantiation)도 부인하였으며 그의 그리스도 임재관은 성체 공존설(consubstantiation)과 비슷하다. 1381년 농민 반란(peasant revolt) 후 보수당 세력이 강화되어 위클리프의 강의는 금지되고 가난한 사제들은 구속되었으며 일반 평신도들과 왕가의 도움을 받으며 1384년 그는 세상을 떠났다.

그는 교회를 비판한 사람이었다. 성자 예배와 성소순례 그리고 성찬에 대해 비판적이었으며 신자의 신앙과 행실의 유일한 표준은 성경이기 때문에 누구나 성경을 자신의 언어로 읽고 해석할 권리가 있다고 주장하였다. 이 운동은 영국에서는 롤라드 파가 중부 유럽과 보헤미아에서는 얀 후스를 통해 그리고 후스에게서는 루터와 모라비안들에게 그리고 다시 웨슬레를 통해 세계적인 경건운동으로 전개되었다.

그는 교황의 무리한 세금징수를 비판함으로써 민족주의자인 동시에 애국자였으며, 일반이 갈망하던 성경적 신앙을 실현시킨 점에서 경건운동가였다. 그의 롤라드 운동은 그가 죽은 뒤 15년간 계속 발전해 오다가 헨리 4세(Henry

IV, 1399-1413)의 즉위와 함께 1401년 이단자 화형에 관한 법(De haeretico com-burendo)이 통과되어 다수가 화형을 당했으며 지도자 올드 캐슬(J. Oldcastle)이 반역자로 몰려 처형을 당한 이후 종교개혁 때까지 비밀조직으로 유지되었다. 위클리프의 영향력은 보헤미아 지방에 전해졌다.

2) 보헤미아 지방의 개혁운동

체코슬로바키아의 보헤미아 지방은 신성 로마 황제 칼 4세(Karl IV, 1346-78)의 등장과 함께 지적·정치적인 발전을 하게 되었다. 프라하가 독일 마인츠로부터 분리되어 대감독교구가 되었으며 1348년에는 대학을 세워 학문적인 도시가 되었다. 보헤미아 교회는 유럽에서 가장 많은 재산을 소유하게 되었으며 성직 역시 세속적인 것으로 변모하였다.

보헤미아의 수도 프라하에서 후스의 종교개혁은 1415년 7월 6일 그의 죽음과 함께 끝난 것처럼 보이지만 원래 보헤미아 지방의 종교개혁은 요한 밀리히(Johann Milich)로부터 시작되어 후스를 거쳐 페터 폰 첼히케(Peter von Chelchice)로 계승되어 모라비안 공동체까지 연관됨을 볼 때 경건운동에서 보헤미아 지방의 종교개혁과 그 유산은 중요하게 거론될 만하다.

(1) 요한 밀리히의 신앙갱신운동

요한 밀리히는 14세기 후반의 보헤미아 지방의 종교개혁자 가운데 한 사람으로서 크렘지어(Kremsier)에서 온 사람으로만 알려져 있다. 그는 원래 귀족출신으로 고급관리였으나 프라하의 칼 대학(Karl's University)에서 신학을 공부한 이후 교회의 평신도 대표(Erzdiakon)의 일을 한 사람이다. 그는 주교회의(Diözese)에서 사제직을 감독할 때 신약성서의 질서를 지킬 것을 강조하기도 하였다. 이러한 일을 통해서 그는 깊은 회심의 경험을 갖게 되었다. 지금까지 자신이 그리스도께서 지시하신 대로 살지 못했음을 철저히 깨달은 뒤 그는 교회의 직을 사임하고 무엇보다 하나님의 말씀을 증거하는 일에 전심전력을 다하게 되었다.

동시에 그는 개혁운동을 검소한 기독교생활에서 찾기 위해 아씨시의 프랜시스의 걸식교단과 같은 금욕주의에 들어갔다. 그는 설교를 라틴어로 하지 않고 체코어로 하였다. 그의 비타협적인 설교는 각계각층의 사람들을 냉혹하게 비판하는 것으로서 그들의 범죄로부터 생겨나는 교만과 불손함 그리고 탐욕들을 지적하여 회개하도록 촉구하였다. 1367년 로마에 가서 로마의 종교지도자나 주교들 그리고 황제까지도 포함하여 그들의 죄들을 지적하다가 투옥되었으며 교회의 과오를 주장하는 "적그리스도 고발"이라는 글을 썼다. 그의 설교는 많은 사람들에게 감명을 주었다.

그의 지속적인 성경연구와 공적인 삶의 비판적인 관찰은 그로 하여금 천년왕국에 대한 세계관을 갖게 하였다. 여기에서 그가 확인한 것은 진실한 그리스도의 교회가 적그리스도로부터 위협을 당하고 있다는 사실이었다. 이단으로 의심되어 로마에 소환을 받아 다녀온 뒤 그는 라틴어와 독일어로도 설교를 시작하였으며 학생들과 젊은 사제들과 함께 공동체를 형성하였다.

그의 설교를 통해 많은 접대부들이 회심을 하였는데 1372년 그들이 거주할 수 있는 집을 마련하여 예루살렘이라 칭하였다. 여기에서 그는 자신의 동료들과 함께 이들을 교육시켜 정상적인 삶을 살도록 하였으며 많은 사람들이 가정으로 다시 돌아가 결혼을 하여 정상적인 삶을 되찾게 하였다. 그러나 그는 1374년 아비뇽(Avignon)에 소환되어 종교재판에 회부되어 죽음을 맞게 되었다. 그의 일은 외적으로 끝이 났으나 생명력을 가진 하나의 씨앗이 되어 보헤미아의 종교개혁의 다음 세대에게 전달되었다.

밀리히의 종교개혁을 종합하면 다음과 같다.

① 강단권과 교회의 설교를 강조하였다. 성경의 증언이 내적인 진리로 설교되는 것과 설교자의 경건한 삶을 통해 청중이 변화를 받는다는 것이다. 이런 면에서 설교는 자국의 언어로 했다.

② 사회복지사업의 강화이다. 낙오된 여자들이 강단 아래에서 회개하는 것으로 만족하지 않고 그들이 정상적인 삶을 살도록 사회적인 조건들을 마련하여 주는 일이 필요하다고 여겼다.

③ 그의 신앙에서 보여지는 종말론적인 차원이다. 금욕주의적인 삶은 다소 위험한 환상을 갖는 경향이 있다 할지라도 적지 않게 그의 설교와 선교의 강조점이 그리스도의 임박한 오심을 기다리는 것임을 볼 수 있다. 여기에서 생동하는 교회가 진실로 깨어 있음을 보게 되었다. 종말을 기대하는 신앙생활은 현실에 안주하며 잠을 자는 교회를 일깨워 줄 것이다. 이로써 그는 후스의 선구자라는 말을 듣게 되었다.

(2) 진리의 수호자 얀 후스

모든 개혁교회들은 그의 종교개혁적인 유산에 연결된다고 할 수 있다. 보헤미아 남쪽에서 1371년경에 태어난 그는 경건한 어머니의 권유에 의해 프라하에서 신학 수업을 1394년에 끝내고 학사학위를 받았다. 1401년 안수를 받고 교회의 정규적인 사제가 되어 한때 생계가 보장된 삶을 사는 것이 좋다고 생각하였으나 성경을 열심히 연구한 이후 신앙적이며 심대한 내적인 변화를 겪게 되었다.

그는 칼 대학의 철학부에서 학예 분야(freie Künste)를 가르칠 수 있는 교사 자격을 획득하였다. 1402년에는 밀리히의 제자들에 의해 새로 건립된 프라하 베들레헴 교회의 설교자로 부름을 받았다. 그는 이 교회에서 그의 생애의 가장 중요한 시기를 보내게 되었는데 하나님의 말씀을 사람들이 알아들을 수 있도록 체코어로 설교하였다. 그는 대학 강단에서 학생들을 가르쳤고 베들레헴 교회에서는 설교를 하였다. 그의 설교를 듣기 위해 각계각층의 수많은 사람들이 모여들었다. 시민들과 학생들, 수공업자들, 사제들, 농부들 그리고 가끔 여왕도 참여하였다. 그는 설교를 사람들이 알아듣기 쉽게 해야 한다 하여 우선 성경을 라틴어에서 체코어로 번역하였고 고대교회의 신앙고백을 재해석하였으며, 체코어로 된 영적 노래들을 예배에 도입하였다.

후스는 설교가이자 교사일 뿐 아니라 그의 설교를 듣는 사람들의 조언자이자 죄들을 들어 주는 고백신부의 역할까지 하였다. 상담을 통한 목회의 사역에 전념한 것으로 보인다. 그의 사역은 벤젤 4세(Wenzel IV) 황제로부터 칭송을 받았으며 프라하 대주교와는 두터운 친분관계를 맺게 되었다. 그러나 그가 당시의 영적 지도자들의 삶을 비판하기 시작하면서부터 그들과 적대관계가 커지기 시작하였다. 대주교로부터 설교 정지명령을 받았을 때 강단권은 그리스도로부터 오는 것이라고 자신을 변호하였다.

후스의 대적자들은 후스의 이념적인 연관성을 영국의 위대한 개혁자 존 위클리프(John Wycliffe)에 두면서 이단자로 규정하였다. 후스는 위클리프의 문서들을 읽으면서 신학적으로 그의 제자가 되었다. 대주교와 로마 교황청으로부터 후스가 소장한 위클리프의 책들을 전부 소각하라는 명령을 받았으나 그것을 거부하자 후스는 국외 추방명령을 받게 되었다.

후스는 교황의 면죄부 판매에 대하여 교황이 그 돈을 가지고 네아펠 황제(König von Neapel)와의 싸움에 사용하려 한다는 것을 지적했으며, 그로인해 그와 교황청과의 관계는 더욱 심각해졌다. 결국 프라하에 수찬 정지가 내려져 모든 교회의 예식이 금지된 것이다. 후스는 서너 귀족의 보호를 받으며 시골에서 설교를 통한 개혁운동을 시도하였으며 그곳에서 저술활동을 하게 되었다. 그가 쓴 책들은 『신앙서술』, 『십계명 해설』, 『주기도문의 의미』, 『시몬과 교회에 관하여』 등이다.

그는 화체설(The theory of transubstantiation)을 부정하지는 않았으나 "교회

는 예정에 의해 세워지며 교회의 참된 머리는 신약성경의 법에 의해 교황이 아니라 그리스도이며 교회의 삶은 가난이다"[10]라고 그의 저술들과 강의를 통해 주장할 정도로 그의 영적인 스승인 위클리프보다 더 확고히 보수적이었다.

그는 신성로마제국의 황제로 추대된 지기스문트(Sigismund)의 주선으로 교회의 공의회(Konzil)가 독일의 남쪽 콘스탄츠(Konstanz)에서 「교회의 일치와 개혁, 이단의 제거」라는 주제를 가지고 열렸을 때 소환을 받았다. 그의 친구들은 그에게 불참할 것을 강력히 충고하였으나 그는 소환에 응하였는데, 체포되어 심문을 당하고 감옥에 갇혀 고문을 당하게 되었다. 감옥에 갇힌 지 6개월 후에야 겨우 공의회에서 공적인 심문을 받게 되었는데 신학적인 토론은 하지 말고 무조건 공의회에 굴복하라는 것이었다. 후스는 그러나 기독교교리에 있어서 진리의 물음에 관한 한 최고의 권위는 성경에 있는 하나님의 말씀이지 교회의 지도자들이나 대표들이 아님을 강력히 주장하였다. 또한 교회의 권위에 대한 물음이 있었다. 그는 공의회의 우두머리는 교황이 아니라 그리스도라는 자신의 주장을 재확인하였다. 그는 공의회에서 인간들에게 굴복함으로써 자신의 생명을 연장할 것인가 그리스도에게 충성을 함으로써 자신의 삶을 포기할 것인가라는 갈림길에 서게 되었다.

이러한 결단의 행동은 그가 콘스탄츠에서 보낸 서신을 보면 명백하게 드러난다. 전자는 그리스도를 배반하는 것이요, 후자는 자신의 설교를 듣던 사람들을 잘못된 신앙으로 인도하는 것이 되기 때문에 그리스도에게 충성하기로 하였다. 이러한 감옥에서의 영적인 싸움을 통해 후스는 보헤미아 역사에 있어서 위대한 인물이 되게 된 것이다. 그의 충실한 성경적인 신앙을 공의회는 완고한 이단사설로 규정하였으며 1415년 7월 6일 불변의 이단자로 낙인이 찍혀 장작더미 위에서 화형을 당하였다. 그의 『신앙서술』에 나오는 다음의 글은 그의 신앙을 잘 보여 준다: "진실한 기독교인은 진리를 찾아 말하고, 배

---

10) W. Walker, *A History of the Christian Church* (Charles Scribner's Sons: New York, 1970), p. 271.

우고, 사랑하고, 죽음에 이르기까지 변증해야 한다. 진리는 너를 죄와 사탄과 영혼의 죽음과 영원한 죽음으로부터 자유케 하기 때문이다."

기독교 2000년 역사에서 볼 수 있는 개혁운동은 외적으로는 비성경적인 교회의 전통과 관습 나아가서는 이단적인 제도와의 외로운 싸움이었으며 내적으로는 잘못된 교회를 바로 세우려는 순교적이며 변증적인 신앙개혁운동이었음을 보게 된다. 이런 면에서 종교개혁 신학은 오늘을 사는 우리들의 복음적인 신학의 기초가 되는 것이다.

7. 신학의 과제들

이러한 회의들을 통해 교회는 삼위일체의 문제와 기독론의 문제들을 해결하였다. 이러한 일들을 우리는 모두 신학적인 과제들이라고 보는데 과연 신학의 과제는 무엇인가?

1) 개인의 신앙적 확립

신앙은 어떤 내용에 대한 신앙이므로 그 속에 여러 가지 내용을 포함하고 있다. 기독교신앙은 하나님, 창조, 인간의 타락과 죄, 예수 그리스도, 교회, 성서, 구원, 성례전, 종말 등의 내용에 관한 신앙이다. 이것을 세분화하면 신론, 인론, 기독론, 구원론, 창조론, 교회론, 종말론 등으로 표현할 수 있다. 이러한 신앙적 내용이 예수 그리스도의 계시와 일치하는가를 학문적으로 질문하고 비판하는 것이 신학이다.

칼빈의 『기독교 강요』는 사도신조의 기본 내용인 하나님과 그리스도, 성령과 교회 등에 관한 내용을 재구성한 것처럼 보이는 틀을 갖는다. 바르트 역시 그의 『교회 교의학』에서 이러한 틀을 유지했는데 그렇다면 신학의 기본 틀은 사도신조의 내용과 다를 바 없을 것이다.

2) 교회의 학문

신학이 개인의 신앙을 위한 학문이라면 교회를 위한 "교회의 학문"인 것은 부정할 수 없는 사실이다. 신학은 전제한 바와 같이 역사적으로 볼 때에도 교회의 테두리 안에서 교회의 신앙을 바로 정립하기 위해 형성되었다. 신학은 교회의 신앙과 선포와 실천적인 삶이 과연 교회의 주인 되시는 그리스도의 계시와 일치되는가를 계속 질문하여야 한다.

3) 성경적 진리

신학은 성경이 말하는 진리의 순수성을 지키며 그 진리를 우리의 삶 속에서 적용하도록 연구하는 과제가 있다. 성경의 내용이 다른 사상의 영향을 받아 왜곡되는 것을 막으며 우리 시대에 있어 살아 있는 하나님의 말씀으로 체험하도록 하는 것이다. 신학은 시대적인 문제와 고통에 대해 성경적으로 해석하고 길을 제시하는 예언적인 기능을 한다.

4) 진리의 변증

신학은 시대의 사조와 정신을 면밀하게 파악하여 기독교적인 진리를 제시해야 한다. 다른 종교의 인간관, 세계관, 역사관 그리고 무신론적인 사상의 연구가 이론과 실천적인 면에서 필요하다. 진리의 변증은 초대교회의 교부들로부터 연구되어야 한다.

5) 학문의 학문

학문이라면 개념의 정립에 있어서나 논리적으로 성경에 근거한 객관성과 일관성을 갖는 합리적인 것이어야 한다. 성경에 근거하지 않는 주관주의나 공상적인 이론은 철저히 배제되어야 한다. 이것을 효과적으로 이루어내기 위해서는 신학의 주변 학문을 폭넓게 연구해야 한다. 신학의 주변 학문이란 인간과 역사, 문화와 자연, 그 이외에 과학과 정보통신 등 신학 이외의 학문을 섭렵하여 신학화하는 작업을 말한다.

신학은 학문의 여왕이며(Theologia regina scientiae est), 학문 중의 학문이다. 신학을 하기 위해서는 우선 고전어 해독 능력이 필수이다. 라틴어에서 시작하여 희랍어, 히브리어에 대한 이해가 반드시 필요하다. 학문적 연구를 한다면 예수님이 사용하신 아람어도 알아야 한다. 그러나 신학이 참된 신학이 되려면 루터의 말처럼 고난과 기도와 명상이 절대적으로 필요하다.

제2장

교의학과 신학

1. 교의학

1) 교의학이란?

조직신학이란 기독교 신앙이론을 하나의 체계로 묶어 표현하려는 이론신학 중의 하나이다. 이 용어가 사용되기 전에 기독교 신학은 교의학이라는 용어를 주로 사용했다. 성경에 기초한 신앙의 내용을 요약한 교리(Dogma)를 말한다. 이 말을 체계적으로 사용한 사람은 17세기 루카스 라인하르트(L. Reinhart)로서 그의 주저서인 『교리신학 개관』(*Synopsis theologiae dogmatica*)에서 사용하였다. 그러나 이 말은 오리게네스가 이미 그의 주저서인 『원리들에 관하여』(*De principis*)에서 처음 사용하였다.

이후 교의학이라는 말은 아퀴나스에게서는 '총체, 요약'(Summa)으로, 메랑히톤은 장소를 의미하는 '토대, 기본'(Loci)으로, 깔뱅은 '강요, 지침'(Institutio)이라는 말로 사용하였다. 각각 이들의 주저서인 『신학대전』(*Summa theologiae*)과

『공통기본』(*Loci communes*) 그리고 『기독교 강요』(*institutio christianae religionis*)
가 이것들이다.

교의(dogma)의 어원적인 것은 헬라어 도케인(δοκέιν)에서 유래했다. 이 말
은 '생각하다, 믿다, 결정하다'라는 의미를 갖는데 두 가지 철학적인 원리로서
의 의미와 법적인 결정을 의미한다. 이렇게 교의학은 교회의 신앙 내용을 요
약하는 말인 교리를 연구하는 말로 사용되어 왔다. 그러나 역사비판적인 성경
연구에 의해 절대시 되던 교회의 교리는 도전과 변화를 갖기 시작했다.

교의학이 조직신학이라는 용어로 대체되기 시작한 것은 교리의 이론적인
원리를 중요시 여기는 동방교회와 법적인 것을 선호하는 서방 교회 안에서 시
대적인 흐름과 역사의 발전과정을 통해 자신들이 믿는 신앙적 내용을 새로운
언어로 체계화 시킬 필요가 생겨났기 때문이었다.

2) 교의학의 과제[1]

교의학은 성경에 기초한 신앙의 내용을 요약한 교리(Dogma)를 연구하는 학문
으로서 다음과 같은 필요성이 과제로 주어졌다.

(1) **변증적 과제**: 교회 안에 들어온 잘못된 거짓교훈을 바로잡기 위해 변증
적인 교의학이 필요했다. 거짓 교훈역시 성경적인 근거를 가진다고 하면서 그
들은 자신들의 거짓 체계를 주장하였다. 교부들은 이러한 거짓 이단 사상을
배격하고 교회를 바로 세우기 위해 교의를 복음의 내용과 교회가 전해야 하는
진리의 요약으로 제시하였다.

(2) **교육적 과제**: 세례교육을 위해 교리가 필요하였다. 교회의 정식 일원이

---

1) 이신건, 조직신학 입문(서울: 신앙과 지성사, 2014), p.20ff.

되는 세례를 받는 사람들은 바른 신앙생활을 위해 자신이 믿는 신앙의 내용이 무엇인지를 알아야 하기 때문에 교리교육을 통해 이를 체계화 하였다.

(3) **성경해석의 틀과 지침서**: 교리는 성경해석의 기본적 근거가 되었다. 교회가 부흥하고 믿는 자의 수가 많아짐으로 인해 성경해석에 관한 체계적인 연구가 필요하게 되었다. 교리는 성경에 나오는 단어의미와 구절을 사전적으로 구성한 것으로서 성경해석에 관한 지침서 역할을 하게 되었다.

이러한 목적으로 쓰여진 대표적인 책으로 쯔빙글리의『참 종교와 거짓 종교에 관한 해설』(*Commentaris de vere et falsa religione*)은 변증서로서, 깔뱅의『기독교 강요』(*institutio christianae religionis*)는 교육적인 목적으로 그리고 멜랑히톤의『공통기본』(*Loci communes*)은 신자들을 위한 신앙지침서로 사용되었다.

3) 신학의 준거와 발전역사

신학이 학문으로 정착한 이래 다음과 같은 준거를 가지고 발전해왔다.

(1) **묵시문학적 준거**: 원시 기독교 공동체를 대표하는 신앙적 준거로서 임박한 종말을 기대하 는 삶이다. 이러한 묵시문학적 준거는 외부에서 오는 신앙적 박해와 순교를 요청하는 긴박한 신앙적 결단에서 온 것으로서 초월적인 하나님이 오셔서 세상을 심판하고 구원을 이루신다는 현실적인 위로와 대망에서 구체화되었다. 하나님 나라의 도래와 메시아사상이 그 대표적인 것이다.

(2) **고대교회의 헬레니즘적 준거**: 헬레니즘의 형이상학의 존재론적, 본체론적 개념을 사용하여 신의 존재와 개념을 설명하려던 것이다. 여기에서 말하는 하나님은 역사 속에서 활동하시는 삼위일체의 하나님이라기 보다는 영원성

안에서 자신을 드러내시고 긴밀하게 교제하시는 정적인 분으로 표현 된다. 오리게네스에게서 보이며 이러한 것은 니케아신조에서 잘 표현되었다.

(3) **중세 로마의 가톨릭적 준거**: 믿음과 이성을 조화시키는 라틴적인 것이다. 아우구스투스에 의해 제기된 신플라톤적 신관과 성서를 함께 이해하려던 시도와 아퀴나스에 의한 이성과 자연 그리고 철학과 인간의 재평가에 근거를 두었다.

(4) **종교개혁과 개신교의 준거**: 종교개혁의 출발점은 외형적인 교회가 잃어버린 예수 그리스도 즉 복음의 재발견이었다. 루터는 그 당위성을 바울의 서신인 로마서에서 발견하였으며 이를 통해 교회가 갖고 있는 전통과 법, 권위를 부정했다. 교회의 우월성보다는 성경의 절대적 우위성을 강조했다. 종교개혁의 원리인 오직 성경, 오직 믿음, 오직 은혜, 오직 그리스도는 이를 말한다.

(5) **근대 계몽주의의 준거**: 인간의 이성이 갖는 우위성을 주장한다. 여기에서는 믿음대신 이성이, 신학보다는 철학이, 은혜 보다 자연이 그 자리를 대신하게 되었다.

(6) **현대의 통전적 준거**: 인간의 우위성을 강조하던 계몽주의적 준거는 이성과 발전을 절대시해오던 현대인들에게 생태계의 파괴 앞에서 인간 실존의 위협이라는 상태에 이르게 하고 있다. 여기에서 요청되는 것은 우주적 차원, 사회정치적 차원, 종교적 차원의 새로운 준거가 요청된다. 한스 큉은 모든 면에서 전위 일치운동이 하나의 새로운 과제라고 말한다.

2. 신학과 '신학 함'

1) 이해를 추구하는 신앙

고전적인 의미에서 신학이란 안셀름의 언급에서 보는 바 '이해를 추구하는 신앙'(fides quaerens intellectum)이다. 다른 말로 하면 "나는 알기 위해 믿는다"(Credo ut intelligam)이다. 이 말이 갖는 의미로는 신학이 단순한 학문이라기보다는 하나의 신앙행위이며 신학은 더 큰 신앙에 대한 이해를 추구하며 이를 위해 인간이 갖는 이성과 지성이 상호 밀접한 관계가 있음을 보여준다. 그는 기독교의 교리를 초자연적인 것이며 경험의 지식(experientis scientia)을 통해서 이해할 수 있는 것이라고 보았다. 신학은 이성과 지성이 갖는 물음과 대답의 결과에서 얻어지는 '신학 함'(doing theology)의 산물이다. 신학은 이런 면에서 주관적인 성격을 갖는 교회의 권위주의, 개인의 독단주의 그리고 이성적 활동을 배격하는 신앙의 절대주의와 구별된다.

안셀름은 어거스틴의 사상에 의존하였으며 성경과 교회의 가르침에 절대적인 권위를 부여하였다. 그는 종교적 체험을 통해 진리의 내적확증을 얻으려 노력하기도 했다. 일종의 경건운동과 같은 입장이다. 동시에 그는 합리적인 사고에 의해 교회의 교리를 이방인들에게 논증하려 하였다. 대표적인 그의 작품은 『하나님이 왜 인간이 되셨는가?』(Cur Deus homo)이다. 여기에서 그는 신앙과 지식, 실천적 경건과 신학적 사변을 결합시킴으로써 스콜라주의 신학의 개척자가 되었다.[2]

---

2) J. L. 니브, O. W. 헤이크 공저, 기독교교리사, 서남동 역(서울: 대한기독교서회, 1992), p.373f. 스콜라주의는 신비주의적 경건운동과 근원을 같이하는 학문 운동으로서 인간의 구원에 관한 내적인 확신을 얻기 위해 알기를 원했다. 신비적 경건운동은 이러한 지식을 영적 체험이라고 보았으나 스콜라주의는 합리적인 이해로 보았다. 전자의 관심은 인격적이고 주관적이나 후자는 과학적이고 객관적이다. 이러한 합리성은 아리스토텔레스에게서 빌려온 변증법이었다. 중세

이에 반해 아벨라르는 "나는 믿기 위해 안다"(Intellego, ut credendum)라고 하였다. 이는 그가 신앙의 대상에 대한 합리적 이해를 가능하고 필요한 것으로 보았기 때문이다. 1100년경부터 종교개혁까지 이어진 스콜라시대에 그의 영향력은 대단 하였다. 안셀름은 인간의 이성이 교리로부터 새로운 이론을 만들어 낸다고 보았는데 아벨라르는 모든 개개의 교리 자체가 합리적임을 증명하려 하였다. 기독교를 모든 철학의 정점으로 보려는 변증론자들의 신념이 그에게도 남아있었다. 비록 그가 1141년 '하나님의 단일성과 삼위일체에 관하여' 라는 논문으로 인해 하나님의 현현을 세 가지 방식으로 생각한 사벨리우스주의자[3]로 정죄를 당하고 1142년 세상을 떠났으나 그의 저서가운데 『기독교신학』, 『신학서설』, 『긍정과 부정』(Sic et Non), 『로마서 주석』은 유명한 작품들이다.

이러한 신학 함에서 신앙이 갖는 독특한 규범과 기준이 존재한다. 신학함에 대해 터툴리안은 "나는 불합리하기 때문에 믿는다"(Credo quia absurdum est)라고 대답을 했다. 신앙의 내용이 불합리하고 그 대상이 파악하기 어려울수록 더 분명해 진다는 것이다. 신앙의 표준에 표현된 교회의 가르침의 사도적 권위와 성결한 생활이 강조되었다. 이성에 의해 설명되지 않는 본래의 신앙의 고유한 영역이 있다는 말이다. 그렇지 않으면 그 신학 함은 철학적 논리로 설명 되어야 할 것이다. 그는 철학자들을 이교의 족장들이라 불렀으며 플라톤을 그들의 두목이라 생각했다. 여기에서 제기되는 하나의 물음은 다양한

사람들은 성경의 교부들과 종교회의와 교황의 교령 등의 권위를 신적법률로 생각하여 주어진 진리를 증명하고 계시된 형이상학을 체계화하는 일에 관심을 가졌다. 그러나 스콜라주의는 계시의 신학과 고대의 철학을 융합시켜 일종의 자연신학을 창조적으로 만들어 냈다. 여기에서 철학은 신학의 시종에 불과하였다.

3) 하나님의 단일성을 주장하는 이론으로서 그리스도의 신성을 주장하였다. 성부 자신이 친히 그리스도 안에서 성육신하시고 그와 더불어 고난을 받으셨다고 주장함으로 서방에서는 성부수난설(Patripassianism)로, 동방에선 사벨리안주의라고 불리었다. 참조: 루이스 벌콥, 기독교교리사(서울: 총신대학출판부, 1979), p.89.

신앙의 형태에서 그 신앙적 내용과 기준은 무엇인가라는 것이다. 신앙의 활동이 단순한 지적활동인가? 아니면 도덕적이며 심리적 차원의 것인가? 라는 물음이 남아있다. 분명한 것은 안셀름이 신학에 대해 물음과 답의 형식으로 제기한 신학함의 내용은 교회의 신앙이었다. 기독교 신앙은 개인의 신앙이 아니라 공동체적인 성격을 갖는다. 중세 신학자 가운데 토마스 아퀴나스는 기독교 신앙을 지성적으로 종합하여 신학대전(Summa theologiae)을 남겼다.

2) 교회 공동체의 신학

신학의 출발점이 신앙이라고 한다면 어떠한 방법으로 객관성과 진리를 담보할 수 있는가? 신앙공동체인 교회는 교부들에 의해 해석되어진 성경해석과 신학자들의 모임을 통해 얻어진 교리들을 통해 그 해답을 얻어 왔다. 여기에서 얻어진 교리는 인간의 업적이 아니라 성경을 근거로 한 계시의 산물이다.

신학은 '신에 관한 학문'으로 이해되지만 기독교신학이 추구하는 신학의 내용은 신에 관한 형이상학적 고찰(Metaphysic)이나 정신적 연구(Geisteswissenschaft)가 아니라 하나님이 역사에서 인간과 세계를 위해 행동하신 사건에 관한 것이다. 이 사건을 '하나님의 계시' 또는 '말씀'(רבד, λόγος)이라고 한다. 역사에서 행동하신 하나님의 계시는 행동적 말씀이다. 그래서 신학을 '행동 속에 계신 하나님의 말씀에 관한 학'(theologia)이라고 정의할 수 있다.[4] 신학이 신앙의 올바른 이해라면 신학은 학문에 머무는 순수 이론적 연구일까? 신학이 신과 인간과 세계의 제반문제를 포함하여 그것을 해석하고 영향을 미치도록 이론

---

[4] 박봉랑, 교의학방법론(I) (서울: 대한기독교출판사, 1986), p.74f. 신학의 형이상학적인 면을 비판하고 신학을 역사의 행동으로서의 계시와 연결한 학자로는 칼 바르트(K. Barth)와 디엠(H. Diem)이다. 이들은 모두 신학을 교회의 학문으로 이해하였다. 전자의 『교회교회학』 1권 후자의 『교회의 학문으로서의 신학』(Theologie als kirchliche Wissenschaft)는 주의 깊게 볼 만한 책이다.

적인 토대를 제공한다면 신학의 형태는 다양한 모습을 가지고 서술되어야 한다. 오늘의 신학이 신과 인간의 문제를 포함하여 자연 생태계와 환경의 문제를 다루는 것이 그 구체적인 예이다.

철학자 데카르트가 진리를 추구함에 있어서 확실한 하나의 출발점을 자의식에 두어 "나는 생각한다. 고로 존재한다"(Cogito, ergo sum)라고 말한 것은 기독교 신앙논리와 비교하여 볼 때 두 가지의 점에서 다르다. 1) 그리스도인에게서 탐구의 출발점은 자의식이 아니라 모든 것의 창조자가 되시며 구속주가 되시는 하나님의 실재에 관한 추구에서 시작된다. "하나님이 존재하시기에 내가 존재하는 것이다." 2) 기독교 신앙과 신학의 탐구는 하나님에 대한 신앙에서 시작되는 것이지 하나님 없이 내 자신의 실존을 제외한 그 모든 것을 의심함으로 확실성을 추구하는 것이 아니다. 하나님께서 자비를 베푸셨기에 우리가 탐구한다. 여기에서 "나는 생각되어 진다, 고로 존재한다"(Cogitur, ergo sum)로 바꾸어 져야 된다는 것이다. 이것을 말씀의 신학자 칼 바르트는 '나는 믿는다. 그러므로 나는 존재한다'(Credo, ergo sum)라는 신앙적 명제로 바꾸어 놓았다. 믿음이란 하나님으로부터 인간에게 주어진 값진 선물(엡 2:8)이기 때문이다. 믿음에 기초한 신앙적 사고 체계 신학이며 신학함의 대상은 신앙생활에 걸림돌이 되는 개인과 사회 나아가서는 세계가 갖고 있는 정치 경제적 부조리와 모순, 억압과 착취, 비인간화와 생태계의 파괴와 생명회복의 문제까지 다 포함해야 한다.

데카르트의 이 철학적 인식의 출발점은 회의였다. "나는 알기 위해 의심한다"(Dubito, ut intelligam)이다. 여기에서 의심과 회의는 진리를 발견하는 하나의 수단이다. 회의 하는 것은 생각하며 사고하는 것이요, 생각하는 것은 존재하는 것은 내가 있기에 가능하다. 내가 존재하는 것은 확실하다. 나는 내가, 신이 그리고 세계가 존재하는 것을 인식한다. 하나님과 세계의 확실성은 나의 확실성속에 의존한다.5)

기독교 신학에서는 영원하고 초월적인 하나님이 계시를 통해 인식의 대상이 되어주시는 것을 허용하실 때 내 존재가 가능하다. 하나님께서 죄악으로 얼룩진 인간에게 친히 인간의 몸을 입으시고 찾아오셔서 인식의 대상이 되어주셨으며 성령을 통해 지금도 이 인식을 허락하신 것에서 존재의 가치와 의미가 있다는 말이다. 우리가 먼저 하나님을 안 것이 아니라 우리가 하나님께 발견되고 받아들여지고 이 알려진 사실을 고백할 때 참된 인식이 가능하다는 말이 된다. 이런 차원에서 신학은 진실한 신앙을 전제로 한다. 신앙의 학문인 신학은 알지 못하는 곳에서 시작하는 것이 아니라 계시를 통해 인식되어진 것은 알되 분명하지 못한 곳에서 명백한 곳으로 움직이는 신학 함이다. 이런 의미에서 신학적 인식의 원리는 "나는 알기 위해 믿는다"(Credo ut intelligam)이다. 몰트만적으로 하면 "나는 알기위해 희망한다"(Spero ut intelligam)라고 말할 수 있으며 배경식 교수는 "나는 알기위해 기다린다"(Exspecto ut intelligam)[6]라고 주장한다.

5) Alfred Weber, History of Phlisophy. N.Y., Charles Scribners, 1912, pp.305-317. Descartes, Discourse de La Methode, IV.
6) 배경식, 기다림의 신학(서울: 한국장로교출판사,2004).

제 II부

창조의 하나님

제3장

창조의 신앙과 환경윤리 실천

1. 창조의 신앙

창조는 신앙인가 아니면 신화의 영향을 받은 다른 것인가? 이 물음은 오늘도 남아 있는 문제이다. 창 1장-11장까지는 상징적 혹은 신화적이며 12장- 50장까지는 역사적이라고 하는 해석도 있다. 이에 대한 대표적인 학자는 칼 바르트와 게하르트 폰 라트이다. 이들은 창조를 역사적인 이야기로 본다.

　바르트는 창세기 1장-2장을 신화적으로 연관지어 해석하였다. 그는 바벨론의 창조신화인 에누마 엘리시(Enuma Elisch)라는 서사시를 신년 축제와 연관이 있는 것으로 보았다. 신의 어머니 티야마트를 무찌른 마르두크신은 티야마트를 양분하여 하늘과 땅으로 만들고 신들 중의 하나를 제물로 바쳐 그 피로써 인간을 창조하였다고 한다. 마르두크의 역할을 그 당시의 왕이 극적으로 대행했다고 한다. 그러나 창조설화는 신화가 아니라 현실적인 창조의 역사이다.

폰 라드는 사제문서(P문서)에 사용된 '창조하다'를 의미하는 히브리어 동사 "바라"(ברא)는 신적인 창조에만 사용하는 것으로서 무에서의 창조라는 사상을 내포하고 있다고 말한다. 헬라어 크티제인(κτίζειν)과 같은 뜻이다. 성경은 하나님께서 이미 있는 재료를 사용하여 새로운 무엇을 만드는 제2차적인 창조를 하실 때도 이 말을 사용하였다(창 1:21, 27, 5:1, 사 45:7, 12, 54:16, 암 4:13, 고전 11:9, 계 10:6). 그는 하나님은 창조주로서 세계와 인간과 전적으로 다른 분이심을 주장한다.

우리가 세계를 하나님의 창조라고 말할 수 있는 것은 세계 자체를 보면서가 아니라 이스라엘의 역사에서 일어난 하나님의 계시행동에 대한 신앙에 의해서이다. 폰 라드는 "구약성경적 창조신앙의 신학적 문제"(Das theologische Problem des alttestamentlichen Schöpfungsglaubens)에서 이스라엘 백성의 신앙은 '과거에 행한 야훼 하나님의 구원의 행동에 대한 응답'이라고 한다. 하나님은 특정한 역사적 상황에서 그의 민족을 해방하고 구원하는 능력으로 행동하셨다. 이러한 구원의 행동이 이스라엘의 신앙에서 하나님, 인간, 세계, 역사를 이해하는 결정적인 요소이다.

창조 이해의 출발점은 그의 백성을 출애굽 시킨 하나님의 해방하는 능력에 있다. 하나님의 역사적인 구원과 능력을 경험하면서 이스라엘은 창조적인 능력으로서의 하나님을 확인하였다. 성경에서 "만들다"를 의미하는 단어들은 아사(ה, machen, herstellen, arbeiten, erzielen)와 포이에인(ποίειν) 그리고 야차르(ר, bilden, formen, gestallten), 프랏소(πλάσσω) 등이다. 이 단어들은 이미 있는 재료들을 사용하여 만드는 제2차적 창조와 섭리를 의미한다.[1]

그렇다면 창조가 갖는 신앙적인 의미는 무엇인가?

1) 창조는 하나님의 자유로운 행위(a free act of God)와 선한 의지의 결단이다.

---

[1] 참조. 라보도, 김달생(공저), 『바른 신학』 (서울: 대한예수교장로회신학교, 1980), 118쪽 이하.

하나님은 이 세계에 대해 자유스러운 존재이시며 자신의 내적인 자유를 통해 세계를 창조하셨다. 이 자유는 피조물에 대한 사랑과 구원으로 나타나셨다.

2) 창조는 삼위일체 하나님의 행위이다(창 1:1; 사 40:12; 44:24; 45:12). 만물은 성부로부터 성자로 말미암아 성령에 의해 창조되었다(out of the father, through the son, by the Holy Spirit). 존재(being)는 성부로부터, 상상이나 이념(thought or idea)은 성자로부터, 생명(life)은 성령으로부터 온다.

3) 창조는 하나님의 시간적인 행동(temporal act of God)이다. 창세기 1장 1절의 "태초에 하나님이 천지를 창조하시니라"(In the beginning God created the heavens and the earth)라는 말은 시간과 공간의 제한을 받는 사물의 시작을 말한다. 창조 전에는 시간도 물질도 없었다. 하나님은 시간을 초월하여 계시는 분이시나 창조는 하나님의 시간적 사역이다. 아우구스티누스는 세계가 "시간과 함께"(cum tempore) 창조되었다고 한다. 창세기 1장 1절은 세계가 시작을 갖게 되었음을 말한다(참조. 마 19:4, 8, 막 10:6, 요 1:1-2, 히 1:10, 시 90:2, 102:25).

오리게네스나 중세 스콜라 신학자들인 스코투스, 에리우게나, 로테 등은 하나님의 활동성과 일하심(요 5:17)을 말하면서 영원적 창조론(eternal creation)을 논리로 내세운다. 세계는 피조물로서 하나님 자신과 같이 영원하다는 것이다. 피조물이 영원하다면 많은 문제가 발생한다. 결국 시간과 영원을 동일시하는 것이 되기도 한다.

그렇다면 하나님은 창조 이전에 무엇을 하셨는가? 아우구스티누스는 말한다. 천지를 창조하시기 전에 하나님은 아무것도 하시지 않으셨다. 만약 무엇인가를 하셨다면 피조물을 만들고 계셨다는 것 이외에 무엇을 다르게 생각할 수 있을까?2)

---

2) 어거스틴, 『참회록』, 최정선 역 (서울: 성지문화사, 1991), 279: 아우구스티누스는 이러한 질문에

4) 창조는 무로부터의 창조이다. 무로부터의 창조는 기독교의 독특한 교리로서 하나님의 초월성과 능력을 말해 준다. 이것에 대한 확실한 표현은 외경 마카비 2서 7장 28절에 언급되어 있다. 세계는 하나님 자신이나 하나님의 일부가 아니다. 범신론자들처럼 우주는 절대적인 필연도 아니다(엡 1:11, 계 4:11). 이것은 하나님의 말씀 안에서 보여지는 그분의 절대 주권을 믿는 신앙으로 받아들일 수 있는 교리이다(시 33:6, 9, 148:5, 히 11:3, 롬 4:17, 행 17:28, 느 9:6, 골 1:16, 롬 11:36, 고전 8:6, 시 90:2).

무에서의 창조는 세계가 하나님께 의존적임을 나타낸다. 피조물과 하나님과의 긴밀한 연관을 보여 준다. 이는 피조물에게서 보이는 하나님의 내재성을 의미하는 말이다. 하나님은 세계의 각 부분에 임재하시고 영으로 역사하시는 내재적인 신이시다. 이것을 기독교적인 용어로는 충만이라 한다(시 139:7-10, 렘 23:24).

5) 창조의 목적은 "하나님의 영광을 드러내는 것"이라고 칼빈은 말한다. 가톨릭에서는 "인간의 행복을 위해서"라고 하였다. 고대 희랍과 로마의 철학자들, 종교개혁시대의 인문주의자들 그리고 18세기의 합리주의자들이다. 칸트와 슐라이어마허, 이츨 등도 이에 속한다. 하나님은 자기 충족자이시기 때문에 자신을 창조의 목적으로 하시지 않는다는 것이다. 그렇다면 피조물의 행복 속에서 그 목적을 발견하실 것이라고 하였다. 그러나 세계에는 예기치 않은 많은 고난과 불행이 있기 때문에 이렇게 말할 수 없다.

루터교에서는 "하나님이 인간을 사랑의 대상으로 삼기 위해 창조하셨다"라고 가르친다. 하지만 이 주장은 하나님과 인간의 의존적인 사랑을 전제하는 것이기 때문에 만족한 설명이 아니다. 하나님은 사랑을 먼저 베푸시는 분이시다.

대해서 알 수 없다고 말하는 것이 더 정확하다고 주장한다. 그러나 하나님의 깊은 것을 캐내려는 사람들을 위해 지옥을 준비하고 계셨을 것이라는 무책임한 대답은 피하라고 한다.

창조는 구원과 연관되어 이해할 수 있다. 태초의 창조는 역사의 지평을 열어주며 종말에 새로운 창조로 완성되는 것이어야 할 것이다. "보시기에 좋았다"는 것은 이미 형성된 것(factum)이라기보다는 되어야 할 것(fired)으로 이해된다. 창조는 그리스도 안에서 일어난 구원의 완성을 지향하는 시간의 과정이다. 창조의 최종목적은 하나님의 고유한 초월성의 현현(顯現) 속에 있다. 하나님의 현현 속에 피조물의 안녕과 평화가 있는 것이다. 하나님의 영광을 나타내기 위함이다(사 43:7, 60:21, 겔 36:21-22, 눅 2:14, 엡 1:5-6, 계 4:11, 골 1:16, 고전 15:28, 롬 9:17).

2. 과학기술과 삶의 환경 윤리 실천

매년 증가하는 지구에서의 화석연료의 사용과 함께 지구의 온난화로 인해 남북극의 빙하가 녹아내리고 해수면이 상승하고 그리고 지구의 온도가 올라가고 있다. 이러한 지적은 1992년 6월 리우 환경국제회의 결과물로 「지구환경보고서 1992」를 통해 제시된 바 있다. 이 보고서를 근거로 하여 우리가 살고있는 삼천리 반도 금수강산의 기후를 가상해 보면 향후 10년 안에 대한민국은 온대지방에서 아열대의 기후를 갖는 지역으로 변화될 것이 확실시된다. 한국내의 동식물들은 아열대 기후에 적응하려는 몸부림을 칠 것이며 우리 역시 지금까지와는 전혀 다른 환경에서 살아가야 할 채비를 해야 한다. 과학기술과 삶의 환경윤리라는 제목을 가지고 다룰 내용은 지구촌과 환경, 환경위기의 극복, 환경문제와 윤리 그리고 실천과제들이다.

1) 지구촌과 환경

자연과학적 지식과 기술의 발달은 인간에게 풍족하고 편리한 삶을 가져다주었다. 그러나 이것을 통하여 인간 사회가 끊임없이 발전하리라 하는 것은 하나의 신화에 불과하다는 사실이 밝혀지고 있다. 인간의 새로운 욕구 충족과 새로운 창출은 자연에 대한 일방적인 착취를 강요하고 있다. 1988년 그해의 인물로 *Time*지가 사람대신 지구를 선정한 것은 의미심장한 일이다. 환경문제의 실상은 1992년 브라질 리우에서의 「지구환경보고서 1992」에서 시작하여 지구온난화에 의한 이상기후 현상이 게릴라성 집중호우와 쓰나미의 피해로 인해 재확인되고 있으며, 매년 주제별로 출판되는 "지구환경보고서 2000" 연도별 보고서에 잘 나타나고 있다. 최근에 각광을 받고 있는 갯벌이나 습지의 보존운동은 환경보호 연구들과 깊은 연관이 있다.

지구의 물리적 상태에 대한 변화를 토양유실, 삼림지역의 감소, 목초지의 황폐화, 사막의 확장, 산성비, 오존층 파괴, 온실효과, 대기오염, 생물종의 손실 등으로 기술하고 있다. 이러한 환경의 변화는 인위적 변화(manamde environmental change)에 의한 자연적 변화(nature environmental change)의 소산이며 전자에 의해 절대적인 영향을 받는다. 전자의 변화는 급속하고 예기치 못할 상황으로 가기 때문에, 주기적이며 일시적으로 오랜 기간을 두고 일어나는 후자는 새로운 환경에 적응(accommodate to new surroundings)할 시간적인 여유를 갖지 못한다.

최근에 인간의 생존을 총체적으로 위협하는 먹을거리의 문제는 동식물의 인위적인 환경의 변화에 의한 자연의 먹이사슬을 차단시켜 버린 결과로서, 인간의 기본적인 삶인 의식주 가운데 먹을거리가 위협을 당하고 있다는 것이 큰 문제이다. 인간의 삶이 의식주를 떠나서 어떻게 가능할 것인가?

현재 지구촌의 위기는 이러한 부조화에 근거를 두는 생태학적 위기로 나타나고 있다. 생태계가 과학기술의 급격한 발달로 재생능력을 상실한 채 인간에 의해 일방적으로 착취당하고 있는 것이다. 환경오염은 발생 원인이 복잡하고 다양하며 사용 불가능한 에너지의 분산에 의해 일어나고 임계점을 넘으면 어느 순간 가시화되기 때문에 사전 예방이 가장 효과적이다. 국제화 되고 있는 환경오염 문제의 해결을 위한 노력은 몬트리올 협약, 헤이그 선언, 서방 7개국 회의와 정기적인 여러 학술대회 등을 통해 거론되고 있으나 현실적인 대안으로는 미흡하다.

2) 환경위기의 극복

환경위기의 극복에 관한 대안으로는 환경문제를 해결할 대안으로서의 과학기술의 발전과 정책의 수립 그리고 장기적으로는 환경교육을 동반한 가치론적인 접근이 필요하다.

(1) 과학기술의 발전

과학기술의 발전이 자원의 부족, 환경의 문제를 해결해 줄 수 있다는 믿음이다. 방사성 폐기물, 산업폐기물 등은 우주산업의 발달에 의해 지구 밖으로 내보내고 유전공학에 의해 오염물질을 먹는 미생물을 개발함으로써 화학적 오염물질을 처리한다는 것이다. 칸(H. Kahn)이나 포드(T. Ford)가 대표적인 사람들이다. 이는 지나치게 분석적이고 합리적인 사고이며 환경문제 해결을 위한 사람들의 참여를 부정하고 과학·경제전문가의 의견만을 존중한다는 비판을 받는다. 자연환경의 효과적인 통제와 관리에만 관심을 갖기 때문에 생태적 위기에 처한 환경문제에 대한 근원적인 해결책은 아니다.

(2) 환경정책의 수립

환경문제는 산업 구조 및 정치, 경제체제와 밀접한 연관을 갖는다. 산업구조의 개편, 경제체제 개선, 생산규모와 방식, 지역적 안배와 실효성 있는 환경정책의 수립이 필요하다.

(3) 가치론적인 접근

인간의 자연에 대한 도덕적 가치를 연구하는 생태학적 윤리학(ecological ethics), 환경윤리학(environmental ethics)에 근거한 해결책을 말한다. 생태계의 보전과 인간과 자연의 관계, 자원의 문제와 생명의 연관성을 다룬다. 여기에서는 환경교육의 중요성이 제기된다.

3) 환경문제와 윤리

(1) 탈 인간중심적 사고

서구의 전통적 윤리관은 인간중심적이었다. 전통적 윤리관은 인간만이 내재적 가치를 지녔고 다른 존재들은 도구적 가치만을 지녔다고 여겼다. 창조는 인간을 위한 것이라는 믿음은 인간이 자연을 정복하고 문화가 물질세계를 능가하고 이성이 감성을 지배하며 정신이 물질을 대신한다는 결과를 가져오게 하였다. 동시에 인간은 자연에 대한 관리자로서 자연에 대한 책임이 있다. 인간이 자연을 어떻게 사용하고 관리할 것인가는 결국 인간의 이익과 관심에 따라 할 것이다. 하지만 인간의 문화와 문명을 창출하려는 자연에 대한 개척적인 윤리관은 자연체계가 무한히 지속될 때만 가능한 논리이다.

이러한 사고는 인간을 이성적인 존재로 이해하는 데서 온 인간중심적인 사고의 결과이다(I. Kant). 만일 인간의 가치가 이성에 근거한다면 식물인간을 어떻게 해야 할까? 그렇다면 식물도 동물도 인간과 똑같이 윤리적 대상이 되어야 한다(ethics biocentrism). 생물중심적 윤리학은 인간과 동물, 동물과 식물 사이의 단절을 인정하지 않고 연속성이 있다고 주장한다. 동양의 세계관은 모든 존재의 단일성, 전일성을 전제로 한다. 생물과 물질, 물질과 정신사이의 근원적인 차이가 없고 연결되어 하나라는 사고를 갖는다. 이러한 세계관은 과학적으로 근거가 없다고 비판받아 왔다. 그러나 현대 물리학은 동양적 자연관이 옳다고 증명한다. 여기에서 생태론적 윤리학(ecological ethics)이 등장한다.

(2) 전일적(全一的) 우주관

객관적인 자연을 인간에게 더 유용하고 가치 있는 것으로 만드는 것이 과학인데 이것은 기계론적 자연관에서 기인한다. 이것은 인간 생활의 모든 질이 양의 개념으로 환원되는 생명력 없는 우주관을 형성하여 물질지상주의를 가져오게 하였다. 그러나 주관적인 양자물리학은 관찰의 대상을 법칙성 있는 존재로 취급할 수 없으며 그 관찰의 경험을 정리하고 인식하는 수단으로 성립된다고 주장한다.

동양사상은 신을 다양하게 자신을 변화시키는 보편적 일자로 본다. 힌두교는 우주를 유기적으로 성장하며 율동적으로 움직이는 것으로 본다. 불교에서는 우주와 생명의 근원을 유전(流轉)하고 변화하는 것으로 여겼다. 인간이 자연의 부분이라는 사고는 자연의 질서가 곧 인간 윤리의 규범이었다. 최근 레오폴드(Aldo Leopold)는 대지 윤리(Land Ethics)를 주장한다. 도덕공동체를 땅, 물, 돌, 식물, 동물들에게까지 확산하자는 것이다.

(3) 진보와 윤리적 성찰

과학의 발달과 휴머니즘이 가져다준 진보에 대한 인류의 낙관적인 견해는 제1차 세계대전 이후 약화되기 시작하였다. 과학기술문명은 인간에게 편리한 삶을 제공해 준 대신에 부산물로 생태학적 위기라는 결과를 낳았다. 지금까지는 자연을 대상으로 하였으나 미래에는 자연과 함께해야 한다.

4) 실천과제들

(1) 인간이 자연생태계의 일부임을 자각하도록 한다. 인간이 환경문제의 주범이 되어서는 안 된다. 이는 하나님의 창조를 거스르는 엄청난 죄악이다. 인간 사회에서의 범죄행위가 나 자신과 남을 해치는 윤리적 악이라면 자연을 파괴하는 행위는 인간과 자연의 생명까지를 파괴하는 생태윤리적인 악이며 동시에 하나님의 좋은 창조의 질서를 파괴하는 행위이다.

(2) 환경문제는 단순한 오염의 문제가 아니라 생명과 직결된다는 의식의 전환이 필요하다. 인간성 회복의 차원에서 생명운동이 전개되어야 한다. 윤리학이 범죄와 악을 예방하기 위한 학문인 것 같이 환경윤리는 자연의 쾌적함을 공유하기 위한 예방의학과 같은 것이어야 한다.

(3) 과학기술과 삶의 환경윤리 개선을 위한 개인이나 단체의 운동들에는 절약운동이 실제적이다. 이를 구체적으로 2% 절약운동이라고 명명하는 단체나 교회들이 있다. 보다 실천적인 예를 든다면 선진국에서 시행하고 있는 2Km 이내의 거리는 자동차를 타지 않고 걷거나 자전거 타기, 설거지 물 아끼기와 중성세제 사용 최소화하기, 허드렛물을 화장실에서 사용하기, 각 가정에서 사용된 물을 정화해서 하수에 내보내기, 사용하지 않는 전기 코드 빼기 등등의 목록들을 적어 보면, 실천할 수 있는 것은 널려 있다.

(4) 이 운동은 개인적 차원에서 시작하여 사회경제적인 차원 그리고 국가적인 차원의 운동이 되어야 한다. 현재와 같은 추세로 환경오염과 생태계가 파괴되어 간다면 인류는 또 하나의 공룡이 될 수도 있다. 건강한 자연과 자신의 위치를 찾는 생태적 인간의 공동체적 삶이 인류를 이 지구상에 존재하게 할 것이다. 모든 국가가 하나뿐인 지구의 환경을 위해 인류의 생존을 위해 노력해야 한다.

제4장

창조(creatio)의 이론들과 하나님의 자기 축소

개신교 신학에서 창조란 "하나님의 선하심과 사랑을 피조물들에게 보여주시기 위한 삼위일체 하나님의 자유스러운 외적인 결단의 행동"[1]이라고 요약하여 말할 수 있다. 이러한 행위를 통해 하나님은 자신의 자유롭고 선하신 의지를 세상에 나타내 보여 주셨으며 하나님이 만물의 아버지와 창조주 그리고 보전자로 계시되셨다. 창조를 계시 중의 계시로 표현함은 적합하다.

창조 시에는 아무런 다른 창조의 재료가 없었다는 것이 개신교 신학의 주장이며 신앙 고백이기도 하다. "태초에 하나님이 천지를 창조하시니라"(창 1:1)는 이것을 뒷받침해 주며 기독교인들이 예배 시에 고백하는 사도신경에도 창조주 하나님을 먼저 고백한다. 창조신앙은 이런 면에서 기독교인들의 신앙을 여는 문이며 교회를 위한 신학 전개의 첫 장에 속한다.

하나님께서는 창조를 하실 때 무엇을 사용하셨을까? 말씀으로 세상을 창

---

[1] 레온하르트 후터, 『정통주의 신학개요, 기독교 고전 원전번역 4』, 한인수 옮김 (서울: 도서출판 경건, 1999), 49쪽 이하.

조하셨다고 하는 것이 성경적인 대답이다. "하나님이 말씀 속에서 창조한다는 것은 창조가 하나님의 명령이며, 분부이며, 이 명령은 자유로운 것"[2]을 의미한다. 하나님이 말씀하심을 통해 하나님과 세계는 구분되며 동시에 연속성과 상호관계가 있다. 말씀은 일반적인 이야기를 말하는 것이 아니라 명령이나 통치를 의미하는 구체적인 말씀이다.[3] 창조를 하나님의 자유로운 의지와 연관시켜 볼 때 창조의 하나님은 가공하지 않은 자연적이고 무질서한 질료를 창조하신 후에 그것으로 천지만물과 다른 피조물들을 6일 동안에 만드셨다. 성경에 나오는 이스라엘의 일곱 촛대는 창조와 안식의 신앙을 보여주는 상징물이다.

1. 창조의 이론들

창조(ברא, 創造)라는 말 자체가 "무에서(ex nihilo) 어떤 것을 만들어 내는 의미가 강하게 들어 있는 신적인 용어"인데 자연적이고 무질서한 것을 창조주가 정리한다는 의미로 사용되기도 한다. 이미 주어진 재료에 대해서는 이 말이 결코 사용되지 않는다.[4]

창조(creatio)는 "하나님께서 자신의 영광을 나타내 보이시기 위하여 우주와 그 안에 있는 만물을 만드신 하나님의 자유스러운 행위"[5]이다. 이 행위를

---

2) 디트리히 본회퍼, 『창조, 타락, 유혹』 현대신서 71, 문희석 역 (서울: 대한기독교서회, 1992), 27쪽 이하. 하나님은 절대적으로 피안에 속한 분이시다. 왜냐하면 그분은 이 세계에서는 말씀에서만 존재하시는 분이시기 때문이다. 오직 창조의 말씀에서만 우리는 창조자를 알며, 말씀을 통하여 우리는 한가운데서 태초를 소유하고 있는 것이다. 말씀이란 선포된 말씀을 의미하며 상징이나 의미나 이념을 의미하는 것이 아니라, 지정된 사물 자체를 의미하는 것이다.

3) Claus Westermann, *Genesis*, 1 Bd. (Neukirchen: Neukirchener Verlag, 1976), p.153.

4) Otto Weber, *Grundlagen der Dogmatik*, Erster Band (Neukirchen: Neukirchener Verlag, 1987), p.552.

5) 루이스 뻘콥, 『기독교신학개론』, 신복윤 역 (서울: 성광문화사, 1986), 89쪽 참조.

성부의 사역으로만 이해하는 경향이 있으나 성경은 창조의 행위가 삼위일체의 사역임을 분명히 하고 있다(창 1:2, 욥 26:13, 33:4, 시 33:6, 104:30, 사 40:12, 13, 요 1:3, 고전 8:6, 골 1:15-17). 창조는 먼저 하나님의 자의적인 결단과 행위가 드러나는 것이기 때문에 비밀스러운 것이며 이것을 보여 주는 창조의 행위는 신적 계시의 근본임을 알게 된다.

오늘의 신학이 창조를 역사와 연관지어 생각하게 되는 것은 "계속되는 창조"(creatio continua)의 역사성 때문이다. 창조가 일회적인 사건으로만 한정된다면 창조주 하나님은 인간을 포함한 그의 피조물과 무관한 분이실 것이다. 우리가 믿는 하나님은 인격적인 삼위일체의 하나님이시다. 하나님은 그가 만드신 피조물과 직접적인 연관을 맺고 있는 아버지로서 영원불변하시며 전지전능하시고 권능과 지혜를 지니신 분이시다.[6]

창조의 기원이라는 물음을 해결하기 위하여 지금까지 인간은 과학과 철학의 힘을 빌려 많은 가설들을 내어 놓았으나 창조의 문제는 우주의 신비로 남아 있을 뿐이다. 창조에 관한 명쾌한 답은 성경에서 찾게 되며 하나님을 창조주로 믿는 신앙에 의해 설명된다(히 11:3). 성경에서 우리는 물질과 영적인 세

---

6) 레온하르트 후터, 『정통주의 신학개요』, 한인수 역 (서울: 도서출판 경건, 1999), 26쪽 이하. 정통주의 신학에서는 하나님을 삼위일체의 하나님으로 고백한다. 하나님을 인격적으로 믿는다고 할 때는 삼위일체의 하나님이라는 고백이 절대적으로 필요하다. 인격이란 고유하게 자체로서 존재하는 생동적이며 불가분리적이며 이성적인 그 무엇을 말한다. 동일한 본능과 동일한 권능을 가지고 동일하게 영원하신 세 인격을 지니신 하나님이 한 분이심을 우리는 믿는다. "성령이 아버지와 아들로부터 나온다"(qui ex patre filioque procedit)는 교리는 테르툴리아누스와 아우구스티누스 등에 의해 주장된 바 있다. 교황 레오 3세가 809년 아헨 연회(Aachener Synode)에서 filioque (그리고 아들에게서)를 올바른 교리라고 선언함으로써 서방교회의 공인된 신앙형식이 되었다. 개신교에서는 아우구스부르크 신앙고백(1530)에서 이 교리를 수용하였다. 그러나 동방에서는 그것을 전적으로 거부하였다. 지성과 이해력을 빌리지 않고 신비적인 방법으로 하나님을 이해하려는 희랍 기독교의 경건성이 동방신학에 들어있다. 예배를 통한 말씀과 예전 그리고 성령의 은사는 영혼을 신적 존재에 참여하게 하는(Θεοποίησις) 길이라는 것이다. 동방신학은 성화의 신비주의(Heiligungsmystik)라고 말할 수 있다. 서방 정통신학에서 이해하는 성령은 오늘날에도 성부로부터 성자를 통해 불가시적으로 믿는 자들의 마음속에 부어진다. 이는 말씀과 성례를 통해 저들을 거룩하게 하기 위함이다.

계가 어떻게 존재하게 되었는지 알게 되며 하나님의 창조 속에서 세계의 존재 기원을 발견하게 된다.[7]

성경이 기록될 당시 고대 근동지방의 사상을 지배하던 창조에 관한 대표적인 이론들로는 형성설과 유출설이 있다. 이들을 먼저 살펴보고 현대 과학을 대별하는 진화론을 비판하면서 기독교가 주장하는 무에서의 창조가 갖는 타당성을 하나님의 자기축소와 연관지어 이 글의 논거를 전개하려 한다. 하나님의 자기축소의 이론은 유대교와 기독교 신학의 대화에서 얻어진 신학적인 소산이며 몰트만이 이를 대변하고 있음을 먼저 밝힌다. 세계의 창조에 관한 대표적인 이론들로는 다음과 같이 세 가지 대답이 가능하다.

1) 형성설(Formation theory)

세계는 형이상학적인 질료로부터 만들어졌다는 이론이다. 이 이론의 대표자는 플라톤으로서 세계 기원에 대한 이원론적인 이론(The dualistic theory)이다. 인간을 포함한 자연 만물의 이 세계는 이데아의 세계와 현상의 세계로 나뉘어 있으며 진정한 실제의 세계는 오직 관념의 세계라고 한다. 변전무상(變轉無常)한 세계는 근본적으로 존재하지 않으며 오직 이데아의 세계에 참여하는 한에서만 실재적 성격을 갖는다고 한다. 두 세계 간의 형이상학적 구별은 윤리적이다. 이데아의 세계가 선의 세계이며 선의 세계의 정점은 신, 곧 하나님으로 보았다. 고대에는 이 이론이 신화적인 형태로 중동지방에 유행하고 있었다.

---

7) 창조신앙에 관한 신학과 과학의 근본적인 대결은 천동설과 지동설의 문제였다. 프톨레미(Ptolemy, 100-170)가 내세운 천동설은 코페르니쿠스(N. Copernicus, 1474-1534)의 지동설에 의해 공격을 받았으며 지동설을 지지한 갈릴레이(G. Galilei, 1564-1642)는 교회의 종교재판을 받게 되었다. 루터는 "여호수아가 태양을 머무르게 한 사건"을 예로 들어, 칼빈은 시편 93편 1절을 근거로 하여 지동설을 반박하였다. 멜랑히톤과 웨슬리도 지동설을 이단시하였다고 한다. 참조: 이신건, 『조직신학입문』 (서울: 한국신학연구소, 1992), 55쪽 각주 중 인용.

질서의 신이 혼돈의 원리인 티아마트를 쳐서 세계를 형성했다는 것이다. 바벨론의 창조신화(creation myth)에 나오는 질서의 신 마르두크(Marduk)가 혼돈의 신 티아마트(Tiamat)를 쳐 복종시킴으로써 이 세계가 만들어졌다는 것이다. 이러한 세계 기원에 대한 이원론적 견해를 희랍에서 받아들여 그것에 철학적인 해석을 가했다.

플라톤의 대화편 『티마이오스』라는 책에 나오는 세계 기원에 대한 신화에서도 이와 비슷한 이야기를 볼 수 있다. 태초에 데미우르고스라는 신이 있었다. 그 신이 본래 있었던 어떤 질료를 영원부터 존재한 이데아(모형)에 의해 형성한 것이 세계라는 것이다. 여기에서 질료란 공간이나 무엇인가를 받을 수 있는 그릇을 의미하기도 한다. 목수가 청사진에 의해 집을 짓는 것과 같다. 형성설의 창조에서는 세 가지 요소가 필요하다. 모형과 질료 그리고 데미우르고스이다. 이데아를 독립된 실체로 보았는지 신의 이데아로 보았는지는 문제가 있으나 신의 이데아로 보는 것이 일반적인 견해이다. 원래 천상적인 의미를 갖는 신의 이데아가 실현되는 것이 창조의 행위이며 창조의 행위가 실현되는 곳은 지상이라는 말이다.

이것은 철저하게 이원론(the dualistic theory)적 사고에서 나온 것이다. 이데아를 품고 있는 신이 먼저 전제되며 다른 한편으로는 세계 형성의 재료인 질료가 있어야 한다. 여기에서 질료라는 물질은 무엇인가? 그것은 비존재로서 창조의 활동에 의해 무엇이 될 수 있는 가능체이다. 이 물질은 신과 함께 영원부터 존재한 존재론적 원리로서 신의 세계 형성에 도움이 되는 조건이기도 하지만 방해물도 될 수 있다. 목수가 재목으로 집을 지을 수도 있으나 재목의 제한을 받게 된다면 재목으로 집을 지어야지 다른 흙벽돌집이나 철골로 된 집을 자기 마음대로 지을 수 없는 것과 같다. 플라톤이 주장하는 신은 창조 활동에 있어서 제한을 받는 신이다. 데미우르고스 신은 관대하고 선하며, 좋고 완전하게 세계를 형성하였다. 그는 전지전능의 신은 아니지만 상대적으로 완전한 신이다. 이 이론에서 보이는 것은 신과 물질이 모두 영원하다는 주장이다. 이는 만유-내재신론(panentheim)적 세계관이다. 여기에서 신은 창조주가 아니고 단순히 우주의 조성자에 지나지 않는다. 우주의 조성자는 기독교가 말하는 창조주가 아니다.

성경에서 하나님의 창조를 집의 건축(시 127:1)이나 토기의 조성자(렘 18, 롬 9:21)로 비유하여 설명하기도 한다. 이를 통해 보이는 것은 창조주 하나님의 의도와 목적인데 이 비유들은 무엇인가 주어진 물질이 전제되기 때문에 창조주의 전지전능과 섭리, 자의적인 창조의 결단의 능력을 약화시키고 동시에 인격적인 연대가 이루어지지 않는 약점이 있다. 창조가 마치 공장에서 물건을 만들어 내는 듯한 행위로 전락되고 만다. 또한 기독교가 주장하는 창조의 역사성이 들어 설 자리가 없다.

현상의 세계를 이데아의 세계에 참여하는 한에서 그 존재의 실재를 인정한 것은 윤리적인 면을 강조하는 장점이 있으나 너무 사변적이다. 이데아의 세계에 참여하는 현상의 세계를 관념의 세계로 설정해 놓고 논리 전개를 하는 것은 선으로 모든 존재 자체를 해석하려는 무리한 해석이다.

현상의 세계에는 선과 악이 동시에 존재한다. 현상의 세계에는 인간이 인간으로서 존재하는 한 진정한 선이 없으며 사악한 악도 사실은 없다. 선과 악이 교차되는 세계가 현상의 세계이다. 선에 참여하는 세계를 관념의 세계로 설정하여 존재의 의미를 부여한 것은 윤리적인 면과 종교적인 면이 강하게 보인다. 다른 면에서 보면 현상의 세계를 이데아의 세계로 격상시키는 결과가 되는 것이다. 그렇다면 원래 존재하는 이데아의 세계는 관념의 세계에서 가상적으로 보여지며 현상의 세계는 다시 관념의 세계에서 선에 참여할 때에만 존재한다고 할 때 결국 이데아의 세계는 관념의 세계에서 볼 수 있으며 현상의 세계는 부정되는 결과가 오게 되는 한계가 있다.

이러한 플라톤의 이원론과 고대의 신화론적 우주관에 대해 아우구스티누스는 세계 창조 이전에 하나님과 대등한 어떤 존재론적 원리나 실체가 없다고 한다. 하나님의 형성적 활동(formative activity)과 창조적 활동(creative activity)을 구별하여 후자가 하나님의 창조라고 한다. 이미 있는 재료를 모형에 의해 형성하는 조각가나 목수와 같은 분이 아니라 질료까지 만드신 제1원인(prima causa)이 되신다는 것이다. 그러므로 하나님만이 만물의 근원이요 만물은 절대적으로 하나님에게 의존되어 있다고 여긴다.

2) 유출설(The Emanation Theory)

우주의 체계와 질서를 최상위의 계층에 있는 일자로부터 정신, 혼, 육체로 구분하여 하위의 계층을 이루는 세계는 최상위의 계층인 일자로부터 흘러나왔다는 설이다. 신-플라톤주의의 일원론적인 이론으로 3세기 애굽에서 태어난 플로티누스가 이 이론의 대표자이다. 유출설은 하나님과 세계는 본질적으로 하나라는 사고에서 출발한다. 세계는 신적 존재로부터 점차 과정을 거치면서 필연적으로 유출되었다는 일종의 범신론(pantheism)이다.

우주는 계층적으로 되어 있고 그 우주 내에는 두 가지의 기본적인 운동이 있다고 보았다. 하나는 존재의 하강(descent)이요 또 하나는 존재의 상승(ascent)이다. 하강운동은 만물의 근원인 일자(一者)로부터 나오는 운동이요 상승은 육이 상승하여 근원이 되는 일자와 합일의 경지에 이르는 영적 생활, 즉 신비주의 운동이다. 전자는 존재의 유출로서 존재의 다양성으로 향하는 육적 운동이요 후자는 존재를 하나로 연합하게 하는 영적 운동이다. 그러므로 일자는 모든 존재의 초월적인 근원이 되면서도 동시에 모든 것이 그에게 귀환하는 목적이 된다. 이것을 도표로 나타내면 다음과 같다.

일자는 신적인 존재로서 모든 존재의 근원일 뿐 아니라 모든 것을 초월해 있는 절대 단일자이다. 그에게는 존재의 범주를 적용할 수 없다. 왜냐 하면 그

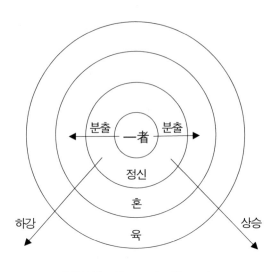

유출설(The Emanation Theory)

는 모든 존재에 선행하고 있기 때문이다. 그에게 어떤 속성을 부가해서 생각할 수도 없다. 속성이란 제한된 사물 존재에서 유래된 것이기 때문이다. 일자는 모든 것을 초월해서 "있음"(is)이다. 그는 행동을 동반하는 창조는 하지 않는다. 이것을 "부동의 동자"(The Unmoved Mover)라고 한다. 자신은 움직이지 않으나 다른 것을 움직이게 하는 존재이다. 그는 존재의 기원을 창조의 행위에 두지 않고 필연성에 의해 신으로부터 흘러나온다고 한다. 빛이 태양에서, 물이 샘에서 흘러나오는 것과 같다. 빛은 해로부터 필연적으로 흘러나온다. 영원히 완전한 존재는 그 자체가 충만하여 넘치기 때문에 무엇을 산출하지 않을 수 없다. 영원히 유출하는 존재가 일자이다.

이 유비에 의하면 창조는 신적인 충만함의 분출(overflowing)이다. 신의 풍성함과 넘침에 창조의 기원을 둔다. 이러한 유출의 창조행위는 신의 자의적인 창조라고 볼 수 없으며 숙명론적인 면이 강하게 부각되어 있다. 신의 넘침에 의한 실체의 우연성을 갖는 것이 창조의 행위라는 것이다. 분출에는 수여적 분출(하강)과 수용적 분출(상승)이 있다. 이 모두를 유출이라고 한다.

유출을 통해 일자는 만물의 근원이며 만물은 어느 면에서 신을 현현한다. 빛이 태양과 같지 않은 것처럼 유출된 어떤 존재도 신과 같지는 않다. 유출된 존재들은 존재계층(hierarchy of beings)을 지닌다. 태양에 가까운 빛이 더 밝고, 태양에서 먼 것이 어두워지는 것과 같다.

제일 먼저 일자에게서 유출된 것은 정신(nous)이다. 이 정신은 인식의 주체가 되고 객체가 된다. 정신은 주체와 객체라는 양면성을 지니기 때문에 단일성과 통일성이 결여되어 있다. 그러므로 일자에 비해 열등하다. 이 정신에서 혼(세계 혼과 인간의 혼)이 유출되어 나온다. 혼은 정신의 영상이요 정신은 일자의 영상이다. 유출 과정의 제일 하부계층을 물질이라 한다. 이는 빛이 마지막으로 미치는 한계에 어두움이 있는 것과 같다.

존재의 기원은 창조가 아니고 과연 필연적인 유출인가? 유출된 존재들은 정도는 다르지만 모두 신적인 요소를 지니고 있을까? 우주는 영원한 것도 아니며 시작도 없고 끝도 없는가? 여기에서는 하나님의 자기결정 능력이나 인간의 자유와 도덕적인 책임을 볼 수 없으며 세계에서 일어나는 모든 책임이 신에게 있음을 보여 준다. 상승과 하강 작용을 통해 상위존재와 하위존재는 연결점을 지니며 모두 신적인 존재라는 범신론적 사상이 여기에 강하게 들어 있다.

3) 생명의 본질과 진화론

지금까지 일반적으로 생명의 세계는 무기체적인 물질의 상층부에 유기체가 존재한다고 믿어 왔다. 이러한 사고에 근거하여 생명의 본질에 관하여 두 가지의 학설이 대립하여 발전되어 왔다. 생기론(vitalism)과 기계론(mechanism)이 그것들인데 진화론과 비교하여 논하려 한다.

(1) 생기론(Vitalism)

활력론이라 불리는 이 학설은 생명의 본질을 생활력(vital force)이라는 힘이나 생활소(Lebensstoff)라는 특수한 물질에 의해서라고 주장한다. 생기론의 역사는 세 단계로 구분된다.

생기론의 시조는 아리스토텔레스(384-322 B.C.)이다. 그는 발생을 "무엇으로부터 어떤 힘에 의해 발생하는 것"으로 보았다. 물질에서 생명이 생명력(Entelechie)에 의해 발생한다고 주장하였다. 생명의 본질이 생명력이라는 일종의 특수한 힘에 있고 생물은 이 생명력을 가지고 있기 때문에 무생물과 근본적으로 다르다는 것이다. 고대 말경 스토아학파들은 아리스토텔레스가 말한 이 생명력을 영혼(Pneuma)이라고 불렀다. 그러나 이들은 영혼을 식물, 동물, 인간에 이르기까지 만물을 관류하는 일종의 세계 영혼으로 여겼다. 이점에서 스토아학파는 영혼을 생명의 원리로 생각했다. 그러나 이들은 영혼을 불과 공간의 혼합물로 보았기 때문에 생명을 물질로 환원시킨 것과 같다.

(2) 기계론(Mechanism)

실제 세계는 무수한 물질 입자로 구성되어 있고 이 입자들은 서로 끄는 인력과 미는 척력에 의해 운동한다고 생각하는 세계관을 말한다. 세계의 모든 현상이 기계역학적인 운동법칙에 의하여 움직인다는 것이다. 이것은 고대의 데모크리토스와 에피쿠로스(341-270 B.C.)가 주장하였으며 근세 자연과학의 토대 위에서 18세기까지 각 방면의 지배적인 사상이 되었다.

데모크리토스는 생명이나 인간의 생활도 원자의 형태와 운동의 현상으로 여겼으며 에피쿠로스는 모든 생물과 무생물의 구별을 영혼의 유무로 판단했다. 그리고 이 영혼은 물질적인 원자의 합성체로 보았으며 이 운동도 필연적, 기계적이어서 인간의 의지에 자유의 여지가 없다고 단정하였다.

근대 기계론적 생명관의 선구자는 데카르트(Descartes)이다. 그는 물체와 정신을 독립적인 두 개의 실체로 여겼으며 인간 이하의 모든 생물에게는 정신이 없기 때문에 생물은 일종의 자동기계에 불과하다는 자동기계설(Auto- mat-ionstheorie)을 주장하였다. 그 이후 라 메트리(La Metrie)는 1784년에 인간 기계론을 발표하여 생물 전체를 하나의 기계론으로 보는 기계론적 생명관을 수립하였다.

(3) 신생기론

생기론은 기계론에 의해 약화되었으나 근세에 와서 생명소라는 특수한 물질을 생명의 본질로 보는 신-생기론이 대두되었다. 1905년 이후 생물과 무생물의 절대적 상이점을 가정하고 새로운 생명의 원리를 탐구하는 신-생기론(Neovitalism)이 생겨나게 되었다. 그 대표자는 드리쉬(H. Driesch, 1867- 1941)이다. 그가 주장하는 신-생기론은 세 가지이다.

① **조화균등세력계**: 생체를 구성하는 세포는 어떠한 위치에 있든지 세력이 균등하며 그 위치에 적당한 부분을 만들어 낸다. 또한 각 세포의 집단이 일정한 구조를 갖는 것을 보면 세포 간에 조화가 있다고 여겨진다. 이렇게 각 세포가 균등한 세력을 가지고 조화를 보유하는 것을 조화균등세력계라고 부른다.

② **복잡균등세력계**: 세력이 균등한 각 세포는 가지나 잎, 뿌리와 같은 복잡한 구조를 지닌 부분을 산출하는 능력을 가지고 있다. 이를 복잡균등세력계라 한다.

③ **생물의 행동**: 생물의 행동은 내부의 통일된 자극군과 통일된 작용군과의 연관이며 외부의 반응의 기초 위에서 진행된다.

위의 것들은 기계론으로는 설명할 수 없다. 예를 들어 생체의 어떤 부분을 잘라낸 뒤 다시 동일한 부분을 산출하는 것은 기계론으로서는 불가능하다. 유기체의 새 원리를 생명력이라고 하였다.

(4) 진화론(The Theory of Evolution)

생기론과 기계론의 대립은 결국 생명이 물리화학적으로 설명된다거나 설명될 수 없다는 것을 논하는 논쟁에 불과하였다. 이들은 생명이 장구한 역사적 산물임을 간과해 버리고 말았다.

고대 그리스의 자연철학자들 중에는 사물의 생성을 논한 사람들이 많았다. 엠페도클레스는 지(地), 수(水), 풍(風), 화(火) 4원소의 결합과 분리로 만물의 생멸(生滅)을 설명하려 하였다. 아낙사고라스는 사람은 물고기 모양의 조상에서 유래하였다고 주장했다. 아리스토텔레스가 주장한 "자연의 단계"(scala naturae)설은 진화 사상을 낳게 한 토대가 되었다고 말하는 사람도 있다.

체계적인 진화론을 제시한 사람은 라마르크이다. 그는 1809년 그의 저서 『동물철학』에서 "무기물에서 자연 발생한 미소한 원시적 생물이 그 구조에 따라 저절로 발달하여 복잡하게 된다는 점진적 발달설과 습성에 의해 획득된 형질이 유전함으로써 발달한다는 설"을 함께 설명하였다. 전자는 동물의 부류들이 단계적으로 배열됨을 설명한 것이고 후자는 종의 다양성을 설명한 것이다. 또한 동물은 내부 감각으로 생기는 욕구에 의해 진화한다고도 하였다.

진화론을 확립한 사람은 찰스 다윈이다. 그는 1859년 『종의 기원』(*On the Origin of Species by Means of Natural Selection*)이라는 책에서 자연선택설을 근간으로 하는 새로운 종이 생기는 구조를 설명하였다. 적자생존의 법칙에 의해 새로운 종이 생긴다는 것이다. 변이에 대해서는 라마르크의 습성에 의한 획득형질의 유전을 받아들였으나 전진적인 발달은 거부하였다.

진화론은 우주만물이 우연적으로 자연 발생하여 오랜 시간에 걸쳐 진화되어 온 것이라는 무신론적 사고에서 나온 이론이며, 창조론은 초월적인 창조주가 목적을 가지고서 세상을 의도적으로 창조하였다는 유신론적 신앙이다.[8]

---

8) 마이클 덴턴, 『진화론과 과학, 다윈은 과연 옳았는가?』, 임번삼 외 역 (서울: 한국창조과학회, 1985), 15쪽 참조.

진화론과 창조론은 근본 출발이 다르다. 진화론이 주창된 이후 한동안 사회사상에 큰 영향을 주었다. H. 스펜서가 주장한 사회다윈주의는 생존경쟁설에 따라 인종차별이나 약육강식을 합리화하여 강대국의 식민정책을 합리화하는 데 악용되었다. 19세기 말에 진화론에 입각한 계통탐구의 어려움이 인식되면서 진화론에 관한 관심이 점차로 감소되고 있다.

창조주 하나님에 관한 우리의 신앙과 현대 과학과의 관계는 몇 가지의 전제할 원칙들이 있다.9) 우선 과학과 신앙이 사용하는 언어가 다르다는 것이다. 전자는 경험적인 증거를 토대로 인과 관계를 중시하고 확률적인 이론을 이야기하지만, 후자는 풍성한 상징과 표상 그리고 시적인 표현들을 통해 신앙적 그림을 만들어 내는 언어들을 사용한다. 이를 그림언어(picture language)라고 한다.

과학이 과연 만물의 기원 문제를 관찰하여 반복할 수 있을까? 창조는 과학적인 실험의 한계 때문에 입증될 수 없으며 진화는 속도가 너무 느려서 측정할 수 없다. 진화론은 이런 면에서 실험 과학의 영역에 속하지 않는다는 결론을 얻게 된다.10)

과학과 신학의 언어는 전적으로 다르거나 배타적인 것은 아니다. 지난 몇 세기 동안 교회는 성경을 모든 학문의 척도(canon)로 간주해 오기도 하였다. 교회가 세속을 지배하던 시대에는 이러한 사고가 지배적이었으나 오히려 이러한 성경 해석은 중세 암흑기를 가져오는 멍에와 굴레가 되었음을 부정할 수 없다. 이러한 성경 중심적인 행위와 판단은 세상의 학문까지 지배하고 개인의 양심과 신앙을 무시하는 결과를 가져오게 되었다. 그 대표적인 것으로는 갈릴레오가 주장하던 과학적인 판단인 지동설을 교회는 성경의 주장을 내세워 거

---

9) 다니엘 L 밀리오리, 『기독교 조직신학개론 - 이해를 추구하는 신앙』, 장경철 옮김 (서울: 한국장로교출판사, 1994), 147쪽 이하.

10) 헨리 앰 모리스, 『진화나 창조냐』, 조진경 역 (서울: 도서출판 선구자, 1981), 15쪽 이하.

부하도록 강요하였다.[11] 갈릴레오의 경우에서는 과학과 신학이 적대감의 상징으로 여겨진다.

진화론이 대두된 이후 19세기와 20세기 초까지 교회는 과학과 신학의 대화를 첨예한 대립의 양상으로 끌고 간 것은 사실이다. 여기에서 우리가 얻은 중요한 결론은 과학적 실험만능주의(experimental almightism)와 신학의 독단적인 제국주의(dogmatic imperialism)는 극복되어야 한다는 점이다.

우리가 전제할 것은 과학과 신앙은 서로에게 영향을 미치며 서로를 풍성하게 해줄 수 있다는 믿음이 필요하다. 과학자들은 점차 과학적 탐구의 영역 안에 창의적인 상상과 신비의 세계가 있음을 인정하고 있으며 신학 역시 과학적인 결과를 체계화된 신앙으로 해석해야 할 부분이 있음을 인정하고 있다. 예를 들면 과학적으로 "우주는 하나의 연관된 전체"(a coherent whole)라고 전제하고 있는데 현대 과학을 가능케 하는 이러한 가정들이 기독교 창조론과 전적으로 일치하는(congruent) 것으로 판명되고 있다.

오늘의 신학이 세계와 우주에 관한 새로운 이해를 추구한다면 현대의 과학은 세계와 우주에 관한 신비를 들추어내면서 창조주 하나님에 관한 신앙을 확실히 하고 있다고 해도 과언이 아니다. 흔히들 말하는 것처럼 "진정한 과학자는 확실한 창조신앙을 가지고 있는 자이다"라는 말이 기정사실화되어 가고 있다.

과학은 자신의 연구 안에서 수없이 전개되는 신비의 차원에 대해 개방성을 가져야 하며 신앙과 신학은 미래의 완성을 지향하는 창조론의 입장에 서서 자연의 신학(a theology of nature)을 연구해야 한다. 이미 언급한 바 있는 과학

---

11) 갈릴레오는 1633년 『두 가지의 세상원리에 대한 대화』(*Dialogue on the Two Chief Systems of the World*)에서 지구가 태양 주위를 돈다는 코페르니쿠스의 설을 지지했다. 교회는 과학 영역을 침해하고 창세기를 과학책으로 해석하기 시작하였다. 갈릴레오는 로마 종교재판에 소환되어 자기 주장을 철회하도록 위협을 당했다. 그는 지동설을 철회하고 꿇은 무릎을 펴면서 "그러나 지구는 지금도 돌고 있다"는 말을 남겼다고 한다.

적 실험만능주의(experimental almightism)와 신학의 독단적인 제국주의(dogmatic imperialism)가 극복되면서 생태학적 위기를 극복하려는 만남의 장이 마련될 때, 과학적 사고와 신앙적 확신은 상호 연관성을 가지며 창조된 세계의 복합성과 아름다움을 재창출하는 창조론으로 형성될 것이다.

4) 무로부터의 창조(creatio ex nihilo)

개신교 신학에서는 이 교리를 주제로 하여 논의된 것이 별로 없다. 그러나 가톨릭 신학에서는 제4차 라테란공의회(1215) 이후 공언된 교리로 연구되어 왔다. 개신교 근대 신학자들 가운데 이것을 신학의 주제로 가져온 사람들은 칼 바르트와 에밀 브루너, 트릴하스 그리고 오토 베버 등이다.

개신교 신학에서 무로부터의 창조 문제를 소홀하게 다룬 것은 이 이론에 대한 성경적 근거가 미약하고 사변적인 성격을 갖고 있기 때문이다. 무로부터의 창조를 말할 수 있는 로마서 4장 17절은 태초의 창조보다는 새로운 창조를 말하고 있으며 히브리서 11장 3절의 무는 순수부정의 무라기보다는 결여적인 무이다. 마카비하 7장 28절의 'ouk ex onton'도 무형의 질료인 무를 말해 준다. 창세기 1장 2절의 혼돈(chaos)을 질료의 개념에 결부시켜 언급한 것은 필론과 헤르마스 목자 그리고 속사도 교부들이다.

무로부터의 창조는 무엇을 의미하는가?

(1) 무로부터의 창조는 창조주의 시작을 말해 준다. 이 창조는 시간과 세계의 절대시작(태초)을 의미한다. 하나님은 시간 안에서 세계를 창조하신 것이 아니라 시간과 함께 창조하셨다. 창조 이전에는 시간이 없었고 시간을 창조하신 하나님은 시간의 지배를 받지 않는 초월적인 영원자이시다. 따라서 세계를 영원하다거나 무한하다고 하는 이론에 반대한다. 무로부터의 창조는 시

간의 절대적인 시작인 태초를 말하며 이 시간은 목적을 향해 진행된다. 시간은 시작이 있고 과정이 있으며 완성이 있다. 이로써 무로부터의 창조는 시간의 윤회사상 즉 회귀를 반대한다. 시간의 창조는 하나님의 영원히 거할 수 있는 공간적인 장을 마련하는 구체적인 준비과정이라고 할 수 있다.

(2) 무로부터의 창조는 하나님의 절대주권을 나타낸다. 세상과 하나님이 철저히 구별됨을 의미한다. 여기에서 말하는 무(無)는 'μή ὄν'이 아니라 'οὐκ ὄν'이다. 절대적으로 없음을 뜻한다. 창조 시에 삼위일체 하나님 외에는 아무도 없었음을 의미한다. 세계는 하나님으로부터 흘러나온 신적인 존재가 아니다. 하나님 이외의 어떤 질료로부터 만들어진 것도 아니다. 세계가 하나님처럼 영원한 것도 아니며 시간이 영원히 반복되는 것도 아니다. 창조된 세계는 시작과 끝이 있는 유한한 존재임을 말해 준다.12)

여기에서 사용되는 전치사 "ex"는 그것이 생겨난 질료를 의미하지 않고 질료로부터 배제됨을 뜻한다. 이는 신적인 존재를 갖는 어떠한 존재나 다른 무엇이 창조 이전에는 존재하지 않음을 나타내는 말이다. 피조물이 있기 이전에는 하나님 자신만의 본질이 있을 뿐이다.

만물이 피조되기 전에 만물의 존재 가능성이 있었는가? 안셀무스는 이러한 질문에 대하여 다음과 같이 대답한다. "만물이 존재할 고유한 가능성은 없으나 세상을 만드실 능력이 하나님께 있으므로 만물은 이러한 가능성에 근거하여 존재할 뿐이다." 이런 의미에서 천지만물은 절대 무로부터의 창조이다. 절대 무는 하나님이 창조의 가능성을 여는 무이다.

무로부터의 창조를 더 잘 이해하기 위해 아우구스티누스의 이론을 유대교의 하나님의 축소이론과 결부시켜 설명해 보기로 하자.

---

12) 김균진, 『기독교조직신학 I』 (서울: 연세대학교출판부, 1993), 334쪽 이하.

2. 무로부터의 창조(creatio ex nihilo)와 하나님의 자기 축소

아우구스티누스는 하나님께서 세계를 무로부터 창조하셨다고 주장했다. 이것은 하나님의 자발적인 사랑의 행위이다. 무로부터의 창조는 피조물에 신의 속성을 부가하는 범신론(pantheism)을 철저히 반대한다. "무에서의 창조는 곧 당신에게서 온 것입니다. 당신으로부터 나와 만들어진 것도 아니며 이미 전에 있었던 어떤 것으로부터 나온 것도 아닙니다"(creatio ex nihilo enim a te, non de te facta sunt, non de aliquae antea fuerit).

창조는 선재의 어떤 질료로부터 형성된 것이 아니며 하나님 자체에서 유출된 것이 아니기에 남는 것은 "무로부터의 창조"(creatio ex nihilo)라는 결론에 이른다. 무로부터의 창조 개념이 하나님과 세계 그리고 시간과 영원의 관계를 기독교적인 신앙에서 이해하려 할 때 가장 합당한 이론이라고 생각된다. 그러면 무로부터의 창조가 의미하는 것은 무엇인가?

무로부터의 창조를 잘 이해하기 위해 먼저 "하나님의 자기축소"(Selbstverschränkung Gottes)에 관한 유대교의 신비신학 이론을 도입하여 보기로 하자.

세계의 창조는 먼저 하나님께서 자신을 창조자로 결정하는 데에서 시작한다. 자신 안에서 자신을 열고 자신을 나누어 주며 자신을 결정함으로써 창조가 시작된다는 것이다. 기독교 신학은 지금까지 하나님의 창조사역을 "밖을 향한 하나님의 활동"(operatio Dei ad externa)이라고만 생각하였는데, 하나님의 창조 순서를 보면 먼저 하나님의 내재적 삼위일체의 관계 속에서 일어나는 "안을 향한 하나님의 행위"(actio Dei ad interna)를 고려해야 한다는 것이다.

창조는 하나님의 내적, 외적인 행위에서 완성되는 것이다. 자신의 밖에 있는 세계를 창조하기 위해 하나님은 자신 속에 있는 공간을 미리 마련하신다는 것이다. 하나님께서 자신 속으로 들어감으로써 창조적인 일을 할 수 있는 원초적이며 신비적인 공간(mystisches Urraum) "절대 무"(absolute Nichts)가 생긴

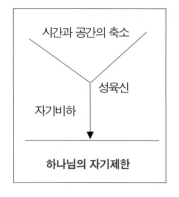

시간과 공간의 축소

성육신

자기비하

하나님의 자기제한

다. 이것은 유대교의 학자인 이삭 루리아(Isaak Luria)의 집중과 위축을 의미하는 진줌(zinzum) 이론으로 설명할 수 있다. 최근의 유대교 학자로는 게하르트 숄렘(Gerhart Scholem)도 이를 지지한다.

하나님은 자기 자신으로부터 자기 자신 안으로 집중시키며 들어가는 곳에서 절대 무라는 창조의 행위가 시작된다는 것이다. 여기에 신적인 본질은 가지면서도 신적인 존재가 아닌 것을 생성하신다. 이곳의 창조자는 부동의 동자가 아니라 자신의 존재의 공간을 허용하는 하나님의 자기활동의 창조를 허용하시는 분이시다.

하나님께서 자기 자신을 위축시키시며 자신에게 전향하는 신적인 자기제한 속에서 절대 무가 형성된다. 절대 무는 하나님의 자기결단 속에서 먼저 이루어지며 그 이후에 "창조적인 있게 함"(Schöpferische Seinlassen)이 뒤따른다고 볼 수 있다. 전자는 남성적인 창조요 후자는 "하나님의 자기 확장"(Selbstexpansion Gottes)으로 보이는 여성적인 창조이다. 창조의 행위가 있기 전 하나님의 신이 수면에 운행하신다(창 1:2)는 것은 하나님의 창조를 위한 자기축소의 한 과정으로 이해할 수 있다. 생명의 근원인 빛으로부터 시작되는 창조의 전 과정은 하나님의 아름다운 모성적인 창조이다.

이러한 하나님의 자기제한과 자기축소는 성육신이 갖는 "자기비하의 신학"(kenosis theology)에도 적용할 수 있으며 "하나님이 모든 것 안에서 모든 것이 된다"(Gott sei alles in allem)는 바울의 고린도전서 15장 28절을 더 쉽게 설명할 수 있다.

첫 번째는 하나님의 자기축소 과정이다. 하나님의 내적인 창조를 위한 자기수축을 통해 빈 공간이 생겨난다. 하나님은 그곳에 절대 무라는 창조의 공간을 만드신다. 절대 무는 창조의 가능성을 지닌 공간이며 질료이다. 자기수축 과정을 갖는 내적인 창조를 자유로운 결단과 의지에 의한 남성적인 창조라고 한다.

두 번째는 하나님의 자기확장 과정이다. 자기확장을 통해서 하나님은 가능성을 지닌 질료로부터 형태를 가진 구체적인 창조를 하신다. 이것은 외적인 창조이며 자기 분여와 자기 나눔의 창조이므로 여성적인 창조라고 할 수 있다.

남성적인 창조와 여성적인 창조에 대하여 논란의 여지가 있다. 하나님의 성에 관한 문제인데 여성신학자들이 주장하는 하나님의 중성성은 과거의 교회가 하나님을 남성으로 성령을 여성으로 이해하면서 아들 예수를 포함하여 그리던 인위적인 삼위일체 도식에 대한 거부적인 태도이다.

창조의 빈공간

하나님의 자기축소

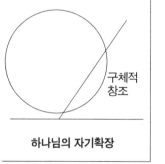

구체적 창조

하나님의 자기확장

우리가 하나님을 표현할 때 아브라함과 이삭과 야곱의 하나님을 의도적으로 거부하고 사라와 리브가와 룻의 하나님을 얼마든지 만들어 부를 수 있다. 그러나 이스라엘의 신앙 고백처럼 된 족장들의 하나님을 어떻게 이해해야 할 것인지는 또 하나의 과제이다.

창조에 있어서 하나님의 양면성은 하나님의 창조물인 인간의 대비(Ana- logia)에서 가능하다. 하나의 생명이 창조될 때 분명한 것은 하나님이 만드신 남성과 여성의 상호작용에 의해 새로운 생명으로 탄생된다는 것이다. 하나님도 역시 이러한 방법을 보여 주시고 사용하시지 않으셨을까, 라는 것이 상호 수축과 확장의 창조이다.

새로운 생명이 탄생되는 인간의 창조를 살펴보면 인간 상호의 자의적인 결단과 의지가 있은 후 여성의 몸에서 자기 분여와 나눔의 일로 생명이 탄생한다. 그래서 우리가 사용하는 언어 가운데 어버이(parents)라는 복수명사가 별도로 존재하는 것이다. 우리가 즐겨 부르는 "어버이 은혜"라는 노래 가사는 "아버지 날 낳으시고 어머니 날 기르신다"는 표현이 들어 있다. 실제로는 어머니가 날 낳으시고 날 기르시는데 이렇게 표현 한 것은 아버지의 창조역사에 대한 자의적인 결단을 강조한 구체적인 표현이다.

하나님께서 창조를 하실 때 말씀으로 모든 것을 창조하셨다는 것을 이해하기 위하여 우리가 쓰고 있는 언어인 말만을 생각하는 것은 소극적인 성경해석이다. 말은 사고의 결정체이다. 말을 통해 인간의 의지가 남에게 보여 지고 전달되며 구체적인 행동이 뒤따르게 된다. 그렇지 않으면 그 말은 허공에 뜬 거짓이 되며 허구적인 말이 된다. 하나님의 창조는 말씀에 의한 창조이다. 말씀은 자기결단과 나눔과 자기분여를 통해 이루어진다. 이것을 구체화시키는 것이 무에서의 창조에서 구체적으로 보여 지는 "하나님의 자기축소와 확장의 창조"라고 볼 수 있다.

세 번째는 하나님의 자기비하를 보여 주는 그림이다. 예수 그리스도 안에서 보여 지는 하나님의 자기비하(빌 2:5-10)는 시간과 공간의 제한을 받는 것에서 구체적으로 나타난다. 무한하신 하나님이 유한하신 분으로, 초월적인 하나님이 현실적인 인간이 되신 것이다.

창조는 하나님의 자기수축과 자기확장을 통해 이루어진다. 남성적이며 자의적인 자기결단이 있은 후 여성적인 나눔과 자기분여가 있다. 하나님의 자기수축을 남성적인 창조라고 하면 자기 확장은 여성적인 창조이다. 예수께서 주기도문을 통해 하나님을 "아바"라고 소개하실 때 아바가 의미하는 부성적 이며 모성적인 모습을 더 확실하게 해주는 이론이기도 하다.

3. 신학적 의미

무로부터의 창조와 하나님의 자기축소, 자기확장의 이론은 보다 적극적인 신학적 의미를 갖는다.

1) 하나님만이 진정한 의미에서 실재하시는 존재라는 것이다. 피조물은 하나님의 자기축소에 의해 발생한 절대 무로부터 창조되었기 때문에 하나님처럼 자존적인 존재가 결코 될 수 없다. 최고의 실체이신 하나님은 피조물로 하여금 존재할 수 있는 힘을 무를 통해 주어 존재케 하였다. 그러므로 피조물의 존재는 창조자의 존재와는 전혀 다르다. 피조물의 존재는 독립적인 존재가 아니라 유래된 존재, 창조자에 의존되어 있는 존재이다. 그를 떠나서는 존재의 근거와 의미를 자체에서 찾아볼 수 없다. 이 창조는 바르트가 말한 것처럼 세계가 "저절로 태어난 것(a nullo)"을 의미하지 않는다. "이미 존재하는 다른 것이 아닌 것으로부터의 창조(creatio ex nullo alio praeexistence)이다. 하나님이 원하셔서 비존재(non ens)가 존재(ens)로 된 것이다."

2) 피조물은 절대 의존적이며 동시에 우연성(contingency)을 갖는다. 절대 무로부터 하나님의 자기확장을 통해 창조되었기 때문에 무(nihil)에 참여하고 있고 본래의 무로 돌아가려는 경향이 있다. 반면에 존재의 근원이신 하나님에 의해 창조함을 받았기에 참 실체이신 하나님의 존재에 참여함으로 존재를 유지한다. 하나님의 보전해 주시는 능력에 의해서만 무의 위협에도 불구하고 그의 존재를 지탱하게 된다. 무에서의 창조를 피조물 편에서 보면 창조자에 대한 절대 의존을 의미하며 창조자 편에서 보면 피조물을 창조하고 존속케 하며 유지시키는 능력을 의미한다.

3) 무로부터의 창조의 다른 의미는 무로 돌아가려는 상호의존성(mutability)을 지니고 있다는 것이다. 이러한 존재는 하나의 존재의 형태에서 다른 존재의 형태로 변하기도 하고 없어지기도 한다(est non est). 이 가변성이 시간의 존재론적 근거가 된다. 무에 참여하지 않고 만물을 창조하신 하나님은 완전한 존재, 불변한 영원자 그리고 항상 동일하신 분이시다. 무에서의 창조는 피조물 편에서 보면 가변성, 시간성을 의미하며 창조자 편에서 보면 완전성, 영원성, 동일성을 의미한다.

4) 무로부터의 창조는 하나님의 자유의지와 선하심을 나타낸다. 하나님은 영원, 불변, 자존, 충만하신 분으로서 자족하신 분이시다. 세계의 창조는 이 하나님이 자유의지와 그의 선하심에 근거하여 행하신 일이다. 선하신 하나님이 하신 모든 일은 좋은 것이다(esse qua esse bonum est). 아우구스티누스는 "모든 존재는 그것이 존재하는 한 선하다"(Ergo quaequm que sunt, bona est)라고 한다. 그는 피조물 세계의 선함을 창조자의 선하심에서 찾는다. 우리가 현실의 세계에서 선을 찾으려면 선신과 악신의 존재를 인정하는 이원론에 빠지게 된다.

본회퍼 역시 창조를 자유라는 범위에서 이해한다. "창조주와 피조물 사이에는 단지 무가 있을 뿐이다. 자유는 무 안에서 무로부터 시행된다." 이러한 자유를 절대자유라 할 수 있다. 하나님의 창조 역사를 "하나님의 원하심"(Wille Gottes)으로 표현하는 것도 절대자유에 근거한 것이다. 볼프강 트리하스도 세계 창조를 하나님의 자유라고 주장하며, "창조에 선행하는 것은 하나님 자신 외에 아무것도 생각할 수 없기 때문"이라 말한다. 이처럼 피조물이 신적인 자유의지로부터 선하게 창조되었다는 것은 성경적인 진술이다. 그리고 그것은 성서적인 근거를 갖는 신학적 논제이기도 하다.

세상에 악이 존재한다는 것은 하나님이 세상을 좋게 창조했다는 것과 어긋나지 않는다. 악은 하나님이나 어떤 존재론적 원인에서 나온 것이 아니다.

피조물은 무로부터 창조되었기 때문에 피조물의 선은 최고선에서 유래된 선 또는 변할 수 있는 선이다. 그들이 선한 것은 자체가 선한 것이 아니라 하나님 의 선에 참여할 때에만 선하다. 피조물의 선은 제한되어 있는 선이다. 제한된 선으로 창조된 이 세계에 악이 존재할 수 있는 가능성이 있다는 말이다. 악이 란 악한 실체에서 온 것이 아니라 선의 결핍(privatio boni)이다.

악은 존재와 선의 근원이신 하나님을 떠난 '상대적인 무'로 들어가는 존재 와 선의 결핍이다. 그러므로 순수 악이란 순수한 '무'이다. 악이란 특수한 역사 적 사건으로 인하여 생긴 것이다. 역사적 사건을 통해 악이 극복될 수 있다. 이 렇게 그는 창조와 회복(구원) 사이에 악(타락)이라는 사실로 다리를 놓았다.

창조에는 목적이 있다. 창조는 우연과 필연이 아니라 하나님의 자유의지 와 좋으심에서 이루어진 것이기 때문에 목적이 있다. 세계는 하나님의 선하신 뜻이 섭리하시고 인도하여 나간다. 창조의 시간은 유한한 것으로서 종말적인 목표를 향해 나아가는 역사적 시간이다. 이 시간은 역사적 과정을 통해 영원 에서 완성된다. 무로부터 창조된 세계는 하나님의 능력에 의해 존속되고 그의 뜻에 의해 인도되어 종말에 하나님의 창조의 목적에 도달한다.

아우구스티누스는 무로부터의 창조라는 개념으로 하나님과 세계, 영원과 시간, 악의 문제, 역사의 의미를 이해하도록 존재론적 기초(ontological ground- ing)를 놓아 주었다. 하나님의 자기축소와 자기확장 이론은 창조와 세계에 대 한 이원론적인 사고를 극복하게 해주며 절대 무를 통한 하나님의 창조와 절대 무로부터의 창조의 세계를 구체적으로 이해하게 한다.

이미 앞에서 언급한 바와 같이 절대 무는 창조주 하나님께서 자기축소를 통해 마련하신 창조의 공간이다. 이 공간은 하나님의 자기결단과 자유의지 그 리고 선하신 뜻에 의해 피조물을 위해 주어진 것이다. 하나님은 자기확장을 통해 이 공간에 마련된 질료들을 사용하여 구체적인 창조를 하셨다. 이것을 분여와 나눔의 창조라고 한다. 이런 면에서 전자는 남성적인 창조, 후자를 여성적인 창조라고 명명할 수 있다.

하나님의 자기축소를 통해 마련된 절대 무는 하나님과 구분되며 하나님의 자기확장을 통해 절대 무는 피조물과 깊은 연관을 갖는다. 절대 무는 하나님과 피조물을 연결시키는 창조사역의 고리가 된다. 이런 면에서 절대 무의 창조는 하나님의 주권적인 창조이다.

그러면 무로부터의 창조가 성경적인가? 창세기 1장에 의하면 하나님이 흑암과 물이 혼돈한 곳에서 우주를 만드신 것으로 기록되어 있다. 이곳에 능력을 행사하여 만든 것이다. 이것은 바벨론의 창조신화 영향이라고 학자들은 말한다. 마르두크가 바다의 괴물 티아마트를 죽임으로 우주가 형성되었다는 것이다.

그러나 바벨론 신화는 창세기 1장의 내용과 근본적인 차이가 있다. 창세기에는 하나님과 세력을 겨루는 존재가 없다. 하나님은 흑암을 초월해 계시면서 말씀하신다. 말씀의 명령이 피조물의 창조와 연결된다. 창조 이전의 흑암이나 혼돈은 하나님의 자기결단이 있기 이전의 상태를 말하며 이를 통해 하나님의 절대주권과 초월성을 볼 수 있다(사 45:7).

아이히로트나 앤더슨이 지적하듯이 흑암이나 혼돈의 상태에서 하나님의 능력에 대등한 다른 존재가 있지 않음으로 창세기 1장의 창조설화는 무로부터의 창조를 뒷받침해 준다.

무로부터의 창조를 처음으로 사용한 책은 기원전 2세기의 제2마카비서(7:28)이다. 신약에서는 로마서 4:장 18절, 히브리서 11장 3절이 이를 뒷받침한다. 오리게네스는 무로부터의 창조를 거부했으나 테르툴리아누스와 이레네우스, 아타나시우스는 이를 받아들였다. 이것을 성경에 근거하여 개신교의 신학으로 신학화한 사람은 아우구스티누스이다.

4. 참고

몰트만(Moltmann)의 "창조의 진화"에 대한 해석[13]

이 글은 몰트만의 글을 요약하면서 필자의 사고를 덧붙인 것이다. 동양적인 사고를 바탕으로 서양신학을 바라본 작업이다.

1) 창조의 기사를 보면 인간은 피조물 가운데 하나의 다른 피조물이다. 창조의 순서로 보면 가장 나중에 등장한다. 지구상에 마지막으로 온 손님이라고 할 수 있다. 이러한 관점에서 본다면 창조의 극치는 지금까지 보수신학에서 주장하던 인간이라기보다는 하나님이 피조물과 함께 쉬시는 안식이라고 보는 것이 옳다.

창조의 마지막 날에 창조된 인간은 다른 피조물에 전적으로 의존한다. 다른 피조물들은 인간 없이 살 수 있다. 그러나 마찬가지로 인간 또한 다른 피조물들이 없이는 한순간도 존재가 불가능하다. 이것은 창조가 인간에게서 끝나는 것이 아니라 피조물들의 쉼이 있는 안식에서 완성됨을 보여 주는 것이다. 영원한 안식은 하나님이 쉼을 찾으시는 종말에 새 하늘과 새 땅에서 이루어진다. 하나님과 인간 피조물이 서로 내주하며, 거하며, 상호 교환하는 내적인 교제가 이루어진다.

2) 인간이 동물의 이름을 언어로 지어 준 것은 지배의 행위가 아니라 친밀한 사귐을 의미한다. 언어를 사용하는 인간은 언어를 통해 다른 사람의 도움을 필요로 하며 언어를 가지고 다른 피조물과의 사귐을 조성하는 존재이다. 인간은 언어를 통해 동식물을 포함하는 이웃과의 교제를 이루어 나간다. 인간은

---

13) 위르겐 몰트만, 『창조 안에 계신 하나님』, 225쪽.

자신을 남에게 알리기 위해 이름이나 별명을 사용한다. 개인이 가지고 있는 계정 번호나 바코드 역시 정보를 교환하는 창구이다.

3) 하나님의 형상(Imago Dei)으로서의 인간은 창조 안에서 피조물을 향해 하나님을 대변한다. 하나님의 영광을 찬양하기 위해 인간은 안식일 이전에 창조되었다. 새로운 창조는 예수 그리스도의 오심과 십자가와 부활에서 시작된다. 하나님의 영광이 이 땅에 실현되는 곳은 새 하늘과 새 땅이다. 이곳에서 드디어 신정정치(Theokratia)가 이루어진다. 하나님의 온전한 안식이 이루어지는 곳이다. 하나님의 사랑이 실현되고 정의가 세워지는 샬롬의 나라이다.

4) 사람은 세계의 형상(imago mundi)으로서 다른 피조물들을 대변하여 하나님 앞에 서 있다. 인간은 피조물을 위한 제사장 적인 존재이며 성만찬 적인 존재 그리고 창조의 사귐을 책임지는 존재이다. 하나님과 피조물의 중보적인 존재라고 보는 것이 옳다. 인간의 타락은 피조물의 타락을 가져오게 하며 인간의 구원은 피조물의 구원을 이루게 하는 동인이 되기도 한다.

5) 진화론은 지금까지 가톨릭이나 개신교의 교회의 회의에서 창조의 신앙과는 다른 유물론, 범신론 그리고 무신론으로 규정되어 왔다. 그러나 성경의 증언들은 문자적으로나 성경적으로 보는 것보다는 새로운 종합에의 가능성으로 개방해서 보아야 한다. 인간과 세계는 변화에 적응하면서 진화되는 과정을 거치고 있다. 새로운 세대에 적응하기 위한 전적인 사고의 변화도 진보라는 관점에서 이해할 수 있다. 과학적인 발전에서 돋보이는 자동화는 분명 진보라 하는 것이 타당하다.

6) 창조에 있어서 태초의 창조에 머무르면 계속적인 창조의 역사성을 부인하

는 결과가 된다. 인간의 창조 역시 창조의 극치로 여기기보다는 발전하는 면에서 보는 것이 타당하다. 발전한다는 것은 인간의 삶을 새롭게 하는 종합적이며 문화적인 개념이다. 인간은 누구나 새것을 추구하며 살고 있다.

7) 창조와 진화는 우선 별개의 것으로서 다른 차원에 속한다. 진화는 계속적인 창조(creatio continua)와 관계된다. 하나님은 오직 인간의 삶과만 관계하시는 하나님이신가? 스피노자의 말처럼 모든 사물과 존재 속에서 조화를 이루시는 분이시다. 하나님께서 인간을 향하신 뜻이 있다면 세상에 존재하는 나무나 풀 한 포기에 대해서도 그분의 선하신 뜻과 섭리가 있다. 인간의 생명이 귀하다면 다른 피조물의 생명도 그만큼 귀하다.

8) 진화는 신학이 말하는 계속적인 창조와 관계가 있는 것으로, 미래로 향하고 있는 인간의 삶의 질을 위한 개방성 속에서 보여진다. 불의 발명과 언어의 사용, 문화의 창조 그리고 원자와 우주의 시대, 정보화의 시대는 이것을 드러내 준다. 창조의 왕관은 안식이며 창조의 축제를 위해 하나님은 인간을 창조하셨다. 인간이 하나님 안에서 안식을 취하도록 하셨다. 하나님은 모든 피조물 안에서 안식을 취하신다. 인간을 창조의 왕관이라고 규정하면 창조는 일회적인 창조로 머물 수밖에 없다.

9) 태초의 창조는 시간의 창조이다. 시간의 창조는 변화의 창조를 말한다. 하나님의 역사적 창조로서의 창조가 계속적인 창조이다. 진화론들은 창조의 질서를 따르는 것이다. 창조를 세 가지로 구분한다면 태초의 창조와 계속적인 창조 그리고 새로운 창조가 있다.

이것들을 창조와 보전 그리고 구원으로 이해하는 것은 단편적이며 바람직한 해석이 아니다. 인간중심적인 해석이다. 성경에서 창조를 의미하는 "바라"

라는 동사는 해방과 구원에 더 많이 사용한다. 창조가 역사성을 갖는 창조일 때 종말론적인 방향으로 간다.

10) 자유와 정의의 실현은 많은 수고와 고통이 있다. 창조자는 피조물들의 대립으로 고통을 당한다. 여기에 필요한 것이 하나님의 인내이다. 적극적인 고난의 능력 속에 역사적인 창조가 숨겨져 있다. 역사에 있어서 하나님은 수난을 통하여 변화를 주신다. 이것 역시 하나의 진화이다. 새로운 생명이 탄생되는 씨앗의 발아나 출산은 생명을 건 모험과 고통이 전제된다. 피조물의 세계를 향한 하나님의 고통은 새로운 생명들을 탄생시키는 장(場)이기도 하다.

11) 하나님의 창조 활동은 본질적이고 내면적이며 보편적이라고 할 수 있다. 하나님은 피조물의 활동 속에서 그것을 통하여 구체적으로 활동하신다. 영이신 하나님을 통하여 움직이고 발전한다. 우주와 생명의 진화에서는 동적인 범신론에 더 가깝다. 이것을 범-내재신론이라고 한다. 삼위일체에서 보니는 한 몸이면서도 세 위의 다른 관계를 말한다. 새 하늘과 새 땅에서는 하나님, 자연 그리고 인간이 서로 내재하며 공유하며 그리고 자신의 위치를 지닌다.

12) 하나님은 세계의 모든 부분에 현존하시는 하나님이시다. 하나님의 영이 계신 곳에서만 지나감이 없는 변화와 과거가 없는 시간 그리고 죽음이 없는 생명을 생각할 수 있다. 스스로 있는 하나님 안에서 안식이 이루어지기 때문이다. 이것은 피조물의 질적인 변화를 의미한다. 시간과 공간을 초월하는 다른 차원의 세계를 이룬다는 말이다. 그곳에는 영원한 현재만이 있을 뿐이다.

13) 몰트만에게서 볼 수 있는 창조의 이해는 인간-중심적이 아니다. 몰트만은 인간을 하나의 피조물로 보면서, 창조를 마감할 때 하나님의 창조를 안식

과 함께 영광을 돌리는 존재로 보았다. 하나님의 형상으로 만들어진 인간에게 특별한 사명이 주어진 것은 사실이다. 그것은 인간이 다른 피조물과 관계를 맺으며 지구촌에서 정원사로서의 역할을 맡게 한 것이다. 인간은 자연의 지배자가 아니다. 하나님께서 맡겨 주신 피조물을 책임을 지고 관리할 책임이 있다. 그러나 오늘날 자연은 인간의 무차별한 개발과 착취로 인해 훼손되어 있으며 인간의 치유를 받아야 할 심각한 처지에 놓여 있다. 인간은 자신의 생존을 위해서라도 자연을 되살려 내야 한다.

14) 계속적인 창조(creatio continua)는 진화와 연관이 있다. 하나님께서 주신 인간의 창조적인 활동을 인정하는 것이 된다. 이때 인간이 행하는 모든 것이 하나님을 높이는 것과 찬양하는 것이 아니라면 하나님의 뜻에 어긋나는 것이 아닐까라는 결론에 이르게 된다. 계속적인 창조는 인간에게 주신 하나님의 위임 명령이라고 볼 수 있다. 인간은 책임을 지고 있는 하나님의 위임명령을 성실히 이행할 때 자연과 함께 하나님께 영광을 돌리는 삶을 영위 할 수 있다.

제5장

하나님의 형상과 창조된 인간(창 1:26-28)

"인간은 무엇인가?"라는 질문은 대답하기 매우 어려운 질문이다. 그 이유는 묻는 사람과 대답하는 사람이 같은 존재이기 때문이다.[1] 그래서 사람들은 인간에 대해서 말할 때 비교해서 말해야 한다. 인간은 "문화를 창조하는 존재, 다른 피조물에 비해서 유약한 존재 그리고 종교적인 존재"라고 스스로에 대해 말하고 있다. 이것은 인간의 다양한 경험과 행동들에 기초하여 내린 결론들이다.

한스 발터 볼프(Hans Walter Wolff)는 저서 『구약성경의 인간학』(*Anthropologie des Alten Testament*)에서 인간 존재를 갈망하는 인간(네페쉬), 몰락할 인간(바사

---

1) 참조: J. Moltmann, Mensch, *Christliche Anthropolpgie in den Konflikten der Gegenwart*, Themen der Theologie, hrsg. von H.J. Schultz, Bd. 11, 1971, S.12: 인간 자신이 질문하는 자(der Fragende)인 동시에 질문받는 자(der Befragte), 자기 자신을 질문하는 자(der Sich-Fragende)이다. 그가 질문하는 자인 동시에 질문받는 자라면 그가 자기 자신에게 주는 혹은 타인이 자기에게 주도록 하는 모든 답변이 그에게 불완전하며 그에게 다시금 질문으로 된다는 것은 피할 수 없는 일이다.

르), 전권을 부여받은 인간(루아흐), 이성적인 인간(렙, 압)으로 구분하였다. 인간의 사명에 대해서는 이 세상에 살면서 동료를 사랑하고, 피조물을 지배하며 하나님을 찬양한다고 말하는데 그 역시 인간 자신이 "내가 누구인가?"(Wer bin ich?)를 근본적으로 설명해 줄 어떤 존재를 만나야 한다는 입장이다.[2]

볼프는 인간을 하나님의 피조물로 전제한 후 역사로서의 인간과 영과 육으로서의 인간 그리고 죄인으로서의 인간에 대해 말한다. 그는 하나님의 형상으로서의 인간을 서술하기 위해 성경적이며 신학적인 논쟁을 전개하고 있기도 하다.[3]

성경은 인간에 대하여 무엇이라고 말하는가? 성경은 인간의 원래 상태에 대하여 "하나님의 형상으로 창조된 인간"이라고 한다. 하나님의 형상에 관련된 성경구절들을 찾아보고 이것이 무엇을 의미하는지를 살펴보기로 한다.

1. 성경적 근거

가장 대표적인 구절은 창세기 1장 26-27절이다. "하나님이 가라사대 우리의 형상을 따라 우리의 모양대로 우리가 사람을 만들고 그로 바다의 고기와 공중의 새와 육축과 온 땅과 땅에 기는 모든 것을 다스리게 하자 하시고"에서 우리는 하나님께서 인간을 창조하신 목적을 보게 된다.

26절에는 히브리어 첼렘(צֶלֶם)과 데무트(דְּמוּת)라는 두 단어가 사용되었는데 이 단어들은 '형상'과 '모양'으로 번역되었다. 형상이란 단어는 27절에서 두 번 되풀이되었다. 창세기 5장 1절과 2절에서 사용된 형상이라는 단어 역시

---

2) 한스 발터 볼프, 『구약성경의 인간학』, 문희석 옮김, 신학총서 제10권/역사신학 구약편 No.4 (왜관: 분도출판사, 1976), 9쪽 이하.
3) 김균진, 『기독교조직신학』 (서울: 연세대출판부, 1986), 23쪽 이하.

데무트이다. 창세기 9장 6절에 살인이 금지되어 있는데 그 이유는 인간이 하나님의 형상대로 지음 받았기 때문이다. 이 구절은 인간의 타락 이후의 상황에서 진술된 것으로 보이는데 하나님의 형상은 심지어 타락 이후에도 남아 있음을 보여 주는 것이다.

신약성경에서는 두 구절이 인간 창조와 관련하여 하나님의 형상을 언급하고 있다. 고린도전서 11장 17에서 "남자는 하나님의 형상"이라고 하였다. 여기에 사용된 단어는 에이콘(εἰκών)이다. 야고보 기자는 사람이 하나님의 형상(호모이오시스ὁμοίωσις)대로 지음을 받았음에 근거하여 혀로 다른 사람을 저주하는 것을 비난하고 있다.

그 이외에 신약성경에서 신자들이 구원의 과정을 통하여 하나님의 형상과 밀접한 관계를 갖는 것을 보게 된다(롬 8:29, 고후 3:18, 엡 4:23-24, 골 3:10).

2. 형상에 대한 견해들

하나님의 형상의 본질이 무엇인가? 보편적으로 다음과 같이 세 가지의 견해가 있다.[4] 첫째, 형상을 인간의 본질 그 자체에 속한 신체적이거나 심리적, 영적인 특성에서 찾는 실재론적 견해. 둘째, 인간과 하나님 사이의 관계로 생각하는 관계적 견해. 셋째, 인간이 수행하는 행위와 관계된 기능적 견해 등이다.

---

4) 하나님의 형상을 이렇게 다양하게 구분한 사람은 밀라드 J. 에릭슨이다. 그는 찰스 핫지, 아우구 스트 스트롱, 루이스 벌코프 등과 함께 복음주의자로서 『기독교신학 연구』, 『기독교신학』이라 는 책을 저술하기도 하였다.

1) 실재론적 견해

하나님의 형상을 인간의 구조 속에 있는 특징이나 속성과 동일시한 것으로 인간의 신체적 혹은 육체적 구조를 첼렘(형상이나 모습)으로 이해한 것이다. 이러한 견해는 초기 기독교 역사에서 유력한 위치를 가진 바 있다. 또한 최근에는 몰몬교도들이 이 입장을 옹호한다. 인간이 갖는 특징은 정신과 육체를 갖는 것이나 도덕적 의로움, 똑바로 걷는 것, 이성적인 것이다.

창세기 1장 26-27절에 나오는 형상과 모양을 두 차원으로 이해하려는 경향도 있어 왔다. 인간은 하나님의 형상으로 창조되었으나 하나님의 모양으로 진화되었다는 것이다. 초대교회 교부인 오리게네스(Origenes, 185 ? -254 ?)는 형상은 창조 시에 인간에게 주어진 것이며 모양은 하나님께서 나중에 주신 것으로 생각하였다. 이레네우스(Irenaeus, 140-203)는 형상과 모양을 구별하여 아담이 범죄를 저질렀을 때 형상은 어느 정도 지속되었으나 모양은 완전히 상실되었다고 하였다. 그는 그리스도를 다른 변증가들처럼 교사로서 인정하기보다는 '신-인간'으로서 보았다. "하나님이 왜 인간이 되셨는가?"라는 질문을 제기하면서 "우리로 하여금 하나님의 형상을 이루기 위하여" 인간이 되셨다고 말하였다.[5]

이레네우스는 형상을 내면적인 것으로, 모양을 외형적인 것으로 이해하였다. 중세에서는 이레네우스의 입장이 더욱 지지를 받아 형상은 이성과 의지의 능력으로 이루어진 것이라는 견해가 정립되었다. 모양은 인간의 기본적인 본성에 덧붙여진 하나님의 선물이었다. 인간이 타락하였을 때 하나님의 모양(Similitudo Dei)을 상실하였으나 하나님의 형상(Imago Dei)은 보존되었다고 보았다. 자연적 존재로서의 인간은 완벽하였으나 선하고 거룩한 존재로서의 인간은 손상되었다는 것이다. 이러한 사실은 계시가 없이도 인간들이 하나님에

---

5) J. L. 니이브, 『기독교교리사』, 서남동 역 (대한기독교서회, 1965), 139쪽.

대하여 어떤 참 지식을 얻을 수 있다고 하는 이성주의 자연신학을 가능케 한다. 자유의지를 가진 인간은 은혜와 관계없이 선행을 할 수도 있다. 이러한 자연주의 신학과 윤리는 가톨릭 신학체계를 가능케 한다.

루터는 형상과 모양의 구별을 두지 않았다. 인간 내의 하나님의 형상은 타락하였으며 남아 있는 것은 형상의 잔재뿐이다. 칼빈도 하나님의 형상은 타락 이후 잔재로 남아 우리 자신에 대한 지식과 하나님에 대한 지식이 서로 연결된다고 한다. 우리 자신을 알 때 하나님을 알게 된다. 왜냐하면 그는 우리를 자신의 형상으로 만드셨기 때문이다. 모든 만물이 하나님의 형상을 보여 주고 있으나 인간은 특별히 사유하는 그 능력에서 하나님의 형상을 드러내고 있다. 하나님의 형상은 인간의 본성에 내주하는 성질이나 능력이다.

2) 관계론적 견해

이 견해는 하나님이 자신을 닮은 동역자로 인간을 만드셨다는 것이다. 인간 속에 있는 어떤 행위를 통해 하나님의 형상을 보는 것이 아니라 창조주 하나님께서 인간을 자신과 관계를 맺는 존재로 창조하셨다는 것이다. 이러한 주장을 했던 대표적인 사람은 바르트이다.

하나님은 인간과 계약을 통해 관계를 맺으며(창 2:16-17), 대화를 통해 대화의 상대자로 인정하셨다. 그러므로 사람은 창조주이신 하나님과 관계를 바르게 맺음으로 인간됨의 자리를 지킬 수 있다. 하나님과의 바른 관계는 하나님으로부터 오는 계약과 계약을 통한 대화이다. 바르트는 창세기 1장 27절과 5장 1-2절에서 "그가 그들을 남자와 여자로 창조하셨다"라는 점에 주목한다. 관계성은 만남과 대화를 통해 이루어진다. 인간 속에서 나와 하나님은 서로 만난다. 인간은 고독한 개인으로서가 아니라 서로 만나는 존재이다.

인간 예수는 하나님을 계시하는 분으로서 그분 안에서 참된 인간의 본성을 알게 된다. 예수의 독특성은 무엇인가? 그는 다른 사람을 위한 삶을 살다 가신 분이다. 우리를 인간되게 하는 하나님의 형상은 이웃을 동료로 인정하며 서로 말하고 들으며 도움을 주고 기쁨으로 행한다.

하나님과 인간에게 나와 당신이 있듯이 인간 속에도 나와 너의 만남이 있다. 또한 완전하신 인간 예수를 바라봄으로써 하나님의 형상이 다른 사람의 안에 있음을 보게 된다.

① 하나님의 형상은 예수의 인성을 통해 잘 이해된다. 대표적인 성경구절은 요한복음 17장 21절이다(아버지께서 내 안에 내가 아버지 안에⋯). ② 하나님의 형상은 인간이 소유한 것이 아니라 하나님과 우리의 관계에 대한 문제이다. ③ 인간과 하나님의 관계는 하나님의 형상을 구성하는 데 남자와 여자의 관계로 설명된다. 브루너는 보다 큰 사회를 강조한다. ④ 하나님의 형상은 보편적이다. 모든 인간에게서 하나님의 형상을 발견한다. 이들의 견해에 의하면 성경은 하나님께서 그것을 통해 인간을 만나실 때 비로소 하나님의 말씀이 된다는 실존주의적인 해석을 한다.

3) 기능적 견해

기능적 견해는 하나님의 형상이 하나님을 대신하여 이 세계를 관리하는 인간의 행위 속에 있다는 것이다. 이 견해는 하나님의 대리성(Representative)과 인간의 책임성(Responsibility)으로 나누어진다. 이러한 주장이 시작된 것은 상당히 오래되었으며 최근 들어 점점 더 관심을 받고 있다.

(1) 하나님의 대리성(Representative)
하나님의 형상은 인간의 구조 속에 존재하는 어떤 성질의 것이 아니며 하나님이나 동료 인간과의 관계를 체험하는 것도 아니라고 한다. 즉 인간이 수행하는 기능으로서 "창조세계를 위임받아 관리한다"는 것이다. 그렇게 인간이 창조세계를 다스리는 모습에서 하나님의 형상을 볼 수 있다는 것이다.

창세기 1장 26절을 보면 "우리의 형상을 따라 우리의 모양대로 우리가 사람을 만들자"라고 말한 다음 "그로 바다의 고기와 …을 다스리게 하자"라는 말이 나온다. 이 명령은 27절-28절에서도 반복된다. 하나님은 모든 창조물의 주이시기 때문에 인간은 그 나머지 창조세계를 다스림으로써 하나님의 형상을 반영한다. 하나님의 형상은 실제로 주로서의 하나님의 한 형상이다. 여기에서 나오는 다스림은 관리하는 것으로서 하나님의 위임으로 이해하는 것이 좋다.

하나님의 형상과 인간의 통치 사이의 연관성을 보여 주는 것은 시편 8편 5-6절이다. "저를 천사보다 조금 못하게 하시고 영화와 존귀로 관을 씌우셨나이다. 주의 손으로 만드신 것을 다스리게 하시고 만물을 그 발아래 두셨으니." 주석가들은 시편 8편이 창세기 1장에 의존하고 있다고 말하고 있다. 신학자 모빙켈(Mowinckel)은 "하나님의 형상을 닮은 인간의 모습은 신과 같은 존귀한 영광 속에서 만물을 지배하는 주권과 능력에 있다"라고 한다. 신학자 베르두인(Verduyn)은 『하나님보다 조금 못한 어떤 것』이라는 책에서 "인간은 다스리기 위해 지음 받은 피조물이며 이러한 인간은 창조주의 형상 속에 있다"라고 한다.

하나님의 대리자로서의 인간은 자연 만물의 관리인이며(시 8:5-6), 하나님이 주신 자녀를 맡아 기르는 관리인이며 하나님의 뜻 안에서 인간 사회를 바르게 경영하도록 세움을 입었다고 한다.

(2) 인간의 책임성(Responsibility)

하나님의 형상을 통해 보여지는 인간은 자신과 이웃과 자연에 대해 책임 있게 지음을 받은 존재이다. 하나님으로부터 지음을 받은 피조물 가운데 책임을 지는 존재는 인간뿐이다. 또한 인간은 자신의 언어와 결정, 약속 그리고 행동에 대해 책임을 져야 한다. 이것을 삶에 대한 책임이라 한다. 인간은 자신의 삶이 풍부해지도록 하기 위해 운동이나 문화 활동을 통해 여가시간을 활용한다.

이웃에 대한 책임이 있다. 하나님께서 아담에게 물으신 "네가 어디 있느냐?"(창 3:9)라는 말씀은 범죄한 인간의 책임을 물으시는 내용이다. 이 말은 "네 책임을 다 했느냐"라는 말과도 같다. 인간은 자신이 구성원으로 속해 있는 가족과 사회, 민족 그리고 세계에 대한 책임이 있다.

인간은 하나님의 대리자로서 자연에 대한 책임을 져야 한다. 우리가 살고 있는 이 세계의 환경과 생태계가 파괴되는 현상은 인간에게 전적인 책임이 있다. 폭풍우나 지진, 홍수와 가뭄 등 자연의 재앙을 이겨내기 위해 인간이 과학을 발전시키고 심지어 자연을 정복한 결과는 인간의 삶이 위협을 당하는 역기능적인 현상을 발생하게 하였다. 인간은 자연친화적인 개발과 환경친화적인 삶을 통해 인간의 삶을 유지시킬 수 있다. 자연 속에 있는 인간의 참 모습을 발견하는 것이 자연에 대한 책임이라 한다. 인간은 자연이 없이는 삶을 영위할 수 없다. 이런 면에서 자연은 인간의 어머니이다. 인간은 자연 속에서 자연을 먹고 입으며 자연과 함께 산다. 그렇기에 자연을 주신 창조주 하나님께 감사해야 한다. 이러한 책임성 안에서 인간은 인간됨의 자리를 유지할 수 있다.

창세기 1장 26, 28절에서 히브리어 카바쉬(כבשׁ)와 라다(רדה)는 히브리 왕들이 백성을 다스리는 통치력과 같은 통치력을 말한다. 왕들은 그들 자신을 위해 통치하는 것이 아니라 백성들의 복지를 위해 통치하였다. 인간은 모든 창조에 대해서도 인간 자신을 위해서가 아니라 다른 피조물의 복지를 위해 통치해야 한다. 인간의 인간됨은 바로 그 지점에서 가능하다.

제Ⅲ부

삼위일체

제6장

삼위일체론

삼위일체 신학에서 중요한 질문 중의 하나는 성부, 성자, 성령이 어떻게 한 분 하나님일 수 있는가, 혹은 한 분 하나님이 어떻게 성부, 성자, 성령의 세 인격으로 있을 수 있는가 하는 것이다. 이것은 하나님 안의 삼위성(trinity)과 일체성(unity)의 관계에 대한 질문이다.

이는 삼위일체 신학의 역사에서 가장 어려운 문제지만 대략적으로 볼 때 하나님 안의 삼위성과 일체성의 관계는 크게 두 가지 방식으로 이해되어 왔다. 첫 번째는 하나님의 일체성 혹은 단일성에서 출발하여 이 한 분 하나님이 어떻게 성부, 성자, 성령의 세 인격으로 존재할 수 있느냐를 묻는 방식이다. 여기에서는 하나님 한 분이심이 이미 전제되며 이 전제 속에서 그가 어떻게 세 인격으로 존재하는가 하는 문제를 설명하려고 한다. 두 번째 방식은 하나님 안의 삼위성 혹은 복수성에서 출발하여 하나님의 일체성 혹은 통일성을 설명하는 방식이다. 여기에서는 하나님이 성부, 성자, 성령의 서로 구별되는 세 인격으로 있음을 당연한 것으로 전제한 후 세 신적 인격 사이의 일체성을 해명하려고 한다. 곧 이때 삼위일체 신학의 주된 과제는 성부, 성자, 성령의 세 인격의 연합 혹은 일치를 설명하는 것이 된다. 이제부터 이 두 가지 분류방법을 기준으로 삼위일체에 대해서 고찰해 보려 한다.

1. 하나님의 일체성과 삼위일체론

하나님의 일체성에서 출발하는 삼위일체론은 로마가톨릭과 개신교를 포함한 서방교회가 주로 사용한 논리이다. 서방교회 삼위일체론의 기본 틀을 형성한 아우구스티누스와 가장 정교한 형태인 토마스 아퀴나스의 삼위일체 신학에서 그 분명한 예를 볼 수 있다. 현대의 삼위일체 신학에서는 개신교와 로마가톨릭의 두 거장 칼 바르트와 칼 라너가 이런 접근법을 따른다. 여기에서는 고대 삼위일체론과 아우구스티누스, 칼 바르트의 삼위일체론을 살펴보려 한다.

1) 배경

삼위일체론에 관한 처음 논쟁은 마르시온(Marcion, A.D. 84-160)에게서 시작되었다. 그는 구약성경이 말하는 야훼 신을 부인하고 예수가 가르친 사랑의 신만을 인정했다. 이때는 아직 삼위일체론에 대한 신학 작업이 이루어지지 않았던 때이므로 큰 논쟁이 전개되지 않았다. 다음에 일어난 반삼위일체론은 소위 군주신론자들에 의해서 강조되었다.

군주신론에는 두 가지 유형이 있는데 그것은 역동적 군주신론과 양태적 군주신론이다. 역동적 군주신론을 처음으로 대표했던 인물은 주후 190년 테오도투스(Theodotus)와 주후 260년경 안디옥의 감독이었던 사모사타의 바울(Paul of Samosata)이었다. 테오도투스는 그리스도가 그저 인간에 불과하다고 믿고 있었는데, 그는 그리스도에게 특정의 시간에 신적 권능이 갖추어지기는 하였으며 예수는 하나님이 된 적이 없는 신적 존재에 불과하다고 말한다. 사모사타의 바울은 로고스 개념을 이성과 지혜가 인간의 속성에 포함된다는 의미에서, 이들을 로고스와 동일하게 취급하였다. 그가 보기에 로고스는 독립적인 본질이나 위격이 아니었다. 하나님의 지혜는 인간 예수 안에 내재하였으나, 오로지 신의 능력으로서 존재한 것이었지, 예수 안에서 하나의 위격을 이룬 것은 아니었다. 결국 그들은 이렇게 주장함으로써 야훼 신의 유일신성을 강조했다.

양태적 군주신론은 주후 200년경에 유행했는데 노에투스(Noetus)와 프락세아스(Praxes)와 사벨리우스(Sabellius) 등에 의해 강조된 유일신론이다. 노에투스는 그리스도는 성부 자신이며 아버지가 친히 나시고 고난당하시고 죽으셨다고 말한다. 그에 따르면 아버지와 아들은 이름만의 구분이고 실제로는 다르지 않다. 사벨리우스는 성부, 성자, 성령은 하나인 동시에 동일본질에 속하기 때문에, 그 이름으로써만 구별된다고 말했다. 성자와 성령은 신성이 세상에 나타날 때 취하는 형태들에 불과하다는 것이다.

하나님께서는 각각 다른 시기에, 각기 다른 모습으로 나타나셨는데, 처음에는 일반적 방법을 따라 자연 속에서, 그 다음엔 아들의 형체로, 그리고 마지막에는 성령의 모습이었다는 가정이 있었다. 요약하면, 신격의 세 위(位)는 하나님께서 자신을 현현(顯現)하시는 세 가지 존재양식이라는 주장이다. 그래서 때로는 이 설을 양태론(樣態論)이라고 부르기도 한다. 위에 열거한 군주신론은 그때마다 교회회의를 통하여 이단설로 규정되었다.

2) 삼위일체론의 형성

(1) 테르툴리아누스와 오리게네스

테르툴리아누스(Tertullianus, 160-220)는 삼위의 한 본성(one substance), 본질(nature) 그리고 삼위(three persons)의 개념을 도입한 최초의 신학자이다. 그는 하나의 신적 본질이 있다고 가르쳤다. 아버지와 아들은 이 신적 본질을 공유한다. 인격에 관한 한 성부와 성자는 분리되고 구분된다. 따라서 한 신적 본성에 두 신적 위격이 존재한다. 이들은 각기 나름대로의 구체적인 역할을 하신다. 또한 그는 성령을 성부 및 성자와 연관시켰다. 비록 테르툴리아누스가 삼위일체라는 용어를 처음 사용한 사람은 아니지만 삼위일체 교리의 윤곽을 제공한 최초의 신학자라고 할 수 있다.

오리게네스(Origenes, 185?-254?)는 이러한 방향으로 훨씬 더 나아가서 '본체에 관해서는' 성자는 성부에게 종속되어 있으며, 성령은 또한 성자에게 종속되어 있다고 분명하게 가르쳤다. 그는 신성의 이러한 두 위격에서 본체적인 신성을 감소시켰으며, 이렇게 해서 아리우스주의자들에게로 나아가는 디딤돌을 제공하였다

(2) 아리우스

아리우스(Arius, 256-336)와 그의 스승 루시아누스도 오리게네스의 영향을 받았으나, 잘못된 한 측면만 강조하는 우를 범했다. 그는 한 하나님 곧 성부만을 하나님이라고 하면서, 신성의 단일성과 종속설을 철저하게 고수했다. 성부의 본질은 초월적이고 불변하므로, 타자에게 수여될 수가 없다는 것이다. 성부 이외의 모든 타자들은 피조물이요, 무(無)에서 피조되었다. 성자가 성부에게서 출생하였다는 것은 하나님에게 물리적 범주를 적용하는 것인데 이는 도무지 불가능하다. 아리우스에 의하면, 하나님은 영원부터 말씀과 지혜를 가지고

계셨다. 그러나 이들은 결코 독립적인 위격들은 아니다. 예수 그리스도 안에서 육신이 된 말씀은 하나님의 피조물, 다만 완전한 피조물이다. 그러므로 성부와 성자의 본질적 동등성이란 있을 수 없을 뿐 아니라, 아주 간교한 이단일뿐이다. 성자에게 신성이 이야기될 수 있다면 이는 비유적 의미이며, 본질적이지 않고 하나님의 은혜로 전가되었을 뿐이다. 다른 편으로 아리우스도 위격이라는 말을 쓰고, 성자와 성령의 독특성도 가르쳤다. 그러나 그의 절대적인 군주론은 그리스도를 '반신'(半神)으로 만들었고, 성령도 참 하나님은 아니었다.

아리우스는 하나님이 아닌 그리스도는 결국 성부를 실제적으로 알지 못하기 때문에, 성부를 완전하게 계시할 수 없다는 망언을 하였다. 만약 하나님을 알려면, 성부 하나님 외에 그를 아는 다른 신을 상정하는 다신론을 도입할 수밖에 없는 위기에 처한다. 이와 같이 그가 하나님의 단일성을 잘못 주장한 결과는 엄청나게 클 수밖에 없었다. 교회는 이런 주장을 방관할 수 없었다.

(3) 아타나시우스

아리우스의 견해는 아타나시우스(Athanasius, 296-373)에 의해 반박되었다. 아리우스가 주장하는 대로 만일 그리스도가 성부와 동등한 영원성과 동일한 본질을 가지고 있지 않고 또 진정한 인간도 아니라면, 그는 반신반인(半神半人)의 존재가 되는데, 그렇다면 우리는 피조물을 경배하는 결과가 된다. 따라서 아타나시우스는 아리우스를 비판하며 그리스도의 완전한 신성이 인정되어야한다고 말한다. 아들은 태초부터 인격으로 존재하였고 그 기원과 본질에 있어서 피조물과는 다르다. 그는 피조물과는 '상이한 본질'이며 아버지와는 '동일한 본질'이다. 만일 아들이 성부와 '동질'이며 격체에 있어서만 성부와 다르다면 아들은 창조된 것이 아니라 출생되었다고 보는 것이 타당하다. 이러한 사상에 근거해서 아타나시우스는 그리스도의 완전한 신성을 강조하고 유일신 신앙을 나타내는 진정한 삼위일체의 교리를 주장하였다.

(4) 아우구스티누스

아우구스티누스(354-430)는 서방의 삼위일체 이론을 총괄적으로 정리한 사람이었다. 그는 삼위의 관계를 종속적으로 표현하는 것을 반대하였다. 그러므로 그는 삼위의 통일성을 언제나 더 강조하는 편이었다. 그는 삼위의 구별을 외적 활동에 기인하지 않고 내적 관계성에 두었다. 삼위는 서로 나누일 수 없는 단일한 행동, 단일한 의지를 가지고 계시므로 불가분적이다. "성부는 신성의 면에 있어서 성자보다 더 크지 않을 뿐만 아니라, 성부와 성자를 합해도 성령보다 더 크지 않고, 삼위 중에 어느 한 위격이라도 삼위일체 자체보다 작지 않다…." 그러므로 삼위는 상호적인 상관관계에서 존재하신다. (아버지는 아들을 갖는다는 의미를 떠나서는 아버지라 부를 수 없고, 아들도 아버지를 갖는다는 의미를 떠나서는 아들이라 부를 수 없다. 그러나 이렇게 구별해서 부르는 이유는 본질적인 면에서가 아니고 관계적인 면에서 그렇게 부르는 것이다.)

아우구스티누스가 삼위를 내적인 관계로 표현함으로써 어려움을 해결하였지만, 한 가지 더 명확하게 밝혀야 할 부분이 성령이었다. 그는 성령을 성부와 성자의 상호적인 사랑이요, 양자를 연합시키는 공동본체적인 결속이라고 하였다. 그러므로 성령은 성부와 성자의 영이다.

아우구스티누스는 '위격'도 새롭게 해석한다. 이 말은 라틴어로 번역할 때, '본질'로 번역되어야만 했다. 동방신학에서는 '가면'을 뜻하는 이 말을 'persona'로 번역하는 것도 만족스럽지 않다고 보았다. 그래서 그는 "침묵을 지키지 않으려고 사용하지만, 의도하는 바를 바로 표현하지는 못한다"는 유명한 말을 남겼다. 그래서 그는 앞에서 말했던 이유로 이 용어를 관계(relatio)로 번역했다.

요컨대 '삼위'란 그 자체로는 무엇이 아니라 상호관계 속에서 존재하는 분들이다. 아우구스티누스는 이렇게 삼신론의 위험을 극복했다. 용어의 제한성이 있으나 그는 삼위 고백에서 침묵만이 능사가 아님을 우리에게 잘 보여 주었다.

(5) 칼 바르트

바르트에게 삼위일체론의 기초, 그 뿌리는 한 마디로 '계시'에 있다. 즉 삼위일체론은 예수 그리스도의 계시로부터 출발한다. 그 이유는 계시의 사건은 하나의 주체에 의하여 이루어진 사건이기 때문이다. 따라서 계시의 사건으로부터 삼위일체론이 형성될 수밖에 없다. 그러므로 삼위일체론은 예수 그리스도 안에서 자기를 계시하시는 하나님의 해석이다. 또한 참된 삼위일체의 흔적은 예수 그리스도의 성육신에 나타난 삼위일체의 하나님의 자기 계시의 확증을 말하는 인간성에 있으므로 예수 그리스도의 계시 안에서 하나님의 삼위일체가 나타나며, 예수 그리스도만이 삼위일체의 뿌리이다.

바르트의 삼위일체성은 하나의 본체나 신성이 셋이라는 뜻이 아니다. 이 것은 "하나님은 세 번의 반복 가운데서 단 한 분의 하나님이시며… 그는 오직 이 반복 가운데에서 단 한 분의 하나님이시며, … 바로 그러므로 각 반복에 있어서 단 한 분의 하나님이시라는 것"을 뜻한다. 그는 삼위의 일체성의 의도는 삼신론을 방지하고 기독교의 일신론을 지키는 데 있다고 보았다.

3) 필리오케(filiogue) 논쟁

니케아–콘스탄티노플신조(381)의 제3조항은 동방교회와 서방교회 사이에 논쟁의 발단이 되었다. 논쟁의 발단은 '아버지와 그리고 아들로 부터'(a patre filioque)라는 용어 때문이었다. '필리오케'(Filioque)라는 단어는 '아들'(filius)과 '그리고'(que)라는 단어의 합성어로, 이 단어를 교회의 에큐메니칼 신조에 첨가할 것인가 말 것인가 하는 것이었다. 서방교회 측은 필리오케를 지지하였고 성령의 이중발원설이 정설로 되어 가고 있었다. 589년 제3차 톨레도 회의 이후에는 공식적인 신앙조항으로 간주되었고 격렬한 문제는 아직 없었다. 본격적인 논쟁은 809년 아아헨회의에서 샤를마뉴 대제가 이것을 동·서방교회가 공히 받아들이는 에큐메니칼신조인 니케아신조에 삽입하려는 데서 발발하게 되었다. 이에 대하여 교황 레오 3세는 반대의 입장이었지만 결국 인정하고 말았다. 이에 동방교회 총주교 포티우스가 반발하여 "아들이 오직 아버지로부터만 나시듯 성령도 아버지로부터만 나오신다"고 주장하면서 이 영이 아들의 영이라 불리는 것은 그가 아들에 의해 보내지며 아들과 동일 본질이시기 때문이라는 것이라고 주장하였다. 이것은 만일 아들도 성령을 내신다면 성령도 아들을 내신다고 해야 한다는 말이 된다.

이 논쟁으로 인해 1014년에 서방교황 베네딕트 8세가 필리오쿼를 신조에 삽입하는 것을 공식적으로 인정하기에 이른다. 이 결정은 동·서방교회의 관계를 결정적으로 깨트리고 분열하게 하였다(1054). 이후에도 서방교회 측의 안셀무스, 페트루스 롬바르두스 등이 필리오쿼 이론을 지지하며 발전시켜 나갔다.

중세시대 제4차 라테란 공의회(1215)에서 서방교회의 신학을 정리하였고, 페트루스의 견해를 따라 삼위일체와 성령론을 확정지었으며 필리오쿼를 에큐메니칼 신조에 삽입하기로 확정했다. 따라서 치열한 논쟁은 일단락 지었으나 동·서교회의 분열은 재연합되지 않았다.

서방교회 그레고리 10세는 1274년 제2차 리용 회의에서 필리오쿼를 재확인하고 동·서방교회의 재연합을 시도했다. 1438-1445년 사이에는 교황 유진 4세가 플로렌스 공의회를 소집하여 리용 회의 결과를 반복하고 동·서 방교회 화합의 의사로 "아버지로부터 아들을 통하여"라는 문구를 첨가하였다. 그러나 회의 참석자들이 동의한 결과를 동방교회 지도자들이 거부함에 따라 오늘까지 계속되고 있다.

필리오쿼 논쟁은 신학적인 주제의 논쟁이며 또 이해관계가 크게 작용하고 있다. 논쟁의 초점은 성령이 성부로부터만 산출되었는가? 성부와 성자로부터 산출했는가라는 것이다. 후자가 서방교회 측의 주장이며, 후에 아우구스티누스의 삼위일체론에서 전개된다. 이 문제가 대두되는 이유는 헬라 사상가들이 자칫하면 하나님에게 두 아들이 있다는 결론에 도달하는 위험이 있기 때문이다. 따라서 서방교회의 이중 발원에 대한 동방교회의 입장은 불신앙에 가까운 것이 된다. 아우구스티누스의 삼위일체론 전개 노력에도 불구하고 동방교회와의 오해를 완전히 불식시키지는 못했다.

동방교회의 입장은 성부가 신성의 유일한 원천이라는 독특한 지위를 보호하고자 하였다. 성자와 성령의 신성도 함께 보존하려고 했다. 그리고 성자와 성령을 분명히 구별하지 않는 것 같다. 서방교회 전통은 성령을 그리스도의 영으로 보았다. 이것은 동방교회로부터 성령을 비인격화하며 그리스도를 오해하고 있다는 비난을 받게 했다.

서방교회의 의도는 성자와 성령의 구별과 상호관계가 있음을 보았다. 인격 개념을 받아들이며 두 신성을 원천으로 하는 것이 아님을 밝혔다. 서방교회 측이 시도한 필리오쿠에의 과감한 삽입은 교회에서 성령체험은 살아 계신 그리스도의 현존이었기 때문이다. 또 그리스도와 성령의 결부는 광신주의, 신적 내재주의, 심령주의, 비인격주의, 비윤리주의를 극복하며, 기독교의 본질에 이르게 한다.

그럼에도 이 문제의 해결은 중요하다. 동방교회의 성부 단독 원천설과 서방교회의 성자 공동원천설을 동시에 만족시킬 수 있는 제3의 공식은 찾기 힘들다. 그래서 지금도 동방은 필리오쿠에를 삭제하면 서방과 연합할 수 있다고 되풀이 주장을 하고 있다. 오늘날 서로의 입장은 하나의 공통된 신앙의 두 가지 표현이며 서로 등가적이라는 입장이다.

동방교회와 서방교회는 서로 형제라고 볼 수 있다. 그런 의미에서 볼 때 필리오쿠에의 일방적 삽입은 부정적이지 않을 수 없다. 교회법상 불법이며, 도덕적으로 형제 사랑에 어긋난다.

그래서 구가톨릭파와 성공회는 필리오쿼를 삭제하였으며, 동방 가톨릭교회에서도 삭제하였다(1973. 5. 31). 그리고 많은 가톨릭 신학자들이 필리오쿼 삭제를 지지하고 있다. 이러한 삭제는 필리오쿼가 이단적이기 때문에 삭제하는 것이 아니라 서방교회의 겸손과 형제애의 발로로서 삭제한 것이라 볼 수 있다.

2. 하나님 안의 삼위성과 삼위일체론

흔히 사회적 삼위일체 신학이라 불리는 이 방식은 삼위일체 신학의 역사에서 상대적으로 소수였다. 여기에서는 먼저 교회 역사 속에서의 대표적인 사회적 삼위일체론을 살펴보고 오늘날의 대표적인 사회적 삼위일체론자인 위르겐 몰트만의 삼위일체론을 다룰 것이다.

1) 카파도키아의 세 신학자

역사적으로 성령의 완전한 신성은 381년에 열린 콘스탄티노플 회의에서 공인되었다. 이때 만들어진 니케아-콘스탄티노플신조의 배후에는 동방교회의 정통신학자들인 카파도키아 교부들이 있다. 이 카파도키아 교부들 가운데 맏형 격인 바실레이오스는 세 분 하나님의 일체성을 세 하나님의 교제(koinonia) 개념으로 표현하려고 시도했다. 나지안스의 그레고리오스는 삼위일체 하나님을 가족형의 유비로 표현하려고 노력했는데, 성부와 성자와 성령의 사귐은 지상의 인간의 가족 사이의 사귐과는 물론 무한한 차이가 있지만 그럼에도 불구하고 삼위일체 하나님의 가장 가까운 지상적 유비는 아담-하와-셋이라는 가족이었다고 가르쳤다. 곧 그들에 따르면 하나님은 처음부터 성부, 성자, 성령이 사랑의 교제로 연합하여 계신다. 이 연합은 영원부터 있었으며 그 위격들 사이의 관계를 통해 성부, 성자, 성령은 서로 구별되면서 또 통일된다. 곧 그들에 의하면 성부는 출생되지 않은 자(Unbegotten), 성자는 출생된 자(Begotten), 그리고 성령은 나온 자(Proceeding)라는 점에서 서로 구별된다. 즉 카파도키아 교부들은 성부, 성자, 성령은 온전히 서로 구별되는 인격체들이나 영원부터 사랑의 연합 안에 있으며 이 연합 속에서 서로 구별되고 또 통일된다고 함으로써 사회적 삼위일체론을 말하고 있다.

2) 아우구스티누스의 사회적 유비

아우구스티누스의 삼위일체론은 주로 단일인격 혹은 인격 내재적 유비를 사용하여 삼위일체의 신비를 이해하고 있다. 그는 하나님 한 분 안에 성부, 성자, 성령의 세 인격이 존재한다고 설명함으로써 하나님의 삼위성보다 통일성을 더 강조한다. 하지만 그도 삼위일체를 설명함에 있어서 이러한 한계를 인식하고 이를 보완하기 위해 사회적 혹은 대인관계적인 유비도 함께 사용한다. 특별히 그는 하나님은 '사랑'이라는 성경의 증언을 중시한다. 그에 따르면 사랑은 언제나 세 요소, 곧 사랑하는 이, 사랑 받는 이 그리고 이 둘을 하나로 연합하는 사랑으로 이루어진다. 따라서 하나님이 사랑이라면 하나님은 한 분으로 있을 수 없고 언제나 사랑하는 이, 사랑 받는 이, 또 이들의 사랑의 연합으로 존재할 수밖에 없다. 여기에서 아우구스티누스는 하나님을 사랑하는 이로서의 성부, 사랑 받는 이로서의 성자, 그리고 그들 사이의 사랑의 연합 혹은 띠로서 성령으로 이해될 수 있다고 주장한다. 특별히 그는 로마서 5장 5절의 "하나님의 사랑이 성령 안에서 우리 마음에 부어졌다"는 말씀에 근거해서 성령을 하나님의 선물임과 동시에 성부와 성자 사이를 연합시키는 형언할 수 없는 신비한 교제, 혹은 사랑의 끈으로 이해한다. 여기에는 분명 성부, 성자, 성령의 삼위의 일치성보다 구별성을 더 강조하는 사회적 삼위일체론의 특성이 부분적으로나마 나타나고 있다.

3) 위르겐 몰트만

몰트만은 그의 삼위일체론을 제시하기 위해서 먼저 기독교 삼위일체론이 어떻게 설명되는가를 보여 준다. 그는 테르툴리아누스 이후 전통적인 삼위일체론은 어딘가 하나님의 단일성이 강조되어 왔다는 점을 먼저 지적한다. 즉 테르툴리아누스에 의해 표상된 한 실체-세 인격(Una substantia-tres persona)이란 순서에서 그렇다는 것이다. 또 아우구스티누스도 먼저 신이 있으며, 그는 한 분이라는 확신에서 출발해서, 그 다음 그분은 삼위일체 신이라는 결론에 도달했다고 말한다. 그들은 신의 본질의 통일성과 삼위일체적 신의 연합성이라는 신의 이중적 통일성을 말하고 있다. 여기서 몰트만은 신 본질의 통일성이 삼위일체적 신의 연합성을 위협하고 있다는 사실을 피력한다. 그는 삼위일체적 신의 통일성의 지나친 강조뿐만 아니라 삼위일체적인 것이 유일신으로 환원되고 있다고 주장한다.

따라서 몰트만은 삼위의 일치 내지 연합을 삼위 사이의 '사랑의 거함과 내주'(the perichoresis of love)에서 찾아 이 문제를 해결하려고 한다. 즉 그는 삼위의 일치를 성부, 성자, 성령의 세 위격의 영원한 사랑과 나눔 속의 하나 됨에서 찾는다. 그는 이 주장을 입증하기 위하여 공동체를 구성하는 가장 기본적인 요소들이라고 그가 보는 인격성, 관계성 그리고 통교적 연합이라는 서로 연결되어 있는 세 가지 개념을 분석한다.

몰트만은 성부, 성자, 성령이라는 세 신적 인격의 존재는 그들이 서로 간에 맺는 관계에 의해 규정되고 또한 입증된다는 아우구스티누스의 전통적인 이해를 받아들인다. 그러나 그는 관계성만으로는 세 신적 위격의 온전한 인격성을 확보할 수 없다고 여긴다. 즉 성부, 성자, 성령의 세 위격이 존재함을 말하려면 인격을 관계적이기에 앞서서 존재론적으로 이해해야 한다는 것이다. 다시 말해 관계 개념은 먼저 그런 관계를 맺는 실체로서의 인격들이 있음을 전제한 다음 말할 수 있다는 것이다. 그는 이 점을 "인격과 관계는 따라서 상호적 관계 안에서 이해되어야 한다. 관계없이 인격들은 없다. 하지만 인격들 없이는 관계 역시 없는 것이다"라고 표현하고 있다.

그래서 몰트만은 구별되는 성부, 성자, 성령의 실재로부터 출발하여 삼위의 통교적 연합으로 인한 온전한 연합을 말한다. 곧 삼위일체의 하나됨은 한 신적 본질이나 한 신적 주체자 혹은 성부에게서 발견되지 않고 성부, 성자, 성령의 영원한 통교에서 발견되는 것이다. 삼위 사이의 연합은 숫자적인 하나라는 의미의 일치가 아니라 그들의 교제에서 발견된다는 것이다.

3. 다른 삼위일체론 〈3=1의 논리〉

서방교회의 삼위일체론은 고대교회의 테르툴리아누스에서 20세기의 칼 바르트와 칼 라너에 이르기까지 양태론적 성향의 삼위일체론의 흐름이 존재하는 반면, 또 하나의 삼위일체론의 중요한 흐름이 있는데 그것은 3=1의 교리를 삼위일체론으로 보는 흐름이다. 이 흐름은 테르툴리아누스에서 아우구스티누스로 이어 내려오는 하나님은 한 분이라는 사고와 니케아-콘스탄티노플신조와 동방교회의 카파도키아 교부들에 의해 주장된 '하나님은 세 분이시다'는 사고를 종합한 것인데, 종교개혁자 칼빈(J. Calvin)에게서 뚜렷이 나타난다. 그는 먼저 삼위께서 참되신 한 하나님이시요, 이 삼위를 떠나서 하나님은 결코 알려질 수 없다고 단호하게 말한다. 하나님을 아는 것은 그분을 바로 삼위로 아는 것이다. 그는 에베소서 4장 5절과 마태복음 28장 19절의 세례의 단일성을 근거로 하여, 삼위께서 함께 한 하나님이심을 증거한다.

그런데 이 3=1의 교리는 언뜻 보기에는 동서교회의 삼위일체론을 종합한 가장 훌륭한 삼위일체론으로 생각되지만, 내용상으로는 종합될 수 없는 두 개의 사고를 합치는 것에 불과하기 때문에, 결국 삼위일체론을 이해할 수 없는 교리로 만들어 버렸다. 하나가 셋이 되고 셋이 하나가 되는 것은 논리적으로 불가능할 뿐만 아니라 진리도 아니다.

4. 몰트만의 삼위일체론

1) 삼위일체론의 본질

몰트만은 삼위일체의 필요성에 대해 다음과 같이 이야기했다. 몰트만은 "교회 안에서의 연합은 삼위일체 하나님의 모형임을 확인시켜 주는 것이다. 삼위일체를 말함에 있어서 서구 신학에서는 주로 주체에 대한 강조를 많이 했는데 반해, 상대적으로 상호 관계는 등한시해왔다. 이것은 잘못된 것이라 생각된다. 주체와 관계는 어느 한쪽으로만 강조되어서는 안 된다. 특히 현대 교회 안에서 만연되고 있는 개인주의를 극복하기 위해서는 성령의 공동체로서의 교회의 연합이 강조되어야만 한다."

삼위일체론은 지난 십여 년 동안 중요한 주제가 되었다. 왜냐하면 삼위일체론을 통하여 그리스도교를 다른 종교와 구별하는 점이 표명되기 때문이다. 만약 그리스도인들이 그리스도교의 특수성을 상대화하고, 보편적 다원주의를 옹호한다는 명분으로 이를 포기한다면, 이런 행위는 다른 종교들과 대화하는 데 도움을 주지 않는다. 누가 그리스도교다운 점을 더 이상 분명히 대변하려고 하지 않는 그리스도교 신학자들과 대화하는 일에 관심을 갖겠는가? 유대인들, 이슬람교인들과 신학적인 대화를 나누다 보면, 그리스도인들은 삼위일체론을 새롭게 이해하고 새롭게 해석하게 된다. 왜냐하면 우리는 새로운 관계를 맺는 중에 우리 자신조차도 새롭게 이해하는 것을 배우기 때문이다. 그렇지만 그리스도인들은 삼위일체론을 상대화하거나 포기하지는 않을 것이다. 진지하게 대화하다 보면, 각자가 갖는 특성이 부각되기 마련이다. 더 높다고 생각되는 진리를 옹호한다는 명분으로 자신의 독자적인 입장을 포기하는 자는 대화할 능력도 없거니와, 대화할 자격도 없다. 예수의 하나님의 아들 됨과 삼위일체론을 포기함으로써 '신은 항상 더 큰 분이다'(deus semper major)라고 하는, 보편적인 동의를 얻어낼 수 있는 일신론에 도달하려는 시도들은 유대교, 그리스도교, 그리고 이슬람교의 독특성과 차별성에 부딪혀 좌초한다. 이러한 몰트만의 주장은 다원주의적 세계를 살아가는 현대의 신학에 시사하는 바가 크다.

따라서 본고를 통하여 몰트만의 삼위일체론을 전통적 삼위일체론과 비교 고찰하고, 몰트만의 삼위일체론의 출발점과 양식은 무엇인지 살펴볼 것이다. 결론적으로 삼위일체론이 다원주의적인 현 상황에서 어떤 의미가 있는지, 과연 삼위일체가 기독교의 정체성을 확보해줄 수 있는지 질문할 것이다.

5. 전통적 삼위일체에 대한 몰트만의 이해

1) 아리우스의 종속론과 사벨리우스의 양태론

아리우스는 완성된 형태의 종속론을 주창한다. 아리우스의 출발점은 한 하나님이다. 그의 체계의 기본 전제는, 모든 실재의 기원 없는 근원이신 하나님의 절대적 유일성과 초월성을 긍정하는 것이다. 그는 그 지역의 감독이었던 알렉산더에게 보낸 편지에서 다음과 같이 썼다. 우리는 한 하나님을 인정한다. 그 분만 홀로 비출생적이다. 그 분만 영원하시고 시작이 없다. 그 분만 참되시고 그 분만 불사하시고, 그 분만 지혜이시고 그 분만 선하시고, 그 분만 주권자이고 그 분만 모든 것의 심판자이다.

한 분 하나님과 다양한 세계를 중재하는 중간 존재를 통하여 사귐이 이루어짐을 아리우스는 주장하며, 그 중간자를 기독교 전승에 따라 '아들'이라 부르고, 철학적 개념에 따라 '로고스'라 부른다. 그러면 이 아들 또는 말씀은 어떤 존재인가? 아리우스의 주장은 다음과 같다. 첫째, 말씀은 피조자라야 한다. 둘째, 말씀이 피조자이기 때문에 반드시 시작을 가져야 한다. 셋째, 아들은 아버지와 직접적 교제나 지식을 가질 수 없다. 넷째, 아들은 변하고 죄를 지을 수밖에 없는 존재이다. 그러나 그는 예수를 한 하나님 안에서 만족하기 위하여 '모든 창조의 처음 태어난 자', '하나님의 지혜와 이성'이라 불렀다.

몰트만은 이러한 아리안주의를 순수한 형태의 일신론적 기독교라고 말하고, 그리스도를 신비적 중간 존재로 만들어 버렸다고 평했다. 몰트만에 의하면 기독교 신앙은 더 이상 '일신론적'이라고 말할 수 없고, 하나님의 주권은 모든 것을 그에게 굴복시키는 '세계 단일 군주 체제'로 이해되거나 기술될 수 없다. 오히려 그것은 구원하는 자유의 역사로 이해되고 기술되어야 한다.

몰트만에 의하면 교회에 위협이 되었던 두 번째의 일신론적 이단은 사벨리우스의 양태론이다. 흔히 양태론은 종속론과 완전히 다른 반대의 것으로 간주되었다. 그러나 양태론은 종속론의 반대 국면에 불과하다. 여기에서도 한 하나님과 하나의 주체에 의해서 통치되는 단일 군주 체제의 기본 사상이 지배하고 있기 때문이다. 다만 여기서는 그리스도가 한 분 하나님에게 종속되는 것이 아니라 한 하나님 안으로 지양(止揚)되어 버린다. 사벨리우스에 의하면 하나님은 한 분이지만, 자기의 계시와 구원의 역사에서 세 가지 형태를 취한다. 하나님은 아버지의 형태 속에서 창조자로, 아들의 형태 속에서 구원자로, 성령의 형태 속에서 생명을 주시는 자로 나타난다. 성부, 성자, 성령은 한 하나님이 역사하시는 세 가지 방식이자 양식이다. 그러나 몰트만에 의하면 이와 같은 내용을 가진 양태론은, 엄격한 의미에서 볼 때, 삼위일체론이기보다는 일신론을 의미한다. 본질적인 것은 한 분 하나님이요, 세 위격은 한 분 하나님의 활동양식으로 격하되어 버리기 때문이다.

2) 테르툴리아누스의 삼위일체론

몰트만은 테르툴리아누스를 종속론과 양태론에 의해서 제기된 신론의 문제를 삼위일체론적으로 해결한 창시자로 본다. 테르툴리아누스는 삼위의 하나님의 진정한 믿음을 표현했다. 그것은 이른바 '하나의 실체, 세 위격'이었다. 즉 그의 중심된 주제, 곧 삼위성은 본질적으로 단일성으로부터 나온다는 것이다.

테르툴리아누스는 삼위일체가 통일성을 파괴하지 않는다는 사실을 보여주기 위해서 대단한 노력을 했다. 왜냐하면 삼위일체는 동일성으로부터 유래하기 때문이다. 테르툴리아누스에 의하면 하나님은 영원 전부터 한 분이지만 혼자는 아니다. 그의 이성(logos, ratio), 혹은 지혜(sophia, sermo)도 영원하다고 말할 수 있다. 한 분 하나님은 수적인 혹은 일원론적 단일성이 아니라, 그 자체 안에서 이미 구분되어 있는 단일성이다. 로고스는 영원한 출생(generatio)의 행위를 통하여 하나님으로부터 나오며 이를 통하여 '아들'로 된다. 성령은 신적인 실체의 단일성을 통하여 아버지와 아들과 결합되어 있다.

몰트만은 테르툴리아누스의 논증이 삼위일체론의 신학적인 기초를 형성했다고 높이 평가한다.

그러나 몰트만은 이런 삼위일체적인 세분화를 통해서는 일신론적인 단일 군주체제가 지양되지 않는다고 본다. 왜냐하면 아들과 성령이 아버지 아래에 있기 때문이다. 즉 몰트만에 의하면 만일 아들과 성령이 구원의 사역을 완성한 후에, 주권을 아버지에게 넘겨줌으로써 자신들의 일을 끝낸다면, 한 분이신 아버지에게로 되돌아가는 일만 남기 때문이다. 이렇게 된다면, 이것은 단지 창조와 구원의 사역에서만 삼위일체가 될 뿐이지, 실제로는 삼위일체가 되지 못한다는 것이다. 그러므로 몰트만은 테르툴리아누스의 사고방식에는 삼위일체의 개념보다는 단일성의 개념이 강하다고 비판한다.

3) 칼 바르트와 칼 라너의 삼위일체론

바르트에게서는 계시의 문제가 삼위일체론의 문제를 일으킨다. 왜냐하면 하나님은 자기 자신을 통해서 자기를 계시하기 때문이다. 즉 계시의 이 주체, 하나님, 곧 계시자는 계시 안에서 그의 행동과 동일하며 또한 이 행위의 작용과도 동일하다는 것이다. 달리 말하면, '계시하시는 하나님, 계시의 사건, 계시된 자'는 하나이다. '파괴할 수 없는 단일성 가운데서 계시자, 계시, 계시의 능력'이신 하나님은 또 '그 자신 속에서 파괴될 수 없는 상이성을 가진 세 가지 존재 방식'을 가지고 있다.

바르트에 대한 몰트만의 비판은 다음과 같다. 몰트만은 그의 삼위일체론을 군주신론이라 부른다. 곧 바르트가 말하는 주권 개념은 하나님의 본질 개념과 동일하며, 이 개념은 다시 하나님의 신성의 개념과 동일하다. 하나님은 아버지의 양식, 아들의 양식, 성령의 양식 안에 계시는 단 하나의 인격적인 하나님이다. 그렇다면 하나님은 세 존재 양식 안에 계시는 한 분이 되는 셈이다.

칼 라너는 깜짝 놀랄 만큼 칼 바르트와 비슷하고 거의 동일한 전제를 가지고 그의 삼위일체론을 전개한다. 라너의 주장에 따르면 단 하나의 유일한 하나님, 주체가 아버지이다. 아들은 하나님의 자기 전달의 수단이요, "우리 안에 있는" 성령은 그 장소이다. 몰트만은 이러한 라너의 진술에서 그가 고전적 삼위일체론을 절대주체의 반영의 삼위일체론으로 발전시키고 있음을 지적한다. 그러나 몰트만은 이러한 라너의 절대자의 자기전달은 세분화된 구조를 가지기 때문에 삼위일체의 의미가 없어진다고 비판한다. 또한 구원의 역사가 아버지의 자기 전달로 환원될 경우, 아들의 역사는 더 이상 인식될 수 없다고 주장했다.

6. 삼위일체론의 인식의 출발점

1) 삼위일체되신 하나님으로의 접근

하나님의 존재에 대한 우주론적 증명은 결과적으로 하나님을 최고 실체로 이해한다. 세계의 유한성으로부터 출발하여 최고의 무한한 존재에 도달하는 방법은 토마스 아퀴나스에 의해 제기된 다섯 가지의 우주론적 증명이다. 즉 최초의 운동자, 최초의 원인, 필연적 존재, 가장 큰 존재의 개념, 최고의 이성의 개념에 도달하는 방법이다. 이 결과 하나님을 최고의 존재로 생각할 수 있게 되었다. 이 점에 대해 몰트만은 본래 토마스가 증명한 것은 하나님의 존재가 아니라 신적인 것의 본질이었으며, 따라서 그의 답변도 신적인 것은 무엇인가의 문제였지 하나님은 누구인가의 문제가 아니었다고 한다.

우리가 이 최고의 실체를 하나님이라고 반드시 불러야 할 필요성이 없음에도 불구하고 하나님은 이 증명의 힘을 통하여 최고의 존재로 생각할 수 있게 되었다. 몰트만은 "모든 사람들이 이 실체를 하나님이라고 부르는 것은 모든 사람들의 의견일치로부터 유래하며, 이것은 토마스 자신에 의하면 필연적인 것이 아니라 상황에 따라 상대적으로 보편성을 가진 언어 사용이 제공하는 것에 불과하다"고 주장한다.

2) 절대 주체로서의 하나님

위에서 언급한 우주론적 하나님 증명의 방법은 근대에 와서 진부한 것이 되었다. 우주론적 하나님 증명의 방법은 질서 잡혀 있는 코스모스를 전제하는데, 인간 중심의 현실은 더 이상 세계를 하나님의 코스모스로 생각하지 않고 인간 인식의 한 소재로 이해한다. 이성과 침략과 노동을 통하여 인간은 자신을 세계의 주체로 만들었다. 근대에 와서 인간의 관심은 최고 실체로서의 하나님이 아니라 인간 주체에 있게 되었다.

세계를 궁극적으로 비신격화 시키고 수학화 시킨 데카르트의 견해에 의하면 "인간은 감각적으로 중재된 모든 경험을 의심할 수 있다. 그러나 의심하는 것이 자기 자신이라는 것을 의심할 수는 없다. 사고하면서 그는 자기 자신을 직접 의식하게 된다. 이러한 자기 확실성이 흔들릴 수 없는 확실한 기초이다. 그러나 그는 유한한 존재로서의 자기를 의식한다. 따라서 그의 자기의식과 함께 무한한 존재의 관념이 이미 함께 정립되어 있다. 내가 존재하며 한 완전한 존재의 관념이 … 내 안에 있다는 사실로부터 하나님이 존재한다는 사실이 아주 명확하게 증명되어 있다"고 주장했다. 루돌프 불트만은 실존철학의 기본 명제로서 자기 자신에 관하여 자기 자신으로부터 말할 때에만이 하나님에 관하여 말할 수 있다고 하였다.

몰트만은 근대의 이러한 하나님 개념의 출발점과 목표는 인간을 주체로 이해하는 것과 인간의 모든 인식과 관계에서 인간 주체성을 강조하는 것이라고 지적했다. 즉 근대 철학에서 하나님은 인간의 주체의식을 확인시켜주는 절대 주체의 하나님과 다름이 아니다 라고 주장한다.

3) 삼위일체 되신 하나님

교회의 전통적인 삼위일체론은 기독교전승과 신조에서 유래한다. 신약성경의 증언은 필연적으로 삼위일체 하나님의 개념을 발전시켰다. 아들로서의 예수의 역사는 오직 아버지와 아들과 성령의 역사로 이해될 수 있을 뿐이다.

그런데 여기서 몰트만은 기독교 삼위일체론은 앞에서 살펴본 가장 높은 절대 실체로서의 하나님 개념과 절대 주체로서의 하나님 개념에 비하여 그 특징이 무엇인가 하는 문제를 제기한다. 즉 삼위일체론은 하나님과 세계와 인간에 관하여 새로운 사고의 원형을 초래하는가의 문제에 관심을 갖는다.

이 점에 관해 몰트만은 다음과 같이 지적한다. 테르툴리아누스 이후 전통적인 삼위일체론은 어딘가 하나님의 단일성이 강조되어 왔다는 점을 먼저 지적한다. 즉 테르툴리아누스에 의해 표상된 한 실체-세 인격(Una substantia-tres persona)이란 순서에서도 그렇고, 토마스 아퀴나스 이후 서방 신학의 정설처럼 된 '한 분 되신 하나님에 관하여(De Deo uno)', 그리고 '삼위일체 되신 하나님에 관하여(De Deo trino)'라는 순서 자체가 그렇다는 것이다. 즉 신학은 언제나 하나님은 한 분이라는 점을 먼저 증명하며, 그 다음에 그분의 삼위일체를 증명하는 것은 결과적으로 절대 실체인 한 분 하나님은 부동하여 고난을 받을 수 없는 분으로 이해하게 만들었는데 이것은 희랍철학의 구도를 벗어나지 못한다고 본다. 전통적인 신론이 십자가에서 당하신 아들의 고난과 삼위일체 하나님에 대하여 말한다 할지라도 감히 역사 속에서 고난당하신 하나님에 대해서는 말해질 수 없다는 것이다.

다음으로 몰트만은, 헤겔 이후부터 기독교의 삼위일체는 절대 주체라는 보편적 개념으로 표현된다고 보았다. 이 경우의 삼위일체는 '한 주체-세 존재 양식'으로 표현되며, 이것은 결국 양태론적인 성격을 띠게 된다. 이 개념에 의하면 단 하나의 신적 주체는 세 가지 존재 양식 안에서 각기 다른 방법으로 자신을 전달한다. 즉 하나님은 아버지를 '나'로, 아들을 '자아'로, 성령을 아버지의 나 자아의 동일성으로 이해한다.

몰트만은 "오늘날 삼위일체론의 새로운 연구는 철학적이며 신학적인 전통과 비판적으로 대결할 때만이 가능하다. 과거의 실체의 삼위일체론으로 복귀한다는 것은 사실상 불가능하다. 왜냐하면 과거의 존재의 사유의 우주론으로 복귀한다는 것은 근대로 전환한 이후의 이 시절에 있어서 불가능하기 때문이다. 근대의 주체의 삼위일체론을 계속하는 것도 별로 의미가 없다. 왜냐하면 근대의 주체의 사고는 점차 힘과 의미를 상실하고 있기 때문이다. 인간 중심적 사고는 최근의 상대주의적 세계론 으로 위축되고 있으며, 인간 중심적 행동은 사회적으로 폐기되어 가고 있다"고 주장한다.

7. 삼위일체론적 사고의 장소

우리는 앞서 몰트만이 삼위일체의 하나님에로 어떻게 접근하는지 살펴보았다. 이 장에서는 삼위일체론적 사고가 필연적으로 성립되는 구체적인 장소에 관해 살펴보도록 하겠다.

삼위일체론의 장소는 '사고의 사고'가 아니라 예수의 십자가이다. "직관 없는 개념은 빈 것이다."(Kant) 삼위일체론적 하나님 개념의 직관은 예수의 십자가이다. "개념 없는 직관은 맹목적이다."(Kant) 십자가에 달린 그 분의 직관의 신학적 개념은 삼위일체론이다. 삼위일체론의 내용적 원리는 그리스도의 십자가이다. 십자가의 인식의 형식적 원리는 삼위일체론이다.

이처럼 몰트만의 삼위일체의 출발점은 바로 예수 그리스도의 십자가 사건이다. 예수 그리스도의 십자가 사건 안에서 삼위일체론적 사고가 시작된다. 그러면 예수 그리스도의 십자가 사건은 무엇인가? 예수 그리스도의 십자가 사건은 아버지의 내어줌이다. 아버지께서 그의 아들을 십자가에 내어주시며, 그리하여 내어주시는 아버지가 되신다. 아들은 이 죽음에로 버림을 당하며, 그리하여 죽은 자들과 산 자들의 주가 되신다. 아버지를 통하여 버림받은 가운데서 아들이 당한 고통과 죽음은 아들의 죽음에 대한 아버지의 고통과는 다른 고통이다. 그러므로 예수의 죽음은 간단히 성부 수난론 적으로 이해하여 '하나님의 죽음'이라 이해될 수 없다. 십자가 위에서 예수와 그의 하나님 아버지 사이에 일어난 것을 파악하기 위하여 우리는 삼위일체론 적으로 생각하여야 한다. 아들은 죽음을 고통당하며, 아버지는 아들의 죽음을 고통당하신다. 여기서 아버지가 당하는 아픔은 아들의 죽음만큼 큰 것이다. 아들이 당하는 아버지의 상실은 아버지께서 당하시는 아들의 상실과 상응한다. 그리고 하나님께서 예수 그리스도의 아버지가 되신다면, 아들의 죽음에서 그는 그의 아버지 되심의 죽음을 고통당하시는 것이다. 그렇지 않으면, 삼위일체론은 하나의 유일신론적 배경을 극복할 수 없다.

8. 삼위일체론의 양식

1) 삼위일체의 관계

(1) 위격과 관계

아버지, 아들 그리고 성령은 성경적으로 실로 의지와 이성을 가진 주체들로서 더불어 함께 말하고, 사랑 안에서 서로를 바라보며, 더불어 '하나'를 이룬다. 바울과 공관복음서 저자들이 '하나님'을 말할 때, 이는 '아버지'를 의미하는 것이고, '아들'을 아버지에게 분명히 종속시키는 반면에, 요한복음에서 우리는 하나의 발전된 삼위일체론적 언어를 발견한다. "나와 아버지는 하나다"라고 요한복음의 예수는 말한다. 그는 '나'와 '너'를 구분하며, 인식과 의지의 일치만이 아니라 상호 내주의 일치도 지시한다. "나는 아버지 안에 있고, 아버지는 내 안에 있다." 그러므로 아버지와 아들은 하나의 유일한 신적 주체의 두 존재방식으로 이해될 수 없다. 그들은 '한 분'이 아니라 '하나'이다. 다시 말하면 그들은 하나를 이룬다. 이 사실은 복수인 '우리가'와 '우리를'에 의해 표현 된다.

따라서 하나님의 개념은 위격들의 주체적인 구별을 폐기해서는 안 된다. 왜냐하면 그렇지 않으면 이 개념은 아버지, 아들 그리고 성령의 위격들 사이에서 세상의 구원을 위해 이루어지는 역사를 폐기하게 될 것이기 때문이다. 만약 우리가 "하나님 안의 한 본성, 한 인식, 한 의식"이라는 신스콜라주의의 명제를 칼 라너와 칼 바르트의 의미로 받아들여서, "한 하나님은 분명한 세 실재방식 안에 실재 한다"거나 "세 존재방식 안에 존재 한다"고 말한다면, 삼위일체적 구원사는 그 구체적 매개체를 상실하게 될 것이다. 왜냐하면 겟세마네에서 더불어 행동하는 자는 한 유일한 주체의 분명한 실재방식들이 아니기 때문이다.

그리고 골고다의 십자가에서도 한 '위격적인 하나님'의 한 '존재방식'이 다른 존재방식을 향하여 소리치는 것이 아니기 때문이다.

위격과 관계는 상호 보충적으로 이해될 수 있다. 왜냐하면 위격성과 관계성은 동시에 생겨나기 때문이다. 위격과 관계는 동일한 기원을 갖는다. 즉 예수 그리스도의 아버지, 아바는 이 아들의 아버지라는 뜻이다. 아들을 바라보는 그의 아버지 신분은 그의 위격을 구성한다. 아버지로서의 그의 위격은 아들과의 일회적인 이 관계를 통하여 규정된다.

(2) 순환적 - 사회적 일체성

지금까지는 삼위일체의 위격들과 이들의 관계에 관해서 이해하였다. 이제 삼위일체의 단일성에 관해서 알아보도록 하겠다.

몰트만은 요하네스 다마스케누스(Johanes Damascenus)의 영원한 순환이론을 적극 수용하여 영원한 신적인 삶의 순환을 통하여 단일성을 말하고자 한다. 다마스케누스에 의하면 삼위일체 되신 하나님 안에서 영원한 삶의 과정이 능력들의 상호 교환을 통하여 일어난다. 아버지는 아들 안에서 존재하고, 아들은 아버지 안에, 아버지와 아들은 성령 안에 존재한다. 그리고 성령은 아버지와 아들 안에 존재한다. 이들은 너무도 깊어 서로 상대방 안에서 살며 영원한 사랑의 힘으로 거하기 때문에 하나이다. 그들을 서로 구분하는 개체적 특성, 바로 그것을 통하여 아버지와 아들은 서로 상대방 안에서 살며 영원한 삶을 나눈다.

위격들이 이처럼 서로 안에서 친밀하게 내주(內住)하는 것과 완전히 침투하는 것은 삼위일체적 순환 이론에 의해 표현된다. 이것은 위격이론과 관계이론을 넘어서는 삼위일체적 일치성을 표현한다. 삼위일체적 일치는 신적 위격들의 이차적인 '사귐'이 아니고, 이 위격들은 한 하나님의 "존재방식"이나 "반복"이 아니다. 순환적 일치가 분명한 관계들을 폐기하지도 않고, 관계가 일치를 침해하지도 않는다.

삼위일체의 내재적 관계와 삼위일체적 순환은 서로 상호 보충적 관계를 이룬다. 신적 위격들의 이 순환론적 일치성 안에는 단지 일치만이 아니라 독자성도 존재한다. 신적 위격들은 영원한 영광의 발현을 위한 그들의 내주를 통하여 영원한 순환 안에서 서로를 인도한다. 성령은 아들을 영화롭게 하고, 아들과 함께 아버지를 영화롭게 한다. 아버지는 아들과 영 안에서 자신을 영화롭게 하고, 아들은 영을 통하여 아버지를 영화롭게 한다. 그들은 영원한 빛 안에서 더불어 서로를 표현하고 묘사한다.

몰트만은 삼위일체적 하나님의 순환론적 일치에 관해 이렇게 이야기한다. "삼위일체적 하나님의 순환론적 일치는 초대하고 결합하는 일치이고, 또 그래서 인간 개방적이고 세계 개방적인 일이다. 신적 위격의 상호관계는 너무나 넓기 때문에, 온 세상이 그 안에서 거할 자리를 갖는다. 그러므로 우리는 삼위일체 하나님의 삼위일체론적 일치의 개념을 배타적으로 이해해서는 안 되고, 포괄적으로 이해해야 한다. 삼위일체는 흘러넘치는 은혜로운 사랑의 힘 때문에 '열려' 있다. 이것은 사랑받고 발견되며 용납된 피조물들을 위해 '열려' 있다." 이러한 몰트만의 주장은 우리에게 삼위일체의 삼신론적 이해의 위험성을 해소하고 삼위일체의 단일성의 새로운 지평을 열어준다.

2) 성령의 사귐

우리는 앞에서 관계와 위격, 순환적인 일치성에 관해 살펴보았다. 우리는 여기에서 자연스럽게 성령을 주목하게 된다. 왜냐하면 그 동안 성령은 삼위 중에서 가장 대접받지 못했던 위격이었다. 이것은 온전한 삼위일체적 사고를 막는 요소였다. 따라서 이 장에서는 이러한 단일적 삼위일체의 한계에서 삼위일체적 성령으로의 성령 이해를 하고자 한다.

군주론적 삼위일체에서는 아버지-아들-영의 질서로 틀을 잡고, 더욱이 서방교회에서 필리오쿼(filioque-그리고 아들로부터)를 삽입한 후 성령은 아들보다도 서열이 더 낮아지게 되었다. 이 질서를 통하여 아들과 영의 관계가 일방적으로 형성된다. 몰트만은 "필리오쿼가 성령을 그리스도에게 종속시킨다는 사실, 그것은 성령을 '비인격화하는' 경향으로 기운다는 사실 그리고 이러한 경향은 성령을 교회에 종속시키는 일도 촉진할 수 있어서, 이로 인해 교회가 권위주의적인 제도주의로 경직 된다"고 주장했다. 또한 "그러기에 서방에서 중세기에는 '직무교회'와 '영적교회' 간에, 종교개혁 시대에는 성경에 매어있는 신학과 자유로운 성령의 신학 간에, 근세에는 말씀신앙과 열광주의 간에 논쟁이 생겼던 것이다."라고 이야기했다. 그리고 "만약 우리가 이미 삼위일체의 원래적인 관계에서 '아들과 성령의 상호작용을 인정한다면' 이런 잘못된 양자택일을 피할 수 있다"고 주장했다.

몰트만은 군주론적 삼위일체의 일방성을 극복하기 위하여 성령에 관하여 다음과 같이 주장한다. "'신성의 원천'인 아버지로부터 성령이 영원한 말씀과 함께 나온다면, 성령은 창조된 것이 아니라, 그의 본질상 필연적으로 아버지로부터 오며 그리고 아버지와 아들과 동일한 본질을 가진다. 성령을 경험함으로써 우리는 하나님 자신을 경험한다. 즉 우리를 아들과 결합시키는 아버지의 영을, 아버지가 주시는 아들의 영을, 우리를 통하여 아버지와 아들을 영화롭게 하는 영을 경험한다." 그리하여 성령은 창조된 것이 아니라 그의 본질상 아버지로부터 오며 따라서 아버지와 아들과 동일한 본질을 지닌 제3인격이 된다.

나가는 말

많은 사람들은 신학적 삼위일체론이 신학 전문가들을 위한 하나의 사변이요, 현실의 삶과 아무 관계도 없는 것이라고 생각한다. 이에 대해 몰트만은 기독교 독자적 특성을 삼위일체로 이해하고 있다. 사실 삼위일체의 역사를 살펴보면, 수많은 이단들의 위협 속에서 많은 논쟁들을 통하여 얻어진 소중한 기독교의 신앙고백이며 신앙고백은 인간의 삶의 자리를 떠날 수 없다. 그래서 삼위일체론을 논의하고 고찰하는 것은 정당하며, 그것은 언제나 시대(時代)와 만나고 그것과 대화한다. 몰트만은 현시대를 다음과 같이 판단한다. "동일한 권리 때문이든, 심지어는 더 큰 약속 때문이든 간에, 다른 형태들도 나란히 함께 존재하고 있다. 교회가 다른 많은 세계종교들 중의 한 종교가 되어 가면 갈수록, 그리고 교회가 아시아의 오래된 문화권에 발을 들여놓기가 얼마나 어려운지를 깨달으면 깨달을수록, 자신만이 유일한 종교를 대변한다고 내세우던 교회의 주장은 사라져 간다.

물론 교회는 모든 민족들 안에 존재하고 있다. 하지만 대개가 주변적인 소수로 존재할 따름이다. 서양에서조차도 교회는 '작은 무리'로 줄어드는 것 같이 보인다. 이러한 상황에서 기독교의 독자적 특성인 삼위일체를 고찰하는 것은 당연한 일이다. 그러나 삼위일체의 역사를 살펴보면 삼위일체의 본질에 대해 정확하게 표현한 개념들이 없었다. 일신론적으로 성부 하나님만을 강조하거나, 양태론적인 주장으로 삼신론으로 전락하는 경우가 대부분이었다.

이에 대해 몰트만은 구원의 역사로부터 출발하여, 신적인 위격의 구분과 관계를 존중하는 하나님 이해를 전개하는 가운데 삼위일체론을 제시하고 있다. 삼위일체 하나님은 최고의 본질이거나 절대적인 주체로 이해되지 않는다. 하나님은 오히려 순환적 통일성 속에 거하는 독특한 공동체로서 이해된다. 하나님의 하나 됨은 동질적인 본질이나 하나의 동일한 주체 속에 있기보다는 하나님의 위격들 사이의 순환적 교제 안에 있다.

우리는 몰트만의 삼위일체론 이해로 말미암아 삼위일체의 삼위일체론적 이해를 얻게 된다. 현대의 신학은 보편적 다원주의와의 대화를 하나의 미덕으로 생각하고 있다. 하지만 몰트만의 지적대로 기독교의 특수성을 상대화하면서 대화한다면 어느 누구도 기독교를 옹호하거나 지켜주지 않을 것이다. 이러한 상황에서 몰트만의 삼위일체론적 사고는 우리에게 기독교의 특수성을 올바로 이해하도록 도와준다. 그리고 이는 다원주의적 보편성 안에서 우리의 신학과 신앙이 방향을 잃지 않고 종말을 바라볼 수 있도록 우리를 인도하는 등대이다.

우리는 그 동안 한국교회에서 삼위일체 하나님을 이야기 할 때 종종 양태론적 설교를 듣게 된다. 그것은 우리가 일신론적 사고를 갖고 있기 때문이다. 강단에서는 유일하신 하나님은 자주 언급하지만 삼위의 하나님은 언급하지 않는 것을 자주 보게 된다. 성도들에게 "우리 하나님은 유일하시다"라고 말한다면 성도들은 "아멘"으로 화답할 것이다. 그러나 만일 "하나님은 세 분이시다"라고 말한다면 이단으로 몰려 교회에서 쫓겨나게 될 것이다. 분명 일신론은 이단이다. 그리고 삼신론도 이단이다. 우리가 얼마나 양태론적 사고를 갖고 있는지 놀라지 않을 수 없다.

우리가 믿는 하나님은 일신론과 삼신론에서 말하는 하나님이 아니고 삼위일체의 하나님이시다. 그렇다면 그 동안 왜 이러한 어려움들이 있었을까? 우리는 그 이유를 삼위일체론의 접근법에 있다고 본다. 그 동안의 삼위일체의 사고는 너무 어려웠다. 여기에서 우리는 몰트만의 사고가 필요하다고 본다. 삼위일체의 하나님은 분명히 엄격히 구별되시는 삼위격 하에서 이해해야 한다. 하나님은 분명히 우리가 신앙고백 속에서 이야기 하듯이 성부와 성자와 성령으로 계신다. 그러나 성부와 성자와 성령은 몰트만의 말처럼 페리코레시스적 삶인 상호 내주와 함께 하심을 통해 온전한 하나 됨을 유지하고 계신다.

물론 이 사고도 삼위일체 하나님을 표현하기에는 무리가 있을 것이다. 왜냐하면 이미 칸트가 이야기했듯이 유한한 인간은 현상계 속에서 '무한'을 인식할 수 없기 때문이다. 그러나 우리 그리스도인들은 이 한계를 뛰어넘어 삼위일체 하나님을 인식할 수 있다. 그것은 칼빈과 아우구스티누스도 인정했듯이 믿음의 도움을 받는 것이다. 우리의 이해를 추구하는 신앙은 반드시 믿음을 통과해야만 한다.

그러므로 삼위일체는 반드시 믿음을 통해서만 온전히 이해할 수 있다.

제7장

성경에서의 성령과 성령의 실체론적 이해

1. 성경에서의 성령

1) 구약성경

구약성경에서 하나님의 영은 히브리어로 하나님의 영(רוּחַ אֱלֹהִים), 여호와의 영(רוּחַ יְהוָה), 거룩한 영(רוּחַ קֹדֶשׁ), 나의 영(רוּחִי), 혹은 영(רוּחַ) 등으로 쓰인다.[1] 여기에서 성령을 나타내는 기본 단어 루아흐는 구약에서 378번 사용되는데 그 의미는 바람, 호흡, 힘, 능력을 뜻한다. '사물을 변화시키며 활동하시는 하나님'으로 약 100번 나타나기도 하는데 다음과 같이 사용된다.

바람(רוּחַ)이란 말과 동일시되는 히브리 단어인 영은 근본적으로 어떤 생동성(vitality)이라는 의미를 지니고 있다. 하나님이 현존하는 곳에서 그는 활

---

1) 이에 관한 성경구절은 다음과 같다. 하나님의 영(창 1:2, 41:38, 출 31:3, 35:31, 민 24:2), 여호와의 영(삿 3:10, 6:34, 11:29, 13:25, 14:6, 19:15), 거룩한 영(시 51:11, 주의 성신, 사 63:10, 11), 나의 영(창 6:3, 겔 36:27, 37:14, 39:29, 슥 6:8), 영(민 27:18, 11:25, 26) 등이다.

동하시기 때문에 그 활동성을 한마디로 표현하는 데 바람이라고 표현한 것은 적합한 것이다. 히브리 단어 가운데 영혼(ﬠﬣﬡ)과 비교하여 영의 생동성에 대해서는 연구가 더 필요하다.

영으로서의 하나님의 활동은 크게 분류하여 볼 때, 첫째, 사람들이 어떤 위대한 행위를 하도록 힘을 부여하여 주며, 둘째, 사람들로 하여금 예언자적 영감이 떠오르도록 영향을 주며, 셋째, 하나님의 의와 거룩함을 사람들에게 나누어 준다.[2]

(1) 피조물을 형성하며 창조된 존재들에 생기를 불어 넣는다(창 1:2, 2:7, 시 33:6, 욥 26:13, 33:4).

(2) 자연과 역사를 지배하신다(시 104:29, 30, 사 34:16, 40:7).

(3) 그의 사자들에게 대화나 영감을 통해 하나님의 진리와 뜻을 계시한다(임 24:2, 삼하 23:2, 대하 12:28, 15:1, 느 9:30, 욥 32:8, 사 61:1-4, 겔 2:2, 11:24, 37:1, 미 3:8, 슥 7:12).

(4) 계시를 통해 하나님의 백성들에게 진실과 성실을 가르친다(느 9:20, 시 143:10, 사 48:16, 63:10-14).

(5) 하나님의 지식에 대한 인격적 응답인 신앙과 복종, 의, 가르침과 깨달음을 불러일으킨다(시 51:10-12, 사 11:2, 44:3, 겔 11:19, 36:25-27, 37:14, 39:29, 욜 2:28, 29, 슥 12:10).

(6) 특정한 사람들에게 리더십을 제공한다(창 41:38-요셉, 민 11:17-모세, 11:16-29-칠십 장로, 27:18, 신 34:9-여호수아, 삿 3:10-옷니엘, 6:34-기드온, 11:29-입다, 13:25, 14:19, 15:14-삼손, 삼상 10:10, 11:6, 19:20-23-사울, 16:13-다윗, 왕하 2:9-15-에리야와 엘리사, 사 11:1-5, 42:1-4-메시야).

(7) 창조적 성취를 위한 특별한 기술과 능력을 준다(축 31:1-11, 35:30-35 브사

---

2) 아놀드 B. 콤, 인간의 영과 성령(서울: 대한기독교출판사, 1984), 151쪽.

렐과 오홀리압, 왕상 7:14-히람, 지혜와 총명과 재능 구비, 학 2:5, 슥 4:6, 성
전 건축기술).

구약성경에 나오는 성령은 창조자, 지배자, 계시자, 활기를 불어 넣는 자,
능력을 부여하시는 분으로서 활동하시는 하나님이시다.[3]

① 창조에서 성령의 역사

성령은 세상의 창조와 섭리, 계시, 성육, 대속, 성화 그리고 심판까지의 사건들
에서 과거와 현재, 미래까지의 일에 참여 하신다. 하나님의 창조와 재창조의
능력이시며 생명의 영이시다. 창 1:2의 "하나님의 신은 수면에 운행하시니라"
는 창조의 일에 동참하는 성령에 관해 이야기하는 것이다. 창 1:26에 나오는
"우리"는 삼위일체의 암시로 보기도 한다. 많은 학자들은 어법상 하나님의 독
백으로 보는데 일반적으로 창조사역에서 성령의 역할을 암시하고 있다(참조:
요1:3, 히 1:10).

성령의 사역은 이미 만들어진 것들에 일정한 질서를 주는 것에도 사용한
다. 새들과 동물들에게 생명을 주시며 초목까지도 생명을 성령에게서 받는다
(시 104:30). 창조사역에서 인간의 창조는 절정을 이루는데 전능자의 기운(욥
33:4)은 성령의 다른 이름이다. 성령께서 인간에게 생명을 주신다는 것이다.
사람에게 생명을 주시는 분은 성령이시다(창 2:7).

② 옛 계약과 성령

첫째, 성령은 모든 사람에게 주어지지 않았다. 하나님께서는 그의 사역을 위
해 부르신 사람들에게 그의 성령으로 옷 입히셨다(출 31:3, 삿 3:10, 6:34, 11:29,
삼상 16:13, 벧전 1:10-11, 겔 2:12).

---

3) W. A. 크리스웰, 현대 성령론(서울: 보이스사, 1987), 90쪽 이하. 이책은 달라스 제일침례교의 목
   회자가 성경적인 의미에서의 오늘의 성령을 다룬 보수적인 책이다. 성령의 길을 거룩과 카리스
   마적인 삶으로 묘사한 것은 특이하다. 원 제목은 The Holy Spirit in Today's World이다.

둘째, 성령은 잠정적으로 주어졌고 떠날 수도 있었다(삿 13:25-삼손, 삼상 10:10, 16:14-사울, 겔 2:2, 3:24-에스겔에게 성령이 두 번 임함, 시 51:11-성령의 거두어 가심, 삼상, 19:20, 대상 12:18, 대하 20:14-일시적 임함).

셋째, 성령이 성도들에게 내주하셨다. 성도들이 참된 기도와 영적 예배를 드리도록 감동하셨다(슥 4:6).

넷째, 성령은 주권을 가지시고 자신의 종들과 원수들도 사용하신다(민 24:2, 삼상 19:20-24).

③ 구약에서 선포된 새 언약과 성령

첫째, 성령이 만인에게 부어 질것이다(욜 2:28-29, 사 43:3, 겔 39:29). 이 예언이 행 2:16-18, 33, 38-39에서 성취되었는데 베드로는 그 대상을 "하나님이 얼마든지 부르시는 자"들이라고 한다(행 2:39).

둘째, 성령이 새 언약에 있는 자들 위에 영원히 머문다(사 59:21).

셋째 마음속에 계셔서 새롭게 하고 거룩하게 한다(겔 37:14, 36:26-27).

넷째, 성령께서 메시야 곧 새 언약의 중보자에게 임할 것이다(고후 3:6). 바울은 새 언약을 성령의 언약이라 한다.

구약성경은 예언약과 새 언약에서 과거와 현재 그리고 미래의 성령의 역사에 대해 말하고 있다. 성령은 생명을 주시고 이적을 행하시고 사람들의 마음에 역사하시고 그들을 자신의 도구로 사용하신다. 성령이 없이는 만물의 생명도 없으며 모든 것은 성령의 도움으로 되어지는 것이다.[4]

2) 신약성경

신약성경에서 성령은 하나님의 영임과 동시에 예수 그리스도의 영이다. 하나

---

[4] 참조: 백종인, "성령론에 대한 성경적 고찰과 한국교회 성장사에 나타난 성령운동에 관한 연구", 고신대학신학대학원, 석사학위논문, 1991, 11쪽 이하.

님의 영(마 3:16, 12:28, 고전3:16, 고후3:3, 빌 3:3), 아버지의 영(마 10:20), 예수의 영(행 16:7), 그리스도의 영(롬8:9), 예수 그리스도의 영(빌1:19), 아들의 영(갈 4:6)이시다.

신약성경의 성령은 하나님께서 예수그리스도 안에서 하신 사역과 불가분의 관계를 갖는다. 약속된 메시야가 왔고 영의 시대가 열렸다고 말한다.

(1) 공관복음

성령과 예수의 인격 및 사역을 긴밀히 연결시킨다. 예수는 성령 안에서 잉태되시고(마 1:18, 눅 1:35), 세례 받으시고 성령으로 충만케 되시고(마 3:16, 눅 3:22), 성령에 이끌려 시험받으시고, 성령의 능력으로 귀신들을 추방하신다(막 3:27, 눅 10:18). 병자들을 고치시고(마 11:4-5, 눅 4:16-21), 복음을 전파하시고, 하나님 나라를 임하게 하시며(마 12:28, 눅 11:20), 십자가에 못 박혀 죽으신 분이시다. 부활 이후 성령을 제자들에게 보내주시는 분이시다. 성령은 그리스도의 영으로 이해된다.

예수는 성령에 의해 잉태되시고 사역을 하시는 분이면서 동시에 성령으로 세례를 주시는 분이시며(요 1:32-34), 성령을 보내시는 분으로 묘사되고 있다. 예수님의 수세 장면에서는 성부, 성자, 성령이 함께 등장하고 있음을 보게 된다. 마 28:29에서는 아버지와 아들과 성령의 이름으로 세례를 주라고 쓰여 있는 데 학자들에 의하면 이것은 초대교회의 예배와 예식을 배경으로 한 것이라 한다.

(2) 사도행전

사도행전의 저자 누가는 삼위간의 차이를 두면서도 일치를 강조하고 있는 듯하다.

바울의 회심은 예수(9:17)와 조상들의 하나님(22:14), 성령(13:2-4)에 의해서이다. 바울과 그 일행이 복음을 전하도록 하시는 분은 하나님(16:10), 예수의 영(16:7) 그리고 로마로 인도하시는 분은 성령(23:11)이시다. 예수의 일(23:11)이라고도 한다.

아나니아의 일은 성령을 속였으며(5:4), 하나님께 거짓말을 하였다(5:4)라고도 한다. 이를 종합하여 보면 성령과 하나님 그리고 예수의 일이 동일한 일임을 보여 준다.

성령과 예수의 사역이 다름을 말하기도 한다. 성령은 교회 안에서 교회를 통하여 일하시는 예수의 연장자이다. 오순절 성령강림 사건(2:32-33)에서 하나님은 예수를 높이시고 성령을 주시는 분이시며, 예수는 성령을 받아 부어주시는 분이시지만, 성령은 우리에게 부어지시는 분으로 묘사된다.

성령의 인격성은 방언을 통해 말하시며(2:4), 아나니아의 속임의 대상이며(5:3), 그리스도의 증인이며(5:32), 교회를 깨우치시며(15:28), 바울의 전도를 이끄시며(16:7), 교회에 감독을 세우시고 다스리시는 분이시다(20:28).

사도행전에서 초창기 기독교 선교 역사의 다섯 가지 성령강림 사건들을 보게 된다. 예루살렘의 성령강림 사건(2장), 사마리아의 성령강림(8장), 바울(9장), 고넬료 가정(10-11장) 그리고 에베소 성령강림 사건(19장)이다.

최근 오순절과 장로교 신학자들은 이 사건을 해석하면서 "선 중생, 후 성령세례" 교리의 정당성을 주장하는 데 누가가 전하는 성령은 주로 개인에게 믿음과 구원을 가져오게 하여 하나님의 백성이 되게 하는 '구원의 영'으로 보는 바울과 달리 이미 예수를 믿고 구원받은 사람들로 하여금 특수한 사역을 감당할 수 있도록 주어지는 '초월적인 부차적 은사'(donum superadditum)인 예언의 영이라 한다. 차영배 교수도 여기에 동조한다.5)

---

5) 최갑종, 성령과 율법(서울: 기독교문서선교회, 1994), 21쪽이하. 이러한 주장은 Robert Paul Menzies, *The Devolopment of Early Christian Pneumatology with Special Reference to Luke-Acts* (JSNT Suppl. Shefield: JSOT Press, 1991), pp. 278-279에서 다루었다. 성령세례 논쟁은 기독교 연합신문 1993. 9. 13-27과 11.1-22일 자를 참조하라.

여기에서 얻어지는 것은 누가는 성령을 존재론적으로 보기보다는 사역적으로 본 것이다. 예수께서 성령을 받은 이후 존재와 신분의 변화보다는 메시아 사역을 감당하는 것에 중점을 두며 오순절 성령의 강림은 종말론적인 사건으로서 이미 구원 받은 사람들에게 주어진 증거자의 사역을 감당하도록 하는 예언의 영이라는 것이다. 누가는 성령세례를 이스라엘 나라의 종말론적인 회복과 연결을 시켰으며(행 1:4-6), 유대묵시 문학의 종말적인 현상이 나타났고(행 2:1-4), 베드로의 오순절 설교에서 "이 마지막 날들에"(ἐν ταῖς ἐσχάταις ἡ μέραις)가 사용되어 오순절 성령강림은 종말의 현상이며(행 2:17), 약속의 성취(2:33)라는 점들이다.6) 이에 반하여 성령세례가 곧 중생이라는 문제는 바울신학의 특성이다. 사역에 중점을 두는 누가는 성령세례가 중생 이후에 주어지는 특별한 은사와 연관이 있다고 한다.

(3) 바울서신

바울은 성령을 생명의 성령(롬 8:2)으로 부름으로서 신성을 부여한다. 성령은 우리를 하나님의 성전(고전 3:16-17)이 되게 하신다. 그리스도인들이 "성령 안에"(갈 5:25)와 "그리스도 안에"(고후 5:25) 살도록 부름을 받았다는 것은 성령과 그리스도와의 관계를 분명히 해준다. 이 두 표현은 같은 것으로 인정된다. 특히 롬 8:9-11에서는 "하나님의 영"(9)과 "그리스도가 너희 안에 거하시면"(10)이라는 말이 나오는데 성령은 하나님의 영이요 동시에 그리스도의 영이라는 것을 말해 준다.

하나님과 그리스도 그리고 성령이 동일하지 않게 사용되는 부분도 있다. 예수는 성결의 영을 따라 부활하였으며(롬 1:4), 성령은 예수를 죽은 자 가운데에서 살리셨고(8:11), 예수는 하나님 우편에서 우리를 위해 간구하시나(8:34) 성령은 그 아들의 영으로서 하나님을 아바 아버지라 부르게 하시며(갈

---

6) 최갑종, 상게서, 28쪽 이하.

4:6), 우리 안에서 우리를 위해 간구하시는 분이시다(8:26).

바울이 말하는 바는 구약의 야웨 하나님의 영이 그리스도의 영으로 드러 났다는 것이다. 교회에서 축도의 형식으로 사용하는 "주 예수의 은혜와 하나 님의 사랑과 성령의 교제"(고후 13:13)는 성부, 성자, 성령이 독립된 위격으로 묘사되고 있다.

(4) 요한 문서

하나님은 영(4:24)이시며 성령은 아버지로부터 나오시는 분이시다(15:26). 그 리스도 자신도 아버지로부터 온다고 한다(16:28). 우리와 함께 하시는 분은 성 부와 성자(14:23)인데 다른 보혜사 성령(14:16-17)이시기도 하다. 성령의 임재 는 우리 안에 하나님이 거하시는 표시이며(요일 3:24, 4:13), 성령이 오실 때 그 리스도의 이름으로 오시며 말씀을 생각나게 하시고 가르치시고 증거하고 영 광을 나타낼 것이다(요 14:26, 15:26, 16:14).

성령은 아버지께서 예수의 이름으로 보내시는 분이시다(요 14:26). 성령이 그리스도를 증거하시는 분이라면 증거 되는 그리스도와 구분이 있을 수 도 있 다. 특히 다른 보혜사(14:16) 성령을 말함은 삼위일체를 예시하는 것이기도 하다.

(5) 베드로 전서

성부는 예정의 주체, 성자는 속죄 주 그리고 성령은 거룩하게 하시는 분(벧전 1:2)이시다. 성부, 성자, 성령은 신성을 가진 독립된 주체로서 구분된다. 동시 에 성령을 하나님의 영, 그리스도의 영이라고 함은 성령이 삼위일체의 하나님 임을 강조하고 있다. 후대 교회는 이를 토대로 하여 신학적인 논쟁을 하게 되 었다

성경에서의 성령과 사역을 요약하면 다음과 같다.

첫째, 성령은 신약에서 사용되는 용어로 구약에서는 영(루아흐, 프뉴마, πνε

ύμα)이라 한다. 바람, 미풍, 폭풍이라고 번역이 되나 호흡, 숨(breath)을 의미한다. 이는 생명의 근원, 생명력(vitality)을 뜻한다. 하나님의 영은 인간생명의 근원이요, 힘이라는 뜻이다. 하나님이 그의 생명의 숨을 불어 넣으심으로 인간이 살아 움직이는 생령이 되었다(창 2:7, 욥 33:4).

동물도 하나님의 입김을 통해 살아 움직이며(전 3:19, 창 6:17, 7:15), 세계 안의 살아있는 모든 것들도 그의 영에 의해 살고 있으며, 하나님이 숨, 즉 생기를 거두시면 소멸되며 죽는다(창 6:3, 시 104:29, 욥 34:14). 하나님의 영은 모든 피조물들의 생명의 힘이요, 변화시키는 능력이다. 성령은 생명을 주시는 하나님의 영으로서(life-giving spirit) 하나님의 구원의 역사를 이루시며 새로운 하나님의 세계를 만드시며 하나님의 백성의 삶을 주관하시며 하나님이 그를 통해 현존하시며 그분의 인격적 주체 속에서 새롭게 활동하시는 분이시다.

둘째, 성경에서 성령의 본질과 인격성에 대해서 성부와 성자에 비해 분명하게 보이지 않는다. 그러나 하나님의 영인 성령은 창조에서부터 시작하여 인류 역사의 전개 과정에서 활동하시고 계시다. 성령은 독자적인 분이 아니라 삼위일체의 하나님으로서 존재하신다.

셋째, 성령은 인격성을 갖는 인격체이시다. 이것을 이해하지 못하면 그분과 바른 관계를 가질 수 없고 그분의 사역을 이해 할 수 없다. 인격의 특성은 알고 느끼고 결단하는 지 · 정 · 의인데 성경에서 인격만이 지니고 있는 특성들이 잘 나타나고 있다(고전 2:11, 롬 8:27, 롬 15:30, 느 9:20, 창 1:26, 엡 4:30). 특히 롬 8:27의 "성령의 생각"에서 생각을 나타내는 희랍어 프로네마(Φρόνημα)는 지성과 감정, 의지를 모두 내포하는 말이다.

요 14:16, 17과 16:7에 나오는 보혜사 파라클레토스(παράκλητος), 즉 위로자(comforter)는 파라와 클레토스의 합성어인데, "곁에 있도록 부름을 받은 분"이라는 뜻이다. 신자들이 어려운 일을 당할 때마다 신자의 편에 서서 도와 주시는 분을 가리킨다. 이 단어를 요일 2:1에서는 대언자(advocate)로 번역되었다. 이 말은 "…에게"(ad) "부름 받은 자"(vocatus)의 합성어이다. 모든 형태의 도움, 능력, 조언을 가진 조력자라는 뜻이다. 전자가 후자에 비해 더 넓은 의미를 갖는다.7)

넷째, 성령이 하시는 활동들은 말씀하시고(계 2:7), 연약함을 도우시고(롬 8:25), 우리를 위해 기도하시고(롬 8:26), 가르치시고(요 14:26), 주님에 대해 증거 하시고(요 15:36), 인도하시고(요 16:13), 주님의 사업을 도우시고(행 16:6-7), 근심하시고(엡 4:30), 소멸되시기도 한다(살전 5:19). 성령은 지 · 정 · 의를 가지고 계신다(고전 2:10, 롬 8:26, 고전 12:11).

다섯째, 성령은 거듭나게 하시는 영이다. 성령은 생명을 주시는 분으로서 창조와 구속의 일을 하신다. 성령의 역사로서 거듭남과 새롭게 하시는 분(요 3:3-6)이시다. 거듭난 사람이 새로운 피조물이며(고후 5:17) 인간 본성의 영적인 혁신을 갖게 된다. 개혁교회는 거듭남을 매우 중요시한다. 죄 때문에 죽은 우리를 그리스도의 생명으로 이식시켜 그리스도의 형상을 갖게 하시고 그의 영광에 이르게 하신다(고후 3:18).

여섯째, 성령은 위로자, 보혜사(파라클레토스, 요 14:26)이시다. 이를 위로자, 상담자, 곁에 서있는 친구, 협조자라고도 번역하였다. 여기에서 "다른 보혜사"라는 말은 "그와 같은 또 하나의 다른"(another, one more)을 의미한다. 주님과 같이 생각하고 사랑하며 행동하시는 다른 분을 말한다. 다른 진리를 가르치시며 우리를 대신하여 간구해 주신다(롬 8:26). 그리스도를 증거 하시고 (요 15:26) 영감으로 하나님의 말씀을 기록하신다(딤후 3:16). 본성과 인격을 가진 사역을 하신다.

일곱째, 성령은 생명의 영이시다. 생명의 창조자로서 생명의 주이시며 생

---

7) 성령의 인격성에 대해서는 R.A. 토레이, 성령의 인격과 사역, 성령론 설교(고양: 크리스챤 다이제스트, 2001) 221쪽 이하를 참조하라. 토레이 신부는 자신의 신앙 여정에서 경험한 성령의 인격성을 성경과 실생활의 체험을 근거로 하여 풀이하고 있다.

명의 원천(fons vitae)이시다. 생명의 근원이 되시는 영(life originating Spirit), 생명을 창조하시는 영(creating), 생명을 주시는 영(giving)이시다(고후 3:6, 고전 15:45, 요 6:63). 하나님의 영이 계신 곳에 참된 생명이 있다.

여덟째, 요한복음에 의하면 성령은 진리의 영이시다(요 14:17, 16:13). 성령을 통해서만 우리는 완전한 진리를 깨달을 수 있다. 하나님의 계시의 세계는 학문적인 논리에 의해서가 아니라 오직 하나님의 영에 의해서이다(고전 2:10). 성령이 진리의 영인 것은 진리 자체이신 예수 그리스도를 증거하기 때문이다.

아홉째, 사랑의 영이시다. 하나님과 인간의 사귐은 사랑으로 이루어진다. 사랑의 영이신 성령의 사랑은 구체적으로 그리스도 안에 나타난다. 사랑을 받을 아무런 조건이나 자격이 없는 우리에게 주시는 사랑이다. 성령은 사랑을 통해 하나님과 인간 인간과 인간 그리고 인간과 자연의 분리를 극복하시고 결합하신다(고전 13:1-3, 13). 성령의 열매는 성령 충만한 생활을 말한다(갈 5:22-23).

2. 성령의 실체론적 이해(Substantial understanding of the Holy Spirit)

하나님에 관한 학문으로 자리 메김을 한 신학은 2000년이라는 긴 역사를 가지면서 영지주의를 대표로하는 이단적인 사상들과 싸우면서 발전하여 왔다. 초대교회는 초기 500년 동안 그리스도론을 중심으로 삼위일체론 형성에 많은 논쟁과 시간을 투자하였다. 그 결과 어거스틴에 의해 삼위일체론이 정립되었다. 성령이 삼위의 한분으로 인정되면서 성령에 관한 인식이 새롭게 되었다.

1) 성령신학과 교부들

성령이 신학의 중요 과제로 등장한 배경에는 다음과 같은 몇 가지의 동기가 있다.

첫째, 성경 안에 성령에 관한 기록이 풍부하다는 점과 둘째, 교회 안에 들어온 이단적 사상인 영지주의에 대항하기 위해 호교론적인 성령론이 필요하게 되었으며 셋째, 초대교회의 예배 의식에 삼위일체론적인 표현이 사용되었고 넷째, 그리스도의 부활이후 구원의 사역이 성령의 사역임을 확신하게 되었다[8]는 점이다.

토마스 아퀴나스는 "교회를 믿는다"(Credo in ecclesiam)를 "교회를 거룩하게 하시는 성령을 믿는다"(Credo in Spiritum Sanctum sanctificantem Ecclesiam)로 해석을 하였다.[9] 교회의 머리가 되시는 예수의 삶을 탄생과 십자가의 죽음과 부활 승천까지 성령의 역사로 이해하는 것은 무리가 아닐 것이다.[10]

실체론적 성령 이해는 성령의 실체(substance)와 본질(essence) 등을 중심으로 다루는 교리적인 성령 이해를 말한다.[11] 속사도와 교부들을 대표로 하는 초기 신학자들의 성경 해석과 삼위일체 논쟁으로부터 시작하여 스콜라주의적 성령 이해를 중심으로 성령론을 논하는 것으로서 "성령이 삼위일체의 한 위격으로서 하나님인가?", "성자와 비교하여 볼 때 그 출처가 어디인가?", "성부와 성자 그리고 성령은 어떤 관계를 갖는가" 등을 연구하는 것이다.

초대 교부들은 삼위일체에 관한 명백한 개념이 없었다. 로고스는 창조 시에 인격이 되었다고 했으며 성부에게 종속되었다고 했다. 성령에 대해서는 인간의 구속사역과 연관된 성화의 일을 하며 성부와 성자에 종속됨을 주장하였다.

---

8) 이종성, 성령론, 조직신학대계 5(서울: 대한기독교출판사, 1993), 11쪽이하 참조.
9) Summa theol., II-II, q.1, a. 9.
10) 참고: 김균진, 기독교조직신학 IV(서울: 연세대학교출판부, 1993, 106쪽 이하. 김 교수는 몰트만과 한스 큉을 인용하여 예수의 삶이 성령과 함께 성령가운데에서 시작한다고 한다. 성령은 승천하신 주님의 지상적 현존이라는 표현은 교회 속에서 일하시는 성령에 관한 적합한 표현이다. J. Moltmann, Kirche in der Kraft des Geistes, S. 75; H. Küng, Die Kirche, S. 122.
11) 현요한, 성령, 그 다양한 얼굴, 하나의 통전적 패러다임을 향하여(서울: 장로회신학대학교출판부, 1998).

속사도 교부들과 2세기의 변증가들인 로마의 클레멘스, 안디옥의 이그나티우스는 삼위에서 성령을 하나님이라고 부르기를 주저하면서 신성을 인정하였다. 순교자 유스티누스는 영을 로고스와 동일시함으로 2위 일체라는 느낌을 받는다.

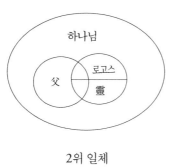

2위 일체

안디옥의 데오빌로(Theophilus)가 처음으로 삼일치(trinity)라는 말을 사용하였다. 성자를 로고스로, 성령을 지혜로 동일시하였다. 이들은 모두 성령을 선재하는 그리스도로 보았으며 피조물이라고 말하지는 않았다.

삼일치

리용(Lyon)의 이레네우스(130-202)는 교회의 전통적인 가르침에 의해 창조주와 속죄주는 동일한 하나님임을 강조하면서 성자는 말씀(λόγος)으로, 성령은 지혜(σοφία)로 창세전에 존재한다고 하였다. 로고스와 소피아는 하나님이 세계를 창조하신 두 손이라 한다. 이것을 반(牛)삼위일체라 할 수 있다.

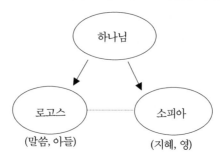

터툴리안(150-220)은 군주신론자로서 하나님의 단일성을 강조하였다. 사벨리안이즘이라고 하는 군주신론(monarchianism)은 양태론적 군주신론과 동력적 군주신론이 있다.

(1) 양태론적 군주신론:
한분 하나님이 세 가지의 모습을 가진다.

(2) 동력적 군주신론

(3) 양태론적 변모 신론
양태론적 군주 신론은 삼위가 연속적인 양태 즉 가면이라는 것이며, 동력적 군주 신론은 성자와 성령이 하나님의 동력으로서 하나님으로부터 유출되었다는 것이다. 이때의 성부 하나님은 부동의 동자(The unmoved mover)로서 자신은 움직이지 않으나 다른 것을 움직이는 존재이다. 하나님은 스스로 자신의 지혜와 의지를 동원하여 펼치시고 접으시는 분이시다. 이를 통해 성부가 성자로 그리고 성령으로 모습을 나타내신다.

성부
↓
성자
↓
성령

샘 근원-강-운하

나무뿌리-가지-열매
태양 - 빛 - 열

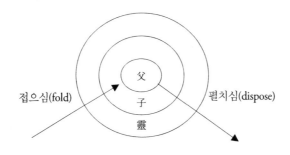

접으심(fold)　　　　　　펼치심(dispose)

父
子
靈

성령은 성부로부터 성자를 통해 나오신다.
유출(overflow)

하나님

성령

성부　　　　성자

성부, 성자, 성령 이 세분은 본체(substantia)에 있어서가 아니라 순서와 형태 그리고 능력에 있어서 하나이다. 하나님의 삼인격(tri-personality)과 통일성을 주장한 최초의 표현이다. 터툴리안이 사용한 용어들 중 단일성(unitas), 삼일치(trinitas), 위격(persona), 경륜(dispensatio, oikonomi) 등은 중요한 용어들이다. 하나님은 그 단일성을 세 위격에 따라 펼치신다(disposes)는 것이 그의 삼위일체의 핵심 내용이다.[12] 그리스도의 오심은 율법의 완성이요, 성령의 오심은 복음의 완성이라는 그의 말은 유명하다. 양태론적 군주 신론은 성부, 성자, 성령의 관계에 종속개념(subordinationism)이 전제되어 있다. 이를 개선한 것이 양태론적 변모 신론이다. 한 하나님이 삼위의 모습을 가지고 사역의 주

---

12) 루이스 벌꼽, 기독교교리사, 신복윤역(서울: 총신대출판부, 1979.).

체가 된다는 것을 보여 준다.

오리게네스(Origenes of Alexandria, 185-254)는 그의 저서 『제일원리에 관하여』(*De Principiis*) 3장 성령론에서 "성자는 하나님의 형상으로 영원히 출생(eternal generation)하며 성령은 성자에 참여하여 지혜와 합리성을 받는다"고 하였다. 성부는 모든 것을 포괄하며 성자는 이성적 존재에 관계하고 성령은 거룩한 것과 관례를 갖는다고 하였다. 그에게 있어서 최고의 신(The God), 절대적인 신은 하나님이시다. 이는 계층적 삼위일체론이다.

1세기부터 3세기까지 이해된 성령은 영감을 가진 영으로서 성경을 기록하게 하고 신자들의 성화를 가능케 하는 사역에 초점을 두었다. 성령의 신성은 인정했으나 문자적으로 하나님이라 부르지 않았다.

성령론의 급격한 발전은 4세기에 있었던 알렉산드리아의 장로 아리우스와 안디옥의 아다나시우스의 기독론에 관한 논쟁에 의해서이다. 아리우스는 그리스도의 단일성(unity)을 강조하여 세계가 창조되기 전 무에서 창조 되었으며 성자로 인정을 받아 그를 통해 세계가 창조되었다고 하였다. 성자가 성부보다 열등하다고 보는 성구들은 다음과 같다(잠 8:22, 마 28:18, 막 13:32, 눅 18:19, 요 5:19, 14:28, 고전 15:28). 아다나시우스는 예수 안에서 인성과 신성의 완전성(integrity)을 주장한다. 아리우스는 전자의 입장에서 "하나님은 창조되지 않았고(uncreated), 태어나지 않은(unbegotten) 분이시다. 성자는 태어나신 분이시며 피조물"이라고 주장하였다.

2) 삼위일체 논쟁과 교회의 회의

그리스도와 성령의 실체를 논의하기 위해 수많은 교회의 회의가 열렸으며 그 대표적인 것들은 세계최초의 종교회의인 니케아회의(A.D. 325)로 부터 시작하여 콘스탄티노플회의(381), 에베소회의(431), 칼케돈회의(451) 등이다. 이런 점으로 미루어 볼 때 초대 교부들은 삼위일체에 관한 명백한 개념을 가지고 있지 않았던 것이 사실이다.

(1) 니케아 공회의(325)

정통신앙을 방어하기 위한 논쟁의 쟁점이 된 니케아회의는 325년 콘스탄티누스 대제가 소집하였다. 삼위일체 논쟁 중의 하나인 아다나시우스의 그리스도의 동일본질(homousios)과 유사본질(homoiusios)을 주장하는 아리우스주의에 관해 신학적 논의가 되었다. 전자는 로고스—육신인 예수 그리스도가 하나님과 동일 본질임을 주장하는 것이며 후자는 이질적이라고 하는 것이다. 로고스까지도 육체로 본 것이다.[13] 로고스와 육신 중에서 어느 곳에 강조점을 두느냐에 따라 동일 본질과 유사 본질로 나누어진다.

이 회의는 행 15장의 예루살렘회의 이후 최초의 에큐메니칼(The First Ecumenical Council)회의이다. 이 신조는 비교적 짧으며 "그리고 성령을 믿습니다"(And we believe in the Holy Spirit)라는 말로 끝을 맺고 있다.

아리우스는 성자 예수가 다른 피조물처럼 태초에 무로부터 창조되었다고 하였다. 성자는 시작이 있으며 실제 하나님이 아니고 명목상 이름을 갖는 하

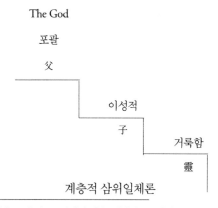

계층적 삼위일체론

---

13) 한철하, 고대 기독교사상사(서울: 대한기독교서회, 1970), 171쪽 이하.

나님이다. 하늘의 로고스가 인간 예수의 영혼 대신에 자리 잡고 있으므로 하나님일 수 있다는 것이다. 아리우스는 여기에서 예수의 완전한 인성을 거부하게 되었다. 예수님을 신도 인간도 아닌 다른 제3의 무엇(tertium quod)으로 만들어 버렸다. 여호와의 신성만을 인정하는 유대교는 예수님의 양자설(adoptionism)로 가며, 예수의 신성을 인정하지 못하는 헬라 전통은 형이상학적 신관 때문에 아들의 성육신을 인정하지 못하게 되어 가현설로 기울게 되었다. 아리우스는 이두가지를 혼합하여 받아들인 듯하다.

아리우스의 강조점은 1) 시작과 끝이 없으신 하나님만이 홀로 영원한 존재이시며 2) 아들을 그의 뜻 가운데에서 은혜와 진리 가운데 모든 세대 이전에 조성하셨다고 한다. 그는 하나님과 만물의 중보자로서 그 아들을 통해 만물이 만들어졌다. 그는 하나님의 유일성을 견지함과 동시에 아들의 특유성을 말하고 있다.

동일본질성을 주장하게 되면 아버지와 아들의 구분이 애매하게 되는 사벨리우스주의 이단에 빠지게 된다. 각위의 구별을 하게 되면 두 하나님의 교리로 빠지기 때문에 이것을 극복할 수 있는 길은 오리게네스의 종속주의(subordinationism)를 극단화 하는 길이라고 아리우스는 생각하였다.

그는 성령의 인격성을 부인하고 피조된 세계에 나타난 하나님의 에너지라고 보았다. 그는 결국 그리스도를 반신 반인간의 존재로 이해하여 창조의 신과 같이 성부와 동등하지 않다고 이해하여 성부, 성자, 성령의 본질적인 차이를 두었다. 성부만이 진정한 신적 존재이며 아들은 피조물(κτίσμα)에 지나지 않는다. 아들은 세계의 창조를 중재하기 위하여, 세상에 하나님을 계시하기 위해 시간과 공간이 있기 전에 창조되었다는 것이다. 성령도 아들을 통해 생겨난 하나의 피조물로 보았다,

이에 대해 아다나시우스는 성령은 "만들거나 창조되지 않은 나오시는 분"으로 표현하였다. 이것은 콘스탄티노플신조에 명기되는데 "주이시며 생명을

주시는 성령을 믿사오니 그는 성부로부터 나오시고 성부와 성자와 함께 예배와 영광을 받으시는 분이시다"라고 되어 있다. 16세기의 소치니우스와 그의 추종자들은 하나님으로부터 흘러나온 힘이라고 하였다. 이것이 오늘까지 전달되어 성령을 감화력, 능력, 세력, 힘이라고 보는 경향이 있다. 성령은 주체가 되셔서 우리의 예배를 바르게 하시고 우리의 사정을 아시고 도우신다.

알렉산드리 학파의 오리게네스는 성부, 성자, 성령의 동등성을 강조하면서도 "아들은 제2의 신으로서 아버지의 형상으로 계시며 아버지에 종속된다. 아버지에게만 정관사를 사용하여 ὁ θεός로 하며 아들에게는 θεός를 사용 한다"는 것이다. 성부의 사역은 모든 것에 미치나 성자의 사역은 이성적 존재에 그리고 성령은 성화된 것에 미친다고 하였다. 앞에서 언급한 바 있는 계층적 삼위일체를 다음과 같이 동심원으로도 표현할 수 있다.

성령의 출처에 대해서는 성자로부터(욥 2:6), 성부로부터 라는 말을 사용하다가 성부가 성자를 통해 성령을 만드셨다(요 2:6)고 결론을 내렸다.[14] 이런 면에서 아리우스는 오리게네스의 좌파라고 보는 사람들이 있다.

(2) 콘스탄티노플회의(381)

동로마 제국의 데오도시우스 1세가 소집한 이 회의는 동방교회에서 문제가 되고 있던 아리우스 이단설에 결정적인 결말을 가져오게 되었다. 이 회의에서

---

14) 이종성, 성령론(서울: 대한기독교출판사, 1993), 14쪽 이하.

는 성령의 동질성을 승인하고 니케아신조를 수정하였다. 지금까지 이들의 신
앙은 성자 하나님이 성부 하나님보다 지위가 낮으며 다른 실체라고 주장하였
었다. 이 회의를 통해 삼위일체 안에서 성자는 성부와 그 본성이 동일하다
(homousios)는 니케아공의회를 재확인하였다. 또한 성령이 곧 하나님임을 고
백하였다. "성령은 성부로부터 오시며 성부 성자와 함께 경배와 영광을 받으
시는 분이시다. 예언자들을 통해 말씀 하셨던 생명의 주이시다. 생명의 창시
자로서 성부와 그리고 아들에게서(filioque) 나왔음을 믿사오며 "라고 하였다.

동방교회 성령론　　　　　　　**서방교회 성령론**

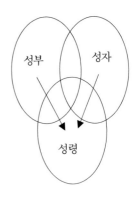

아버지로부터　　　　　　　　　아버지와 아들로부터
(ex patre)　　　　　　　　　　　(ex patre et filogue)
창조와 역사 연관　　　　　　　　아들과 말씀 연관
아리우스, 오르겐　　　　　　　　아다나시우스
반양태록적 군주론　　　　　　　삼위일체론
동방교회　　　　　　　　　　　　서방교회
유사본질(homoiusios)　　　　　　동일본질(homousios)

이 논쟁은 서방교회로 하여금 성령을 아들과 말씀에 긴밀하게 연결시키는 결과를 가져왔고 동방교회는 성령을 창조와 역사에 두게 되었다.

이런 면에서 몰트만은 삼위일체의 틀은 서방전통을 유지하면서도 그의 창조의 삼위일체에 의하면 동방의 신학을 수용하는 듯하다. "아들과 영을 보내시는 분은 창조자 아버지이시다. 그의 해방하는 주권 속에서 세계를 총괄하고 구원하는 그분은 창조의 말씀, 곧 아들이다. 세계를 살리시고 하나님의 영원한 삶에 참여하게 하는 그 분은 창조자의 능력 곧 영이다. 아버지는 창조의 창조하는 원인이요, 아들은 창조의 형성하는 원인이요, 영은 창조의 삶을 주는 원인이다"[15]라고 한다.

몰트만은 창조 안에서 삼위를 인정하는 창조의 삼위일체를 주장한다. 성부를 창조의 영으로, 성자를 형성의 영으로 그리고 성령을 삶의 영으로 이해한다. 영을 창조의 삶과 연관을 시킨다면 결국 영은 "계속되는 창조"(creatio continua)의 주체로서 영의 능력을 창조와 역사에 두는 동방신학을 수용하는 것이 되는 것이다.

창조의 삼위일체

---

15) 위르겐 몰트만, 김균진 역, 창조안에 계신 하느님, 생태학적 창조론(서울: 한국신학 연구소, 1987), 125쪽. 몰트만은 이러한 신학적 입장을 발전 시켜 삼위일체적 창조론과 나아가서는 우주적 성령론으로 발전 시킨다. 성령의 능력은 새 창조의 능력으로서 영의 경험을 그는 하나님의 거하심이라는 히브리어 쉐히나(שכינה)를 사용한다. 인간은 성령의 전(고전 6:13-20)이 되며 예루살렘은 하나님의 장막(계 21:3)이 된다.

콘스탄티노플공의회에서 동방교회를 위한 네 가지의 법이 제정되었다. 아리우스주의를 추종하는 이단자들인 사벨리우스와 반 아리우스 등을 파문하였다. 주교가 다른 교구의 주교를 간섭하지 않으며 콘스탄티노플 주교는 로마의 주교 다음의 위치를 가지며 그리고 콘스탄티노플 교구의 제반 규율문제를 다루었다.

콘스탄티노플신조는 니케아신조가 더 수정 보충되어 들어있기 때문에 니케아—콘스탄티노플신조라 불린다. 예를 들면 니케아신조의 제1항 '모든 것의 창조자'가 '하늘과 땅과 모든 것의 창조자'로 되었으며, 니케아신조의 제2항 '아버지로부터 홀로 나신 자'가 '하나님의 독생자로서 만세 전에 아버지께서 나시었으니'로 보충·수정되었다. 니케아신조의 '삼일 만에 살아나시사'는 '성경대로 삼일 만에 다시 살아나시사'로, '산자와 죽은자를 심판하러 오시리라'는 '산자와 죽은자를 심판하러 영광중에 오시리라'라고 수정·보충하였다.

하르낙(A. Harnack)은 콘스탄티노플회의에서 동일본질이 유사본질로 이해되었다고 주장한다. 니케아 당시에는 본질(ousia)과 품격(hypostasis)의 구별을 하지 않았으나 아다나시우스가 본질을 일체성으로, 품격을 위격으로 사용하여 동방에서는 동일본질이라는 말을 사용할 때 각위의 개체성과 세 품격(three hypostasis)을 나타낼 수가 없었다는 것이다. 여기에서 동일 본질은 유사본질과 같다는 것이다.

결국 동일 본질을 유사본질파가 받아들일 때 사벨리우스주의나 삼위의 실재를 부인하는 것은 아니었으며 자신들의 입장에서 동일본질을 받아들였기 때문에 일체성보다는 유사성으로 이해하기에 이른 것이다. 이렇게 니케아신조를 대변하는 콘스탄티노플신조를 고백하는 카파도기아 교부들을 하르낙은 신정통파(neo-orthodoxy)라고 불렀다.[16]

---

16) 한철하, 고대기독교사상(서울: 대한기독교서회, 1970), 198쪽 이하. 이 책은 기독교사상을 대별하는 속사도 교부로부터 변증가들, 각종 교회의 회의와 어거스틴에 이르기까지의 내용을 설명

(3) 에베소회의(431)

에베소회의(431)는 네스토리우스의 요청에 의해 데오도시우스 2세가 소집하였으며 알렉산드리아의 대주교 키릴루스와 콘스탄티노플의 네스토리우스를 비롯한 안디옥학파 사이의 논쟁이다. 네스토리우스는 그리스도의 인성을 강조하는 입장에서 마리아를 "하나님의 어머니"라고 하는 것을 거부하였다. 교황은 키릴루스의 편을 들어 네스토리우스의 콘스탄티노플의 총주교직이 박탈당하고 파문당하고 말았다. 433년 통합 신조(the Formula of Union)를 만들어 니케아회의의 결과를 재확인하게 되었다.

예수 그리스도를 하나님의 독생자로 고백하여 삼위의 제2위의 개체성을 분명히 하였으며 아버지와 동일본질이시며, 양성은 한 품격 가운데 통일되어 한 분 그리스도, 하나님의 아들, 한 주가 되신다는 것이다. 이 통합 신조는 한 인격(one person) 양성(two natures)의 기독론이다. 키릴루스가 예수의 신성을 강조하다 보니까 마리아를 하나님의 어머니라고 표현하게 되었다.

이들의 주장을 요약하여 보면 다음과 같다.

네스토리우스

1) 그리스도의 신-인격에 있어서 신성과 인성은 구별되어야 한다. 윤리적으로 결합된 그리스도의 이성설을 주장하였다. 2) 그리스도는 신이 아니고 로고스가 임한 것이다. 3) 마리아가 낳은 분은 로고스를 모신 "하나님을 싣고 다니는 분"(Theophorus)이시다.

키릴루스

1) 마리아는 신의 어머니이다. 2) 그리스도의 신성을 강조하였다. 3) 그리스도 안에서 인성과 신성이 연합하여 하나의 본체를 구성함으로 신격에 속한 초자연적 기적과 이사들을 인격에 돌릴 수도 있다. 또한 인간의 자연적인 약점들

한 고전적인 책이다.

을 신격에 돌리는 문제가 있는데 그리스도를 "참 하나님이자 참 인간"(vere Deus vere homo)이라는 점에서 이 문제는 해결 할 수 있다.

(4) 칼케돈 회의(451)

마르키아누스에 의해 소집된 칼케돈회의(451)에서는 신인양성론이 확정되었다. 이로서 니케아―콘스탄티노플신조에 의거한 삼위일체적 신앙이 확증되었다. 시리아, 애급 등 다른 지역에서는 이에 관한 분쟁이 계속되었다. 이 회의에서는 네스토리우스와 아폴리나리우스 그리고 아리우스주의를 이단으로 규정하였으며 니케아―콘스탄티노플신조의 삼위일체적 신앙이 정식으로 확증되어 낭독되었다. "그리스도는 신성에 있어서 아버지와 동일본질이시고 인성에 있어서 우리와 동일 본질이시다. 죄를 제외하고는 우리와 똑 같으시다. 이 분은 동일하신 하나님이시오 신적인 로고스이시다."

니케아―콘스탄티노플신조는 서방교회의 사도신경만큼의 무게를 갖는 동방교회의 신조로서 삼위일체와 교회론을 말하고 있다. 니케아신조가 사도신경보다 더 형상학적 개념들인 본질과 빛 등을 말하고 있으나 역시 성경이 제시하고 있는 하나님을 말하고 있으며 사도신경과 더불어 지중해 연안의 세계교회적인 에큐메니칼한 신관을 말해 주고 있다.

니케아신조에 나타나는 "하나의 거룩한, 보편적, 사도적 교회"는 교회에 관한 정의의 근간을 이루게 한다. 오늘날 기독교는 삼위일체의 하나님을 믿고 있다. 중세의 신학뿐 아니라 루터와 칼빈의 종교개혁신학 그리고 바르트와 몰트만을 대표로하는 현대의 개혁신학에 이르기까지 삼위일체 하나님 신앙은 중요한 교리 중의 하나이다. 창조주 성부 하나님은 성자와 성령을 통하여 그의 백성을 구원하시고 통치하실 뿐 아니라 인류 역사와 사회 속에서 그의 통치를 확장시켜 나가신다. 이에 대해 종교개혁시대의 좌경화된 신학과 오늘의 해방신학 등은 삼위일체 하나님을 거부하는 신관을 가지고 있다고 보인다.17)

성령론에서 서방신학의 기초를 놓은 이는 어거스틴(354-430)이다. 그의 저서 『삼위일체에 관하여』(*De Trinitate*)에 의하면 "성부, 성자, 성령은 한 신, 홀로 위대, 전능, 선, 정의, 자비하사 보이는 것과 보이지 않는 것을 다 지으신 유일한 분이시라. … 곧 전능하신 한 하나님 곧 3위 일체이시다."[18] 터툴리안, 오리게네스, 아다나시우스 등 대부분의 교부들이 성자와 성령이 성부에게 종속되었다고 주장했으나 어거스틴은 신의 단일성을 강조하여 삼위의 동등성을 주장하였다. 그는 삼위일체라는 말을 설명하기 위해 기억(memory), 이해(understanding), 의지(will)를 들었으며 사랑하는 자(lover), 사랑 받는 자(loved), 사랑(love)이라는 말을 쓰기도 하였다.

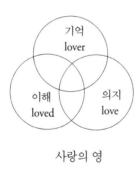

사랑의 영

여기에서 서방 삼위일체론이 시작되었는데 이를 "관계적 삼위일체"(the relational Trinity)라고 한다. 삼위의 위격들은 상호간의 관계에 의해 유지되며, 성령은 성부와 성자 사이의 사랑과 교통이고, 성령은 선물이기도 하다. 여기에서 성령은 성부와 성자 간 그리고 하나님과 우리를 사랑으로 연결시키는 "사랑의 띠"(vinculum charitatis)라는 성령 개념이 등장한다.

---

17) 참조: 이형기 편저, 세계개혁교회의 신앙고백서(서울: 대한예수교장로회총회출판국, 1991), 26쪽 이하.
18) 류형기 역편, 기독교회사(서울: 한국기독교문화원, 1990), 197쪽.

이러한 단일성과 동등성 때문에 어거스틴은 "아버지 하나님에게서만 말씀이 나오고 성령이 원칙적으로는 아버지에게서 나왔으나 성자에게서도 나왔다"라고 한다. 동방에서는 성부만이 만물 유일의 근원이시오, 성령은 성부에게서만 나온다고 했는데, 어거스틴은 성자에게서도 나온다(filioque)고 말함으로서 성령의 이중 발원설이 확립되었는데 이를 스페인 톨레도 제3회의에서 니케아신조의 일부로 인정을 받아 동방과 서방교회의 분열을 가져오게 되었다.

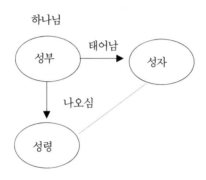

그러나 이것은 하나의 동시적인 발원이다. 성령은 태어난 것(begotten)이 아니고 주어지셨다(procession)고 한다. 성령은 태어나지 않으신(unbegotten) 성부와 태어나신(begotten) 성자로부터 동시에 나오셨다(procession).

3) 스콜라주의적 삼위일체론

스콜라주의는 대략 1100년경에 시작하여 종교개혁까지 이르는 합리적인 이해와 논증을 추구하는 하나의 학문적 방법론이다. 아리스토텔레스에게 뿌리를 둔 변증법이라고 할 수 있다. 구원에 대한 내적 확신을 경건주의는 신앙적 체험이라고 한다면, 스콜라주의는 합리적인 이해와 논증으로 증명하려 하였다. 성서와 교부들과 종교회의와 교황의 전언들은 절대적인 권위를 가지며 주어진 진리를 증명하고 신적으로 계시된 형이상학을 방법론적으로 체계화하는 일에 관심을 기울였다.

스콜라주의가 남긴 창조적인 업적으로는 계시의 신학과 철학을 융합시켜 일종의 자연신학을 만든 것이다. 모든 교리의 타당성을 증명하기 위해 어떤 사물의 관념과 그 실재와의 관계 즉 사고와 실체와의 관계를 밝혀야 될 철학적인 문제에 직면하게 되었다. 두 가지의 서로 다른 입장은 유명론(Nominalism)과 실재론(Realism)이다.[19)

중세 서방신학의 삼위일체는 어거스틴의 전통을 따른다. 성령은 사랑의 띠로서 성부와 성자를 연합시키는 상호간의 사랑(Amor Patris et Filii), 혹은 공동의 선물이다. 삼위일체를 마음(mens), 지식(notitia), 사랑(amor) 혹은 기억(memoria), 지성(intellectus), 의지(voluntas)의 유비를 사용하기도 하였다. 이를 통해 서방의 성령 이해는 내면화(interiorization)의 길을 걷게 된다.

5세기의 교황 레오1세는 성령의 온전한 신성과 삼위간의 동등함과 영원함을 가르쳤다. 성령의 이중발원을 지지하였다: "성부는 성자를 나으시며, 성자는 성부에서 나시고 함께 성령을 내시며, 성령은 성부와 성자로부터 나오신다."

---

19) 보편이 주관적인 개념으로 존재하는 실재론이냐 아니면 객관적 실재로 존재하는 유명론이냐는 스콜라 철학의 중요한 명제이다. 플라톤에 의하면 인간은 그 자신 속에 절대적 선과 미의 이데아에 대한 개념을 지니고 있다고 한다. 그러나 인간은 경험에 의해 그 개념에 도달할 수 없다는 것이다. 감각적 세계에는 절대선이 존재하지 않기 때문이다. 영혼은 이데아의 세계를 세상에 나기 전에 보았으며 그것을 기억 속에 간직하고 있다. 이성은 영혼의 불멸적인 부분이며 영혼의 본질을 이루고 있다. 영혼의 이성적 자각인 관념(보편)은 실재성을 갖는다. "보편은 실재보다 앞선다"(Universalia ante rem)는 것은 이성에 의해 영혼 속에 각인된 보편을 실재 속에서 추구하는 합리적인 것이야말로 참으로 존재한다는 말과 같다. 이 보편 개념이 아리스토텔레스에 의해 수정되는 데 "보편은 실재 안에 있다"(Universalia in re)라고 하였다. 이 말은 "이성이 합리적인 판단을 통해 실재 속에서 보편을 찾을 수 있다"고 하는 말과 같다. 실재론의 대표는 안셀름(1033-1109)이다.
스토익주의자들에 의해 보편 개념은 단순히 사물의 공통적 속성으로부터 유도된 사고의 추상(nomina)이라고 하면서 "보편은 실재보다 뒤진다"(Universalia post rem)는 명제를 얻게 되었다. 이것은 삼위일체론과 같은 근본적인 신앙의 객관적 실재성을 부인하는 것이 되므로 교회에서 환영을 받지 못했다. 유명론의 대표자는 로셀리누스(Rosellinus of Compiegne, d. 1125)이다.

제11차 톨레도(Toledo XI, 675)회의는 동일본질(consubstantial)을 이야기하면서 "성부는 태어남이 없이 영원하시고, 성자는 태어남과 함께 영원하시고, 성령은 태어남이 없이 나오심을 가지신 영원이시다"라고 한다.

동방교회 다마스커스의 요한(675-749)은 "성령은 아버지로부터 나오시며 아들을 통해 교통하신다. 아들로부터 왔다고는 말하지 않으나 그를 아들의 영이라고 부른다."라고 말함으로써 니케아─콘스탄티노플의 성령의 신성이 강조되고 성부로부터의 단일발원론을 말한다. 태어남과 나옴의 차이는 불가지해라고 하였다.

캔터베리의 대주교 안셀름(1033-1109)은 어거스틴의 전통에 서서 『성령의 이중발원에 대하여 ─ 희랍인들에 반대하여』(*De Processione Spiritus Sancti contra Graecos*)라는 책을 통해 삼위 안에 일치성과 다수성을 조화시키려 하였다. "아들은 아버지에게서 오고 성령도 아버지에게서 오며 이들은 반대 관계가 성립된다. 따라서 아버지와 아들이 구분되며 아버지와 성령도 구분이 가능하다."

페트루스 롬바르두스는 그의 『명제집』(*Book of Sentences*)에서 성경적인 삼위일체 교리를 세운다. "성부, 성자, 성령은 동등하며 한 본체이다. 본질은 하나요, 위격은 여럿이다"라고 하였다. 그에게서 특이한 것은 "성령은 우리가 하나님을 사랑하고 이웃을 사랑하는 사랑과도 같다"라고 한 점이다. 요아힘은 롬바르두스에게서 사위일체(Quaternianism)를 보았다. 성부, 성자, 성령에 사랑을 더한 것이다.

중세의 이단적인 성령론은 피오레의 수도원장 요아힘(Joachim of Fiore, 1145-1202)이다. 그는 삼신론에 가까운 삼위일체론을 주장하다가 제4차 라테란공의회(1215)에서 이단으로 정죄를 받았다. 특유의 세대주의(dispensations)를 주장하였다. "성령이 성부와 성자의 지배권을 대행하고 있으며, 율법의 시대와 복음의 시대가 지나가고 성령의 시대가 왔다"고 하였다. 성령의 역사로 온 인류의 구원과 교회의 갱신이 일어난다고 믿었다. 1260년까지 사랑의 시대가 계속되며 성령은 영적인 사람들의 마음속에서 활동하는 신의 사랑이라고 하였다. 첫 세대는 성부에게, 둘째 세대는 성자에게 그리고 셋째 세대는 성령에게 배당되었으며 이미 시작되었다고 하였다.

율법 시대	복음 시대	사랑 시대	구원, 교회갱신 시대
성부	성자	성령	1260년

성령은 예언자를 통해 말했고 방언을 하게하고 그리스도의 성육신 사건에 사역하였고 ... 성령은 사람과 도덕계에서 일한다. 교회역시 성령에 의해 많은 결실을 얻는다. 그는 성령의 본성보다 사역에 큰 관심을 보였다. 그의 영향은 프랜시스 수도원에 주어졌으나 1260년 주의 재림이 없자 영향력이 급격하게 줄어들었다.

토마스 아퀴나스(1225-74)는 아리스토텔레스의 철학을 신학의 방법론으로 이용하였다. 하나님이 한분이심은 자연이성으로 알 수 있으나 삼위일체는 알 수 없다고 하였다. 태어나심(generation)과 나오심(procession)의 차이를 이성과 의지의 작용으로 설명하였다. 하나님 안에 말씀과 사랑이외에는 다른 나오심이 없다는 것이다. 전자는 존재를 생산하는 행위이며 지성의 작용이다. 후자는 의욕을 생산하는 행위로서 의지의 작용 즉 사랑이다.

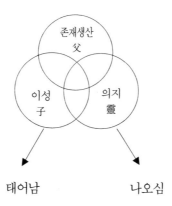

둔스 스코투스는 성자는 본성에 의해(by nature) 성부로부터 태어나시며, 성령은 의지에 의해(by will) 성부로부터 나오시기 때문에 성자와 성령의 구분이 가능하다고 하였다. 전자는 하나님의 본성과 지성에 의한 하나님의 지성적 활동 기억(memory)이며 후자는 하나님의 사랑스러운 대상인 자신의 본질과 그것을 사랑할 수 있는 의지로부터 나온다. 이것은 세 위격에 모두 있는 선택의 활동이다. 이것이 성령을 산출하는 원리이다. 말씀의 산출은 나으심(generation)이며 본성적 생산이다. 성령의 산출은 의지에 의한 생산이며 자유스러운 것이다.

4) 신비주의적 삼위일체론

종교와 신비주의는 불가분의 관계를 가지며 양면성이 있다. 신비주의에 대한 긍정적인 입장은 신비주의는 "종교의 모체"라고 하는 것과 부정적인 입장은 "종교의 타락한 현상"이라고 하는 것이다. 기독교는 신학과 교회의 제도들이 어느 정도 정착되는 단계에서 신비주의가 생겨나기 시작하였다.

신비주의는 영혼과 자연 안에 있는 신의 현존을 경험하려는 시도라고 볼 수 있는데 생각과 느낌 안에서 유한한 것은 영원 안에 내재하게 하고, 영원한 것은 유한 안에 내재하도록 하려는 시도이다. 기독교적으로 말하면 신이 사람 안에 계시고, 사람이 하나님과 그리스도 안에 있다는 것이다. 이것은 요한복음과 사도 바울의 서신을 통해 많이 강조되어 왔다.

(1) 신비주의란?

기독교 신비주의란 신비한 지식을 추구하는 철학이나 영원한 것을 묵상하는 능력(the power of contemplating eternity)이 아니다. 신비주의는 일반적으로 하나님과의 직접적인 접촉을 경험한 다든지 절대적인 실체(Absolute Reality)인

하나님과 영혼의 연합을 말한다. 이러한 경험들은 우선 심리적인 것이며 다양한 방법과 모습들을 갖는다.

신비스러운 경험은 주관—객관(subject—object)이 뚜렷하게 분리되지 않고 하나 속에 융합되며, 그 속에서 자아가 객관과 동일시되는 경험을 갖게 된다. 이때 개인의 영혼은 자신이 추구해오던 것을 만난 기쁨으로 인해 생동감이 넘치며 넘치는 자유함을 얻게 된다.

기독교 신비주의의 기초가 되는 형이상학은 소크라데스와 플라톤, 아리스토텔레스 그리고 플로티누스의 합리주의적 형이상학에 근거한다. 신은 물질과는 전혀 혼합되지 않은 변화의 잠재성이나 가능성이 없는 절대적 실체요, 순수한 존재요, 완벽한 형상이다. 신은 하나이고 영원하며 변하지 않고 발전이나 생성 등으로부터 자유로운 절대적으로 존재하시는 분(The which absolutely is)이시다.

인간의 영혼 가운데 절대자로부터 분리되지 않은 근본적으로 실체 자체인 것이 존재한다. 이것들은 이성과 마음, 의식과 영혼의 중심 등이다. 영혼은 초경험적 실체를 알 수 있는데 영혼이 가장 깊은 중심에 내려갈 때 그 실체와 하나가 된다. 영혼이 연합되기를 추구하는 궁극적 실체인 신은 구체적이고 유한한 모든 존재 위에 초월하여 존재한다. 영혼 역시 현재의 상태와 변화를 초월하고 감정과 사고 그리고 야망과 행동을 초월하여 올라가거나 내려가는 부정의 길(via negativ)을 가야 한다. 여기에는 영혼중심의 절대 실체와의 접합점인 유일자에로의 비약이 필요하다.

유일자에로의 비약은 가파르고 고독하고 험난하고 힘든 길이다. 사다리와 층계와 비탈길이다. 이 길에 대한 단계와 수준은 정화(purgatio)와 조명(illuminatio) 그리고 신비적 합일(unio mystica)이다.

하나님의 임재를 명상에 의해 감지할 수 있다는 것이 신비적 합일이며 그 단계는 기도와 마음의 평정, 완전한 합일, 무아경 그리고 영적인 결합이다. 신약성경에서 영적인 합일을 대표적으로 보여주는 것은 요 15장의 포도나무 가지의 비유와 바울이 여러 다른 표현으로 160회 이상 사용한 "그리스도 안에서"라는 표현이다. 신자는 그리스도를 떠나서는 열매를 맺을 수 없고 살수도 없다. 그리스도의 몸의 지체들로서 각기 다른 은사들을 소유하고 있다(고전 12장). 이 모두는 한 성령에 의해 이루어지며 그리스도인이 그리스도 안에 있듯이 그리스도는 신자 안에 계시다. 신자는 이러한 관계 속에서 새로 태어난 피조물이기도 하다.

(2) 구약의 신비주의

구약성서의 신비주의는 선지자들의 환상의 경험들에 근거를 둔다. 이사야의 환상인 "하나님의 옷자락이 성전에 가득하였다"든지 에스겔의 보다 높은 통찰로서의 황홀경 등은 조명의 한 본보기가 되기도 한다. 시편 기자들은 아름다운 자연 속에서 하나님의 신성을 보았다(시 104:3-4, 139:1-13).

하나님을 열정적으로 갈망하며 그에 대한 하나님의 보답을 남녀 관계로 표현한 곳도 있다(시 73:25, 렘 31:3). 이를 남녀 간의 사랑의 신비주의(erotic mysticism)라고 한다. 여기에는 사랑의 열망이 무한적으로 표현되어 있기도 하다.

성령의 도래를 말해주는 가장 중요한 표시는 황홀체험(experience of ecstacy)이다. 이 체험은 실신상태와 열광적인 춤의 형태로 나타난다(삼상 1:5-13, 19:23-24). 그의 영혼에 하나님의 영이 흘러넘침으로 인해 그의 자아가 없어지고 예언자 개인이나 공동체가 거룩하고 순수한 능력을 얻을 수 있다는 것이다. 이와 같이 영에게 사로잡힌다(spirit-possession)는 것은 신적인 나타남이 있는 곳에 생명과 힘이 동일시된다는 것이며 원시인들과 신비주의자들이 그이 영혼을 신의 영에 섞으려는 현상들이다.[20] 이것을 상승(ascent)이라 한다.

---

20) 아놀드 B. 콤, 상게서, 153쪽.

(3) 신약의 신비주의

그리스도 자신의 말과 행동인 개인적 경험은 하나님과의 긴밀하고도 직접적인 교제로 이루어 졌다. 그의 탄생으로부터 시작하여 세례와 사단의 시험, 기적을 행하심, 변화 산에서의 변형, 십자가의 죽음과 부활은 모두 신비적인 모습을 갖는다. 그의 윤리학인 산상수훈은 기도체험과 밀접하게 연관되어 있다. 하나님을 인격적으로 체험한다는 내면적인 사실은 그의 모든 가르침을 통해 보여진다. "이는 내 사랑하는 아들이다"는 하나님의 인정은 아바(Abba) 경험으로 이어지며 아들만이 아버지를 안다(마 11:27)는 내적 사랑의 경험을 갖게 한다.

공관복음에서는 "두 세 사람이 내 이름으로 모인 곳에는 나도 그들 중에 있느니라"라는 하나님의 임재에 관한 집단경험이 있으며 이는 사도행전의 성령의 임하심으로 연결된다. 사도 바울은 하나님의 임재 경험을 개인적으로 서술하고 있다(갈 1:15, 2:20, 고후 3:18, 4:6, 12:1-4, 롬 8:2 엡 3:14-21). 하나님을 영으로 보는 그의 신 개념은 스토아의 영향을 받은 것으로 보인다.

기독교의 신비는 하나님의 약속과 비밀이 그리스도의 십자가와 부활을 경험하는 것으로서 사랑의 영을 창조해낼 수 있는 능력을 공급해 준다. 기독교 신비주의는 하나님의 사랑을 자신의 삶 속에 온전히 성취시키려는 영적인 행위나 신앙생활이다.(E. Underhill, Mysticism, Dutton & Co 1961, p.81). 이러한 영적 신비주의를 베르나르두스(Bernard de Clairvaux, 1090-1153)와 에크하르트(Meister Eckhart, 1260-1327)에게서 대표적으로 보게 된다.[21] 베르나르두스의 하나님은 사랑(Deus Caritas est, 요1서 4:8)이며 에크하르트의 하나님은 존재(Esse est Deus)이다.

이들의 공통점은 신앙인인 인간에게 신을 만나는 요인이 있다는 것과 그 길은 자기 자신의 내면세계로 가는 길이다. 이들에게서 보여지는 신은 부동의

---

21) 노종해, 중세기독교 신비신학 사상 연구(서울: 도서출판 나단, 1991), 115쪽 이하.

동자(The unmoved mover)이다. 베르나르두스는 신을 부동의 존재로, 에크하르트는 존재의 유일성으로 보았는데 차이점은 베르나르두스의 신에 이르는 길은 삼위일체적이다. 그리스도의 십자가를 통하여 이성이 회복되어 겸손에 이르고, 성령을 통하여 의지가 회복되어 사랑에 이르게 되어 신지식에 이른다는 것이다. 이것은 그리스도 중심적 신비신학(Christicentric-mystical theology)이다. 에크하르트의 신은 유일자 한분으로서 삼위일체의 일치성을 강조하여 신 중심의 신비신학(Godcentric-mystical theology)을 주장하였다. 이들에게서 삼위일체는 아버지-아들-영이라는 종속개념을 갖는 것이 뚜렷하게 보인다.

베르나르두스는 신 인식에 있어서 그리스도를 통한 사랑의 실천적이며 행동적인 특성을 갖는데 비해 에크하르트는 하나님 존재에 대한 깊은 사색적이며 지성적인 특성을 갖는다. 문제는 베르나르두스가 성부, 성자, 성령이라는 삼위일체를 사랑과 겸손, 의지로 표현한 점이며 에크하르트는 성부를 유일자 신으로 규정한 후 성자와 성령을 신적인 모습을 갖는 신성으로 표기한 점이다. 베르나르두스가 주장하는 겸손과 의지를 통해 사랑의 단계에 이른다는 것은 하나의 심리적인 신이해 방법이며 에크하르트의 신성을 통해 신에 이른다는 것은 "그리스도가 참 신이자 참 인간"(Christus est vere Deus et vere homo)이라는 신학적인 명제를 약화시키는 것이 된다.

베르나르두스는 인간에 있어서 하나님의 형상(창 1:26-28)을 형상(image)과 모양(likeness)으로 구분하여 이해하였다. 인간의 죄로 말미암아 모양은 상실되었어도 하나님의 형상은 남아있다는 것이다. 그러므로 인간은 하나님의 모양을 되찾아 자신의 존엄성을 알고 하나님의 형상을 온전히 이루어야 한다. 지성을 통한 의지에 강조점을 두고 겸손을 통해 사랑에 이르고 사랑을 통해 신 지식에 이른다고 한다. 이러한 베르나르두스의 신비신학은 요한적이다.

에크하르트는 인간을 육과 영인 겉사람(outward man)과 속사람(inner man)으로 구분하였다. 속사람을 하나님의 씨앗(the seed of God)으로 보았다. 인간의 영혼 속에 신적 본질(divine nature)이 있으며 이것은 멸절시킬 수 없다고 말한다. 그러므로 영혼 심층에서 인간은 신을 만나게 되며 그와 합일하게 된다. 에크하르트의 신학은 사도 바울적이다.

이들의 차이점은 베르나르두스가 실천적인 지성을 통한 의지에 강조점을 두어 "그리스도가 인간의 심층에 탄생하시는 하나님의 은총과 믿음을 통해 사랑의 하나님의 모습을 회복시킨다"고 말하는 반면 에크하르트는 "영혼 그 자체가 신적인 본질을 갖는다"라는 지성적인 신관에 기초하고 있다.

근세기의 최대의 신학자인 칼 바르트는 존재론적인 논증을 형이상학적이며 관념주의적이기 때문에 반대하면서도 안셀름의 유신론적 논증과 그 신앙은 기독교를 믿지 않는 이방인들에게 지적인 차원에서 전하려 했던 "지적 선교적 논증"이라고 인정하고 있다. 폴 틸리히는 존재론적 논증은 이성과 실제를 존재론적 구조 속에 공통적으로 존재하는 무조건적인 요소(The unconditional element)로 보았다고 평가하였다. 이러한 결과는 존재는 이성이며 이성은 존재라는 헤겔(1770-1831)의 범신론적 주지주의에 동조하기 때문이다.

하나님은 존재하시는가? 오늘날 "오직 믿음만으로"(sola fide)라는 생각을 받아들일 사람은 매우 적다. 위에 언급한 하나님에 대한 논리적 증명은 하나님을 믿고 사랑하고 신뢰하게 되는 것이 아닐 수도 있으나 만일 이성과 모든 합리적 증거들에 근거한 신 존재증명을 포기한다면 많은 사람들은 무신론적인 사고에 빠져 그들의 종교적 신앙을 포기 할 것이다. 이런 면에서 하나님의 존재 증명은 계속 되어야 하며, 인간의 삶에서 하나님에 대한 신앙이 잃어버려지는 날이면 이 세계는 무질서와 파멸에로 떨어지고 말 것이다(H. Küng).

(4) 신비신학의 특징

베르나르두스에게 있어서 하나님은 사랑이다(Deus Caritas est). 그리스도는 하나님께 이르는 길로서 말씀으로 인간의 이성을 회복시켜 겸손에 이르는 진리의 첫 단계를 이르게 한다. 그리스도의 고난과 부활을 묵상하는 데서 자기의 참모습을 깨닫고 겸손을 본받게 되고 사랑의 단계로 나가게 된다. 성령은 하나님의 영과 의지를 회복시켜 사랑을 이루게 하여 이웃을 알게 하고 원수까지도 사랑하게 한다. 이성과 의지를 겸손과 사랑으로 회복시키면 하나님의 모습이 회복되어 진리와 존재 자체이신 성부 하나님께 이르게 된다. 겸손은 사랑에 필수적이며 사랑을 통해 겸손을 완성하고 묵상(contemplation)으로 하나님의 뜻에 이른다(그리스도 중심적 christcentric-mystical theology, 신비의 실천신학).

그리스도의 수난에 기초한 겸손과 사랑으로 시작되는 묵상은 신비적 결혼(mystical marriage)이며 이성과 의지가 완성된다. 이일은 하나님이 먼저 사랑하셨기 때문에 하나님의 일이지 인간의 일이 아니다. 묵상의 결과는 하나님의 뜻과 온전히 합하는 데 있다.

에크하르트의 하나님은 존재이다. 신은 유일자로 모든 존재를 넘어서는 존재이시다. 존재(Being)는 움직이는 존재(Beinging)이시다. 유출되고 되돌아오는 동적인 존재 이점에서 신은 모든 선과 미 그 자체이다. 여기에서 신과 신성(Godhead)이 구분되며 강조되는 것은 유일자이다. 신성의 특징은 하나되려고 하는 것으로 인간 영혼의 심층에 탄생하여 온다는 것이다: 신중심의 신비신학(God-mystical theology), 사변적이며 지성적신학. 그의 신비적 방법은 초연(disinterest)으로 무와 공을 만드는 것이다. 인간을 모든 유한한 피조물과 자기중심적인 것에서 제거하여 무(nothing)와 공(empty)을 만드는 것이다. 이 방법이 초연이다. 이 초연은 겸손이나 사랑, 자비보다 더 높은 단계이다. 왜냐하면 온전히 하나님께 향하는 것이 되며 이곳에 신성이 탄생하게 된다.

베르나르두스의 신비적 일치는 신적존재와 인간존재를 일치시키는 본질의 결합이 아니라 의지의 완전한 일치를 기반으로 하는 유사성의 방법으로 일치를 말하였으나 에크하르트는 초연으로 인한 무의 상태에서 영혼의 심층에서 신성과의 일치가 이루어진다는 점이 중요한 차이점이다. 하나님이 존재,

존재가 하나님으로 본질이 신적존재의 근원임을 주장하여 일치(unity)를 말하였다.

틸리히(Tillich)에 의하면 베르나르두스의 신비주의를 그리스도 신비주의, 에크하르트를 지성적 신비주의라 하였다. 에크하르트에서의 지성과 이성처럼 칸트에게서도 순수이성과 이해가 사유에 영향을 미친다고 보았다. 그러나 문제점은 역사 속에서의 하나님의 역할과 사랑 속에서 성육신하신 그리스도의 역할을 흐리게 하는 것이 아닌가? 어떻게 피조물이 신성의 심층에 이르게 되는가? 이는 범신론이 아닌가? 계시관이 약하며 영혼의 심연과 인간 내부에 있는 신적인 불꽃에서 하나님을 찾는 내재사상은 신적인 것과의 차별을 애매하게 하여 결국 인간을 신성시하는 위험이 있다.

베르나르두스에게서는 신적 존재와 인간존재의 본질적인 완전한 일치가 아니라 의지의 일치를 기반으로 하여 인간의 이성과 의지는 파괴되지 않는 영적 결혼을 말하는 그리스도의 계시 중심이기 때문에 "베르나르두스가 기독교적이다"라고 구스타프 아울렌은 말한다. 그러나 에크하르트에게서 보이는 인간 영혼의 무와 공의 상태에서 신성이 탄생 된다는 것은 신과 신성을 구별하여 하나님 존재를 넘어선 존재로 보았고 인간 영혼의 심층인 내면의 세계에서 신과 만난다는 것은 교부들의 신학이기도 하다. 진리의 지식 방법을 초연을 통한 무와 공의 길을 제시하였는데 절대적 무와 동양적 무와 어떤 연관이 있을까? 공허한 허무주의가 심층에 깔려있는 오늘 우리의 시대에 역사의식과 윤리의식 없이 신비적 환상을 쫓는 열광적인 신앙에 대하여 올바른 방향을 제시하고 기구화 되고 조직화되어서 열기가 없는 교회를 새롭게 갱신하며 과학 물질문명에 지친 현대인의 인간의 존엄성과 위대성을 회복시켜 주지 않을까? 신비주의적인 한국문화의 심성 속에 파고드는 신학의 토착화를 이루어 선교의 과제를 이루어 내는 것이 우리에게 남겨진 과제이기도 하다.

(5) 성서와 신비주의

우리가 지금까지 본 것처럼 기독교 정통주의는 성서의 인격주의와 철학적 절대주의를 혼합한 것이었다. 철학의 하나님은 절대, 영원불변, 초월의 존재이시다. 이에 반하여 성서의 하나님은 인간과 친밀히 관계하시는 그들의 요구에 응답하시는 인격의 주이시다. 그 하나님은 인간에게 말씀하시고 도움을 청하는 인간의 부르짖음을 들으신다. 철학자들이 말하는 하나님의 속성은 자존성(Aseity)으로 하나님의 자체 완전성, 세상으로부터 절대독립성, 피조세계의 만물에 대한 전적 무관심 등이다. 브루너의 세계 빼기(―) 하나님 빼기(하나님은 영zero) 즉(=) '세계는 하나님이다'라는 말은 하나님의 자존성을 강조하는바 신약 성서의 사랑의 하나님과는 거리가 멀다.

성서의 하나님은 매우 인격적인 분으로 묘사되어 있다. "나는 스스로 있는 자다"(출 3:12)에서 하나님은 항상 주체이시며 자존자이시다. 모세의 인격신은 이스라엘 조상의 야웨(YHWH) 하나님으로 재해석 되었다. 아브라함과 이삭과 야곱의 하나님 그는 유대 역사 가운데 인격적 관계를 갖는 분이시다. 신약성서에서도 하나님은 인격의 하나님이시다. 그 하나님은 아바('Αββά, אבא)이시다. 신약 성도들에게 있어서도 하나님은 매우 인격적인 신이시다. 하나님은 그리스도와 같은 분이시다. 스스로를 주시며 희생시키시는 사랑의 하나님으로 자신을 예수에게 계시되셨다.

기독교 안에 신비주의가 있는 것도 이유가 있다. 중세기에 교권주의가 강화되고 스콜라주의가 발달되면서 이에 대한 역작용으로 스콜라적 신비주의와 반 스콜라적 신비주의가 출현하였다.

① 스콜라주의적 신비주의

베르나르두스(Bernard of Clairvaux, 1091-1153)는 클레어보의 수도원 원장으로서 경건에 불타는 신앙을 가지고 있었다. 그리스도 안에서 신과 합일될 수 있는 길은 고난당하시는 그리스도를 정열적으로 동경함으로써 가능하다고 보았다. 성령의 존재 면보다 사역에 더 관심을 두었다. 그의 설교를 통해 "아버지를 주영(主靈)이라 해야 한다. 아들은 그에게서 출원했고 성령은 두 분에게서 출원했다"라고 했다. "신은 사랑이다. 그 자신이 아버지와 아들의 사랑이다. 성령은 사람의 영에 생명을 부여하여 준다. 그리고 신을 사랑하도록 가르치고 훈련한다." 그는 신과의 합일을 추구하면서 성령을 통하여 그리스도 안에서 그 목적을 달성하도록 하였다.

베르나르두스는 "예수 그리스도가 하나님께 이르는 유일한 길"로 이해하였으며 그리스도의 십자가의 수난과 부활을 묵상함으로서 자신의 참모습을 깨닫고 겸손(humility)을 본받게 되며 하나님의 사랑(love)의 단계로 나아간다고 하였다. 인간의 이성과 의지를 겸손과 사랑으로 가득 채우면 진리와 존재 자체이신 성부 하나님께 이르게 된다는 것이다. 사랑을 통해 겸손을 완성하고, 묵상(contemplation)으로 하나님의 뜻에 이른다는 것이다. 이것을 그는 영적인 결혼(mystical marriage)이라 하였다.

후고(Hugh of St. Victor, 1096-1141)는 12세기 독일의 최대 신학자로서 신비주의를 변증법과 결합하여 삼위일체 안에서 성령의 위치와 관계를 설명하려 노력하였다. 빅토르 수도원의 원장으로서 신학의 관상을 철학의 최고목표로 삼았다. 물리학도 연구하였다. 그의 주저서인 『기독교 신앙의 성례』는 중세기 철학의 고위를 점령할 정도였다. 그이 영적 신비주의의 삼 단계는 ①의식 개념을 형성하는 사고(cogitation) ②지적 조사의 묵상(meditation) ③속뜻을 직관적으로 통찰하는 정관(contemplation) 그리고 마지막 단계에서 신비적으로 하나님을 뵙고 모든 것을 그 안에서 안다는 것이다. 이것은 "사고로 자연에서 신을 뵙고, 묵상으로 우리 속의 신을 뵙고, 명상으로 신의 얼굴을 뵙는다"는 것이다.[22]

---

22) 류형기, 상게서, 279쪽.

② 반(半) 스콜라주의적 신비주의

독일을 중심으로 14세기에 독일을 중심으로 일어난 신비주의로 대표적인 사람이 에크하르트(Johann Eckhart, Meister Eckhart, 1260-1327)와 타울러이다.

에크하르트의 이름은 원래 요한네스 에크하르트(Johannes Eckhart)이며 1260년 독일 호크하임에서 태어났다. 그의 생애에 대해서 거의 알 수 없는 것은 자기 자신을 거의 잊으려는 그의 특징 때문이라고 블랙크니(Raymond B. Blakney)는 말한다. 그가 살던 13세기는 학문과 스콜라철학이 절정을 이루어 파리와 옥스포드는 신학으로, 볼로냐대학은 교회법과 민법으로, 살레르노대학은 의학으로 유명하였다. 이러한 가운데 신비적인 경향도 강하게 나타났다. 15세 때 도미니칸수도원에서 9년 동안 사제를 위한 공부를 하였으며 1302년에는 파리에서 학위를 받아 그 후 전문가라는 뜻을 갖는 마이스터(Meister) 에크하르트로 알려지게 되었다.

1303년에는 도미니칸교단의 감독교구를 만들었고 1307년에는 설교와 저작에 몰두하였다. 그 당시 "하나님의 위안"(*The Book of Divine Comfort*)이라는 유명한 책을 썼다. 이 책은 헝가리 공주 아그네스가 부모와 친척이 죽었을 때 그녀를 위해 쓴 책으로 "하나님은 인간의 고난 속에 오셔서 해결하시는 분으로서 신의 근원, 유일자, 신과 인간의 합일"에 관하여 쓰고 있다. 1313년에는 슈트라스부르크에서 설교자와 수도원장이 되었다. 60세 때인 1320년 콜로냐대학에서 교수하면서 수준 높은 설교를 하면서 1327년 그가 죽을 때까지 그곳에 있었다. 그의 말년에 주장된 "신인합일사상"은 프란시스칸교단의 공격을 받았다. 1329년 교황 요한 2세는 그의 저작 중 28개를 정죄하였고, 그중 17개는 이단적인 것으로 판결하였다. 그러나 그의 사상은 타울러(Tauler)와 수소(Suso)에 의해 이어져왔으며 "하나님의 친구"(The Friends of God) 운동을 통하여 신비신학에 큰 영향을 주었다. 그의 사상은 독일 관념론의 조상이라는 평을 받으며 신비신학의 체계를 이루게 된다.

에크하르트는 신을 자연과 동일화 하려는 경향을 갖고 있었다. 그는 신은 권능과 창조성을 갖는 영이지만 어떤 체계로 묶는 것에 대해서는 반대하였다. 사람의 영 안에 영원한 인격적 존재인 성부와 성자와 성령이 있다고 믿었으며 성령은 성부와 성자를 결합시키는 사랑의 매듭으로서 세상에 존재한다고 하였다. 성령이 사람을 조명해 주어 위를 향하게 한다는 것이다.

에크하르트는 "신은 오직 한분이신 유일자로서 모든 존재를 넘어서는 존재"이시다. 신에게 있어서 존재(Being)는 움직이는 존재(Beinging)이다. 신은 동적인 존재이기에 움직이는 신으로부터 유출되고 되돌아오는 선(善)과 미(美)가 신성을 가진다. 에크하르트는 신과 신성을 구별하여 삼위일체를 말하는데 신은 유일자이시다. 신성의 특징은 신과 하나가 되려는 인간의 영혼의 심층에 탄생하여 오시며 그 실례가 예수 그리스도이시다.

그는 인간존재를 두 가지 구조로 본다. 육의 속성을 '겉 사람'(the outward man), 영의 속성을 '속사람'(the inner man)이라 하였다. 전자는 영혼보다 육체에 접한 자로 눈, 귀, 혀, 손 등의 여러가지 협력 기능에 의존한 자로 성서는 옛 사람, 지상적 사람, 외적 인간, 원수(the enemy), 종(the servant)이라 하였다. 후자는 새 인간, 하늘의 사람, 젊은 사람, 친구, 귀족(the aristocrat)이라 하였다. 모든 인간은 선한 영인 천사와 함께 선이나 덕, 신이나 천상적인 것, 영원한 것을 향하나, 악한 영인 악마는 인간을 현세적이며 고통을 향하도록 충고하고 유혹하여 죄 되게 하며 악하게 하고 흉악하게(devilish) 한다. 그래서 육과 영은 서로 계속해서 투쟁하게 되며, 육은 악을 충고하고 영은 하나님의 사랑과 화평과 기쁨 등의 선을 권하며, 육에 순종하면 죽음으로 영에 순종하면 영생으로 이끌림을 받는다.

그의 특이한 점은 속사람을 "하나님의 씨앗"(The seed of God)으로 보는 점이다. 이 씨앗은 하나님의 아들이며 하나님의 말씀이다. "배 씨는 자라서 배나무가 되고 밤 씨는 자라 밤나무가 되듯이 하나님의 씨앗은 자라서 하나님에 이른다." "만일 선한 씨를 어리석고 악한 농부가 가지고 있다면 잡초가 그 씨와 함께 자라서 그것을 뒤덮고 무성하여 빛도 못 얻고 자랄 수 없다. 그러나 멸종시킬 수는 없다"라고 말한다. 이 하나님의 씨앗이 우리 안에 있으며 그 결실은 신성(God-nature)이며 속사람의 결실이다. 이 씨앗이 자라서 신지식과 신존재에 이르게 된다. 하나님의 아들인 신 본질의 씨앗은 가려질 수 있어도 면할 수는 없다. "구름에 태양이 가려져 빛이 없는 것 같아도 태양이 있듯이 인간 존재 속에 신성이 거주한다."

그는 속사람을 형성하는데 여섯 단계가 있다고 한다. 1) 선한 사상과 거룩한 사람들을 따라 사는 어린 단계 2) 더 이상 선한 사람의 예를 따르지 않고 하나님의 교훈이나 신적 지혜를 추구하지도 않으며 하나님의 무릎 아래로 기어 나가는 단계 3) 가슴에서 떠나 그의 돌보심을 피하여 두려움에 빠져 무정하고 잔인하게 되어 만족함이 없는 단계 4) 하나님의 사랑에 뿌리박고 고난도 기쁘게 받으며 즐거워하는 단계 5) 자신이 화평하게 되어 "극도의 지혜"(Unspeakable wisdom)에 거하는 단계 6) 신의 영원한 본성으로 변화되어 형체도 잃고(disform) 완전에 이르는 단계이다. 현세의 생활을 잃고 하나님의 형상(the likeness of God)을 이루어 하나님의 자녀가 되는 것으로 이보다 더 높은 단계는 없고 이것을 초월하는 것도 없는 영원한 안식이며 축복이다.

하나님의 발자국에 불과한 피조물 세계에서 하나님께 돌아갈 수 있는 것은 영혼뿐이며 우리의 영혼이 하나님의 뜻으로 충만하게 하기 위하여 유한한 모든 것을 제거시켜 무와 공을 이루어야 한다. 그에게서 완전이란 하나님의 뜻에 합당하게 하는 것이 아니라 모든 유한성에서 자기를 제거시키는 것이다. 참된 사랑은 하나로 만드는 것이다.

이러한 신비주의를 오토(R. Otto)는 내성의 신비주의(the mysticism of Introspection)라 한다. 외적인 모든 것에서 자기 자신의 영혼 깊숙한 곳으로 파고들어 자기 자신을 향하도록 하는 것으로 자아의 심층에서 무한한 것 혹은 신을 발견하기 때문이라 한다. 이러한 점에서 에크하르트는 전통적인 신비의 3단계인 정화(the via purgativa), 조명(illumiativa), 신비적 합일(unio mystica)을 인식하였다.

타울러(Johann Tauler, 1300-1361)는 성령이 성서와 교회를 통해 성도들을 가르친다고 하였다. 신은 창조자로서 사랑의 근본이시며, 성부와 성자와 성령과 함께 우리와 함께 계신다. 인간의 세 가지 기관인 기억과 이해와 의지 안에 반영되어 있다. 그는 전통적 삼위일체론을 통해 성령의 본질을 파악하려고 하였다.

성령은 위대하고 아름답고 영원하고 무한한 사랑을 통해 나타난다. 그는 성령을 가른 신비주의자와 같이 사랑으로 이해하였다. 인간 영혼 안에 내재하고 있음을 강조한다. 그 성령이 우리를 그리스도에 대한 사랑으로 움직이게 한다. 성령은 7가지 은사를 경건한 생활을 추구하는 사람에게 준다고 했다. 그것은 신에 개한 경외심, 성성, 지식, 용기, 사고, 이해, 지혜 등이다.

지금까지의 신학의 제반 문제와 본체론적 성령 이해에 관한 내용을 종합하여 보면 다음과 같다.

신학은 인간의 제한된 언어와 논리와 사고방식을 사용하여 세계의 역사적, 문화적, 종교적, 정치적 상황들을 다루는 하나님 인식에 관한 학문이다. 이하나님은 우주와 만물의 주인으로써 창조의 사역이후 인간을 포함한 모든 만물들과 깊은 관계 속에 있다. 인간 및 그 세계와 관계있는 하나님을 성경은 증언하고 있다. 그러므로 신학은 인간 및 그의 세계와 관계 속에 있는 하나님에 관하여 연구하는 학문중의 학문이다. 신학이 하나님과 인간을 그 주제로 하게 되면 신-인학(The-anthropologie)이 되겠으나 하나님과 인간 그리고 세계를 그 주제로 하기 때문에 신-인-세계학(The-anthropo-kosmologie)이 되는 것이다.

본체론적 성령론에서 살펴 본 바대로 인간과 그의 세계는 지역에 따라서 언어와 문화적 그리고 구성원들이 사고가 고정된 것이 아니라 언제나 다시금 변하며 다양한 것이기 때문에 가변성을 갖는다. 신학은 이와 같이 인간과 세계의 다양성과 세계의 문제를 오늘의 언어로 연구하는 인간의 제한성 때문에 다양한 신학의 형성은 불가피하다.

초대교부들을 중심으로 한 신학 논쟁은 500여 년 동안 수많은 종교회의를 거치면서 삼위일체론 형성에 많은 시간을 투자하였다. 그 결과 어거스틴에 의해 삼위일체론이 정립되었다. 성령이 삼위의 한분으로 인정되면서 성령에 관한 인식이 새롭게 되었다.

교회 안에 들어온 이단적 사상인 영지주의에 대항하기 위해 호교론적인 성령론이 필요하게 되어 성경 안에 기록된 성령에 관한 것을 연구하였으며 초대교회의 예배 의식에 삼위일체론적인 표현이 사용하여 그리스도의 부활이 후 구원의 사역이 성령의 사역임을 확신하게 되었다[23]는 점이다.

토마스 아퀴나스는 "교회를 믿는다"(Credo in ecclesiam)를 "교회를 거룩하게 하시는 성령을 믿는다"(Credo in Spiritum Sanctum sanctificantem Ecclesiam)로 해석을 하였다.[24] 교회의 머리가 되시는 예수의 삶을 탄생과 십자가의 죽음과 부활 승천까지 성령의 역사로 이해하는 것은 무리가 아닐 것이다.[25]

실체론적 성령 이해는 성령의 실체(substance)와 본질(essence) 등을 중심으로 다루는 교리적인 성령 이해로서 속사도와 교부들을 대표로하는 초기 신학자들의 성경해석과 삼위일체 논쟁을 우선적으로 다룬다. 스콜라주의적 성령 이해에서 말하는 성령이 삼위일체의 한 위격으로서 하나님이라는 것을 신앙적으로 고백하였다.

초대 교부들은 엄밀하게 말하면 삼위일체에 관한 명백한 개념이 없었던

---

23) 이종성, 성령론, 조직신학대계 5(서울: 대한기독교출판사, 1993), 11쪽 이하 참조.

24) Summa theol., II-II, q.1, a. 9.

25) 참고: 김균진, 기독교조직신학 IV(서울: 연세대학교출판부, 1993, 106쪽 이하. 김 교수는 몰트만과 한스 큉을 인용하여 예수의 삶이 성령과 함께 성령가운데에서 시작한다고 한다. 성령은 승천하신 주님의 지상적 현존이라는 표현은 교회 속에서 일하시는 성령에 관한 적합한 표현이다. J. Moltmann, Kirche in der Kraft des Geistes, S. 75; H. Küng, Die Kirche, S. 122.

것이 사실이다. 로고스는 창조 시에 인격이 되었다고 했으며 성부에게 종속되었다고 했다. 성령에 대해서는 인간의 구속사역과 연관된 성화의 일을 하며 성부와 성자에 종속됨을 주장하는 정도였다.

이를 정립하기 위해 수많은 교회의 회의가 열렸으며 그 대표적인 것들은 세계최초의 종교회의인 니케아회의(A.D. 325)로 부터 시작하여 콘스탄티노플 회의(381), 에베소 회의(431), 칼케돈 회의(451) 등이 있다. 이러한 회의들을 통해 교회는 삼위일체의 문제와 기독론의 문제들을 해결하였다.

성령을 성자와 비교하여 볼 때 그 출처가 성부에게서 라고 주장하는 동방교회에 대해 서방교회는 동일본질(homousios)을 근거로 하여 생명의 창시자로서 성부와 그리고 아들에게서(filioque) 나왔음을 믿사오며"라는 신앙적인 결정을 하게 되었다. 이 논쟁은 서방교회로 하여금 성령을 아들과 말씀에 긴밀하게 연결시키는 결과를 가져왔고 동방교회는 성령을 창조와 역사에 두게 되었다.

본체론적 성령에서 얻어진 결론은 첫째, 중세 서방교회의 삼위일체 성령론은 어거스틴의 성령론을 벗어나지 않았다. 인간의 영혼을 분석한 마음과 지식, 사랑이나 기억-지성-의지의 유비를 따라 설명하였다. 둘째, 스콜라주의자들은 이성과 희랍철학을 동원하여 정통주의 삼위일체론을 설명하려 하였는데 성령을 성부와 성자의 사랑과 결합의 띠로 보았다. 셋째, 스콜라주의에 반대하는 신비주의 운동이 있었으나 이들도 정통주의 삼위일체를 따르려하였다. 넷째, 중세교회의 성령 이해는 지성적인 것이었다. 이것은 그대로 개혁자들에게 전승된다. 오순절 성령운동과 같은 뮨처(Thomas Müntzer)의 운동은 지성적인 성령 이해를 하고 있던 정통교회로부터 이단으로 정죄되어 탄압을 받아 실패로 돌아갔다.

기독교 신앙생활과 신학의 기초가 되는 성경은 하나님의 영감을 받은 사람들에 의해 쓰인 책 중의 책으로 신적 권위가 있다. 동시에 역사 속에서 성서를 기록한 사람들이 어떤 목적을 가지고 기록한 것이기 때문에 우리의 신앙과 역사적인 연구를 통해서 올바로 이해될 수 있는 책이다.26)

한국교회는 선교 2세기에 들어서면서 자체에 많은 문제점들을 안고 있다. 교회의 물량주의로부터 시작하여 부분적이긴 하지만 신학생과 목회자와 장로와 교회 임원들의 도덕적인 피폐와 타락으로 인해 교회 안에서 부자연스럽게 발생하는 일들로 인해 사회가 교회와 기독교 기관에 대해 갖는 매우 부정적인 면모들이 생겨나고 있는 실정이다. 이는 한국 교회가 성령의 이끌림에 의한 신앙생활을 하지 못한 결과 사회의 빛과 소금의 역할을 다하지 못하고 변모하여 세상과 짝하여 살아온 것에 기인한다.

흔히들 "교회 안에 사랑이 있는가?"라는 물음에 대해 "사랑보다는 미움과 불신이 지배할 것이다"라고 답한다면 이는 한국교회의 미래를 위해 매우 염려스러운 진단 가운데 하나이다.

국민일보 부설 교회성장 연구소에 의하면 교회성장의 증가율이 1960년대 41.2%, 1970년대 12.5%, 1980년대 4.4%, 1990년대에는 3% 내외 그리고 2000년대에는 마이너스 성장을 한다고 볼 때 교회가 사회의 다원화와 정보화, 도시화, 민주화로 치닫는 사회적 환경에 적응하지 못하고 만 결과라고 보인다.

최근 젊은이들에게 많이 읽혀진 『교회에 가기 싫은 77가지 이유27)』라는 책에서는 "기도원이나 광신적인 기독교신앙생활이 무속과 다를 바가 없으며

---

26) 참조: 박창환, 성경의 형성사(서울: 대한기독교서회, 1995). 박창환 교수가 중요시 여기는 말씀은 히 1:1-2이다. 하나님께서 여러 부분과 여러 방법으로 사람에게 말씀하셨다는 것이다. 하나님께서 인간역사의 수준에 내려오셔서 그 속에서 구체적으로 말씀하셨다고 한다. 말씀이 인간의 몸을 입으신 성육신과 마찬가지로 성서의 말씀도 역사화한 하나님의 말씀이라고 한다.

27) 이만재, 교회 가기 싫은 77가지 이유(서울: 규장, 1998). 이 책의 부제목은 "우리 젊은 신세대 왜 교회를 멀리하나?", "교회 가기 싫은 사람 다 모여라"라고 되어있다. 필자는 기독교인의 입장에서 교회의 모습을 쉽게 진단하고 비판하는 젊은이들의 77가지 질문에 대해 이시대의 예언자적인 통찰력과 교회의 원 모습을 신앙적으로 답하며 자신의 생각을 경험과 함께 소개하고 있는 건전한 책이다.

목회자의 질적 수준의 저하와 이중인격적인 생활"을 구체적인 사례로 들고 있다. "부자 교회가 천국에 갈 수 있을까"라는 질문에는 교회가 사회에 대한 구체적인 나눔과 헌신이 없기 때문에 생긴 사회의 비판이기도 하다.

이러한 한국교회의 개혁이 절실하게 요구되는 상황에서 교회의 교회다움을 회복하는 길은 교회의 교회다움과 성령의 바른 이해라고 할 수 있을 것이다.

제8장

예수 그리스도의 인격과 사역

1. 예수 그리스도는 어떤 분인가?

기독론의 가장 큰 주제는 "예수 그리스도는 어떤 분인가?" 하는 것, 즉 그분의 본질과 성품이다. 그리고 "예수 그리스도는 무슨 일을 하시는가?" 즉 예수님의 사역이 그 다음으로 중요한 주제가 되는 것이다. 인격과 행동은 서로 분리될 수 없다. 초대교회는 예수 그리스도의 이야기를 함으로써 예수가 누구인지를 선포하였다. 예수 이야기 속에 예수 그리스도의 선포와 수난, 부활을 포괄하는 복음이 들어있기 때문이다. 예수 그리스도가 어떤 분인지 알기 위해서는 성경을 의지해야 한다. 성경이야말로 예수 그리스도가 어떤 분인지 알려 주는 유일무이한 원천이다.

2. 성경과 예수 그리스도

성경은 예수 그리스도가 사람의 몸을 입고 이 세상에 오시기 전에 이미 영원한 성자 하나님, 곧 하나님의 아들로 존재하셨음을 가르쳐 주고 있다. 이 성자 하나님은 성부, 성령 하나님과 긴밀한 인격적 교제 속에 계신다. 이렇게 존재하시는 것을 가리켜 조직신학에서는 예수 그리스도의 '영원성', '선재성'이라고 한다. 이를 증거 하는 가장 대표적인 말씀으로는 요한복음 1:1절 말씀이다.

"태초에 말씀이 계시니라 이 말씀이 하나님과 함께 계셨으니 이 말씀은 곧 하나님이시니라." 여기서 '말씀'은 성자 하나님을 지칭한다. 이 성자 하나님은 태초에 하나님과 함께 계셨다. 성자 하나님은 성부, 성령 하나님과 구별되면서도 성부, 성령 하나님과 동일하고 동등한 신성을 가지고 계신다. 요한복음 1:1절은 이 점을 가르쳐 주고 있다.

성경은 예수 그리스도의 성육신과 인성에 대해서도 자세히 증거하고 있다. 예수님의 성육신과 관련한 대표적인 구절은 요한복음 1:14절이다. "말씀이 육신이 되어 우리 가운데 거하시매 우리가 그 영광을 보니 아버지의 독생자의 영광이요 은혜와 진리가 충만하더라."

이 구절은 하나님의 아들이 인간의 몸을 입고 이 땅에 오셨음을 증거하고 있다. 이 외에도 예수님의 인성을 확증해 주는 성경 내용이 많은데, 예수님께서 금식하신 후 주리셨던 것, 사역으로 피곤하셨던 것, 목이 말라 수가성 여인에게 물을 구하셨던 것, 나사로의 죽음에 대하여 애통해 하시고 우셨던 것 등이 구체적인 실례이다. 또한 예수님께서 십자가에 달리셨을 때 피와 물이 쏟아진 것도 아주 명백한 증거가 된다. 피와 물은 예수님의 육신이 참 사람의 몸이었다는 것을 입증해 주고 있다. 그럼에도 불구하고 초대교회 당시에 이단 세력들이 등장하여 예수님의 인성을 철저히 부인했다. 그 당시에 '도케티즘'(docetism)이라는 이단적 사상이 널리 퍼져서 예수님이 참 인간으로 이 세상에 오신 것이 아니라 그저 사람들의 눈에 그렇게 보이는 환영에 불과했다는 주장을 내세웠다. 이 도케티즘이 나중에는 영지주의에 흡수되면서 더 강력한 세력이 되었다. 하지만 성경은 명백히 예수님이 참 인간으로 세상에 오셨음을 증거하고 있다.

3세기 말 4세기 초에는 아리우스라는 사람이 등장해서, 예수님은 하나님 아버지와 동등한 신성을 가지신 분이 아니라 단지 특별한 능력을 소유한 피조물에 불과했다고 주장했다. 정통교회는 아리우스를 따르는 추종 세력이 큰 위협으로 다가오자 주후 325년 로마 황제 콘스탄티누스의 도움으로 터키 지역의 니케아에서 공의회를 소집한다. 그리고 그 공의회에서 정통교리를 수호하기로 결정하고, '니케아 신경'을 채택한다. 니케아 신경은 예수 그리스도가 하나님 아버지와 동일한 신적 본질을 가지신 하나님의 아들이심을 선포하고 있다. 그 당시에 아리우스에 대항해서 정통교리를 변호한 사람은 아타나시우스이다. 아타나시우스는 이집트 알렉산드리아의 주교로서 당대 가장 위대한 신학자였다. 특히 그는 아리우스의 이단 사상을 비판하고 정통교리 확립에 지대한 공헌을 하였다.

주후 451년 칼케돈에서 열린 제4차 공의회에서 정통교회는 예수 그리스도의 신성과 인성이 그분의 한 인격 안에서 분리, 변화, 혼돈, 분열 없이 연합되었다는 '칼케돈 신경'을 작성하게 된다. 결국 예수님은 참 하나님이시자 참 사람이시라는 성경의 가르침이 참된 진리임을 재확인한 것이다.

3. 예수 그리스도의 사역

예수님의 사역에 대해 가장 깊은 통찰을 주는 구절은 마태복음 9:35-36절이다. "예수께서 모든 성과 촌에 두루 다니사 저희 회당에서 가르치시며 천국 복음을 전파하시며 모든 병과 모든 약한 것을 고치시니라 무리를 보시고 민망히 여기시니 이는 저희가 목자 없는 양과 같이 고생하며 유리함이라." 이 구절은 예수님께서 이 땅에 오셔서 하신 주된 사역이 무엇인지 가르쳐 주고 있다. 예수님의 네 가지 사역을 말해 준다. 예수님의 사역에는 가르치는 사역, 복음전파 사역, 치유 사역, 그리고 사람들을 불쌍히 여기시는 구제 사역이 있다.

① **가르치는 사역:** 예수님께서 가르치신 주요 내용은 하나님의 말씀과 하나님의 뜻에 관한 것이었다. 예수님은 구약성경을 자주 인용하시어 하나님의 말씀을 풀어 주시고 죄인을 향한 하나님의 뜻과 믿는 이들을 향한 하나님의 뜻을 가르치셨다. 예수님은 성령의 기름 부음을 받으신 메시아로서 구약이 대망한 참 왕, 참 선지자, 참 제사장으로 이 땅에 오셨다. 예수님은 구약의 선지자들이 하나님의 말씀을 전하고 가르치고, 하나님의 백성을 향하여 하나님의 뜻을 전달했던 그 사역을 완성해 나가셨다.

② **복음전파 사역:** 예수님은 하나님 나라가 그분의 인격과 삶과 사역 속에 이미 임했다고 전파하였다. 그러므로 누구든지 그분께로 나아와서 회개하고 천국을 받아들이는 자는 이미 천국을 소유한 자이며 그 천국에 들어갈 수 있다고 거듭거듭 말씀하셨다.

③ **치유 사역:** 예수님의 치유 사역도 가르치는 사역과 마찬가지로 메시아가 오면 벙어리가 말하게 되고, 귀머거리가 듣게 되고, 소경이 눈을 떠 보게 되리라는 구약의 예언을 성취하는 측면이 있다. 동시에 이런 치유 사역을 통해서 하나님의 영광과 능력을 드러내고, 당신이 참 메시아이심을 믿게 하고, 예수님의 사랑을 실천하시는 등 다양한 의미가 담겨있다.

④ **구제 사역:** 예수님께서 병자들을 치유하실 때 민망히 여기셨다는 표현을 자주 쓰셨다. 대표적인 예로는 예수님께서 오병이어로 남자만 오천 명을 먹이시고 칠병이어로 장정만 사천 명을 먹이신 사건이 있다. 예수님은 영적으로 굶주린 자들에게 영적인 양식인 하나님의 말씀을 주셨을 뿐 아니라, 육적으로 굶주린 자들에게 육신의 양식도 베풀어 주셨다. 주님께서 이들을 먹이실 때 주님은 그들을 향한 긍휼의 마음을 가지고 행하셨다.

4. 십자가 사건의 신학적 의미

왜 예수님이 그토록 모진 수난을 당하시다가 죽으셔야 했을까? 왜 예수님께서 십자가에 못 박혀 죽으셔야 했을까? 이런 질문은 기독교 신앙의 심장과 관련된 것이다.

대부분 우리들은 우리의 죄를 위해 죽으셨다고 대답한다. 이것이 옳긴 하지만 십자가 사건의 신학적 의미를 총체적으로 설명해 주지는 못한다. 예수님의 십자가 사건에는 몇 가지 신학적 의미가 있다.

우선 예수님의 십자가는 첫째, 희생 제사였다. 십자가 사건은 죄인의 죄를 대신 속하는 제사, 즉 대속의 제사였다. 범죄한 이스라엘 백성이 자신의 죄를 양이나 염소에 안수하여 전가한 후 잡아 그 피를 지성소에 뿌려 죄 사함을 얻었듯이, 예수 그리스도는 세상 죄를 지고 가는 하나님의 어린 양으로서 우리를 위해 오셔서 우리 죄를 그분의 몸으로 다 지시고 십자가에 못 박혀서 그 몸으로 우리 죄에 대한 하나님의 무한한 진노를 받아 주셨다. 예수님은 보혈을 흘려주시고, 자신의 생명을 드리심으로써 우리의 죄를 대속하시는 제사를 드리셨다. 이 때문에 우리는 예수님께서 우리의 죄를 위해 돌아가셨다고 말하는 것이다. 십자가 사건의 의미는 희생제사만이 아니었다.

둘째, 십자가 사건은 하나님의 사랑과 공의를 드러낸 계시적 사건이었다. 다시 말해, 예수님의 십자가 사건은 죄를 반드시 정죄하시고 심판하시는 하나님의 공의를 계시하는 사건이자 우리 죄의 삯을 우리에게 돌리지 아니하시고 당신의 아들에게 돌리셔서 그 아들을 희생하실 만큼 우리를 사랑하시는 하나님의 사랑을 드러내는 사랑의 사건이었다. 이에 대한 근거를 요한일서 4장 10절과 로마서 3장 25-26절에서 찾아볼 수 있다.

로마서 3장의 말씀은 하나님께서는 반드시 죄에 대한 적법한 처리를 통하여 당신의 공의를 세우신다는 것을 보여 준다. 죄는 반드시 심판되어야 하고, 죄의 삯은 사망이라는 하나님의 공의는 무시될 수 없으며 반드시 존중되고 실행되어야 한다. 그래서 하나님의 공의는 죄인들을 정죄하고, 죄인들의 생명을 요구한다. 하나님은 죄인을 용서하시고자 하는 사랑을 품으셨다. 그래서 하나님께서는 죄인을 대신하여 정죄당하고 죽임을 당할 어린 양 예수님을 보내 주셨으며, 예수님께서 십자가 위에서 우리의 죄 값을 대신 담당하여 주심으로 하나님의 공의가 실현되고 만족되었다. 하나님은 그러한 공의에 기초해서 죄인을 용서하시고 용납하시는 사랑을 보여 주신 것이다. 십자가 사건이야말로 하나님의 사랑과 공의가 절묘하게 조화된 사건이다.

셋째, 십자가 사건은 구약의 출애굽 사건과 마찬가지로 해방과 승리의 사건이었다. 그러니까 출애굽 직전의 유월절 희생제사 뿐만 아니라 바로를 멸하고 이스라엘 백성을 해방시킨 출애굽 사건 자체가 십자가 사건을 예표 한 것이었다. 예수님은 십자가에서 패배하시고 사탄이 승리하는 듯했지만, 실상은 예수님이 십자가에서 죽기까지 순종하심으로 율법의 모든 요구를 성취하셨고 우리를 고소하고 정죄하는 율법의 저주를 폐하셨다. 뿐만 아니라 율법을 성취한 자에게 약속된 영원한 생명을 우리를 위해 획득하셨으며 보혈을 흘리심으로 죄인의 죄를 용서하시는 길을 여셨다.

예수님은 아담의 불순종으로 이 세상의 임금이 된 사탄의 머리를 상하게 하심으로 죄인들을 사탄의 손아귀에서 빼내고 구속하는 영적 출애굽을 완성하셨다. 그래서 그리스도 예수 안에 있는 자에게는 죄인의 용서와 영원한 생명과 사탄에 대한 승리와 사탄의 권세로부터의 해방이 무상으로 주어지게 된다. 예수님은 십자가 위에서 사탄과의 한판 승부를 승리로 이끄시고, 우리에게 승리와 해방을 주신 것이다. 결론적으로, 예수님의 십자가 사건으로 우리의 구원이 완성되었다.

5. 예수 그리스도의 부활과 승천의 의미

여기서 우리가 생각해 볼 것이 있다. 그것은 "예수 그리스도의 부활과 승천의 신앙적 의미가 무엇인가" 하는 것이다. 예수님께서 십자가에서 피 흘리시고 생명을 드리심으로써 죄인의 구원을 위한 대속의 역사를 완성하셨다 하더라도, 만약 예수님이 부활하시지 않으시고, 무덤 속에서 몸이 그냥 썩어져 갔다면, 그것은 참된 구원이 될 수 없을 것이다.

그러므로 예수님의 부활은 죄인의 구원이라는 성부 하나님의 계획과 목적에 성자 예수님께서 철저하고 완벽하게 순종하셨음을 성부 하나님 편에서 확인해 주는 역사, 즉 예수님을 죽은 자 가운데서 다시 살아나게 하신 부활의 사건이라고 하겠다.

예수님께서 승천하셔서 하나님 아버지의 보좌 우편에 앉아 계시다는 것은 신앙적으로 어떤 의미가 있을까? 예수님의 승천과 아버지 보좌 오른 편에 앉으심은 십자가에서 죽기까지 순종하시고 자신을 낮추신 예수님을, 지극히 높은 곳까지 높이시는 하나님의 역사로서 그 의미가 있다. 곧 하늘 보좌를 버리시고 낮고 낮은 종의 몸을 입고 이 땅에 오셔서 범죄자로 낙인찍히시고 무참하게 처형되신 예수님의 모습이 예수님의 낮아지심과 관련 있다면, 부활하셔서 승천하시고 아버지 보좌 우편에 앉으신 것은 예수님의 높아지심과 관련 있다는 것이다.

이외에 예수님의 승천과 우편에 앉아 계심에는 또 다른 신앙적 의미가 있는데, 그것은 예수님께서 승천하셔서 하나님 보좌 우편에 앉으셔야만 아버지께로부터 성령님을 받아서 우리에게 보내 주실 수 있다는 사실이다. 즉, 예수님의 승천과 성령님의 강림 사이에 밀접한 관계가 있다. 말세에 성령님을 부어 주시겠다는 하나님의 약속은 예수님께서 십자가에 못 박히시고 부활하셔서 승천하시고 승리자로서 영광스럽게 하나님 보좌 우편에 앉으심으로 말미암아 성취될 수 있었다. 결국 하나님께서 주시는 영적인 복의 총체이신 성령님을, 우리는 오직 예수 그리스도를 믿음으로만 받게 된다는 것이다. 성령님은 하나님의 선물이며, 예수님은 우리에게 성령으로 세례를 주시는 분이다.

제9장

성령과 신앙적 삶

하나님의 창조로부터 시작하여 그리스도의 화해를 거쳐 종말의 완성에 이르는 교의학의 구원사적 구성에 있어서 성령론은 두 가지 위치를 갖는다. 첫째는 성령님은 참 하나님으로서 삼위일체론에 위치하며, 둘째는 그리스도의 화해와 함께 시작하는 구원론에 위치한다. 초대교회의 성령론은 삼위일체론에서 논의되기 시작했다. 필리오쿼 논쟁을 거쳐 중세기 때와 성령과 말씀이 강조된 개혁신학은 구원론의 틀에서 다루어졌다. 그러나 회의적인 반응이었다. 개신교 정통주의는 성령과 말씀(영감)을 더욱 강조했고 오늘날의 신학은 종말론의 틀 안에서 관심의 대상이 되었다. 따라서 성령론은 기독론 다음에 다루어져야 하고 그 이유는 그리스도의 십자가 사건이 모든 시간과 공간 속에서 모든 인류를 위한 현재적 사건이 되게 하기 때문이다. 다시 말하면 성령의 활동은 그리스도의 사역과 밀접한 연관이 있기 때문이다. 또 그리스도의 사건은 하나님의 영, 곧 성령 속에서 일어났기 때문에 그리스도론에 입각하여 기술되어야 하기 때문이다. 즉 성령론은 기독교 신앙과 신학에서 빠져서는 안 될 구성적 의미와 위치가 확보되어 있고 기독교 신앙이 성립되게 하고 있다.

1. 하나님의 능력으로서의 성령

1) 생명(삶)의 힘(창 2:7, 시 104:30), 구원사의 수행자(삿 3:10, 6:34), 새로운 창조를 일으키는 종말론적 능력(에 11:19, 18:31, 에 37:), 하나님 백성의 삶의 힘(슥 4:6).

   2) 성령의 능력은 믿음의 능력, 자유의 능력, 진리의 능력, 사랑의 능력, 위로와 희망의 능력이다. 결론적으로 성령은 새로운 창조의 능력이다.

2. 신적 인격으로서의 성령

1) 성경은 성령을 인격적 대명사로 부른다(요 16:13).

   2) 인격적 존재만이 할 수 있는 일을 성령이 행할 것이라고 성경은 말한다.

      ① 성령은 말씀하신다(계 2:7).

      ② 성령은 사람의 연약함을 도우신다(롬 8:26).

      ③ 성령은 우리를 위하여 친히 기도하신다(롬 8:26).

      ④ 성령은 우리를 가르치신다(요 14:26).

      ⑤ 성령은 주님에 관하여 증거 하신다(요 15:26).

      ⑥ 성령은 그리스도인들을 인도하신다(요 16:13).

      ⑦ 성령은 주님의 사업을 지도하신다(행 16:6-71).

      ⑧ 성령은 주님의 사업을 위하여 일군을 선택하신다(행 13:2).

      ⑨ 성령은 근심하신다(엡 4:30).

   3) 성령은 인격적 속성(屬性)들을 가지고 있다.

      ① 성령은 지성을 가지고 있다(고전 2:10).

      ② 성령은 감정을 가지고 있다(엡 4:30, 롬 8:26).

③ 성령은 의지를 가지고 있다(고전 12:11, 행 15:6-7).

이와 같은 성령의 신적 인격성의 의미는 무엇인가를 정리해보면, 첫째, 성령은 자신의 의지와 자유를 가진 인격적 주체로 존속한다. 그는 그 자신의 목적과 의도를 가지고 있으며 이것을 관철하고자 하며 언제나 그 자신의 자유로부터 행동한다.

둘째, 성령은 신적 인격이므로 인간과 모든 피조물들에게 부어지고 또 모든 피조물들 안에 그들의 생명력으로서 현존하는 성령은 "다른 종교들과는 달리 세계 속에 내재하는 비인격적 원리"가 될 수 없다. 오히려 그는 인간이 "파악할 수 없고 파헤칠 수 없는" 초월적 대상으로 존재한다.

셋째, 성령은 단순히 신적 능력이 아니라 "인격 안에 계신 하나님 자신"이므로 성령의 능력을 통한 하나님의 구원은 하나님 자신의 현재적 구원일 수 있다. 그의 말씀은 하나님 자신의 현재적 말씀이요, 성례를 통하여 오는 하나님의 은혜는 하나님 자신의 현재적 은혜일 수 있다.

넷째, 성령은 신적 능력인 동시에 신적 인격이므로, 우리는 성령이 우리 안으로 오시고 우리 안에 거한다고 하여 우리에게 대칭하여 있는 성령의 인격성을 부인해서는 안 될 것이다. 거꾸로 성령이 우리에게 대칭하여 있는 신적 인격이라 하여 성령이 우리 안에 와서 우리 안에 능력으로서 거할 수 있다는 것을 부인해서도 안 될 것이다.

다섯째, 따라서 성령의 능력은 사람의 능력과 혼동될 수 없으며 동일시될 수 없다.

3. 성령의 활동(역동적 성령)

1) 새 창조의 활동과 구원의 완성활동

① 인식과 신앙 안에서 성령은 죄의 인식을 가져온다. 그리고 성령은 하나님 앞에 있는 참 인간(vere homo)의 모습과 이 인간에 대한 우리의 무능력을 인식하게 할 뿐 아니라 무능력하고 부자유한 인간을 위하여 자기를 사람의 모습으로 낮추시고 인간이 서야 할 심판의 자리에 대신 서서 고난을 당하는 참 하나님(Vere Deus)을 십자가에 달린 그리스도 안에서 보게 한다. 또 성령은 그리스도 안에서 구원자 하나님을 보게 하는 동시에 창조자 하나님을 보게 한다.

② 회개(悔改), 그리스도 안에 있는 새로운 피조물(被造物)

③ 사귐과 공동체의 형성

④ 신앙의 유지와 성화

⑤ 위로(慰勞)와 희망

2) 예정(豫定), 태초의 창조, 유지활동

전통적인 사고에서 삼위일체의 세 신적 인격의 활동은 창조, 구원, 성화로 구분하고 성령의 사역은 성화에 있다고 보았다. 그 결과 성령의 활동은 그리스도의 부활과 승천 다음 시대에 있는 것으로 생각한다. 이는 성부와 성자와 성령의 세 신적 인격을 삼위일체론적으로 파악하지 못한 결과이다. 그러므로 성령론은 기독(基督) 곧 그리스도로부터 출발해야 한다. 그러나 그것은 이 사건으로 부터 출발하여 그리스도 이후의 성령의 활동을 볼 뿐만 아니라 그 이전에 일어난 활동도 보아야 할 것이다. 성령은 삼위일체 하나님의 모든 활동에 참여하고 그것을 함께 이루었으며, 예수님께서 고난을 받으실 때에도 함께 고난을 받으셨다.

성령은 영원 전부터 아버지 하나님과 아들 하나님과 함께 있으면서 세계를 창조하고 타락한 세계를 구원하기로 하는 그들의 결정에 참여한다.

또한 성령은 창조된 모든 피조물에 창조부터 함께한다. 만일 성령이 그들을 버렸다면 세상은 스스로 파멸하였을 것이다. 성령이 계속하여 그들 안에서 활동하면서 그들의 새로운 활동의 원천이 되었기 때문에 죄 된 피조물의 세계 속에도 정의와 사랑과 진실과 자비로움이 일어나며 세계가 유지된다. 성령은 창조의 힘의 원천으로서 피조물의 세계 속에 하나님의 미래를 향한 새로운 계획과 노력을 일으키며 이 미래를 향하여 나아가도록 작용한다.

4. 화해(和解)와 구원(救援)

성령은 예수 그리스도의 화해와 구원의 사역을 함께 이루었다.

① 예수 그리스도가 성령에 의하여 처녀 마리아에게 잉태되었다는 것은 그의 말씀과 활동뿐만 아니라 그의 존재 전체가 성령으로 충만하며 성령에 의하여 규정되었음을 말한다.

② 아버지께서 그에게 성령을 아낌없이 주신다: 세례 때 성령이 임한 것(요 3:34).

③ 그는 성령의 힘으로 마귀를 쫓아낸다(마 12:8).

④ 악령에 사로잡혔다고 비난 받을 때 성령에 사로잡힌 자임을 시사한다(막 3:20-30).

⑤ 성령을 통하여 그는 자기의 목숨을 내어준다(히 9:14).

⑥ 그는 영적인 몸속에서 살았다(고전 15:46).

이와 같이 성령은 구원자이신 예수 그리스도와 함께 있으며 그와 함께 활동한 존재이다. 우리가 철저히 삼위일체의 교리로 성령을 이해한다면 예수 그리스도께서 고난을 받고 죽임을 당할 때에도 성령은 함께 하였으며 성령 안에서 아버지도 함께 하셨다. 그러나 죽으신 분은 성자이고 성령 안에서 함께 고통을 당한 성부는 성령의 능력으로 죽은 성자를 다시 살린다. 그리하여 성령은 그리스도의 화해와 구원의 사역을 그리스도와 그의 아버지 되시는 하나님과 함께 이룬다.

5. 성령의 활동의 창조적, 세계사적 지평

1) 전통적 성령 이해의 문제점

전통적 교의학에 있어서 성령은 구원(救援)론이나 교회론의 틀 안에서 논의되었다. 그리하여 성령의 창조적이고 세계사적 지평이 전통적 이해에서는 약화되었다. 이것으로 세상과 하나님이 분리 되었으며 세상에는 하나님이 존재하지 않고 하나님에 대한 신앙과는 관계없는 것으로 이해되었다. 즉 하나님의 구원은 개인의 내면적 구원에 제한되었고 세계의 구원에 대한 생각은 "은혜(恩惠)의 보편주의(普遍主義)"라는 이유로 위험시 내지 배척되었다. 성령의 활동은 개인의 구원과 성화와 내면적 경건, 그리고 교회의 삶의 영역으로 제한되었다.

2) 히브리적 사고에 따른 성령 이해

히브리적 사고에 의하면 성령은 "창조의 영"이요 모든 삶의 근거로서, 살아 움직이는 모든 피조물 안에서 활동하는 존재로 이해된다.

— 성령은 창조자의 활동의 힘이요 피조물들의 삶의 힘이다. 창조의 활동은 태초에 일어난 사건으로 끝나지 않고 "선하고 이성적이며 도움이 되고 장려되어야 할 모든 활동을 이 세계 안에서 불러일으키고 이끌어 가는 것"을 포함하고 성령은 그 "창조적인 힘"이다.

특별히 새 창조의 시작은 예수 그리스도를 통하여 일어났다. 이 새 창조는 인간이 그의 죄를 인정하고 그리스도를 주로 고백하며 그리스도 안에 있음으로써 일어난다. 그런데 이러한 새 창조는 개인의 영역에 머물지 않고 하나님이 그리스도와 함께 창조하신 온 세계의 영역에서 일어나야 할 성격이다. 그러므로 하나님은 개인뿐만 아니라 "만물 곧 땅에 있는 것들이나 하늘에 있는 것들"이 그리스도를 통하여 자기와 화해되기를 기뻐한다(골 1:20).

개인뿐만 아니라 모든 피조물, 즉 세계의 종말론적 변화와 완성을 앞당겨 일으키는 성령의 능력의 활동을 우리는 다음과 같이 구체적으로 생각할 수 있다.

— 우주적 사랑의 힘, 정의의 힘, 화해와 평화의 힘, 자유의 힘, 진실함과 선함과 아름다움을 찾게 하는 힘, 성령은 삶과 세계의 의미를 찾게 하는 힘, 인간이 하나님에 관하여 질문하고 하나님을 찾게 하는 힘, 존재의 힘, 완성의 힘으로서 활동한다.

3) 몇 가지 귀결(歸結)과 위험성

(1)생태학적 위기와 창조 안에 계신 하나님의 영

① 성령의 활동을 구원론적, 교회론적 지평에서 뿐만 아니라 창조적, 세계사적 지평에서 파악할 경우, 기독교 신앙과 신학은 세계의 역사적, 물질적 현실과 이 현실을 결정하는 요인들에 대하여 무관심할 수 없다.

② 성령의 힘이 모든 피조물 속에 숨어 활동한다면, 세속과 역사의 영역

속에도 선하고 참되며 아름다운 것이 있다고 우리는 말할 수밖에 없다.

③ 우리는 창조자 성령이 사람들 가운데에서 일으키는 세속적 은사(恩賜)에 대하여 말할 수 있다.

④ 성령의 능력으로 세계가 유지된다면, 하나님과 세계의 이원론적 대립은 불가능하며 세계는 완전히 하나님 없는 세계로 생각될 수 없다. 따라서 기독교는 세계를 적대시(敵對視)할 수 없다.

⑤ 현대의 세계사적 상황(狀況)은 인간으로 말미암은 자연의 오염(汚染)과 파괴(破壞), 과학문명과 기술문명으로 말미암은 "생태학적 위기"로 묘사될 수 있다.

그러나 살아 있는 모든 것은 성령으로부터 그들의 생명의 힘을 얻으며 세계는 성령의 능력으로 말미암아 유지된다는 통찰은 범신론(汎神論)의 위험성을 피해야 하고, 성령의 활동의 창조적, 세계사적 지평은 세계사의 과정(過程)과 성령의 활동을 혼동할 수 있는 위험성을 피해야 하며, 성령의 활동의 창조적, 세계사적 지평은 피조물의 죄의 현실을 간과할 수 있는 위험성을 피해야 한다.

6. 성령과 인간의 영

하나님의 영과 인간의 생명과의 긴밀한 관계 — 인간의 생명뿐만 아니라 살아 있는 모든 것의 생명은 하나님의 영의 표현이다(창 6:3, 시 104: 29-30, 욥 27:3, 34:14-15). 이와 같이 하나님의 영이 인간의 생명의 힘으로서 인간 안에서 활동한다면, 우리는 하나님의 영과 인간의 영의 연속성(連續性)과 유사성(類似性)을 말할 수 있지 않을까?

그러나 인간 안에서 생명의 힘 내지 기운으로서 활동하는 하나님의 영을 성경은 인간에게 속하지 않은 타자로 표상한다. 그것은 인간으로부터 오는 것이 아니라 하나님으로부터 온다. 그러므로 그것은 인간이 자기의 계획과 의도에 따라 지배할 수 있는 것이 아니라, 오히려 인간을 하나님의 계획과 의도에 따라 지배한다. 양자는 하나님의 현실과 피조물(被造物)이라는 대칭 속에 있다.

인간의 마음에 신적인 성향이 있다고 해서 하나님의 영과 본질적으로 유사성과 연속성이 있다고는 말할 수 없다. 오히려 인간의 영에 대칭하는 하나님의 영이 하나님의 미래로부터 언제나 다시금 오셔서 인간 안에서 활동하고 하나님의 미래를 앞당겨 오고자 하기 때문이다.

7. 성령의 은사(恩賜)

1) 은사에 대한 성경의 정의

"은사"라는 단어는 신약성경의 Χαρισμα(karisma)를 번역한 단어인데, Χαρισμα는 Χαριζομαι(선사하다)에서 파생한다. 따라서 은사라는 단어는 하나님께서 값없이 주시는 선물, 곧 은혜(恩惠)의 선물 혹은 선사(膳賜)를 뜻한다. 이것을 줄여서 우리나라의 교회는 은사라고 부른다. 바울은 모든 그리스도인에게 하나님이 성령을 통하여 값없이 주시는 선물이라는 의미로 "카리스마"라는 단어를 사용한다.

2) 몇 가지 은사들에 대한 고찰

① **믿음의 은사**: 모든 그리스도인들이 가진 믿음은 성령의 은사이다.
② **영원한 생명의 은사**: "그리스도 예수 우리 주 안에 있는 영원한 생명"(롬

6:23)은 모든 사람에 대한 하나님의 약속이다. 성령의 선물로서 주어진 영원한 생명은 그리스도인들이 미래에 도착하게 될 목적인 동시에 그리스도 안에 있는 그들의 삶을 형성하는 현재적 힘이다. 그것은 현재적 미래인 동시에 미래적 현재이다. 이 은사로 말미암아 그리스도인들은 미래로부터 살며, 희망의 기쁨 가운데에서 살 수 있는 힘을 얻는다.

③ **결혼과 독신생활의 은사:** 결혼생활도 성령의 은사일 수 있는 동시에 독신생활도 성령의 은사일 수 있다(고전 7:7). 그렇다면 직업, 생활방식, 자녀의 수, 사회적 활동, 이 모든 것이 성령의 은사라고 말할 수 있다. 이 모든 일들에 있어서 내가 나 중심으로 결단하지 않고 성령의 가르침에 순종하여 결단을 내릴 때, 이 모든 일들은 성령의 은사가 된다.

④ **예언(豫言)의 말씀의 은사:** 그리스도 안에서 시작한 하나님의 나라에 대한 선포와 증언이라고 하겠다.

⑤ **계시의 말씀의 은사:** 계시는 일반 사람들에게 숨겨진 일이 환상을 보거나 내적인 음성을 들음으로써 특정한 사람에게 드러날 수 있는 은사를 말한다.

⑥ **지혜(智慧)의 말씀의 은사:** 성경이 말하는 지혜(σοφια)는 하나님의 진리와 의도를 파악하고 이에 순종할 수 있는 능력을 말한다.

⑦ **지식의 말씀의 은사:** 이 은사는 그리스도의 복음과 관련된 신학적 지식들을 성경에 근거하여 바르게 이해하며 하나님의 말씀을 새로운 상황 속에서 바르게 해석할 수 있는 은사를 말한다.

⑧ **가르침의 은사:** 하나님의 말씀과 진리를 바르게 파악하여 효과 있게 가르칠 수 있는 성령의 선물이다.

⑨ **병 고침의 은사:** 하나님이 고치고 싶은 가장 근본적(根本的)인 병은 인간과 그의 세계를 죽음에 이르게 하는 죄라는 병이다.

⑩ **기적(奇蹟)의 은사:** 참 기적은 하나님의 성육신과 고난이다. 그것은 하나님 나라의 오심이다. 미움과 시기와 투쟁이 있는 곳에 사랑과 평화가 이루어

지며, 불의가 있는 곳에 정의가, 죄와 죽음의 세계 속에 하나님의 영원한 생명의 세계가 일어나는 일이 참 기적이다. 그리고 영혼의 범위 안에서는 물론 육이나 물질에서도 일어나는 "창조와 재창조"이다.

⑪ **영분별의 은사:** 성경은 자기가 성령을 받았노라고 말하는 사람들을 다 믿지 말고, 그들이 성령이라고 주장하는 것이 과연 "하나님께로부터 온 것인지 아닌지를 시험 보라"고 말한다(요일 4:1, 엡 5:10). 특히 성령운동이 강한 곳에서 인령이나 악령이 성령의 옷을 입고 나타나기 쉽다.

⑫ **방언의 은사**

⑬ **방언해석의 은사**

⑭ **찬양(讚揚)의 은사:** 온 마음을 다하여 하나님의 존재와 그의 하시는 일들을 찬양하는 것도 성령의 은사라고 볼 수 있다(고전 14:15).

⑮ **지도(指導)의 은사:** 공동체의 공리, 공동체 안에 있는 여러 가지 단체와 모임들의 인도, 재정 관리도 본래 성령의 은사이다.

⑯ **자기의 소유를 나눔의 은사:** 소유는 물질만을 가리키는 것이 아니라 지적인 능력, 창조적 사고력, 지식, 경험, 시간을 포함한다.

⑰ **자선의 은사**

⑱ **고난과 순교(殉敎)의 은사**

3) 참된 은사에 대한 신학적 성찰과 분별기준

고린도전서 13장을 고려할 때 믿음, 소망, 사랑이 가장 본질적인 은사이고 가장 중요하고 기본적인 은사는 사랑의 은사이다. 그러나 그리스도인의 실존과 관계된 모든 것이 성령의 은혜의 선물, 곧 은사라고 볼 수 있다. 은사는 현상이다. 본질적으로 은사는 하나님의 사랑이다. 그리스도의 사랑은 이웃을 사랑하게 하고 복음을 선포하게 하며, 하나님 나라를 소망할 수 있게 한다. 성령의 은

사는 조잡한 샤머니즘이 아니라, 거룩한 그리스도의 사랑이 그 중심과 원리의 핵심이 되어야한다.

따라서 바른 은사의 분별의 기준은 그리스도에 대한 올바른 신앙, 공동체의 발전과 평화유지, 사랑의 동반, 복음증거의 도구, 하나님께 영광, 반드시 하나님께로부터 오는 것이다.

8. 성령의 축복

성령의 축복으로 그리스도인에게 내리는 물질의 축복은 하나님을 경외하며 그를 섬기는 일을 전제로 한다. 자동적이거나 무조건적이지 않고 회개와 믿음과 하나님의 계명을 준수하는 조건적 복 이라고 볼 수 있다. 여기서 계명은 토라이다. 토라(율법)의 완성은 사랑이다. 하나님 사랑, 이웃 사랑, 즉 개인적인 차원을 넘어서는 사회적 제도까지 포함하는 것이다.

성경은 진실한 회개와 믿음과 사랑의 실천을 전제로 물질적 축복을 약속한다. 그러나 물질에 집착하는 것은 엄격히 금한다. 물질은 그리스도의 사랑 안에서 선하게 활용되어야 한다. 삼위일체 하나님은 공의와 사랑의 하나님이다. 성령의 축복은 우리가 공의와 사랑을 추구하는 사람이 되게 한다. 이런 변화는 우리로 거룩한 백성이 되게 한다. 이것이 성령의 궁극적인 축복이다. 죄인이 의인이 되는 것이다.

9. 성령운동과 신비체험

1) 성령운동과 신비 체험의 위험성(부정적 요소)

— 반지성, 반이성주의: 판단력의 약화된다.

— 맹목적, 광신적 신앙: 뜨거운 감정에 도취되어 반성이 결여된다.

— 비기독교적인 신앙과 기독교 정신 왜곡: 지적인 요소 배척, 교회활동이 편중된다.

— 성경의 편향적 해석과 왜곡: 자기 편리로 성경을 해석 한다.

— 세계의 역사적 현실에 무관심: 자기 내면 중심이기 때문이다.

— 책임의식 결여: 신앙의 수평적 균형이 깨진다.

— 이기적 신앙: 성공 지향적 이다.

— 종파 분열과 소종파 난립: 이기적이기 때문에 뜻이 맞지 않으면 분립한다.

— 특정인 우상화, 절대화: 계급화 되고 종교적 착취가 자행된다.

2) 성령운동과 신비 체험의 긍정적 요소

— 신앙의 중요한 요소이다.

— 신앙의 확신을 갖는다.

— 마음의 기쁨과 안정과 평안을 준다.

— 고통을 이기는 길이 된다.

— 삶의 활력을 준다.

— 봉사할 수 있게 한다.

— 교회를 활성화 한다.

3) 올바른 발전을 위한 제언(기독교의 영성)

성령운동과 신비체험에는 위험성과 긍정적인 요소가 둘 다 있다. 위험성을 내포하고 있지만 없어서는 안 될 요소이다. 따라서 부정적인 요소를 보완하고 긍정적인 사항은 더욱 발전시키기 위해서는 감정의 지나친 고조를 피하고, 성경의 말씀에 근거하여 조직적으로 배우도록 해야 한다. 신비체험을 할수록 성숙한 신앙인이 되어야 하겠다.

아울러 성령운동과 신비체험에 대한 기독교적 영성은 "성령은 성부의 영이며, 동시에 성자의 영이다. 그것은 삼위일체 하나님이다. 하나님은 사랑이시다. 그러므로 성령은 사랑의 영이다. 따라서 기독교의 영성은 하나님이 사랑하는 모든 피조물에 대한 무한한 사랑 가운데에서 그리스도의 뒤를 따르는 것이다.

10. 신약성경에서의 성령의 사역

(1) "다시 드러내는 사역"이다

성령은 그리스도를 신자들에게 다시 임재 하도록 만든다. 성령은 신자들을 그리스도와 하나 되게 하며 그 때 거기에 있던 사건을 오늘 여기의 사건으로 만든다. 그분은 성령의 능력 안에서 지금, 현재 우리 앞에서 임재해 계신다. '칼빈'은 우리가 그리스도와 그의 혜택을 경험하게 되는 것은 "성령의 능력을 통해서이다"라고 했다.

(2) 새로운 삶의 창조이다

요한의 신학에 따르면 성령은 중생을 가져오는 분이시다. 니케아신조는 고전

15:45의 표현을 따라 성령을 생명을 주시는 분으로 규정한다. 이것은 세계를 창조하셨을 때에 활동하셨던 성령(창 1:2)을 지칭한다.

성령은 변화를 일으키는 능력으로 옛것에서 새 것을 가져오며 죄와 죽음의 노예 상태에서 하나님과 이웃과 하나 되어 사는 새로운 삶을 가져다준다. 그리스도인은 하나님의 은혜와 공의와 증거, 하나님의 역사에 동역할 수 있는 능력 ,성령 충만, 성령의 은사, 새로운 능력을 받아 공동체의 지체들로 하여금 중요한 섬김의 사역을 감당할 수 있도록 돕는다.

즉 성령의 은사를 받은 모든 지체는 공동체의 삶을 위해 공헌하며 하나님의 창조와 구속의 사역에 동역자가 된다.

(3) 자유케 함이다

그리스도의 사역이 자유케 하는 사역이라면 성령의 사역은 그리스도께서 시작하신 그 일을 지속하는 것이다. 하나님과 이웃과의 교제 가운데 새롭고 풍성한 삶을 살 수 있는 자유를 주신다.

(4) 공동체적인 사역이다

서로 다른 사람들이 하나 되게 하는 능력으로 원수까지도 새로운 공동체 안으로 모으는 능력이다. 이전에는 뛰어넘을 수 없는 장벽이 있는 곳에 성령은 공동체를 창조하신다.

(5) 성령의 사역이 허락하는 약속과 기대이다

하나님의 새로운 세계에 대한 희망을 살아 있게 하는 가운데 새로운 비전을 꿈꾸게 한다.

(6) 은사의 사역이다

은사가 있음과 각양 은사는 존중되어야 한다.

교회의 지체들에게 허락하시는 은사들의 올바른 기준, 분열, 다툼이 없고 공동의 선을 위하여 봉사, 질문을 통해 참된 은사인가를 분별해야 한다.

(7) "성령을 여성적인 표상으로 표현하는 것이 적절한가"에 대함이다

영이란 단어는 희랍어 pneuma는 중성, 라틴어 spritus는 남성, 그리고 히브리어 ruach는 여성명사이다. 신약성경이 성령의 사역을 양육하고 돕는 사역으로 기술하는 것과 니고데모와의 대화에서 어머니의 사역에 비교하여 어떤 신학자는 성령이 여성이라고 주장한다. 그러나 영(spritus)이란 표현은 하나님이 성을 초월하는 분이라는 것과 하나님에 대한 표상과 은유를 우상화하는 위험을 피해야 한다는 사실을 가르쳐 준다.

삼위일체 하나님이 영이라 불리는 것은 인격적인 분으로 남성, 여성, 이 모든 것을 초월하는 분이다. 하나님은 영이시며 하나님은 서로 완전히 사랑하며 서로 관계를 맺는 가운데 계시는 분이다.

성령은 삼위일체 하나님의 한 위로서 참 하나님이시며 인격적 존재이기도 하다. 그리스도의 십자가 사건이 모든 시간과 공간 속에서 모든 인류를 위한 현재적 사건이 되게 하는 성령론은 기독론 다음에 다루어 져야 할 만큼 중요하다. 기독교에서 성령을 제외하면 얼음을 따뜻하게 데워 먹으려는 것과 같을 것이다. 근래에 와서 기독론과 함께 중요성이 새롭게 인식되고 있음은 참 다행한 일이다. 이에 성령론은 기독교가 기독교 되게 하는 결정적 요소로서 깊은 연구의 필요성을 강력하게 요청 받고 있다.

제10장

몰트만의 성령 이해와 비판

여의도순복음교회 국제신학연구원이 독일 튀빙엔 대학의 신학부 몰트만 교수를 2000년 5월 중순에 초청하여 "성령과 교회"라는 주제를 가지고 신학에 관한 공개강연을 하면서 그들의 성령신학을 몰트만의 신학에 접목시키려한 것은 의외의 일이었다. 지금까지 순복음의 신앙과 신학은 은사 중심의 성령과 체험적인 개인 신앙을 강조하여 왔었는데 금번 몰트만의 신학강좌를 통하여 성령의 공동체적인 은사와 역할에 대하여 새로운 전기를 마련했다고 해도 과언이 아니다. 본 논거를 통해 필자는 몰트만의 성령 이해를 지금까지의 전통적인 성령 이해와 비교하면서 몇 가지 문제점을 제기하려 한다.

1. 기능적인 삼위일체에서의 성령의 이해

우리가 말하는 소위 전통적인 신학은 성령의 주도적인 역사를 우리가 경험하고 있는 현재인 교회의 시대에 국한하는 것을 보게 된다. 구약의 시대는 성부 하나님이 주도적으로 창조사역을 이루셨으며 신약의 시대는 예수 그리스도가 속죄의 사역을, 그리고 우리가 살고 있는 현 교회의 시대는 성령이 주도적으로 구원의 사역을 이루신다는 것이 일반적인 삼위일체에 대한 이해이며 바르트의 견해이기도 하다.

교회사적으로 볼때 테르툴리아누스는 자연으로부터 삼위일체에 관한 여러 유비를 이끌어 낸다. 성부와 성자와 성령을 나무에서 뿌리와 관목과 수목으로 비유했으며 수원과 하천 그리고 강에 비유하기도 하였다. 여기에서는 생명의 원천으로서의 성부의 역할이 강조되지만 종속설이 자리 잡고 있음을 보게 된다. 아들과 성령이 낮은 신적 본질을 가지는 파생적 존재에 지나지 않는다는 것이다.[1] 그 이외에 삼위일체를 설명할 때 세 잎을 가진 클로버와 개인이 갖는 신분인 내 자신과 아들로서의 나와 그리고 아버지로서의 나를 말함으로서 세 직분을 동시에 말하기도 하지만 왠지 미흡하다. 삼위일체의 교리가 신비중의 신비라고 표현한 아우구스티누스의 말에 공감이 간다.

바르트는 하나님을 창조주, 예수 그리스도는 속죄주, 그리고 성령은 구원주라고 서슴없이 말한다. 바르트가 삼위의 하나님을 사역이 다른 이름으로 구분하려 하는 것은 삼위의 각기 다른 기능과 역할에 중점을 둔 해석이기도 하다. 우리가 믿는 삼위일체 하나님은 창조주로서 아버지가 되시며, 속죄주로서 아들이 되시며, 구원주로서 영원한 영이 되신다[2]는 것이 그의 이해이다.

성부(구약시대): 창조주

성자(신약시대): 속죄주

성령(교회시대): 구원주

---

1) J. L. 니이브, 『기독교교리사』 (서울: 대한기독교서회, 1965), 177쪽 이하.

2) K. Barth, Die Lehre vom Wort Gottes I, (Zürich: Theologischer Verlag, 1981), S. 404ff.

여기서 보이는 문제점은 종말이 오기까지의 전(全) 역사와 시대를 세 구분하여 구약시대와 신약시대 그리고 교회의 시대로 나누어 생각하는 것이다. 창조의 사역을 과연 바르트처럼 '하나님의 주체적인 일로만 규정할 수 있으며 예수 그리스도와 성령은 창조의 사역에서 보조적인 역할을 했다고 할 수 있는가'라는 점이다. 신약의 시대에서는 예수 그리스도가 주체적이며 교회 시대에는 성령이 주체적으로 사역을 감당한다고 할 때 결국 그가 말하고자 하는 것은 기능 중심적인 삼위일체론을 주장한 결과가 되었다.

기능 중심적인 삼위일체론에서는 성령은 성령의 감화와 은사중심의 역할이 강조되고 부각 될 것이다. 성령은 능력의 영으로서 죽은 자를 살리며 병든 자를 고치며 귀신을 쫓아내는 강한 영이다. 이 영은 초 은사적인 신앙경험을 통해 임재 하며 그리스도를 구주로 고백하게 하며 하나님을 아버지로 믿게 하시는 영이시다.

순복음의 성령체험과 이해가 이러한 기능적인 성령 이해에서 성령을 인격이기보다는 힘과 능력(dynamis)으로 규정해 온 것이 사실이다. 그래서 성령을 인간 개인의 신앙적 노력과 신비적인 신앙체험을 통해 받아들일 수 있다고 믿어왔다. 순복음 신앙에서 주장하던 삼박자 구원은 이를 단편적으로 보여 주는 구체적인 실례이기도 하다. 성령 체험을 위해서는 금식기도가 필수이며 성령 체험의 구체적인 결과는 방언으로부터 시작하는 신유의 은사라는 말은 성령의 시대라고 규정되는 교회시대에 순복음의 신앙을 특징짓는 공식이기도 하다.

2. 몰트만의 영(靈) 삼위일체론

몰트만의 삼위일체론은 기능적인 삼위일체론과는 거리감이 있는 영(靈) 삼위일체론이라고 규정할 수 있다. 그가 즐겨 인용하는 "창조주 영이시여, 오시옵소서"(Veni, Creator Spiritus)라는 말에서부터 그는 삼위일체와 영을 함께 사용하기를 즐겨한다.

몰트만에게 있어서 하나님은 "영(靈)의 하나님"이시다. 하나님이 계신 곳에는 영이 계시며 영이 계신 곳에는 하나님이 계시다. 하나님과 영의 임재는 서로 떼려야 뗄 수 없는 깊은 관계를 가진다.

이 하나님의 영을 바르트처럼 창조에 국한시키지 않고 몰트만은 "생명의 원천"(fonsvitae)으로 규정한다. 이 생명은 인간이나 생명체가 갖는 추상적인 '생명'(life)이기보다는 온 우주 안의 피조물들이 갖는 '생명력'(vitality)이라고 보는 것이 옳다. 결국 하나님이 계신 곳에는 하나님의 영이 계시며 그곳에는 생명력이 있게 된다는 결론이 나온다.

성경은 "창조의 놀라운 장엄함을 거듭 찬양하고 모든 피조물에 생기를 불어넣는 생명의 숨결에 대해 감사하며 하나님이 선한 창조에서 보여주신 섬세한 지혜가 처음부터 존재함"3)을 말하고 있다. 몰트만은 이러한 생명의 영으로서의 성령의 이해를 가지고 창조와 구원의 범위를 전(全) 우주적으로 해석하게 된다.

지금까지의 전통신학은 창조의 극치를 인간에 두어 하나님의 형상으로 창조된 인간을 중심으로 하는 성경해석을 해왔다. 전통신학에서의 다른 피조물의 창조는 인간의 창조를 위한 전주곡에 불과하다. 모든 창조는 인간의 창조를 위한 보조물의 창조로 해석한다.

몰트만은 이러한 인간 중심적인 창조를 우선 거부한다. 창조의 순서로 볼

---

3) 117) 래리 라스무센, "생명의 신학과 에큐메니칼 윤리", 『생명의 신학과 윤리』, 이삼열 엮음(서울: 숭실대 기독교사회연구소, 1997, 271쪽: 라스무센은 이 책에서 히브리인들이 믿는 하나님은 노예의 상태에서 자신들을 해방시킨 하나님임을 강조한다. 새로운 하나님의 백성으로 태어난 히브리 민족은 자신들이 속한 공동체와 세계에 대해 하나님이 원하시는 정의와 자비의 세계가 되도록 하는 책임을 부여 받았다고 해석한다. 이러한 사상은 새로운 계약 공동체인 기독교인들이 가져야 할 에큐메니칼 윤리이기도 하다.

때 인간의 창조는 가장 뒤늦게 이루어졌으며 이런 면에서 인간은 지구상에 찾아온 손님이지 주인이 아니라는 피조물의 입장에서 인간의 창조를 재해석한다. 인간은 창조의 역사에서 하나의 피조물의 구성원이다.[4] 몰트만은 인간이 갖는 하나님의 위임명령을 거부하는 것은 아니다. 하나님으로부터 이 땅을 관리하라는 위임명령을 받은 인간은 다스림보다는 관리자로서 그의 역할을 감당하는 것이 중요하다고 한다.

몰트만은 그리스도의 사역을 단순히 신약시대를 대별하는 것으로 표현된 바르트의 견해를 뛰어 넘어 영적인 그리스도의 모든 사역으로 이해함으로 하나님의 영과 연결시킨다. 그리스도의 사역은 그의 전 생애를 통해 영적인 하나님의 사역이라고 말하려 하는 듯하다. 그리스도의 잉태와 탄생, 광야에서의 시험 그리고 세례, 십자가와 죽음, 부활의 사건에 이르기까지 그의 사역은 순전히 영적인 그리스도의 사역이다. 이를 통해 몰트만이 말하려 하는 것은 단순한 기독론이 아니라 영(靈) 기독론을 말하고 있다.

교회의 시대를 특징지어 주는 성령의 시대를 몰트만은 "그리스도의 영"이라는 틀에서 이해하고 있다. 바르트처럼 성령을 하나님의 영원한 영이라고 표현하기보다는 "그리스도의 영"이라고 구체적으로 말함으로써 영의 역할이 바로 그리스도의 사역임을 강조하는 것이다. 여기에는 "영적인 그리스도의 사역과 그리스도의 영적인 사역"을 중보의 사역으로 보면서 중보의 구원선상에서 그리스도를 보려는 강한 신학적인 의지가 들어있다고 보여 진다. 바르트에게서 구별되는 신약시대와 교회의 시대가 몰트만에게서는 구별되지 않고 "영(靈)-그리스도"로 통합되어 나타난다.

몰트만의 신학이 갖는 특징은 종말론이다. 영적인 그리스도의 사역과 그리스도의 영적인 사역이 끝나면 종말론이 등장한다. 재림주로 오시는 하나님이 직접 다스리시는 하나님의 나라가 종말의 나라이다. "오시는 분('Ο έρχόμεν

---

4) J. Moltmann, Gott in der Schöpfung(München: Chr. Kaiser, 1985), S. 193ff.

oς)"에 의한 희망의 종말론이다.[5] 종말이 희망이 되는 것은 과거 묵시사상에 기초한 전통신학이 갖는 종말의 특성인 대 환란과 파괴, 죽음과 고통, 세상 끝 그리고 심판이라는 것을 뛰어 넘어서 새 하늘과 새 땅을 전제로 하기 때문이다.

종말의 주인은 하나님을 대적하는 사단이 아니라 전적으로 영원한 우리의 아버지이신 하나님이시다. 하나님에 의해 주체적으로 이루어지는 영광스러운 종말론이다. 이는 이미 영적인 그리스도의 사역에서 전제(prolepse) 되어 보여졌다. "하나님의 존재는 되어감(Werden) 속에 있지 않고 오심(Kommen) 가운데 있다. 만일 그것이 되어감 속에 있다면 그것은 지나감(Vergehen) 속에 있을 것이다."[6] 그의 오심을 통해 영원한 나라가 세워지며 그 속에 영원한 생명과 영원한 시간이 있게 된다.

몰트만은 그의 대표적인 저작『희망의 신학』에서 종말을 보다 적극적인 표현인 "기다림"으로 표현하는 것을 보게 된다. "기다림은 삶을 더 좋게 만든다. 기다림은 인간 자신의 모든 현재를 받아들이게 하며 기쁨 속에서 뿐 아니라 고난 속에서도 기쁨을 갖게 한다. 행복을 행복 안에서 뿐만 아니라 고통 속에서도 발견하게 한다. 희망은 행복과 고통을 넘어서게 한다. 왜냐하면 희망은 지나가는 자와 죽어가는 자 그리고 죽음에 직면한 자에게도 미래를 하나님의 언약 속에서 보여주시기 때문이다."[7]

바르트에게 있어서 하나님의 사역을 시대적인 구분 안에서 본다면 창조와 속죄, 구원으로 나누어 보겠으나 몰트만은 그의 영 삼위일체론을 주장하면서 창조와 구원의 사역 그리고 새 창조로 나눈다. 구원의 사역에는 그리스도의

---

5) 119) J. T. Beck, *Vorlesungen über christliche Glaubenslehre*, Bd. 2(Gütersloch: Gütersöcher Verlag, 1887), S. 679.

6) 위르겐 몰트만,『오시는 하나님』, 김균진 역(서울: 대한기독교서회, 1997), 59쪽 이하: 희망의 하나님은 오시는 하나님이다(사 35:4, 40:5). 하나님이 그의 영광과 함께 오실 때 그는 온 우주를 그의 영광으로 가득 채울 것이다. 모든 사람이 그를 볼 것이며 그는 죽음을 영원히 삼킬 것이다.

7) J. Moltmann, *Theologie der Hoffnung*(München, Chr. Kaiser, 1980), S. 27.

영적인 중보의 역할이 중심적이다. 그가 강조하는 중심점은 "그리스도의 십자가와 부활"이 갖는 전제(prolepse)이다. 몰트만은 그리스도의 십자가와 부활의 사건을 "만물을 하나님과 회복시키려는 우주적인 사건"(골 1:20)으로 보는 것이다. 십자가를 그리스도의 십자가로만 보게 되면 죄악으로 말미암아 하나님과 원수 된 인간의 회복과 구원을 당연히 말하는 것 같으나 "영-그리스도"의 직책은 모든 만물의 생명의 원천으로서 우주적인 구원을 이루는 하나님의 영이라는 점이다.

모든 것이 하나님으로부터 나왔으며 우리에게 화목케 하는 직책을 주셨다고 할 때(고후 5:18) 영-그리스도론이 강조하는 바는 인간중심의 구원을 주로 이야기하던 신학의 틀을 벗어나 온 만물의 구원과 회복을 말하고 있는 듯하다. 전통적인 신학은 이것을 받아들이기에는 선결할 문제들이 많이 있다.

몰트만은 그의 종말론에서 "피조물이 썩어짐의 종노릇에서 해방되어 하나님의 자녀들의 영광의 자유에 이르기를 바란다"(롬 8:21)는 말을 들면서 십자가와 부활을 실존론적으로 이해하려 한다. 그에게 십자가는 하나님의 영이 없는 현실이다. 그러나 부활은 하나님의 영이 존재하는 현실을 말한다. 하나님의 영은 그리스도의 영으로서 만물과 함께 하신다. 여기에서 말하는 현실은 모든 피조물을 포함하는 생명공동체이다. 생명공동체는 지구상에서 함께 살아야 할 동, 식물을 포함하여 우리가 말하는 정치, 경제, 사회, 문화등 인간의 문화와 역사도 포함되며 "이스라엘의 지혜문학이 말하고 있듯이 하나님의 영이 온 땅을 가득 채우고 있다"는 것이다.[8]

그렇다면 하나님의 영은 온 땅에 편재한다는 것인가? 이러한 물음에 대해 그는 "하나님의 영은 모든 살아있는 것들을 새롭게 하는 영"이라고 말한다. 하나님의 영은 오순절 신앙공동체를 새롭게 하였으며 만물은 하나님의 생명의 호흡으로 존재하며 생명을 활성화하는 생명공동체 안에 존재한다. 생명공

---

8) 몰트만,『성령과 생명의 신학 강연집』(서울: 장신대, 2000), 13쪽.

동체라는 이 모임을 벗어난다든지 이 모임이 파괴되면 모든 만물은 생명을 잃게 된다. 이런 면에서 생명은 공동체이며 공동체는 생명을 살리는 힘이다.

앞에서 본 바대로 영(靈)-삼위일체를 주장하는 몰트만의 신학에서는 하나님-영-그리스도가 연속적으로 하나님의 창조와 구원 그리고 새 창조를 이루는 것처럼 새 하늘과 새 땅으로 표현되는 새 창조에서는 영의 하나님과 인간 그리고 자연 만물이 "서로 꿰뚫어 봄과 거함"(wechselseitige Durchdringung und Wohung)이 이루어진다고 보는 것이다.

이러한 상태를 신학적으로 표현한다면 범 내재신론(panentheism)이라고 할 수 있다. 몰트만은 자신이 경험한 2차 세계대전이라는 시대적인 상황과 경험을 통해 희망의 신학을 신앙 고백적으로 전개하였으며 이러한 신학적인 폭을 가지고서 생태계의 문제와 제3세계의 인권과 평화, 불평등한 세계의 경제와 차관 그리고 여성의 문제에 과감한 신학적인 도전을 제기할 수 있는 폭 넓은 신학자이다.

몰트만이 말하는바 "우리가 경험 할 수 있는 가장 위대한 사건이 성령의 은사와 현존"이라면 성령은 하나님과 그리스도의 영으로서 창조와 구원과 새 창조를 이루는 생명력으로 이해함이 구체적일 듯하다.

앞에서 언급된 바대로 몰트만은 "모든 생명에서 보여 지는 영의 부으심"을 말함으로 일반계시의 폭을 넓힌 것이 사실이다. 영의 부으심을 통해 만물이 신적인 요소를 갖는다고까지 말한다. 이것은 사도 바울의 자연신학적인 표현(롬 1:20)이기도 하다. 문제는 그리스도를 통한 특별 계시와 그리스도의 사역의 중요성이 몰트만의 영-그리스도론에서는 매우 약화된다는 점이다. 그리스도가 구체적으로 행하신 "참신이자 참인간"(vere Deus vere homo)으로서의 역사성을 영적인 차원에서만 보는 결과가 된다.

또 한 가지 제기되는 중요한 문제는 하나님의 영이 있는 곳에 생명이 있다면 인간의 생명과 다른 피조물의 생명에 대한 가치의 문제이다. 생명이라는 점에서는 양자의 생명이 같으나 질적으로는 전혀 다르지 않을까? 이점은 분명하게 차별화 되어 해석해야 한다.

결론적으로 성령 안에서 산다는 것은 "오시는 하나님을 기대하는 신앙적 삶"이며 믿음의 공동체를 교회에만 국한시키지 말고 하나님이 만드신 우주 만물이라는 생명 공동체까지 확산시키는 일을 해 나가는 하나님의 선교에 참여하는 구체적인 삶이라고 말하고 있다. 몰트만의 성령은 하나님의 영이며 생명의 영이며 그리스도의 영이며 온 우주에 있는 세계의 영(靈)도 되는 것이다.

제IV부

시간과 역사

제11장

시간과 영원

인간은 누구나 이 세계 안에서 시간의 흐름을 피부로 느끼며 살아가고 있다. 세상에 태어나면서부터 시작되는 개인의 삶은 대자연이라는 어머니의 품에서 생로병사를 부단히 경험하며 시간과 함께 죽음이라는 현실에 직면하게 된다. 사람들은 죽음이 개인 삶의 끝임을 인정하면서도 그 이후에 영원한 삶을 믿거나 환생을 인정하기도 한다. 이러한 믿음은 재래의 원시종교나 민족종교 그리고 고등종교에서 공통적인 현상으로 대두되어 왔다.

시간의 흐름과 함께 필연적으로 인간을 파멸로 이끄는 죽음을 해결할 수 있는 대안은 없을까? 인간이 생각한 가장 좋은 유일한 방법은 죽음이라는 실제를 비신화화하든지 잊어버리든지 아니면 초월하는 길밖에 없다. 그 이유는 인간이 만물의 영장이며 이 세계와 우주의 지배자로서 군림한다 할지라도 과거의 나는 순간적인 현재의 나에 의해서 급속하게 불확실한 미래의 나로 밀어냄을 받기 때문이다. 이러한 삶을 사람들은 일장춘몽(一場春夢, empty dream)이라 하며 불교에서는 "인생무상"(人生無常)이라고 한다. 성경에서도 인간의 생명은 "잠깐 보이다가 없어지는 안개와 같다"(약 4:14)라고 표현하고 있다.

그렇다면 시간이란 도대체 무엇인가?(Quid est ergo tempus ?) 시간이란 흐르는 것인가 아니면 오는 것인가? 시간을 어떻게 정의하는 것이 구체적일까? 시간은 존재하는가 존재하지 않는가? 존재한다면 어느 곳에 존재하는가? 존재하지 않는다면 왜 존재하지 않는가? 시간은 영원한가, 영원하지 않는가? 시간은 영원의 밖에 있는가 안에 있는가? 영원이 시간을 감싸고 있는가 아니면 시간이 영원을 감싸고 있는가? 이러한 물음에 답하기는 그리 쉽지만은 않다. 시간과 영원에 대한 물음을 성경적으로 대답한 사람은 아우구스티누스이다.

1. 시간이란?

아우구스티누스는 『참회록』(*Confessiones*) 제11장 「창조의 말씀」에서 시간에 대해서 "알 듯하다가도 설명할 수 없는 것"이라고 표현한다. 그는 알고 있다는 가정 하에 시간을 '변화'와 함께 이해하며 구체적으로 답하려 한다. 그가 시간을 변화 속에서 파악하려 했던 것은 창조와 함께 시작된 시간을 전제한 것이다. 시간의 존재와 그 본질은 알 수 없는 것이며 결국 시간을 공간적인 피조물로 이해해야 한다는 것이다: "만일 지나간 것이 없다면 과거는 존재하지 않는다. 만일 앞으로 올 것이 없다면 미래는 존재하지 않는다. 그리고 만일 지금 존재하는 것이 없다면 현재는 존재하지 않는다."[1] 그는 과거를 지나간 것에서 미래를 올 것에서 그리고 현재를 지금 존재하는 것에서 찾으려 한다. 현재를 중심으로 과거와 미래를 설정할 때 시간이 느껴진다는 것이다.

그러나 과거는 "이미 없는 것"(iam non esse)이며 미래는 "아직 없는 것"(non dum esse)이다. 만약 현재가 언제나 있고 과거로 옮겨 가지 않는다면 이것은 시간이 아니고 영원이다. 현재에 있어서 그것이 있다고 일컬어지는 것은

---

1) 어거스틴, 『어거스틴 참회록』, 최정선 역 (서울: 성지문화사, 1991), 281쪽 이하.

그것이 없을 것이기 때문이다. 우리가 시간이 있다고 할 수 있는 것은 시간이 없는 방향으로 향하기 때문이라 한다. 있는 시간인 현재는 과거 속으로 삼켜지면서 동시에 삼켜진 만큼 미래로 흘러 들어가게 된다. 이것을 도표로 그려보면 다음과 같다.

과거적 현재	현재적 현재	미래적 현재
영원...창조..........과거...................현재....................미래..........종말...영원		
→	삼킴	←
→	흘러감	→

현재에서 과거가 된 과거적 현재를 현재적 현재에서 바라보면 삼킨바 되었으며 과거적 현재에서 미래의 방향으로 현재적 현재를 바라보면 삼킨바 된 만큼 흘러간 시간이 된다. 미래에서 현재가 될 미래적 현재에서 현재적 현재를 바라보면 삼킨바 될 것이며 현재적 현재에서 미래의 방향으로 미래적 현재를 바라보면 흘러가는 시간이 되는 것이다. 현재라는 시간은 과거와 미래의 선상에서 과거의 방향으로 삼킨바 되는 시간과 미래의 방향으로 흘러가는 시간에서 공간을 차지하며 제 모습을 나타낸다. 시간은 삼킴과 흐름 속에 존재한다.

위에서 본 바와 같이 아우구스티누스가 이해한 시간이란 존재에서 비존재로 흘러가는 것으로서 존재한다. 그러므로 시간은 주어진 존재가 아니다. 존재론적으로 볼 때 과거와 미래 그리고 현재는 없다. 이것들은 항상 비존재(non esse)로 흘러간다. 그렇다면 시간은 없는가? 존재의 시간은 없으나 비존재의 시간은 있다.

아우구스티누스는 세 종류의 비존재의 시간을 인간 내면(homo interior)의 세계에서 경험된 의식에서 알 수 있다고 한다. "과거에 관한 현재란 '기억'이며 현재에 관한 현재란 '직관'이며 미래에 관한 현재란 '기대'이다."[2] 이는 아우구스티누스의 시간에 관한 심리학적인 이해이다. 이미 지나간 과거는 인간의 기억 속에 존재하며 현재는 직관으로 그리고 미래는 기대로서 파악된다는 것이다. 기억과 직관 그리고 기대는 어느 곳에 있는가? 인간의 마음 즉 영혼 속에 있다. 이런 면에서 인간은 영혼을 팽창시킴으로써 비존재인 과거와 현재 그리고 미래를 현재화하여 영혼 속에서 존재하게 할 수 있다. 영혼의 팽창을 통해 과거와 미래를 삼킨다고 보는 시간 이해이다. 즉 현재적 현재에서 과거와 미래를 현재화하는 것이다. 이것을 도표로 그려 보면 다음과 같다.

```
영원 창조.............과거................현재................미래.............종말 영원
                    ← 영혼의 팽창 →
   과거적 현재              현재적 현재              미래적 현재
     기억                  → 직관                 ← 기대
```

아우구스티누스의 '변화 속에서의 시간 이해'는 그의 '창조와 종말'이라는 유목적론적이며 직선적인 시간 이해에서 보이는 특이한 것이기도 하다.

고대인들은 시간이라는 것을 자연의 생성소멸, 물과 바람의 흐름 그리고 계절과 자연의 변화 속에서 경험하며 배웠다. 여기에서 얻어진 결과는 순환적인 역사 이해이다. 이러한 역사관에서 얻어지는 물음은 인간은 무엇인가라는 것이다. 인간의 문제는 시간의 문제이기도 하다. 시간의 기원(whence)과 본질(what) 그리고 종말(whither)이 포함되어 있다. 시간은 무엇인가? 이러한 물음에 대하여 우리는 자연적, 물리적, 경험적, 역사적, 형이상학적 그리고 심리적인 시간을 생각할 수 있다. 아우구스티누스는 말한다. "아무도 나에게 묻지 않

---

2) 『어거스틴 참회록』, 288쪽.

는다면 나는 시간이 무엇인지 안다. 그러나 묻는 자에게 그것을 설명하려면 나는 모른다."[3] 우리가 시간을 알려하는 것은 시간은 공간과 함께 인식의 형식을 이루며 경험되기 때문이다. 이렇게 의식(경험, 체험)된 시간을 우리는 시간성(temporality)이라 부른다. 이러한 시간은 적극적으로는 미래를 향해 가는 창조성을 지니며 소극적으로는 돌아오지 못할 과거로 질주하며 모든 것을 사라지게 한다. 시간은 이렇게 항상 머물지 않고 흐르고 있다.

수많은 철학자와 신학자들 가운데 4세기 북아프리카 히포의 감독 아우구스티누스처럼 시간 이해를 잘한 사람이 없다. 『참회록』11권 13장-18장에서 그는 시간을 심리학적, 실존적, 존재론적 그리고 역사적으로 다루었다. 그리고 시간에 관해 그의 저서들인 『참된 종교에 관하여』, 『자유의지론』, 『시편 주석』, 『고백록』, 『창세기 강해』, 『요한복음 연구』, 『삼위일체론』, 『하나님의 도성』 등에 부분적으로 나온다.

그의 시간에 대한 이해는 다음과 같다.

(1) 시간은 항상 지나가며(numquam stans) 연속적이다(successio). 시간은 비존재에 의해 삼킴을 받기 때문에 유한하고 일시적이며 현재를 매어 둘 수 없다. 시간적인 존재인 인간은 불완전하고 무의미하며, 붕괴되고 불안하다.

(2) 시간은 분열과 분산이라는 특성이 있다. 현재와 과거, 미래라는 시간들이 인간 존재의 통일성을 주지 않는다. 생성소멸이라 볼 수 있다.

(3) 시간은 일회적이다. 시간은 반복 순환하지 않으며 어떤 목적을 향해 나아가는 역사적인 시간을 갖는다. 이것을 우리는 아우구스티누스의 유목적적인 시간관이라 한다. 여기에서 만족하지 않고 그는 하나님의 사랑과 은총에 이끌리는 영원한 삶을 보려 하였다. 시간은 어떤 것이면서도 어떤 것이 아니며(nihil aliquid), 있으면서도 없는(est nonest) 것이다. 그렇지 않으면 시간은 영원한 것이다.

---

3) 『어거스틴 참회록』, 281쪽.

2. 영원이란?

아우구스티누스가 이해한 시간은 비존재의 시간이다. 우리는 비존재의 시간이 존재의 의미를 가지려면 영혼의 팽창으로 가능하다는 것을 살펴보았다. 영혼의 팽창이 현재에서 과거로 되돌아가거나 현재에서 미래로 진행되어 나갈 때 기억과 기대라는 한계 속에서는 끝이 있다. 그러나 그것들을 넘어서는 순간 영원이 전개되며 영원에 대한 새로운 물음이 전개된다.

아우구스티누스는 시간이란 분명 한계가 있으며 창조로부터 시작된 하나의 피조물이라고 주장한다. 동시에 무로부터의 창조를 말함으로써 당시에 유행하던 철학사상인 세상은 영원하고 무한하다는 일원론적이며 이원론적인 견해들을 반박하며 기독교를 변증하려 하였다. 모든 피조물은 무로부터 창조되었기 때문에 가변적인 존재이나 오직 창조자 하나님은 불변하시고 영원하신 분이라는 것이다. 그는 여기에서 말하는 질적인 차이를 존재와 선으로 표현한다. "그것들은 그것들의 창조주인 당신만큼 아름답지 못하고, 당신만큼 선하지 못하며, 당신처럼 존재하지도 못한다."[4]

그는 만물이 아름다운 것은 하나님이 아름답기 때문이며 만물이 선한 것은 하나님이 선하시기 때문이라고 말한다. 그러면 자연 속에 왜 악이 존재하는가? 자연 속에 존재하는 악에 대해 아우구스티누스는 '선의 결핍'[5]이라는 말을 사용한다. 자연 그 자체는 악한 것이 아니나 선의 결핍에 의해 악하게 보이는 것이라는 주장이다. 또한 선의 정도에 따라 좋은 것과 덜 좋은 것이 있다고 한다.

모든 존재는 무로부터 왔기 때문에 존재하지 않는 불완전한 것들이다. 오직 하나님만이 참으로 존재(vere esse)하신다. 하나님은 "스스로 있는 자이시

---

4) 『어거스틴 참회록』, 272쪽.
5) 아우구스티누스, 『신국/고백』, 44쪽.

다"(ego sum quisum), "나는 있는 나이다"(출 3:14)라는 말이다. 하나님은 스스로 존재하시고 변하지 않으시며, 동일하시고 시간에 예속되지 않는 영원한 존재이다.

피조물은 반대로 가변적이고 시간과 공간에 예속되며, 존재의 상태를 유지하지 못한다. 이에 대한 근거를 아우구스티누스는 무로부터의 창조에 둔다. 무로부터 창조된 것은 비존재에 연관되어 있다는 것이다. 동시에 하나님으로부터 창조되었기 때문에 존재에도 참여하고 있다. 피조물은 존재와 비존재(esse et non esse)의 두 가지 본성이 있다. 피조물은 존재하면서도 비존재이기 때문에 시간의 제약과 규제를 받는다.

세상에 존재하는 모든 만물은 영원하지 않다. 그것에 신적인 속성을 부여할 수 없다. 동시에 시간의 제약을 하나님에게 적용할 수 없다. 시간에 의해서 피조물의 존재를 규정해 주며 오늘 있던 것이 내일 없게 되고, 오늘 없던 것이 내일 있게도 된다. 존재하면서도 존재하지 않는 것이 피조물이다.

하나님은 존재와 영원하신 말씀 그 자체이시다. 불변하시고 동일하시며 영원한 존재이시다. "그 전에 없었던 것이 지금 있는 한은 물건은 사멸하고 생성한다는 사실을 알고 있습니다. 그런데 실로 당신의 말씀은 죽지 않고 영원하므로 어떤 부분이 없어지거나 나중에 생기거나 하는 일은 없습니다. 그러므로 당신은 당신과 마찬가지로 영원한 말씀에 의해 말씀하신 모든 것을 동시에 그리고 영원히 말씀하십니다."[6]

영원이신 하나님을 우리는 어느 곳에서 발견할 수 있을까? 아우구스티누스는 기억 속이라고 답한다. 하나님은 진리로서 인간이 진리를 발견한 후에는 진리 자체이신 하나님을 알고 있다는 것이다. 이는 하나님에 대한 또 하나의 심리학적인 이해이다. "내가 당신을 깨달아 안 그날부터 당신께서 내 기억 속에 거하시었고 그리고 나는 내 기억 속에서 당신을 회상할 때마다 발견하였으

---

[6] 『어거스틴 참회록』, 275쪽.

며 당신 안에서 기뻐하였습니다."[7] 아우구스티누스는 영혼의 팽창이라는 도식을 써서 하나님의 영원성을 말하려 하는 듯하다.

영원은 항상 머무는 것(nunc stans)이다. 그리고 영원 안에서 시간은 존재와 의미를 갖는다. 그가 성경에서 발견한 창조와 종말이라는 시간적인 사건은 영원과 영원 안에서 이해할 때 목적이 있으며 인간의 비존재를 가능케 하는 존재의 근원을 창조와 종말이라는 사건 안에서 구체화할 수 있다.

이런 면에서 영원은 기억과 직관 그리고 기대라는 인간 영혼의 팽창 속에서 실존화 된다고 할 수 있다. 영원이 항상 머무는 것으로 존재한다면 과거와 현재 그리고 미래는 사실 없는 것이다. 그러나 창조와 함께 과거와 현재, 미래라는 시간 개념을 갖게 되었으며 종말과 함께 다시 시간은 영원 안으로 삼킴을 당하게 될 것이라는 결론에 이르게 된다.

시간적인 의미를 갖는 창조와 종말이라는 직선적인 시간을 인간의 편에서 보면 매우 긴 시간이다. 그러나 하나님은 영원 그 자체이시므로 영원 그 자체도 영원으로 이해하신다. 하나님이 보시는 시간은 영원도 하나의 점적인 의미를 갖는다. 영원이 갖는 의미로는 전지와 전능 그리고 충만이라고 할 수 있다. 전에도 계셨고 이제도 계시고 미래에도 계실 하나님에 대한 다른 표현이라고 여겨진다. 영원과 영원 안에 있는 창조와 종말을 도표로 그려 보면 다음과 같다.

영원한 현재

⊙ 영원 ⇄ 창조 ⇄ 과거 ⇄ 현재 ⇄ 미래 ⇄ 종말 ⇄ 영원 ⊙

과거적 현재　←　현재적 현재　→　미래적 현재

영혼의 팽창

---

7) 아우구스티누스, 『신국/고백』, 417쪽.

시간이 영원으로부터 시작하여 창조에서 종말에 이르는 것은 유목적적인 시간의 구조를 가지게 되며, 현재적인 현재에서 과거와 미래로 영혼을 팽창시키는 것은 심리적인 시간의 이해에서 가능하다. 아우구스티누스는 현재적인 현재 속에서 과거와 미래를 현재화할 때 영원을 알 수 있다고 말한다. 이러한 생각을 하게 된 근본 동기는 그의 진리와 존재의 추구, 나아가서는 진정한 삶의 의미를 안식과 평안 가운데에서 찾으려던 구도자의 모습에 있다. "모든 것은 당신에 의해, 당신을 통해서 당신 속에 존재하므로, 내가 당신 속에 존재하지 않았더라면 나는 존재하지 않았을 것이다."[8] 이러한 고백은 현재적인 현재에서 과거와 미래를 넘어서서 영원까지 이르는 기억과 기대를 통해 하나님을 경험하는 것을 뜻한다. 그곳에 인간이 갖는 최대의 행복과 존재 의미가 있다는 것이다. 다음의 표현은 이것을 반증해 준다. "우리의 마음은 당신 안에서만 안식을 취할 수 있습니다."[9] 이러한 생각에도 부동의 동자를 가정해 놓고 일자(一者)로부터 정신과 혼 그리고 물질이 흘러나온다는 유출설을 거부하는 것을 볼 수 있다.

그렇다면 인간은 어떻게 행복을 취할 수 있을까? 인간 스스로 시간성을 극복할 때 행복할 수 있다. 그 길은 영원자 되시는 하나님을 향할 때 가능하다. 아우구스티누스는 행복에 이르는 것은 인간의 노력으로 되는 것이 아니라 중보자에 의해서 가능하다고 말한다. "하나님과 인간 사이에 저 중보자 인간 예수 그리스도가 죽을 인간과 죽지 않으시는 의의 하나님 사이에 들어오셨습니다."[10] 우리는 여기에서 아우구스티누스의 은총의 신앙을 발견한다. 그에게 은총은 모든 것에 선행하는 것이다. 선을 행할 의지도 은총의 결과이다. 그의 은총의 교리는 하나님의 예정의 교리로 발전하며, 이것은 그의 회심의 경험과

---

8) 『어거스틴 참회록』, 6쪽.
9) 상게서, 5쪽.
10) 아우구스티누스, 『신국/고백』, 434쪽.

하나님을 의지하는 마음에서 온 것이다. 영원자 되시는 하나님을 향할 때 인간은 삶의 의미를 찾으며 존재의 가치를 발견한다는 것이다.

3. 시간과 창조

세계는 무로부터 창조되었기에 항상 무로 돌아가려 한다(not to be). 세계는 하나님의 로고스의 형상(form)을 받아 존재(to be)하게 된다. 존재하면서도 존재하지 않는(esse et non esse) 시간적 존재의 근거를 "단일론(유출설)이나 이원론(선재하는 물질)을 부정하는 무로부터의 창조"(Creatio non Deo, non de aliquae, sed ex nihilo)에서 가져온다. 아우구스티누스는 창세기 1장 1절을 중요하게 여긴다. "태초에 하나님이 천지를 창조하시니라"(In principio creavit Deus caelum et terram)이다. 그의 성경에 대한 태도는 "믿기 위해 아는 것이 아니라 알기 위해 믿으라"이다. 그러나 이것은 문자주의적인 태도는 아니며 고린도후서 3장 6절에 근거하여 영적 의미를 찾으려 하였다.

하늘과 땅은 그에게는 영적인 하늘과 형태가 되지 않은 무형의 질료이다. "당신은 절대 무(de omnio nihilo)로부터 질료를 창조하시고 형상이 없는 질료로부터(de informi materia) 세계를 창조하셨습니다."[11] 여기에서 절대 무란 무(無) 자체를 의미하며 형상이 없는 질료란 거의 무에 가까운 것으로 이해할 수 있다. 그렇다면 "무로부터의 창조"(creatio ex nihilo)는 형상이 없는 질료로부터의 창조를 의미한다.

우리는 아우구스티누스의 창조론에서 하나님의 이중의 창조를 본다. 하나님이 하늘과 땅을 창조하실 때 형체를 갖지 않은 거의 무에 가까운 무형의 질료로 만드시고 그곳에 "있으라"(')하시매 하늘과 땅이 있게 되었다는 것이다.

---

11) 『어거스틴 참회록』, 309쪽.

창조에 관한 이러한 이해를 시도한 것은 물질이 하나님으로부터 나왔다는 유출설을 의도적으로 거부하려 했던 것으로 생각된다. "당신은 하늘과 땅을 당신으로부터 만드신 것은 아닙니다. 만약 당신으로부터 만들어졌다고 한다면…… 당신과 같아질 것입니다."[12]

무로부터 만드신 하나님의 첫 번째 창조는 어떠한 창조일까? "절대 무의 창조"(de omnio nihilo)이다. 여기에는 삼위일체이신 하나님 이외의 다른 무엇은 존재하지 않는 상태를 말한다. 이러한 것을 성경은 잘 말해 주고 있다. "땅이 혼돈하고 공허하며 흑암이 깊음 위에 있고 하나님의 신은 수면에 운행하시니라"(창 1:2). 하나님의 창조 행위인 "무로부터의 창조" 이전에 형태를 갖지 아니한 땅이 하나님의 신과 존재함을 보여 준다. 아우구스티누스는 이것을 근거로 하여 절대 무의 창조를 주장한다.

그러면 절대 무의 창조는 어떠한 창조였는가? 그것은 "아직 무형일지라도 분명히 형성이 가능한, 보이거나 보이지 않는 모든 것에 공통되는 질료"[13]의 창조를 말한다. 아직 형태가 없는 여러 사물의 처음 상태, 즉 형상이 주어지고 창조될 수 있는 질료의 창조를 절대 무의 창조라 한다.

아우구스티누스는 혼돈하고 공허한 땅이나 깊은 흑암으로 표현되는 무형 질료의 창조 역시 하나님에 의해서 무로부터 만들어졌음을 강조한다. 그러나 그 질료가 언제 만들어졌는가에 대해서는 성경에 한 마디도 언급되어 있지 않다고 말한다.[14] 절대 무의 창조와 무로부터의 창조 사이에 어떠한 시간적인 간격이 있었을까? 만물의 형태를 가질 수 있는 질료와 만물의 형태와는 분명한 차이가 있으나 이 두 가지가 동시에 만들어진 것이지 시간적인 전후관계가 있는 것은 아니다. 이것은 하나님의 영원이라는 속성에서 가능한 일이다.[15]

---

12) 『어거스틴 참회록』, 308쪽.
13) 『어거스틴 참회록』, 322쪽.
14) 『어거스틴 참회록』, 328쪽.
15) 『어거스틴 참회록』, 390쪽 이하.

그는 창조의 주체와 방법 그리고 목적을 다음과 같이 말한다. "누가 이 모든 것을 창조했느냐고 묻는다면 '하나님'이시라고 대답할 것이다. 무엇으로 창조하셨느냐고 하면 '그분은 이루어지라고 말씀 하셨다. 그랬더니 이루어 졌다.' 무엇 때문이냐고 하면 '그것은 좋았기 때문이다.'"16) 우리는 이 표현에서 삼위일체적인 표현을 보게 된다. 즉 "하나님께서, 말씀으로, 선하게" 창조하셨다는 것이다. 창조의 사역은 삼위일체의 공동 사역이다. "이러한 것들을 만든 하나님의 이름으로 아버지를 이미 거기에 모시어 들였고 태초의 이름으로 아드님을 모시어 들였으니, 그분으로 당신이 모든 것을 만드셨습니다. … 성령이 물위에 움직이시더라"고 했다.17)

아우구스티누스는 인간 속에 있는 삼위일체의 영상을 심리학적으로 보려 한다. 그것들은 '존재한다', '안다', '의지한다'이다. 나라는 존재는 알고 의지함으로 존재하고 자기가 존재하고 의지함을 알고 또 존재하고 아는 것을 의지한다는 것이다.

이러한 것들을 종합하여 볼 때 아우구스티누스는 신앙으로 시작하여 이성의 힘으로 하나님을 이해하려 하였으며, 신앙은 찾고 지성은 발견한다는 신플라톤주의 철학의 관점을 취하는 것을 알게 된다. 그가 이렇게 하였던 것은 인간이 하나님의 형상으로 만들어져 있고 그 형상으로부터 하나님의 지식에 이르려 했던 것으로 여겨진다. 인간 영혼에 있어서 마음과 지식 그리고 사랑의 삼위일체 역시 신의 형상을 보게 되는 자취이다.18)

---

16) 아우구스티누스, 『신국/고백』, 윤성범 역 (서울: 을유문화사, 1968), 43쪽. 참조: 『어거스틴 참회록』, 350쪽. 아우구스티누스가 여기에서 말하는 창조의 세 가지 표현인 "하나님께서, 말씀으로, 아름다우니까"라는 것은 삼위일체의 신비스러운 모습을 언어적인 형태로 표현한 말이다. 선한 세계는 삼위일체의 모형으로 만들었다는 그의 신앙고백적인 말이 된다. 아우구스티누스는 『참회록』에서 창조의 역사에서 삼위일체를 하나님의 이름으로 아버지를, 태초로 아들을 받아들이며 그리고 성령이 수면 위에 임했다고 이해한다.

17) 『어거스틴 참회록』, 350쪽.

18) 한철하, 『고대기독교사상』 (서울: 대한기독교서회, 1970), 276쪽.

무로부터의 창조와 인간의 시간 경험에서 영원과 시간의 질적인 차이를 본다. 하나님은 영원한 현재로서 모든 시간을 초월하신다. 시간은 항상 지나가는 것으로 불안정하다. 시간과 영원의 중재(mediation)가 성육신이다. 시간은 그리스도의 성육신과 하나님의 사랑과 은총에 중재됨으로써 개인의 생애에서나 세계 역사에 있어서 새로운 의미와 방향을 갖는다. 기독교인들은 시간과 역사 안에서 특별한 위치를 갖는다.

4. 나가는 말

지금까지 우리는 아우구스티누스의 시간과 영원에 관한 이해를 창조의 문제와 함께 다루어 보았다. 그는 시간을 존재(esse)에서 비존재(non esse)로 흘러가는 것이라 말하였다. 우리가 가정하고 있는 실제적인 시간은 과거와 현재, 미래나 영원이라는 차원에서 볼 때 존재하지 않는 것이므로 사실 시간은 없는 것이다.

그러면 시간은 없는 것인가? 비존재를 존재화하면 시간은 있게 된다. 이것이 영혼의 팽창이다. 인간의 내면에 존재하는 경험의 의식 속에서 기억과 직관 그리고 기대를 통해 존재하지 않는 시간을 현재화하는 것이다. 이것을 아우구스티누스는 과거적인 현재, 현재적인 현재 그리고 미래적인 현재라고 부른다. 이때에만 시간이 존재하는 것이다.

아우구스티누스가 이것을 강조한 것은 고대인들의 순환적인 시간 이해에 대한 철저한 거부를 말하며 성경을 근거로 한 시간에 대한 심리적이며 실존적인 이해라 여겨진다.

영원이란 항상 머무는 것(nunc stans)이다. 아우구스티누스에게서 시간과 영원은 영혼의 팽창을 통해 극복할 수 있는 것이다. 시간은 영원 안에 있다. 시간이 영원 안에 있을 때 존재의 의미가 있으며 비존재적 존재로서의 가치를 지니게 된다. 그것은 왜 그런가?

아우구스티누스는 시간과 영원의 의미를 자신의 삶과 연결시켜 해석하고 있다. 시간은 피조물이고 가변적이며, 불안하고 지나가 버리는 허무한 것임을 알고 있기 때문이다. 그는 계속 묻는다. 영원이란 도대체 무엇인가? 그는 영원을 불변의 진리로 이해하였고 창조의 능력을 가지는 말씀으로 보았으며, 영원자 그 자신이신 하나님으로 보려 하였다. 여기에서 우리는 아우구스티누스가 시간과 영원을 의인화하려 했던 것을 알게 된다. 피조물인 시간이 영원 안에서 참된 행복과 삶의 의미를 찾는다는 것이다.

창조된 만물은 어떠한가? 창조된 만물은 무로부터 창조되었기 때문에 무로 되돌아가려는 성향이 있다. 아우구스티누스는 만물 그 자체는 영원하지 못하며 삼위일체적인 창조주가 창조하였다고 주장한다. 이 역시 물질을 영원한 것으로 보려던 이교적인 사상에 대한 기독교적인 해석이다.

하나님은 어떻게 만물을 창조하셨는가? 그는 성경을 근거로 하여 이중의 창조 논리를 내세운다. 즉 무형 질료의 창조와 무에서의 창조이다. 무형질료의 창조는 창세기 1장 2절에 근거하며, 이것으로 1장 3절에서 시작하는 무에서의 창조를 하셨다는 것이다. 시간의 창조는 무에서의 창조에 속한다.

그는 창조의 주체와 방법 그리고 목적을 삼위일체적으로 답한다. "하나님이 말씀으로 좋으셔서 창조하셨다." 이런 창조 이해에는 하나님의 절대 주권적인 사상이 담겨 있다. 그는 인간 역시 삼위일체적으로 본다. "존재와 앎 그리고 의지함"이 그것이다.

아우구스티누스가 이해한 시간과 영원 그리고 창조에 관한 그의 이론들은 신앙 고백적이며 성경적이다. 그러나 시간과 영원을 너무 내면화한 면이 있다. 이러한 해석은 신앙인의 세계에서는 가능할 것이다. 하지만 비신앙인의 세계에서 이것을 어떻게 받아들여야 할 것인가 하는 문제가 남게 된다.

그에게서 볼 수 있는 하나님의 주권사상은 종교개혁자들에게로 이어져 은총과 예정의 교리를 더욱 견고하게 해준 듯하다. 동시에 그리스도를 통해 오신 영원이 시간 안에 오시는 부분은 현재적인 현재를 강조하며 보게 하는 다른 길을 열어 주었다고도 볼 수 있다. 영원이 시간 안으로 들어오려면 어떻게 해야 할 것인가라는 물음에 대해 답을 해야 한다. 몰트만은 이것을 자기축소(Selbstverschrängkung)라 한다.

영혼의 팽창은 몰트만에게서 볼 수 있는 "오시는 하나님"(Der kommende Gott)의 개념을 구체화하지 않았는가라는 의문을 제기할 수 있다. 이렇게 볼 때 시간과 영원의 개념은 대립 개념이 아니라 상호보충 개념이며 시간은 영원 안에서 의미를 찾으며 영원은 비존재인 시간을 시간 되게 하는 다른 존재의 시간임을 알게 된다.

아우구스티누스의 시간과 영원의 개념은 개인적으로는 존재론적이며 심리적인 면이 있으나, 당시의 이방적인 사상에 대한 성경적이며 호교론적이며 신앙고백적인 기독교의 사상이기에 연구할 만한 가치가 있다고 생각한다.

제12장

아우구스티누스와 헤겔의 역사관

역사란 인간에 의하여 이루어진 모든 것을 다 포함하는 것을 의미한다. 역사에 관한 질문은 곧 인간에 관한 질문이며 기독교적으로 보면 역사 속에서 드러나는 하나님에 관한 모든 질문이기도 하다. 기독교의 하나님은 역사 속에서 구체적으로 활동하시는 하나님이시다. 천지 창조와 아브라함의 선택으로부터 시작된 하나님의 계시와 언약은 출애굽을 거쳐 성육신의 사건에서 그 절정을 이룬다. 창조주 하나님은 고대의 종교와 신화 속에 등장하는 신들과는 달리 피조물과 긴밀한 관계를 맺으시며 피조물의 구원과 회복을 위해 행동하시는 분이시다.

　역사에는 사건의 기술(記述)로서의 주관적인 역사(Historie)와 객관적인 사건 그 자체로서의 역사(Geschichte)가 있다.[1) 전자는 찾아서 얻는 탐구한 지식과 연구하여 기술된 역사이며 후자는 행위된 사건으로서의 역사이다. 역사학자들 가운데 카(E. H. Carr)나 크로체(B. Crose) 같은 사람들은 역사를 "역사가가 현재적인 관심을 가지고 과거의 사실들을 살피는 것"이라고 정의함으로써

---

1) 박성수, 『역사학개론』(서울: 삼영사, 1982), 13쪽 이하.

역사가의 해석이 곧 역사라는 전자의 입장을 취한다.

역사를 사건 자체와 기술(記述)로서 이중적인 파악을 한 최초의 사람이 헤겔(G. W. F. Hegel, 1770-1831)이다. 역사는 객관적인 면과 주관적인 면이 있어서 '사건'(Das Geschehen)인 동시에 '사건의 기록'(Geschichtsbesch- reibung)이 된다는 것이다. 헤겔에게서 역사는 모든 대립이 현실적으로 해소된다. 자연과 정신, 존재와 의의, 주관과 객관, 개체와 전체, 자유와 필연 등의 이원론적인 대립이 하나로 통일된다. 우리가 주의 깊게 볼 것은 그의 사변적 역사 고찰인 철학적 역사이다.

기독교의 역사는 성경에 근거하여 하나님 안에서 이루어진 사건 그 자체로서의 역사를 신앙적으로 해석하는 것이다. 이것은 역사에 대한 신앙적인 인식이며 역사신학으로 발전하게 된다. 아우구스티누스는 역사신학적인 이해를 추구한 최초의 사람이라 할 수 있다. 서양철학은 플라톤에 대한 각주라고 한다면 서양 기독교의 역사 이해는 아우구스티누스의 영향 아래 있다고 해도 과언이 아니다. 기독교는 역사 이해에 있어서 지금도 아우구스티누스에 대한 찬/반 양론으로 나뉘는데 역사의 흐름을 바르게 인식함으로써 현실 속에서 신앙적인 결단을 내리는 것이 필요하다.

헤겔 이후 많은 역사학자들이 사변적인 역사철학을 전개하여 역사의 궁극적인 의의를 추구하고 있다. 사변적인 역사 이해는 역사 전체의 흐름을 파악하고 합리론적으로 역사 안에서 새로운 의의를 발견하려 하고 있다. 헤겔의『역사철학강의』(Vorlesung über die Philosophie der Geschichte)는 그의 대표적인 작품이다. 이에 반해 역사를 초월하는 신앙을 통해서만 역사의 의미를 발견한다는 아우구스티누스적인 해석이 인간 이성의 한계에 따른 역사 해석에 새로운 전기를 제공한다. 그의 역사 이해를 이해하려면『하나님의 도성에 관하여』(De civitate Dei)와『참회록』(Confessiones)을 주의 깊게 읽기를 권한다.

1. 아우구스티누스 이전의 역사관

역사에 대한 역사로서의 연구는 국가가 안정되고 정치적인 체제를 갖추게 되었을 때부터이다. 그 이전의 역사는 신화의 형태로 되어 있었다. 신화의 주제도 신들의 계보나 우주의 발생, 자연의 여러 현상과 힘을 신격화한 것들이다. 신화 이후에는 역사의 기술이 시 혹은 운문이나 산문의 형태를 띠게 되었다. 중요한 사건이나 위대한 사람들의 업적이 시적인 설명의 형태로 전해졌다. 호머의 서사시나『니벨룽겐의 노래』가 이와 같은 것들이다.

1) 고대 그리스와 헬레니즘의 역사 이해

고대 그리스와 헬레니즘 시대의 역사는 순환론적이다. 고대의 철학자들은 우주는 경계를 가진 실체로서 시간을 중심축으로 하는 동일한 궤도를 순환하는 수레바퀴와 같다고 하였다. 이들은 역사를 자연과 천체의 규칙적인 운행에 의해서 생각해 냈으며, 계절의 순환은 역사도 순환한다는 사고를 갖게 하였다. 이들은 자연을 통해 역사를 보았고 세계를 생성과 소멸의 순환으로 이해하였다. 여기에는 출발이나 끝이 없이 무한히 계속되는 반복만이 있을 뿐이다. 역사에는 완성이 없다. 영원히 재현되며 그 자체로 되돌아올 뿐이다. 역사적 현상은 새로운 것이 아닌 과거 사건의 반복이며 미래란 과거의 재등장에 불과하다.

중국에서는 왕조와 문명을 중심으로 한 순환론이 있었으며 인도에는 전우주적인 순환론이 있어서 이것들이 고대 그리스의 사상에 영향을 준 것으로 생각된다. "새것은 없다. 전에도 없었고 후에도 없을 것이다. 모든 것은 다시 오기 위해 없어진다. 나에게는 새것이 없다." 세네카가 인용한 바빌로니아의 글에 나오는 말이다.

순환론적 역사 이해는 이 세상에 존재하는 것에 실제적인 의미를 부여하

지 못한다. 인간의 구원은 무의미한 반복의 틀에서 벗어나는 것이다. 여기에
서 인간은 운명론에 빠지며 비관적인 역사관이 될 수 있다. 인간이 할 수 있는
최선책은 인내심을 가지고 참아내는 것이다.

그리스인들은 보편적인 것과 본질적인 것 그리고 영원한 것에 대해서는
관심을 두고 탐구하였으나, 역사에 대해서는 개별적이고 특수한 것이라는 판
단하에 중요하게 생각하지 않았다. 투키디데스(Thucydides)도 역사를 교훈적
인 것으로 이해하여, 인간을 더욱 지혜롭게 해주고 도덕적으로 고양시켜 줄
목적으로 역사를 기술하였다. 이들의 관심은 현재이며 과거는 현재의 평면적
인 연장이라 하였다. 이들은 역사를 거시적인 차원에서 이해하지 못했으며 역
사를 우주적으로 보려 했던 페르시아나 인도 그리고 히브리적인 사고가 없었
다. 어떠한 원칙에 따라서 역사를 통전적으로 보려는 능력이 없었다는 말이
다. 이들의 역사 이해는 자연과학적이다. 역사를 미래를 위한 인간의 책임의
영역으로 간주하지 않았다. 이들의 역사 이해는 역사의 동인은 불변하는 실체
이며 인간의 행동은 우연한 것이라는 실체주의(substantialism)이다. 이는 인간
자신이 역사성을 갖지 못한다는 것을 반증해 준다.

2) 히브리인과 초대교회의 역사 이해

구약시대 히브리인들이 이해한 역사란 하나님의 창조와 타락으로부터 시작
하여 역사 안에서 역사를 넘어서는 구원적이며 종말적인 종점에 이르는 활동
과 방향을 갖는 일직선적인 것이었다. 고난의 시대 이후에 메시아의 도래와
함께 축복의 시대가 올 것이라는 묵시적 역사이며 소망의 종말론이다.

이들의 역사를 담고 있는 책은 구약성경이다. 성경은 단순한 사건의 나열
이 아니라 사건의 의미에 관심을 둔다. 사건들에 부여된 의미는 하나님으로부
터 온 것이다. 이스라엘의 역사는 희랍의 자연과학적인 것이 아니고 역사 속

에 작용하는 무한한 힘도 아니며, 역사의 창조자요 섭리자이신 하나님께서 역사를 목표를 향해 이끌어 가시는 하나님의 의도와 계획에 있다.[2] 이스라엘 백성들은 이러한 경험을 하나님과의 관계에서 신앙적으로 해석하여 그 의미를 발견해 냈다.

이들은 백성들로 하여금 과거의 하나님의 행하심과 역사를 기억하게 함으로써 미래에 대한 책임적인 존재가 되게 하였다. 역사 편찬은 곧 설교였으며 과거를 회고한다는 것은 현재를 경고하기 위해 과거를 비판적으로 검토하는 것이다. 여기에서 우리가 볼 수 있는 것은 창조와 계약사상 그리고 심판이라는 요소들이다. 이러한 구약시대의 전통을 초대교회 교인들이 이어 받았다.

구약에서의 창조는 신약에서 새로운 창조(새로운 피조물, 새 하늘과 새 땅)로, 계약사상은 새 계명(요 13:34)과 새 언약(마 26:28)으로 그리고 심판은 종말적인 심판으로 연결된다. 여기에는 약속과 성취라는 구조가 내재되어 있다. 구원사의 분기점은 더 이상 미래에 있지 않고 실현된 그리스도의 성육신에 있다. 하나님의 구속역사는 메시아에 대한 약속과 성취와 종말로서 완성되고, 하나님의 나라가 이루어진다. 그리스도를 중심으로 볼 때 새로운 역사 이해가 생기며 그의 안에서 인류 역사의 의미와 방향과 목적을 발견하게 된다. 그러므로 그리스도의 역사 이해는 신앙에 관한 것이다.

그리스도의 성육신을 중심으로 하나님의 구속역사가 완결된다고 볼 때 헬라의 이원론을 극복하게 되며 "예수 그리스도는 참 사람과 참 하나님"(vere Deus vere Homo)임을 고백한 칼케돈 신조가 교부들의 역사 이해의 표준이 되었다. "거룩한 교부들을 따라 우리는 한 분이시오 동일하신 우리 주 예수 그리스도를 고백하며 모두가 일치하여 가르치는 바는 그 동일하신 분은 신성에 있어서 완전하시며, 동일하신 분이 인성에 있어서 완전하시며, 참으로 하나님이시며 동시에 참으로 사람이시며, 동일하신 분이 이성 있는 영혼과 육신으로

---

2) 참조: R. Bultmann, *History and Eschatology* (Edinburg: The University Press, 1957), p.18.

되시느니라."[3])

교부시대로 오면서 교회는 교회 역사를 세계사의 틀 속에서 이해하였다. 고대 그리스인이나 로마인들은 세계사의 개념을 정립하지 못하고 그들의 시대나 국가에 한정된 역사를 생각하였다. 하지만 교부시대에 신은 새로운 개념으로 정립된다. 이 시대에는 세계를 창조하시고 인류의 시조인 아담을 만드시고 예수 그리스도를 통하여 온 인류를 구원하신다는 보편적이고 전 인류적인, 나아가 우주적인 세계관을 갖게 되었다. 역사를 보편사로 보면서 교회 역사를 세계사 틀에서 보려는 노력은 아프리카누스(Sextus Julius Africanus)와 에우세비우스(Eusebius of Caesarea)에 의해서이다.

전자는 연대기 표(Chronographia)를 통해 이스라엘과 이교세계를 비교하였으며 후자는 연대기에서 예수 그리스도를 중심으로 이전의 역사를 복음의 준비로 여겼다. 아프리카누스는 아브라함의 출생에서 콘스탄틴 대제 12년(329)까지 역사를 다섯 개로 구분하여 비교 서술하였다. 제2권에서는 교회사와 이교도의 역사를 배열하여 교회사를 세계사의 틀에서 보게 하였다. 에우세비우스가 교회사를 쓴 이유는 밀라노 칙령에 의해 교회사의 새로운 시대가 왔다는 것을 알리려는 의도였으며 동시에 기독교를 변증해 보려던 목적에서였다.

그는 궁중 사가로서 문헌과 자료의 수집을 자유로이 할 수 있었다. 그의 역사 서술은 비판적인 태도를 지니고 있었으며 이적과 기사에 대해서는 회의적이었다.

---

3) 한철하, 『고대기독교사상』(서울: 대한기독교서회, 1970), 239쪽. 칼케돈 회의는 451년 10월 8일에 모였다. 이 회의에서 그리스도의 두 인격성에 관심을 가진 안디옥 학파의 네스토리우스주의와 두 인격의 결합으로 이해하는 일성론을 주장하던 유티케스주의를 배격하였다. 네스토리우스는 성육신된 그리스도 안에 두 인격이 있다고 하였다. 그리스도의 인성과 신성을 혼합해서는 안 된다는 것이다. 그는 인간 마리아에게서 난 것은 인간이지 신이 아니라 주장했다. 또한 그리스도의 인간적인 본성과 로고스와의 융합을 반대하였다. 이는 모두 그리스도의 한 인격, 참 하나님과 참 사람에 어긋나는 사상이다.

2. 아우구스티누스의 역사 이해

고대 그리스인들은 우주는 시간이라는 것을 축으로 하여 동일한 궤도를 순환하는 수레바퀴라고 이해하였다. 우주는 하나의 경계를 가진 것으로서 순환적, 자연적인 역사를 갖는다고 보았다. 이들은 자연과 천체의 규칙적인 운행에서 역사를 보았으며 계절의 순환을 통해 역사도 순환한다고 생각하였다. 그러므로 이들에게 역사는 완성이 없고 영원히 재연되며, 제자리로 돌아온다고 믿었다.

그러나 히브리인들은 그들이 믿는 창조신앙을 통해 역사란 하나님으로부터 시작되었고 하나님이 주관하시기 때문에 인간의 타락과 역사 속에서도 종국에는 하나님의 구원이 있다고 이해하였다. 시작과 끝을 가진 일직선적인 역사관이다. 이러한 역사관을 초대교회가 받아들였다.

아우구스티누스의 역사 이해에서 중요한 출발점은 시간에 대한 이해이다. 그는 시간을 심리학적, 실존론적, 존재론적 그리고 역사적으로 다루었다. 그의 시간 이해는 창조론과 함께 시작한다. 창조는 시작을 의미하며 흐름이라는 시간의 개념이 창조와 함께 가능하기 때문이다. 그의 창조관은 형성설(Formation Theory)이나 유출설(Emanation Theory)과는 달리 "무에서의 창조"(Creatio ex nihilo)이다.

아우구스티누스가 이해한 창조는 하나님의 의지의 행위이며 존재의 질서 속에서 시작을 갖는다. 그가 이해한 창조는 두 단계가 있다. 절대 무로부터(de omnio nihilo)의 창조인 질료의 창조와 형상이 없는 질료로부터(de informi materia)의 창조인 세계의 창조이다. 그러나 두 창조의 사건은 동시적이며 무시간적이다. 그것은 단지 논리적으로만 구분된다. 여기에서 말하는 질료란 무엇인가? 무로부터 창조된 것으로 절대 무와는 다르며 형상화될 가능성이 있는 것으로, 거의 무에 가까운 것이다. 질료는 시간과 공간 속에 있는 것이 아니므로 선한 것이다. 세상이 창조되기 이전에는 시간의 흐름이 없었으며 영원하신 삼위일체의 하나님만이 존재한다고 보았다. 아우구스티누스가 이렇게 주장한 이유는 그 당시에 유행하던 철학사상인 세상은 영원하고 무한하다는 유출설을 반박하려던 것이었다.

아우구스티누스의 역사 이해에서 중요한 저서는 『하나님의 나라에 관하여』(De Civitate Dei)이다. 이 책은 '하나님의 도성', '신국', '신국론' 등으로 번역되어 있다. 14년간에 걸쳐 완성한 대작이다.[4] 그의 책 서문은 누가복음과 체계가 같다.[5] "내 사랑하는 아들 마르켈리누스여, 그대가 제안하였고 내가 그렇게 하겠다고 약속한 이 작업의 주제는 영광스러운 하나님의 도성이네. 나는 그 도성을 건립한 분보다 자기들의 신을 더 좋아하는 자들에 대항하여 쏜살같은 시간 속에서 믿음으로 살아가며(합 2:4, 롬 1:17, 히 10:38) ⋯ 인내심을 가지고 판단이 의로 돌아갈(시 94:15) 때까지 기다리고 있는 ⋯ 영광스러운 도성이네"[6]

아우구스티누스가 『신국론』을 저술한 의도는 고트족의 약탈과 침략에 대한 이교도들의 기독교를 향한 책임전가를 변호하려는 의도였음이 분명하다. 나아가서 그는 로마의 국운이 흔들리는 역사의 대격동기에 인류 사회의 미래와 운명에 관한 깊은 통찰력을 가지고 로마제국의 운명을 기독교 신앙적으로

---

4) 이 책의 저술 동기는 매우 변증적이며 기독교에 대해 호교론적이다. 410년 8월 24일 야음을 틈타 알라릭(Alaric)이 거느린 고트족이 로마에 침입, 약탈과 만행을 저질렀다. 로마는 다니엘서에 예언된 4개의 왕국 가운데 마지막 왕국이었기 때문에 영원한 나라로 간주된 상황에서 고트족의 침공은 엄청난 충격을 주었다. 기독교인들은 이 사건을 종말의 전조라 보았으나 이교도들은 로마를 지키는 여러 신들을 배반한 기독교인들의 책임으로 돌렸다. 이에 히포의 집정관인 마르켈리누스의 요청에 의해 전 22권으로 된 이 책을 펴내게 된다. 413년에 저술을 시작하여 414에 1-3권, 415에 4권, 416에 6-11권, 420까지 12-14권, 426에 16-22권을 완성하였다. 아우구스티누스는 97개의 단행본과 220개가 넘는 서신을 남겼다.

5) 아우구스티누스의 『신국론』이 누가복음적인 체계를 갖는다는 것은 필자가 하는 이야기이다. 누가복음의 편집의도가 데오빌로 각하에게 보내는 데에 있다면 이 책은 마르켈리누스의 요청에 의해 쓰여 진 것이기 때문이다.

6) 성 아우구스티누스, 『하나님의 도성』, 조호연 역 (서울: 크리스챤 다이제스트, 1994), 65쪽. 참조: 아우구스티누스, 『신국/고백』, 윤성범 역 (서울: 을유문화사, 1968), 39쪽.

재해석하였다. 이 책은 총 5부 22권으로 나누인다. 전반부인 1-2부 1권에서 10권까지는 변증이며 나머지 3부에서 5부까지 후반부인 11권에서 22권까지는 성경의 진리로부터 시작하여 창조와 시간, 선과 악의 문제, 두 도성의 기원 그리고 부활과 기적 등 기독교 전반을 해설한 것이다.[7] 성경을 근거로 인간의 역사에 대한 관념적인 사색과 종합적인 탐구를 했다는 점에서 의미가 있다. 기독교적 역사신학이다.

아우구스티누스는 전반부에서 3개의 물음을 다룬다. 로마의 멸망에 대해 기독교의 책임이 있는가? 로마가 부흥하게 된 것은 어떠한 영적인 힘에 의해서인가? 기독교에 반대하는 이교도들의 타당성은 있는가? 등이다.[8] 그는 로마의 몰락을 기독교 때문이라기보다는 로마 자체의 부도덕성과 부패 때문이라고 여겼다.

아우구스티누스는 "로마는 이제 더 이상 국가가 아니다"라는 장을 할애하여 국가의 기본 요건을 '단결'로 정의한 후 '정의'가 없는 국가의 허구성을 지적한다. 그는 이것이 마치 음악에서 조화를 잃어버린 것과 같다고 하였다. "우리가 로마를 가증하고 극악하다고 부른 사람들에게 묻지 않는다 해도… 극도로 가증하고 극악하게 되었을 뿐 아니라….[9] 로마가 카르타고를 점령한 후 적대국이 없어지자 단결을 잃어버렸으며 이교도들의 부도덕과 음란성에 의해 멸망이 자초된 것을 말한 것이다. 아우구스티누스를 역사철학의 아버지로 부르는 것은 『신국론』이 단지 기독교에 대한 변증에 그치지 않고 이렇게 새로운 역사의 전망과 이해를 제시하기 때문이다.

---

7) 『하나님의 도성 I』, 17쪽 이하. 아우구스티누스의 『하나님의 도성』을 주제별로 어떻게 분류할 것인가라는 질문에 대해 그가 만년에 그의 친구 피르무스에게 보낸 편지 가운데 설명되어 있다. 이 편지는 벨기에의 마레드수스 수도원의 베네딕트과 학자인 돔 람보트(Dom C. Lambot)에 의해 발견되어 베네딕트 연감(Revue Benedictine, Vol. LI nos 2-3, 1939)에 발표되었다.

8) 로이 배튼하우스, 『아우구스티누스 연구 핸드북』, 현재규 옮김 (서울: 크리스챤 다이제스트, 1994), 314쪽.

9) 아우구스티누스, 『신국』, 137쪽.

후반부 11권-14권은 순례의 도상에 있는 하나님 나라와 지상의 나라의 기원을 말한다. 15권-18권은 구약성경을 근거로 한 두 나라의 역사를 설명한다. 이 속에 구속역사가 포함되어 있다. 19권-22권까지는 두 나라의 종말을 말한다. 지상의 나라가 당할 형벌과 하나님 나라의 마지막 승리이다.

1) 하나님의 나라와 지상의 나라

아우구스티누스의 역사 이해는 인간 이해로부터 시작한다. 영적이고 도덕적인 인간을 전제로 하는 그의 인간 이해는 선과 악의 문제를 중요한 주제로 대두시킨다. 하나님의 나라와 지상의 나라의 대립 개념이 바로 선과 악이다. 하나님의 나라는 하나님의 사랑(amor Dei)으로, 지상의 나라는 자기사랑(amor sui)으로 이룩된 나라이다. 전자의 특성은 사랑(caritas)으로 후자는 탐욕(cupiditas)으로 규정할 수 있다.

하나님의 나라와 지상의 나라의 실체는 무엇인가? 교회와 세상으로 보는 견해와 하나님과 사탄의 초월적인 실체로, 그리고 도래할 하나님의 나라와 이 세계로 보는 경우가 있으나 모두 시간과 역사적인 의미를 갖는 것이 아니므로 적합하지 못하다.

하나님의 나라는 예수 그리스도를 믿어 하나님을 사랑하게 된 성도들의 마음과 삶 속에서 실재한다고 보는 것이 좋을 듯하다(눅 17:21). 성도들의 순례자적인 삶을 통해 이 세상 속에서 종말의 완성을 향하고 있는 그 나라이다. 지상의 나라는 의지에 있어서 새로워지지 못한 사람들과 타락한 천사들을 포함하는 나라이다. 하나님의 나라가 갖는 신앙 고백적이며 종말론적인 모습을 그에게서 보게 된다. 아우구스티누스에게 하나님의 나라는 하나님의 통치개념으로서의 나라이다. 하나님의 통치는 하나님의 사랑이 실현되고 하나님의 공의가 세워지는 나라이다. 지상의 나라는 미움이 지배하고 불의가 횡행하는 타락한 나라이다. 아우구스티누스가 본 지상의 나라는 당시의 로마를 포함한 이교도적인 나라들을 지칭하는 것이다.

두 도성으로 표현된 하나님의 나라와 지상의 나라는 종말에 이르기까지 긴장과 대립을 하면서 진행되며 이러한 과정에서 역사의 의미가 드러난다고 한다. 이러한 상태를 그는 교회 안에 있는 세계와 세계 안에 있는 하나님의 나라라고 한다. "이 세대 내에 두 나라가 서로 엇바뀌어 끼어 있고 서로가 엉키어 있어서 마지막 심판 때에나 갈라질 것이다."[10] 역사란 인간이 엉키어 있는 두 나라에서 살면서 신의 계획 안에서 그의 뜻을 발견하려는 자유와 책임에서 나오는 산물이다.

2) 역사의 전개와 종말

아우구스티누스는 천지 창조가 6일 동안에 이루어졌다는 기록에 따라 인류의 역사과정을 여섯 기로 나눈다. 각 시대의 구분은 다음과 같다. 제1기: 유아기 ― 아담에서 노아까지, 제2기: 유년기 ― 노아에서 아브라함, 제3기: 소년기 ― 아브라함에서 다윗, 제4기: 청년기 ― 다윗에서 바벨론 포로까지, 제 5기: 장년기 ― 바벨론 포로에서 그리스도의 탄생까지, 제6기: 노년기 ― 그리스도의 탄생에서 최후의 심판까지이다.

각 시대는 약 1000년이며 교회를 통한 그리스도의 현 통치 시기는 제6기에 이르렀다고 한다. 그가 성경의 구속사를 이방인들의 역사와 함께 비교 서술하면서 성경의 역사를 세계사와 함께 서술하려 함을 엿볼 수 있다. 로마를 지상의 나라로 비유하는 것이 그 대표적인 예이다.

제6기는 말세로서의 교회의 시기로 규정되어 있다. 그러나 언제 끝이 날지는 아무도 모른다. 최후심판으로 끝나게 되는 제7기는 안식의 날이며 그 이

---

10) 아우구스티누스, 『신국』, 7쪽.

후에 영원한 평화가 있는 주님의 날이 온다고 한다. "그때에 우리는 잠잠히 볼 것이며, 보고 사랑하며, 사랑하고 찬양할 것이다. 그것은 그때의 일로서 저 끝에서 일어날 것이다."11)

아우구스티누스는 영원한 평화가 있는 상태를 관조(觀照)의 상태로 표현하고 있다. 이것은 페리호레시스(περιχώρησις)라고 하는데 "서로가 서로를 있는 그대로 모두 아는 상태"를 뜻한다. "우리들 각자는 영으로 우리 각 사람 안에서 그분을 보고, 일자는 타자 안에서, 각인은 자기 자신 안에서 그 분을 보고, 새 하늘과 새 땅 안에서 그리고 그때 있을 모든 피조물 안에서 그분을 볼 것이며 영체의 눈이 시선을 어디로 보내든지 모든 육체 안에서 육신을 매개로 하여 그분을 볼 것이다. … 그때에 우리는 잠잠히 볼 것이며 보고 사랑하며, 사랑하고 찬양할 것이다."12)

창조의 시기에 하나님과 인간, 인간과 피조물 그리고 피조물과 하나님의 관계는 관조의 상태였음을 알 수 있다. 아담의 범죄는 이러한 것을 말살시켰다고 볼 수 있다. 이러한 상태의 회복은 예수의 재림과 함께 오는 새 하늘과 새 땅 안에서이다.

아우구스티누스는 선택된 백성들이 영원한 행복 속에서 누릴 완전한 신의 도성을 수립하려는 것이었다. 즉 가변적인 존재로서 항상 변하는 피조물인 인간이 안정과 평화를 누리기 위해서는 존재의 근원이시며 영원자이신 하나님께 안주할 때 궁극적인 지고선(summum bonum)을 이룰 수 있다는 것이다. 그가 말하는 신의 도성의 평화는 하나님을 기뻐하고 하나님 안에서 서로 기뻐하는 교제이며 질서와 조화이다. 아우구스티누스의 이러한 창조와 종말의 기대사상은 독일의 남부 슈바벤의 경건운동(schwäbischer Pietismus)에서 받아들여져 '천년왕국'으로 이루어지는 것을 보게 된다. 대표적인 신학자들이 벵엘(J.

---

11) 아우구스티누스, 『신국』, 208쪽 이하.
12) 아우구스티누스, 『신국』, 208쪽.

A. Bengel)과 외팅어(F. C. Oetinger) 그리고 요한 토비아스 베크(J. T. Beck)이다.

3. 헤겔의 역사관

헤겔의 역사관은 이성이 세계를 지배하고 역사는 시간에 있어서 정신의 변증법적 자기전개의 과정을 갖는다는 것이다. 서구사회는 중세에서 근대로 오면서 역사의 무대에서 인간이 중요한 역할을 하는 것을 인식하게 되었다. 그리하여 인간이 이성을 사용하는 한 인류는 진보한다는 낙관주의가 지배하게 되었다. 역사가 인간 소외와 투쟁의 역사로 전개되어 갈 때 역사의 심연 속에 어떤 절대의지가 숨겨져 있음을 발견하게 되었다. 이것이 인간의 정신인 이성이다. 이성이 세계를 지배하여 역사가 이성적으로 지배되고 진행되어 왔다는 논리를 전개하게 되었다. 여기에서 역사는 사건인 동시에 역사의 서술이다.

헤겔은 이러한 역사에 대한 전제를 가지고 영웅주의적인 사관을 세운다. "말에 올라 세계를 넘나보면서 이를 송두리째 지배하고자 오직 한 가지 일에만 몰두하고 있는 개인 나폴레옹을 바라보면서 그는 새로운 역사관을 가지게 되었다." 개인의 삶에는 개인이나 국가, 민족뿐 아니라 세계사적 목적을 수행하기 위한 것이 있음을 알게 된 것이다. 이렇게 볼 때 기독교인에게는 하나님의 일을 한다는 예언자적인 의식이 필요하다.

영웅은 시대의 요구와 추세에 관한 통찰력을 가진 실천적 사상가를 말하며 그들의 삶은 고독하고 심지어 불행하기까지 하다. 세계 역사의 시대정신(Zeitgeist, Timeghost)은 이들의 불운하고 악전고투로 연결된 생명을 이용하여 자신을 역사 속에 나타낸다. 시대정신은 자신들의 목적을 달성하여 냈을 때 마치 씨를 낸 후에 풀을 말려 버리듯이 그 영웅들을 제거하여 버린다. 예를 들면 알렉산더(Alexander)나 카이사르(Caesar), 나폴레옹(Napoleon), 히틀러(Hitler)

등이다. 한국에서는 박정희와 김대중 등을 들 수 있다. 이들의 명예심과 정복욕은 세계사의 시대정신이나 세계이성에 의해 이용당하였으며 세계이성은 그 자신의 목적을 달성하기 위하여 그의 하수인인 영웅들을 충동질하였다. 이것을 헤겔은 이성의 간계(奸計)라 한다. 그는 미래를 인간의 인식 밖에 있는 것으로 이해하였다. 헤겔의 역사관은 과거사적 현실주의 역사관이다.

1) 역사의 주체(이성과 정신)

헤겔에 있어서 역사의 주체는 이성(Vernunft, reason)이다. 이성이 세계를 지배하므로 세계는 합리적으로 발전한다. 역사는 시간적인 척도 위에서 전개되는 이론적 과정이다. 역사적 발전은 우연적이 아니라 필연적이다. 자연에도 불변의 법칙이 있듯이 역사에도 움직이는 법칙이 있다. 과학자가 관찰을 통해 자연 속의 이성을 찾는다면 역사가는 역사 속에서 이성을 찾는 것이 그의 임무이다(reason in history). 자연과 역사는 어떻게 다른가? 자연은 자연적 주기를 갖는다. 그 주기는 순환적이며 반복적이나 역사는 순환과 진보, 그리고 발전을 하는 나선형적 운동을 한다. 반복적으로 보이나 새로운 것을 획득해 감으로써 과거의 것과 전혀 다른 새로운 것이 되어 간다.

역사는 이성의 간계(the cunning of the reason)에 의해 움직인다. 역사는 궁극적으로 절대이성이 지배하지만 역사의 현실에는 격정과 광란, 이기적인 목적과 욕망만이 보일 뿐이다. 역사는 개인이나 집단, 민족의 삶이 살육당하는 도살대(屠殺臺)이기도 하다. 그러면 이성은 왜 간계에 의해 움직이는가? 속임수를 쓰기 때문이다. 인간의 이성은 세계사의 실현을 위해 세계사 속에 작용할 때 인간의 열정, 천재적인 두뇌 그리고 활동의 전반적인 것을 다 사용한다. 이성은 자기발전을 위해 하수인이 필요하다. 이에는 ① 인간의 격정이나 열정(Leidenschaft), ② 국가의 법, 예술, 도덕, 종교, 과학, ③ 이념(Ideologie) ④ 세계사적 개인인 영웅, 시대의 요구와 추세에 민감한 통찰력을 가진 혼의 지배자(알렉산더, 카이사르, 나폴레옹, 히틀러), ⑤ 이와 비슷한 사고를 가진 개인들(독재자, 나 자신) 등이다. 이러한 힘을 헤겔은 세계정신 또는 절대정신으로 이해를 하였다.

세계 역사는 절대정신의 자기실현 과정이며 철학의 역사는 그 절대정신의 자기인식 과정이라고 할 수 있다. 헤겔의 역사철학은 이러한 사회과학의 원칙을 제공하여 주었다. 역사는 개인의지의 충돌로부터 최후의 결과가 나오는 방법으로 이루어진다. 헤겔은 서로 뒤얽힌 무수한 힘들 가운데에서 하나의 합성력이 역사적인 결실로 나온다고 보았다. "세속성(Weltlichkeit)은 존재(Dasein) 안에 있는 정신의 나라이고, 현실 존재(Existenz)로 진전한 의지의 나라이다."13)

2) 세계사의 진행과정

자유를 마음껏 향유해도 사회의 질서가 파괴되지 않고 국가가 아무리 통제해도 개인의 자유가 침해되지 않는 자유의 단계에 도달하였을 때 세계의 절대정신이 실현된 완전자유의 상태가 된다. 이렇게 세계는 완전성에로의 충동을 받으며 하나의 대립개념을 갖는 긴장관계 속에서 변증법적으로 발전한다. 헤겔은 독일 민족주의자로서 자신이 제시한 완전자유 상태에 있는 나라로 프로이센 국가를 지칭한다. 개인의 자유는 인간의 이성적 활동에 의해 추구할 수 있고 국가의 통제는 기독교 신앙을 통해 극복해 낼 수 있다는 신념 속에 들어 있게 된 것이다. 이는 자신이 속해 있던 시대를 종말론적으로 보던 이성적 예언자사관이며 일종의 낙관론적 종말론이다.

인간의 정신은 자기 앞에 펼쳐져 있는 역사적 상황(正)에 만족(an sich)하지 않고 그것이 아닌 새로운 것(反)을 추구(für sich)하나 결과는 어쩔 수 없이 먼저

---

13) 헤겔, 『역사철학 강의II』, 김종호 역 (서울: 삼성출판사, 1982), 299쪽.

있던 것을 포함하는 새로운 것(合)을 얻게 된다(an und für sich)는 것이다. 이러한 정, 반, 합의 반복 과정이 세계사의 발전 원리가 된다. 이것을 그림으로 표시하면 다음과 같다.

정(正)   반(反)   합(合)

방향과 힘을 가진 정(正)이라는 벡터와 똑같은 반(反)의 벡터를 정(正)의 초기에 주면 평행 사변형의 대각선에 해당하는 합성벡터를 얻게 된다. 이와 같이 정과 반으로 이루어지는 부분벡터의 합은 합(合)이라는 합성벡터로 산출된다. 이와 같이 역사의 움직임의 한 사건 사건은 무수한 부분벡터로 이루어진 하나의 합성벡터가 된다는 것이다. 합은 정에 의해서 시작되었으나 반에 의해 주도된 정과 반으로서의 합이다. 합 속에 들어 있는 정과 반의 크기에 따라 정적인 반, 혹은 반적인 정이 합이라고 여겨진다. 이것은 인간의 역사 변혁에 있어서 정신의 활동을 강조한 헤겔의 주장이다.

4. 아우구스티누스와 헤겔의 역사관 비교

아우구스티누스와 헤겔의 역사관을 비교하여 보면 전자는 매우 성경적이며 신 중심적으로 역사를 해석하는 신앙 고백적임을 알게 된다. 주관적 기독교 역사관이다. 그러나 후자는 역사를 객관화하여 인간 이성의 활동에 의해 이루어지는 객관적인 역사 해석이다. 절대정신이 신의 자리에 있기는 하지만 결국 그 역시 세계사의 이성이라는 이성의 범주에 속하게 된다. 절대이성 그리고 세계사의 이성은 무엇인가? 헤겔에게서는 그것은 초월적인 존재라기보다는 총체적인 인간 이성의 합이라고 보는 것이 더 타당하다.

	아우구스티누스	헤겔
주체	신 세계사의 이성	절대정신
목적	신의 의도와 계획, 섭리	세계사의 자유
과정	천상도시와 지상도시의 대립	정(구세력)과 반(신세력)의 대립
결과	선악이 없어지는 천상도시의 실현	정반합의 대립과 종합이 없어지는 절대정신
상태	시간이 영원 속에 몰입	절대자유의 실현

5. 아우구스티누스와 헤겔의 평가와 비판

역사철학이란 인류의 기원과 목적 그리고 의미를 추구하는 학문이다. 그러므로 역사 자체에 대한 근원적이며 포괄적인 인식이 필요하다. 아우구스티누스에게 있어서 역사는 창조와 종말이라는 구체적인 틀 안에서 일직선적이고 예정된 것으로 파악함으로써 일반 역사의 개별적 정(正), 반(反), 합(合)인 사실의 관찰과 이를 통해 얻어지는 새로운 일반 역사의 전개를 발견하기가 어렵다. 아우구스티누스의 역사철학은 시간 진행의 철학이며 역사를 단순히 지상적인 것만이 아니라 무시간적인 영원자 되신 신과의 관계를 가진 역사적인 사건들의 모든 과정으로 이해하였다. 로마라는 거대한 기독교 국가의 역사를 이스라엘 역사와 비교하여 특정화하면서 그 속에서 역사하시는 하나님의 뜻을 찾으려 하였다. 인류의 역사에 작용하는 절대적인 힘인 하나님의 섭리가 있다는 전제하에 그의 역사철학은 전개된다.

아우구스티누스의 역사관은 기독교 신앙에 근거하여 하나님의 나라를 봄으로써 인류의 역사가 어느 곳을 향해 가고 있는지 그리고 그 안에 살고 있는 우리는 어떻게 해야 하는지를 실존적이면서도 심리학적으로 그리고 윤리적으로까지 이해한 기독교적인 역사관이라고 말할 수 있다. 그의 역사철학은 하나님의 말씀이라는 성경의 권위에 절대적인 근거를 둔다.

여기에서 거론되는 하나의 물음은 하나님의 섭리와 경륜 속에 있는 인간의 역할이다. 모든 역사적인 사건이 하나님의 뜻 가운데에서 이루어진다고 볼 때 인간은 결국 운명론적인 존재에 불과한가? 아우구스티누스는 이러한 물음에 직면하여 인간이 갖는 자유의지를 하나님의 절대의지와 비교하면서 설명하였다. 인간은 하나님께서 주신 자유의지의 범위 안에서 참으로 자유하다는 것이다. 그 주된 이유로는 인간 스스로가 갖는 불안과 가변성과 비존재성 때문이다. 그가 거듭 강조하는 하나님 안에서만 참된 평안이 있다는 표현은 이것을 반증해 준다. 이 점이 아우구스티누스로부터 시작되는 역사신학에 남긴 큰 공헌이기도 하다.

한 가지 문제점은 장(場, field)의 문제이다. 성경을 근거로 한 유대교나 기독교적인 국가이던 이스라엘이나 로마에서는 아우구스티누스의 기독교적 역사신학이 타당성과 그 근거를 갖는다. 하나님의 뜻이라는 큰 차원에서 이들의 국가와 개인의 삶에 역사적인 의미를 부여하며 그 역사를 재해석해 낼 수 있다. 그러나 역사를 일반 역사로 이해하는 사람들에게 일직선적이며 유목적론적인 진보사관이 어떻게 적용될 수 있을까라는 물음을 남긴다.

헤겔은 이러한 문제에 어느 정도의 해답을 주었다. 그에게 이성은 세계를 지배하고 역사는 시간에 있어서 정신의 변증법적 자기 전개의 과정이다. 역사의 무대에서 인간이 중요한 역할을 하였으며 이성을 사용하는 한 인류는 진보 발전한다는 낙관주의적인 진보사관을 갖게 하였다.

이러한 낙관주의적인 사관은 19세기까지 계속되어 왔으며 인류는 유토피아의 건설에 대한 큰 기대와 꿈에 젖어 있었던 것은 사실이다. 그러나 세계 1, 2차 대전으로 이 꿈은 좌절되고 말았다. 인간의 역사는 이성을 사용한다 해도 개인이든 국가든 소외와 투쟁의 역사이다. 이러한 역사의 심연에는 어떠한 절대의지가 숨겨져 있음을 깨달은 사람이 헤겔이다.

헤겔은 이러한 절대의지를 절대이성(Der absolute Vernunft)으로, 절대정신 (Der absolute Geist)으로 보았다. 이 이성이 세계를 지배하여 역사는 이성적으로 지배되고 유지, 진행된다는 것이다. 그렇다면 절대의지는 누구의 것이며 그 주체는 누구인가?

여기에 대한 답은 없다. 그 주체를 하나님이라고 한다면 기독교가 말하는 인격적인 하나님을 전혀 다르게 이해한 결과가 나온다. 인간은 이러한 상황하에서는 단지 절대이성의 노예에 불과하며 희생당하는 운명론적인 존재에 불과하다. 아우구스티누스가 말한 자유의지도 여기에는 들어설 자리가 없다.

헤겔의 역사관에서 문제가 되는 것은 그의 종말론이다. 역사의 종말을 그는 서구사회 그리고 그가 속해 있던 프로이센이라고 보았다. 이는 또 하나의 독일 민족주의에 기초한 선민의식이다. 유대인들이 성경을 통해 자신들의 선민의식을 반증해 냈다면 헤겔은 자신이 발견하고 체계화시킨 역사관을 가지고 자유정신의 자유를 획득한 기독교 국가인 프로이센이 역사 발전의 최종 단계라는 결론을 낸 것이다. 헤겔의 역사관은 여기에서 큰 오류를 범하게 되었다. 그가 체계를 세운 과거적 현실주의 역사관이 미래를 제대로 예시하지 못한 것이다. 당시의 역사적인 상황으로 볼 때 세계는 봉건체제를 벗어나 인간의 개인적인 자유와 근대 민주국가의 형성으로 가던 전환기였음을 그가 간과한 듯하다.

헤겔은 과거의 역사를 변증법적으로 보면서 그곳에 역사하던 인간의 의지와 인간의 의지를 강하게 표현하던 영웅들 속에서 하나의 수학 공식 같은 절대이성을 발견하였다. 이들은 정(正)으로 표현되는 원대한 꿈을 가진 자들 이었다. 그 꿈을 이루기 위해 그들은 수단과 방법을 가리지 않았다. 그리고 목적이 이루어졌을 때는 다시 반(反)이 예외 없이 등장하였다.

정(正)과 반(反)은 역사의 발전과 전개과정에서 긴장과 투쟁을 갖게 되고 정과 반은 다시 합(合)이라는 새로운 정(正)을 이루어내고 다시 여기에 대항하는 반(反)이 등장하고 또 합(合)이 나오고 이러한 변증법적인 발전과정을 거치면서 역사가 전개된다는 것이다. 이러한 생각은 근대적 자유관에 큰 영향을 끼치었다.

모든 현실적인 것은 이성적이고 이성적인 것은 현실적이라 볼 때 비이성적인 것에 대해서는 어떻게 말할 수 있는가? 비이성적인 것을 비현실적이라고 할 때 이는 세상의 것을 너무 낙관적으로 본 것이 아닌가라는 질문이 생겨난다. 현실적인 것 속에는 이성적인 것도 있지만 역시 비이성적인 부분도 많이 존재한다. 그럼에도 불구하고 역사는 발전하는 것이며 이성의 간계에 의해 필연적으로 절대이성의 지배를 받는 사람들에 의해서 움직인다. 이러한 생각은 아우구스티누스가 말한 기독교적인 것과는 거리감이 너무나 크다. 헤겔의 역사 이해로 보면 예수는 "절대이성의 지배를 받던 하나의 인간"이라는 결론에 이른다. 예수를 "참 하나님이자 참 인간"(vere Deus vere Homo)으로 이해하는 기독교의 신앙 고백을 어떻게 받아들여야 할 것인가 하는 의문을 가져온다. 예수가 절대이성의 지배를 받으며 영웅주의적인 활동을 끝내고 이성의 간계에 의해 필경 죽음을 맞이했다면 하나님의 아들 예수에게서 보여지는 하나님의 사랑과 구원의 역사는 설 자리가 전혀 없다.

이상에서 본 바대로 아우구스티누스는 하나님의 뜻을 전제로 하는 신앙고백적인 역사신학을 전개하였다. 헤겔은 절대정신의 지배를 받는 이성에 의해서 전개되는 역사철학을 정립한 사람이다. 이들이 갖는 공통점은 역사라는 것이 개인의 의지와는 다른 초월적인 다른 힘이 있다고 인정한 점이다. 그러나 역사의 발전과 전개과정에 있어서는 전혀 다른 면이 있다. 그것은 기독교 신앙적이냐 아니냐라는 물음을 남긴다. 우리가 해야 할 일은 이것을 어떻게 우리의 상황에서 이해하며 조화할 수 있느냐 하는 것일 터이다.

제13장

계시

1. 계시와 진리의 연관성

'진리'라는 말의 희랍어 αληϵζ는 α(부정사) + ληϵζ(감추어진 것)의 합성어로서 '감추어져있지 않고 나타난 것'을 의미한다. 감추어진 실재의 본질이 나타난 것으로서, 이 실재의 면은 사물의 배후에 있다. 스토아학파에서도 이것은 로고스(λογος)라고 규정하여 어디에든지 현재하고 사물의 깊은 곳에서 찾을 수 있다고 생각하였다.

진리(αληθεια)라는 단어는 두 가지 뜻이 있다. 하나는 '발견'(discovery)이고 다른 하나는 '계시'(revelation)이다. 발견하기 위해서는 덮개(cover)를 벗겨야(dis) 한다. 이 말은 서구사회에서 하나의 과학용어로 사용되고 있다.

"계시" 역시 가려진 것(veil)이 제거됨으로써 그 배후에 있는 것이 나타나고 드러나게 되는 것이다. 이런 점에서 계시와 진리는 일맥상통하는 연관성을 갖는다.

2. 말씀으로서의 계시

1) 구약의 말씀(רבד, dabar)

구약에서의 말씀은 히브리어 '다바르'(רבד)의 번역어로, '전달의 수단인 말'을 지칭한다. 이는 왕의 명령, 연설, 약속 등을 말하는데 말하고 듣는 것이 아니라 행동을 포함하는 말, 즉 '행동하는 말', '말하는 행동'을 의미한다. 그것은 '살아 있는 말씀'으로서 그 자체에 행동하는 능력, 그 말한 바를 이루는 능력을 가진 하나님의 명령이다. 구체적인 예로 창세기 1장 2절의 "빛이 있으라"는 말씀에 빛이 되는 것을 들 수 있다.

구약에는 '하나님 말씀'이라는 구절이 약 400번 언급된다. 이는 예언자들을 통한 하나님의 자기계시를 보여 주는 것인데 모세의 오경인 토라(הרה, tora)는 다바르와 같이 사용되기도 했다(출 34:28, 신 4:13, 왕하 29:45). 이 토라는 모세를 통해 선포되었고 예언자들에 의해 재해석되었다.

2) 신약의 말씀(λογος, logos)

신약에서는 말씀이란 단어로 로고스(λογος)와 프뉴스(ρημς)를 사용한다. 이 말씀은 구약에서의 토라의 성취인 예수 그리스도이다. 그리스도는 예언자의 말씀과 같은 것이 아니라 그의 말과 교훈, 행실, 삶 자체라는 역사적 형태를 갖는 말씀 그 자체이다.

하나님은 구약에서 율법(토라)과 예언자들을 통해 언약하셨다. 그러나 새로운 은혜의 때에 그는 아들 안에서 인간에게 말씀하신다(히 1:1). 이 말씀은 생명의 말씀(요 1:1 이하)이며, 하나님 나라의 말씀(마 13:19), 구원의 말씀(행 13:26), 진리의 나라의 말씀(약 1:8)이다. 이 말씀은 사도들의 증언에 의해 역사적 종말과 장차 다시 오실 자로서 선포되는 예수 그리스도이다.

성경에서의 말씀은 인격적인 의미를 갖는 말과 행동 그 자체를 의미한다. 이에는 말하는 이의 명령과 응답이라는 대화가 포함되어 있다. 신구약의 말씀은 하나님 자신의 임재와 능력을 보여 주는 것으로서 그의 능력과 실재를 믿음으로 경청할 수 있다.

3. 성경에서의 계시

그리스도교는 계시의 종교이다.

신약성경에 있어서 "계시"라는 말은 지금까지 숨겨져 있던 것이 나타나는 것을 뜻한다. "계시하다"는 의미의 $\alpha\pi o\kappa\alpha\lambda\upsilon\pi\tau\epsilon\iota\nu$이라는 말은 쓰고 있던 가면 혹은 껍질을 '벗어버리고 드러내는' 것을 뜻하며, $\varphi\alpha\nu\epsilon\rho o\upsilon\nu$이라는 말은 '보이게 한다'는 것을 뜻한다. $\gamma\nu\omega\rho\iota\zeta\epsilon\iota$이라는 말은 인간의 힘으로 도달할 수 없는 것이 인간에게 전달되는 것을 뜻한다.

그러므로 계시라는 말은 우리가 시간과 공간 속에서 경험하는 것과는 근본적으로 다른 것, 새로운 것, 피안의 것이 나타나 우리에게 알려준다는 것을 의미한다. 따라서 계시라는 계념과 함께 이 세계에 속한 것과 이 세계에 속하지 않은 것, 즉 초월적이고 피안적인 것이 엄격하게 나누어진다. 이 초월적인 것은 하나님 자신이며, 궁극적으로는 예수 그리스도 안에 계시되는 하나님이다. 그는 예수 그리스도 안에서 그의 본성과 생각과 목표를 제시한다. 이 하나님이 우리의 세계에 대하여 새로운 것이요 초월적인 것이다.

성경은 이 하나님을 가리켜 비밀이라고 말한다. 역사의 종말에 완전히 드러날 "하나님 나라의 비밀"(막 4:11), 하나님의 "뜻의 비밀"(엡 1:9), "모든 세대 모든 사람에게 감추어져 있던 것"(골 1:26), 곧 그리스도를 가리킨다(골 1:27,

2:2, 엡 3:3, 4). 신약성경이 말하는 이 비밀은 역사의 종말에 완전히 드러날 예수 그리스도의 "복음의 비밀"(엡 6:19)이지 이 세계의 어떤 신비한 비밀이 아니다.

4. 신학에서의 계시

1) 칼 바르트와 '하나님 말씀'

바르트에 있어서 하나님의 말씀은 'Deus dixit'(하나님이 말씀하셨다)이다. 하나님과 사람이 말씀을 통해 듣고 이해하고 복종하는 상관관계에 있기 때문이다. 바르트는 하나님과 사람은 신앙을 통해 만나게 되며 신앙을 통해 신앙적 교훈이 신적인 이성인 하나님의 말씀을 인간의 이성과 인격 안에서 구체화한다고 본다. 이러한 바르트에게서 말씀은 세 가지 형태로 이해된다. 하나님의 말씀인 성경과 계시 자체 그리고 선포된 말씀이다.

(1) 성경: 기록된 말씀

성경은 과거의 계시를 증언한다. 또한 성경은 교회가 과거에 일어난 하나님의 계시를 회상하고 미래의 계시를 기대하는 것을 선포하도록 도전하고 능력을 주는 구체적인 매개체이다. 이와 같이 계시를 증거하기에 성경은 하나님의 말씀이다. 계시를 약속함으로써 선포는 하나님의 말씀이다. 교회와 계시의 결정적 관계는 성경의 증언이다. 하나님의 말씀이 사건이 되는 곳에 계시와 성경은 하나이다.

(2) 계시로서의 하나님 말씀

계시는 '숨은 것의 나타남'이다. 계시는 하나님의 행동 그 자체로서 '하나님이 주로서 자기 자신을 나타내는 삼위일체 하나님'을 의미한다. 하나님은 자기 자신을 아들에게서 나타내시고 하나님은 아들 안에서 성령의 실제성이 아버지로서 나타나신다. 이것이 의미하는 것은 하나님이 계시의 주가 되시는 계시자로서 계시이며 계시된 자나 항상 다른 형태로 자기를 계시하신다는 것이다. 하나님은 과거에 말씀하셨고 교회의 선포를 통해 순간순간 새롭게 말씀하신다.

(3) 선포로서의 하나님 말씀

선포된 하나님의 말씀은 설교와 성례전이다. 이것은 비록 인간의 말과 떡과 포도주라는 물건이지만, 하나님의 말씀으로서의 위탁과 대상, 사건이 될 때 하나님의 말씀이 된다. 교회의 선포가 하나님의 말씀인 것은 예수 그리스도에서와 같이 그 형식에 있어서 참된 인간의 말이며 인간의 말 그대로 하나님의 말씀이 되기 때문이다. 하나님이 말씀하신(Deus dixit) 인간의 말 그대로가 하나님의 말씀이 되는 것은 계시의 신비이다.

5. '역사'로서의 계시

판넨베르크(W. Pannenberg)는 바르트의 영향을 받았으나 바르트가 성경의 비판적 역사연구의 필요성을 느끼지 않는 것에 동조하지 않았다. 그는 '신학은 역사의 해석이다'라는 주장을 하던 하이델베르크 대학의 구약학자 폰 라트(Von Rad)와 조직신학자 피터 브루너(P. Brunner), 쉴링크(E. Schlink)의 영향을 받은 당시 대학원생으로서 각기 다른 분야의 전공 학생들과 함께 말씀과 케리그마의 신학을 연구하였다. 이러한 연구를 통해 발표한 것이『역사로서의 계시』(Offenbarung als Geschichte)이다. 판넨베르크는 신앙의 출발이 "부활의 선교"에 의한 신앙의 결단에 따른 것이라는 불트만 학파의 견해를 반대하면서 그것은 역사 속에서 살고, 죽고, 부활하신 예수에 근거한다고 말한다.

그는 바르트도 역사를 경시하고 있다고 지적하면서 "바르트가 말하는 말씀의 증언이 역사 속에서 일어나는 사건이 될 수 있는가?"라는 물음을 제기하였다. 그는 동시대의 학자들과 함께 계시와 역사의 관련성을 추구하였다. 그는 실존적 성경해석에 비판을 가하면서도 이성의 중요성을 강조함으로써 성경의 영감과 권위를 경시하는 듯 보인다.

판넨베르크에 의하면 역사는 하나님의 자기계시의 장이다. 그러나 실제적이며 완전한 계시는 역사의 어느 한 시점에 주어지는 것이 아니며 역사가 전체적으로 보여질 수 있고 역사의 종국에 이루어진다고 보았다. 그러면 역사의 종국은 언제인가?

역사의 종국의 성격은 이미 예수 그리스도 자신의 역사 안에 나타났다고 말한다. 그는 예수의 부활을 역사의 종국의 성취(prolepsis), 미리 맛봄이라고 말한다. 유대의 묵시문학과 초대교회의 묵시문학은 우주적 역사관을 최초로 표현한 것들로, 역사를 창조로부터 종말까지 전체로 본 역사관과 하나님께서 이러한 역사 과정 속에 자신을 부분적으로 또한 간접적으로 나타내시며 종국에 가서는 완전히 자신을 나타내신다는 것이다.

묵시론자들의 역사관은 시간뿐 아니라 세계 전체를 포함하는 것으로, 구속사가 넓어져 전체 보편사가 되었다. 이것은 이스라엘의 하나님의 우주성이 이스라엘의 하나님으로만이 아니라 모든 인류의 하나님으로 나타날 것을 암시하는 것이다.

6. 자연계시와 일반계시

계시에는 바르트의 계시신학 논리와 브루너의 일반계시 주장이 있다. 바르트는 처음에 일반계시의 가능성을 완전히 부정하다가 나중에 가서는 그 입장이 브루너와 비슷해졌다.

이러한 태도의 변화는 하나님의 형상 부분에서도 마찬가지로 변화가 있었다. 브루너는 우리 인간에게 하나님의 형상이 타락에 의해 손상되어 그 내용(content)은 존재하지 않으나 그 형식(form)은 우리의 인간성 속에, 즉 우리의 인격이나 우리의 이성과 윤리적 책임 속에 남아 있다고 주장하였는데, 이러한 주장에 대해 바르트는 처음에는 극단적인 반대를 하다가 나중에는 자신의 입장을 바꾸었다. 브루너가 이런 변화에 대해 "다른 바르트"가 출현했다고 비판까지 했다고 하는데 계시신학의 논쟁을 통해 서로간의 발전이 있었겠지만, 최소한 계시신학에 있어서만큼은 바르트가 브루너의 주장을 통해 더 많이 배웠다고 보아도 좋을 것이다.

7. 계시신학 논쟁

1934년 벌어졌던 에밀 브루너의 자연신학과 칼 바르트의 계시신학 논쟁은 신학에서 아직도 해결해야 할 과제로 남아 있다. 이 논쟁은 스위스라는 작은 나라에서 시작되었으나 양자의 주장은 모두 성경적이며 칼빈적이라고 말하는 데에 우리의 관심과 주의를 요한다.

이 신학 논쟁은 취리히와 바젤의 신학 논쟁이며 결국 자연신학과 계시신학이라는 두 가지의 다른 길을 열어 놓았다. 우리가 취해야 할 태도는 자연과 계시가 아니라 '계시적인 자연신학'이냐 '자연적인 계시신학'이냐는 것이다.

브루너의 자연신학과 바르트의 계시신학을 이해하기 위해 먼저 바르트 신학의 내용을 살펴보기로 하자. 오직 은혜로(sola gratia)란 교리와 성경만을 유일하고 궁극적인 진리의 기준으로 보는 바르트 신학의 견해는 다음과 같다.

1) 사람은 죄인이고 단지 은혜로만 구원을 받을 수 있기 때문에 창조 당시의 하나님의 형상(imago dei)은 완전히 남김없이 사라졌다. 인간의 이성적 능력, 문화적 능력, 인간성을 부정할 수 없으나 그 속에서 하나님의 형상은 작은 조각조차 찾을 수 없다.

2) 성경의 계시만이 하나님을 아는 길이며 구원의 길이다. 자연이나 양심이나 역사 속에 하나님의 일반계시를 주장하는 시도는 철저히 배격되어야 한다. 일반계시와 특별계시라는 두 가지 종류의 계시가 있다고 볼 수 없다. 오직 예수 그리스도 안에 유일하고 완전한 계시만이 있을 뿐이다.

3) 예수 그리스도만이 유일한 구원의 길이라면 세상을 창조하신 이후부터 현재 우리의 삶에 이르기까지 창조와 보존의 은혜라는 것은 없다. 만일 있다면 둘 또는 셋의 은혜를 인정해야 한다. 그리스도의 은혜가 유일한 은혜이다.

4) 피조물의 보존에 관한 하나님의 법칙이 따로 존재하여 하나님의 뜻을 찾는다고 볼 수 없다. 자연법(lex naturae)이 피조물에서 도출되어 신학에 도입되는 것은 불경한 것이며 이교적이다.

5) 하나님의 구원의 역사에 접촉점이 있다는 말은 부당하다. 그리스도의 유일한 구원의 역사, 즉 성경과 종교개혁신학에 위배된다.

6) 새 창조는 옛것을 다시 만들어 완성시키는 것이 아니다. 옛것을 철저히 파괴함으로써 새것으로 대치하는 것이다. 은총은 자연을 배제하는 것이 아니라 완성한다는 것은 가장 무서운 이단적인 말이다.

이에 대한 브루너의 반론은 다음과 같다.

1) 하나님의 형상은 물질적인 것(material)과 형식적인 것(formal)으로 나누어진다. 인간의 죄악으로 인해 비록 하나님 형상의 물질적인 것은 모두 사라져버렸을지라도 형식적으로는 남아 있다. 인간이 다른 피조물에 비해 우월하며 창세기 1장 26절과 시편 8편에서 보듯이 인간이 창조의 중심이며 최고봉에 자리 잡고 있다. 이 피조물의 최고 위치는 하나님과의 특별한 관계 속에서 유지된다.

2) 세상은 하나님의 피조물이다. 모든 피조물에서 창조자의 영을 어떤 방식으로든 느낄 수 있다. 예술가는 그 작품들에 의해 알아볼 수 있다. 신·구약 성경 역시 이러한 사실을 증거한다. 세상은 인간들의 활동무대이며 그 안에서 하나님의 영을 찾을 수 있다. 문제는 피조물과 예수 그리스도를 통한 두 종류의 계시가 어떤 연관성을 갖는가라는 것이다. 두 계시를 통해 얻는 지식의 상호관계의 주관적 요소와 객관적 요소를 구별하는 것이다. 사도 바울에 의하면 피조물에 나타난 하나님의 계시를 보고 창조주의 존재를 느끼기에 충분하다고 한다(롬 1:20). 그러나 사람은 죄 때문에 눈이 어두워져서 하나님을 배제하고 여러 신을 알려 하거나 상상하고 있다. 하나님께서는 예수 그리스도를 통해 피조물에게 전적으로 드러내 보이시지 않았던 자신의 참모습을 드러내셨다. 자연계시에서 자연은 두 가지 의미를 갖는다. 객관적-신적이며 주관적-인간적 죄성을 의미한다. 그리스도의 계시 안에 서 있는 자만이 하나님에 관한 진정한 자연적 지식을 가지고 있다.

3) 하나님께서 자신의 타락한 피조물에게 임하는 것이 보존의 은혜(preserving grace)이다. 피조물의 타락에도 불구하고 창조시대의 은혜를 걷어가지 않는 것을 말한다. 선인과 악인에게 햇빛을 주시며 우리에게 생명과 건강과 힘 그리고 자연계의 삶과 모든 물질을 주셨다. 이것을 보존의 은혜 혹은 보편은혜(general grace)라고 부른다.

4) 역사적, 사회적 삶 속에서 윤리적 문제의 핵심을 이루는 모든 규례

(ordinances)들은 보존의 은혜에 속한다. 결혼이나 국가들은 인간적이지만 하나님을 모르는 사람들에게도 창조의 규례와 보존의 규례를 보여 주는 것이다. 이런 면에서 자연적 삶의 현상을 설명하는 자연신학이 필요하다.

5) 인간만이 하나님의 말씀과 성령을 받을 수 있다면 구원의 은혜에 접촉점(point of contact)이 있다는 것을 부정하지 못할 것이다. 이 접촉점은 형식적인 하나님의 형상이다. 이는 말씀을 받아들이는 인간의 능력과 책임성을 말한다. 인간이 스스로 죄를 안다는 것은 거룩한 은혜의 말씀을 이해하는 데 전제조건이 된다.

6) 옛사람의 죽음이 언제나 인간 본성의 물질적 측면을 언급한 것이며 형식적 측면을 배제한다는 것은 아니다. 인간에게 자의식이 있다는 사실과 주체성은 신앙의 행위에 의해 배제되는 것은 아니다. "나는 살았으며 산 것은 내가아니라 내 안의 그리스도니라"(갈 2:20)는 말은 물질적인 인간의 죽음을 넘어서서 계속되는 형식적 인격성을 말한다.

제14장

종말론의 새로운 이해(계 22:20)

들어가는 말

우리가 살고 있는 이 시대는 확실히 불확실한 시대이다. 자연환경의 파괴와 공기오염, 심각한 식량부족과 식수난, 다량소비로 인한 쓰레기의 처리문제, 지능화된 범죄의 급증, 인간 도덕성의 파멸과 비인간화 등은 인류를 송두리째 죽음의 심연으로 이끌 것 같이 보여 진다. 일부의 지식인들은 과학을 통해 이러한 문제들을 해결해 낼 수 있다고 장담을 해왔으나 서기 2000년의 시대를 낙관적으로 예견한 주장들은 벨(D. Bell)의 "서기 이천년을 향한 전진작업"과 칸(H. Kahn)의 "서기 이천년" 그리고 타임지의 "서기 이천년을 전망함"등이다. 이들 낙관론에 대한 반대로서는 메도우즈(D. Meadows)의 "성장의 한계"와 메사로비치(M. Mesarovic)의 "기로에선 인류"등이 있다.[1]

시간이 지날수록 그 재해는 기하급수적으로 커 갈뿐 근본적인 해결의 실

---

1) 참조: 이원설, "A.D. 2000년을 향한 한민족의 비전", 현대종교, 1997년 9월호(서울: 현대종교사), p. 23.

마리를 찾기 어려운 형편에 우리는 서있다. 마치 인간은 절벽의 벼랑 위에 서 있는 것 같다.

한 가지 기대되는 것은 21세기라는 새로운 세기를 맞이하여 인간이 갖는 낙관적인 세계관이다. 18세기 중엽 영국에서의 산업혁명 이후 농업중심사회가 공업사회로 변하면서 인간은 과학기술의 발전이 자원의 부족과 환경의 문제를 해결해 줄 수 있다는 믿음을 지금도 갖고 있는 듯하다. 예를 들면 방사능 산업 폐기물들은 우주산업의 발달에 의해 지구 밖으로 내보내고 유전공학에 의해 오염물질을 먹어치우는 미생물을 개발함으로써 화학적 오염물질을 처리한다는 것이다.

이러한 대응책은 인간이 갖는 소박한 기대감으로서 하나의 희망이기는 하지만 우리 앞에 전개되는 새로운 세기에 대해서 알 수 없다는 것이 현재의 상황이다. 미래의 시대는 정보고속도로와 디지털의 세계이기 때문에 지구촌에서 멀티미디어로 우리의 상상을 현실화 시킬 수 있는 자동화의 세계가 될 것인가? 모든 것이 손끝으로 해결되는 세계에서 인간은 과연 지금까지 느끼지 못하던 행복을 느끼지 않을까? 이러한 것들을 생각하면 인간은 극에서 극을 맛보며 사는 것이 된다. 과연 이것이 가능한가?

우리의 현실을 보면 낙관적인 것보다 비관적인 것이 더 앞서는 것 같다. 과소비에 젖어버린 인간이 인간의 삶에 있어서 절대적으로 필요한 공기의 원천인 열대 우림을 가축의 사료를 얻어내기 위해 불로 태워 버리고 좋은 원목만을 얻기 위해 무절제하게 베어내 버린다면 신선한 공기 없는 인간의 삶은 어떻게 될 것이며 공기와 물, 땅과 나무 등 천혜의 자연자원이 없이도 과연 편리한 세계가 올 것인가라는 회의가 앞서게 된다. 이러한 세계비관주의(Weltpessimismus)는 지구의 종말이라는 말을 현실화시키는 것이 되기도 한다. 창조의 순서로 볼 때 인간은 지구상에 제일 늦게 찾아온 손님이다. 그런데 그 인간이 종말의 시대에는 종말을 재촉하는 주체적인 역할을 하다가 죽음을 자초하는 존재일 것이 분명하다. 이는 인간의 자연환경을 사회적 환경과 분리하는 현상에서 온 결과이다. 몰트만은 자연 속에 일부분으로 존재하는 한 인간을 강조한다. 이러한 대표적인 표현으로는 동양의 산수화에서 보여 진다고 본다. 자연이라는 산과 강 그리고 그 속에 그려진 조그마한 사람으로서의 인간이 자연과 사회적인 관계를 갖는 인간의 자연 환경이다. 산수화에서의 인간은 자연의 품속에서 삿갓 모자를 쓰고 어디론가 향하여 길을 걷던지 배를 타고 가는 것을 볼 수 있다. 이것은 인물중심의 서양 그림과는 매우 대조적이라고 한다.[2]

우리 한국은 1992년 10월 28일 이라는 세기말적인 열병을 앓은 바 있다. 당시 세대주의 종말론에 빠진 사람들은 일손을 놓은 채 유럽 공동체의 적 그리스도설과 666의 출현, 예수의 공중 재림과 성도들의 휴거, 걸프전쟁과 아마겟돈 전쟁을 공공연하게 외쳐 댔다. 계시록 13장 18절에 나오는 666을 세대주의 사람들은 단 7:24절과 연결시켜 문자적으로 짐승과 열개의 뿔을 가진 나라라고 해석한다. 그 짐승은 구체적으로 유럽공동체(European Community)라고 한다. 이 열나라가 세계 경제를 지배하고 장악하기 위해서 대형 컴퓨터를 만들었으며 컴퓨터의 고유번호인 666이 기재 되어야 다른 컴퓨터가 작동하게 되고 그곳에서 발급되는 666이 표시된 카드를 가져야 은행거래를 할 수 있다고 한다. 현재 유럽공동체에 소속한 나라의 수는 15개국이며 더 증가 추세인데 국가의 수와 666을 연관시키는 인위적인 해석은 무리이다. 세대주의에 관한 책들은 1980년대에 많이 출간되었다.[3]

---

2) 참조: J. Moltmann, *Gott in der Schöpfung, Theologische Schöpfungslehre*(München: Chr. Kaiser, 1985), p.37.

3) 참고 도서들은 다음과 같다. 마빈 포드, 『죽음저편』, 이장림 역(서울: 도서출판 평화사, 1987); 옥정남, 『지금 선택이 영원을 좌우』(서울: 한돌출판사, 1991); 김수영, 『666을 이긴 사람들』(서울, 소문출판사, 1991), 정곤태, 『교회사에 나타난 짐승의 수 666』(서울: 도서출판 요나미디어, 1997).

일부의 사람들이 그것에 현혹되어 흰옷을 입고 그날 휴거준비를 했던 것은 본인들의 종교심에도 책임이 있으나 한국사회의 정치와 사회, 경제와 문화 심지어 종교마저 극단적인 부를 추구하며 타락의 징조를 보이고 있었기 때문에 그것으로부터의 탈피를 위한 돌파구였다는 점을 지적하지 않을 수 없다.

필자는 이러한 전제 하에 본 논거를 통하여 휴거와 세대주의 종말론을 규정해 본 후 묵시와 종말이 어떻게 연관이 되어 있는 가를 밝혀 보려 한다. 이어서 종말과 하나님의 나라에 대한 다양한 이론들을 든 후에 몰트만의 '오시는 하나님의 종말론'을 새로운 종말론으로 제시하려 한다. 몰트만의 종말론이 유대주의와 베크의 우주적 종말론에서 온 것이기 때문에 그의 종말론을 쉐하나 (ㄱ' 하나님의 거주하심)의 신학으로 규정해보면서 유기적인 종말론으로 연결시켜 보기로 하자.

1. 희망의 종말론

종말은 문자적으로 보면 세상 끝이라는 말이다. 세상이 끝이 나면 존재하던 모든 것이 일순간에 사라지고 그 이후에는 알 수 없는 미지의 세계가 전개되는 것으로 이해되어 왔다. 그래서 사람들은 종말을 두려움의 존재로 여기고 있다. 그렇다면 기독교가 말하는 종말은 무엇인가? 종말은 창조와 어떤 관계를 갖는가? 종말은 새로운 창조인가? 아마도 이러한 질문은 2000년 교회역사에 있어서 가장 심오하고 계속되었던 물음이 아닌가 생각해본다.

인간이라면 누구나 내면 깊은 곳에서 "세상의 시작과 종말은 무엇인가"라는 질문과 함께 자신의 존재와 정체성이 시간에 대하여 가지는 의미가 무엇인가에 대해 궁금해 하기 마련이다. 인간이 죄로 말미암아 창조의 축복을 상실했을지라도 그것은 부활의 소망아래에서 말씀과 성령의 능력을 통해 회복될 수 있다. 그러나 마지막 날에 가서야 비로소 완성될 영광스러운 부활의 모습은 과거에 상실했던 것보다 훨씬 더 높은 차원의 것이다. 이런 면에서 종말은 그리스도 안에서 존재하는 모든 성도들의 축복이자 새로운 생명이 주어지는 순간이다. 이는 하나님 세상을 창조하시고 보전하시며 축복하시는 그분의 뜻이자 우주적인 목표일 것이다. "그날에는 내가 아버지 안에, 너희가 내 안에, 내가 너희 안에 있는 것을 너희가 알리라"(요14:20)는 말씀이 이를 반영해준다.

2. 종말이 갖는 의의

종말이란 문자 그대로 '세상의 끝'이라는 뜻이다. 종말이라는 말로 번역한 원어는 에스카토스(εσχατος: 요6:40, 11:24, 12:48을 포함하여 58회 사용)라는 말이다. 이 말은, 장소를 말할 때에는 제일 낮은 곳을 의미하고, 시간을 말할 때에는 제일 끝 시간을 의미했다. 또는 신국의 완성의 때를 의미했다. 이 마지막 때는 신의 백성에게는 희망과 기쁨의 때가 되나, 악인들에게는 공포와 절망의 때가 될 것이다. 따라서 유대인들이나 많은 신자들은 이 마지막 날을 주의 날이라고 해서 새로운 삶으로 들어가는 희망의 날로 기대하고 있었다. 그러므로 오늘날 우리는 종말적으로 살아야 하는 것이다.

3. 종말론의 역사

종말에 관한 이해는 시대의 신학과 상황에 따라 다양하게 전개되어 왔다. 이 것들을 요약해 보면 다음과 같다.

1) 구약시대의 종말론

이스라엘은 순환론적 시간관을 지니고 있었던 그 밖의 다른 종교전승들의 개념과 달리 시간을 직선적으로 이해하게 되었다. 단순히 반복된 패턴을 따르는 것이 아니라 각각의 사건은 유일무이한 사건이고 이 사건들이 합쳐져 시작이 있고 종말이 있는 하나의 궤적을 형성하고 있다. 이스라엘로 하여금 역사를, 모든 민족들에 대한 자신의 통치권을 천명하고 계시는 한 분 하나님의 직선적인 활동으로 보도록 하였다. 하나님의 활동들의 역사적 궤적은 계속 이어진다.

구약성경의 종말론을 '역사적 종말론', '사회적 종말론', 인간의 육체와 영혼, 정신과 물질을 포괄하는 '총체적 종말론'이라 부를 수 있다면, 헬레니즘의 종말론을 '무역사적 종말론', '탈사회적 종말론', 육과 물질의 세계에서 영혼이 해방되어 내세라고 해석되는 피안의 영적 세계에서 영원히 살게 되는 것을 이상으로 생각하는 '심령주의적 종말론', '피안의 종말론'이라 부를 수 있다. 구약성경의 종말론은 신약성경의 선포에 결정적 영향을 주는 반면, 헬레니즘의 종말론은 로마제국의 국가 종교가 된 기독교의 종말론에 깊은 영향을 주게 된다.[4]

2) 신약시대의 종말론

초기 그리스도인들은 그들이 이미 악의 세력들은 재편되고 있고, 복음은 온 세상으로 퍼져 나가고 있는 이 두 차원의 존재를 목격하고 있다고 확신하였다. 따라서 그들은 마지막 날들이 이미 세상에 왔다고 믿었다(요일 2:18-19).

초대 교회의 전망의 특징을 이루고 있던 미래의 사건들에 관한 기대는 그리스도의 보편적인 주가 되심에 대한 그들의 신앙으로부터도 생겨났다. 언젠

---

4) 김균진, 『기독교조직신학 Ⅴ』, 서울, 연세대학교 출판부, 1999, p.59

가 예수는 모든 권세에 대하여 승리를 거두실 것인데 이러한 승리에 대한 그들의 소망 때문에, 사도들은 죽은 자들을 일으키실 그리스도의 재림을 가장 중요한 미래의 사건으로 보았다. 하지만 파루시아(parousia: 곧 예수의 재림)가5) 지연 되자 이것은 초대 교회 내에서 임박한 종말 기대감을 약화시키는 결과를 낳았다. 이러한 '탈 종말 기대의식'의 과정 속에서 하늘나라 대망사상은 제도화된 교회로 그 자리를 대신하게 되었다. 가톨릭교회가 교계제를 갖춘 교회로 형성된 것은 임박한 종말에 대한 기대가 쇠퇴한 것과 직접적인 관련이 있었다.

3) 교회사에서의 종말론

요한의 신학(계시록까지 포함)을 물려받은 폴리갑이나 파피아스, 순교자 유스티누스와 몬타누스와 같은 이들이 먼저 나름대로 천년왕국적 종말론을 다루었지만, 이레네우스에 와서 집대성되었다. 신약성경 시대부터 200년경까지는 기독교회가 임박한 하나님 나라를 바라보면서 종말론적 긴장을6) 가지고 살다가, 교회의 직제와 제도를 강조하던 키프리아누스(200-258) 이래로 이와 같

---

5) 파루시아는 본래 멀리 떠난 이의 다시 오심이 아니라 '임박해 있는 도래'를 뜻한다. 파루시아는 또한 '현재'라는 뜻도 있는데, 물론 내일이면 지나가 버릴 현재가 아니라, 우리가 오늘과 내일에 기다려야 하는 현재이다. 그것은 우리에게 다가오는 자의 현재, 말하자면 도래하는 미래이다.

6) 묵시론적 전망- 공동체적 종말론과 인간의 역사의 절정이라는 개념들은 묵시론자들에 의해서 발전되었다. 묵시문학은 처음에는 유대교 분파 내에서, 나중에는 유대 그리스도교 분파 내에서 번성하였다. 묵시문학의 장르는 다니엘서와 요한계시록, 이사야서, 스가랴서. 공관복음서들의 여러 부분에 반영되어 있다. 묵시론적 전망은 세계 역사 중에서 우주적 드라마가 끝나가는 단계에 그 초점이 맞춰져 있는데, 전망 배후에는 궁극적으로 하나님께서 역사를 주관하고 계신다는 믿음이 존재하고 있었다. 묵시론자들은 하나님의 나라가 미래의 실체라는 것을 선언하였다. 또한 이들의 메시지는 심판과 구원을 통한 하나님의 권능의 도래는 인간들 가운데 선을 긋게 될 것임을 의미하고 있어 신실한 자들에게 종말까지 견고히 서서 다가올 영광을 바라보고 사탄이 휩쓰는 짧은 기간 동안에 핍박을 견디어 내라는 실질적인 권면이 된다. 동시에 불경건한 민족들과 배교자들에 대한 임박한 파멸을 알리는 경고였다.

은 종말론적 긴장이 이완되었다. 이후 탈 종말화를 전형적으로 보여 주는 에우세비우스, 천년왕국적 종말론을 논하지 않음으로써 이레네우스적 종말론적 긴장은 상실하고 있지만 보편구원론적 종말론을 주장하는 나지안스의 그레고리오스, 고대의 여러 흐름의 종말론을 '하나님의 도성'이라는 자신의 저서를 통해 다시 중세기와 16세기 종교개혁으로 흘려보내는 역할을 한 아우구스티누스가 대표적인 인물이다. 아우구스티누스의 '두 도성'과 종말론은 중세교회의 교회와 제국의 관계를 규정하였고, 중세기에 제도권 교회를 천년왕국의 앞당겨진 실현처럼 보이게 하였으며 나아가서 루터와 칼빈의 '두 왕국론'과 '무천년설'에 결정적인 영향을 주었다[7]

아우구스티누스는 이레네우스가 천년왕국에 돌리는 가장 좋은 것들을 모두 새 창조의 세계 혹은 새 하늘과 새 땅으로 돌리고, 이레네우스는 새 하늘과 새 땅을 돌릴 수 있는 모든 좋은 것을 천년왕국으로 돌린다. 이레네우스에게서 천년 왕국에, 아우구스티누스에게서 그것은 새 하늘과 새 땅에 해당된다. 이레네우스의 주안점은 박해시대였기 때문에 아무래도 천년왕국에 있고, 아우구스티누스의 주안점은 콘스탄티누스 기독교 시대의 등장 이후였기 때문에 아무래도 새 하늘과 새 땅에 있어서, 아우구스티누스는 상당부분 종말론적 긴장을 상실해 가고 있는 것으로 보인다. 중세로 접어들면서[8] 로마가톨릭 교회가 종말론적 긴장을 상실하면서 제도화된 교회가 자신을 이 땅위의 하나님 나라인양 교만해졌고, 요아힘과[9] 프란체스코를 전후로 하는 천년왕국적 종

---

7) 이형기, 『역사속의 종말론』, 서울, 대한기독교서회,2004, p.19-20

8) 대체로 Gregorius I 가 교황자리에 올랐던 590년부터 1500년까지를 중세로 본다. 이 시기는 교황주의적 제도권 교회를 하나님 나라의 실현으로 보고, 미래 지향적 종말론을 극소화 하는 경향을 보였다. 이는 에우세비우스가 당시 콘스탄티누스 제국하의 기독교를 천년왕국의 앞당겨진 실현으로 보아, 일종의 실현된 종말론을 주장함으로써 미래 지향적인 종말론을 무시했던 것과 유사하다. 아우구스티누스적인 '두 도성 사상'을 교황주의 교회라는 하나의 도성으로 축소하려 했기 때문에 종말론에서 미래 지향적인 비전이 매우 약하였다.

9) 요아힘(A.D.1135-1202)은 시토 교단의 수도사로서, 이탈리아 칼라브리엔에 피오레 수도원을 세우고 가톨릭 교회의 개혁운동을 일으켰다. 그는 구약성경과 신약성경 , 구원사의 과거와 미래의

말론이 등장하면서 교회의 개혁을 촉구했으며, 16세기의 천년왕국론은 종교개혁자들의 종교개혁적 토대가 되었다.

루터는 아우구스티누스 수도회의 수도사였다. 초기에 '두 왕국설'(Zwei-Reiche-Lehre)에 관해 말했을 때, 그는 아우구스티누스의 전통을 이어받아 세계사를 묵시적으로 세상 끝 날까지 지배하는 Civitas Dei와 Civitas Diaboli 간의 투쟁을 확신했다. Civitas(도성)와 Regnum(통치)은 상호 교환적인 개념으로서 예루살렘-바빌론, 아벨-가인, 선-악, 하나님-악마 간의 투쟁을 설명하는 개념이다. 이 투쟁이 세계사를 지배하듯 개인적인 삶도 영-육, 의-죄, 생명-죽음, 신앙-불신앙 간의 영원한 투쟁으로서 규정한다. 신자들 속의 이러한 투쟁은 육신의 부활이 죄의 권세를 극복하고 죽음이 생명의 승리 안으로 삼켜질 그 때에 끝난다. 세계 속에서 일어나는 이러한 투쟁은 묵시적 종말론의 의미로 이해되었다. 젊은 루터가 세계사, 교회사, 개인의 역사에 관해 말할 때, 그는 하나의 창조세계, 한 인간 속의 투쟁, 모순과 갈등으로서의 두 지배 간의 대립에 대해 생각했다.

M.Luther의 묵시적 종말론의 구도

Regnum Dei	Regnum diaboli
영적인 나라	세상 나라
교회, 설교, 믿음	국가, 경제, 가족
성령 안에서 그리스도와 복음을 통해	법률, 이성, 권력을 통해
그리스도인	세계(세상)인

연속성을 주장하면서 성부의 시대, 성자의 시대, 성령의 시대로 나눈다. 성부의 시대의 특징이 율법과 두려움과 종의 신분에 있다면, 성자의 시대의 특징은 은혜와 믿음과 자유인의 상태에 있으며, 성령의 시대의 특징은 더 풍성한 은혜와 사랑과 친구의 상태에 있다. 요아힘의 종말론은 사회계급의 차별과 사유재산과 성직자 계급이 없는 성령의 시대를 역사의 목표로 제시함으로써 유토피아적 요소를 내포하고 있다. 로마제국이나 교회를 하나님 나라의 현실과 동일시하는 모든 신학적 해석들을 거부하고, 하나님 나라를 다가올 역사의 미래로서 하나님 나라에서 이루어질 역사의 궁극적 완성은 역사 안에서 이루어질 것으로 본 그의 종말론은 내면화, 영성화, 피안화를 거부하고 종말론적 차안적, 물질적, 현실적 차원을 드러낸다.

루터가 영원한 공의를 베푸는 그리스도를 찬양했다면, 칼빈은 왕의 권능과 위엄을 강조했다. 선택받은 자들은 지상에서 하나님의 통치를 실현하는 참된, 보이지 않는 교회이다. 교회는 사탄의 권세에 맞서서 싸우는 전투 공동체이다. 만물이 하나님의 통치 아래 복종함으로써 끝나는, 완전한 하나님의 나라에 이르기까지 악의 세력에 맞서서 치르는 선택받은 자들의 투쟁 속에서 하나님의 나라는 세계사 속에서 실현되어진다. 마지막 종말심판은 지금 이미 시간 속에서 전개되고 있는 하나님 나라의 완성이다. 세계사 속에서 개입과 활동을 통해 세계 심판을 통해 역사의 마지막에 성취되는 하나님의 나라에 대한 신앙은 칼빈의 하나님의 나라 사상의 가장 중요한 본질이다. 이런 신앙은 교회적, 종교적, 정치적, 경제적 현실 전체와 관련되어 있다. 왜냐하면 모든 지상적 현실은 하나님의 현실 아래 놓여있기 때문이다. 세상은 하나님의 영광의 실현수단으로서 높은 가치를 부여받는다.

이들의 유산은 18세기 경건주의와 복음주의 부흥운동, 그리고 19세기 복음주의 운동으로 이어진다.10)

루터와 칼빈의 차이점

	Luther	Calvin
세상	하나님의 사랑의 실현장소	하나님의 뜻 아래 복종시킬 대상
인간	영적, 육적 인간의 구별	하나의 실체
열정	신앙의 열정주의, 사랑의 정열	하나님의 나라의 열정주의
윤리적 행동	즐거운 예배	하나님의 나라 안에서 은총의 선택을 보호하려는 진지한 과제
봉사	신앙에서 모든 그리스도인에의 봉사	하나님의 영광에의 봉사
공적 생활	깊은 결합, 순정, 사랑과 봉사	세상과 사탄을 굴복시키는 영웅들의 투쟁사회

10) 이형기, 『역사속의 종말론』, 서울, 대한기독교서회,2004, p.125-129

4. 천년왕국설

천년왕국이란, 세상의 마지막 날에 예수의 재림이 있은 후에 그를 따르고 믿었던 자들이 예수와 함께 지상에서 천년 동안 왕 노릇 한다는 주장이다. 이러한 주장이 나오게 된 성경적 근거는 요한계시록 20:4-6에 있는 말씀이다.

1) 전천년설(Praemillenarismus)

천년왕국 이전에 주님께서 다시 오실 것이라고 생각한다. 예수님께서 자신의 천 년간의 통치기간 동안에 육체적으로 이 땅에 현존하셔서 세상에 대한 통치권을 행사하실 것이다. 후 천년주의자들과는 대조적으로 현재와 천년왕국 사이의 불연속성을 강조한다. 이러한 불연속성은 인간이 황금시대의 도래와 관련하여 거의 아무런 역할을 하지 못한 것임을 의미한다. 천년왕국은 하나님의 은혜의 선물로서 오직 현세의 종말을 가져오는 하나님의 종말행위 이후에 도래한다.

전천년설의 일반적인 연대기는 현세가 예수 그리스도의 재림 다음에 오는 환난의 시대에서 절정을 맞이하게 될 것이라고 본다. 예수의 두 번째 오심은 적 그리스도에 대한 심판과 의인들의 부활을 가져올 것이다. 재림 때에 사탄은 결박당할 것이고 평화와 의의 시대가 이 땅에서 시작될 것이다. 천년 후에 사탄은 감옥으로부터 놓여나고 사탄은 믿지 않는 민족들을 모아서 그리스도의 통치에 대한 반란을 일으킨다. 그러나 그 반란은 하늘로부터 내려온 불에 의해서 진압된다. 그런 후에 일방적인 부활, 심판, 영원한 상태가 도래한다.

역사적(historic) 전 천년주의자들은 그들의 주장이 교부 시대 이래로 교회에 존재해 왔던 것이라고 주장한다. 그리스도께서 오셔서 악의 세력들로부터 자신의 제자들을 구원하는 것으로 절정에 달하는 교회의 환난의 시대를 예상

한다. 그리고 천년왕국은 하나님께서 그리스도의 신실한 추종자들에게 복을 주시는 기간이다.

2) 후천년설(Postmillenarismus)

종말에 그리스도께서 다시 오시는 일은 그리스도께서 다 그리실 것이라고 묘사하였던 이 땅에서의 황금시대 이후에 일어날 것으로 본다. 그런 까닭에 그리스도의 다시 오심은 '천년 이후'가 된다. 이 관점은 현세와 황금시대의 연속성을 강조한다. 후 천년주의자들은 천년왕국의 도래에 인간이 참여하게 될 것을 강조한다. 황금시대는 성령의 역사에 의해 도래하게 되겠지만, 천년 왕국의 도래에 있어서는 인간들의 노력을 사용하신다. 후천년설이 주장하는 종말의 연대기는 복음이 온 땅에 두루 전파되고 하나님께서 의도하시고 성령의 권능으로 이루어지는 결과들이 나타날 때, 악은 마침내 뿌리가 뽑히고, 천년왕국이 도래한다는 것이다. 이 기간 동안에 사탄은 '결박되고' 악은 일시적으로 억제되기 때문에 민족들은 평화롭게 산다. 천년이 지난 후에, 사탄은 놓여나서 단기간의 반란을 이끌게 되고, 의인들과 악의 세력들 간의 최종적인 싸움이 벌어진다. 사탄의 반역은 예수의 재림과 승리에 의해서 끝이 난다. 예수의 재림은 일반적인 부활, 심판, 영원한 상태(하늘의 천국과 지옥)를 가져온다.

3) 무천년설(Amillenarismus)

무천년설은 '천년왕국은 없다'라는 것을 뜻한다. 지상의 황금시대를 예상하지 않는 천년왕국이라는 비유적인 말은 그리스도께서 자신의 교회를 통해서 지배하였던 과거의 특정한 시기를 가리키거나, 교회 시대의 영원성을 상징하는 것으로 그리스도의 재림이 천년왕국이라는 중간기가 없는 상태에서 즉시 영원의 시작이 될 것이라고 본다. 예수의 초림과 재림 사이의 기간은 선과 악이 공존하는 것을 그 특징으로 하는데, 이 시기가 끝나갈 무렵에 교회는 자신이 위임 받은 복음 전도의 사명을 완수하고 악의 세력들은 한데 뭉쳐지기 때문에 갈등은 고조될 것이다. 교회가 최종적으로 격렬하게 핍박을 당하고 있는 때에, 그리스도는 그의 충만한 영광 중에 나타나실 것이다. 주께서 재림하실 때에 일련의 사건들이 나타나서 그의 구속사역을 완성시킬 것이다. 모든 세대의 성도들에게 부활은 그들이 이 땅의 믿는 자들과 함께 강림하시는 주를 만나 새 하늘과 새 땅의 영원한 나라로 들어가게 되는 것을 의미할 것이다.

아우구스티누스는 멸망해 가는 로마제국을 바라보면서 하나님의 도성을 주장했기 때문에, 기독교의 사회참여가 약하였고, 보편사를 하나님의 역사로 보지 않으려는 경향 때문에 보편사 속에서 일어나는 하나님의 섭리를 매우 약화시켰으며 또한 역사의 지평 속에서의 하나님의 선교에의 교회의 참여를 별로 언급하지 않았다. 그리고 무엇보다도 우주적 기독론에 입각한 창조세계까지 포함하는 새 하늘과 새 땅에 대한 언급이 부족하다.

보편사와 이 세계와 우주가 하나님의 그것이라는 의미에서 몰트만의 '이 세상과 관계하시는 삼위일체 하나님의 역사'에 입각한 역사 이해가 요청된다. 몰트만은 새 창조는 이미 시작되었고, 하나님 나라는 이미 우리에게 임했으나 (미리 맛봄:foretaste, 징표:sign, 도구:instrument), 마지막 때에 부활과 새 창조에 의해서 완성될 것이라고 주장한다.

역사적으로 아우구스티누스는 천년왕국론을 거부하고 무천년설을 제시했는데, 그가 이레네우스와 테르툴리아누스 같은 교부들의 천년왕국론을 거부하는 것은 에우세비우스와 같은 입장이다. 대체로 아우구스티누스가 천년왕국론을 거부하는 이유는 천년왕국론자들의 물질주의에 있으나, 이레네우스의 경우 영지주의에 반론하는 맥락에서 그의 천년왕국론을 펼쳤기 때문에 그와 같은 경향을 보이는데, 이레네우스가 기대하는 천년왕국에서 누릴 복을 천년왕국에서가 아니라 새 창조의 세계에서 누릴 것이라고 할 때, 아우구스티누스의 무 천년왕국론의 약점은 많이 보완될 것이다.

4) 세대주의적 전천년설(dispensationaler Praemillenarismus)

세대주의적 전천년주의자들은 그 이름이 보여주듯이 인간의 역사를 서로 구별되는 여러 시기들 또는 경륜들로 구분하는 경향이 있다. 이보다 더 중요한 것은 그들이 장래에 있을 환난과 천년왕국에서 하나님의 관심의 초점이 될 사람이 누구인가에 대한 이해에 있어서 역사적 전천년주의자들과 다르다. 세대주의적 전천년주의자들은 이 시기들을 신약의 교회를 위한 하나님의 계획의 여러 측면들이라고 보는 것이 아니라, 일반적으로 이 시기들의 의미를 이스라엘 민족을 향한 하나님의 의도 속에서 찾는다.

환난의 기간 동안에 하나님은 이스라엘을 그들의 하나님을 받아들일 수 있도록 준비시키실 것이다. 따라서 세대주의적 전천년주의자들의 대다수는 믿는 자들이 환난 이전에 공중으로 끌어올려질 것이라고 주장한다. 현세는, 예수께서 자신의 교회를 하늘로 이끌어 그리스도의 심판자리 앞에 세우고 어린양의 혼인잔치를 송축하게 하실 은밀한 공중에서의 만남에 의해서 막을 내리게 될 것이다(계19장). 동시에 이 땅에서는 적그리스도의 출현이 환난의 시작을 알리고 이 기간 동안에 그리스도의 큰 원수는 세상을 다스리고 하나님은 이 땅에 진노를 베푸신다.

환난의 시대는 '아마겟돈'이라 불리는 팔레스타인에서 벌어지는 커다란 군사적 충돌로 절정에 달한다. 이 와중에 그리스도는 천군을 이끌고 다시 오셔서 그의 원수들을 진멸하신다. 이스라엘은 예수를 메시아로 인정하고, 천년왕국이 수립될 것이다. 마치 환난이 야곱의 환난의 때인 것처럼, 천년왕국은 하나님께서 이스라엘에게 유례없는 축복을 부어주시는 때가 될 것이다.

5. 천년왕국설의 신학적 의의

각각의 천년왕국설의 입장은 예수그리스도의 교회가 세상 속에서 자신의 위임 명령을 수행하고자 할 때에 지녀야 할 태도에 관한 실질적인 문제에 대한 답변을 내포하고 있다. 우리는 역사에 대한 이와 같이 서로 다른 전망들을 낙관주의, 현실주의, 비관주의라고 구분할 수 있을 것이다.

1) 전천년설의 비관주의

후천년설의 낙관주의의 역사의 하나님과 협력해야할 인간의 역할에 대한 인식은 쉽게, 인간이 인간의 역사를 결정하는 자들이라는 인식으로 변질될 수 있다. 그리고 역사적 활동의 목표로서 하나님 나라를 선포하는 것은 불행히도 역사 안에서 하나님의 나라를 건설하려는 시도들로 변질될 수 있다. 이와 대조적으로 전 천년주의자들은 역사 및 그 완성에 있어서 우리가 행할 역할에 관하여 기본적인 비관론을 편다. 현재의 질서와 하나님 나라 간의 불연속성 또는 상호대립성을 강조한다. 전천년설의 비관주의는 우리에게 궁극적으로 세상의 소망은 우리의 연약한 행위들에 있는 것이 아니라 하나님께 있다는 것을 일깨워준다.

2) 후천년설의 낙관주의

후천년설은 기본적으로 낙관적인 전망을 제시한다. 후천년설적 세계관은 세계에 대한 참여를 통해 하나님의 백성이 승리하는 교회가 되기 위해서는 우리는 전투적 교회가 되어야 한다는 것을 상기시켜주며, 그리스도를 통하여 이 주권적인 하나님은 우리에게 하나님의 통치의 진보와 공동체의 건설에 참여하도록 위탁하였다. 사역과 기도에 대한 우리의 헌신을 배가(倍加)하여야 한다.

3) 무천년설의 현실주의

무천년설의 세계관은 교회에게 세상 속에서 현실적인 활동을 요구한다. 성령의 인도하심과 능력 주심 아래서 교회는 자신에게 맡겨진 위임 명령을 성공적으로 실천할 것이다. 그렇지만 궁극적인 성공은 오직 하나님의 은혜를 통해서만 오게 될 것이다. 하나님 나라는 세상 속으로 뚫고 들어오시는 하나님의 행위로써 도래하지만 인간의 협력도 중요한 부차적인 결과들을 가져온다.

4) 평가

천년왕국론의 단점은 천년 동안에 일어날 적그리스도의 실재와 지상천국의 실재를 강조하고, 지난 과거의 교회와 현재 선교와 사회문화적 사명을 소홀히 하면서 미래에 대한 소망만을 키울 가능성과 함께 천년왕국론자들은 그리스도인들이 이 세상에서 누리지 못하던 지상적 복을 그때 그곳에서 받는다는 소망을 강조하다가 최후심판 후의 새 하늘과 새 땅에 대한 소망을 망각할 가능성이 있다. 결국 타계적이고 세상도피적인 유형의 교회 공동체에 속하기 쉽다. 대체로 이들은 국가와 사회와 문화가 가지고 있는 보편적인 가치의 세계를 무시하고 자신들만의 제도적 공동체 의식에 사로잡힐 수도 있다.

하지만 무천년설의 현실주의는 우리의 시선을 단순한 역사적 미래를 뛰어넘어 영원한 하나님의 영역으로 돌리게 만든다. 그것은 우리에게 하나님나라는 궁극적인 피조세계의 변화 이전에는 그 어떤 지상적인 나라와도 혼동될 수 없는 초월적인 실체라는 것을 일깨워준다. 우리는 영광스러운 영원한 실체, 새 하늘과 새 땅을 열렬한 기대 속에서 기다린다.

이것만이 영원한 생명에의 참여의 완성에 대한 약속의 완전한 성취가 된다. 이와 같이 근본적으로 초월적인 하나님 나라는 동시에 근본적으로 내재적이다. 우리는 이미 지상의 영역 속으로 돌입하기 시작한 하나님의 활동에 참여하게 되었다.

6. 역사와 종말

성경은 분명히 공동체적인 인간의 이야기를 끝내는 핵심적인 사건이 악에 대한 선의 최종적인 승리라고 말한다. 종말론적인 사건을 시작으로 우리는 우리 하나님과 영원히 함께 있게 될 것이다. 성경의 문서들은 우리에게 미래와 관련된 연대들과 세부적인 사건들의 순서에 대하여 말해주지 않는다. 우리는 오직 '때가 가까웠다'(계 22:10)라고 말할 수 있을 뿐이다. 성경에 나오는 진술들은 확실한 기대와 확실성을 지닌 소망에 대한 표현들이다. 종말론적 완성은 결국 일어날 것이다. 주님은 분명히 다시 오실 것이다. 종말은 분명히 도래하지만 피조세계를 향한 하나님의 궁극적인 목적이 어떻게 실현될 것인지 열려져있기 때문에 역사에 참여하도록 요구하는 하나님에 의해 우리는 자연스럽게 소망을 불러 일으켜 세울 수 있어야 한다. 성경을 통하여 하나님은 그의 피조물에게 은혜로운 선물로 수여하고 계시고 또한 장차 수여하실 장래에 관한 비전을 제시하신다. 우리는 그것이 영원한 의미를 지닌다는 것을 알기 때문에 우리 주님이 다시 오시는 그날까지 한걸음 한 걸음 착실히 내디딜 수 있다(고전 15:58).

1세기 이래로 초대교인들은 '마라나타'를 고백하여왔는데 이는 "주여 어서 오시옵소서(Our Lord, Come!)"라는 신앙고백이다. 그런데 이 말은 다음의 두 가지로 번역할 수 있다.

1) maran-atha: Our Lord has come. 과거에 이루어진 사건을 표현하는 완료형.

2) marana-tha: Come, Our Lord. 미래에 일어날 사건에 대한 명령형.

우리는 역사 안에서 하나님의 궁극적인 행위로서 주님이 오셨다는 maran-atha(완료형)와 주님의 미래에 오심에 대하여 기대하는 marana-tha(명령형) 사이에 살고 있다. 성경에서 주님은 "나는 알파와 오메가요, 처음과 나중이라"(계 21:6), "시작과 끝이라"(계 22:13)고 말씀하신다.

"주의 목전에는 천년이 지나간 어제 같으며 밤의 한 경점 같다"(시 90:4). 종말이 언제 임할지는 아무도 모른다. 그러므로 우리는 언제나 종말의 가능성을 가지고 살고 있다. 그리스도는 이미 오셨다. 그리스도는 부활하셨다. 그리고 이제 그 분은 다시 오실 것이다. 결국 우리는 주님의 첫 번째 오심과 두 번째 오심 사이에 살고 있는 것이다. 우리를 기억과 소망, 과거와 미래 사이에 위치하게 하는 Maranatha의 변증법적인 긴장은, 우리에게 종말론적인 삶을 다시 체험하게 한다.

7. 휴거와 세대주의 종말론

예수의 공중 재림과 성도들의 휴거를 1992년으로 설정한 것은 무엇에 연관된 것일까? 그 이론적인 배경은 무엇인가? 세대주의 종말론(dispensational eschatology)이라고 답하는 것이 옳을 것이다. 세대주의를 통속적 세대주의와 학문적 세대주의로 구분하는 경우도 있다. 학문적 세대주의는 달라스를 중심으로 하는 보수주의자들이 주장하는 것이다.

세대주의가 본격적으로 등장한 것은 영국에서의 존 다비(John. N. Darby,

1800-1882)의 플리머스 형제운동(the Plymouth Brethren Movement)이다. 예수 그리스도에 의한 은혜의 체험을 한 이후 그는 이스라엘과 교회, 율법과 은혜의 시대를 구분하여 계약신학자들과 맞서기도 하였다. 이 운동은 스코필드(C. I. Scofield)가 펴낸 『스코필드 관주성경』(Scofield reference Bible)의 출판과 함께 급속하게 퍼져 나갔다.

세대(dispensation)란 말은 관리한다는 뜻을 갖는 헬라어 오이코노메오(οἰκονομέω)를 라틴어 성경인 불가타에서 세대(dispensatio)라고 번역하였다(눅 12:42, 16:1, 롬 16:23, 고전 4:1, 갈 4:2, 벧전 4:10). 영어로는 스튜어드(steward), 한글로는 청지기, 직분, 경영, 주인의 재산 관리, 경륜으로 번역된다. 이 말이 사용된 의미를 보면 1) 하나님께서는 자신의 종에게 청지기의 사명을 주신다. 2) 청지기는 그 사명을 충성스럽게 행해야 한다. 3) 마지막 때에 청지기의 일을 결산한다는 것이다. 즉 하나님께서 구원을 이루기 위한 계획인 경륜(economy)과 사람이 구원을 이루기 위한 청지기로서의 사명이다. 계시 역사의 진전에 따라 각 세대마다 하나님께서 다른 경륜을 계시로 주시고 청지기들은 각 세대마다 이루어야 할 사명이 주어졌다는 것이다. 한 세대가 실패하였을 때 하나님께서는 다음 세대에 다른 구원의 방법과 청지기의 사명을 주신다는 것이다. 천년왕국에서도 심판을 받은 후 영원한 왕국이 건설된다는 낙관주의적인 천년왕국설이다.

이들이 주장하는 일곱 세대의 구분은 통일성이 없다. 세대를 일곱으로 구분하고 각 세대를 대략 1000년으로 본다. 이는 벧후 3:8의 "주께는 하루가 천년 같고 천년이 하루 같다"는 말을 인용하여 하나님께서 일하신 6일간의 천지 창조를 1000년으로 계산하여 각 세대를 대표하는 것으로 해석하였다. 창조에서 타락, 타락과 노아, 노아에서 아브라함, 아브라함에서 모세, 모세에서 예수의 초림, 초림에서 재림, 그리고 하나님께서 제7일 째 쉬신 것과 같이 7000년에는 천년왕국이 이어질 것을 계산한다. 일곱 세대의 구분을 1. 무죄 혹은 자유의 시대(창 1:28-3:6) 2. 양심시대(창 4:1-8:14) 3. 인간 통치시대(창 8:15-11:9) 4. 약속시대(창 11:10-출 18:27) 5. 율법시대(출 19:1-행 1:26) 6. 은혜시대(행 2:1-계 19:21) 7. 천년왕국시대(계20장)로 구분하기도 한다.

각 시대마다 하나님께서 인류를 구원하시기 위한 새로운 언약을 주시었다고 한다. 이들이 계산한 성경의 계보를 보면 예수님이 나시기 전까지 4000년이며 그 이후 2000년이 세상의 마지막이라 한다. 이들이 1992년을 예수님의 공중 재림으로 계산 한 것은 7년 대 환난을 넣었기 때문이다.[11]

이러한 해석은 우화적인 해석(Allegorical)으로 성경에 어떠한 곳도 천지창조의 하루를 1000년이라고 언급한 곳이 없다. 각 세대가 1000년이 되지 못하는 곳도 있다. 천지창조에서 예수의 초림까지 4006년을 계산해 낸 것은 중세의 대주교 어셔(Ussher, 1581-1656)인데 성경의 저자는 계보의 구조적 조화를 우리에게 말하려 했을 뿐이지 연도에 대한 구체적인 정보를 주려는 의도는 없었다. 이러한 성경 기록들을 근거로 재림의 날짜를 계산한다는 것은 매우 위험스러운 일이다. 예수의 재림의 "그 날과 그때는 하늘의 천사들도 아들도 모르고 오직 아버지만 아신다"(마 24:36)는 것이 성경적이다.

예수의 재림 연대를 계산한 사람들이 몇 사람 있었다. 『신약성경의 지침서』(Gnomon Novi Testamenti)를 저술한 독일의 교육학자이자 경건 신학자인 요한 알브레히트 벵엘(1687-1752)은 계시록 13장 18절을 근거로 해서 예수의 재림을 1836년으로 계산해내었다. 한국의 초대교회의 부흥사 이셨던 길선주 목사는 그의 『말세론』(1926)에서 1974년을 예수의 재림의 시기라고 말하였다.

세대주의자들은 각 시대와 언약을 단절시키는 것을 볼 수 있다. 그러나 신구약 성경을 그리스도를 통한 구원을 이루기 위한 약속과 성취라고 본다면 세대주의 성경 해석은 비판받을 점들이 있다. 아브라함에게 제시한 구원의 경륜이 실패해서 모세에게 전혀 다른 구원의 방법을 제시한 것이 아니라 모세의

---

11) 한정건, 『현대종말론의 성경적 조명』 (서울: 기독교문서선교회, 1991), pp. 9.

언약은 아브라함에게 주신 언약의 약속인 땅과 자손과 복의 근원의 실현으로 보는 것이 타당하다.

8. 묵시와 종말

성경에서 인류와 세상의 끝 날과 종말에 대한 이야기는 묵시(apokalypsis)라는 말로 표현된다. 묵시라는 말은 계시(revelation)와 비슷한 말로서 지금까지 신의 뜻 가운데 인간에게 전혀 알려지지 않고 감추어지고 숨겨지던 비밀스러운 것들이 벗겨지고 드러난다는 것이다. 묵시라는 말에는 묵시사상과 묵시문학 그리고 묵시운동이 다 포함되며 하나의 연결고리를 형성하고 있다.

묵시사상을 다른 말로 표현하면 묵시적 종말론이라 한다. 한 시대의 상황을 도덕 윤리적으로 그리고 신앙적인 눈으로 보면서 접하는 탄식의 소리들이 묵시사상을 가져온다. 역사가 더 이상 인류의 역사가 아니라 야수와 사단의 역사라고 표현될 때 묵시사상이 출현하게 된다. 이러한 묵시사상이 글로 표현되는 것이 묵시 문학이다.

묵시문학의 전성기는 신구약의 중간시대인 B.C. 200-A.D. 100년 사이로 보여 진다. 이스라엘 백성들이 극심한 종교적 탄압을 받고 있을 약 300년의 기간이었다. 희랍의 안티오쿠스 에피파네스 4세(B.C. 175-163)가 유대인 종교 말살정책을 쓰기 시작하였던 때가 그 절정에 이른다. 그는 안식일 폐지와 할례금지, 성전에 제우스신 설치, 돼지고기의 희생제물 사용 등을 법으로 규제하여 실시하였다. 이 어려운 시대에 유대인들 가운데에는 현실에 적응하려는 헬레니스트(Hellenist)들과 죽음을 무릅쓰고 신앙을 수호하려는 경건한 자들인 하시딤(חסדים)으로 구분되어졌다. 경건한 무리들인 하시딤들을 위해 쓴 신앙수호의 책들이 묵시 문학이다.

묵시문학의 내용을 보면 1) 하나님의 정의가 승리한다. 아무리 악한 세력도 종국에는 하나님의 초월적인 힘에 물리침을 받게 된다. 2) 신앙인들은 끝까지 변절하지 말고 신앙을 지킬 것 3) 임박한 종말 앞에서 희망과 용기를 가질 것 등이다. 묵시문학에는 구약성경의 다니엘서, 에녹서, 모세의 승천서, 제4에스라서, 바룩서, 레위 언약서, 희년서, 열두 족장 유언, 주의 묵시서 등이 있다.

묵시문학은 환상과 상징의 방법으로 상상력을 동원하여 썼다. 아무리 악한 세력이 성행하여도 결국 하나님의 정의가 승리한다는 것을 묵시적으로 보여준다. 예를 들어 계시록은 요한의 묵시록이다. 신앙 때문에 에베소 교회의 장로인 요한이 유배되어 밧모섬에서 쓴 것이다. 계시록의 기록연대는 도미티안 박해가 끝나는 A.D. 95년경으로 본다. "세상나라가 우리 주와 그리스도의 나라가 되어 그가 세세토록 왕 노릇 하리라"(계 11:15)는 말씀이 역사적인 증거가 되는 말씀이다.

묵시사상을 가진 사람들의 삶은 개인적으로나 집단적으로 볼 때 살아가는 모습이 다르다. 이것은 묵시 운동으로 연결된다. 여기에는 소극적인 태도와 적극적인 태도가 있다. 전자는 이원론적인 생각을 가지고 사는 삶의 모습에서 나온다. 악의 세력은 악하므로 대항하지 말고 악을 피해서 은둔하며 주님이 오실 날 만을 손꼽아 기다리는 것이다. 후자는 악이 더 이상 좋아지지 않으리라는 판단이 들어 악이 최고조에 이르렀을 때 악의 세력을 무찌르기 위해 직접 나가 전쟁도 하고 싸우는 태도까지를 포함한다.

소극적인 종말론은 주후 156년경 소아시아의 몬타누스에게서 시작된다. 그는 요한복음 14장에 약속된 보혜사 성령이 자기에게 나타나 예언을 할 수 있다고 스스로 믿었다. 자기 자신 이후에는 더 이상 예언자가 없어 계시의 시한이 다되었기 때문에 계시의 단절과 함께 서기 200년에 예수께서 오신다고 예언하였다.

성령에 의해 계시된다는 이 종말론은 교회의 세속화에 대한 새로운 개혁 운동이기도 하였다. 감독들의 권위아래에 지배당하고 있는 교회를 원래의 상태로 회복하기 위하여 엄격하고 철저한 윤리적 실천을 강조하고 성결한 자들만이 진정한 교회를 만들 수 있다고 믿었다. 이것은 테르툴리아누스에 의해서 재정립된다. 그 내용은 엄격한 금식과 철저한 순교의 각오 그리고 세상으로부터의 성별, 심지어 결혼을 반대하는 것 등이었다.12)

그 이외에 교회의 역사를 보면 끊임없이 재림과 휴거에 관한 잘못된 예언들이 있어 왔다. 최근 우리사회를 매우 어지럽게 했던 이장림과 다미선교회의 1992년 10월 28일 24시 재림과 휴거설은 그 대표적인 것 중의 하나이다.

보다 적극적인 종말론을 대표하는 사람은 독일의 토마스 뮌처(Thomas Münzer)이다. 그는 루터와 동시대의 사람으로서 진정으로 중요한 것은 기록된 성경이 아니라 성령의 현재적 계시라고 하는 성령적 교리(spiritualistic doctrine)를 주장하면서 자신들을 예언자와 사도라고 칭했던 사람들이다. 성령에 의해 중생한 사람들이 하나님의 왕국을 실현하기위해 신정 정치적 공동체에 참여해야 한다고 믿었다. 그의 주장은 종교적인 영감 속에서 1524년 농노반란으로 이어져 농노들은 그들이 만든 "12헌장"(Twelve Articles)속에 경제적, 종교적 요구들을 내세우게 되었다. 이들은 천년왕국이 곧 이른다고 믿었으며 피의 세례를 받아서 그 시대를 맞이하도록 철저히 준비를 하다가 탄로되어 10만 명 이상의 농민들이 학살을 당하게 되었다.13) 초대교회 이후 잘못된 재림에 대한 여러 예언들은 성경에 대한 잘못된 주관적인 해석에서 나온 것들이다.

지금까지의 종말론은 "마지막 사물에 대한 이론" 혹은 "세상의 끝"(Weltende)이라는 말을 신학적인 용어로 "끝"(ἔσχατον)이나 "마지막 사건들"(Novissimus, the last thing, Die letzten Dinge)이라는 관점에서 이해되어 왔다. 세상 마지막에

---

12) 니이브, 『기독교교리사』 (서울: 대한기독교서회, 1965), 서남동 역, 107쪽 이하.
13) 유스토 L. 곤잘레스, 『종교개혁사』 (서울: 은성, 1989), 서영일 역, 73쪽 이하.

일어날 사건과 현상들 그리고 한 세대의 종말과 새로운 세대의 도래 등을 다루는 교리 내지 가르침을 말하는 것으로서 유대 묵시문학과 초대교회의 묵시 사상 그리고 묵시운동과 깊은 연관이 있다.

제 V 부

성경과 교회

제15장

성경과 신앙

1. 성경과 신앙

신앙생활을 한다는 것은 무엇인가. 그것은 "성경을 하나님의 말씀으로 믿고 그 말씀에 기초하여 산다"는 것이다. 그러므로 기독교 공동체에서 가장 중요한 것이 '성경읽기'와 건전한 해석이다. 유대인들은 히브리어로 된 39권의 성경, 즉 구약성경만 갖고 있다.

그러나 그리스도인들은 그것과 더불어 예수님의 말씀과 사역, 기독교회의 첫 역사에 대한 보도와 사도들의 서신, 계시록을 담은 신약 27권을 하나님의 말씀으로 받았다. 우리가 성경을 읽지 않는다는 것은 곧 신앙을 포기하는 것과 같다. 왜냐하면 성경을 읽고 암송하고 그것을 끊임없이 묵상하는 것은 기독교 신앙의 기초이기 때문이다. "오직 성경으로만"(Sola Scriptura)이라는 종교개혁의 표어가 그것을 잘 말해 준다.

종교개혁자들은 성경을 사제들의 종교적 제의문서에서 해방시켜 평신도들의 삶과 직결된 책으로 바꾸어 놓은 것이다. 죽어 버린 옛 문자를 살아 있는

'영의 말씀'으로 변화시킨 것이다. 따라서 종교개혁자인 루터의 가장 큰 업적을 든다면 성경을 신자들의 손에 쥐어 준 것이었다. 그는 누구나 쉽게 읽을 수 있도록 자국어로 성경을 번역하도록 했다. 성경을 통해서 하나님과의 만남을 시도한 것이 곧 종교개혁이다. 그러므로 '종교개혁'은 진정한 '성경 읽기'에서 출발했다.

예루살렘을 방문해 보면 그 유명한 '통곡의 벽' 앞에서 전통적인 복장을 한 유대인들이 성경을 앞에 놓은 채 머리를 시계추처럼 흔들고 있는 것을 보게 된다. 그들은 거의 눈을 감은 채 성경을 읽으면서 외우고 있다. 그런 모습은 유대인들의 회당이나 그들이 모여 있는 곳곳에서 쉽게 볼 수 있다. 그러나 '통곡의 벽' 뒤편에 있는 회교사원에 들러 보면 전혀 다른 모습을 만나게 된다. 회교도들은 동쪽의 메카를 향해 절한다. 그들에게도 『코란』이라는 경전이 있으나 그것을 읽는 모습은 찾아볼 수 없다.

이것이 바로 양 종교의 차이점이다. 유대인들이 1천 년 가까이 디아스포라로 살면서도 민족의 정체성을 유지할 수 있었던 원동력이 바로 성경 읽기였다. 성경을 읽는다는 것은 '성경을 사랑 한다'는 말과 같다. 성경을 읽는 사람은 하나님을 만난다. 또한 신앙의 선배들의 삶에 동참할 수 있다. 성경을 읽는 것은 과거와 현재와 미래를 꿰뚫는 하나님의 역사에 참여하는 것이다. 우리의 바라는 바, 믿음과 소망과 사랑의 모든 비밀이 그 속에 담겨 있다.

하나님은 성경을 통해 지금 우리에게 말씀하고 계신다. 그 말씀에 귀를 기울이는 것은 신자들의 특권이요 사명이다. 성경, 그것은 바로 인간을 구원하는 능력의 책이다. 인간에게 끊임없는 기쁨과 소망을 주는 '생명의 책'인 것이다.

"하나님이 가라사대…." 창세기 1장에서 반복되어 나타나는 이 말씀은 하늘과 땅, 곧 이 세상의 창조가 하나님의 말씀에 의해 이루어졌음을 알려주는 강력한 표현이다. 그리고 요한복음 1장 14절의 "말씀이 육신이 되어 우리 가운데 거하시매"라는 말씀 또한 태초에 이 세계를 창조하신 그 하나님의 말씀이 마침내 우리와 같은 인간의 몸을 입고 이 땅에 오셨음을 나타낸다. 그렇다면 이 같은 말씀들은 우리에게 무엇을 가르쳐 주는가. 성경을 보면 하나님은 인간이 찾기 힘든 어디엔가 숨어 계시면서 "나를 찾아보라"고 하시는 분이 아니다. 오히려 그분은 우리에게 먼저 다가와 당신이 누구신지 말씀하시는 분으로 나타난다. 친히 당신 자신을 드러내는 분이신 것이다.

말씀으로 이 세상을 만드신 하나님은 첫 인간인 아담과 하와를 만드시고 그들과 대화하며 그분의 뜻을 나타내셨고 이스라엘 백성들을 구원하시기 위해 모세와 예언자들을 통해서 말씀으로 그들을 찾아오셨던 것이다. 사랑하는 아들 예수 그리스도를 이 땅에 보내서서 하나님의 뜻을 직접 몸으로 선포하시며 말씀하셨을 때 그 절정에 이르렀다고 할 수 있다. 예수 그리스도는 곧 육신이 되신 하나님의 말씀 그 자체셨기 때문이다. 그리고 그 말씀은 성령을 통하여 오늘에 이르기까지 우리에게 다가오시는 것이다. 여기에 성경이 지닌 하나님의 말씀됨의 놀라운 특성이 있다. 그렇다고 하나님의 말씀인 성경이 인간의 언어와는 전혀 상관없는 천상의 언어로 쓰였다는 것은 아니다. 오히려 당시의 유대인이 사용하던 히브리어로 구약이, 기독교 첫 공동체의 세계화를 위해서 사용하던 헬라어로 신약이 기록되었다는 것은 성경이 인간을 위한 하나님의 말씀임을 드러내 주는 것이다. 그래서 하늘에서부터 직접 전수받은 책이라고 주장하는 코란이나 모르몬경 같은 경전과는 달리 성경은 인간의 역사적 삶의 자리를 존중한다. 이것은 마치 예수 그리스도가 하나님이며 동시에 인간이라는 고백과도 같은 것이다. 그분이 하나님이시기 때문에 죄인된 인간을 구원하는 하나님의 능력을 보여 줄 수 있었고 또한 그분이 인간이시기에 인간들의 연약한 자리에 함께 동참하실 수 있다는 것과 같은 이치다.

예수님이 하나님의 아들로서 인간의 육체를 지니고 이 세상에 오심으로써 인간의 삶 속에서 하나님을 보여 주셨던 것처럼, 하나님의 말씀인 성경은 인간의 언어로 쓰임으로써 인간의 시간과 역사 그리고 문화와 공간 안에 참여하는 생동력 있는 하나님의 말씀이 되게 하신 것이다. 따라서 성경의 말씀이 지닌 역사적인 측면을 무시하고 계시의 차원만을 강조하게 되면 영적인 열광주의로 빠질 위험이 있고 성경의 계시를 간과한 채 그것이 지닌 역사적인 자리에만 관심을 갖고 말씀을 대하게 되면 하나님의 능력을 말씀 속에서 체험하지 못하고 다만 역사실증주의자로 전락하게 될 위험성이 있는 것이다. 오늘도 하나님께서 성경 안에서, 성경과 함께 우리의 삶의 자리에서 우리를 찾아오시며 말씀하신다.

아가서 2장 10-14절은 마치 은밀하고도 아름다운 연애편지를 읽는 것 같은 감미로움이 시 전체를 감싸고 있다. 이것이 '노래들 중의 노래' 곧 최고의 노래로 일컬어지는 사랑의 송가인 솔로몬의 아가서다. 아가서에는 사랑의 기쁨이 잔잔하게 때로는 격정적으로 표현되고 있다. 사랑하는 남녀 간의 서로에 대한 기대와 소망, 그리고 서로의 육체에 대한 사랑까지도 거리낌 없이 묘사된다. 남녀 간의 사랑과 헌신에 대한 섬세한 정조가 가득히 담겨 있다. 여기서 화자는 한 남자와 한 여자다. 한 여자와 한 남자(왕, 목자)가 서로를 향한 사랑을 노래하고 있으나, 시 전체를 보면 여성의 독백이 주조를 이룬다. 내용을 살펴보면 사랑에 대한 욕망, 찬양 그리고 자랑들이 아름답게 교차되어 나타난다. 사랑하는 사람의 육체적인 매력에 대해서도 아름답게 묘사된다(아 4:1-7, 7:1-8). 그리고 그 묘사는 아주 섬세하다. 예를 들어 "너는 어여쁘고 어여쁘다. 네 눈이 비둘기 같구나"(아 1:15), "네 입술은 홍색실 같고 네 입은 어여쁘고 너울 속의 네 뺨은 석류 한쪽 같구나"(아 4:3). 유대인들은 아가서를 아주 귀중하게 여겨 유대 미쉬나를 보면 이런 말이 나타나 있다. "아가서가 이스라엘에 주어지기 전까지 세상은 가치 없는 세계였으며, 모든 성문서가 거룩하고 아가서는 거룩한 중에 거룩한 책이다." 이 말은 아마도 아가서의 아름다움을 예찬한 말인 동시에 아가서가 해석하기 어려운 책임을 말해 주는 것처럼 생각된다. 왜냐하면 아가서는 어찌 보면 마치 남녀 간의 성적인 사랑에 대한 노래처럼 들리기에 오랫동안 경전으로서의 진정성에 대한 물음과 더불어 올바른 해석 방향에 대해 어려움을 겪어 오고 있기 때문이다. 아가서는 때로는 풍유적으로, 때로는 하나의 드라마로, 때로는 제의적인 실습으로, 아니면 사랑의 송가들의 모음집으로서 다양하게 해석되어 왔다. 어떻든 분명한 것은 유대인들과 그리스도인들은 이 책을 단순히 남녀 간의 사랑을 노래한 책으로 이해하지 않았고 오히려 하나님과 이스라엘 백성과의 사랑(사 54:5, 호 2:14-20), 그리고 예수 그리스도와 교회와의 사랑(고후 11:2, 계 19:6-8)의 책으로 이해했다는 것이다. 그러나 아가서의 진정한 목적은 남녀 간의 사랑과 결혼의 신성함을 노래하기 위한 것으로 보인다.

결혼이란 인간에게 주어진 하나님의 최고의 선물로서 인간의 삶에 있어서 가장 아름다운 것이기 때문이다. 남녀 간에 결혼과 성이란 곧 지상에 있어서 하나의 신비(엡 5:32)인 것이다. 이 신비를 인간이 묘사할 수 있는 가장 아름다운 언어로 노래하고 있는 것이 바로 아가서이다.

"헛되고 헛되고 헛되고 헛되니 모든 것이 헛되도다"(전 1:2). 성경에도 이렇게 인생의 무의미함을 외치는 말이 있었던가 의아해하는 사람도 있을 것이다. 마치 생의 허무와 무상을 말하는 불교의 교훈처럼 들리기 때문이다. 그러나 생을 살면서 자기 한계성을 깨닫는 것이 실은 인간이 하나님 앞에 나아가는 길이란 것을 알면 전도서 기자가 부르짖는 이 탄식의 의미를 깨달을 수 있을 것이다. 지혜의 위기를 경험하는 전도서 기자의 모습은 고난 속에 신음하는 욥의 탄식과도 일맥상통한다. 이러한 위기는 인간이 하나님의 행위를 이해하지 못하고 하나님의 계획을 인식할 수 없다는 데서 생긴다.

그 이유는 하나님은 시간을 정하시고 그의 섭리 가운데 모든 것을 행하시나(3:1-15, 5:19, 6:1-2, 9:1), 인간은 그것을 깨달을 수 없는 한계가 지워진 존재이기 때문이다. 전도서 기자의 말대로 하나님은 하늘에 계시고 인간은 땅에 있기 때문이다(5:2).

따라서 전도서에는 두 가지 권면하는 말씀이 반복되어 나온다. 하나는 '헛되다'(1:14, 2:11,17, 4:4)는 것이고 다른 하나는 '즐거움을 누리라'(2:24- 26, 3:12, 13, 22, 8:15)는 것이다. 어찌 보면 이 말은 서로 모순되는 것 같아 보이기도 하고 또는 절망에 빠진 인간에게 천박한 쾌락주의를 조장하는 것처럼 생각되기도 한다. 그러나 바로 그 속에 사실은 전도서가 지닌 세상의 신비에 대한 감탄이 들어 있다. 전도서 기자는 이 세상이 수수께끼와 같은 신비한 것으로서 인간이 이 신비를 파헤치기에는 한계가 있음을 고백하고 있다. 아무리 궁리하고 생각해 보아도 인간은 자기 존재의 궁극적인 의미를 발견할 수 없어 고통 받고 있다는 것이다. 하나님이 섭리하시는 때의 의미를 다 파악할 수 없기 때문이다. 그래서 인간이 행하는 것이란 다만 반복되는 것으로 그것은 헛것일 수밖에 없다.

실제로 전도서 기자가 말하는 헛됨의 내용은 매우 광범위하다. 사람의 수고(1:14, 2:11, 17, 4:4, 7-8)와 지혜(2:15)와 의로움(8:14), 부요함(2:26, 5:10, 6:2)과 존귀함(4:15-16), 또한 젊음의 힘(11:10)과 생명(6:12, 7:15, 9:9), 그리고 장래의 일(11:8)이 다 헛됨의 자리에 있다는 것이다.

전도서 기자는 여기서 하나의 제안을 한다. 이 허무하고 무상한 세상 속에서 인생을 즐기라는 것이다. 다 알지 못하는 인생이지만 하나님은 인간에게 인생을 즐기도록 자리를 마련하셨다는 말이다. 인간이 수고함으로 먹고 마시며 마음에 낙을 누리고(2:24-26, 3:13, 9:7), 재물과 부요함을 즐기는 것(5:19-20)이 바로 하나님의 선물임을 이야기한다. 따라서 쾌락주의를 지향하는 말이 아니다. 비록 궁극적 기쁨은 아니나, 사람이 수고함으로 얻은 결과를 즐기는 것은 바로 하나님의 선물이자 동시에 인간의 본분(참조 2:24- 26, 3:13, 5:19-20, 9:7)이라는 것이다. 그러나 이러한 사람의 수고와 지혜, 의로움은 궁극적인 가치를 지니지는 못한다. 전도서 기자는 이보다 더 중요한 것이 있는데 그것은 하나님을 기쁘시게 하는 것(2:26)과 그분을 경외하는(3:14, 7:18, 8:12-13, 12:13) 것이라고 말한다.

또한 하나님의 신비의 위대하심을 알고 자기 인생을 열심히 사는 사람만이 비로소 그 기쁨을 마음껏 누릴 수 있다고 한다. 그런 점에서 전도서 기자는 인생의 마지막 때가 있다는 사실을 알라고 경고하면서 이렇게 말씀한다. "너는 청년의 때 곧 곤고한 날이 이르기 전, 나는 아무 낙이 없다고 할 해가 가깝기 전에 너의 창조주를 기억하라"(12:1).

2. 성경과 영감

> "모든 성경은 하나님의 감동으로 된 것으로 교훈과 책망과 바르게 함과 의로 교육하기에 유익하니"(딤후 3:16).

성경의 권위는 성령의 영감에 근거하고 있다. 바울에 의하면 영감은 헬라어 theopneustos로 Theos(하나님)와 pneustos(숨쉬다, 불다)의 합성어이다. 즉, 바울이 사용한 '영감'(데오프뉴스토스)이란 말은 '하나님께서 숨을 내쉰다'란 뜻으로 풀이된다. 이 말은 하나님께서 성경 안에 숨을 불어 넣은 것이 아니라 하나님의 호흡의 숨결이 결국은 성경이라는 의미이다.

성경은 하나님께서 인간들을 사용하셔서 그들에게 영감을 주어 하나님께서 계시한 진리를 기록한 책이다. 따라서 성경은 무오한 책이다(여기서 무오하다는 말은 원문을 가리키는 것이지 사본을 가리키는 것이 아니다). 성경은 전체로서나 부분적으로나 무오하며, 권위에 있어서 최종적이라고 성경사전에는 기록이 되어 있다. 일반적으로 권위라 하면 "복종할 것을 기대하면서 어떤 행동을 요구하거나 신념을 결정할 수 있는 능력이나 권리"를 뜻한다. 결론적으로 성경은 권위 있는 책이라고 할 수 있다.

1) 성경은 신적 권위가 있는 하나님의 말씀이다

성경의 내증으로는 통일성이 있고, 영혼에 적응성이 있으며, 우월한 윤리체계가 있고, 외증으로는 이적과 예언의 신증, 역사적·실천적 결과가 있으므로 신적 권위가 있는 하나님의 말씀이다. 또한 성경 자체가 하나님의 말씀이라고 자증한다(요 10:35, 딤후 3:16, 벧후 1:21). 따라서 성경은 하나님의 신적 권위가 있는 하나님의 말씀이다. 우리는 최종적이며 궁극적인 권위를 하나님과 그분의 말씀에 둔다. 그러므로 현재 하나님의 뜻을 계시하고 있는 성경 말씀보다 더 큰 권위는 없으며, 심지어 교회라도 이 말씀의 권위에 복종해야 한다. 인간의 어떤 권위도 하나님의 말씀의 권위를 능가할 수 없다. 우리의 신앙과 삶의 실천은 물론이고 모든 문제는 하나님의 말씀인 성경의 권위 앞에서 무릎을 꿇어야 하며 성경 말씀에 복종해야 하는 것이다.

2) 성경의 권위는 하나님으로부터 왔다

성경의 계시는 신적이다. 성경은 하나님의 감동을 받은 사람들에 의해 기록된 것으로 성경이 하나님의 뜻을 계시하는 정확무오한 객관적 기준이 된다는 뜻이다. 성경의 수많은 계시와 예언은 그대로 이루어졌고, 또 정확하게 그대로 성취되고 있다.

3) 성경은 하나님 자신에 대한 하나님의 증거이다

성경은 하나님 자신의 말씀이며, 하나님의 성령의 감독 하에 준비된 사람들에 의해 기록된 것이다. 말씀이 육신이 되신 하나님의 아들이시며, 우리의 선지자이시고 제사장 및 왕이신 예수 그리스도는 사람들에게 하나님의 뜻을 전달해 주시는 궁극적인 중보자이시다. 예언된 메시아로서 성경의 중심 주제이다. 구약은 그분을 미리 보았고, 신약은 그분의 초림을 회고하며 재림을 바라본다. 정경인 성경은 하나님의 영감으로 된 것으로, 그리스도에 대한 표준적인 증거이다. 즉, 성령을 통해 성육신 하신 아들에 대한 성부의 증거로서 다루어져야 하는 것이다.

4) 그리스도는 성경의 권위를 증명하셨다

그리스도의 권위와 성경의 권위는 하나이다. 우리의 중보자이신 그리스도께서는 성경이 폐지될 수 없다고 증언하셨다. 우리의 제사장과 왕으로서 그리스도는 그의 지상에서의 삶을 율법과 선지자들을 성취하는 데 헌신하셨고, 심지어 메시아 예언의 말씀들에 순종하기 위하여 죽기까지 하셨다. 이렇게 그가 성경이 자신과 자신의 권위를 입증하는 것으로 보신 것처럼 그렇게 그 자신이 성경에 복종하심으로써 그분은 성경의 권위를 증명하셨다.

5) 성경의 원저자인 성령께서 성경의 권위와 진정성을 보증하신다

성경의 권위는 성경이 증거해 준다(고후 1:22, 요 14:26). 하나님에 의해 제공된 성경은 그것이 가르치는 모든 것에서 오류나 틀림이 없다.

3. 성경의 형성

1) 구약성경의 형성

하나님의 말씀은 먼저 역사적 사건과 하나님의 사람들의 생활과 생각과 말속에 구체적으로 나타났으며, 그것이 긴 역사를 통해 여러 기자들의 손을 거쳐 기술되고 공의회를 통해 경전으로 채택된 것이다. 특정한 시기에 특정한 저자들이 특정한 환경에서 기록한 책들이 모여서 성경이 되었다. 요세푸스(Flavius Josephus, 37？-100？ A.D.)라는 유대인 학자는 성경의 각 저자들이 하나님의 영감을 받아서 썼기 때문에 성경은 신적인 권위가 있다고 생각하였고 아닥사스 왕 때에는 이미 그 경전이 완성되었다고 보았다. 그러나 에스드라4서 14장 18-48절에 의하면 경전이 점진적으로 형성된 것이 아니라 에스라 때에 단번에 완성되었다고 말한다.

　　그러나 구약성경 전부가 그렇게 쉽게 더욱이 한 사람 에스라에 의해서 완성됐다고 보는 설은 도저히 믿을 수 없다. 구약성경은 39권의 작은 책들로 구성되어 있으며, 주후 90년경 얌니아에서 유대 랍비들과 학자들의 권위 있는 회의가 열렸고, 그 회의에서 구약성경의 책들이 최종적으로 낙착되어 그 수가 오늘날 우리의 구약성경의 그것과 꼭 같은 것으로 결정되었다. 구약성경은 근 1천 년의 긴 역사를 거쳐서 한 개의 거룩한 총서로, 그리고 정경으로 확정되었다.

2) 신약성경의 형성

(1) 초대교회와 신약 정경

① 초기 그리스도인들은 이미 구약의 정경을 사용하고 있었다. 그리스도께서 승천하신 이후 거의 20년 동안은 신약의 어느 책도 기록되지 않았다. 그리고

신약성경의 마지막 책이 기록되기까지는 약 65년의 세월이 경과하였다. 다시 말해서 주후 50년경에 야고보서가 최초로 기록되고 그리고 96년경에 요한계시록이 최후로 기록된 것이다. 이 기간 동안에 초대교회는 유일한 성경으로 구약성경을 소유하고 있었다. 베드로는 구약에 기초해서 그리스도를 전하였으며(행 2:16-21), 스데반은 구약에 기록된 이스라엘의 역사를 그의 설교에서 인용하였고(행 7장), 빌립은 이사야 53장을 가지고 에티오피아의 한 내시에게 그리스도를 전하였다(행 8장). 사도 바울 역시 어디를 가든 구약을 인용해서 말씀을 전파하였다.

② 초대교회 교인들은 그리스도를 직접 경험한 사람들이다. 구약성경은 이미 문서화한 성경이었지만 그리스도의 사건은 생생한 보고와 증언을 들으며 거기에 도취되고 감격하여 황홀한 생활을 하고 있었을 것이다. 그러므로 그들은 그리스도와 그의 사업에 대한 어떤 기록의 필요성을 조금도 느끼지 않았던 것이다.

③ 사도들의 증언이 요구되었다. 그리스도와 사건에 대해 사람들은 의문을 가졌고, 사도들은 그에 대답하고 증언하였다.

④ 사도교회는 강한 종말사상을 가지고 있었다. 그들은 부활하시고 승천하신 예수님께서 재림하실 것이라는 확신했으며 그 재림은 그리 오래 걸리지 않을 것이라고 생각했다(임박한 종말사상).

⑤ 그 당시는 인쇄술이 발달하지 못한 상황에서 글로 남기는 것에 많은 어려움이 있었다. 그래서 문서보다는 구전을 통해 말씀을 전하는 습관이 있었다. 수 세기 동안 구두로 율법을 전수했으며 구전 법률이 문서화된 것도 8세기의 일이다.

(2) 구전시대의 종결과 신약 문서의 형성

① 사도들의 죽음으로 인한 생생한 증언의 어려움.

② 그리스도교의 전파에 따른 발전: 그리스도교가 팔레스티나의 지경을 넘어 헬라와 로마 사회로 번져 가게 되었고, 그곳은 글을 쓰고, 책을 출판하는 일이 성행하는 사회였다. 그것을 보면서 기록된 문서의 가치가 크다는 것을 인식하기 시작하였을 것이다.

③ 기독교가 전파되면서 선교사나 전도자들은 한곳에 오래 머무를 수가 없었다. 이에 글로 남기게 된 것이다. 전도 내용의 문서화는 불가피한 일이 된 것이다.

④ 지연된 종말: 금방 올 것이라고 생각했던 그리스도의 재림이 늦어지면서 앞으로 오는 교회를 위해 문서로 된 말씀을 남겨야 한다고 생각하였다.

⑤ 거짓 복음들과 왜곡된 신학과 비윤리를 가려내기 위하여 표준적이고 공적인 문서 복음이 필요하게 되었다.

⑥ 유대인들에게 예수가 메시아라는 것과 구약의 예언이 성취되었다는 것을 보여주어야 하는 기록이 필요하였다.

⑦ 박해받는 기독교인들에게 위로와 격려의 글이 필요하였다.

⑧ 교회가 가진 여러 가지 문제들을 해결할 수 있도록 상황에 맞는 예수님의 말씀이 필요하였다.

⑨ 하나님과 율법으로 맺어진 이스라엘은 하나님의 율법을 지켜야 한다. 이런 계약을 기록한 것이 구약성경이다. 하지만 그리스도와 맺은 새 계약은 새 책을 요구하는 것이다. 새 계약 시대에 신약성경의 출현은 자연스러운 일이라고 할 수 있다.

3) 신약 문서의 정경화 과정

구전시대가 끝나자 사방에서 기독교 문헌이 생겨나기 시작했다. 하지만 모든 문헌이 정경이 된 것은 아니다. 정경이 되는 조건은 다음과 같았다. 첫째, 교회의 공중 예배에서 낭독되어야 한다. 둘째, 성령의 사람들이 선정해야 한다. 마지막으로는 사도들이 썼거나 사도들과 직접 접촉한 사람들의 글이어야 한다. 초대교회는 사도적 저작권을 정경 선정의 표준으로 삼았다. 사복음서는 하나님의 진리와 그 영이 깃들인 책들이어서 정직하게 진리를 탐구하는 독자들에게 무언중에 감화를 주고 영과 영이 통하는 진정한 복음으로 수락할 수 있게 되었다. 교회는 사복음서를 그대로 간직하였고, 여러 가지 문제가 생김에도 불구하고 복음서를 하나로 만들려는 운동을 배격하였다. 그 이유는 교회가 사도적 증언을 무엇보다도 존중했기 때문이다.

(1) **정경의 촉진 계기**: ① 주후 140년경 시노페의 이단자 마르치온이란 자가 로마교회에 나타나 영지주의 입장에서 나름대로의 정경을 만들어 주장하였다. ② 2세기 중엽 제도화된 교회 시대를 맞이하여 교회가 세속화되고 윤리성이 약해질 때 신비주의자 몬타누스와 막시밀라가 같이 다니면서 성령의 이름으로 예언을 하고 그리스도의 임박한 재림을 예고했다. 그는 스스로를 메시아라고 하며 자신이 교회를 위하여 새 환상과 새 메시지를 가져왔노라고 주장했다.

(2) **정경의 완성**: 주후 397년 카르타고 회의에서 아타나시우스의 안을 받아들여 현재의 27권의 신약 정경이 완성되었다.

(3) **외경의 특징**: 속사도 시대의 작품으로 영지주의 경향이 강하다. 영감성의 결여, 위조성, 자세한 부연, 윤색, 정경을 보충하려 한 점.

4. 성경 권위의 시대적 변화

1) 보수적 정통주의 신학의 성경의 권위

보수적 정통주의 신학은 근본주의로서, 이 관점에 있는 사람들은 성경은 하나님 말씀 그 자체로 절대 오류가 없고, 성경을 비판하는 사람은 신성모독이라고 생각했다. 또한 하나님의 말씀인 성경을 무비판적으로 많이 읽고 암기해야 한다.

2) 자유주의 신학의 성경의 권위

자유주의 신학은 19세기에 계몽주의와 과학의 발달로 생겨나게 되었다. 자유주의 신학의 특징은 인간의 이성을 찬양하며 이성을 통해 판단하려는 경향이 있으므로 성경 역시 이성으로 판단하여 이성에 맞지 않고 과학적, 역사적, 객관적으로 증명되지 않는 모든 것은 인정하지 않았다. 이로 인해 성경에 대한 이해는 하나님의 말씀을 기록한 책이기보다는 인간에 의해 경험된 종교적·신적 체험의 문서로 구분하며, 심지어는 타 종교의 문서도 성경과 마찬가지로 귀중한 종교적 문서라고 생각한다.

자유주의 신학은 1920년대에 1914년~1917년에 있었던 세계공황과 세계대전으로 인해 인간은 무한한 가능성을 가지고 발전하는 존재가 아니라는 것을 인식하고 쇠퇴한다.

3) 신정통주의 신학의 성경의 권위

1919년 칼 바르트의 『로마서 강해』의 출간으로 시작된 신학혁명은 에밀 브루너, 루돌프 불트만, 폴 틸리히, 라인홀드 니버, 리차드 니버를 통하여 서구 세계 전역에 영향력을 행사한다. 신정통주의 신학자들에 속하는 이들은 인간의 이성을 찬양했던 자유주의와는 달리 하나님과 인간의 질적 차이를 강조하였다. 또한 성경을 하나님의 계시로 인정하였지만, 성경을 무비판적으로 수용한 정통주의와는 달리 성경의 내용을 현재 상황과 연결하여 해석한다. 즉, 성경이나 계시는 인정하지만 상황윤리적 특징이 존재한다는 것이다.

5. 성경과 영감

1) 성경의 특징

(1) 성경은 권위를 가진다
• 원인적 권위: 성경 내용에 동의하게 만드는 작용. 여기에는 성령의 내적증거, 기적이나 역사를 통한 내적 표식들, 교회 전통을 통해 성경을 증언하는 외적 표식들이 있다.
• 규범적 권위: 신앙적 요소.
• 역사적 권위 : 교훈, 책망, 경고의 메시지.

(2) 완전성과 충분성
성경은 구원과 하나님 인식을 위하여 충분하며, 완전하다.

(3) 명료성과 명확성
로마가톨릭은 성경은 어렵고 신비하므로 교회에서만 해석이 이루어져야 한다고 가르쳤다. 이에 반해 종교개혁자들과 개신교 신학은 성경은 인간 구원에 있어서 명확하고 명료한 길을 제시하고 있다고 주장한다. 따라서 개인은 각기 성경의 해석에 참여할 수 있으며 개인적인 성령의 인도하심을 받을 수 있다.

(4) 작용성

하나님의 말씀은 살아 있고 운동력이 있다(히 4:2). 바로 이 운동력을 작용성이라고 한다. 성경 말씀은 인간의 마음을 움직이며, 적용하게 하며, 변화시킨다. 이러한 작용성은 설교자가 행하는 것이 아니라, 설교 말씀 속에서 나타난다.

2) 영감의 방법

"성경은 어떠한 방법으로 영감 되었는가?" 여기에는 대표적으로 기계적 영감설, 동력적 영감설, 유기적 영감설 그리고 자연적 영감설 등 네 가지 견해가 있다.

(1) 기계적 영감설(Mechanical Inspiration)

축자영감설(verbal inspiration)이라고도 하며 성경 기자들은 하나님이 입으로 불러 준 것만을 기록하였으므로 그 기자들은 단순히 필기사들이며, 성령의 말씀이 흘러나오는 통로에 지나지 않았다고 설명한다. 이 견해는 초대교회 교부들과 종교개혁자, 17세기 루터파와 개혁파 정통주의자들의 지지를 받았다(딤후 3:16, 벧후 3:15, 요 14:26, 요 16:12-13).

기계적 영감설이란 성경의 저자들이 성경을 기록할 때, 하나님께서 불러 주시는 대로 기계처럼 받아쓰기만 했다고 주장하는 것이다. 기계적 영감설을 주장하는 사람들은 기록 당시 저자들의 정신 활동이 정지되어 있었기 때문에 그들의 사고나 지식이나 언어가 성경을 기록하는 데 아무런 영향을 주지 않았다고 한다. 그래서 심지어 성경은 성령의 문체요, 성령의 문법이라고 까지 말한다. 이 견해의 대표적인 신학자로 영국의 후커(Hooker, 1554-1600)를 들 수 있는데, 그는 말하기를 "성경 저자들은 자기 자신들의 말을 아무것도 말하거나 기록하지 않았고 성령이 그들의 입에 넣어 주시는 대로 한 음절 한 음절 발음하였다"고 하였다. 이와 같은 기계적 영감설은 성경 저자들을 아무런 개성 없는 로봇으로 만들고 만다. 그러나 성경 속에는 분명히 성경 저자들의 각기 다른 독특한 개성, 문체, 경험 등이 나타난다.

(2) 동력적 영감설 (Dynamic Inspiration)

이 견해에 따르면 성경의 저자들은 그들 위에 역사한 성령님의 일반적인 감화를 받았을 뿐, 저자 자신의 마음대로 성경을 기록하였다고 한다. 이 견해의 지지자들은 성령이 성경을 기록하는 데 직접적으로 작용하는 것을 부인한다. 성경의 저자들이 로봇과 같이 기계적인 방식으로 사용된 것이 아니고, 그들이 기록하려는 단어들이 귀에 들려온 것도 아니며, 오직 그들의 내면적인 성결, 재능, 교육, 용어, 문체, 인격에 조화되도록 사용되었다고 주장하는 것이다. 이들에 의하면, 성령님께서는 성경의 구체적인 내용과 그 기록에 작용한 것이 아니라, 다만 저자들의 성격과 사상과 언어와 삶에 영향을 주어 그들이 영적 통찰력을 가지도록 변화시키는 힘(동력)으로만 작용한 것이다. 이와 같이 성령님께서 글이나 내용에 영감을 주신 것이 아니라, 저자에게 영감을 주어 자신의 의사에 따라 성경을 기록하게 하셨기 때문에 인간 자신의 문학 작품이지 계시는 될 수 없다. 성경은 철저히 주관적이며, 나아가 인간의 소산물에 가깝다.

다시 말하면 모든 그리스도인에게 작용할 수 있는 영감이 기록자에게 조금 더 조명되었을 뿐이라는 말이다. 전적인 성령의 영감이 아니라 사상이나 인격에 영향을 준다고 해서 사상영감설, 인격영감설이라고도 한다. 우리는 성령님께서 저자의 능력이나 의사를 자유롭게 내버려 두시지 않으면서도 그의 모든 인격을 최대한 사용하시면서 성경을 기록하게 하셨음을 믿는다.

(3) 유기적 영감설(Organical Inspiration)

하나님은 인간 기록자들을 통하여 자신을 계시하고자 할 때에 성경의 기록자인 선지자나 사도의 내적인 인간성, 재능, 교양, 용어, 문체를 최대한 활용하셨다. 또한 성령으로 충만하게 하셔서 모든 것이 아름답게 조화되는 중에 글이 완성되도록 하셨다. 이것을 우리는 '유기적 영감설'이라고 한다. 하나님은 성경 기자들을 사용하시되 그들의 성격과 기질, 은사와 재능, 교육과 교양, 용어, 말씨, 문체, 지식 등을 사용하여 기록하였다. 성령은 기자들의 인격을 억압함이 없이 부여하신 재능과 능력에 따라 쓰도록 지도하신다. 따라서 기자들은 능동적으로 성경기록에 참여하였으며, 성령에 감동되었다.

성경은 창세기로부터 요한계시록까지 약 1,600년간에 걸쳐 성령의 감동하심을 입은 40여 명의 저자가 기록한 책이다. 성경 기록자들은 왕에서부터 어부, 노동자, 정치가, 군인, 제사장, 농부, 시인, 사업가 등 각계각층의 여러 가지 직업을 가진 사람들이었다. 하나님께서는 이처럼 각각 특징을 가진 사람들에게 영감을 주시되 단순히 기계적으로 받아쓰게 하신 것이 아니라 그 특성과 자질에 따라 각각 특색 있게 기록하게 하셨다. 누가복음 1장 1절-4절에 의하면 기록된 성경은 각각의 문체와 기자들의 명확한 목적의식을 갖는다. 바로 신정통주의의 입장이다. 유기적 영감설에 입각하더라도 성경 원본의 무오류성을 주장하는 축자영감설도 원본에 대한 축자영감이지 번역본까지 축자영감을 주장하는 것은 옳지 않다. 그러나 성령의 도우심을 간과해서는 안 된다.

(4) 자연적 영감설(naturalistic inspiration)

하나님이 모든 인간에게 거하시므로 모든 인간은 영감을 받았다고 주장한다. 이러한 견해의 최종 결론은 성경이 정신적인 일을 다루고 있는 기타의 문헌보다 결코 더 많은 신적 영감을 받은 것이 아니라는 것이다. 이는 극단적 자유주의의 견해이다.

3) 영감의 범위

과연 성경 66권은 "모든 부문, 모든 글자에까지 다 영감되었는가, 아니면 어느 부문만 영감되었는가?" 여기에는 부분적 영감설, 사상적 영감설, 완전 축자영 감설 등 세 가지 견해가 있다.

(1) 부분적 영감설 (Partial Inspiration)

부분적 영감설을 주장하는 사람들은 성경의 어느 부분만 영감된 하나님 말씀 이고, 어떤 부분은 하나님 말씀이 아니라고 한다. 이들은 성경을 '교리적인 부분'과 '역사적인 부분'으로 나누어 교리적인 부분은 영감된 하나님의 말씀이 지만, 역사적인 부분은 이방 문학작품이나 신화, 전설 등을 편집한 것도 있다 고 주장한다. 이렇게 성경 전체가 영감된 것이 아니라 부분적으로 영감 되었 다면 어떻게 성경을 하나님의 말씀이라고 볼 수 있겠는가?

신·구약성경(66권)은 모두 하나님의 초자연적 영적 감화에 의해 기록된 하나님의 말씀이다. 그러므로 우리는 이 견해를 받아들일 수 없다.

(2) 사상적 영감설(Conceptual Inspiration)

사상적 영감설을 주장하는 사람들에 의하면 성경의 전체적인 사상은 영감되 었지만, 그 사상을 표현하는 문자나 용어들은 성령님의 지도나 감독 없이 저 자 자신이 선택하여 사용했다고 한다. 즉 하나님께서는 저자에게 사상만 주시 고 언어선택은 저자 자신이 했다는 것이다. 이것은 모순된 주장이다. 사상을 표현하기 위해서는 언어가 필요하며, 사상과 언어는 분리될 수 없기 때문이 다. 또한 이들의 주장에 따르면 성경에 오류가 있을 수도 있다. 이 견해 역시 비성경적이다.

(3) 완전축자 영감설(Plenary verbally Inspiration)

성경은 어느 특정한 부분만 영감된 것이 아니라 모든 구절 하나하나에 이르기까지 완전히 영감되었다. 이에 대해 예수님께서는 "진실로 너희에게 이르노니 천지가 없어지기 전에는 율법의 일점일획(一點一劃)이라도 반드시 없어지지 아니하고 다 이루리라"(마 5:18)고 하셨으며, 또한 성경은 "모든 성경은 하나님의 감동으로 된 것으로 교훈과 책망과 바르게 함과 의로 교육하기에 유익하니"(딤후 3:16)라고 기록하고 있다. 우리는 하나님의 말씀인 성경 66권이 그교훈, 사건, 글자에 있어 완전한 하나님의 영감을 받고 기록된 것임을 믿는다.

6. 성경해석의 원칙들

1) 성경은 문헌적이며 역사적 상황을 이해하면서 해석되어야 한다. 이것을 삶의 정황(Sitz im Leben)이라고도 한다. 성경의 구체적인 장소, 사건, 사람의 이름 등이 구체화되는 것이 도움이 된다. 예수께서 참으로 죄인들의 친구가 되셨는가? 가난한 자를 축복하셨는가? 다른 사람을 위해 자신의 생명을 버리셨는가? 이러한 질문과 답은 신앙에 절대적으로 필요하다. 예수의 인간성을 부인하면 가현론자(docetist)가 되는 것처럼 성경의 기자들의 인간성을 존중해야한다.

2) 성경은 하나님 중심적으로 해석해야 한다. 성경의 주연배우는 하나님이시다. 하나님은 창조주와 속죄주 그리고 구세주로서 세상에 필요한 정의와 자유 그리고 평화를 위해 오늘도 일하신다. 하나님은 다른 이들을 부요하게 하기 위해 가난하게 되셨으며(고후 8:9), 생명을 주시기 위해 죽음의 고통을 당하셨다(요 3:16). 성경은 삼위일체 하나님에 대한 증언이다.

3) 성경은 상황적으로(contextually) 해석되어야 한다. 성경은 자신의 관심

(interest)에 따라 더 읽혀지고 해석에 대한 동기부여가 된다. 인간의 삶을 규정해 주는 불안과 죽음에의 공포, 고독과 절망, 죄의식과 좌절감 그리고 자유에의 갈망 등은 성경을 가까이 하게 하는 요인들이다. 신앙인적인 공동체의 산물인 교회의 책 성경은 이러한 문제들에 대한 근본적인 답을 주며 많은 사람들을 그리스도 앞으로 인도한다. 성경에서 불의에 대항하는 정의의 외침과 해방을 듣기도 한다.

7. 성경의 구성

1) 정경의 기준

사람이 성경의 정경성을 정확히 심사할 수 없다. 오직 성경이 하나님의 영감에 의해 기록되었을 때 사람들의 인정을 받든지 받지 못하든지에 관계없이 이미 정경으로 확정되었다. 그러므로 사람이 성경의 정경성에 대해 시험하는 것은 하나님이 정하신 정경의 가부를 결정하는 것이 아니라 영감으로 기록된 성경임을 증명하여 확인하는 것에 두어야 한다.

구약의 정경은 요세푸스의 저작과 제2에스드라서(A.D. 100), 얌니아 학교 (A.D. 70-100)에서의 기록에 의하면 현재의 구약 39권이 정경으로 인정되고 있었음을 보여 준다. 그러나 구약의 정경성에 대해서는 마태복음 23장 35절과 누가복음 11장 51절에서 주님이 구약의 정경에 대한 범위를 확정해 주신 것으로 그 범위를 확인해야 한다.

신약에 대한 정경성의 여부는 다음 네 가지에 두고 있다.

• 사도성 - 사도들에 의해 기록된 것이나 후원의 증거

- 내 용 - 성경의 내용이 영적 진리와 내적 권위에 대한 증거
- 영감성 - 하나님의 영감에 의해 기록된 증거
- 보편성 - 성경이 정경의 특성을 지니고 있다는 교회의 일치된 확정

2) 성경의 원본

성경은 약 40명의 기자에 의해 약 1,500년 동안에 걸쳐 기록되었으며 히브리어, 아람어, 그리스어(헬라어), 라틴어로 기록되었다.

세상의 모든 책들은 종교의 경전이라도 시대와 저자마다 다른 사상으로 전개되지만 성경은 실로 방대한 역사를 통해 각자가 만나서 서로 의논하지도 않고 기록했다. 그런데도 66권의 기록이 놀랍게도 하나의 주제를 중심으로 일치되고 있다. 이런 점을 볼 때 성경이 사람의 연구에 의한 기록이 아니라 한 분 하나님의 영감에 의해 기록된 것임을 알게 해준다.

성경의 원본은 구약의 사본과 같이 가죽이나 파피루스에 기록된 것으로 여겨진다. 그러나 유대인들은 성경에 대한 특별한 존경심으로 낡은 성경을 보관하지 않고 묻거나 불태워 버렸고 바벨론 유수와 같은 박해 때에 이방인들에 의해 성경이 더럽힘을 받지 않게 하려고 파기하거나 불태웠다. 그 때문에 오늘날에는 구약 원본을 완전히 찾아볼 수 없게 되었다.

지금 우리에게 전해지고 있는 성경의 제일 오래된 것은 신구약 모든 성경의 원본이 아니라 사본들이다. 그러나 고대의 사본들 역시도 박해의 시기에 많이 유실되었다. 성경 사본으로 전해지는 것들로는 마소라 사본, 사해 사본, 이집트 사본 등의 구약 사본과 헬라어 사본, 바티칸 사본, 시내산 사본 등의 신약 사본들이 있다.

3) 성경의 역본

(1) 고대의 역본

① 70인역(B.C. 2C): 애굽 프톨레마이오스 2세의 명령에 의해 유대인의 장로 70명(정확하게는 이스라엘 각 지파에 6명씩 72명)에 의해 번역된 성경.

② 아람어 탈굼(A.D. 1C): "탈굼"이란 번역이란 뜻인데 구두로 전해지던 것이 회당 밖에서 사용할 목적으로 기록된 것으로 생각된다. 직역이 아닌 설명적인 의역으로 전승과 설교 자료를 싣고 있다.

③ 페쉬타 역본(A.D. 1C): 아람어 탈굼과 비슷한 것으로 시리아 번역본이다. 표준적인 히브리어 본문에 입각하나 70인역의 영향을 받은 흔적이 있다고 한다.

④ 벌게이트(불가타) 역본: 제롬에 의해서 라틴어로 번역된 성경이다.

(2) 근세의 역본

1456년 구텐베르크 성경: 라틴어 성경의 인쇄본 출간.

1533년 루터의 역본: 신약, 1523년 모세 오경, 1534년 성경전서 간행.

1534년 윌리엄 틴데일, 영어 성경 출간.

1611년 제임스 흠정역 : 7년의 작업을 걸쳐 출간된 영어 성경.

1885년 흠정역 개역 출간.

1901년 미국 표준 번역본 출간.

(3) 한국 성경사

1832년 - 네덜란드 선교사 구츨라프에 의해 처음 성경이 한국에 알려짐.

1865년 - 토마스 목사가 한문 성경을 전하고 순교함.

1873년 - 스코틀랜드 연합장로회 선교사 로스가 성경 번역을 시작.

1875년 - 서상륜, 이응찬, 백홍준 등이 로스의 성경번역에 동참.

1882년 - 로스 누가복음 번역 1883년 출간.

1883년 - 이수정, 미국성경공회에서 한문 사복음서와 사도행전에 이두로 토를 달아 인쇄하는 일을 도움.

1884년 - 이수정, 한국어로 마가복음 번역.

1885년 - 이수정이 번역한 복음서를 언더우드 목사와 아펜젤러 목사가 가지고 입국.

1887년 - 로스 목사와 매킨타이어 목사 공동으로 신약전서 번역. 선교사들 한국성경위원회를 조직. 언더우드, 아펜젤러 공역 "마가가 전한 복음서" 번역.

1890년 - 아펜젤러 "누가복음전"과 "보라달라마인서(로마서)" 번역.

1893년 - 공선번역위원회를 조직하고 언더우드, 아펜젤러, 스크렌톤, 트롤로프, 게일, 레이놀즈 등이 위원에 선정됨.

1895년 - 위원회 역 사복음서와 사도행전 합본인 "신약전서" 번역.

1897년 - 위원회 역 골로새서와 베드로전후서 번역.

1898년 - 위원회 역 계시록을 제외한 신약 번역, 피터즈 목사 "시편촬요" 출간.

1900년 - 5월 피터즈 목사 신약전서를 완간하여 정동감리교회에서 축하 예배를 드림.

1904년 - 신약전서 개역 완료.

1906년 - 공인 역 출간과 유성준 장로의 "국한문신약전서"가 간행되어 고종 황제에게도 헌상됨.

1910년 - 관주 성경의 효시인 신약전서를 동양선교회 선교사 카우만에 의해 공인 역본으로 간행함.

1911년 - 1910년 4월 2일 완역된 구약성경이 신약성경과 함께 "성경전서"로 간행됨.

1912년 – 남궁혁, 김인준, 김관식, 이원모 등을 위원으로 개역위원회가 조직됨.

1937년 – 개역위원회 역 개역 성경이 완성됨.

1947년 – 대한성경공회가 재건됨.

1950년 – 성경에만 사용된 문체와 문법인 "성경체"로 한글판 성경전서가 출간됨.

1957년 – 점자 성경전서가 완간됨.

1967년 – 12월 15일 신약 새번역 출간됨.

1971년 – 4월 11일 신·구교(개신교·가톨릭) 합작의 신약공동번역 출간됨.

1977년 – 외경을 포함한 공동번역이 출간됨.

2008년 – 새번역 성경과 찬송가로 바꿈.

제16장

성경 해석학

1. 성경 해석학이란?

성경해석학(Hermeteutics)은 성경해석의 과학적 기술이다. 개신교인에게 성경은 신앙의 유일기준으로(sola regula fidei) 인간과 세계를 향한 하나님의 계획과 뜻을 전하는 신언(말씀)이다. 해석학이라는 말은 희랍의 신 헤르메스(Hermes)에서 유래한다. 이 신은 여러 신들의 메시지를 인간에게 전하는 자로서 과학과 발명, 웅변, 연설, 저술 그리고 예술의 신이다. 성경해석학에서 중요한 것은 언어와 의미론이다. 이것을 어떻게 유기적으로 연결하는 가가 중요한 과제이다. 성경해석학이 의도하는 바는 1) 하나님의 말씀을 올바로 알자는 것이며 2) 성경기자와 현대인의 생각의 차이를 분리시키고 있는 언어적, 문화적, 지리적, 역사적 간격을 연결시키자는 것이다.

2. 일반적 개관

성경은 하나님의 영감으로 기록된 책이다. 유대교는 구약을, 가톨릭교회는 신구약 성경 이외에 외경(Apocrypa)을 첨가시키는데 개신교가 가지고 있는 현재의 본문은 고대로부터 가장 잘 전수된 사본중의 사본이다. 가톨릭교회의 계시의 자원은 전통이라고 할 수 있는 구전형태의 불문 및 성문 형태의 성경인 신앙유산이다. 이두가지는 서로 보충의 관계에 있다고 본다. 죽은 자를 위한 기도, 마리아 숭배, 고해성사, 베드로의 우월성 등이다.

1) 성경과 비평(critics)

정경과 본문이 정해지면 이에 대한 비평이 논의 되어야 한다. 이에는 하등비평(본문비평, lower critics)과 고등비평(역사비평, 문학비평, higher critics)이 있다. 이러한 비평들을 통해 저자와 저술시기, 역사적 환경, 책 내용의 신빙성 등을 다루면서 원문을 찾아가는 것이다. 이러한 역사적 비평이 독일의 합리주의에 의해 너무 급진적으로 이루어져서 성경의 본문을 부정하거나 훼손하는 경우도 있게 되었다.

2) 해석자의 자격

성경의 진정한 해석자는 성령이시다. 첫째, 해석자의 영적인 자격은 거듭남인 중생이다(요 3:3). 둘째, 하나님의 말씀을 체계적으로 추구하려는 열의가 있어야 한다. 셋째, 하나님의 말씀에로의 인도를 성령님께 전적으로 맡기는 일이다. 교부들이나 건전한 신학자들은 성경 해석에 관한 난해한 구절을 만나면 모두 기도하면서 그 문제들을 해결하였다.

중세기까지 신학은 학문의 여왕(Theologia regina scientiae est)이었다. 신학을 하기 위해 일반 교양학의 습득이 필수적이었다. 문학과 역사, 철학에 관한 연구의 과정은 신학연구를 위한 큰 기초가 된다. 성경해석학이 과학적 기술이라면 성경으로 기록된 히브리어와 희랍어, 라틴어는 물론 다양한 동일계 언어를 알아야 한다. 구약학자들은 아람어, 아랍어, 우가릿트어, 아카디아어를, 신약학자들은 아람어에 대한 폭넓은 식견을 가지고 편견 없는 개방적인 태도를 가져야 한다.

3) 건전한 성경해석의 도구들

성경해석을 위한 도구들로는 성경원어 사전이나 성구사전, 표준문법서, 건전한 성경해석을 하는 학자들의 주석과 성경지도, 역사와 고고학 풍습에 관한 이해를 돕기 위해 제반 책등이 필요하다.

3. 성경해석의 제학파들

1) 알레고리적 해석(Allegorical Interpretation)

문자나 명백한 사실 아래에 그 구절의 진의가 있다고 믿는 주관적인 해석이다. 문제는 해석되는 신비한 의미가 원저자의 것인지, 해석자의 것인지 구분이 되지 않는다는 점이다.

첫째, 희랍적 우화주의(greek allegorism): 희랍의 종교적 전통은 공상적, 기괴적, 불합리적, 비도덕적 요소들을 많이 가지고 있었다. 종교적 전통과 철학 및 역사적 전통의 긴장관계를 해결하기 위해 변증학과 해석학이 등장하였다.

두 전통과의 긴장해결은 종교적 유산을 우화화 하는 것이다. 신들에 관한 이야기나 시적 문헌 등은 문자적으로 다룰 수 없기 때문에 그 문자 속에 비의나 진의가 있다고 보았다.

둘째, 알렉산드리아에서 철학적 유산을 이어받은 유대적 우화주의(jewish allegorism)이다. 최초의 저술가는 아리스토불루스(Aristobulus, 160 B.C.)이다. 그에 의하면 "희랍철학은 구약, 모세의 율법에서 취한 것이다. 우화적 해석방법을 통해 모세와 예언자들 가운데에서 희랍철학의 교훈을 찾을 수 있다"라고 믿었다. 대표적 유대 우화해석자는 필론(Philo, 20 B.C.-54 A.D.)이다. 성경은 희랍의 어떤 철학보다 우월하다고 전제하면서 영감의 구수론을 가르쳤으며 예언자들의 수동성을 강조하였다. 그는 우화적 체계를 가지고 히브리 신앙의 충성심과 희랍철학에 관한 애정을 독자적으로 융합시켰다.

필론은 성경의 우화적 해석에 관한 법칙을 가지고 있었다. 문자적 의미는 성경의 외형적 몸이며 우화적 해석은 성경의 내면세계인 혼이라고까지 표현하였다. 우화적 해석에서 문법적 특성과 요소, 구두점, 단어의 의미, 합성어의 활용 등이 중요하게 다루어지며 상징은 비유적으로 이해되어야 한다. 영적 진리는 명칭의 어원에서 취해지며 이중적용의 법칙이 있다. 많은 자연물들은 영적 사실을 의미하는 데 예를 들면 하늘은 지성을, 땅은 감각을, 들판은 폭동을 의미한다고 했다. 그러나 이러한 해석들은 공상적이며 불합리한 해석들이다. 이 해석에 의하면 아브람이 아브라함이 되었을 때 계명된 철학자가 되었으며 사라와 결혼한 것은 추상적인 지혜와 결혼한 것으로 보는 데 과연 그러 할까?

셋째, 교부들의 우화주의(patristic allegorism): 구약을 기독교 문헌으로 만들기 위해 전력하였으며 동시에 복음의 진리를 강조하였다. 종교개혁 때까지 주석계를 석권한 우화적 해석은 역사적 의미를 결여하고 있다. 성경은 비유와 불가사의, 수수께끼로 가득 차있기 때문에 사변적인 우화적 해석만이 그 의미를 찾을 수 있다고 본다. 이들에게는 우화적, 신비적, 혼적, 영적이란 말이 동의어이다. 희랍철학이 구약 안에 들어있으며 우화적 해석으로 그 의미를 찾을 수 있다고 보았다. 이러한 입장은 매우 독단적이다.

넷째, 가톨릭 우화주의(Catholic Allegorism): 중세까지 계속된 성경의 우화적 해석은 성경을 문자적 의미와 신비적, 영적의미로 나누었다. 토마스 아퀴나스의 말에 의하면 "성경은 그 저자가 하나님이신 고로 한 가지 이상의 의미를 가지고 있다"라고 했다. 영적인 해석의 세 가지 틀은 우선 성경의 미래적, 예언적 의미를 갖는 모형적 해석, 승리하는 교회를 지향하는 종말론적 의미, 삶의 방식을 정해주는 도덕론적 의미 등이다. 그러나 광야의 만나, 출애굽의 유월절, 멜기세덱의 떡과 포도주, 엘리야의 떡과 기름 등이 성체 예배의 모형이라고 볼 수 있는가? 가톨릭교회는 구전형태의 전통과 기록된 성경을 신앙의 유산으로 가지고 있다. 이들은 모두 불명확한 만큼 사도의 표를 가지고 있는 교회만이 성경의 공식해석자이다. 공의회, 추기경회, 교구회의 해석은 높은 권위를 갖는다.

(1)알레고리적 해석

알레고리적 해석은 헬라 문학 형식에서 유래한 것으로 유대교와 그리스도교의 헬레니즘 사사의 학자들이 '성경해석'에 도입하였다. 알렉산드리아의 클레멘스가 최초로 알레고리적 방법을 사용했으며, 헬라 시대의 교부들이나 초대 라틴 교부들은 거의 알레고리적 해석을 사용하였다.

알레고리적 해석의 대표적 인물인 필론(Philo, B.C.25-A.D.40)은 '알레고리'를 문자 밑에 숨은 뜻을 찾는 것으로 보았다. 이스라엘의 신앙을 헬라의 철학과 결합시킨 그는 구약의 이야기를 구원사와 관계없이 스토아적 이성과 윤리의 이야기로 해석 했다. "이브와 뱀의 이야기"는 신화가 아니고 사람이 쾌락의 유혹을 받는 상징적인 이야기로 해석한다.

이레네우스(Ireneus, A.D.130-200)의 글에도 알레고리적 해석이 남아있다.

밭에 감추인 보화의 비유에서 밭은 성경, 보화는 그리스도다. 품값을 주는 비유(마 20:1ff)에서는 아침 일찍 포도원에 품꾼을 들여보낸 것은 '창조의 시작'이고, 둘째는 시내 산의 계약, 셋째는 그리스도의 전도, 넷째의 오랜 시간 후라고 한 것은 현재를 지시하고, 마지막은 종말 시기, 포도원은 의를 대표하고 포도원 주인은 하나님의 영이요, 한 데나리온은 죽지 않음의 선물이라고 했다. 테르툴리아누스나, 오리게네스, 아우구스티누스도 알레고리적 방법으로 비유를 해석했다. 특히 아우구스티누스의 사마리아 사람의 비유에서 어떤 사람은 아담 자신, 사마리아 인은 예수, 여관 주인은 사도 바울을 의미한다고 보았다. 그러나 이와 같은 알레고리적 해석들은 대부분 성경본문의 의미를 떠나 해석자가 말하려고 하는 사상의 해명을 위해 사용 되었다.

2) 헌신학파 (Devotional schools)

경건주의적 해석방법이라고 하며 성경은 개인적 건덕을 위한 영적 자양분으로서 영적생활의 발전을 추구하는 성경해석방법을 말한다. 슈페너는 1675년 '경건한 바람'(pia desideria)이라는 소책자를 통해 신자들이 함께 모여 성경을 연구하며, 예배하며, 기도를 한다고 하였다. 청교도, 프랑케와 벵엘, 진젠도르프, 웨슬레이, 퀘이커 교도들, 이들은 모두 거듭남을 중요한 성경해석의 과정으로 보기도 하였다.

3) 자유주의적 해석(Liberal Interpretation)

홉스와 스피노자에 의해 시도된 성경에 대한 합리주의적 견해를 말한다. 교육받은 지성과 조화되지 않는 것은 무엇이나 배격해야 한다는 것이다. 이러한 급진주의적 성경해석은 19-20세기에 그 절정에 이른다. 그 입장은 근대지성이 성경연구를 통제해야 한다는 것과 영감과 초자연적인 것들을 재정의 하며 성경의 역사적 해석과 철학의 적용 등이다. 이렇게 되면 성경은 인간의 문헌이며 성경의 모든 영감을 배격하며 성경 비평의 척도를 예수의 정신으로 규범을 삼아 예수를 사랑의 실천자 정도로 본다. 이는 낙관주의적 가치관에 근거한 성경해석이다. 이들은 지금도 예수의 정신을 가지고 살면 인간이 지상낙원을 건설한다고 믿고 있다.

4) 신정통주의(Neo-orthodoxy)

바르트의 로마서 주석에 의한 '위기의 신학'으로 '인간에 대한 하나님의 엄준한 심판을 강조하는 것'을 말한다. 신 초자연주의, 말씀주의, 신복음주의, 신자유주의, 성경적 실제주의라고도 불리 운다. 신정통주의의 특징은 다음과 같다.

첫째, 계시의 원리: 성경은 직접적인 하나님의 말씀이라기보다는 계시에 관한 하나님의 기록과 증언이다. 성경은 표준적 증거와 약속을 가지고 있는 간접적인 하나님의 말씀이다.

둘째, 기독론적 원리: 인간에 대한 하나님의 말씀은 예수 그리스도이다. 하나님의 말씀을 증거 하는 부분만 구속력이 있다.

셋째, 신화적 원리: 성경에서의 우주창조, 인간 창조, 인간의 타락, 그리스도의 재림 등 이러한 사건을 자유주의는 배격하였으나 정통주의처럼 문자적으로 해석하지 않고 신중히 중도적 입장(via media)을 취한다.

넷째, 실존적 원리: 파스칼과 키르케고르의 "말씀의 거울에 계시는 하나님을 바라보는 데서 참된 축복을 받는다."는 입장이다. 성경은 특별한 구원역사를 가지고 있다. 본문의 말씀이 오늘 나에게 특별한 의미를 부여할 때 하나님의 말씀이 된다는 것이다.

5) 구원사적 해석

에어랑엔의 호프만에 의해 제기된 종교적 체험에 의한 성경해석으로, 그는 쉴라이어마허와 루터를 조화시키려 했다. 중생의 체험과 교회의 역사적 사실, 성경에 근거한 구원사 개념이다. 쉘링이 역사를 영원 절대자의 현현으로 본 것과 같다.

역사의 형이상학은 예수 그리스도이다. 역사적 사건의 근원은 과거에, 의의는 현재에, 그리고 전망은 미래에 있다는 것이다. 그의 유기적 역사관은 성경해석상 처음 있던 일이다. 계시는 역사속의 하나님의 행위이다. 성경은 예수 그리스도를 믿는 믿음을 통한 하나님의 사죄와 구원의 선물에 대해 말하고 있다.

6) 불트만과 신해석학파

과학적 방법과 역사적 진술에 의해 입증된 것을 믿는다는 입장이다. 예수님이 물위를 걷는다는 것도 증명되어야 한다. 이것을 강요하는 것은 지성을 죽이는 것이다.

(1)비판적 원리: 주님도 성경이 기록된 당시의 종교와 철학 속에서 인식되어진다. 성경을 계시라기보다는 문화적인 제약을 받는 문서로 보는 것이다.

(2)비신화적 원리: 현대인은 신화를 믿지 않기 때문에 신화가 무엇을 말하는지 찾아내야 한다.

제17장

신앙의 공동체, 교회

1. 교회의 정의

1) 교회의 개념

교회는 성령에 의하여 결합되고 예수 그리스도를 구주로 믿는 신자들의 공동체로서 영적 삶의 요람이요 터전이다. 오늘날 많은 사람들이 교회에 대하여 바로 이해하지 못하여 혼동을 하고 있다. 교회는 하나의 조직인지, 아니면 살아 있는 몸인지, 그리고 교회는 언제, 어디에서 시작되었는지, 그리고 교회의 본질과 사명, 또한 선교적 차원에서 미래의 교회를 생각해 보고자 한다.

2) 교회란 용어의 뜻

교회를 영어로 'Church'라 함은 "주께 속한" 혹은 "주의 집"을 뜻하는 헬라어 퀴리아코스(κυριακός)에서 유래되었다. 그러나 성경에서 교회를 의미하는 용어가 몇 가지 있으니 그 뜻을 살펴보면 다음과 같다.

3) 교회의 성경적 명칭들(구약, 신약)

(1) 구약의 용어 "카할"(Qahal): 구약에는 선민이 성일에 하나님께 예배드리기 위하여 모인 무리(회중), 곧 성회 혹은 총회를 가리켜 "카할"(Qahal, 밖으로 불러내다) 이라고 불렀는데(레 4:13, 시 22:22), 이는 "하나님의 성회"를 가리키는 말이었다.

(2) 신약의 용어 "에클레시야"(Ekklesia): 신약에서는 헬라어의 "에클레시야"라는 말로 표현했다. 이는 구약에서 "집회" 또는 "회중"을 의미하는 카할(Qahal)을 번역하면서 70인 역이 채택한 단어이며, 그 뜻은 "불러내어 모으다" 혹은 "모인 무리"를 가리킨다(행 19:32).

(3) 신약에서 퀴리아콘(kyriakon): 또 하나는 헬라어의 "퀴리아콘"(kyriakon) 인데, 이는 히브리어의 "퀴리아코스"(kyriakos), 즉 "주의 것", "주께 속하는"에서 유래된 말로 교회는 "주께 속하는" 것으로 "주의 것"임을 의미한다.

4) 교회의 상징적 비유

(1) 그리스도의 몸: 성경에 교회를 그리스도의 몸으로 비유하고 있다(골1:18, 엡1: 22). 그리스도의 몸의 비유는 교회가 그리스도를 머리로 한 생명적 공동체임을 묘사하는 것이지만 그것은 단 한명의 성도에게도 적용되는 것이다(고전 12:27).

(2) 하나님의 성전(성령의 전): 성경에 교회를 하나님의 성전 혹은 성령의 전으로 묘사하고 있다. 이는 둘 다 같은 뜻이다(고전 3:16, 엡 2: 21, 벧전 2:5). 구약에서 성전(성막)은 하나님께서 자기 백성들 가운데 계시기 위해 택하신 장소였다.

(3) 새 예루살렘(하늘의 예루살렘): 옛 언약에서는 시온 산이 이스라엘의 예

배의 중심지였고 특별한 의미에서 "새 예루살렘"은 하나님이 현존하시는 곳(살아 계신 하나님의 도성)으로 간주되었다(히 12:22). 신약의 교회는 하늘의 새 예루살렘의 모형이며(갈 4:26), 성도들은 하늘의 예루살렘의 시민들이다(빌 3:20).

(4) 새 이스라엘: 사도 바울은 신약의 교회를 하나님의 새 이스라엘로 보았다(갈 6:16). 구약에 의하면 이스라엘 민족은 야곱의 열두 아들로 형성되었으나(창 32:28) 신약에서는 그리스도의 교회를 "하나님의 이스라엘" 이라고 하는 것이다.

(5) 진리의 기둥과 터: 신약에 교회를 "진리의 기둥과 터" 라고 표현했다(딤전 3:15). 교회는 세상에서 부르심을 받은 하나님의 자녀들이 모인 하나님의 집으로서 그 안에 하나님께서 살아 거하시고 이 진리를 믿는 성도들이 모인 곳이다.

(6) 하나님의 집: 교회는 하나님의 집이니 그 안에 하나님께서 살아 거하시고 하나님의 선택을 입은 성도들, 바울 사도도 교회는 하나님의 집이라고 했다(딤전 3:15).

(7) 하나님의 권속: 교회는 하나님의 권속(믿음의 권속)으로(딤전 3:15, 엡 2:19), 예수 그리스도를 믿는 신자들은 보이지 않는 오직 하나의 교회에 속하고 하나님을 아버지로 하는 하나님의 집의(딤전 3:15, 갈 6:10) 권속이다(엡 2:19).

(8) 그리스도의 신부: 신약에서는 "그리스도를 하늘의 신랑으로 교회(신자들)는 그의 신부로" 묘사하고 있다(고후 11:2, 마 9:15, 25:1-12 등).

(9) 하나님의 피로 사신 것: "하나님이 자기 피로 사신 교회" 라고 하였다(행 20:28), 여기서 "자기 피"란 성자 예수 그리스도의 십자가의 피를 가리킨 것이다.

(10) 그리스도를 토대로 한 건물: 성경에 하나님의 권속들이 거처하는 하나

님의 집으로서의 교회의 집터는 사도들과 선지자들이며 모퉁이 돌은 그리스도(엡 2:20-22, 고전 3:10-11)라고 비유하였다.

(11) 그리스도를 목자로 한 양떼: 세계 모든 교회가 선한 목자이신 그리스도의 음성을 들으며, 그분의 인도하심을 받고 신령한 양떼라는 사실을 표현한 것이다(요 10:11-16, 벧전 5:2-4).

(12) 금 촛대: 요한계시록에는 교회를 금 촛대로 비유하고 있다(계 1:29). 이는 세상에 대하여 진리의 등대가 되어야 하는 지상 교회의 고귀한 사명을 강조하는 표현이다(마 3:15-16).

(13) 그리스도와 지체들의 기능 공동체: 사도 바울은 교회를 그리스도의 몸으로, 교인들을 그 지체로 묘사하였다(고전 12:4-5, 엡 1:22-23). 바울은 "한 몸에 많은 지체를 가졌으나 모든 지체가 같은 직분을 가진 것이 아닌 것" 과 같이(롬 12:4) "교회는 그리스도의 한 몸이나 거기에는 다른 직능(직분)을 가진 많은 지체(교인들)가 있다."라고 함(롬 12:5).

2. 교회의 본질

1) 교회의 본질

첫째는, 교회란 인간의 인위적 결단이나 의지에 의해서 된 것이 아니라 성령에 의해서 이루어진 것이다. 즉 성도의 공동체란 인간의 노력으로 되어 진 것이 아니라 성령의 능력에 의해서 된 것이다. 그러므로 교회는 성령의 역사에 의해서 연합된 성도들의 모임이기에 교회의 본질은 영적이다.

둘째는, 교회의 공동체적 성격을 밝히고 있다. 교회란 그리스도와 믿는 성도가 공동체를 형성하여 교제함을 뜻한다. 교회는 본질적으로 그리스도와의 교제, 인간과의 교제를 통해서 일치를 이루어 그리스도의 몸을 이루는 것이다.

셋째로, 교회의 구성원인 성도의 의미를 밝혀 준다. 교회의 구성원을 성도라 부르는 것은 행위에 의한 의나 수도원적 삶의 이상을 실현해서 얻어지는 것이 아니라 구원받은 사람을 지칭한 것이다. 즉 믿음으로 의롭게 됨으로 성도가 된 것이다.

2) 교회의 속성

(1) 교회의 유일성
우리는 오직 하나의 교회만을 믿는다. 교회는 오직 하나이다. 아무리 많은 교인들이 존재한다고 하더라도, 교회가 하나, 유일한 단일체라는 것은 교회의 본질에 속한다. 그리스도가 만인의 머리로서 만인을 자신 안에서 통일하듯이, 성령이 그 은사의 풍부함과 다양성 속에서 한분이듯이, 교회도 오직 하나이다.

(2) 교회의 거룩성
우리는 교회가 거룩하다는 것을 믿는다. "거룩하다"는 말은 "분리되어 있다"는 말이다. 그러므로 교회가 거룩하다는 것은 주변 세계와 분리되어 있고 대립해 있다는 말이기도 하다. 교회는 사회의 여러 단체들처럼 상호간의 계약이나 합의, 필요와 강요에 근거해 있지 않고, 하나님의 계시와 그 계시에 대한 인식에 근거해 있다. 바로 이러한 전제 위에서만 교회는 거룩하다.

(3) 교회의 보편성
"우리는 교회가 가톨릭적이다는 것을 믿는다." 에서 "가톨릭적"이란 "보편적", "포괄적"이라는 말이다. "교회가 보편적이다"는 말은, 교회의 다양함에도 불구하고 그 동일성, 연속성, 보편성은 유지된다는 것을 말한다. 교회는 하나의 특징을 가지기 때문에 어디서나 동일한 바로 그 자신으로 존재한다.

이런 의미에서 교회의 보편성은 교회의 단일성, 거룩성과 일치한다. 하지만 교회의 일치는 교회의 수렴적 보편성을 강조하고, 교회의 보편성은 교회의 확장적 일치를 강조한다. 그리스도 안에서 하나가 된 교회는 온 세상과 연결되어 있는 교회이다.

(4) 교회의 사도성

"사도성"이란 교회가 사도들의 표준적인 권위, 가르침과 지도를 받는다는 것, 그들을 계승하고 그들과 일치한다는 것을 말한다.

3) 교회의 성격

(1) 전투교회와 승리교회

이 세상에 현존하는 모든 교회들은 세상에 존재하는 모든 형태의 죄악의 세력과 권세를 대항하여 끊임없는 전투를 수행하고 있다. 그러나 이 세상에서 믿음의 싸움을 성공적으로 마친 성도들은 하늘의 하나님 나라에서 편히 안식하고 있다.

(2) 유형교회와 무형교회

유형교회는 사람들의 눈으로 식별할 수 있는 교회로서 신자들의 신앙고백과 말씀과 성례, 그리고 외형적인 조직과 정치를 보면서 그 모임을 유형적 교회로 인식한다. 무형교회는 교회의 영적인 면, 즉 영적인 눈으로만 볼 수 있는 구원받은 모든 성도들의 전부를 의미한다. 사람들의 육적인 눈으로는 누가 참된 무형교회의 일원인지 판단할 수 없다. 그러나 중요한 것은 모든 그리스도인들은 유형교회에 속하면서 또한 무형교회에 속하는 교회의 일원이 되어야 한다는 것이다.

(3) 유기체로서의 교회와 조직체로서의 교회

유기체로서의 교회는 신자들의 교통적 생활, 신앙고백, 세상에 대하여 공동으로 대응하는 공동체를 말한다. 이것은 유형교회에만 적용되는 것으로 조직체로서의 교회는 직위, 말씀과 성례의 집행, 교회정치의 일정한 형식을 갖춘 교회를 말한다.

(4) 하나님 나라로서의 교회

하나님의 나라는 하나님의 통치가 이루어지는 영역을 말한다. 천상은 물론이고, 이 세상에서도 하나님의 통치에 복종하는 삶을 사는 자들의 보이지 않는 영역이 바로 하나님 나라인 것이다.

(5) 모이는 교회, 흩어지는 교회

예수께서 제자들에게 부탁하신 말씀을 통하여 교회를 모이는 교회와 흩어지는 교회로 나눌 수 있다. 예수께서 제자들에게 부탁하기를 "예루살렘을 떠나지 말고 내게 들은 바 아버지의 약속하신 것을 기다리라 요한은 물로 세례를 베풀었으나 너희는 몇 날이 못 되어 성령으로 세례를 받으리라"(행 1:4-5)고 했다. 예수님은 여기서 모이는 교회의 구조 또는 제도적 교회를 말씀했다. 그후 예수님의 예언은 그대로 이루어져서 열흘 후에 오순절 성령강림이 있었다. 누가는 초대교회의 모습을 기록하면서 "저희가 사도의 가르침을 받아 서로 교제하며 떡을 떼며 기도하기를 전혀 힘쓰니라"(행 2:42)고 했다. 또한 "날마다 마음을 같이하여 성전에 모이기를 힘쓰고..."(행 2:46)라고 했다.

신약용어로는 "쉬나고게"란 말이 있는데 이 말의 뜻은 "함께 인도 한다"는 뜻이다. 그리고 교회를 나타내는 보편적인 말인 에클레시아는 "밖으로 불러내다"라는 의미를 가지고 있는데 이 말도 결국 집회 또는 회중이란 것이다.

또한, 예수님께서는 마 28:19에 "너희는 가서 모든 족속으로 제자를 삼아"라고 했다. 그냥 머물러 있는 것이 아니라 세상을 향해서 선교적 사명을 감당해야 할 것을 가르쳤다. 행1:8절에도 "오직 성령이 너희에게 임하시면 너희가 권능을 받고 예루살렘과 온 유대와 사마리아와 땅 끝까지 이르러 내 증인이 되리라"고 예언했다. 그런데 예루살렘 교회성도들은 그저 모여서 자기들이 이방 백성들과 달리 하나님의 선택받은 자들임을 감사하고 세계를 향한 선교적 사명에 대해서는 전혀 생각지 못했다. 결국 사도행전 6장까지 예루살렘 교회가 보내는 교회의 구조로 전환할 기회가 여러 번 있었으나 그때마다 현실에 안주하려는 수구적인 신앙 자세로 예루살렘 밖으로는 한걸음도 옮겨 놓지 못했다. 이러한 상황 속에서 하나님께서는 사도행전 7장에 나타난 신실한 집사 스데반의 순교를 통해 예루살렘 초대교회의 구조를 바꾸었다. 이제 초대교회의 핍박과 박해는 로마의 정권이 아닌 같은 민족인 유대종교 지도자들에 의해 이루어졌다. 특히 사울을 행동대장으로 한 예루살렘 교회의 박해와 탄압은 엄청난 것이었다. 예루살렘 교회가 여러 차례 시련의 고비가 있었지만 이번 사건은 견딜 수 없는 시험이었다. 그래서 모든 제직들은 뿔뿔이 흩어지는 처참한 상태에 빠졌다.

그러나 이렇게 흩어진 사람들이 유다와 사마리아와 땅 끝까지 이르러 복음을 증거 하는 결과를 가져왔다. 이 성경 기록을 그대로 인용해 보면, 행8:1절에 "그 날에 예루살렘에 있는 교회에 큰 핍박이 나서 사도 외에는 다 유대와 사마리아 모든 땅으로 흩어지니라" 라고 했다. 행 8:4-6에 "그 흩어진 사람들이 두루 다니며 복음의 말씀을 전할 새 빌립이 사마리아성에 내려가, 그리스도를 백성에게 전파하니 무리가 빌립의 말도 듣고 행하는 표적도 보고 일심으로 그의 말하는 것을 좇더라"고 했다. 참으로 사람의 생각과는 달리 예루살렘의 대 핍박이 도리어 복음을 모든 이방지역에 전하는 동기가 되었다. 그저 모였다가 헤어지는 교회가 아니라 세상을 향하여 증거 하는 교회가 되어야 한다. 보내고 모이고, 모이면서 보내는 이런 교회가 역동적인 교회요, 살아있는 교회이다.

4) 교회의 표식

(1) 말씀의 참된 전파
이것이 교회의 가장 중요한 표지이다(요 8:31, 32, 47, 14:23, 요일 4:1-3). 물론 교회가 말씀 전파에 있어서 완전무결해야 함을 말하는 것은 아니다. 다만 그 전파가 왜곡되지 않고, 바르게 전파되어야 한다는 점과 또 신앙과 행위에 있어 감화를 주는 교회가 되어야 함을 의미한다. 하나님의 말씀에 철저한 교회는 좋은 교회, 바른 교회라고 할 수 있다.

(2) 성례의 정당한 시행
성례는 하나님 말씀에 대한 유형적인 전파로서 그리스도께서 친히 제정하신 세례와 성찬을 의미한다. 성례로 지정하지 않는 것들은 성례로 인정되지 못한다. 성찬은 그리스도를 통하여 언약을 맺은 교회의 회원들에게 허락되며(고전 11:27), 세례는 말씀의 합법적인 사역자들에 의하여 하나님이 세우신 제도와 방식에 따라 신자들과 그 자녀들에게만 집행되어야 한다(마 28:19, 막 16:16, 행 2;42).

(3) 권징의 신실한 시행
이것은 교리를 순수하게 유지하고 성례를 거룩하게 지키려는데 아주 중요한 것이다. 권징을 등한히 하는 교회는 진리의 빛을 상실하게 되고, 거룩한 것을 남용하게 된다. 하나님의 말씀은 그리스도의 교회 안에서 진정한 권징을 강조한다(마 18:18, 고전 5:1-5, 13, 계 2:14, 15, 20). 교회의 거룩함을 위하여 목회자들과 성도들 모두 스스로 조심해야 하며, 교회 안에 거룩함을 훼손하는 이들에 대한 권징을 시행해야 비로소 바른 교회의 모습을 이루어 갈 수 있다.

3. 교회의 기능과 사명

1) 교회의 기능

(1) 예배의 기능

교회가 갖는 모든 예배행위는 모든 기능과 행위에 우선한다. 만일 예배를 소홀히 취급하거나 무시한다면 그것은 이미 교회의 본질에서 떠나버린 것이다. 구약의 경우를 보면 하나님예배를 위하여 성막, 성소 ,성전이 세워졌고 예배에 관한 제반 규례가 제정되었다. 예배기능은 그 대상이 절대자이시며 전능자이신 하나님이시다. 피조물인 인간은 창조주를 향하여 경배와 찬양을 드릴 의무를 지닌 채 세상에 태어나고 그리고 삶을 유지해 나간다. 만일 그리스도인의 삶이나 교회생활 속에서 예배가 삭제된다면 그것은 자신의 의식 속에서 하나님의 존재를 삭제하겠다는 것과 다를 바 없다.

(2) 선교의 기능

선교란 기독교의 복음진리를 온 세상에 전하는 행위를 말한다. 교회의 선교는 '땅 끝까지 이르러 내 증인이 되라'는 그리스도의 절대명령에 근거한다. 절대명령은 절충이나 타협을 배제한다. 액면 그대로를 수행하고 실천해야 한다. 물론 선교신학자들의 견해는 각양각색이다. 기독교의 복음을 문자적으로 전하는 행위를 선교로 보는 입장이 있는가하면 사회변혁과 개조에 참여하고 주도하는 일련의 사회행동을 선교로 보는 입장이 있다. 전자의 경우는 주된 관심이 인간의 영혼구원에 있는데 반해 후자는 사회현상과 역사현실에 있다.

이러한 상반된 듯한 입장의 차이 때문에 두 신학적 견해가 마치 대립적 관계로 이해될 때가 있다. 그러나 엄밀한 의미의 기독교선교의 진수는 두 입장이 교차하는 접목점에서 드러난다고 볼 수 있다. 다시 말하면 개인의 영혼 구원과 사회구원의 문제는 이원화 되어야 할 성격이 아니라 조화와 균형, 그리고 접목을 필요로 하는 관계여야 한다는 것이다.

(3) 교육의 기능

한권의 책인 성경으로 민족교육을 시작한 유대인들은 지금도 모든 삶과 교육의 뿌리를 성경에서 도출해내고 있다. 교회가 지향하는 교육의 최종목표는 '예수 그리스도를 닮게 하자'는 것이다. 모든 교육에 목적과 목표가 있듯이 교회교육의 목표와 목적은 '예수 그리스도처럼 살게 하자'는 것이다.

(4) 친교의 기능

교회는 부단히 선교의 영역을 넓히고 교육의 뿌리를 깊게 해 나가면서 더불어 사는 친교의 기능에 최선을 다해야 한다. 초기 기독교의 발생과 발전과정을 살펴보면 친교공동체로서의 기능이 역력히 드러나고 있다. 예수 그리스도의 십자가사건은 하나님과 인간의 화해를 성립시켰으며 계층 간의 갈등과 반목의 담을 무너뜨렸다.

(5) 봉사의 기능

교회는 철저하게 봉사기능을 수행하는 단체이다. 위로는 하나님을 섬기고 옆으로는 이웃을 섬겨야할 기능적 책임을 안고 있다. 성경의 교훈은 '남을 섬기는 자가 큰 자'이며 '대접을 받고자 하면 먼저 남을 섬겨야 한다'라고 교훈 한다. 현재 우리나라의 사회사업기관들은 대부분 기독교가 세웠거나 그 운영관리를 책임지고 있다. 교회가 섬기는 훈련을 부단히 계속하고 있기 때문이다. 사회봉사에 인색한 교회상을 들춰내는 언론이 있으나 그것은 교회의 특성을 잘 모르기 때문이다. 교회는 자신이 한 일을 과장하거나 홍보하는데 소극적이다. 이유는 그리스도의 가르침이 그러하기 때문이다. 그렇다고 해서 교회가 사회봉사에 소극적인 것은 아니다. 어느 종교나 어느 단체에 못지않게 오늘의 교회는 역사를 싸매고 사회를 섬기는 데 최선을 다하고 있다.

2) 교회의 사명(임무)

(1)교회의 선교적 사명

① 예배 공동체로서 교회는 선교 공동체여야 한다.

성경에서 교회는 그리스도를 믿는 성도들의 삶의 공동체로서 출발했다. 그리스도를 중심으로 모였던 사람들이 교회라는 삶의 공동체를 형성하고 성령의 역사가 임함으로써 교회가 활력을 얻게 되자 그 공동체는 곧장 선교 공동체로 발전했다. 이러한 교회는 그리스도를 주로 고백하고 하나님을 예배한다는 측면에서는 예배 공동체이며, 동시에 맡겨진 선교의 사명을 수행한다는 측면에서는 선교 공동체이다.

②선교는 교회의 선교여야 한다.

교회의 선교란 교회가 선교사를 파송하는 일과 교회의 구성원들이 그 일에 동참하는 것을 말한다. 따라서 선교는 원칙적으로 성도들의 공동체인 교회가 주도하며, 그리스도인은 교회의 선교적 활동에 참여하고 협력하는 임무를 진다.

③교회는 선교 지향적이어야 한다.

교회는 회중지향적 교회와 선교지향적 교회로 구분할 수 있다. 회중지향적 교회는 예배와 교육, 그리고 봉사를 통해서 성도들을 양육하는 교 인 중심 목회를 하는 교회이다. 선교지향적 교회는 교회 안에 있는 교인들을 훈련시켜서 교회 밖에 있는 비교인들에게 내보내는 교회이다.

선교지향적 교회의 요건은 다음과 같다. 첫째는 목회자가 선교지향적인 목회관을 가져야 한다. 선교지향적 목회자는 한 교회의 목회자가 아니라 한 지역의 목회자이며, 또한 단순한 목회자가 아니라 선교사라는 의식을 가진다. 둘째는 교인들이 선교 의식을 가지고 선교에 직접 동참하는 것이다. 선교지향적인 교회의 교인들은 자신들의 교회 안에서 예배와 교육 그리고 봉사의 일을 계획하고 수행하는 것만이 아니라 한층 더 나아가서 교회 밖에 있는 사람들을 볼 수 있고 관심을 가지는 사람들이다.

4. 교회와 선교

1) 성경에 기초한 선교

성경은 예수 그리스도를 통한 구원의 역사를 기록한 책이며, 이 구원을 인간 역사 속에 실현하는 것이 선교이다. 그러므로 성경은 구원의 복음을 선포하고 전하는 선교의 목적과 내용, 그리고 방법의 총체적인 선교 원리를 제시하는 지침서이다. 성경에 기초하고 있는 선교 신학은 선교의 목적과 내용, 방법을 조장하는 선교 총체에 관한 그리스도인의 신앙고백적이다. 우리는 성경에 기초한 선교 신앙고백을 가지며 선교에 관한 신학적 해석과 평가는 오로지 성경에 기초하고 있음을 확신한다.

2) 선교의 주체자 하나님

선교는 하나님의 구원을 인간의 역사 속에서 실현하고 수행해 나가는 것이다. 선교는 삼위일체 하나님의 구원의 역사이므로 인간이 선교하는 것이 아니라 하나님께서 선교하시는 것이다. 즉 하나님의 선교는 타락한 세상과 인간을 죄와 멸망에서 구원하고, 하나님과 사람을 다시 화해시키는 구원의 역사이다. 그러므로 구원받은 우리들은 선교의 주체자이신 하나님의 보내심을 받은 선교의 사명자들이다.

3) 선교의 모범이신 예수 그리스도

예수 그리스도는 선교의 모범이다. 예수 그리스도의 성육신은 그 자체가 하나님의 구원의 선교이다. 하나님께서는 인간을 구원하시기 위해 친히 사람이 되어 이 땅에 오신 최초의 선교사이시다. 그의 성육신은 인간에게 구원의 복음을 전하는 최초의 선교사의 모범이다. 그러므로 그리스도인은 성육신의 선교를 하신 예수 그리스도의 모범을 따라서 구원의 복음을 전하기 위해서 어떠한 희생이라도 감수하는 종의 자세로 하나님의 선교에 임해야 할 것이다.

4) 예수 그리스도의 지상 명령

예수 그리스도는 선교의 모범이자 명령자이시다. 부활하신 예수 그리스도는 그리스도인들에게 '아버지께서 나를 보내신 것 같이 나도 너희를 보내노라'고 하셨다. 또한 '너희는 가서 모든 족속으로 제자를 삼으라.'는 최후의 명령과 더불어 '너희는 온 천하에 다니며 복음을 전파하라'라고 하셨다. 이것은 모든 그리스도인들에게 주신 예수 그리스도의 지상 명령이다.

5) 선교 공동체로서 교회

교회는 예수 그리스도를 구주로 고백하는 하나님의 백성들로 구성된 믿음의 공동체이다. 그리스도인의 공동체로서 교회는 현존하는 하나님 나라의 표상이며 도래할 하나님 나라의 상징적 모습이다. 이러한 교회의 존재 이유와 목적은 그리스도를 통한 구원의 복음을 만방에 전함으로써 하나님 나라를 확장하는 선교이다.

6) 교회의 복음 전도의 사명

교회는 구원의 복음을 전파하는 복음 전도의 사명과 책임을 지고 있다. 하나님께서는 예수 그리스도를 구주로 고백하는 백성들에게 교회를 통해 복음을 듣고 회개하게 하며 세상에 복음을 알려지게 한다. 교회의 사명은 구원의 복음을 듣고 믿을 뿐 아니라 세상으로 하여금 그 복음을 듣게 하는 것이다. 그러므로 교회는 세상과 분리되어 존재하는 것이 아니라, 세상 속에 존재하며 세상에서 세상과 더불어 일하며 세상에 침투해서 빛을 발하며 맡은 바의 사명을 한다. 즉 교회는 하나님의 구원의 복음을 전할 목적으로 세상에 보냄을 받은 복음 전도의 사명을 위임받았다.

7) 그리스도인의 특권과 책임

그리스도인은 특권과 책임을 가진다. 특권은 하나님의 백성으로 선택받았으며 더 나아가 값없이 구원을 받아서 자녀가 된 것이다. 이것은 하나님께서 아브라함에게 약속하시고 베푸신 복을 나누어 받은 것을 의미한다. 책임은 선택받은 하나님의 백성이 감사함으로 특권에 따라 기꺼이 지는 선교적 사명의 부담이다. 그것은 곧 자녀 된 특권을 혼자만 누리는 것이 아니라 아직 그러한 특권을 갖지 못한 사람들과 나누어 가질 책임이다. 특권의 나눔은 구체적으로는 예수 그리스도를 통해 구원을 받는다는 복음을 나누는 것이다.

5. 장로교회

1) 장로라는 말의 뜻

장로교회에 "장로"라는 호칭이 있는데 이 호칭은 성경에서 나온 것이다(출 3:16, 눅 22:66, 행 22:5). 장로라는 말은 본래 "연장자"(年長者) 또는 "어른"을 의미한다. 성경에서 이 말이 사용된 지는 구약시대 모세 이전부터이다. 구약에서 "이스라엘의 장로들"이라고 일컫고 있다(출 3:16). 이 말은 구약시대 이스라엘 백성의 대표자들을 의미하는 것이다.

구약시대의 장로들은 이스라엘 백성을 가르치기도 하며 논쟁이 벌어졌을 경우에는 판결하는 권한도 가진 지도층에 있던 사람들이었다. 모세시대에는 이스라엘 노인 중 백성의 지도급에 있는 장로들 70인으로 구성된 장로회가 있었다(민 11:16). 이 70인의 장로회는 모세와 함께 이스라엘 백성을 지도했던 공식기구였다.

신약성경에도 장로라는 말이 나온다. 초대교회 때에 장로라는 말은 감독과 목사를 의미하는 말이기도 하였다(행 20:17, 28). 사도 바울은 "잘 다스리는 장로들을 배나 존경할 자로 알되 말씀과 가르침에 수고하는 이들을 더할 것이니라"(딤전 5:17)고 했다. 이 말씀은 "다스리는 장로"와 "가르치는 장로"를 의미한다. 오늘날의 개념으로 말하면 전자는 교회의 시무장로이며 후자는 목회자, 즉 교회의 목사를 의미하는 것이다.

2) 장로교회의 역사

장로교회라는 말은 장로회라는 말에서 왔다. 장로회 체제의 역사는 거슬러 올라가면 이미 구약시대의 이스라엘 국가형태에서 볼 수 있다. 신약시대에는 이미 초대교회에서 장로회 체제의 교회를 볼 수 있다. 그래서 오늘날 실례를 들어 말하면 장로회는 "대한예수교장로회" 혹은 "한국기독교장로회" 라고 일컫게 되는 것이다.

그런데 이와 같은 장로회 체제의 교회형태가 중세기 로마가톨릭교회시대에 들어서 감독정치 체제로 바뀌었다. 이에 16세기 초, 종교개혁 운동을 통해 장로회 체제의 교회 모습을 회복하게 되었다. 근대적 장로정치 체제의 장로교회의 출발을 종교개혁자 칼빈(1509-1561)과 존 녹스(1514-1572)에게서 찾게 된다. 새롭게 장로회의 체제를 갖추는 일에 주역이 된 사람은 요한 칼빈이다. 칼빈은 사도시대의 교회체제를 근거로 하여 성경적 장로교회 체제를 갖추기 위해 1542년 교회헌법을 작성하였다. 이 교회헌법은 구미의 모든 장로교회에서 채택되었다. 우리나라 장로교회에서도 이 교회헌법을 교회의 모범으로 채택하고 있다.

종교개혁기에 세계 최초의 장로교회는 프랑스장로교회이다. 프랑스에서 스위스 제네바로 망명한 프랑스 사람들이 칼빈의 가르침을 받고 1559년 5월 25일에 15개 교회들이 모여 최초로 장로교회 대회를 개최했다. 이 대회에서 프랑스교회를 위한 신앙고백서와 훈련교서가 나왔다. 그것들은 칼빈의 사상을 반영한 것이었다. 스코틀랜드에서는 존 녹스의 종교개혁운동에 의해서 장로교회가 탄생했다. 1647년에 영국에서 웨스트민스터 신앙고백서, 예배의식서, 교회 제도, 교리문답서 등이 작성되어 세계 장로교회의 기본적인 신앙문서가 되었다.

미국에서는 화란과 영국에서 이민을 한 사람들, 스코틀랜드, 아일랜드에서 이민한 사람들에 의해 장로교회가 생겼다. 1717년에 필라델피아에서 첫 번째 장로회 대회가 조직되었다. 18세기에 요나단 에드워드에 의하여 일어난 대각성 운동으로 장로교회의 신앙부흥운동이 일어났고 그 여파로 19세기에 켄터키와 테네시에서 컴벌란드장로교회가 생겼다.

1720년 이래로 독일 개혁교회 신자들이 미국으로 이민하여 1863년에 피츠버그에서 대회를 조직했다. 1847-1857년 이래로 미시간에 화란에서 이민한 사람들의 장로교회가 세워졌다. 미국의 장로교회는 남북전쟁으로 인해 남장로교회와 북장로교회가 분리되었다. 캐나다와 호주, 뉴질랜드. 남아프리카 등지에는 영국계 장로교회가 생겼다.

한국에는 1884년 미국 북장로교회 알렌 의사가 들어온데 이어서 1885년 4월 5일에 언더우드가 들어와서 의료선교와 교육선교를 시작했고 1889년에 호주 장로교회 선교사들이 각각 들어와서 선교활동을 했는데 그들이 연합하여 하나의 예수교장로회를 설립했다.

3) 장로교회의 제도

오늘날 현실적으로 장로교회 제도의 기본질서는 목사, 장로, 안수집사이다. 그 외에 권사, 강도사, 전도사, 서리집사 등의 임시직으로 구성되어 있다.

(1) 목사

목사는 교회의 지도자요 교회의 모든 일을 총괄하여 관장하는 자이며 설교와 성례를 집행하며, 교회를 관리하고 운영하며, 신자의 신앙생활을 지도하며, 훈련하고 교육하는 일 등을 망라하여 봉사하며, 신자를 위로하며, 영적으로 양육하며, 교회를 돌보는 사람이다. 이 같이 목사가 교회를 돌보는 일을 목회라고 한다.

목사는 하나님의 교회를 위하여 특별히 하나님의 쓰임을 받은 목회 전문가로서 다양한 사명을 받은 자이며, 교회의 지도자로서의 그 책임이 중차대하다. 이를테면 하나님의 보내심을 받아 특별히 쓰임을 받은 자로서 모든 사람의 본이 되며, 엄숙하고 지혜롭게 근실히 교회를 감독하며, 치리하며, 하나님의 말씀을 전파하며, 하나님의 말씀으로 가르치며, 교훈하여 권면하며, 성례를 집행하며, 하나님께 거역하는 죄인을 책망하며, 회개케 하여 하나님에게로 나아가 하나님과 화목하게 하며, 낙심하는 자들을 위로하며, 돌보며, 교회의 제반 일을 관장하는 사람이다. 종교개혁자 칼빈은 "목사는 하나님으로부터 특별한 훈령을 받은 자이다"라고 하였다.

(2) 장로

장로는 자신이 속한 교회를 다스리는 사람이다. 장로는 교회의 봉사자이며, 교역자를 보좌하며, 교역자와 교인 사이에서 좌우 수족의 역할을 하는 교회의 어른이다.

장로직은 구약시대부터 있었다. 신약시대에도 장로는 하나님의 교회의 봉사자로 세워졌다. 초대교회에서는 장로라는 호칭과 감독이라는 호칭은 같은 직분을 의미하는 말로 함께 사용되기도 하였다(행 20:17, 28; 딤전 3:1, 4:14, 5:17, 딛 1:5, 7). 장로와 감독은 각각 다른 직분을 의미하는 것이 아니라 같은 직분을 각각 달리 호칭하는 말이었다.

장로교회의 헌법에 치리장로의 직무에 대하여 규정하고 있다. "교인의 택함을 받고 교인의 대표자로 목사와 협동하여 행정과 권징을 관리하며 지교회 혹은 전국교회의 신령적 관계를 총괄해야 한다." 고 규정하고 있다. 이것을 분석하여 보면 치리장로는 ①교인의 선택을 받은 자로서 ②교인의 대표자이며 ③목사와 협동하여 ④행정과 권징을 관리하는 일과 ⑤지교회 혹은 전국교회의 신령적 관계를 총괄하는 직무를 수행하여야 한다는 것이다.

장로교회의 장로는 우선 교인(즉 세례교인)의 선택을 받아야 한다. 교회의 제직, 즉 장로 및 집사의 선택(선거)에 있어서 교회헌법 제11장 제1조에 명시되어 있는 것을 보면 "각 지교회가 공동의회 규칙에 의하여 선거하되 투표자 2/3 이상의 찬성을 요한다." 라고 하였다. 만일 목사가 임의로 장로를 선택하여 세운다면 그것은 불법이다. 어디까지나 교인의 선택에 의하여 장립된 장로는 교인의 대표자이다.

헌법에서 장로교회 장로는 직무상 교인의 대표자이며 교회의 대표자는 아니다. 교인의 대표자라고 함은 교인(즉 하나님의 백성)의 대리자이며 대변자로서 교인의 형편과 교인의 의사를 공정하게 살펴서 반영하여 해결하는 역할을 하는 사람임을 의미한다. 그러나 교인들의 요구가 아무리 간절하다 할지라도 "금송아지 우상"을 만들어 여호와의 진노를 자처하는 일(출 32장)은 삼가야만 한다.

그리고 장로는 목사와 협동하여 직무를 수행하여야만 한다. 장로의 권한은 그 무엇보다도 교회의 치리권(즉 다스리는 권한)이다. 교회의 일을 장로 임의로 단독으로 치리하여서는 안 된다는 것을 의미한다.

(3) 집사

장로교회에서는 안수집사와 서리집사로 구별하고 있으나 그 하는 일은 같다.

1. 안수집사: 장로교회헌법에서는 안수집사의 근거를 사도행전 6:1-6에 근거하여 규정하고 있다.

교회헌법에서 보면 안수집사의 개념을 "집사직은 목사와 장로직과 구별되는 직분이니 무흠한 남교인으로 그 지교회 교인들의 택함을 받고 목사에게 안수 임직을 받는 교회 항존직이다."라고 규정하고 있다. 집사의 자격에 관하여는 다음과 같이 규정짓고 있다. "집사는 선한 명예와 진실한 믿음과 지혜와 분별력이 있어 존숭을 받고 행위가 복음에 합당하며 그 생활이 다른 사람의 모범이 될 만한 자 중에서 선택한다. 봉사적 의무는 일반 신자의 마땅한 행할 본분인즉 집사 된 자는 더욱 그러하다(딤전 3:8-13)."

집사의 직무에 관하여는 다음과 같이 규정짓고 있다. "집사의 직무는 목사, 장로와 협력하여 빈핍, 곤궁한 자를 권고하며 환자와 갇힌 자와 과부와 고아와 모든 환난당한 자를 위문하되 당회 감독 아래서 행하며 교회에서 수금한 구제비와 일반 재정을 수납, 지출 한다"라고 하였다.

안수집사에 관하여는 대한예수교장로회의 헌법 제10장에 다음과 같이 규정되어 있다. "① 안수집사 직은 목사와 장로직과 구별되는 직분이니 무흠한 남자 교인으로 그 지교회 교인들의 택함을 받고 목사에게 안수 임직을 받는 교회 항존직이다. ② 안수집사의 직무는 성경이 보여준 대로 교회 안의 특수 직원으로서 그 직무는 가난하고 불쌍한 자를 돌보며 저희를 구제하며 교회의 살림을 담당하는 것이다(행 6:1-6). ③ 안수집사는 목사와 장로와 협력하여 빈핍하고 곤궁한 자를 권고하며, 환자와 갇힌 자와 과부와 고아와 모든 환란 당한 자를 위문하되 당회의 감독 아래에서 행하며, 교회에서 수금한 구제비와 일반 재정을 수납, 지출한다."

안수집사가 목사와 장로와 다른 점에 관하여는 다음과 같이 규정되어 있다.

"① 안수집사는 설교권이나 성례집행권이 없다. ② 안수집사는 평신도이므로 자기의 직업을 가지고 직분을 맡은 교회의 봉사자이다. ③ 안수집사는 치리회(당회)의 회원이 될 수 없다. ④ 안수집사는 임직 순서를 맡을 수 없다. ⑤ 안수집사는 교회 정치에 관여하지 못한다. ⑥ 안수집사는 교회의 재정과 구제 등 현실적인 문제에 관여하게 된다."

2. 남녀 서리집사: 서리집사에 관하여는 로마서 16:1(뵈뵈), 로마서 16:12, 사도행전 9:36(여인들), 디모데전서 3:11, 5:11(여인들)에 근거하여 교회의 임시직원으로서 남자와 여자를 선정하여 돕는 직분으로 봉사케 한다. 롬 16:1의 뵈뵈와 롬 16:12, 행 9:36, 딤전 3:11, 5:11에 나타난 여자들이 모두 여집사라

는 해석이 있는데 확실치는 않으나 하여간 성경에는 여자들도 교회의 봉사자로 쓰임을 받았다고 하는 근거를 가지고 있으므로 서리집사로 직책을 맡기게 되는 것이다.

교회헌법에는 다음과 같이 규정하고 있다. "① 서리집사는 안수 받은 집사의 일을 방조하는 임시 집사이다. ② 그 임기는 1년이며 세례교인으로서 신앙이 독실한 사람이어야 하며 목사나 혹은 당회에서 선정하여 임명한다. ③ 서리집사 직분을 맡고 있는 동안에는 그 직무는 안수집사와 동등하다."

(4) 기타 직분

1. **권사**: 장로교회 헌법 제4장 3조 3항에 근거하여 권사는 여자 신자만이 임명받을 수 있는 직분이다. 교회헌법에서 권사는 나이 만 50세 이상 된 자로 규정하고 있다. 권사가 하는 일은 임시적인 것이지만 그 직분은 종신직이다.

권사직의 유래는 대한예수교장로회 헌법 1932년도판에서 처음으로 권사직에 관한 언급이 있는 것을 보게 된다. 그 후 1954년도판에서는 권사직도 교회의 항존직으로 규정하여 놓은 것을 보게 된다. 그러나 권사직의 구체적인 규정은 없다. 그런데 1962년도판에서는 권사직은 항존직이 아니라 임시직이라 하였다. 그 후로 오늘날에 이르러 권사는 종신직이며, 임시직이라고 규정하고 있다.

2. **강도사**: 한국의 보수 교단에서 유지하고 있는 강도사 제도는 장로교회 헌법 제3장 4조에는 다음과 같이 규정하고 있다. "① 강도사는 목사직을 희망하는 자로서 소정의 신학수업을 마치고, 당회의 추천에 의하여 총회에서 실시하는 고시에 합격된 자로서 노회에서 설교자의 자격 인허를 득한 자이며 목사의 후보생이다. ② 강도사는 교회의 임시 별정직으로서 지교회에서 가르치는 일을 돕는다. 강도사의 적(籍)은 노회에 있으나 아직 노회원은 아니다. ③ 강도사는 개인적으로는 당회의 관리 아래에 있으면서 직무상으로는 노회의 관

리 아래에 있다."

3. **전도사:** 장로교회의 헌법 제3장 3조 1항에서는 다음과 같이 규정하고 있다.

"① 전도사는 신학교 재학생 혹은 졸업한 목사 후보생으로서 당회의 추천으로 노회의 고시를 거쳐서 자격을 얻게 되어 유급봉사자로서 당회의 지도 아래 당회나 목사가 관리하는 지교회에서 돕게 된다. ② 전도사는 미조직 교회에서는 당회장의 허락을 받아 제직회의 임시 회장이 될 수 있다. ③ 전도사는 당회원은 아니지만 경우에 따라서는 발언방청을 할 수 있다."

5) 장로교회 정치의 3원칙

장로회의 정치의 3원칙은 장로들에 의한 정치, 교회평등, 교회회의의 단계적 구성이다.

(1) 장로들에 의한 정치

장로들에 의한 정치는 구약시대와 신약시대에 일관되어 있는 성경적 교회 정치를 의미한다(출 4:29, 왕상 6:1-3, 겔 8:1, 14:1-5, 행 4:5, 14:23, 15:2, 6, 22, 23, 20:17, 22:5).

구약시대의 장로체제는 족장시대로 거슬러 올라가서 이미 모세시대에 그 뿌리를 내린 것을 알 수 있다. 이스라엘의 왕정시대를 지나 포로시대의 회당체제에서도 볼 수 있고 그것이 신약시대에 이르기까지 지속되어 왔던 것을 보게 된다. 그러나 초기 기독교회에서는 유대교적인 회당제도와는 달리 그리스도를 머리로 하여 사도들과 장로들로 구성된 공회의 모습을 갖추게 되었다(행 15:2, 4, 6, 16:4). 성경에 나타난 이 같은 사례들을 볼 때 장로들은 회의를 구성하여 교회의 일치와 평화를 위하여 공동적 권위를 행사하였다는 사실을 알 수 있게 된다(딤전 4:14, 행 5:21, 22:5).

이같은 장로정치 체제를 보다 철저하게 구체적으로 체계화한 사람이 요한 칼빈이다. 칼빈은 하나님의 주권적 교회 통치를 위하여 1542년에 교회의 헌법을 작성하였다. 이에 칼빈은 로마가톨릭교회에 의하여 묻혀 있었던 성경적 장로교회의 모습을 되찾게 되었던 것이다. 이리하여 기독교회는 장로정치제도를 회장의 교회정치 제도로 하고 있는 것이다.

(2) 교회 평등

교회 평등이란 임직과 설교와 치리와 교회회의에 있어서 교회법상 평등권을 행사함을 의미한다. 다시 말하면 임직을 받은 교직자는 교사로서의 은사라든지 그 능력에 있어서 지도자로서의 영향력의 차이는 물론 다르지만 교직자는 교직자로서 동등하다는 것을 의미한다. 장로교회에서 교직평등을 주장하는 근거로는 신약성경에서 감독이라는 말과 장로라는 말이 동의적으로 쓰이고 있다는 점을 들고 있다(빌 1:1, 딤전 2:1-7, 5:17-19, 딛 1:1-7, 행 20:17-28).

기독교회사에서 감독이라는 말과 장로라는 말이 어떻게 쓰여졌는가 잠깐 살펴보기로 하자. 1세기말 경에 로마의 클레멘스가 고린도교회에 보낸 편지에서 감독과 장로가 같다고 말하고 있다. 그런데 2세기 초경에는 이 둘을 구별하여 사용하기도 했다. 서머나 교회의 감독 폴리카르포스가 빌립보교회에 보낸 편지에서 "폴리카르포스와 함께 있는 장로들"이라고 하는 구절이 있다. 또 이레네우스는 이 폴리카르포스를 서머나교회의 감독이라고 말했으며 폴리카르포스에게 보내는 편지에서 감독, 장로, 집사라는 말을 모두 사용하였다. 이것은 그 때 감독의 직분이 장로의 직분보다는 상위직이라는 것을 짐작케 하는 것이다. 그러나 한편 이레네우스는 사도행전 20:17, 28에서 말씀하고 있는 장로와 감독이라는 말은 같은 사람을 의미하는 것에 대해서 주의를 환기시켰다.

히에로니무스(c.345-c.419)도 같은 견해였으며 5세기 초까지 빌립보서 1:1에 대한 많은 해석들도 사도시대에 감독과 장로를 동일시하였다는 것을 인정하였다. 그러므로 교직평등의 원리는 성경적 의미로 보나 초대교회의 사도적 교회 체제로 볼 때에 타당한 것이다(딤전 5:17).

(3) 장로교회의 회의의 단계적 구성

장로교회의 개교회는 노회가 설립하고 개교회들은 연합하여 노회를 조직하고, 노회들은 연합하여 대회를 조직하고, 대회는 연합하여 총회를 조직한다. 장로교회는 단계적으로 구성된 교회회의에 의하여 통치되어 간다.

1. 단계적 구성원칙

당회는 각 개교회의 목사와 장로로 구성되며, 노회는 일정한 지역 안에 있는 세 교회의 목사와 대표장로 1인으로 구성되든지 지역 안에 있는 목사와 장로 전원으로 구성된다.

총회는 세 개의 노회 이상으로 구성되며 각 노회에서 선출된 총대로서 구성된다. 각 노회에 선출된 총대는 목사와 장로의 수가 같아야 한다. 이같은 교회회의의 구성에는 구체적인 경우를 고려하여야 할 문제가 있기는 하지만 몇 가지 원칙이 있다. 그것은 ① 목사와 장로의 평등성, ② 대표성, ③ 노회정치이다. ①의 경우, 당회에서는 장로의 수가 많지만 목사는 그 직무상 당회장이다. 그러나 노회이상의 교회회의에서는 목사와 장로의 수는 같아야 함을 원칙으로 한다.

②의 경우, 당회에는 직접 개교회의 교인(세례교인)에 의하여 선출된 장로와 목사로서 구성되며 노회는 각 개교회의 목사, 장로 대표로 구성되고 대회와 총회는 각 노회의 목사, 장로 대표로 구성된다.

③의 경우, 장로회정치는 노회주의 정치임을 뜻한다. 장로정치주의는 단순히 각 개교회에 있어서의 장로통치로 끝나는 것이 아니라 각 개교회를 포함하고 있는 노회 중심으로 통치되어지는 것이다. 대회와 총회의 중요한 의결은 노회의 토의를 거친 사실을 승인하게 되는 것이다. 그리고 노회는 각 개교회

의 설립과 해산을 관장하는 등 교회정치의 중심이 노회인 것이다.

2. 교회회의의 권위

각 개교회의 평신도의 대표자로서의 장로의 존재는 교회회의의 불가결한 구성 요소이다(행 15:6, 16:4). 이 장로의 존재는 회중으로부터 선출되지만 회중이 장로를 통치하는 것이 아니다. 회중은 선출된 장로에 의하여 통치되어지는 것이다. 신약성경에서 보면 다스리는 장로와 다스림을 받는 회중을 구별하였다. 장로는 교회의 머리이신 그리스도로부터 위탁받은 권위를 가지고 교회를 통치하며 회중은 그리스도의 말씀에 합당한 통치에 복종할 의무가 있는 것이다(마 16:19, 요 20:22, 행 1:24-28, 20:28, 고전 12:28, 엡 4:11, 12, 히 13:17).

① 장로로 구성된 교회회의의 권위는 교회에 관한 사안에 한하여 행사할 수 있는 것으로서 이것은 전적으로 그리스도에게 쓰임 받는 것이어야 한다.

웨스트민스터 신앙고백서 31장 5항에 다음과 같이 언급되어 있다. "대회(Synods)와 회의(Conncils)는 교회에 관한 사건 이외의 것은 취급하거나 결정짓지 아니한다. 그러나 특별한 경우 관공청으로부터의 요구에 대하여 양심적 충고를 할 수 있으나 국가적, 일반적 사실을 간섭해서는 안 된다"라고. 이것은 장로회의 성질은 전적으로 그리스도에게 봉사하는 일이라는 것을 명시한 것이다. 하나님의 백성의 신앙과 양심을 하나님의 말씀을 넘어서 속박할 수 없는 것이다. 장로회는 그리스도의 말씀을 해석하며 그리스도의 법을 시행하기 위해서만 권위를 가진다.

② 그리스도의 법을 해석하고 적용하는 일에 있어서 정당한 권위를 행사한다 할지라도 교회회의는 오류가 있을 수 있다. 그러므로 무조건적 복종을 요구할 수는 없다. 회원은 상회에 상소할 수 있는 권리를 가진다.

③ 그리스도의 법을 해석하는 일은 교회회의의 독점적 권리는 아니다. 교회회의는 하나님의 말씀을 해석함에 있어서 성경적이냐 아니냐 하는 것을 개인이 검토할 수 있는 권리를 인정하여야 한다.

3. 교회 회의와 회중의 관계

사도행전 15장에 기록되어 있는 예루살렘회의의 내력을 보면 교회의 일에 관한 결정에 있어서 회중 모두가 그 회의의 구성원이 된 것은 아니다. 그러나 중요한 사안에 대하여 동의를 필요로 할 때 각기 자기 자기의 의견을 말하며 협의할 수 있는 권리를 행사한 사실을 보게 된다(행 15:22). 사도행전 15:12에서 보면 온 회중이 조용히 바나바와 바울이 보고하는 말을 들었다고 하였다. 이것은 회중 전체의 동의를 얻어 사도와 장로로 구성된 회의에서 확정을 지은 것으로 풀이된다. 그것은 사도행전 15:23에서 예루살렘 회의에 부친 편지의 내용을 보면 "사도와 장로된 형제들은... 사람을 택하여... 우리의 사랑하는 바나바와 바울과 함께 너희에게 보내기로 일치 가결하였노라"고 한 것을 보아 알 수 있다.

6. 한스 큉의 교회론에 관한 긍정과 부정

1) 들어가기 전에

한스 큉은 우리에게 그의 주 저서인『교회』라는 책을 통해 널리 알려진 가톨릭 신학자이다. 그의 신학은 가톨릭을 넘어서서 개신교에 근거하고 있으며 제2차 바티칸 공의회의 신학 전문위원으로 활동한 이후 교황청을 향한 교황의 무오설과 교회의 직제에 대한 비판적인 시각차이로 인해 교수직과 신부직을 박탈당한 후 튀빙엔 대학의 부설 연구소인 '교회 연합 연구소'(Oekumene Institute)를 통해 신 구교학생들에게 폭넓은 신학을 가르친 훌륭한 교수이시다.

그는 튀빙엔에서 매 학기 연속 공개강좌를 배설하여 20여 년간 종교간의 대화를 시도했는데 '기독교와 유대교의 대화', '이슬람 종교란 무엇인가?', '불교의 근본원리' 등등 우리가 생각하기 어려운 제목들을 공개강좌로 제공하였다. 이때마다 튀빙엔 주위의 사람들은 대강당을 메웠으며 특유의 스위스식 발음이 들어있는 독일어를 달변가적으로 구사하면서 모임을 주도해 나갔다.

혹자들은 말하기를 한스 큉이 튀빙엔을 떠나간다면 많은 사람들이 그를 따라 갈 것이라는 말까지 돌 정도였다. 그는 근본적으로 세계정세를 보면서 갖는 평화에 대한 하나의 생각이 있다. "종교간에 대화와 상호 협조가 없이는 세계의 평화는 존재 할 수 없다"는 것이다. 그래서 그는 그의 후반기 인생을 그 일에 전념했는지도 모른다.

필자가 금번에 그의 교회론을 소설책처럼 읽으면서 긍정과 부정을 하고 싶은 것은 개신교적인 입장에서 그의 신학을 긍정하고 부정하려는 것보다는 우선적으로 그의 교회론 신학이 어떻게 전개되었는가를 살펴보고 그에 대한 평가를 해 보려는 것이다. 지면상 모든 부분을 다룰 수가 없으며 중요한 부분을 발췌하여 그와의 대화를 시도해 보려 한다.

2) 교회론의 구조

독일어에는 교회를 신앙의 공동체로 의미하는 게마인데(Gemeinde)라는 단어가 있다. 루터나 칼 바르트가 즐겨 사용하던 말이다. 최근 한국사회에서 외형적으로 교파적인 통일성을 가지고 사회봉사에 전념하는 가톨릭이나 타종교들과 비교하여 한가지 생각해 볼 문제는 개교회적인 사회봉사도 좋지만 미약한 교회들은 교회가 연합하여 사회봉사를 위한 지역연합체를 구성하는 것이 좋은 예가 될 것 이다.

모교단 종교는 사회봉사를 전문으로 하는 삼동회를 조직하여 전국적인 조직으로 어린이로 부터 시작하여 청소년, 노인에 이르기까지 사회봉사에 참여를 하고 있다. 한국기독교장로회가 사회봉사 연합체를 중앙에 구성하여 지역에서 사업을 하도록 지원하는 것은 독일 기독교사회봉사국의 모델을 한국에 적용하는 것과 같다. 노회, 대회, 총회를 상회라 하기보다는 큰 회의라고 일컫는 것이 타당한 것이다. 다만 교회가 스스로 해결할 수 없는 문제에 직면했을 때 노회와 총회의 지도와 감독을 받는 것은 당연하다.

우리가 속한 교회에 대한 인식을 바로 가짐으로써 교회의 사명을 바르게 감당하게 되며 특히 장로교회는 한국의 장자 교단으로서 칼빈과 존 녹스에 의해 조직된 장로교회의 교회다움을 회복하는 것이 미래의 한국사회에서 장로교회가 바로 설 수 있는 과제라고 할 수 있다.

교회론은 사도신경의 주제 틀에 의하면 창조주 하나님, 속죄주 예수 그리스도, 그리고 구세주 성령 다음의 마지막 부분으로서 성도의 공동체로 이해된다. 이러한 틀을 칼빈과 바르트가 따르고 있으며 이 신학의 틀은 개혁신학의 과제로 남아있다. 개신교 교회론의 일반적인 연구는 칼빈의『기독교 강요』와 바르트의『교회교의학』을 참조하는 것이 일반적이다.

장로교의 근간이 될 수 있는 칼빈의 교회론을 바로 아는 것이 중요하다. 칼빈의 교회론은 기독교 강요 제4권에 "하나님께서 그리스도의 공동체로 인도하시며 그 안에 있게 하려는 외적인 은혜의 수단"으로 표현되고 있다.

그는 교회를 두 가지로 표현한다. 신자들의 어머니와 그리스도의 몸이다. 교회를 신자들의 어머니로 표현한 것은 테르툴리아누스와 아우구스티누스의 교회관을 받아들인 것이며 하나님을 아버지로 그리고 믿음의 사람들을 하나님의 자녀로 규정하고 있다. 교회는 영적인 말씀이 선포되며 그리스도께서 제정하신 성례전이 집행되고 신앙적 훈련이 있는 곳이다. 믿음의 생활과 회개의 확신과 기쁨이 종합적으로 교회에서 이루어진다. 이것은 인간이 전적으로 타락하고 완악하며 게으르기 때문에 하나님께서 그리스도의 공동체로 인도하시는 외적인 수단인 이 거룩한 교회를 통해 성화를 이루어 가도록 하려함이다.

교회는 그리스도의 몸이다. 그리스도를 머리로 하는 교회의 공동체는 한 몸으로서 신자들은 다양한 지체들이다. 우리의 지체 가운데 중요하지 않은 부분들이 어디 있을까? 모든 지체들은 합력하여 선을 이루며 한 몸으로서 그 기능을 다하는 것이다. 교회의 주인은 아버지 하나님이시다. 이 거룩하신 하나님이 거룩하시기 때문에 지체 된 우리 역시 거룩해야 한다(계 4:8). 여기에서 칼빈은 가시적 교회와 불가시적 교회를 말한다. 가시적 교회는 현재의 교회이며 불가시적 교회는 현재의 교회를 포함하는 교회이다. 불가시적 교회는 참된 교회이며 구원을 이루는 사람들로 이루어진다. 가시적 교회 안에는 거짓 교인들이 포함되어 있다. 거짓 교인들을 위해 권징이 필요하다.

교회의 직임에는 네 가지인 목사와 교사, 장로와 집사가 있다. 이것은 초대교회의 은사에 기초한다(엡 4:11, 롬 12:7-8). 목사는 복음전파의 소명과 사명을 가진 자이다. 건전한 교리와 거룩한 삶이 요청되며 교인들의 동의와 찬성에 의해 부임을 하게 된다. 이러한 과정에서 보면 칼빈의 교회 정치는 매우 민주적이다. 교사는 복음의 순수성을 유지하며 신자의 교리 교육을 위해 필요하다. 교사를 성경해석자라고도 한다. 목사가 교사의 직을 포함한다면 칼빈의 직임은 세 가지로 분류된다. 장로는 선출된 자이다. 일종의 대의원이다. 목사를 도와 도덕적 책망과 권징을 하는 사람들이다. 집사는 두 종류가 있다. 교회의 재산을 관리하는 회계집사와 병자간호 그리고 구제품을 관리하는 봉사의 집사가 있다. 이를 통해 칼빈은 재세례파의 공산주의적 공동체를 비판한다. 민주 시민적 사유재산제도가 필요하다고 역설하고 있다.

교회의 권위는 복음전파를 위해 제도와 권위가 절대적으로 필요함을 지적한다. 교회는 교리작성과 성경적 해석의 권한을 갖는다. 교회에는 동시에 입법권과 사법권이 있어야 하는 데, 공동체의 평화와 화합을 위해서 그리고 영적인 정치 조직을 위해서이다. 비록 이러한 제도가 인간적인 조직처럼 보일지라도 교회의 권위는 하나님의 권위에 근거하며 하나님께 영광을 돌리는 것이 된다. 이것은 성경에서 나오는 것이기 때문에 믿음의 행위이다. 동시에 사랑의 원리이어서 남에게 유익을 주는 것이다. 이성관계와 거짓말, 이단사상 등으로 공동체를 해치며 교회에 악을 끼치는 경우에는 파문도 할 수 있다.

칼빈의 교회는 신자들의 어머니이며 그리스도의 거룩한 몸이다. 직임에는 목사와 교사, 장로와 집사가 있다. 이 직책은 기능적인 직임으로 각기 부름과 사명이 다르다. 복음전파를 제대로 하기위해 제도가 필요하다. 교리작성과 입법, 그리고 사법권이 요청된다. 칼빈의 교회론은 매우 민주적이다. 한국교회가 경직되어 가고 교회 자체 안에서 많은 문제가 제기되고 있는 시점에서 칼빈의 교회론을 다시 한 번 재정립하는 것이 필요하다.

한스 큉의 주저서인『교회』는 총 5장으로 구성되어 있다.

제1장은 실제적인 교회로서 교회의 역사성과 신앙의 대상으로서의 교회를 말함으로써 자신이 속한 가톨릭교회에서 파문당한 신부가 개혁신앙의 전통을 추구하고 있다.

제2장은 도래하는 하나님의 나라 지배에 관한 것이다. 교회를 종말론적 공동체로 보면서 하나님의 지배를 말하는데 이는 하나님의 나라의 실현이라고 이해하는 것이 좋다.

제3장은 교회의 근본구조로서 하나님의 피조물, 성령의 피조물, 그리고 그리스도의 몸으로서의 교회를 세례와 성만찬을 들면서 말하고 있다.

제4장에서는 교회의 차원인데 하나의 가톨릭 그리고 거룩한 사도적 교회를 말한다.

제5장에서는 교회 내의 봉사를 다루었는데 만인 제사직과 봉사로서의 교회 직무를 강조하고 있다. 이장에서 그가 강조한 모든 기독교인들은 왕적인 사제직을 갖는다는 말은 가톨릭 신학에 위배되는 말이며 매우 개혁교회적인 입장을 견지하고 있음을 말하는 것이기도 하다.

제2차 바티칸 공의회의에서 교황무오설을 정면으로 거부했던 한스 큉의 교회론은 개신교회와 천주교회를 객관화시키면서 서술하였기 때문에 두개의 상이한 전통과 상황 속에 있는 교회를 잘 이해 할 수 있는 도서이다.

7. 칼빈의 교회론

I) 소통이 결여된 교회

2009년 6월 대한불교조계종 포교원 포교연구실과 종교평화위원회는 서울 견지동 한국불교역사문화기념관에서 '종교편향과 도심포교'를 주제로 포교 전략 토론회를 개최했는데 이것을 우연히 TV를 통해 본 적이 있다. 이날 불교 지도자들이 연구대상으로 삼은 '성시화 운동'은 '성시'(聖市)라는 단어가 주는 포괄성과 배타성으로 인한 개신교의 선교를 불교 지도자들이 '경계' 대상으로 삼아 토론을 전개 하는 것 같았다.

종교자유정책연구원 정모 사무처장은 기독교 성시화운동의 목표로 1) 하나님나라 백성의 확산 2) 하나님나라 주권의 확립 3) 하나님나라 영토의 확대라는 성시화 운동 내부 구호를 그대로 가져와 말하면서, "결국 성시화 운동은 불교 등 타종교를 일절 인정하지 않고 배타적 선교활동을 계속하겠다는 게 목적"이라며 현실과 동떨어진 발언을 했다. 심지어 어느 불교지도자는 이명박 정부는 칼빈의 극단적인 제네바 성시화를 그대로 한국사회에 실천하려고 하기 때문에 단호하게 막아야 한다고 하면서 성시화 사업은 국가의 예산을 써가면서 하는 것이라는 말까지 곁들였다. 한국이 기독교 국가가 아닌데 이런 말들을 공식적으로 거침없이 쏟아내는 것은 "불교에서 더 종교 편향적인 사고를 가지고 있는 것은 아닌가"라는 생각을 해 보았다. 더욱이 이같은 구호를 이

명박 대통령의 서울 시장시절 '서울시 봉헌'이나 '청계천 복원은 하나님의 역사'라는 발언이나, 정장식 전 포항시장의 '포항시 예산 1% 성시화 위해 사용' 발언 등과 연관시킴으로써 성시화 운동이 마치 타종교에 치명타를 입히는 것처럼 보이게 했다.[1]

전반적으로 이날 토론 내용은 개신교의 선교운동을 칼빈의 제네바 개혁을 왜곡하여 적용시키면서 한국의 개신교를 일방적으로 평가하며 성토하는 매우 아쉬운 토론의 장이었다. 이렇게 한 것은 대한예수교장로회 통합측 300만 성도 운동을 의식하면서 이루어진 모임인지도 모른다.

그 이후 한국의 불교를 대표하는 조계종에서 2010년 신년 화두를 소통과 화합, 교육과 포교로 정하고 전국에 산재하는 하나의 사찰이 1학교와 1부대와 자매결연을 통해 어린이, 청년, 장년에 이르기까지 포교를 해야 한다는 구체적인 의견들이 정책으로 나오고 있다.

그런데 현재 한국개신교회는 교회 수는 늘고 있으나 교인수가 감소하고 있으며 교회와 목회자의 사회적인 인지도는 타종교의 성직자에 비해 낮은 수준이다. 교회 내부에서도 목회자와 교회 지도자에 대한 불신감이 팽배하고 있다. 한국교회가 이렇게 쇠퇴의 길을 걷게 된 이유들로는 여러 가지가 있겠지만 그중 가장 중요한 이유 중 하나는 세상과의 불통이라는 것이 김동호 목사의 주장이다. "요즘 우리 한국 교회는 기업과는 달리 세상과의 소통에 관심이 없습니다. 세상의 공감을 얻어내고 더 나아가 세상의 감동을 얻어내겠다는 의식과 생각이 결여되어 있습니다. 저는 그것이 영적 교만함에서 나오는 어리석음이라고 생각합니다. 교회가 성장하고 부흥하면서 영적인 헛배가 불러서 세상을 우습게 여기고 세상에 대하여 무심해졌습니다. 그것이 세상과의 불통으

---

1) 이글은 2009년 6월 25일 서울 견지동 한국불교역사문화기념관에서 '종교편향과 도심포교'를 주제로 포교 전략 토론회를 개최한 내용을 필자가 TV를 통해 주의 깊게 본 내용과 대통령을 위한 기도 시민연대(PUP, Pray for President!) 뉴스 란에서 "개신교 교세확장에 위기 느껴 '포교 세미나'"의 내용을 일부 인용한 것이다.

로 이어졌고 그 세상과의 불통이 오늘날 우리 한국교회의 가장 중요한 쇠퇴의 원인이 된 것입니다."2)

그가 개신교와 가톨릭교회의 상반된 대조적인 면을 비교하면서 근거를 대는 것은 1984년 개신교 전파 100주년과 가톨릭 전파 200주년의 기념사업에 관한 것이다. 개신교는 선교 100주년을 맞이하여 교단 선교 100주년 기념관을 교단별로 경쟁적으로 건축했으나 가톨릭교회는 맹인들 개안수술을 해 주었다는 것이다. 이를 기점으로 하여 가톨릭교회는 급성장을 하게 되었고 개신교는 교인들 숫자가 줄어들어 이대로 가다가는 향후 가톨릭교회가 개신교 수를 능가 하지 않을까라는 조심스러운 예견을 하고 있다. 필자가 거주하고 있는 전주 역시 70년대에는 전주 시내에 두개의 성당이 유형적으로 있었으나 지금은 각 동마다 한개 씩 20여개 이상의 본당이 자리를 잡고 있다.

개신교는 2000년대를 맞으면서 되 돌이킬 수 없는 많은 문제점들을 가지고 있다. 무엇보다 자질이 없는 목회자가 양산되었기 때문이다. 여기 자질이 없다는 것은 정규적인 신학과정을 이수하지 못한 것을 시작으로 개신교 신앙을 성경적으로 체계화 시켜야 할 신학이 그 한계를 넘어 버려 구원의 확신도 없으며 성경의 내용을 믿는다고 하지만 실제로는 거부하는 무신론적인 태도를 말한다. 한국사회에는 이러한 체계적인 신학 수업을 받지 못한 사이비 목회자와 구원의 확신과 열정이 없는 직업적인 목회자가 많이 양산되어버렸다. 초등학생을 가르치려면 적어도 4년이라는 교육과정을 거쳐야 교사의 자격을 얻는데 군소 교단 신학교에서는 이름만 걸어 놓고 누구나 목회자가 될 수 있다는 것은 오늘의 한국교회를 요지경으로 만든 가장 큰 걸림돌 중의 하나이다. 여기에서 우리는 종교 개혁자들의 신앙적 태도에 귀를 기울일 필요를 느낀다.

---

2) 이 글은 2010년 1월 31일자 김동호 목사가 평광교회에서 마태복음 5:13-16을 제목으로 '세상을 감동시키는 교회'라는 설교에서 인용하였다. 교계일반자료 1022번이다.

종교 개혁자들의 개혁원리 중의 하나인 '코람 데오'(Coram Deo)는 '하나님 앞에서'라는 의미를 가진다. 이것은 하나님이 베푸신 죄인 된 인간의 구원사역과 은총에 대한 마음 깊이에서 우러나오는 감사의 표현인 두려움과 존경심을 갖는 것을 말한다. 초대 교회는 이 거룩하고 장엄한 하나님께 대한 경외심과 두려움을 가지고 그리스도의 복음을 전했으며 종교개혁자들은 이것을 기초로 하여 가톨릭이라는 거대한 정치 조직에 맞서 당시의 교회제도와 기독교 문화를 변혁시켰다.

오늘 한국 교회에 가장 필요한 것은 바로 하나님을 향한 이 거룩한 두려움과 존경심이다.

특히 21세기에 진입한 한국교회는 교단을 대표하는 상당수의 목회자와 장로 등 교회 지도자급들이 세속화의 물결에 휩쓸려버려 하나님을 향한 두려움과 존경심을 잊은 채 자신과 집단의 이익을 채우려는 교회정치에 안주하고 있는 형편이다. 교회 수는 증가하였으나 오히려 교인수가 감소했다는 것은 분명히 한국 교회는 1990년대 이후부터 성장둔화의 단계에 들어있으며 여기에서 오는 위기의식과 허탈감으로 인해 교회 내에 존재하는 목회자와 장로의 눈에 보이지 않는 대립과 갈등은 심각한 상태에 있다. 이 결과로 나타나는 교회의 부패와 신앙의 세속화는 교회 안팎으로부터 지적과 큰 도전을 받고 있다. 사실 오늘날 한국교회의 위기의 중심에는 지도자들이 제대로 인식하지 못하는 교회론의 위기가 존재하고 있다고 보여 진다.

그렇다면, 이와 비슷한 위기 상황에서 개혁의 불길을 지폈던 종교 개혁자들이 꿈꾸고 있었던 참된 교회의 모습은 무엇인가. 한마디로 말해서 교회란 건물이나 제도가 아니라 사람들의 모임, 다시 말해 예수 그리스도를 구주로 믿는 성도들의 거룩한 모임이라는 말이다. 그러므로 교회가 타락했다면 그것은 건물이나 제도가 썩었다는 말이 아니라 곧 교회의 지체이자 구성원인 우리 자신들이 부패하고 타락했다는 말이다. 이를 정리하면 교회 안에 바른 신학이 없음으로 인해 실질적인 기능을 갖는 직분의 개념이 약화 내지는 부재하며 교회의 본질(本質)보다 기능(機能)에 치중하는 오류 내지는 본질에만 매달려 있는 생명 없는 교회가 그 원인이 되고 있다. 한마디로 말하면 예수님이 지적하신 회칠한 바리새적이며 사두개적인 외식적인 신앙생활을 한국교회가 하고 있다는 말이 된다(마 23:25-28).

오늘날 교회의 본질적인 사명에 대한 견해는 크게 두 가지로 보수주의와 자유주의의 입장이다. 전자는 종교개혁전통에 충실하여 성경의 권위와 근원의 필요성 및 복음화의 중요성을 강조하는 보수주의의 입장이다. 후자는 이러한 보수주의적인 전통적인 구원관을 비난하면서, 교회가 인간의 공동생활을 위한 세속적인 사명에 참여하는데서 비로소 완성되어 진다고 말하며, '교회를 세상 속으로' 이끌려는 입장이다.

한국교회의 신학을 보더라도 보수주의 신학에서는 교회의 본질에 너무 치중한 나머지 교회의 기능을 소홀히 다루었고, 자유주의 신학에서는 기능으로서 교회의 역할에는 목소리를 높였지만 정작 중요한 본질적 원리를 간과하고 말았다. 교회의 본질과 기능이라는 두 부분이 모두 교회론에 필요불가결적인 요소로서 효과적인 조화를 이루어야 한다.

칼빈은 불가시적 교회의 중요성을 강조하고 나아가 불가시적 교회는 가시적 교회를 통하여 구현되어야 한다는 점을 강조하고 있다. 가시적 교회는 제도로서의 외형적인 교회라기보다는 하나님의 말씀이 올바로 선포되고 성례전이 바로 집행되는 그리스도의 몸으로 이해된다.

본 논문에서는 성경적 원리에 충실하면서 교회의 본질에 치중되었던 칼빈의 교회론 해석을 되새겨봄으로써, 그 동안 교회의 외적인 성장과 부흥에만 관심을 갖던 한국교회가 본질의 훼손과 교회다움의 변질로 부터 회복해야 한다는 것에 중점을 두고 교회의 참 의미를 되새겨 보려 한다. 한국교회는 마치 1997년 말 한국이 IMF 외환위기를 맞아 국제통화기금 파견단에 의해 대기업의 문어발식 기업구조를 구조조정을 통해 재배치했던 것과 같은 절차가 절실히 요청된다.

이런 면에서 본 논문은 칼빈의『기독교 강요』제IV권을 중심으로 하여 그의 교회론을 중심으로 살펴보려고 한다. 동시에 칼빈의『기독교 강요』의 각 권에 스며들어 있는 교회에 관한 내용들을 인용하면서 칼빈이 말하는 교회의 교회다움을 논의해 보려 한다. 그의『기독교 강요』제IV권은 교회(1- 13장), 성례(14- 19장), 정치(20장)로 구성되어 있다. 우리는 1장부터 20장까지의 내용을 다루며, 교회의 표지인 말씀의 부분은『기독교 강요』제I권과 제II권에 해당하는 부분을 함께 다루어 보려 한다.

2) 구원의 안내자 - 교회

한국교회가 중병에 걸려있다고 평하는 사람들의 이야기는 안티기독교 운동에서 더욱 설득력을 갖는다. 이런 분위기로 가면 기독교를 개독교로 칭하는 사람들에 의해 교회의 권위가 손상 될 대로 되어버려 교회의 사명인 세상의 빛과 소금은 커녕 언젠가 교회는 그들에 의해 화염병 세례를 받지 않으리라고 누가 보장 할 것인가?

2006년 5월 정부 통계청 발표에 의하면 지난 10년간 개신교는 14만 4천명이 감소되었고 가톨릭은 74.4%인 2백 19만 5천명이 증가하였으며 불교는 3.9% 증가했다고 하는데3) 개신교인들이 교회를 떠난 주된 이유로는 "외형에 치중, 직분에 대한 자리 싸움, 헌금 강요와 교세 확장에 몰두, 서로 상처를 많이 주고 용서와 화해가 없다는 것"4)등이었다. 가톨릭이 사람들에게 호감을

---

3) 김수진, 노남도 공저,『어둠을 밝힌 한국교회와 대각성운동』(서울: 쿰란출판사, 2007), 394쪽;「기독교연합신문」, 2006년 12월 10일자.「기독공보」, 2006년 12월 9일자.
4) 상게서.

주는 긍정적인 접근성 요인으로는 "가톨릭의 결속력과 청렴성, 정의와 인권 활동, 조상제사와 장례예식에 대한 유연한 태도, 타종교에 대한 열린 태도"5) 등을 들고 있다. 이러한 결과에서 보여 지는 것은 개신교의 타종교에 대한 폐쇄성과 독단성을 지적하고 싶다. 물론 여기에서 한 가지 짚고 싶은 것은 우상을 섬기는 조상숭배에 대한 가톨릭교회의 태도 변화와 유연한 선교 정책이다.

서학과의 접촉을 통해 전래된 가톨릭교회가 전라도 진산에서 윤지충과 권상연이 그들의 기독교 신앙을 보수한다고 해서 제사를 폐하고 조상의 신주를 불사르는 사건이 생겨나자 조야는 이를 패륜외도로 규정하고 멸기난상의 죄목으로 이들을 참형하는 1801년 신유교난이 발생하게 되었다. 이후 가톨릭교회는 1839년 기해 대교난, 1846년 병오, 1866년 병인교난을 거치기까지6) 반세기가 넘도록 수십만 명의 교인들이 옥에 갇히고 귀양을 가고 심지어 단두대의 처형을 받았는데, 조상제사와 장례예식에 대한 유연한 태도를 가지며 타종교와 삼보일배를 한다든지 어중간한 신앙적 행동을 하면서 우상숭배에 동참하는 것은 참된 기독교 신앙을 버리는 행위라고 아니할 수 없다. 현재 한국에서 개신교 신앙을 보수하려는 사람들 이외에는 모든 종교가 거의 다 조상숭배를 한국의 전통 미풍양식이라고 하면서 받아들이는 입장이다. 교리에 어긋나지 않는다면 타종교의 신앙적인 태도를 배려하는 것은 필요하지만 가톨릭의 어중간한 입장은 시간이 지날수록 개신교와 다른 타종교라는 이질감을 가진다.

한국교회가 왜 중병에 걸렸을까? 왜 사람들은 개신교를 개독교라고까지 혹평을 할까? 소통의 단절이라고 지적하면서 동시에 교회 안에서 신앙생활을 하는 사람들이 왜…? 어떤 내용을 가지고 신앙생활을 하는지를 모르기 때문이라는 지적이 있다. "사실 한국의 기독교는 많은 문제들을 안고 있다. 시커먼 밤하늘에 둥둥 떠다니는 시뻘건 십자가의 반문화적 행태, 좋은 말씀을 전하러

5)「교회연합신문」, 2006, 12월 10일자.
6) 민경배,『한국기독교회사』(서울: 대한기독교서회, 1979), 59쪽 이하.

왔다며 남의 집 문을 멋대로 두드리는 외판원적 행태, 거리와 전철에서 멀쩡한 사람들을 죄인이나 바보 취급하는 비정상적 행태, 수천억 원의 돈을 들여서 거대한 교회를 짓는 경쟁에 골몰하는 개발꾼적 행태, 수많은 신도들의 공유재인 교회를 멋대로 자식에게 세습하는 반민주적 행태, 막대한 사례금과 이익을 챙기면서 세금은 사실상 한 푼도 내지 않는 비사회적 행태, 다른 종교를 배척하는 것을 넘어서 아예 파괴하려 드는 비종교적 행태, 이권과 권력을 위해 정치꾼보다 더 강력히 정치적 활동에 몰두하는 세속적 행태 등은 그 중요한 예들일 것이다."7)

이오갑 교수는 「한국교회 무엇이 문제인가」라는 주제의 논문을 통해 "지난 80년대부터 신학계에서는 근본적인 정신과 신앙의 문제를 다루는 조직신학이 관심사에서 멀어지고 목회학이나 선교학, 상담학 같은 실천적이고 기술적인 분야들이 부각되어 온 것"8)을 들면서 한국교회는 교회가 담지하고 있는 진리의 내용이 무엇인지를 모르고 있다는 것이다. 한국교회 교인들이 진리의 내용을 모르고 신앙생활을 한다면 구원의 확신을 갖는다는 것은 어려우며 촉수를 잃어버린 곤충과 같이 신앙생활을 헤매다가 이단 종파나 다른 종교에 편승할 확률이 매우 높다. 교회로 모여드는 개신교인들을 오합지졸이라고 표현하면 과언이 아닐까?

교회는 구원의 안내자이다. 종교개혁자들인 루터나 칼빈, 츠빙글리, 존 녹스 모두 자신들이 개혁운동을 하던 지역에서 신앙생활의 내용을 담은 대·소요리 문답과 신앙고백 그리고 신앙지침 등을 만들어 교인들로 하여금 '배우고 확실한 일에 거하는'(딤후 3:14) 신앙적 안내를 우선적으로 하였다. 그런데 한국교회는 언젠가 부터 일부 교단에서는 교회에 등록하여 신앙생활을 한지 6

7) 이글은 2010년 2월 10일자 상지대 교수 홍성태의 인터넷 '세상읽기' 사회칼럼에 나온 글이다. 제목은 스스로 '신'이 되려는 '장로' 대통령 이다.
8) 이오갑, "한국교회 무엇이 문제인가? - 한국교회에 대한 조직신학적 반성과 대안", 한국조직신학논총, 제25집 2009년 12월(서울: 한들출판사, 2009), 165쪽.

개월 만에 주는 학습제도를 없애 버리고 직접 세례를 주는 정책을 도입하였는데 이러한 행정편의주의는 교인들의 신앙을 약화시켜버리는 결과를 가져오게 하였다. 가톨릭교회는 청소년들이 영세를 받기까지 1년간 교리공부에 엄격하게 참여해야 하며 다양하게 제공되는 미사도 신자들에게 일종의 의무화가 되어 실제적으로 가톨릭신자의 교회를 찾는 통계가 개신교보다 높다는 것이 외국의 일반적인 예이며 한국도 이러한 추세로 가고 있다. 우리가 말하는 익명의 기독교인들이 개신교 안에 가톨릭보다 더 많은 듯 보인다.

3) 신앙의 훈련장 교회

칼빈은 『기독교 강요』 최종판 제IV권의 제목을 '하나님께서 우리를 그리스도의 공동체로 인도하시며 그 안에서 있게 하시려는 외적인 은혜의 수단' 이라고 하였다. 제IV권의 제1장 서두에서 교회의 필요성에 대해 다음과 같이 말한다. "우리가 복음을 믿음으로 인해 그리스도가 우리의 그리스도가 되시고, 우리는 그가 가져오신 구원과 영원한 부에 참여하게 된다. 그러나 우리 안에서 믿음을 일으키고 키우며 목적지까지 나아가려면 무지하고 태만한 우리들에게 외적인 도움이 필요하기 때문에, 하나님께서는 우리의 약함을 위해서 필요한 보조 수단들을 더해주셨다. 그리고 복음이 활발하게 전파되도록 이 보물을 교회에 맡기셨다."[9] 이처럼 하나님께서는 인간의 무지와 태만과 나약함 때문에 외적인 수단으로 교회를 세우시고 교회를 통해 구속 활동을 이루시는 것이다. 무한하신 하나님께서 유한한 인간의 능력에 맞추신 것이다. 칼빈에게 교회는 우리에게 적합하도록 자신을 낮추시는 하나님의 은혜를 나타낸다. 교회가 은혜의 산물이라는 것은, 교회가 단순히 사람들의 모임이 아니라는 것을

---

9) 존 칼빈, 『영한 기독교 강요』, 편집부 번역(서울: 성문출판사 1993), 제 4권 1장 1절, 9쪽; 이후 『기독교 강요』를 『Institutes』라고 명명함.

의미한다. 왜냐하면 교회를 만들고 유지시켜 나가시는 하나님의 은혜가 교회로 하여금 특성을 갖도록 하기 때문이다.

목사와 교사들을 임명하셔서 권위를 주셨고 끝으로 신앙의 거룩한 일치와 올바른 질서를 위해서 도움이 될 만한 것은 하나도 빠뜨리지 않으셨다. 우선 성례를 제정하셔서 성례에 참가한 우리는 그것이 신앙을 자라게 하며 강화하는 데 매우 유익한 보조 수단임을 체험한다.10)

교회의 존재 근거가 그 자체 안에 있는 것이 아니라, 밖에 있다는 전제는 칼빈의 교회론에서 기본적인 것이다. 교회는 본질적으로 내재하고 있는 어떤 특성에 의해서가 아니라, 예수 그리스도 안에서 주어진 하나님의 약속을 믿는 믿음에 의해 그 존재의 정당성을 획득하게 된다. 교회의 기원은, 인간의 타락 때문에 창조질서가 파괴되고, 그래서 그 파괴된 창조질서를 회복시키기 위해 하나님께서 교회를 세우신 것에서 연유한다. 그래서 칼빈은 아담과 하와가 타락한 후 곧 교회가 시작된 것으로 보고 있다. 아담과 하와는 그들의 몇몇 자녀들과 함께 하나님에 대한 참된 예배자들이 된 것이 틀림없다. 셋은 정직하고 신실한 하나님의 종이었다고 쉽게 결론 내릴 수 있다. 그가 자기를 닮은 아들을 낳고 올바르게 세워진 가정을 가진 후 교회의 얼굴이 분명히 나타나기 시작했으며 하나님에 대한 예배가 후손들에게 계속되도록 세워졌다.11)

칼빈에 의하면 이런 교회는 타락 이후에 항상 이 세상에 있었고, 앞으로도 이 세상이 종말을 맞이할 때까지 계속 존재할 것이라고 한다. 우리는 천지 창조 이후로 주님이 자신의 교회를 가지지 않은 때가 없었음을 알아야 한다. 그리고 세상이 종말을 고할 때까지도 주의 교회는 항상 있을 것이다. 아담의 죄로 인해 인류 전체가 처음부터 타락하고 부패하였지만, 주께서는 이 오염된 덩어리 속에서 어떤 그릇은 귀히 쓰도록 항상 성별하셔서 주의 자비를 받지

---

10) 『Instutites』 Ⅳ. 1. 1.
11) Common Gen. 4장 26절

않는 시대가 없도록 하신다.12) 세상에서 교회가 때로는 이 세상에서 사라진 듯하게 보이기도 했지만, 하나님은 항상 지켜 보호해 주셨고, 죽음의 어둠에서 벗어나게 하셨다.13)라고 말한다.

칼빈에게 있어서 교회는 신앙생활의 학교이다. "연약한 우리는 일평생 교회에서 생도로 지내는 동안 이 학교로 부터 떠나는 것을 허락 받을 수 없다. … 교회의 품을 떠나서는 죄의 용서나 어떠한 구원도 바랄 수가 없다."14) 여기서 교회 밖에는 구원이 없다는 말은 교회 자체가 구원의 능력을 소유하고 있다는 말이 아니라, 교회를 세우고 말씀과 성례를 통하여 구원하는 하나님의 구원 방법에 참여하지 않는 자들에게는 구원이 없다는 뜻이다. 칼빈은 그 증거로 이사야(사 37: 32)와 요엘(욜 2: 32)이 증거하고, 에스겔(겔 13: 9)도 이에 동조한다며, 하나님이 하늘나라의 생명에서 거절한 사람들은 하나님의 백성의 반열에 가입되지 못할 것이라고 한다(겔 13: 9).15)

반면 참으로 경건한 생활을 하려고 하는 사람들은 예루살렘의 시민으로 등록되므로(사 56: 5, 시 87: 6 참조) 시편 기자는 "여호와여 주의 백성에게 베푸시는 은혜로 나를 기억하시며 주의 구원으로 나를 권고하사 나로 주의 택하신 자의 형통함을 보고 주의 나라의 기업으로 즐거워하게 하시며 주의 기업과 함께 자랑하게 하소서"(시 106: 4-5)라고 말한다며, 이런 말씀들은 하나님의 부성적 은총과 영적인 생명이 하나님의 백성에 국한되기 때문에 교회를 떠나는 것은 언제든지 파멸에 이른다고 주장한다.16)

칼빈의 교회를 어머니로 비유한 것이나 "교회 밖에는 구원이 없다"는 주장은 이미 키프리아누스와 아우구스티누스에게서 나타난 것이다. 키프리안

---

12) 『Instutites』 Ⅳ. 1. 18.
13) Common Ps. 102장 19절
14) 『Instutites』 Ⅳ. 1. 4, 19쪽.
15) 상게서.
16) 『Instutites』 Ⅳ. 1. 4.

은 "그리스도의 교회 밖에 있는 사람이라면, 그가 어떤 부류의 사람이든지 간에 그리스도인이 아니다. 그리고 교회를 자기 어머니로 섬기지 않는 사람은 하나님을 그의 아버지로 섬길 수 없기 때문에 교회 밖에 구원이 없다"고 말하였다.

칼빈은 신자의 양육에는 외적인 교회의 도움이 필요하다고 말한다. "우리가 복음을 믿음으로 말미암아 그리스도가 우리의 것이 되고, 우리는 그로부터 주어지는 구원과 영원한 축복에 참여하게 되지만, 우리에게 무지와 나태의 요인이 있으므로 우리의 믿음이 싹트고 성장하기 위해서는 외적인 도움이 필요하다."[17] 하나님은 무지하고 나태한 우리를 그냥 버려두지 않고 그리스도와의 교제로 불러 그리스도와 연합하는 신앙이 우리 안에서 발생하고 성장하며 끝까지 전진하게 하는 교회의 도움이 필요하다는 것이다. 뿐만 아니라 하나님은 그의 자녀들이 교회를 통하여 양육 받고 성장하여 신앙의 완성을 이루기를 기뻐한다고 그는 말한다.

그러므로 교회는 그리스도의 현존의 장소요, 우리의 신앙생활의 출발점이 되는 것이다. 다시 말해서 무지한 우리들, "육신의 감옥에 갇혀있는 우리들", 우리 자신으로서는 하나님께로 가까이 할 수 없는 우리들을 그에게 접근할 수 있도록 하기 위한 방법, 길로서 외적인 수단, 보조수단으로서 교회가 필요하다는 것이다. 복음 전파와 교직이 제정된 것은 신앙을 일깨워주며, 또한 칼빈이 "신앙의 일치", 곧 신앙과 외적인 의식의 일치라 부른 것을 확립함으로써 교회의 집합적인 성화를 증진시키는 데 있는 것이다. 그리고 성례의 주요한 기능은 신자의 신앙을 유지하며, 그들 각자의 성화를 도와주는 데 있는 것이다. [18] 물론, 이러한 교회의 기초는 하나님의 선택이 기초가 된다.[19]

---

17) 『Instutites』 Ⅳ. 1. 1.
18) 신복윤, 『칼빈의 신학사상』 (서울: 성광문화사, 1993), 23쪽.
19) 『Instutites』 Ⅳ. 1. 2.

최근 서울의 몇몇 대형교회들을 중심으로 한국 개신교회의 정치적인 입장이 너무나 보수적인 경향으로 가는 면이 있는 것을 보게 된다. 예배 시간의 설교나 공중기도 시간에 공공연하게 개인을 내세우거나 폄하하는 정치적인 발언들을 하며 심지어 하나님을 찬양하기보다는 개인의 공적들이 근거 없이 내세워지는 경우도 있다.

최근에 출간된 『그리스도인 앙겔라 메르켈』 총리의 자서전을 인용해 볼 필요가 있다. "저는 기독교적 정치의 실현이 가능하다고 믿는 이들과는 다릅니다. 오직 기독교 신앙은 저에게 방향만 제시할 뿐입니다. 기독교신앙은 저에게 삶의 의미를 일깨워주며, 더 나아가 이를 통하여 희망을 안겨주고, 저를 격려할 따름입니다. … 따라서 저는 독일사회 내에서 개신교회의 대사회적 영향력이 증대하기를 소망합니다. 하나님과 인간 앞에서 우리의 행동하는 양심이 격려 받으며, 이를 통하여 우리의 정치적 결단이 의미 있게 되기를 기원합니다."[20] 따라서 교회가 하나님에 의하여 세워진 사실 때문에 우리는 이 교회에 매이게 되고, 또한 교회의 위임된 성화의 수단에 매이게 되는 것이다.[21]교회의 필요성은 칼빈이 교회를 "신자의 어머니"라고 한 말과 관련된다.

4) 교회의 본질

칼빈의 참다운 교회는 새로운 교회를 의미하지 않는다. 그가 추구한 참 교회는 교회 본연의 모습을 잃어버린 로마가톨릭교회를 개혁하여 교회다운 교회를 만드는 데 있었다. 전통적인 교회의 신조에 충실하면서도 신약시대의 교회에 충실한 성경적인 교회였다. 이러한 모습이 그의 『기독교 강요 IV』에 보여진다.

---

20) 폴커 레징, 『그리스도인 앙겔라 메르켈』, 조용식 옮김 (서울: 한들출판사, 2010), 51쪽.
21) Ibid.

칼빈은 교회의 본질을 '성도의 교통'에서 찾는다. 사도신경에 '거룩한 공회와 성도가 서로 교통하는 것'이란 구절이 나오는데, 이는 모두가 하나님의 자녀들과 형제, 자매로 하나가 된다는 것이다. 그가 특히 이 부분에서 강조하는 것은 모든 신자들은 하나님을 유일의 아버지로 섬기며 그리스도를 머리로 알기 때문에, 결국 모든 신자들은 형제의 사람으로 연합하며 하나님의 모든 은사를 나누어 가진다는 점이다. 그래서 교회의 본질을 성도의 교통이라고 한다. 성도의 교통으로서의 교회는 1) 신자들의 어머니, 2)그리스도의 몸, 그리고 3) 선택받은 하나님의 백성이다.

(1) 신자들의 어머니

칼빈은 기독교 강요 제Ⅳ권 1장 제목을 '진정한 교회'로 정하고서 '모든 경건한 자의 어머니'라는 부제목을 정한다.[22] 교회는 신자들의 어머니요 하나님은 아버지이시다. 하나님이 아버지가 되는 사람에게는 교회가 어머니가 되어야 한다는 것이다.[23] 이 말은 키프리아누스가 처음 사용한 말로서[24] 아우구스티누스 이후 로마교회에서 교회의 절대권을 주장하기 위하여 사용해 오던 용어였다. 그러나 칼빈이 사용한 의미로는 교회는 신자들의 신앙의 훈련장으로서 교회의 교육적 사명을 강조한 말이며 가부장적인 권위를 가진 로마교회와는 달리, 어머니로서 자식을 훈련하듯 신자들의 신앙을 훈련하는 곳이 교회라는 말이다. 그러므로 '그리스도가 교회를 통하여 주는 영적 양식을 거절하는 사람은 누구든지 멸망 받기에 합당하다'고까지 칼빈은 말한다.[25] 이렇게 교육 훈련을 강조한 칼빈의 교회관은 제네바 교회에서는 물론 그 후 개혁교회의 특성을 이루는 동기가 되었다.[26]

---

22) 『Instutites』 Ⅳ. 1. 1
23) Ibid.
24) Cyprian, On the Unity of the Church VI(CSEL3.1. 214).
25) 『Instutites』 Ⅳ. 4. xxx

"하나님께서는 이 교회의 품속으로 자녀들을 모으시기를 기뻐하셨는데, 이는 그들이 유아와 어린아이 시절에 교회의 도움과 봉사로 양육되도록 하기 위해서 뿐 아니라 그들이 성숙하여 신앙의 목표에 이를 때까지 어머니와 같은 사랑에 의해 인도를 받게 되도록 하기 위함이기도 하다."27) 어머니가 우리를 잉태하고 낳으며 젖을 먹여 기르고 우리가 이 육신을 벗고 천사같이 될 때까지(마22:30) 보호, 지도해주지 않는다면 우리는 생명으로 들어갈 길이 없다.28) 이처럼 어린아이가 엄마의 품안에서 양육 받지 못하고는 제대로 자랄 수 없는 것과 같이 신자는 교회의 품 안에서 양육을 받을 때 하나님의 구원역사에 참여할 수 있는 것이다. 교회를 떠나는 것은 하나님과 그리스도를 부인하는 것이다.29)

그런데 여기에서 칼빈이 교회를 떠나서는 구원이 없다고 한 것은, 교회 자체가 구원의 능력을 소유했다는 말은 아니다. 하나님께서 교회에서 말씀과 성례를 통해 구원의 역사를 이루시는데, 이런 하나님의 구원의 수단에 참여하지 않는 자들은 구원 받을 수 없다는 뜻이다. 말씀과 성령의 내적 역사가 일어나는 한에 있어서 교회는 구원의 기관인 것이다.30)

그러므로 구원의 기관인 어머니로서의 교회는 가시적 교회를 의미하는 것이다. 신자를 낳으며 양육하는 어머니로서의 교회의 역할이 구원을 위해 필수적이라는 말이다. 그런데 이 가시적 교회는 성도들의 사귐이라는 면보다는 하나님의 은총의 수단이라는 면이 더 강조되고 있다. 그런데 "교회를 떠나서는 구원의 가능성은 없다"고 말할 때 구원의 능력이 교회 자체 안에만 있는 것으로 생각한 것은 아니다. 그가 말한 것은 하나님께서는 교회에서 말씀과 성례

---

26) 박근원, 『칼빈신학의 현대적 이해』 (서울: 기독교서회, 1978), p.167.
27) 『Instutites』 Ⅳ. 1. 1. p.11.
28) 『Instutites』 Ⅳ. 1. 4.
29) 『Instutites』 Ⅳ, 1. 10.
30) 이형기, 『역사속의 교회』 (서울: 도서출판 교육목회, 1995), p.459.

를 통해 역사하시는데 이러한 구원의 수단을 거역하는 자는 구원을 받을 수 없다는 말이다.

칼빈은 말씀의 선포를 교회의 핵심적인 기능으로 보았다. 그는 참 교회의 지표를 말할 때에는 말씀의 선포와 성례전의 집행을 들고 있는데, 성례전도 또한 말씀에 근거를 두고 집행됨으로 결국 그는 말씀이 가장 중요하다고 본 것이다. 결국 어머니로서의 교회는 하나님께서 인간의 약점을 돕기 위해 주신 가시적 교회이며, 말씀의 선포를 통해 예수 그리스도를 드러내고 신앙의 출생과 양육을 가능케 한다고 할 수 있다.

로마가톨릭교회가 제도적 입장을 강조하는 것과는 반대로 칼빈은 말씀과 성령이 역사하는 구원의 기관으로서의 교회를 강조하였다. 아우구스티누스는 "우리는 우리 주 하나님을 사랑합시다. 그의 교회를 사랑합시다. 전자를 아버지로서, 후자를 어머니로서"라고 말한다.[31] 결국 어머니로서의 교회는 하나님께서 인간의 약함을 돕기 위해 주신 가시적 교회이며, 말씀의 선포를 통해 예수 그리스도를 드러내고 신앙의 출생과 양육을 가능케 한다고 할 수 있는데, 이것은 하나님이 주신 유일한 구원의 기관이다.

신자들의 어머니인 교회는 신앙의 훈련장으로서 교회의 양육과 교육의 사명을 강조한 말이다. 가부장적 권위를 강조했던 로마 교회와는 달리 어머니로서 자식을 사랑으로 감싸고 보호하고 훈계로 양육한다는 의미가 담겨져 있다. 이렇게 교육과 훈계, 양육과 훈련을 강조한 그의 교회관은 제네바 교회에서 그대로 적용 되었으며 오늘 한국교회를 진단하며 향후 교회의 미래를 결정해 주는 좋은 사례가 될 것이다.

(2) 그리스도의 몸

칼빈의 교회의 구조적 본질을 정해주는 다른 한 용어는 그리스도의 몸이다(엡

---

31) 이양호, op. cit., p.174.

1:23). 당시 가톨릭교회는 그리스도의 몸으로서의 교회를 지나치게 강조하여 가톨릭교회 자체를 그리스도의 몸으로 가르치던 교리와 연관이 있다. 이러한 사고가 교황의 사도 계승권까지 비약하게 되었다. "온 세계가 한 군주 하에 포용되는 것이 유익하다는 전혀 터무니없는 가톨릭교도들의 생각을 … 나는 인정하지 않겠다."[32] 칼빈은 교황이 제도권의 가시적인 교회의 머리가 아니라 그리스도가 교회의 머리임을 강조한다.

칼빈은 여기에서 고린도전서 12장과 에베소 4장의 본문을 중심으로 이 개념을 해설한다. 칼빈의 그리스도의 몸으로서의 교회는 그리스도가 우리생활에 오시는 영역, 바로 그것이다. 그리스도가 이 교회 안에서 자신을 우리에게 주시는 그 사실 때문에, 성도의 연합이 완성되며 그리스도의 몸이 이루어진다(엡 4:12). 그리고 머리가 되시는 그리스도 안에서 우리는 자라며(엡 4:15) 서로 한 몸이 된다. 즉 우리는 그리스도 안에서 모두가 한 몸이 되는 것이다.[33] 교회가 그리스도의 몸이라고 하는 사상은 그리스도만이 교회의 주가 되신다는 사실을 매우 명백히 말해준다. 어떠한 개인이나 단체도 교회를 지배할 수 없다. 그리스도만이 그 통치자가 되시며 머리가 되시는 것이다. 그리스도와 비교할 때 인간은 아무것도 아닌 무익한 종에 불과하다. 그리스도는 이와 같이 통치자의 자격으로 교회를 세우셨고, 또한 현재 이 교회 안에 계셔서 세우신 종들을 통하여 말씀하시며 일하고 계시는 것이다.[34]

(3) 그리스도의 통치

칼빈은 『기독교 강요』 제Ⅳ권에서 여러 장에 걸쳐 로마 교회의 교황제도를 강력하게 비판하고 있다. 칼빈은 교황 제도 아래에서는 하나님의 말씀 대신에

---

32) 『Instutites』 Ⅳ. vi. 9, 207쪽.
33) 『Instutites』 Ⅳ. 1. 5.
34) 신복윤, "칼빈의 교회관", 『신학 정론』제6권 1호 (1988), p.9.

거짓된 사악한 조직이 교회를 지배하고 있다고 주장하며, 교황제도에 대해 직접적인 반대 의사를 표명하였다.

"로마주의자들(Romanists)이 주장하는 대로, 온 세계가 한 군주의 지배 아래에 들어가는 것이 선하고 유익하다 하더라도 ― 이것은 전혀 불합리한 것인데 ― 교회 조직에서도 같은 일이 있어야 한다는 것을 나는 인정할 수 없다. 왜냐하면 교회에서는 그리스도가 유일한 머리이시며, 우리는 모두 그의 지배 하에서 그가 제정하신 질서와 정치 형태에 따라 서로 연합되어 있기 때문이다. 교회에 머리가 반드시 있어야 한다는 구실로 세계 교회 위에 한 사람을 올려놓으려고 하는 그들은 그리스도를 너무도 분명하게 모독하는 것이다. 교회의 머리는 그리스도이기 때문이다."35) 칼빈은 여기에서 교회의 머리는 그리스도이시지, 결코 사람이 될 수 없다고 말한다. 이렇듯 칼빈의 교회관에서 또 하나의 중요한 것은 '그리스도를 머리로 하는 그리스도의 몸'으로서의 그리스도의 통치 교회 개념이다.

"그리스도께서는 머리이시며 이 영예는 그리스도에게만 있는 것이라고 성경이 입증하고 있기 때문에"36) 교회는 어떤 한 책임자에 의하여 지배되는 것이 아니라, 지체 하나 하나가 서로 연결되고 결합되어 이루어지므로, 어느 한 개인이 교회를 지배하는 것은 교회를 파괴시키는 것이며, 그것은 교회라 할 수 없다. 오직 그리스도만이 교회를 통치하는 곳에서 교회가 성립된다. 이 말은 오늘 한국교회의 지도자들이 되새겨야 할 교훈중의 하나이다.

칼빈은 교회를 신자의 어머니로 표현할 뿐만 아니라, 그리스도의 몸으로도 표현한다. "선택된 모든 사람들은 그리스도 안에서 연합되어 한 머리에 의존하며 서로 한 몸이 되고, 한 몸에 달린 지체들처럼 서로 결합된다."37) 그리

---

35) 『Instutites』 Ⅳ. vi. 9, 207쪽.
36) 상게서.
37) 『Instutites』 Ⅳ. 1. 2.

스도의 몸으로서의 교회는 바울이 "교회는 그리스도의 몸"에 비교하여 교회의 본질을 설명한다(엡 1: 23, 5: 23-30). 그리스도와 교회를 머리와 몸에 비유하는 표현은 그리스도의 주권과 그리스도 안에서의 연합을 강조하는 것으로 그리스도와 신자와의 영적인 연합성을 잘 나타낸다. 그리스도가 교회의 "머리"라는 말은 "그리스도가 그의 피로 산 교회(행 20: 28)는 그리스도에게 속한다."는 것을 나타낸다. 교회는 일종의 종교 공동체가 아니라 예수 그리스도의 죽음과 함께 죽고, 또한 그의 부활과 함께 다시 살아난 사람들의 모임이다. 그러므로 교회는 그리스도만을 주로 모시고 섬긴다. 교회의 존재는 그리스도의 존재에 의하여 결정된다. 그것은 "그리스도에 속한 교회"이며, "그리스도의 교회"이다.38) 따라서 그리스도와 신비로운 일체를 이루어 그리스도는 교회요, 교회는 그리스도의 몸으로 표현되고 있다.39)

칼빈은 그리스도의 머리됨과 성도의 교제와 질서를 강조한다. 성도의 교제와 질서가 이루어지는 것은 그리스도가 지체인 성도들의 머리가 된다는 확신이 있어야 한다는 것이다. 그것은 그리스도의 통치를 온전히 받는 것을 의미한다. "하나님이 모든 신자들의 공통의 아버지이고, 그리스도는 공통의 머리가 된다는 사실을 확신한다면, 그들은 형제적인 사랑으로 연합되지 않을 수 없고, 그들의 은혜를 서로 서로 나누지 않을 수 없다."40) 교회 안에 있는 모든 통치는 그리스도의 통치에 상응함에 의해서만 정당화 된다. 교회 안에서 그리스도의 카리스마적 통치는 본질적으로 폭력과 이 세상의 권력들의 억압으로부터 해방시킴이다.

그리스도의 몸이 모든 성도의 공동체라는 사상은 교회가 신자의 어머니라는 견해와 필수적으로 결부된다. 이를 통해서 그리스도만이 교회의 주라는 사

---

38) 김균진, 『기독교 조직신학』(서울: 연세대학교 출판부, 1993), p.575.
39) 『Instutites』 Ⅳ. 1. 3.
40) 『Instutites』 Ⅳ. 1. 3.

실이 명백해진다.[41]

(4) 성도의 사귐

교회가 그리스도의 몸이라고 할 때 우리는 두 가지 사실을 기억해야 한다. 하나는 그리스도가 교회의 머리가 되신다는 사실이고, 다른 하나는 서로 몸을 형성하고 있는 우리는 연합하여 있으며, 이것이 교회의 본질이 된다는 것이다. 전자에서 우리는 '교회의 단일성'을, 후자에서는 '교회의 연합과 성도의 사귐'을 보게 된다. '성도들의 사귐'(The communion of the Saints)에서 사귐이라는 말의 번역은 교제나 교통 등으로 번역되나 사귐이 더 나을 듯하다.

이 말이 갖는 뜻은 하나님께서는 모든 신자의 아버지시며 그리스도께서는 그들 모든 신자들의 머리시라는 것을 참으로 확신한다면 그들은 형제애로 연합되지 않을 수 없고 또 그들이 받은 은혜를 서로 나누지 않을 수 없다.[42] 교회는 이와 같이 그리스도를 구주로 믿는 신앙 안에서 하나님으로부터 받은 은혜를 함께 나누는 것이 '거룩한 공동체'(communio sanctorum) 즉 성도들의 사귐이다. 칼빈이 성도들의 사귐으로서 교회를 강조한 것은 사도신조의 교리를 개인 신앙의 기본교리로 가져온 것 뿐 아니라 이 교리에서 멀어진 가톨릭교회의 교회관을 비판하기 위함이었다.

가톨릭교회의 교회관은 이중구조로 되어 있다. 천주교는 교회를 두 개의 계급, 곧 '가르치는 교회'와 '배우는 교회'로 나눈다. '가르치는 교회'는 바티칸의 교황을 중심한 추기경단과 사제단을 말하고, '배우는 교회'는 소위 평신도들을 말한다. 이 두 계층의 계급구조(의식)는 군대를 방불케 하며 '배우는 교회(평신도)'는 철저하게 '가르치는 교회'의 다스림을 받는다. 어떤 의미에서 종교개혁은, 바로 이런 천주교의 왜곡된 교회관에서 필연적으로 파생되는 '사제

---

41) Wilhelm, Niesel ,『칼빈의 신학』(서울: 대한기독교서회, 1993), p.187.
42)『Instutites』Ⅳ. 1. 3.

주의'를 거부하고 '만인 제사장주의'(벧전 2:9)를 회복한 것이라고 보면 된다.

주님의 몸 된 교회는 우주적인 하나의 교회(catholic church)이다. 교황을 정점으로 하는 로마교황청과 사제단이 신성한 권위를 지니고 그 권위로 성경을 하나님의 말씀으로 인정해주기 때문에 성경이 하나님의 말씀이 될 수 있다. 그래서 성경에 계속해서 외경(혹은 위경)이 추가될 가능성이 열려 있으며 그래서 성경의 권수가 계속 늘어날 수 있는 것이다. 때문에 천주교에서는, 교황의 칙서나 사제단의 지침서가 성경과 동일한 권위를 지니게 된다.

칼빈은 교회의 존재근거를 철저하게 성경말씀에 두며 하나님의 거룩한 말씀인 성경에 근거해서 교회라는 조직이 존재하게 된다고 말한다. 그리스도를 머리로 하는 교회는 그리스도의 몸 된 지체들로서 단단히 결합될 것을 강조한다. "하나님의 은밀한 선택에 기초를 둔 교회를 보편적 교회라고 부르는데, 이것은 그리스도가 나누어지지 않는 한 교회도 둘이나 셋이 될 수 없기 때문이며, 하나님이 선택한 모든 사람들은 그리스도 안에서 연합되어 있으므로(엡1: 22-23) 한 머리에 의존하며 서로가 한 몸이 되고, 한 몸을 이루는 지체들처럼(롬 12: 5, 고전 10: 17, 12 : 12, 27) 서로 단단히 결합된다(엡 4: 16).[43]

그리스도가 이 교회 안에서 자신을 우리에게 주기 때문에 교회의 사역을 통하여 하나님의 말씀이 우리에게 전해지면, 성도들의 중생이 이루어지고, 그 결과 그리스도의 몸이 성립되어(엡 4: 12), 머리가 되는 그리스도 안에서 우리가 자라며(엡 4: 15), 모두 함께 자라 서로 한 몸이 된다. 그러므로 교회는 주님의 영 안에서 믿음과 소망과 사랑으로 함께 살아가는 살아 움직이는 유기체적 공동체로서 피차간에 봉사와 도움을 주는 공동체이다.[44]

그리고 교회는 그리스도의 몸이요, 성령이 거하시는 처소요 집이기 때문에 한 사람의 교인도 소홀히 여김을 받을 수 없으며 그렇다고 어떤 한 사람이

---

43) 『Instutites』 IV. 1. 2.
44) 『Instutites』 IV. 1. 2.

자기를 앞세울 수 없다. 교회는 하나의 연합체이기도하다. 그러나 이 연합체
는 말씀 안에서 부르심을 받은 사람으로 이루어지는 것이다.

칼빈은 사도신경 안에 있는 "성도가 서로 교통 한다"는 구절에 대해서 이
렇게 해석한다. 성도는 하나님께서 주시는 은혜는 무엇이든지 서로 나눈다는
원칙하에 그리스도의 공동체에 소집되었다.[45] 우리가 교회를 믿는 근거는 자
기가 교회의 지체라고 확신하기 때문이다. 이러한 교회의 지체로서 성도들은
하나님께서 주신 성령의 은사는 물론 재물까지도 서로 나누어 가져야 한다고
칼빈은 주장한다. 이러한 그의 주장은 당시 로마교회가 초대 교회가 지니고
있던 그리스도의 몸으로서 서로 떡을 떼고 가난한 이웃과 함께 재물을 나누어
주는 본래적인 모습을 잃어버리고 있을 때 교회가 나눔을 통한 성도의 공동체
가 되어야 할 것을 역설한 것이다.

그러므로 칼빈은 교회의 지체들은 서로를 필요로 하며, 상호의존에 의해
서 교회에 대한 개인의 파괴적인 주권행사가 제거될 수 있다고 한다. "그리스
도로부터 받은 은사에 근거한 그리스도가 기대하는 봉사에 있어서, 교회의 지
체들은 서로 서로를 필요로 하게 되는데, 이와 같은 상호의존으로 교회에 대
한 개인의 파괴적인 주권행사가 제거될 수 있다. 교회의 지체들 사이에서 형
제로서의 상호 관계가 파괴된다면, 그때 단지 어떠한 손실이 생긴다는 정도가
아니라 한 주님의 교회로서의 교회의 가장 내적이고 본질적인 뜻에서 가장 깊
게 상처를 입을 것"이라고 한다.[46] 모든 선택된 사람들은 그리스도 안에서 연
합되었으므로(엡 1:22-23 참조) 한 머리에 의존하며 서로가 한 몸이 되고 한 몸
에 달린 지체들같이(롬 12:5, 고전 10:17, 12:17, 27)서로 단단히 결합된다. 그들
이 참으로 하나가 되는 것은 한 믿음과 소망과 사랑으로, 또 같은 하나님의 영
안에서 함께 살기 때문이다. 그들을 부르심은 영생을 다 같이 받게 하실 뿐만

---

45) 『Instutites』 Ⅳ. 7.
46) Wilhelm Niesel, op. cit., p.188.

아니라 한 하나님과 한 그리스도께 참여시키기 위함이다(엡 5:30).47) 우리는 개인으로나 공동체로서나 우리의 머리가 되시는 예수 그리스도 만을 봉사하기 위하여 우리의 몸과 영혼이 그에게 종속되어 있다는 것을 고백해야 하며 또한 이 고백이 실행되어야 할 것이다.48)

　　칼빈이 가톨릭교회의 교황을 신격화한 교리와 교권의 절대화를 배격하면서 로마 교회의 오류를 지적하고 참다운 교회는 '성도의 사귐'이라고 주장한 것은 보이는 교회로서의 절대권을 부정하고 보이지 않는 교회의 성격을 더 강조한 것으로 보여 진다. 이런 면에서 교회는 교황과 사제단을 정점으로 하는 인간적인 제도 보다는 예수 그리스도를 머리로 하여 이루어진 '성도의 사귐'인 영적인 의미를 갖는다(마 18:20).

5) 교회의 성장

칼빈에 의하면 교회의 질서와 다스림이 교회의 본질에서 생긴다는 것을 모르는 사람은 그리스도의 몸으로서의 교회에 대하여 아무 것도 모르는 사람이다. 그런데 이것은 교회지상주의에서 온 곳이 아니라, 그리스도가 교회 안에서 모든 사람이 그리스도를 배우고 알도록 하였기 때문이라고 말한다. 그에게 있어서 교회의 질서와 지도의 문제는 부차적인 것이 아니라 핵심적인 것이다. 그것은 그리스도와 그의 주권의 문제이기 때문이다. 따라서 개인으로서나 공동체로서나 몸과 영혼을 바쳐서 우리의 머리가 되는 그리스도에게 봉사하기 위하여 그에게 종속되어 있다는 사실이 인식되고 확증되어야 한다.49) 그리스도의 몸 된 지체로서의 교회는 지체된 신자 모두가 각자 하나님으로부터 받은

---

47) 『Instutites』 Ⅳ, 1, 2.
48) Wilhelm Niesel, op. cit., p.22.
49) Ibid., p.188.

은사를 따라 자기의 임무를 수행하면서도 서로 협조하고 결합하는 긴밀한 교제 속에서 계속 성장하여 그리스도의 온전한 분량에 이르러야 할 것이다. 그리스도의 몸인 교회는 성령의 역사하심을 통하여 하나의 성도의 모임인 공동체가 된다. 하나님이 먼저 있고, 그 다음에 사람들의 순종이 있고, 지체됨과 모임이 있는 것이다. 교회 안에서 갖는 사람들의 모임은 하나님이 역사하고 그들 가운데 있을 때 성립된다고 칼빈은 말한다.[50]

교회를 그리스도의 몸이라고 부르는 것은 그리스도와 교회 사이에 형성된 생명의 결합과 인격적인 상호관계 때문이다. 교회가 그리스도의 살아 있는 몸이라는 것은 그리스도가 현재 교회 안에 살아 있고, 교회의 생명이며, 교회를 먹이고 다스려서 그리스도의 생명이 교회를 통해 나타난다는 것이다. 그리스도가 교회 안에서 살아 역사하기 때문에, 교회는 그의 몸의 기능을 수행할 수 있는 것이다.[51] 그리스도의 몸은 교회로서 실존하는 동시에 온 우주를 포괄한다. 그리스도의 몸은 교회에 제한되지는 않는다. 교회가 존재하는 목적도 교회 자체에 있지 않다. 하늘과 땅에 있는 모든 것이 그리스도를 통하여 하나님과 화해되어야 한다(골 1: 20). 교회는 모든 피조물이 그리스도를 통하여 하나님과 화해하도록 하기 위하여, 그리고 그리스도의 주권을 모든 피조물 안에 세우기 위하여 존재한다. 이런 의미에서 교회는 소금과 빛이며(마 5: 13-14),[52] 왕 같은 제사장이다(벧전 2: 9).

그러므로 그리스도의 몸으로서의 교회는 내외적으로 성장해야 한다. 내적 성장은 교회에 속한 그리스도인들이 그리스도와 더욱 깊이 사귈 때 일어나며, 외적인 성장은 그리스도의 복음이 모든 피조물에 선포되어 그리스도를 통하여 하나님과 화해됨으로써 일어난다. 그리스도의 몸된 교회의 성장은 그리스

---

50) Weber, Otto, op. cit., p.56.
51) 오영석, 『조직신학의 이해』(서울: 대한기독교서회, 1992), p.252.
52) 『Instutites』 Ⅳ. 8. 4.

도의 주권을 몸 된 피조물 속에 세우는데 있다. 교회는 그리스도의 몸으로서 새롭게 태어나야 한다. 그리스도의 고난, 아픔, 눈물, 십자가, 부활의 생명을 함께 나누고, 체험하고, 증거 하는 메시아의 교회들이 성령의 능력 안에서 인간과 사회, 전 피조물의 자유와 해방을 위하여 기도하고 헌신할 거룩한 교회로 개혁될 것을 믿는다.[53]

8. 선택받은 하나님의 백성

교회는 그리스도인의 공동체로서의 유형적인 면만 갖고 있는 것이 아니라, 성도들의 단체, 곧 피택자 전체를 뜻한다.[54] 칼빈이 하나님의 선택을 항상 교회론의 테두리 안에서 말하고 있다는 사실은 중요하다. 칼빈은 교회를 이렇게 정의한다. "첫째로, 우리는 거룩한 하나의 교회를 믿으니 그것은 보편적으로 선택받은 자의 수이다."[55] 교회는 천사나 사람, 죽은 사람이나 산 사람, 그리고 국가와 종족에 관계없이 피택자 전체를 말하는 것이다. [56] 교회의 일원이 되는 것은 인간의 어떤 근거에 의해서 되는 것이 아니라, 오직 하나님의 선택에 의해서 된다는 것이다.[57] 하나님의 "은밀하신 선택"과 "내적인 부르심"은 칼빈의 교회관에 있어서 매우 중요한 문제이다. 왜냐하면 칼빈은 선택을 교회의 기초로 보기 때문이다. 하나님만이 자기 백성을 아시며(딤후 2:19), 하나님만이 그들을 인 치심으로 품안에 품으신다(엡 1:13). 적은 수의 사람이 대중 속에 숨겨지고 몇 알의 밀알이 쭉정이 더미에 묻혀 있기 때문에 하나님만이 자

---

53) 오영석, op. cit., p.273-74.
54) 『Instutites』 Ⅳ. 1. 2.
55) Weber, Otto, op.cit, p.46.
56) 신복윤 op.cit, p.18.
57) Weber, Otto, op.cit, p.47.

기를 아시는 것이다. 58)

칼빈이 교회를 하나님의 '선택받은 자들의 공동체'라고 하는 데는 두 가지의 기본적인 전제가 담겨져 있다. 첫째, 교회의 주인은 하나님이시며 둘째, 교회는 하나님의 백성인 사람들의 신앙공동체라는 점들이다. 이 두 가지는 당시 가톨릭교회가 경시하던 것들이었다. 칼빈은 이 말을 통해 하나님의 주권을 강조했으며 동시에 교회 구성원들의 권리와 의무를 제시하였다. 이러한 교회 개념에서 칼빈은 하나님의 선택행위를 내세운다. 그러므로 칼빈에게 있어서 "교회의 기초는 하나님의 은밀한 선택"이다.59) 그리고 이 택하심이 그리스도 안에서 택함을 받은 모든 사람을 하나로 만든다는 것이다. 오직 하나님만이 자기 백성을 알기 때문에(딤후 2:19), 우리는 하나님의 은밀한 선택과 그의 내적 부름을 명시해야 한다. 그러므로 우리가 교회의 연합을 생각할 때, 우리가 부름 받은 지체들의 연합된 교회에 확실히 접붙임을 받은 자라는 것을 확신하지 않는다면 선택받은 무리를 생각하고 이해하는 것만으로는 충분하지 못하다. 하나님이 모든 신자의 아버지이며, 그리스도는 모든 신자들의 머리라는 것을 확신한다면, 성도들은 형제에 연합되지 않을 수 없고 또한 그들이 받은 은혜를 서로 나눌 수 없다.

니젤(W. Niesel)은 칼빈의 선택 교리는 교회가 세상에서 봉사하는 동안 필요한 안정과 확신, 그리고 저항력을 부여한다고 말한다.60) 그런데 선택된 교회 공동체인 "교회는 눈에 보이는 가시적 교회 뿐 만 아니라 하나님의 선택을 받은, 죽은 자들까지 포함한 모든 사람들을 의미한다."

우리가 교회의 연합을 생각할 때 우리가 이 연합된 교회에 확실히 접붙임을 받은 자라는 것을 확신하지 않는다면 선택받은 무리를 생각하고 이해하는

---

58) 신복윤, op.cit, p.18-19.
59) 『Instutites』 Ⅳ. 1. 2.
60) Wilhelm Niesel, op. cit., p.190.

것만으로는 충분치 못하다. 이는 우리가 우리의 머리이신 그리스도 아래에서 모든 다른 지체들과 연합되지 않는다면 우리에게는 장차 기업을 받으리라는 소망이 없기 때문이다.[61] 그들은 참으로 하나가 되어 한 믿음, 한 소망, 한 사랑, 한 성령 안에서 살게 된 것이다. 이것은 그들이 동일한 영생의 부르심을 받았을 뿐 아니라, 한 분 하나님과 그리스도 안에 참여하도록 부르심을 받았기 때문이다(엡 5:30).[62]

만일 교회가 그리스도 안에서 성취되는 하나님 자신의 은혜로운 예정에 달려 있다면, 교회의 지체는 칼빈이 말하는 대로 결코 잘못된 길로 갈 수가 없다는 것을 이해할 수 있다.[63] 이런 의미에서, 칼빈의 교회론에 따르면, 선택 교리는 교회가 세상에서 봉사하는 동안 필요로 하는 평안과 확신과 자극을 주는 것이 확실하다.

9. 참 교회의 특성

1) 말씀의 바른 전파

하나님은 자신의 존재를 만물을 통해서 알리신다. 하지만 이러한 창조 속에 나타난 자연계시는 하나님에 대한 참된 지식으로는 불충분하다. 이것을 아신 하나님께서는 말씀의 빛을 더하셔서 이 말씀으로 구원을 알게 하신다.[64] 인간의 마음은 그 연약함으로 인해서 하나님의 거룩한 말씀에 의한 도움과 뒷받침이 없는 한 도저히 하나님께 다가 올 수가 없다.[65]

---

61) 『Instutites』 Ⅳ. 1. 2.
62) 『Instutites』 Ⅳ. 1. 2.
63) Weber, Otto, op.cit, p.47.
64) 『Instutites』 Ⅰ. 6. 1.

칼빈은 교회를 성도들의 신앙학교 내지는 훈련장이라고 언급하고 있는데 참된 신앙은 무엇인가? 칼빈은 참 신앙을 "우리를 향하신 하나님의 사랑에 대한 분명하고도 확고한 인식"[66]이라고 간략하게 정의하고 있다. 이 사랑은 하나님께서 예수 그리스도를 통해 보여주신 십자가의 사랑과 대속적인 죽음 그리고 부활의 영광스러운 영생의 확신과 소망이다.

그렇기 때문에 칼빈의 교회론의 중심을 이루고 있는 것이 바로 말씀을 올바로 전하는 설교이다. "설교는 하나님 자신의 말씀을 전파하는 것인데, 이 말씀은 결코 객관적인 사물이 아니고 피조물인 인간을 보고 대화하시는 창조주의 말씀이다. 그러므로 인간이 하는 설교 가운데 하나님의 말씀이 부단히 포함된다. 따라서 설교의 말씀은 인간을 향하는 직접적이고 내재적인 전달자이다."[67]

그런데 이 말씀은 성령의 도움이 없이는 바르게 이해될 수 없다. 성령은 복음이 말하는 바로 그 교리를 우리의 마음에 인 쳐 준다.[68] 칼빈은 성령과 그리스도, 성령과 설교말씀, 그리고 성령과 기록된 말씀 간에 긴밀한 관계가 설정됨을 말한다. 성령을 통하여 심령 속에 감동을 주고 또 우리에게 그리스도를 제시해 줄 때 그것은 생명의 말씀이요, 영혼을 소생케 하고 우둔한 자를 지혜롭게 만드는 말씀인 것이다.[69] 그러므로 칼빈은 말씀은 '하나님께서 신자들에게 성령의 빛을 주시는 도구'[70]라고도 말한다.

따라서 교회의 기초는 하나님의 말씀이다. 교회는 그리스도의 나라이며 그리스도께서는 그의 말씀만으로 지배하신다.[71] 그러므로 교회는 하나님의

---

65) 『Instutites』 I . 6. 4.
66) 존 칼빈, 『칼빈의 요리문답』, 한인수 옮김(서울: 도서출판 경건, 1995), 134쪽.
67) Weber, Otto, op. cit., p.60.
68) 『Instutites』 I . 9. 1.
69) 『Instutites』 I . 9. 3.
70) Ibid..
71) 『Instutites』 Ⅳ. 2. 4.

진리가 이 세상에서 없어지지 않도록 하기 위한 진리의 충실한 파수꾼이라 불린다. 하나님께서는 교회의 봉사와 수고에 의해서 말씀이 순수하게 선포되기를 원하셨고, 영적 양식과 구원에 유익한 모든 것을 우리에게 주심으로써 스스로 한 가족의 아버지이심을 보이고자 하셨다.[72] 이러한 주의 말씀만이 하나님이 교회의 권위를 행사하시는 방법이며,[73] 교회는 이 말씀을 통하여 신자간의 일치를 이루며 교통을 유지한다.[74]

로마가톨릭 교회에 있어서는 예배의 중심이 성례인데 반해서 개신교에서는 설교가 중요한 위치를 차지한다. 칼빈에 의하면 하나님의 말씀을 전파하는 것은 곧 구원을 얻는 신앙을 주기 위하여 하나님께서 정하신 방편이라는 것이다. 그것은 믿음이 말씀을 들음에서 오기 때문이다.

칼빈은 "네 위에 있는 나의 신과 네 입에 둔 나의 말이 이제부터 영원토록 네 입에서와 네 후손의 입에서 떠나지 아니 하리라"(사 59:21)는 말씀을 들어 하나님 나라의 진리를 선포하는 직분(목사와 교사)을 통하여 "교회에서 말씀이 선포되지 아니하면 그 교회는 참 교회일 수 없다."라고 말한다.[75] 하나님은 자신이 말씀하시는 것과 같이 그 말씀을 그 종을 통하여 전달되게 하시며 그 말씀에 우리가 복종할 수 있도록 그의 말씀이 계속 선포되게 하셨다. 그리하여 "예수 그리스도의 교회는 하나님의 거룩한 말씀이 순수하고 신실하게 선포되는 곳"이다.[76] 하나님은 교회를 그의 말씀으로 다스리시고 지배하신다. 그리고 이 말씀을 통하여 사망에서 생명으로 인도하시며 절망한 사람을 소망으로 이끄신다. 그러므로 말씀의 선포를 위임받은 설교자의 중요성은 그가 하나님의 도구로 쓰임 받고 있다는데 있다.[77]

---

72) 『Instutites』 Ⅳ. 1. 10.
73) 『Instutites』 Ⅳ. 3. 1.
74) 『Instutites』 Ⅳ. 2. 5.
75) 『Instutites』 Ⅳ. 5.
76) 이장식, 『기독교 사상사』 제2권, (서울: 대한기독교서회, 1983), p.231.

이같이 설교자의 위치를 중요하게 생각한 칼빈은 말씀이 효과를 갖기 위해서는 성령의 역사가 중요하다고 말한다. 즉 성령이 역사하시면 인간의 말은 생명을 소유하여 하나님의 말이 된다는 것이다. 그러나 하나님이 자신을 설교자에게서 분리하시면 그들에게는 아무 것도 남지 않는다고 말한다. 그는 성령의 역사가 없는 단순한 말씀이나 하나님의 말씀이 없는 성령의 역사 모두를 불완전하다고 말했다. 성령은 말씀의 터 위에서만 교회를 바른길로 인도한다. 성령은 "교회의 안내자이다."(요 16:7, 13), 성령은 "그리스도의 말씀을 생각나게 하고"(요 14:26), "하나님의 말씀을 살아있게 한다."

그러면 기록된 말씀인 성경은 무엇을 말해주는가? 성경은 '예수 그리스도를 드러낸다'고 칼빈은 말한다. 예수 그리스도는 그의 백성을 하나님께 이르게 한 구속자이다.[78] 하나님은 그의 유일한 빛이요, 지혜요, 진리이신 아들을 통하지 않고는 자신을 인류에게 계시하지 않으셨다.[79] 구약에서 종종 천사의 모습으로 나타났던 성자는 신약에 와서 인간의 몸을 입으셨다. 이 성육신은 하나님이 자신을 인간의 능력에 맞게 낮추시는 일 중에서도 최고의 겸비이다. 구약과 신약이 여러 가지 면에서 차이점이 있음에도 불구하고 양자가 다같이 그리스도를 선포하고 있다는 점에서 동일하다. 인간의 약함을 돕기 위해 하나님이 주신 성경이 예수그리스도를 증거 하듯이 외적 도움으로 주어진 교회에서의 설교도 예수 그리스도를 증거 하는 것이다.

2) 성례의 정당한 집행

성례는 우리 신앙의 약함을 도와주기 위해 주께서 우리를 향한 그의 선한 약

---

77) 『Instutites』Ⅳ. 5.

78) Wilhelm. Niesel, "The Gospel and The Churches", 이종성, 김항만 역, 『비교교회론』(서울: 대한기독교출판사, 1988), p.101.

79) Ibid., p.32.

속들을 우리 양심에 인 치시는 외적 표시라고 말한다면, 간단하고 고유한 정의가 될 것으로 보인다. 그리고 우리 편에서는 주님과 주의 천사들과 사람들 앞에서 그에 대한 우리의 경건을 증거 하는 것이다.[80] 이처럼 성례는 우리에게 주시는 주님의 약속들을 외형적인 표로써 확증시키는 역할을 하며, 우리로 하여금 하나님의 말씀의 진실성을 더욱 확실하게 만드는 역할을 한다.

칼빈은 성례를 문서에 적힌 인장에 자주 비유하였다.[81] 로마서 4:11의 말씀으로 그는 이렇게 설명한다. "문서가 그냥 백지일 경우에 인장 자체는 아무런 의미가 없으나 보통 문서인 경우 그것은 인장이 있어야 효력을 발휘할 수 있다." 로마서 4:11의 주석에서 칼빈은 아브라함의 할례가 의의 상속이라는 목적으로가 아니라 아브라함이 신뢰한 언약의 인장으로 설명할 것이다. 아브라함은 이것을 믿는 믿음으로 의롭다함을 받은 것이다. 달리 말하자면, 성례는 말씀과 언약의 첨가된 것이어서 성례 그 자체로는 아무런 의미를 갖지 않는다고 본 것이다. 하지만 그것이 믿는 자들에게는 큰 의미가 있다는 것이다. 주께서는 그의 약속을 '언약'이라고 부르고 성례는 언약의 '표'라고 부르신다.[82] 그러므로 성례는 우리로 하여금 하나님의 말씀의 진실성을 더욱 확실하게 믿게 만드는 행사이다 . 선생이 어린아이들의 손을 잡아 인도하듯이 성례도 우리의 우둔한 능력에 알맞도록 가르치려는 것이다.[83]

칼빈은 성례에 대해서 다른 비유를 들어서 더 분명하게 말한다. 성례는 '우리의 믿음의 기둥'이라고 본 것이다. 건물이 기초 위에 서 있지만 기둥으로 되어야만 확고하게 서 있을 수 있는 것과 같이, 믿음은 하나님의 말씀을 기초로

---

80) 『Instutites』 Ⅳ. 14. 1. Fuhrmann은 표징(sign), 표지(mark), 인(seal), 표(token) (라틴어의 tessera)에 대한 칼빈의 사용을 설명하면서 이런 단어들이 상징으로 번역되는 것은 잘못이며, 칼빈은 성례에 대해 상징이란 말을 거의 사용하지 않았다고 한다.

81) 『Instutites』 Ⅳ. 5.

82) 『Instutites』 Ⅳ. 6.

83) Ibid.

삼고 그 위에서 있으며, 성례를 첨가할 때에는 기둥으로 바친 것 같이 더욱 튼 튼하게 서 있게 된다.[84]

칼빈이 성례를 비유한 또 다른 한 가지는 거울이다. 우리는 우리에게 풍성 하게 베푸시는 하나님의 은혜를 그 거울 속에서 볼 수 있다고 말한다.[85] 우리 는 성례를 통해서 하나님의 은총을 확증하여 우리의 믿음을 지탱하고 자라게 하며 성장시킨다. 이러한 성례를 통해서 우리의 믿음이 자라고 성장하기 위해 서는 칼빈은 먼저 내적 교사인 성령이 오셔야 한다고 말한다. 그리고 칼빈은 우리의 믿음을 강화시키는 데에는 말씀과 성례가 동등하게 역사한다고 주장 한다. 하나님은 적절하다고 생각되는 수단과 도구를 사용하셔서 만물이 그의 영광을 나타내게 하신다. 즉 성례는 하나님의 도구로서만 가치가 있다. 마찬 가지로, 하나님께서는 성례를 통해서 믿음을 자라게 하신다. 어떤 사람들은 성례를 마술과 같이 생각하는 사람도 있다. 마치 성례에 신비한 힘이 있는 것 처럼 말한다. 그러나 칼빈은 하나님께서 성례에 그런 힘을 주시지 않았다고 말한다.[86] 마치 성례를 통해서 의롭다함을 받는 것처럼 생각하는 것은 큰 잘 못이라는 것이다. 칭의는 그리스도에게만 맡겨져 있으며, 그것은 성례라는 인 장으로 말미암음과 같이 복음 선포에 의해서도 우리에게 전달되고 성례가 없 이도 완전히 성립될 수 있다는 것을 우리는 알아야한다.[87]

또한, 칼빈은 하나님이 자기의 약속을 확증하기 위해 제시한 모든 표지들 을 성례라고 부른다. 그러므로 그는 구약시대에도 성례가 있었다고 말한다. 아담과 하와에게는 생명나무가, 노아에게는 무지개가 성례였다. 이와 같이 구 약시대의 성례는 신약시대의 성례와 마찬가지로 예수 그리스도를 지향하고 있다고 보았다.[88] 따라서 구약과 신약의 성례는 통일성을 갖는다고 볼 수 있

---

84) 『Instutites』 Ⅳ. 6.
85) Ibid.
86) 『Instutites』 Ⅳ. 14
87) Ibid.

다. 칼빈은 신약의 교회를 위해서 세례와 성만찬이라는 두 가지 표징을 중심으로 주님께서는 그것으로 우리 마음에 언약을 인 치셔서 우리 신앙이 연약할 때 보호하신다고 말한다.

성례는 우리의 약한 믿음을 받쳐주기 위해 하나님께서 우리에게 대한 그의 선하신 뜻의 약속을 우리의 양심에 인 치시는 외형적인 표이고, 우리 편에서는 그 표에 의해서 주와 주의 천사들과 사람들 앞에서 주께 대한 우리의 충성을 확인하는 것이다.[89]

칼빈은 우리의 연약함을 도우시는 하나님의 수단의 하나로서 성례전을 언급하면서 성례전에서 성령의 역사를 강조하였다. 성령은 성례전을 통하여 무슨 신비스러운 것을 전해주는 것이 아니라 바로 예수 그리스도를 계시하여 준다. 설교 말씀의 중심이 예수 그리스도이듯이 성례전의 본체 역시 예수 그리스도이시다. 신자들은 이 성례전을 통하여 예수 그리스도와 그의 은혜를 더욱 풍성히 받게 된다.[90]

교회의 표지 중의 또 하나는 성례전이다. 칼빈의 성례론의 특징은 그가 두 성례의 공통된 성질을 발견하려고 시도한 데에 있는데, 그것은 이 두 성례를 하나님의 언약의 징표로 이해한다는 것이라고 베버(Otto Weber)는 말한다.[91]

따라서 칼빈은 성례에 대해 다음과 같이 정의한다. 성례란 우리의 약한 믿음을 받쳐주기 위해서 하나님께서 우리에게 대한 그의 선하신 뜻의 약속을 우리의 양심에 인 치시는 외형적인 표이고, 우리 편에서는 그 표에 의해서 주와 주의 천사들과 사람들 앞에서 주께 대한 우리의 충성을 확인하는 것이다. 더 간단히 정의하자면, 성례는 우리에게 대한 하나님의 은혜를 외형적인 표로 확인하는 증거이며 동시에 우리는 하나님께 대한 우리의 충성을 확인하는 것이

---

88) 『Instutites』 IV. 20.
89) 『Instutites』 IV. 1.
90) 『Instutites』 IV. 17.
91) Weber, Otto, op. cit., p.125.

라고 할 수 있다.[92]

이 정의는 다음과 같이 분석해 볼 수 있다. 첫째로, 성례의 주인은 하나님이다. 둘째로, 성례는 우리를 향한 하나님의 선의의 약속의 외적 표시다. 셋째로, 성례의 목적은 우리 신앙의 약함을 도와주기 위한 것이다. 끝으로 성례에서 우리는 하나님과 천사들 앞에서 하나님에 대한 우리의 경건을 증거 한다.[93]

첫째로, 칼빈에 의하면 무엇보다도 성례의 주인은 하나님이다. 새로운 성례를 정하는 것은 인간이 할 일이 아니라 하나님만이 할 일이다.[94] 칼빈에게 있어서 성례는 무엇보다 하나님으로부터 인간에게로 오는 운동이라고 할 수 있다.

둘째로, 주께서는 그의 말씀과 성례를 통해서 그의 자비와 은혜의 약속을 우리에게 제시한다. 그렇다면, 여기에서 은혜의 약속이란 무엇인가? 칼빈은 바로 '그리스도'라고 대답한다. [95] 우리는 말씀과 성례전의 직무가 같다는 의견을 고수해야 하는바, 성례전은 그리스도에 대한 참된 지식을 증가시키며 그리스도를 좀 더 충만히 소유하게 되며 그의 풍부한 축복을 누리게 한다.[96]

그런데 이러한 축복은 누구나 누리는 것은 아니다. 확실한 믿음으로 말씀과 성례를 받는 사람만이 이 일을 깨닫는다. 성례는 하나님의 은혜에 대한 증거이다. 성례는 하나님의 은총을 우리에게 확증함으로써 우리의 믿음을 지탱하고 자라게 하며 강화하고 증진시킨다.[97]

여기에서 우리는 자연스럽게 성례의 세 번째 정의, 즉 성례는 우리 신앙의

---

92) 『Instutites』 Ⅳ. 14. 1.
93) 이양호, op. cit., p.201.
94) 『Instutites』 Ⅳ. 18. 19.
95) 『Instutites』 Ⅳ. 14. 17.
96) 『Instutites』 Ⅳ. 14. 16.
97) 『Instutites』 Ⅳ. 14. 7.

약함을 도와주기 위한 것이라는데 도달하게 된다. 성례는 하나님의 거룩한 말씀을 확인하기 위해서 필요하다기 보다는 그 말씀에 대한 우리의 믿음을 확립하기 위해서 필요하다.[98] 선생이 어린아이들의 손을 잡아 인도하듯이 성례도 우리의 우둔한 능력에 알맞도록 가르치려는 것이다. [99]

성례라는 은혜의 약속을 깨닫기 위해서는 믿음이 전제해야 한다고 할 때, 칼빈은 성례가 믿음을 일으키기 위해서 복음 선포가 필요하다고 말한다. 우리는 성례의 말씀을 들을 때에 목사가 분명한 음성으로 선포하는 그 약속이 신자들의 손을 잡고 표징을 가리키며 지시하는 곳으로 인도한다는 것을 알아야 한다.[100] 실체가 없는 표징이 아니라 본체와 표징을 겸해서 가지기 위해서는 거기에 포함된 말씀을 믿음을 가지고 이해해야 한다. 성례를 통해서 그리스도를 나눠 가짐으로써 우리는 유익을 얻으며 따라서 그만큼 성례에서 유익을 얻는 것이다.[101]

또한 여기에서 빠뜨리지 말아야 하는 것이 있는데 바로 성령의 역사이다. 칼빈은 성례전의 객관적 측면인 계약내지는 약속과 주관적 측면인 신앙을 균형 있게 강조함으로써, 로마가톨릭과 루터의 후자의 요소의 약화와 츠빙글리와 재세례파의 전자의 요소의 약화를 그의 성령론을 통해서 극복하고 있다. 즉, 성령은 이 수단들을 신실하게 사용하시지만, 그것들에 반드시 항상 매이지는 않는다는 것이다.

성례전은 내적 스승인 성령이 같이 계실 때 비로소 그의 임무를 행할 수 있다. 성례가 믿음을 증진시키지만, 이 믿음은 성령의 고유한 역할이기 때문이다. 성례가 그 임무를 올바르게 수행하려면 반드시 저 내적 교사인 성령께서 오셔야 한다. 성령의 힘이 아니면 마음속에 침투하고 감정을 움직이며 우

---

98) 『Instutites』 Ⅳ. 14. 3.
99) 『Instutites』 Ⅳ. 14. 6.
100) 『Instutites』 Ⅳ. 14. 4.
101) 『Instutites』 Ⅳ. 14. 15.

리의 영혼을 열어서 성례가 들어오게 할 수 없다. 그러므로 성령과 성례를 구별해서, 역사하는 힘은 전자에 있고 후자에는 그 임무만을 남긴다. 이 임무는 성령의 역사가 없으면 내용이 없고 빈약한 것이 되지만 성령이 그 속에서 역사하며 힘을 나타내실 때에는 위대한 효력을 발휘한다. 성령의 힘이 없으면 성례는 아무 유익도 주지 못하며, 이 교사의 가르침을 이미 받은 마음속에서 성례가 믿음을 강화하며 증진시키는 것을 아무 것도 막을 수 없다.[102]

넷째로, 주께서 성례를 제정하신 것은 주를 경배하는 종들이 한 믿음을 가지며 한 믿음을 고백하도록 장려하시려는 것이며 진정한 경건을 위한 보조 수단이다. 이 표징들은 위에서 주에게서 오는 은혜와 구원의 증거라고 말한 것과 같이 우리 쪽에서는 고백의 표 ,즉 우리가 하나님께 대한 충성을 공개적으로 서약하며 하나님께 충성하겠다는 의무를 지는 표지이다. [103]

여기서 우리가 한 가지 명심해야 하는 사실은 성례는 하나님의 도구 일뿐 그 자체에는 효력이 없다는 것이다. 하나님께서 그의 관용하심과 자비로 우리가 쓰도록 마련해 주신 다른 피조물들을 신뢰하지 않는 것이 우리의 의무이다. 우리는 성례 자체를 믿거나 하나님의 영광을 성례에 옮겨서는 안 된다.[104] 그리스도께서 더욱 완전하게 계시될수록 성례는 더욱 분명하게 그리스도를 우리에게 제시한다. 세례는 우리가 깨끗하게 씻음을 받았다는 것을 우리에게 확증하며 성만찬은 우리가 구속을 얻었다는 것을 확증한다. 물은 씻음을, 피는 보속을 나타낸다. 물과 피는 깨끗하게 하며 구속하는 증거다. 그러나 가장 중요한 증거인 성령은 이런 증거를 우리가 확신하게 만드신다.[105]

정리하자면, 성례전은 두 가지 요소로 구성된다. 즉 우리의 눈앞에 있는 물적 표시와 그것이 상징하는 영적 진리이다.[106] 영적 진리라는 것은 성례전

---

102) 『Instutites』 Ⅳ. 14. 9.
103) 『Instutites』 Ⅳ. 14. 19.
104) 『Instutites』 Ⅳ. 14. 12.
105) 『Instutites』 Ⅳ. 14. 22.

의 의미와 실체와 효과의 세 가지를 말한다. 의미는 약속에 포함되었으며, 약속은 이를테면 표징에 내포되어 있다. 본체 또는 실체는 죽었다가 부활하신 그리스도시다. 효과는 그리스도께서 우리들에게 주시는 구속과 의와 성화와 영생과 그 밖의 모든 은혜들이다.107)

둘째로, 성찬은 우리가 그리스도의 몸에 참여하는 것을 나타내는 상징인 동시에 보증이다.108) 성찬은 우리가 그리스도와 한 몸이 된 것을 나타낼 뿐만 아니라 그의 살이 우리의 양식이며 그의 피가 우리의 음료임을 나타내는 것이다. 몸이 빵과 포도주에 의해 영양을 공급받듯이 그리스도의 살은 영혼의 양식이며 그의 피는 음료다. 그래서 성찬은 영적인 것에 대한 일종의 유비다.109)

이처럼 성례는 예수 그리스도를 가리키는데, 이 예수 그리스도가 곧 성례의 실체요 중심사이다. 나는 모든 성례의 본체 또는 실체는 그리스도라고 주장한다. 성례는 오직 그리스도 안에서만 견고성을 지니며 그를 떠나서는 성례는 아무 것도 약속하지 않는다.110) 그러므로 우리는 성례에 의해 그리스도에 대한 진정한 지식을 배양, 강화, 증진시키며, 그를 더욱 충만히 소유하게 되며 그의 풍부한 축복을 누리게 된다.111) 물론 이런 축복들은 복음의 말씀에 의해서도 받을 수 있다. 그러나 성례라는 가시적 표시에 의해 좀 더 분명하게 이런 축복들을 깨닫게 한다. 성례는 가장 분명한 약속을 한다. 이 점에서 성례가 말씀보다 나은 것은 성례가 약속을 그림에 나타내듯이 생생하게 우리 앞에 가져다주기 때문이다.112)

그러므로 성례는 우리로 하여금 하나님의 말씀의 진실성을 더욱 확실하게

---

106) 이종성, op. cit., p.150.
107) 『Instutites』 Ⅳ. 17. 11.
108) 이양호, op. cit., p.232.
109) Ibid.,
110) 『Instutites』 Ⅳ. 14. 16.
111) Ibid.
112) 『Instutites』 Ⅳ. 14. 5.

만드는 행사이다.113) 그렇다면 먼저 성례의 첫 번째 표징인 세례에 대해서 살펴보기로 한다.

(1) 세례

칼빈은 세례는 우리가 그리스도에게 접붙임을 받아 하나님의 한 자녀로 인정되기 위해서 교회라는 공동체에 가입되는 입문의 표징이라고 정의한다.

그리고 세례의 목적은 첫째, 하나님 앞에서 우리의 믿음에 도움이 되게 하려는 것으로서 세례는 우리가 깨끗하게 되었다는 표와 증명이 되고,114) 그리스도 안에서 우리가 죽는 것과 그의 안에서 새 생명을 얻는 것을 알려주고,115) 그리스도 자신과 밀접하게 연합되어 그의 모든 축복을 나누게 된다는 확실한 증거이다.116) 두 번째 목적은 사람들 앞에서 우리의 고백에 도움이 되게 하려는 것이다.117)세례라는 표지에 의해서 우리는 하나님의 백성으로 인정되고 싶다는 소원을 공포하며, 세례에 의해서 우리는 모든 그리스도인과 함께 같은 하나님을 예배하고 같은 종교를 믿는다는 것을 증거 한다. 한 가지 주의해야 할 것은 '성례는 하나님에게서 온 것'이라는 사실이다. 그러므로 성례를 집례하는 사람의 가치로 판단해서는 안 된다. 하나님의 손에서 받는 것같이 생각해야 한다.118) 그러므로 이 세례로부터 우리가 얻게 되는 신앙의 유익은 다음과 같다.

첫째는 죄 사함의 표이다.119) 즉 세례를 받을 때 전 생애의 모든 죄가 용서된다는 것을 믿게 된다. 세례와 함께 주어지는 그리스도의 성결은 계속적으로

---

113) 『Instutites』 Ⅳ. 14. 6.
114) 『Instutites』 Ⅳ. 15. 1.
115) 『Instutites』 Ⅳ. 15. 5.
116) 『Instutites』 Ⅳ. 15. 6.
117) 『Instutites』 Ⅳ. 15. 1.
118) 『Instutites』 Ⅳ. 15. 16.
119) 『Instutites』 Ⅳ. 3.

유효하다. 우리가 세례를 받는 . 것은 그리스도의 피에 의해서 죄의 씻음을 받는 것이다. 또한 그리스도 안에서 우리가 죽는 것과 그의 안에서 새 생명을 얻는다는 것을 의미한다.

둘째로, 세례를 통하여 그의 죽으심에 참여하게 되고 믿음으로 그의 부활에 참여하게 된다.[120] 사도 바울은 우리가 세례에 의해서 그리스도의 죽으심을 본받아 우리의 욕망에 대해서 죽고 그리스도의 부활을 본받아 의로운 생활을 하도록 분발하라는 경고를 받았다고 한다(롬 6:4).

셋째는 이 세례를 통하여 그리스도와의 연합을 믿게 된다는 점이다.[121] 세례는 우리가 그리스도의 죽음과 생명에 접붙임을 받을 뿐 아니라 그리스도와 연합하는 것이다. 그러므로 세례는 우리의 믿음을 확고하게 해주는 것이다.

니이첼은 이 세 가지 중에서 세례로 그리스도의 지체가 된다는 것을 중시한다. 즉 세례의 본래적 의미는 그리스도의 지체가 되어 그와 연합하게 되는 것이라고 그는 말한다.[122]

칼빈은 이러한 세례는 집행하는 사람의 공로에 달린 것이 아니라고 말하였으며,[123] 세례식을 거행하는 방법에 대해서는 별로 중요하게 생각하지 않았다. 세례는 봉헌의 징표인데, 세례를 통하여 죄를 용서받고 우리는 교회의 일원으로 영접을 받으며, 그리스도의 지체가 되고, 하나님의 자녀로 헤아림을 받게 된다는 것이다.

또한 이것은 사람들 앞에서 우리가 신앙고백을 하도록 해 주는 것이다. 따라서 칼빈은 세례를 통하여 그리스도인은 로마서 6장의 말씀과 같이 그리스도의 죽음과 새로운 삶에 연합된다고 말한다.

간단히 정리하자면, 세례는 교회에 들어가는 문이며 신앙생활의 입문이

---

120) 『Instutites』 IV. 5.
121) 『Instutites』 IV. 6.
122) Wilhelm. Niesel, 『비교교회론』, op. cit., p.218.
123) 『Instutites』 IV. 16

다. 그러나 성찬은 일종의 계속되는 양식이며 이것을 그리스도께서는 신자인 가족들에게 영적으로 먹이신다.124) 구원의 약속을 수반하지 않는 성례전은 없다. 사람은 절대로 성례전을 시작하거나, 조작할 수 없다.125)

(2) 성찬

칼빈이 말하는 교회의 두 번째 표지는 성찬이다. 그의 책『기독교 강요』를 통해서 우리는 성찬이 우리의 신앙에 어떤 기능을 수행하는지에 대해 자세히 밝히고 있다.

칼빈에 의하면 하나님은 세례라는 표시에 의해 우리가 하나님의 집에 받아들여졌음을 확증한다. 일단 하나님의 집에 우리를 받아들인 후 하나님은 우리의 일생을 통해 우리를 양육한다. 그런데 우리의 영혼이 하나님으로부터 양식을 공급받고 있음을 확증하기 위해 준 표시가 바로 성찬이다.126) 이 성례전 안에서 그리스도는 자기가 생명의 떡이요, 그것을 우리의 영혼이 참되고 은혜로운 영생을 얻을 수 있도록 먹이신다고 스스로 증명하신다. 그 표징은 떡과 포도즙이다. 이것은 그리스도의 살과 피에서 받은 보이지 않는 양식을 의미한다. 우리 영혼의 유일한 양식은 그리스도이시다. 127) 이러한 성찬에서 우리는 우리가 그리스도와 한 몸이 되어 그의 것은 모두 우리의 것이라고 부를 수 있다는 증거를 얻는다.128) 성찬의 신비에서는 떡과 포도주라는 상징들에 의해서 그리스도께서 참으로 우리에게 제시되는데 이는 첫째, 우리가 그와 한 몸이 되게 하시려는 것이며, 둘째는 그의 본체에 참여하게 된 우리가 그의 모든 은혜에 참여함으로써 그의 능력도 느끼게 하시려는 것이다.129) 주께서는 그

---

124) 『Instutites』 Ⅳ. 17. 19.
125) 『Instutites』 Ⅳ. 18. 19.
126) 이양호, op. cit., p.231.
127) 『Instutites』 Ⅳ. 17. 1.
128) 『Instutites』 Ⅳ. 17. 2.

의 영으로 우리에게 이 은혜를 주셔서 우리의 몸과 영과 영혼이 그와 하나가 되게 하신다.130)

첫째로, 성찬은 우리가 그리스도와 결합된 것을 나타내는 상징인 동시에 보증이다. 그리스도는 우리의 구원을 위해 십자가에 달렸다. 그러나 그리스도가 우리 밖에 우리와 분리되어 있는 한 그의 공적은 우리와 무관한 것이 된다. 우리가 그리스도의 공적을 전달받기 위해서는 그리스도와 결합되어야 한다. 그러기 위해서는 "우리가 이것을 신앙에 의해 얻는다."131) 그러나 이것은 우리의 지성으로 이해할 수 없는 신비다. 그러므로 하나님은 우리가 볼 수 있는 가시적 표시로 이 신비를 나타내 보여 준다. 성찬의 가장 중요한 기능은 위와 같은 기능을 확인하는 데에 있다고 칼빈은 말한다.132) "성찬은 그리스도께서 처음으로 우리의 생명의 떡이 되시게 하는 것이 아니라 그가 우리의 생명의 떡이 되셨다는 것을 생각나게 하며, 그리스도께서 하신 일과 받으신 고난이 모두 우리를 살리기 위하신 것이라는 확신을 우리에게 주어 우리가 일생동안 끊임없이 이 떡에 의해서 자라고 힘을 얻고 보존되므로 그 살리는 일이 영원하다는 확신을 준다."133) 이 약속이 효과적으로 실현되기 위해서는 성령의 역할이 중요하다. 실제로 우리를 그리스도와 결합시키는 분은 성령이시기 때문이다.

칼빈은 우리가 그리스도의 성만찬에 참여하게 되는 것은 성령의 무한한 능력이 되는 일이라고 설명한다.134) 성찬이라는 성례는 하나님 앞에서 우리의 믿음을 돕는 것이다. "주의 죽으심을 심판하러 오실 때까지 전하라"(고전

---

129) 『Instutites』 Ⅳ. 17. 11.
130) 『Instutites』 Ⅳ. 17. 12.
131) 이양호, op. cit., p.231.
132) 『Instutites』 Ⅳ. 17. 4.
133) 『Instutites』 Ⅳ. 17. 10.
134) 『Instutites』 Ⅳ. 33.

11:26)는 명령은 우리의 믿음이 성만찬에서 인정하는 것을 입으로 고백하며 선포하라는 뜻이다.[135] 주께서는 우리에게 한편으로 순결하고 거룩한 생활을 다른 한편으로는 사랑과 평화와 화목을 권장하며 고취하는 가장 강력한 방법으로서 성만찬을 제정하셨다. 주님은 성찬에서 자신의 몸을 우리에게 주셔서 우리와 완전히 하나가 되시며 우리도 그와 하나가 되게 하셨다. 성만찬에서 제시되는 떡은 바로 하나 됨을 의미하는 단결을 표현하는 것이다.[136] 이와는 반대로 이 빵을 받아도 믿음의 영양과 힘을 얻지 못하며 감사할 생각이 나지 않는 사람들에게는 도리어 무서운 독약이 되는 것이다.[137] 라고 칼빈은 주장한다. 그리하여 바울은 "누구든지 주의 떡이나 잔을 합당치 않게 먹고 마시는 자는 주의 몸과 피를 범하는 죄가 있느니라, 주의 몸을 분별치 못하고 먹고 마시는 자는 자기의 죄를 먹고 마시는 것이니라"고 말한다(고전11:17, 29). 믿음의 조건도 없이 사랑하겠다는 열의도 없이 돼지 같이 성찬에 뛰어드는 이런 사람들은 주의 몸을 분별치 못하는 것이라고 말한다.[138]

그러므로 사도 바울은 각기 자기 자신을 살핀 다음에 이 떡을 먹으며 이 잔을 마셔야 한다고 명령한 것이다(고전 11:28). 그렇다고 해서 성찬이 완전히 사람들을 위해서 제정하신 것이라는 뜻은 아니다. 약한 사람들을 위해서 그들의 믿음과 사람을 훈련시키기 위해서 제정하신 것이다.[139] 칼빈은 이러한 성찬이 자주 집행되어져야 한다고 말한다. 당시 일 년에 한번 성만찬이 집행되는 관습을 마귀가 만든 것이라고까지 냉혹하게 비판한다.

결론적으로 성찬은 일생동안 우리를 양육하심에 대한 표시로서 예수 그리스도와 우리의 연합을 나타내는 것이라고 말할 수 있다. 성찬에서 그리스도는

---

135) 『Instutites』 IV. 37.
136) 『Instutites』 IV. 38.
137) 『Instutites』 IV. 40.
138) 『Instutites』 IV. 40.
139) 『Instutites』 IV. 42.

성령의 역사에 의해서 우리와 연합한다는 것이다. 그러므로 칼빈에게 있어서 성찬은 하나님이 역사하시는 은총의 수단이므로 합당한 자가 참여해야만 한다.

3) 권징의 신실한 시행

칼빈은 『기독교 강요』 제VI권 12장에서 '교회의 권징'을 다루고 있는데, 주로 권책과 출교로 한정하고 있다. 그는 여기에서 권징의 목적을 셋으로 구분하였다.[140] 첫째는 추악하고 부끄러운 생활을 하는 자들에게서 그리스도인이라는 이름을 빼앗으려는 것이다. 품행이 단정치 못하고 불명예스러운 생활을 보내는 자가 하나님께 모욕을 끼치며 하나님의 거룩한 교회(엡 5:25)를 사악하고 모독적인 사람들의 소굴로 만드는 것은 그리스도인이라 말할 수 없다. 둘째는 선량한 사람이 악한 사람들과 교제함으로 말미암아 타락되는 일이 없게 하기 위함이다. 셋째는 이 사람들이 자신의 추악함에 대한 부끄러움에 놀라 스스로 회개하도록 하고자 함이다.[141] 따라서, 참 교회는 권징이 바로 시행되는 교회이다. 신자들이 어떻게 믿어야 하는가 하는 신앙의 표준이 있어야 하고, 어떻게 행해야 하는가 하는 도덕적, 윤리적 행위의 표준도 있어야 함을 보여 준다.

이에 칼빈은 교회 안에서 권징의 필요성에 대해서 다음과 같이 말한다.

조그마한 가족 같은 사회에서도 규율이 필요하듯이 가장 질서가 경연해야 할 교회에서는 규율이 더욱더 필요하다. 따라서 그리스도의 구원의 교훈이 생명인 것 같이 권징은 그 근육이며 이 근육에 의해서 몸의 지체들이 서로 결합되고 각각 그 자리에 있을 수 있다. 교회는 교리의 혼란과 회원들의 도덕상의 추문이 있을 때에만 말씀의 순결함과 성도들의 성화의 생활을 보존하는 수단

---

140) 『Instutites』 IV. 8. 13.
141) "누가 이 편지에 한 우리의 말을 순종치 아니 하거든 그 사람을 지목하여 사귀지 말고 저로 하여금 부끄럽게 하라"(살후 3:14).

으로 권징을 집행해야 한다는 것이다.[142]

바울은 고린도 교회 신자들을 말로 견책했을 뿐만 아니라 교회에서 추방했고 고린도교회 신자들이 그를 오래 버려둔 것을 책망했다(고전 5: 1-7). 고대교회는 범죄 하여 교회에 누를 끼치는 일이 발생하면 우선 그런 사람을 성찬에 참가하는 것을 금하고 다음에는 하나님 앞에서 겸손한 태도를 취하며 교회 앞에서 회개한 증거를 보이도록 명령했다. 그 뿐만 아니라 실수한 사람들에게는 회개의 표시로서 엄숙한 의식을 지키도록 명령하는 것이 그들의 관습이었다. 고대교회에서는 이 권징에서 아무도 제외되지 않아서 군주나 평민이나 동등하게 적용되었다.

칼빈은 교회가 권징을 행함에 있어 '온유한 심령'(갈 6:1)을 갖는 것이 합당하다고 말한다.[143] 바울이 지시한대로 그들에 대한 사랑을 보여야 한다(고후 2:8). 또한 우리는 그들을 위해서 끊임없이 기도하는 것을 잊지 말아야 한다고 하였다. 교회에서 출교를 행함에 있어서도 출교 당하는 사람을 영원한 파멸과 멸망에 빠뜨리려는 것이 아니라 교정수단으로 행하는 것이다. '출교'와 '저주'는 다르다. 저주는 죄의 용서를 거부하고 사람을 영원한 멸망에 정죄하는 것이다. 그러나 출교는 단지 그의 도덕적 행위를 처벌하며 징계하는 것이다. 출교도 벌을 주는 것이지만 장차 정죄를 받으리란 것을 미리 경고함으로써 사람을 불러 돌이켜서 구원을 얻게 하려는 것이다.

그러나 칼빈은 권징에 의해서 완전한 교회의 정화를 기대하지는 않았다. 다만 그리스도의 몸 된 교회가 최대한 단일성을 유지하도록 권징을 사용할 것을 말한 것이다. 따라서 칼빈은 권징을 통해서 분리를 추구하는 것이 아니라 하나 됨을 기대하는 것이었다.

웨스트민스터 신앙고백서는 '교회의 권징'에 관해 기술하기를 "과오를 범

---

142) 신복윤, "칼빈의 교회관", 『신학 정론』 제6권 1호, p.39.

143) 『Instutites』 Ⅳ. 8. 13.

한 형제를 교정하고 잃어버리지 않기 위해 필요하다"144)고 전제한다. "다른
사람들이 같은 과오를 범하는 것을 방지하며 많은 사람들에게 좋지 못한 영향
을 줄지 모르는 누룩을 없애 버리고 그리스도의 명예와 복음의 거룩한 직업을
옹호하고 하나님의 진노를 막는 데 필요하다."145)라고 언급하고 있다. 이 목
적을 더 효과적으로 달성하기 위해서는 충고로 부터 시작하여 얼마동안 주의
만찬에 대한 배석을 정지하고 범죄의 성격과 본인의 과실에 따라서는(살전
5:12, 살후 3:6, 14-15, 고전 5:4-5, 13. 마 18:17, 딛 3:10) 교회에서 제명도 구체적
으로 제안하고 있다.146)

지금까지 한국교회의 문제점으로 사회와 외부적으로는 소통이 결여된 교회
를 시작으로 내부적으로는 자격이 없는 무분별한 교역자의 양산, 건전한 교리
신학의 부재 등을 들어 보았다. 그럼에도 불구하고 한국에는 각 교단을 대표
하는 세계 제일의 대형교회들이 모두 한국에 있으며 세계교회협의회 세계대
회가 부산에서 열린다는 것은 한국기독교의 자랑이며 매우 경이로운 일이다.
'기독교 올림픽'으로 불리는 세계교회협의회(WCC) 제10차 총회가 2013년 우
리나라 부산의 벡스코(BEXCO)에서 열렸다. 7년마다 열리는 WCC 총회는 개
신교계의 시대적 과제와 신학적 방향을 설정하는 행사인 만큼 한국교회의 국
제적 위상을 높이는 데 기여할 것으로 교계 관계자들은 기대하였다.
　그럼에도 불구하고 한국교회가 사회로부터 지탄의 대상이 되고 심지어 개
독교로 지칭되는 것은 타종교나 이유 없는 안티 기독교인들의 반항적인 목소
리일 수도 있으나 교회의 부흥이 정체를 벗어나지 못하는 것에는 그럴만한 이
유가 있을 것임을 주의할 필요가 있다.

---

144) 『대한예수교장로회총회 헌법』 (서울: 한국장로교출판사, 2007), 125쪽.
145) 상게서.
146) 참조: 상게서.

이 논문에서 언급된 내용으로는 우선 교회의 사회와 타종교와의 소통문제이다. 개신교인들이 신앙제일주의로 살면서 개혁의 원리인 오직 성경, 오직 믿음, 오직 은혜, 그리고 오직 예수 그리스도를 생활에 실천하는 것은 교회의 교회다움을 유지하는 기본적인 것이다. 그러나 그것 자체가 개신교라는 아성을 쌓으며 사회와 단절된 구호가 된다면 '세상의 소금과 빛이라'(마 5:13-16)는 말씀은 재론의 여지가 있게 된다.

최근 10년간 가톨릭이 부흥하고 불교 역시 신도수가 증가 하고 있는데 개신교는 교인수가 줄고 있다는 결과는 개신교 자체 내부에 산적한 심각한 문제들이 있다는 점을 인지하는 것이 필요하다. 그 이유로는 개신교의 교단 난립과 경쟁적인 선교 그리고 교회내부의 지도자들의 갈등 등이 주된 원인들이다. 이런 것들을 종합하여 보면 한국교회는 지금 교회가 해야 할 교회다움을 잃어버리고 비본질적인 것들의 포로가 되어서 교회가 사회의 지탄의 대상이 되는 경우가 있다는 것이다.

교회는 구원의 바른 안내자이다. 조상숭배를 한국의 전통 미풍양식이라고 하면서 조상제사와 장례예식에 대한 유연한 태도를 가지며 타종교와 삼보일배를 한다든지 어중간한 신앙적 행동을 하면서 우상숭배에 동참하는 것은 제1계명을 거스르는 것이기 때문에 참된 기독교 신앙이라고 볼 수 없다. 현재 한국에서 개신교 신앙을 보수하려는 사람들 이외에는 모든 종교가 거의 조상숭배를 받아들이는 입장이다. 교리에 어긋나지 않는다면 타종교의 신앙적인 태도를 배려하는 것은 필요하지만 특히 가톨릭의 어중간한 입장은 시간이 지날수록 개신교와 다른 타종교라는 이질감까지를 가지게 된다. 계명을 범하는 사람들에게도 구원의 확신이 있을까?

그럼에도 불구하고 개신교회가 지역사회의 소금과 빛의 역할을 하기는커녕 내부적인 교회지도자들의 갈등으로 인해 몸살을 앓으며 외부적으로는 개신교 교회와 기관내의 갈등과 문제로 인해서 세상적인 법정공방을 하고 있는 경우로 인해 예수의 지상명령인 선교의 역할을 전혀 감당하지 못하고 있는 실정들이다. 그래서 교회가 한국사회에서 진통을 앓고 있는 것이다.

칼빈이 사용한 '신자들의 어머니로서의 교회'는 교회는 신자들의 신앙의 훈련장으로서 교회의 교육적 사명을 강조한 말이며 가부장적인 권위를 가진 로마교회와는 달리, 개신교 교회는 어머니로서 자식을 훈련하듯 신자들의 신앙을 훈련하는 곳이 교회라는 말이다. 교회는 건물이나 제도보다는 신앙 공동체를 말한다.

칼빈이 교회를 떠나서는 구원이 없다고 한 것은, 교회 자체가 구원의 능력을 소유했다는 말은 아니다. 하나님께서 교회에서 말씀과 성례를 통해 구원의 역사를 이루시는데, 이런 하나님의 구원의 수단에 참여하지 않는 자들은 구원받을 수 없다는 뜻이다. 말씀과 성령의 내적 역사가 일어나는 한에 있어서 교회는 구원의 기관인 것이다. 칼빈은 성경에 근거해서 이루어지는 가상적인 교회의 제도를 전적으로 부정하지는 않았다.

10. 동학에 핀 새순 기독교

종교 행위는 개인이 갖는 사상과 신념의 체계에 따라 그 방법이 달라진다. 동양 종교들은 사람의 의식적인 노력을 통하여 어떤 경지에 도달함으로써 인생의 의미를 밝혀내고 삶의 길을 찾아내려는 개인 수행에 치중하는 종교행위인 것에 반해 기독교는 하나님의 은총을 믿는 신앙에 치중하는 종교행위로 나타난다. 전자에서는 소위 선행이나 득도가 내세의 삶을 규정하는 척도가 되어왔으며 후자에서는 자기의 의를 내세우는 것보다는 전적인 하나님의 은총과 신뢰에 구원이 보장 된다고 믿는다.

본문에서 필자는 한국의 근대 종교사를 한동안 규정하던 동학의 본주문과 동학교도들이 자신들의 이념과 사상을 노래로 만들어 보급한 "새야 새야 파랑새야"를 동학 이후에 본격적으로 전파된 개신교의 요한복음 3장 16절과 "예수 사랑하심은"이라는 찬송을 각각 정리하고 비교해 보면서 호남의 기독교 전래가 동학이라는 종교의 기반에 핀 새순이라는 점을 강조하고자 한다.

동학과 개신교의 출발이나 원리는 정반대의 것인 것은 사실이다. 그러나 전래 방식에 있어서 당시 한국의 소외된 하층계급의 사람들과 여성들 그리고 아동들을 싸안고 예배의 장으로 불러 모았다는 것에 대해서는 일맥상통하는 것들이 있다.

1) 동학

동학은 유교와 불교, 선교의 교리를 토대로 하여 만든 혼합종교로서 1860년(철종 11년) 경주 선비집안 출신인 수운(水雲) 최제우(崔濟愚)에 의해 창도된 조선 말기의 대표적 신흥종교이다. 인내천(人乃天)과 천심즉인심(天心則人心)이라는 원리를 내세우는 동학은 한국 재래의 민간신앙이기도 하다. 풍수사상과 유교윤리, 불교의 각성(覺性), 불성(佛性) 그리고 선교의 양기(養氣), 양성(養性) 등이 혼용되어 있고 천주교의 천주(天主)라는 용어를 차용하여 사용하였다.

동학은 인간의 주체성을 강조하고 새로운 세계가 현세에 이루어진다고 가르쳤기 때문에 만민평등의 이상 실현을 주장하면서 유교적 가르침을 따르던 양반사회의 질서를 부정하고 봉건적이며 구태의연한 질서를 타파하려 하였다.

이들이 외우던 13자의 본주문과 8자의 강령주문은 각기 '대천주조화정 영세불망만사지'(待天主造化定 永世不忘萬事知)와 '지기금지원위대강'(至氣今至 願爲大降)으로 당시 동학을 추구하던 사람들은 이 주문을 외우면 빈곤에서 해방되고 병 고침을 받으며 영세무궁 한다고 믿었다. 동학교도들은 양반과 상민의 계급차이와 적서(嫡庶)의 신분을 타파하려 했기 때문에 질병이 만연하고 정치적으로나 경제적으로 사회적 불안이 가중되던 시기에 이를 믿고 신봉하던 사람들에게는 하나의 큰 꿈과 희망을 제시하였다.

이러한 연유로 인해 동학이 전파된 지 3-4년 사이에 경상, 전라, 충청 지방으로 급속히 확산되어 갔다. 한편 조정에서는 동학을 서학과 마찬가지로 민심을 현혹시키는 사교(邪敎)라 규정하여 탄압하기로 하고, 1863년 최제우를 비롯한 동학교도들을 혹세무민(惑世誣民)의 죄목으로 체포, 구금하고 1864년 교주 수운(水雲) 최제우를 사형에 처했다.

제 2대 교주 해월(海月) 최시형(崔時亨)은 태백산, 소백산 등지를 전전하며 동경대전(東經大典), 용담유사(龍潭遺詞) 등을 편찬하여 동학의 교리를 정리하는 한편 각지에 포(包)와 접(接)이라는 교도의 조직망을 설치하는 등 은밀히 교세를 확장하여 접주(接主) 제도를 확대, 개편하였다. 오늘의 종교적 용어로 보면 구역과 교구를 만들어 동학교를 체계화시킨 것이다.

동학이 이처럼 커다란 사회적 세력으로 확대되자 동학의 창시자 최제우가 억울한 죽음을 당했다고 주장하는 교조신원운동(敎祖伸冤運動)이 일어나게 되었다. 그 때가 고종 29년(1892)이었다. 공주 집회(10월), 삼례 집회(11월)를 시작으로 1893년 3월에는 한양 대궐 문 앞에서 복합상소(伏閤上訴)를 올리면서 척양척왜(斥洋斥倭)를 주장하기도 했다. 보은 집회와 금구 집회에서는 대대적으로 척양척왜(斥洋斥倭)를 내세웠다.

동학교도들은 교조의 신원운동(伸冤運動)을 벌였으나 뜻을 이루지 못하자 궐기하여 혁명에 호소하자는 강경론이 대두되었고, 뒤에 그 동학군을 영도한 인물로 전봉준(全琫準)이 등장하였다. 동학 농민 운동은 본래 동학의 신도들이 정부가 그들의 교주인 최제우를 혹세무민과 좌도난정의 죄로 처형당하게 되는 것을 옹호하기 위해 시작한 교조신원운동이 목적이었기 때문에 충북 보은 집회와 서울 광화문 복합 상소 사건 등이 일어난 처음에는 자신들의 종교를 지키기 위한 소규모적 저항 운동이었다.

정부는 조병갑을 전북 고부에 부임시키는데 그는 폭정을 일삼으면서 백성들의 원망을 사게 되었다. 1892년(고종 29) 전라도 고부군수로 부임한 조병갑(趙秉甲)이 보(洑)를 민정(民丁)을 동원하여 축조하였는데도 임금(賃金)을 주지 않았을 뿐만 아니라, 그 보의 수세(水稅)를 과중하게 매겨 착복한 것이 700여 석(石)에 달하였다. 그 밖에도 여러 방법으로 군민(郡民)의 재산을 수탈하였으므로, 이에 분개한 군민들이 1894년 1월 10일 전봉준(全琫準)을 지도자로 삼고 민란을 일으켰는데, 이것이 동학농민운동의 시초가 되었으며 전북 정읍시 이평면에는 지금도 관개용 저수지의 만석보 기념비가 서있다.

이러한 폭정에 대항하여 전봉준이 고부 근교의 마을에 사발통문을 보내 도움을 요청하고 드디어 그 해 2월에 고부 관아를 습격하게 되었다. 이에 정부는 이의 수습을 위해 이용태를 파견하게 되는데 이용태의 잔혹한 보복조치에 의해 다시 봉기하게 되는 제 1차 봉기가 일어나게 된다. 그 해 6월에는 진주성을 함락시키는 등 동학 농민군의 세력이 무시하지 못할 정도로 컸다. 이에 당황한 정부는 12개조 폐정 개혁안을 골자로 한 전주 화약을 맺음으로서 일단은 정부군과 동학 농민군은 화해를 하게 된다.

한편 정부는 일제에 동학군의 12개조의 폐정 개혁안에 따라 일본군의 철수를 요구했으나 오히려 일제는 1895년 을미사변을 일으켜 친청파였던 명성황후를 시해하고 친일내각을 수립하게 되었다. 당시의 무능했던 조선 정부는 일제와 함께 동학 농민군 소탕을 계획하게 되고, 이에 격분한 동학 농민군은 삼례집회를 시작으로 2차 봉기를 일으키게 된다. 하지만 공주 우금치에서 치열한 전투 끝에 무기의 질적 차이와 군사의 수적 차이를 극복하지 못하고 패배를 하게 되고 이듬해 전봉준은 사형을 당하게 되었다.

동학 농민 운동은 우리나라 최초의 대규모 농민 운동이었으며, 반침략, 반외세 투쟁의 선구자이며, 조선 후기부터 진행되어온 반봉건 민중 운동의 총결

산이다. 하지만 정부의 무능으로 외세를 끌어들임으로써 실패를 하게 되고, 또 개화파가 적극적으로 동학 농민군을 탄압하였으며, 동학 농민군은 내부적으로 근대적 군대 지휘체계의 미흡과 무기의 열세 등으로 혁명이 아닌 운동으로 끝나게 되었다.

1894년 동학농민전쟁은 이후 일본에 의한 보호국화가 강제되었을 때 이에 저항하여 전국 각지에서 봉기한 의병들의 반일투쟁으로 면면히 이어지면서 반일의병전쟁의 선구로서의 의미를 지니게 되는 역사적 의의를 지니고 있다.

1894년(고종 31) 전라도 고부군에서 시작된 동학계(東學系) 농민의 혁명운동으로 그 규모와 이념적인 면에서 농민봉기로 보지 않고 정치개혁을 외친 하나의 혁명으로 간주하며, 또 농민들이 궐기하여 부정과 외세(外勢)에 항거하였으므로 갑오농민전쟁이라고도 한다.

동학의 종교행위는 수행과 신앙을 겸한 방법을 택하고 있다. 동학의 수행법은 성주문 읽기와 호흡조절 방법이 전부이다. 동학의 성주문은 한울님을 위하는 글로서 한울님의 덕과 마음과 하나 되게 하려는 글로써 기운을 맑고 바르게 하는 수행법과 천인합일의 경지에 이르도록 하여 바른 길을 깨닫고 바르게 사는 사람이 되도록 자신을 단련시키는 수행법이 있다.

① 본 주문

"시천주조화정 영세불망만사지(侍天主造化定 永世不忘萬事知)"는 "나의 덕과 마음을 한울님의 덕과 마음으로 하나 되게 하며 평생에 걸쳐 바른 길을 찾아 내 것으로 만들겠다."는 다짐의 글이다. 시천주(侍天主)는 "내 몸 안에 모시고 있는 한울님"을 말하고, 조화(造化)는 "무위이화(無爲而化)라 하여 어떤 노력을 기울이면 스스로 그러하게 된다."는 말이며, 정(定)은 "합기덕 정기심(合其德 定期心)이라 하여 한울님의 덕과 합일시키고 한울님의 마음으로 내 마음을 정하겠다는 뜻이다.

영세불망(永世不忘)은 "평생토록 늘 잊지 않고 간직 하겠다"는 뜻이며, 만사지(萬事知)는 "모든 일에 임할 때 지기도이수기지(知其道而受其知) 하겠다." 는 뜻으로 "그 도를 알고 그 앎을 받겠다." 는 말이다.

이 주문은 나를 천인합일의 차원으로 끌어올리자는 것이요, 평생토록 바른 길이 무엇인가를 추구하겠다는 글이다. 지금 이 세계에 살고 있으며 다음 순간을 살아가려고 의욕 한다면 되는대로 살아갈 것인가, 아니면 뜻있고 보람 있고 바르게 살아 갈 것인가. 그리고 어떻게 사는 것이 보람 있고 바른 삶인가를 평생토록 물으며 살아가야 한다. 바로 영세불망 만사지를 추구하며 살아가야 하는 것이다.

② **동학의 노래**

새야 새야 파랑새야 녹두밭에 앉지 마라.

녹두 꽃이 떨어지면 청포장수 울고 간다.

새야 새야 파랑새야 우리 논에 앉지 마라.

새야 새야 파랑새야 우리 밭에 앉지 마라.

아래 녘 새는 아래로 가고 윗녘 새는 위로 가고

우리 논에 앉지 마라 우리 밭에 앉지 마라

우리 아버지 우리 어머니 손톱 발톱 다 닳는다.

새야 새야 파랑새야 우리 밭에 앉지 마라

위여 ~ 위여~ 위여~ 위여~

새야 새야 파랑새야 우리 논에 앉지 마라.

새야 새야 파랑새야 전주 고부 녹두새야

윗 논에는 차 나락 심고 아랫 논에 메 나락 심어

울 올래비 장가갈 때 찰떡치고 메떡 칠 때

네가 왜 다 까먹느냐 네가 왜 다 까먹느냐

위여~ 위여 ~위여 ~ 위여~

새야 새야 파랑새야 우리 논에 앉지 마라.

이 노래는 동학농민운동과 관계가 깊은 내용으로서 녹두꽃은 녹두장군 전봉준을, 청포장수는 민중을 의미한다고 보는 것이 일반적이다. 노래 가사의 파랑새를 청나라 군사라고 보는 경우에는 다음과 같은 해석이 가능해 진다.

"청나라 군사들아 청나라 군사들아 동학농민들은 죽이지 마라. 동학농민들이 죽으면 전봉준 장군이 슬퍼한다. 청나라 군사들아 청나라 군사들아 동학농민들은 죽이지 마라. 전봉준 장군이 죽으면 동학농민들이 슬퍼한다"라는 뜻을 담고 있다. 여기에는 한국이 간악한 일본에 종속 된 것을 원통해하며 당시까지도 한국민족이 청국에 정신적으로 의존하여 있었음을 보여주는 노래이다.

2) 개신교

동학의 주문과 노래와 견주어 개신교를 대표로 하는 성경구절과 찬송은 요 3:16절과 "예수사랑하심"은 이었다. 복음을 전하던 선교사들은 한국말이 서툴렀고 복음을 받아들이던 한국 사람들도 대부분 한문이나 언문이 미약했기 때문에 기독교를 대표로 하는 일종의 주문과 쉬운 노래가 필요하였다. 그것이 바로 아래의 내용들이었다.

① **요한복음 3장16절**: "하나님이 세상을 이처럼 사랑하사 독생자를 주셨으니 이는 저를 믿는 자마다 멸망치 않고 영생을 얻게 하려 하심이라."

이 문장에서 "이는"이 의미하는 것은 하나님께서 세상을 구원하시기 위하여 독생자 예수를 속죄 제물로 인간에게 내어주신 그 이유를 말한다. 모든 인간들이 "멸망치 않고 영생을 얻게 하려 하심이니라"라는 말이다. 이것은 단순히 신체적 죽음만을 의미함이 아니라 하나님의 완전하고 영원한 정죄로 인간과 하나님이 영원히 단절됨을 의미한다. 그러한 멸망을 당하지 않고 영생을 얻게 하기 위함인데, 그것은 오로지 하나님의 사랑 때문이라는 것이다. 이 말씀을 통해 기독교는 사랑의 종교라는 칭호를 얻게 된 것이다.

② 개신교의 찬송

개신교를 대표하는 찬송은 "예수 사랑하심"은 이었다. 그 내용은 다음과 같다.

> 예수사랑 하심은 거룩하신 말 일세 우리들은 약하나 예수권세 많도다.
>
> 날 사랑하심 날 사랑하심 날 사랑하심 성경에 써있네.
>
> 나를 사랑하시고 나의 죄를 다 씻어 하늘 문을 여시고 들어가게 하시네
>
> 날 사랑하심 날 사랑하심 날 사랑하심 성경에 써있네
>
> 내가 연약할수록 더욱 귀히 여기사 높은 보좌 위에서 낮은 나를 보시네
>
> 날 사랑하심 날 사랑하심 날 사랑하심 성경에 써있네.
>
> 세상사는 동안에 나와 함께 하시고 세상 떠나 가는 날 천국가게 하시네
>
> 날 사랑하심 날 사랑하심 날 사랑하심 성경에 써있네.

하나님이 우리를 사랑하심은 성경이 말씀하고 있다는 것이다. 우리의 완전함이 우리가 하나님의 사랑을 받게 한 것이 아니며, 우리의 강함이 우리로 하여금 하나님의 사랑을 받게 한 것이 아니라, 이는 우리의 죄악 됨을 인하여 하나님이 우리를 사랑하셨고 우리의 연약함이 하나님께서 우리를 사랑하시게 했다는 말이다. 이 말은 오직 하나님의 은혜로 우리가 하나님의 사랑을 입었다는 말이다. 그러기에 하나님은 우리가 연약할 때에라도 우리를 더욱 더 사랑하시며, 우리가 죄악 가운데 있을 지라도 우리를 사랑하시며 우리의 죄를 용서하시고 씻어주시는 분이라는 말이다.

독생자 예수를 속죄 제물로 이 땅에 보내신 하나님께서는 우리를 죄악에서 구원하실 뿐 아니라 내가 이 땅에 사는 날 동안도 함께 하시고, 세상을 떠나갈 때에도 천국으로 우리를 인도하시는 하나님이심을 기독교인들은 예배 때마다 찬송을 부르며 신앙적으로 재확인하였다.

3) 동학과 개신교의 비교

이상에서 동학의 본주문과 노래를 개신교의 요한복음 3장16절과 "예수사랑
하심"과 비교하여 보았다.

동학의 본주문은 "내 몸에 모신 한울님의 덕과 합하고 한울님의 마음으로
정하려는 다짐이요, 평생토록 만사에 도를 알고 그 앎을 받아들여 살겠다는
다짐"의 글로써 끊임없이 자신의 마음을 수행함으로 인간의 노력 곧 수행을
통해 한울님의 덕과 합하고자 하며 바르게 사는 사람이 된다는 것이다. 그러
나 인간의 노력과 수고, 기대가 좌절되었을 때 소망이 없는 한을 남겨 놓을 수
밖에 없는 것이다.

"새야 새야 파랑새야"는 바로 동학교도들이 현실 앞에 쓰러질 수밖에 없
는 한 지도자의 모습을 보면서 슬픔을 노래하며, 저들의 가슴에 "한"을 심는
노래를 담아 낸 것이다. 동학을 뿌리로 하여 도덕을 표방하는 한국의 신흥종
교들이 파생되어 나오고 신학에서도 민중신학이 민족의 신학으로 자리매김
을 하려는 시도는 한의 실현을 현실사회에서 인간의 수행과 노력으로 이루어
낼 수 있다는 믿음을 동학교도들이 가지고 있었기 때문이다.

여기에 반해서 기독교가 주장하는 요한복음 3장 16절의 말씀은 인간의 노
력과 수고로 사람이 멸망의 길에서 영생을 얻는다고 말하지 않는다. 오직 하
나님의 은혜, 곧 독생자를 보내신 하나님의 크신 사랑에 의해서만 인간이 영
생을 얻으며, 그 하나님의 은혜로 말미암아 하나님이 원하시는 올바른 삶을
살 수 있다는 것이다. 나의 수고와 노력으로 인해 얻어지는 바른 삶이 아니라
하나님의 사랑을 받은 자이기에 바른 삶을 살 수 있는 것이다.

그러기에 "예수사랑 하심"과 같이 비록 연약하여도, 죄 가운데 있을지라
도 하나님의 사랑하심 때문에 소망을 바라 볼 수 있으며, 한이 아닌 구원의 감
격과 감사와 기쁨으로 살 수 있다. 이런 면에서 개신교의 구원관은 계시의 말

씀으로써 동학의 내용을 전면적으로 뒤바꾸어 놓은 내용이어서 당시 국권을 잃어버려 소망을 잃어버린 우리 민족에게 새로운 힘과 민족이 나아가야 할 길을 제공하였다고 볼 수 있다. 기독교가 전하던 바울사도의 "너희는 유대인이나 헬라인이나 종이나 자주자나 남자나 여자 없이 다 그리스도 예수 안에서 하나 이니라"(갈 3: 28)는 이 말씀은 동학이 주창하던 만인 평등사상과 매우 부합한다.

동학에 농민이 참여함으로써 사회적으로는 신분 제도를 없애고, 경제적으로는 세금 제도의 개선을 요구하는 개혁 운동으로 발전하게 되었다.

이를 반증하는 동학의 12개 조항의 폐정 개혁안을 보면 다음과 같다.

① 각 도인과 정부 사이에는 묵은 감정을 씻어버리고 서정에 협력할 것
② 탐관오리와 그 죄목을 조사하여 하나하나 엄징할 것
③ 횡포한 부호들을 엄징할 것
④ 불량한 유림과 양반들을 징벌할 것
⑤ 노비문서는 태워버릴 것
⑥ 칠반천인의 대우를 개선하고 백정 머리에 씌우는 평양립을 벗게 할 것
⑦ 청춘과부의 재혼을 허락할 것
⑧ 무명잡세는 모두 폐지할 것
⑨ 관리채용은 지벌을 타파하고 인재 위주로 할 것
⑩ 왜와 내통하는 자는 엄징할 것
⑪ 공사채를 막론하고 지난 것은 모두 무효로 할 것
⑫ 토지는 평균으로 분작하게 할 것 등이다.

동학농민운동의 여파로 1894년 6월부터 1895년 5월까지 조정에서 갑오개혁을 추진하기 시작했다. 갑오개혁의 주요 내용은 정치, 경제, 사회 그리고

교육에 관한 전반적인 개혁 작업이었다.

정치적으로는 더 이상 청나라에 의지하지 않고 자주 독립을 지향하였다. 과거제를 없애고 신분 차별 없이 관리를 뽑기로 했으며, 나라의 공식 문서에 한글을 사용하도록 하였다. 경제적으로 근대식 화폐 제도를 채택하였으며 도량형을 통일하였다.

사회적으로 양반과 상민의 신분 차별을 없앰으로써 인간의 평등사상을 실현하였다. 어린 나이에 혼인하는 조혼을 금지하였으며, 과부의 재혼을 허용하였다. 이로써 상민과 여성의 지위를 높여 주었다. 서울에 소학교, 중학교, 사범학교, 외국어 학교를 세웠으며, 각 지방에도 소학교를 세워 과거 서당식 교육에서 근대식 교육으로 전환을 하였다. 이것과 부응하여 교회에는 남장로교회 선교사들이 선교의 시작과 함께 교육기관들을 만들기 시작하였으며 1960년대에는 성경구락부들이 자체적으로 태동하게 되었다. 심훈의 『상록수』는 일제의 억압에 대한 저항과 그 당시 사람들의 배우고 싶은 욕망, 그리고 청년들의 애국심을 엿볼 수 있는 작품이다.

일본인에게 억압받는 우리 민족의 암울한 현실이 잘 드러난 책이라고 할 수 있으며, 일제의 탄압에 항거하여 교육열을 일으키려는 주인공 영신의 노력은 당시 우리 민족의 투철한 조국애와 민족정신이 깃들어있다.

11. 부흥을 향한 교회

1) 장로회 공의회와 대부흥운동 (1901-1912)

한국에 복음이 들어오기 시작한 19세기 말, 한국을 호시탐탐 노리는 열강들에 의해 이 땅은 전쟁터를 방불케 하였다. 1895년의 청일전쟁, 1904년의 러일전쟁, 1905년의 을사보호조약, 1910년의 한일합방이 그것들이다. 이러한 난리와 난리 소문은 모두 민족의 위기이자 불행한 사건이었으나 사학자들에 의하면 이 민족이 소망을 하나님께 두는 자극제가 되었다는 평을 받기도 한다.

교회는 이러한 와중에서도 굳건히 그 뿌리를 이 땅에 내려 교회의 틀을 다지게 되었다. 1901년 9월 선교사 25명과 한국인 장로 등이 함께 모여 장로회공의회를 조직하였다. 1905년 9월 한일합방을 눈앞에 둔 장로회공의회에서는 길선주 장로의 제안으로 11월 추수감사절이 끝나면 그 다음날부터 한 주간 구국기도회를 개최키로 하였다. 한국교회는 교회가 있는 곳마다 선교사들이 선교부별로 남녀미션학교를 설립하여 민족의식을 고취시켰다. 이때 한국에서는 영적 각성운동이 일어났다. 1903년의 원산부흥운동, 1907년의 평양 대부흥 회개운동, 1909년의 백만인 구령운동이 바로 그것들이다. 이들 부흥운동은 한국교회의 성장과 틀을 가져다 준 한국교회사상 가장 축복된 사건들이었다.

각 지역마다에는 대리회(代理會)를 조직하였다. 대리회에 속한 선교사와 한국인 장로 및 조사들의 노력으로 교회가 점점 왕성해져 1907년 9월 선교사 38명과 한국인 장로 등 40명이 출석하여 대한예수교장로회 독노회가 평양 장대현 교회에서 조직됐다. 회장은 마포삼열(S. A. Moffett) 선교사가 선임됐고, 이 때 제1회 장로회신학교를 졸업한 7명(서경조, 한석진, 송인서, 양전백, 방기창, 길선주, 이기풍) 등이 최초로 목사 안수를 받았다. 이후 매년 9월 독노회가 모였으며, 1911년 9월 제5회 대구 독노회에서는 대리회를 노회로 승격하여 조직하기로 하고 폐회하였다.

2) 신앙사경회와 강습회

한국교회의 부흥운동에 직접적인 영향을 준 것은 신앙사경회였다. 1907년 평양대부흥운동도 1월 2일부터 15일까지 진행된 사경회 기간 동안에 일어난 일이었다. 종리교회 역시 이러한 한국교회의 대부흥운동과 함께 시작되었다는 점이 특이하다.

한국교회가 1890년 네비우스 선교정책을 채택하고 그해부터 언더우드 집에서 사경회가 시작된 이후 전국적으로 확산되어 사경회는 한국선교의 근간이 되었다. 이 일은 1970년대까지 계속되어 각 노회마다 운영되는 여름성경학교 교사 강습회나 사경회를 통해 교회로 많은 청년들이 모여 들었으며 사경회는 교인들의 성경 교육은 물론 그것을 통해 평신도들의 신앙생활을 지도하는 일종의 교육기관이기도 하였다.

1970년대 중반까지 전북지방에서의 교사강습회는 신흥학교를 중심으로 열렸다. 전주를 중심으로 임남순(임실, 남원, 순창), 무진장(무주, 진안, 장수), 이리·군산, 그리고 전서 지방에서 몰려 온 1,000여 명의 교사들이 2박 3일 동안 비지땀을 흘리며 기숙하면서 노래와 율동 그리고 성경 내용을 유명 강사들로부터 배워가지고 가서 그것을 근거로 여름성경학교를 치렀다. 이것은 일종의 질 높은 학습의 전수였다.

전주 신흥학교 강당에서 열린 강습회 기간 동안 잠자리나 침구도 불편하고 그 많은 사람들을 먹이는 식사도 변변치 않았다. 교사들은 모기와 싸우면서 그 열악한 환경을 오직 자신이 맡은 교회의 학생들을 가르친다는 열정 하나로 거뜬히 이겨냈다. 동네 아이들은 강습회에 다녀온 교사들이 배워 온 새로운 노래와 율동들을 전수 받으면서 신기하게 여겼고, 교사들 역시 자신감에 들떠 그 무엇과도 바꿀 수 없는 신앙적 만족감에 휩싸이기도 했다.

1970년대까지만 해도 믿지 않는 가정에서 조차 아이들이 교회에 가지 않고 집이나 동네에서 배회하면 교회당으로 내 몰 정도였다. 이때까지 노회 중심으로 모이던 사경회와 달 성경학교, 교사 강습회는 지교회에서 성경구락부로 발전되었으며 어지간한 교회마다 주경야독을 하는 성경구락부가 있을 정도였다. 성경구락부는 뜻이 있는 교역자들과 자원봉사를 하는 교인들을 중심으로 운영되었다. 이곳을 찾는 청소년들은 초등학교를 졸업한 후 경제적인 이유나 여자라는 연유로 상급학교에 진학을 하지 못한 아이들이었으며 청장년도 있었다.

성경구락부에서 배우는 것은 우선적으로 영어였다. 알파벳으로부터 시작하여 간단한 인사말 그리고 영어책을 읽고 해석하는 것 등이었는데, 유교적인 관습으로 인해 철저하게 내외 하던 청소년들이 성경구락부를 통해 야간에 자유스럽게 만나기도 하고 함께 어울리면서부터 교회가 어느 때는 심지어 연애당이라는 말을 듣기도 했다. 그리고 한 교회에서 연애를 하다가 엄한 장로님께 발각이 되는 날이면 "둘 다 신성한 교회를 어지럽힌 죄를 졌다"는 이유로 교회에서 출교를 당하는 경우도 있었다.

성경구락부는 오늘날로 말하면 일종의 대안학교였다. 경제적으로 어려운 학생들에게 자신이 먼저 배워 익힌 내용을 전수해주려는 의식이 있는 교역자와 교회의 어른들이 자치적으로 운영하던 자립형 중등과정이었다. 경제적으로 신분상으로 인해 배움의 기회를 잃어버린 교회 주변의 청소년들에게 성경구락부의 창설은 그들의 숨통을 틔어주는 활력소와 같은 것이기도 하였다. 당시 어지간한 교회는 성경구락부를 한 개씩 가지고 있었으며 그것이 발전되면 학교의 이름을 붙이기도 했는데 이곳을 통해 청소년들은 ABC를 배웠으며 신식학문에 접하여 이들이 오늘 한국교회의 주인이 되어 교회를 운영하고 있기도 하다.

문정교회 역시 최영규 전도사가 성경구락부를 만들어 재학생 수가 20여 명이 넘었는데 수업으로는 1년 과정의 영어와 성경, 국어, 수학 등이었으며, 봄, 가을로 정기 소풍도 가며 잊지 못할 추억들을 남기기도 했다. 한가지 아쉬운 점은 최 전도사가 추동교회로 임지를 바꾸어 가면서 그것을 계승하지 못하고 중단한 것이었다.

사경회는 1년에 한두 차례 1주일에서 한달 동안 농한기를 이용하여 노회가 주관하여 열렸다. 부흥회 형식을 갖는 일반 사경회도 있었고, 개교회의 추천을 받아 교회의 평신도 지도자들을 육성하는 달 성경학교라고 불리는 특별반도 있었다. 그곳에서 소요되는 경비는 노회나 선교부의 지원을 받기도 했으며 숙식은 노회에 속한 교회 별관에 기거하면서 본인들이 가져온 쌀이나 김치 등으로 해결하였다. 일종의 자비량 기숙학교이었다.

시골에서 온 사람들이 중소 도시의 교회당에 기거하면서 오전에는 말씀을 연구하고, 정오에는 기도하고, 오후에는 나가서 전도를 하였다. 사경회에서는 노회의 중견 지도급 목사님들로부터 성경과 신학 그리고 교회 정치 등 많은 과목들을 배웠다. 이들은 자신이 섬기는 교회들에 돌아가 배운 것을 토대로 하여 교역자가 없는 주일 오후예배나 수요일 저녁에 대신 설교를 하기도 하고 구역예배를 인도하기도 했다. 교회는 사경회와 여름성경학교 강습회 그리고 달 성경학교 기간 동안에 배운 지도자들을 통해 꾸준히 성장하게 되었다.

1884년부터 1912년까지 한국교회의 성장을 주도한 것은 평양을 중심으로 한 이북지역이었으나 그래도 1910년 한국교회의 지역별 세례교인 통계에 의하면 지역적으로 균형이 잡힌 성장이 이루어지고 있었다.

연대	평안도	황해도	함경도	경기, 충청	경상도	전라도	합계
1910	18,743	4,710	1,691	2,975	5,736	5,509	39,394

3) 일제의 탄압과 3 · 1운동

일제의 탄압에서 민족주의자들은 청소년들에게 "일본에 대항하기 위해 힘을 길러야 한다"고 강조했다. 그리고 힘을 기를 수 있는 방법은 교육뿐이라고 생각을 했다. 기독교인들은 신앙교육이라고 했다. 이동휘는 사립학교 100개를 설립하는 운동을 전개하였고, 이승훈 장로는 평북 정주에 오산학당과 오산교회를 설립하고 민족의식과 애국심을 불어 넣었다.

1910년 8월 29일 한일합방이 이루어진 후, 서북지방의 기독교세력을 제거하기 위해서 일제는 105인 사건을 조작하여 많은 기독교인을 구속하고 탄압하였다. 윤산온(Ms. H. M. McCune) 선교사 부인은 조작된 사건을 알고 이를 전 세계에 알리자 일제는 할 수 없이 모두 무죄로 석방하였다. 조선총독부 정치가 갈수록 가혹해지자 탄압을 받았던 일부 시민, 농민들이 교회로 몰려오게 됐다.

1918년 미국 윌슨 대통령이 '민족 자결주의'로 약소민족들이 독립할 수 있도록 힘을 받혀주었다. 이 소식을 접해 들은 일본 동경 유학생들은 1919년 2월 8일 동경 조선 YMCA회관에서 약 400여명이 모여 '2 · 8 독립선언서'를 낭독하고 그 선언서를 각국 공사 및 일본 각부 대신 및 국회의원들에게 전달하였다.

이에 영향을 받아 33인의 민족대표들을 통하여 3 · 1 독립운동이 준비되었다. 이들 중 기독교인이 16명(길선주, 김병조, 양전백, 유여대, 이승훈, 이명룡, 이갑성, 이필주, 김창준, 박희도, 박동완, 신홍식, 신석구, 오화영, 최성모, 정춘수), 천도교 15명, 불교 2명이었다. 민족대표 33명 중 29명이 3월 1일 서울 태화관에 모여 독립선언서를 낭독하고 자진해서 경찰서에 신고하여 일본 경찰에 의해 모두 체포됐다.

3 · 1운동으로 한국교회는 많은 피해를 입었다. 이 시위가 지방으로 확산되면서 일본 경찰의 무자비한 탄압으로 교회가 전소되고 교회 지도자들이 대거 검거되는 일이 발생했다. 종교별 체포된 인원은 기독교인이 3,348명(장로교 2,468명, 감리교 560명, 기타 320명)이었으며 그 다음으로 천도교 및 시천교가 2,200명이었다. 여기 시민, 학생들은 12,311명이지만 학생들은 거의가 기독교학교 학생들이 참여하여 구속자가 많았다.

총회장 김선두 목사의 구속으로 제8회 총회는 1919년 10월 평양에 있는 장로회신학교에 회집하여 부회장인 마포삼열 선교사가 개회선언을 하고 총회장으로 당선됐다. 매년 9월에 개회하던 총회였지만 총회장 김선두 목사가 석방되지 않아 할 수 없이 10월에 총회를 개회하였다.

12. 민족의 전인적인 구원을 위해

1) 신사참배와 일본 기독교 조선장로교단(1938-1940)

일본이 3·1운동 후 무단정책에서 문화정책으로 통치 방식을 바꾸면서 신사참배를 강요하였다. 일본기독교대회 대회장 도미다 목사가 서울과 평양을 왕래하면서 신사참배는 종교와 무관하며 일본의 국민의식에 지나지 않는다고 하였다.

그러나 평양에 있는 기독교회 대표자들은 일본인 오다나라찌(한국명 전영복) 목사를 초청하여 숭실대학 강당에서 일본 신사참배에 대한 강연을 듣고 이는 십계명을 어기는 처사이며 강력하게 한국교회가 반대해야 한다는 내용을 알게 됐다. 이러한 강연을 들었지만 이미 평양노회에서는 신사참배를 결의하자는 헌의안이 총회에 상정되었으며, 지방 몇몇 노회에서도 상정해 놓고 있었다.

1938년 9월 제27회 평양 서문밖교회에서 열린 총회에 목사 86명, 선교사 22명, 장로 85명, 계 193명이 모인 가운데 이문주 총회장이 '신앙생활의 3대 요소'라는 제목으로 개회설교를 하였다. 이어 총회 임원 투표에서 총회장에 홍택기 목사, 부회장 김길창 목사 등이 당선됐다. 새로 선출된 홍택기 총회장은 평양, 평서, 안주노회에서 상정한 신사참배 결의 및 성명서 발표의 제안 건을 채용하기로 가결하였다.

"아등(我等)은 신사는 종교가 아니오 기독교의 교리에 위반하지 않는 본의를 이해하고 신사참배가 애국적 국가의식임을 자각하며 또 이에 신사참배를 선선히 행하여 추이 국민정신총동원에 참가하여 비상시국 하에서 총후 황국신민으로서 적성(赤誠)을 다하기로 기함."

이렇게 된 배후에는 1936년 5월 한국 천주교가 교황청의 발표인 "신사 참배는 종교예식이 아니라 국민의례"라고 한 것을 받아들여 신사참배와 제사의 수용 등 배도의 길을 걷게 되는 영향을 직 간접적으로 받게 되었던 사정이 있었다. 1937년에는 감리교가 신사참배를 받아들였으며 1938년에 드디어 장로교마저 일사각오의 신앙을 져 버리고 몇 사람의 비신앙적인 지도자들에 의해 일제의 종교적인 탄압에 무릎을 꿇고 총회에 오점을 찍고 말았던 것이다.

1940년 평양신학교가 개교되자, 남한 출신들은 조선신학원에 진학하였으며, 북한 출신들은 평양신학교로 진학하였다. 1942년 10월 제31회 총회가 평양 서문밖교회에서 개회됐다. 이어서 '대동아공영권 건설을 지지하는 선언문'을 채택하였다. 일본은 1942년부터는 각 교단을 해산하려고 준비 중에 있었으며, 1943년 5월 7일 일제의 강압에 의해 대한예수교장로회 총회는 해산되고 동시에 일본 기독교 조선장로교단이 출범하였다.

따라서 각 노회는 각 교구로 명칭을 바꾸었으며, 초대 통리에 채필근 목사가 선출됐다. 이후 한국교회 목사들은 일본 성지순례라 하여 각 교단별로 일본 동경에 있는 황거(皇居)를 비롯해서 야스쿠니 신사, 이세 신궁, 가시하라 신궁, 헤이안 신궁 등을 참배하고 돌아 온 일이 계속적으로 진행됐다. 1945년 7월 일본은 한국에 있는 모든 기독교를 일본기독교저손교단으로 명칭을 바꾸고 초대 통리에 김관식 목사를, 총무에 송창근 목사를 선출하였다.

2) 해방과 한국교회 재건

해방이 되자 출옥성도 50여명은 한상동 목사를 중심해서 평양 산정현교회에 모여 한국교회 재건을 선포하였다. 그해 11월 평북 선천 월곡동교회에서 평북 노회 등 6개 노회 200여명의 교역자들이 자숙론을 발표하였다. 그러나 이 자리에 참여했던 증경총회장 홍택기 목사는 친일파로서 이를 거부하고 "옥중에서 고생한 목사나 신사참배를 하면서 교회를 지킨 사람들이나 다같이 고생하였다."고 하면서 "신사참배에 대한 죄의 책벌은 하나님이 하실 일이지 사람이할 수 없는 일이라."고 항의를 하자 결국 이 모임은 결론 없이 끝나고 말았다.

그러나 무너진 제단을 방치할 수 없어 그해 1월 초에 이북 5도 16개 노회가 연합하여 북한 5도 연합회를 조직하고 통일이 될 때까지 총회를 대행해 갈수 있는 조직을 하였다. 초대 회장에 김진수 목사를 선출하였다.

5도 연합회에서는 다음과 같이 결의를 하였다. 1) 북한 5도연합회는 남북통일이 될 때까지 총회를 대행할 수 있는 잠정적 협의기관으로 한다. 2) 총회의 헌법은 개정 이전의 헌법을 사용하되 남북통일 총회가 열릴 때까지 그대로 둔다. 3) 전교회는 신사참배의 죄과를 통회하고 교역자는 2개월간 근신한다. 4) 신학교는 연합노회 직영으로 한다. 5) 조국의 기독문화를 목표로 독립기념 전도회를 조직하여 전도교화운동을 대대적으로 전개한다. 6) 북한교회를 대표하는 사절단을 파송하여 연합국 사령관에게 감사의 뜻을 표하기로 한다.

부산을 중심으로 고려신학교가 출범하면서 1차 교회 분열은 시작되었다. 1946년 5월 한상동, 박윤선, 주남선 목사 등이 중심이 되어 경남 진해에 모여 보수신학의 설립을 위한 기성회를 조직하였으며, 그해 6월에 제1회 하기 신학 강좌를 개설하였다. 이를 계기로 고려신학교가 설립되었다. 박형룡 박사를 교장으로 초빙했으나 신학교 운영문제와 신학노선 차이로 박형룡 박사는 1948년 상경하여 개인적으로 월남한 이북세력의 힘을 얻어 한국 보수신학교를 설립해야 한다면서 남산 조선신궁 자리에 장로회신학교를 설립하고 교장으로 취임하였다.

이무렵 조선신학교 재학생 51명이 김재준 목사의 신학방법론으로 총회에 진정서를 제출하면서 보수와 진보가 서로 충돌하게 됐다. 이 문제로 1948년 4월 제34회 총회가 열린 새문안교회 내에는 조선신학교 재학생과 진정서를 받고 심의하는 과정에서 고성이 오갔으나 해결을 보지 못하고 한국전쟁을 맞게 됐다. 여전히 부산에서는 고려신학교, 장로회신학교, 조선신학교가 계속해서 수업이 진행됐다.

1953년 6월 조선신학교(한국신학대학) 출신 및 김재준 목사 지지세력들은 총회를 이탈하여 서울 동자동에 위치한 한국신학대학 강당에서 한국기독교장로회 총회를 조직하고 김세렬 목사가 초대 총회장이 됐다. 이 결과 한국교회는 같은 장로교회이면서 3개의 파로 분열되었다.

박형룡 박사의 3천만 환 사기사건으로 에큐메니칼파와 NAE파로 갈라서게 됐다. 에큐메니칼파는 즉시 서울 연동교회에서 총회를 속회하였으며, 총회장에 이창규 목사를 선출했다. 후에 이 파를 통합측이라 부르게 됐다. NAE파는 합동측이라 부르게 됐으며, 그해 11월 서울 승동교회에서 총회를 속회하고 양화석 목사가 총회장으로 선출되면서 예장은 두 파로 분립하게 됐다.

이후 신학교도 자연히 둘로 갈라지게 됐다. 교장이 둘로 된 신학교를 통합하려는 노력에도 불구하고 진척이 없자, 통합측은 광나루에 교사를 마련하여 장로회신학교라 부르게 됐고, 합동측은 ICC(국제기독교연합회)로부터 자금 지원을 받아 용산 역전에 빌딩을 매입하여 총회신학교라는 간판을 내걸고 신학교를 운영하였다. 현재는 통합측의 신학교는 장로회신학대학교로 발전하였으며, 역시 합동측도 그 후 사당동에 자리 잡고 총신대학교로 발전하였다.

현재 대한예수교장로회 통합측 산하 신학대학은 지역을 중심으로 7곳인데, 장로회신학대학교, 호남신학대학교, 영남신학대학교, 한일장신대학교, 대전신학대학교, 서울장신대학교, 부산장신대학교 등이다.

3) 2007년 대부흥운동과 한국교회의 전망

한국교회는 1907년 평양을 중심으로 전개된 대부흥운동을 기념하는 100주년을 맞이했다. 지난 2007년 7월 8일 오후 6시 서울 상암 월드컵경기장에서 2007 한국교회 대부흥 100주년기념대회가 많은 기독교인들이 참석한 가운데 열렸다. '교회를 새롭게 민족에 희망을'을 주제로 열린 이날 대회에는 10만여 명이 참여했다.

한국기독교총연합, 한국기독교교회협의회 등 국내 보수 · 진보교단의 연합행사로 치러졌다. 나팔수 100명의 팡파르로 시작해 감사예배, 부흥의 불꽃놀이 등 3시간 30분 동안 진행됐다. 이 대회는 1907년 길선주 목사의 주도로 일어난 영적 각성 운동인 '평양대부흥운동'을 기념하고, 개신교의 새 출발을 다지자는 의미에서 개최됐다.

'2007 한국교회대부흥100주년기념대회'는 교단장협의회 소속 25개 교단이 평양대부흥 100주년을 맞아 공동 주최를 결의한 행사로, 7월 초 일주일 동안 영역별 대회부터 시작해 상암기념대회(7월 8일), 평양대회(10월 예정)로 이어지는 한국교회 전체의 대규모 프로젝트였으며, 소요 예산이 18억이었다.

이번 대회는 한국교회가 모처럼 한마음으로 준비하는 행사이니만큼 프로그램의 면면이 화려했다. 먼저 7월 첫 주는 '한국교회대부흥 기념주간'으로 선포돼 선교와 나눔, 생명, 일치, 통일 등 각 영역별 대회가 추진되었으며 선교영역에서는 한국기독교학회와 복음주의신학회 공동주최로 열리는 신학학술포럼, 나눔 영역에서는 사회복지대회, 생명 영역에서는 어린이 · 청소년 · 청년별 대회 등이 진행되었다. 또한 상암기념대회 전날에는 전야제로 문화공연이 진행되었으며, 이런 행사 외에도 디아스포라 한인대회, 세계선교포럼, 여성선교

포럼 등 다양한 프로그램들이 진행되었다.

이날 주제가는 고형원 작곡인 '주님의 성령'이었다. 그 내용을 소개하면 "하나님의 영 충만케 주여 우리에게 기름을 부으사 가난한 자에게 복음을 전케 하소서. 포로 된 자를 자유케 하사 흑암에 갇힌 영혼을 구원케 하소서. 우리들 일어나 은혜의 해 전파하도록 신원의 날 선포하도록 성령의 바람 불어와 우리를 채우소서. 주님의 영광 위해 하늘의 불꽃 내려와 타오르게 하소서. 주의 영광위해"

개신교가 중심이 된 '2007 한국교회 대부흥 100주년 기념대회'가 성공적으로 끝나 선교의 열정이 더 타오르기 시작할 때 아프가니스탄에 파송된 서울 샘물교회봉사대원 23명이 피랍되어 인솔자인 배형규 목사와 대원 심정민이 피살되는 비극을 접하고 있다. 국내적으로는 기독교의 모범적인 기업이라고 자처한 이랜드가 비정규직 문제로 해결의 실마리를 찾지 못하고 있으며 연세대 의료원도 직장폐쇄라는 강경책을 쓰면서까지 노조의 문제로 어려움을 겪고 있다.

지난 4월 미국 버지니아 공대 총기난사사건의 용의자 조승희(23세)의 문제도 개인이 저지른 일이라고만 치부하겠는가? 필자는 2007년 초까지 그의 부모가 살고 있던 페어펙스 지역에 거주하면서 연구를 했었다. 한국인이 미국의 초대 총기사건을 만들어서 33명의 인명 피해를 가했다는 것은 상상하기 어려운 일이기도 하다.

'2007년 평양대부흥운동을 상기하면서 우리가 해야 할 일은 과연 무엇인가?', '우리의 목표가 향후 10년 안에 10만 명의 선교사를 전 세계에 파송하여 선교 제1등국이 되는 것인가?', '해가 지날수록 기독교인의 수가 줄어드는 마이너스 성장을 거듭하고 있는데 그 대책은 무엇인가?', '교회 안에 목회자와 직원들 간의 의견이 대립되어 진정한 만남과 교류가 적어지는 근본원인은 어디에서 그 해법을 찾아야 할까?' 등.

특히 2008년 제주도에서 개최된 대한예수교장로회 제93회 총회에서는 4개 장로교 교단이 화합의 장을 마련하여 하나 됨을 강조하는 연합예배를 드렸으며 대한예수교장로회 통합측 교단은 2008년 11월 현재 268만 6812명의 신도를 가진 교세를 300만 성도를 목표로 교인수를 확장하자는 임원들의 각오가 총회장 김삼환 목사를 중심으로 서 있었으며 이를 시행하기 위해 노회별로 전진대회를 갖는 등 300만 성도 달성을 위한 구체적인 운동이 지역별로 열렸다. 이 일이 구체적으로 이루어지게 하기위해 본부에서는 전년대비 20%씩 증가 전도 대상 할당제를 제시하였다. 이 운동에 전임 총회장이신 안영로 목사가 운영위원장으로 각 노회마다 방문하면서 300만 운동 전진대회를 직접 진두지휘하였다.

개신교교회가 급변하는 사회의 변화에 대처할 최선의 방책이 무엇인가를 찾아야 될 때이다. 김수환 추기경의 선종에 대해 타종교는 물론 국가적으로 애도를 표시하며 거의 온 국민이 방송매체를 통해 그분의 서거에 대한 예우를 표시했는데, 수십만 인파가 그분의 마지막을 보기 위해 명동성당에 운집했다는 사실은 천주교가 갖는 한국사회에서의 높은 위상을 보여주는 좋은 예이다. 이러한 문제들과 함께 300만 전도 운동을 양적인 배가 운동과 동시에 질적인 교회의 배가 운동에 초점을 맞추어서 심각하게 고민하며 참여를 해야 할 것이다.

제VI부

칼빈의 신앙과 신학

제18장

칼빈의 생애와 『기독교 강요』

1. 생애

칼빈은 1509년 7월 10일 프랑스 북부 피카르디 지방 노용(Noyon)에서 아버지
제라르 꼬뱅(Gerald Chauvin)과 어머니 쟌느 르 프랑(Jeanne Le Franc)의 둘째
아들로 출생하였다. 아버지의 직업은 장인, 뱃사공 등이었으며, 1481년 시 등
기직원, 주교청의 비서 그리고 노용참사회의 대리인이 되어 시민권을 획득하
였다.

1521년 5월   교육비 충당을 위해 12세에 노용성당의 사제의 보조 성직록을 받다.
1523년 8월   파리(Paris)의 마르슈(Marche) 대학에 입학하여 코르디에(Cordier) 교
            수에게서 라틴어를 배우다. 11월 몽테규(Montaigue) 대학으로 전학하
            여 수학과 스콜라철학을 공부하다.
1527년   몽테규 대학을 졸업하다.
1528-29년   아버지의 권유로 법학공부를 위해 오를레앙(Orlans) 대학에 입학하다.
            오를레앙(Orleans) 대학에서 헬라어 교수인 볼마(Melchior Wolmar) 교

수로 부터 고전과 성서를 연구하다. 인문주의를 접하면서 로마가톨릭
교회를 비판하며 종교개혁운동 전개의 계기가 됨

1529년 부르쒜(Bourges) 대학으로 전학하여 알치아티(Andres Alciati) 교수에게서
법학을 배우다.

1531년 오를레앙(Orleans) 대학에서 법학사 학위를 받다. 5월 부친이 세상을 떠나
다. 고전 연구를 위해 파리 대학으로 가서 단네(Pierre Danns)에게서 희
랍어를, 바타불(Francois Vatable)에게서 히브리어를 매우다. 콥(Nicolas
Cop)과 깊은 교우 관계를 갖다.

1532년 첫 작품인 『세네카 관용론 주석』(Commentary on Senecas Treatise De
Clementia)이라는 책을 출판하였다. 이 책은 당시 베스트셀러인 마키아
벨리(Machiavelli)의 『군주론』(Il Principe)에 나타난 절대 군주의 사상
을 공격한 복음주의적인 정치 윤리학의 저술이며 두 개의 정부 사상의
근거가 됨.

1533년 11월 1일 니콜라스 콥(Nicholas Cop)의 소르본 대학의 총장 취임 강연에서
복음주의를 강조하고 에라스무스와 루터의 말을 인용하여 로마교회를
비판하는 연설문 작성으로 인해 체포가 알려지자 창문을 통해 바젤로
도주하여 루이 두 띠예(Louis Du Tillet) 집에 거주하다. 그의 도서실에
서 『기독교 강요』와 『영혼의 잠』(Psychopamychio)의 원고를 썼으며 이
시기에 갑작스러운 회심을 경험하다.

1534년 르 페브로 데 따믈을 찾아가서 노용(Noyon)교회에서 받는 연봉을 반납하
기 위해 갔다가 투옥되었으며 곧 풀려나다.

1534년 10월 칼빈은 마르티누스 루카티누스(Martinus Lucatinus)라는 가명을 사용
하여 슈트라스부르크(Strassburg)에 있던 부처(Bucer)를 찾아가다.

1535년 1월 바젤로 가서 캐서린 클라인(Chatherine Cline) 부인의 집에 거주하다.

1536년 3월 『기독교 강요』(Institutio Christiane Religionis) 제1판으로 6장을 바젤에
서 발간하다. -프랑수아 1세에게 신교도들을 변호하는 서문을 붙여 출
간하다.

1536년 7월 파렐에 의해 제네바에 남아 주도록 설득을 당하다. 9월 제네바 성교회
의 교사로 임명을 받다. 10월 로잔 종교회의에 참석하여 로마교회의 수
도사와 논쟁 후 인정을 받아 제네바시의 목사회원이 되다. 칼빈은 성경

강해자와 설교자로 임명되다. 그가 한 일은 1) 성찬식을 매월 행하면서 감독자를 세워 합당치 않은 자들을 출교하였으며, 2) 교리문답으로 아이들을 교육시켰고 그리고 3) 시민들에게는 신조를 만들어 동의하도록 한 것이었다.

1537년 2월 「제네바 교회를 위한 신앙의 훈련과 고백」을 만들어 발표하다. 로잔의 목사 카를로스(Carlous)가 칼빈과 파렐을 아리우스주의자라고 베른(Bern)시에 고소함

1537년 5월 카를로스의 고소에 의한 토론회가 로잔에서 열려 고발자인 카를로스가 교직을 박탈당하고 추방되다.

1537년 12월 『성찬에 관한 신앙고백』(Confessio fidei de Eucharistia)을 출판하다.

1538년 1월 제네바의 200명 의회에서 칼빈이 만든 신앙 고백을 거부함으로 대립이 시작되다.

1538년 2월 제네바 의원선거에서 개혁자들을 지지하는 세력이 패배함으로 엄격하고 철저한 개혁보다 온건하고 자유스러운 개혁을 시민들이 원한다는 것을 알게 되다.

1538년 3월 시의회에서 목사회와 상의 하지 않고 일방적으로 로마교회에서 사용하는 성찬식용 떡을 사용하도록 강요하다.

1538년 4월 로마교회 방식의 성찬을 반대했다는 이유로 제네바 시의회 총회에서 3일 이내로 제네바를 떠나라는 요구를 받고 칼빈과 파렐이 제네바에서 추방당하다.

1538년 7월 파렐은 뇌샤텔(Neuchatel) 교회의 목회자로 초청을 받아 부임하다.

1538년 8월 칼빈은 부처의 알선으로 슈트라스부르크(Strasbourg)에 있는 프랑스어를 사용하는 피난민 교회의 설교목사로 초빙되다.

1539년 1월 슈트라스부르크 대학의 신학과 강사가 되어 성경주석을 강의하다.

1539년 8월 『기독교 강요』 제2판을 17장으로 슈트라스부르크에서 출간하다.

1539년 로마교회 감독 사돌레(J. Sadolet) 추기경이 제네바 시민들에게 로마교회로 돌아올 것을 촉구하는 편지를 보내자 시의회에서는 칼빈에게 제네바(Geneve)를 대변하는 답장을 쓰도록 부탁하여 회답을 하다.

1540년 2월 시의원선거에서 파렐파에서 두 사람이 당선되다.

1540년 3월 칼빈의 『시편주석』과 『로마서주석』이 발간되다. 9월에 재침례파 교도

인 이돌레뜨 폰 뷰렌(Idollet von Buren) 미망인과 결혼하다.

1541년 9월 13일 제네바의 초청을 받아 개혁자로서 기병대의 환영을 받으며 돌아
오다. 1541년 11월 교회법령인「교회헌법규칙」(Les Ordonnances ecclsia-
tiques de l'Eglise de Geneve)을 공포하다. 교회의 4직임은 부처의 조언
에 따라 목사, 교사, 장로, 집사 등 이었다. 교회의 이 규칙을 감독하는
감사위원회(Consistorium)를 구성하여 매주 목요일에 정기적으로 모이
다. - 소의회 2명, 60인회 4명, 200인회 6명 - 권징과 출교, 시당국의 처
벌.

1542년 로마가톨릭 신학자 알베르트 피기우스(Albert Pighius)를 반박하는 자유의
지에 관한 논문을 쓰다.

1543년 1월 『기독교 강요』 제3판을 21장으로 발간하다.

1545년 12월 『제네바 요리문답서』(Catechimus ecclesiae Genevensis)를 출간하다.

1549년 부인 이돌레뜨(Idollet von Buren)가 세상을 뜨다. 취리히(Zurich) 협정이
체결되다.

1553년 10월 르베투스(M. Servetus, 1511-1553)가 삼위일체와 유아세례를 비판하
며 예수의 영원성을 부정하는 이단자로 몰려 신성모독죄로 화형당하
다.

1554년 6월 존 녹스(John Nox)가 제네바 영국피난민 교회의 목사가 됨

1556년 녹스가 제네바를 방문하다. "제네바는 사도시대 이후 가장 완전한 그리스
도의 학교이며 도덕과 신앙이 가장 향상된 도시이다."라고 발언함.

1558년 1월 제네바대학 설립기금 모집을 시작하여 6월 5일에 개교함

1559년 12월 칼빈이 제네바 시민권을 얻다. 기독교 강요 최종판이 네 권으로 완성
발간되다. 제네바 학술원을 설립하다.

1564년 2월 6일 마지막 설교를 하다. 5월 27일 오후 8시 영원한 하나님의 나라로
부름을 받다. 향년 54세 4개월. 5월 28일 오후 2시 제네바시 공동묘지
에 평토장으로 안장되다. 칼빈은 교의 신학자, 성경학자, 교회개혁자로
서 전 유럽의 교회와 정치, 사회와 경제 그리고 문학에 광범위한 영향을
끼쳤다.

2. 『기독교 강요』와 그의 신학

1) 특성

신학자의 사상과 신학이 계속 변화하고 발전하는 경우와 시종일관 지속적인 경우가 있다. 전자는 아우구스티누스, 바르트 등이며 후자는 루터와 칼빈이다. 이러한 일관성 때문에 루터의 작품들과 칼빈의 『기독교 강요』는 계속 읽고 또 읽히면서 거의 5세기 동안 시대적으로 이야기 되어지는 신학적 토론에 활발한 반응을 보이고 있다.

루터나 칼빈의 작품들은 기독교를 거칠고 편협하게 묘사하여 그리스도의 복음을 왜곡시켰다는 비난을 받기도 하는가 하면, 다른 한편으로는 성경진리의 독보적 해석이며 복음주의적 신앙의 보루로 격찬을 받으며 수 세대에 걸쳐 개신교 교회의 신앙과 행위에 지대한 영향을 끼치고 있다.

『기독교 강요』가 갖는 특성들은 다음과 같다.

(1) 『기독교 강요』의 저술 동기는 복음주의적 교회를 위한 변증적이면서도 개혁신앙을 체계화한 신앙 안내서인 경건의 책이다. 기독교 교리의 개요와 믿음의 형제들을 박해하는 프랑스 왕 프랑수아 1세(1515-1547 재위)에게 바치는 자신의 신앙고백이자 탄원서이다. 개혁교회의 생존을 위한 투쟁적 변증서라고 할 수 있다. 박해당하는 성경적 신앙의 소유자들을 계속 변호하기 위해 칼빈은 이 책을 썼다. 강요(Institutio)라는 말은 훈련(discipline), 교훈(instruction), 교육(education)이라는 의미를 갖는다. 이것을 종합하여 보면 『기독교 강요』는 외적으로는 가톨릭교회와 프랑스 정부로부터 억압당하고 있는 기독교를 변호하는 변증서요, 동시에 내적으로는 복음주의를 견지하려는 교회의 신앙과 신학을 체계화한 신앙의 지침서 곧 경건의 책이라고 할 수 있다.

(2) 칼빈은 교부들의 저서들과 성서와 주석의 역사를 계속 읽음으로써『기독교 강요』를 보충하였다. 제1판인 1536년부터 시작하여 제2판인 1539년 그리고 제3판인 1543년을 보면 아우구스티누스의 영향이 인류학과 교회론에까지 미치는 것을 보게 된다. 존 크리소스톰의 영향은 제2판부터 나오며 언급된 이 두 사람의 영향이 매우 크다.

1536년판 본문은 6장으로 구성된다. 루터의 교리문답(Luthers Catechismus) 주제들인 율법, 신조, 주님의 기도, 세례와 성만찬, 중세교회의 5가지 성례전, 기독교인의 자유 등이다. 제2판에서는 성경 인용과 하나님 지식, 구약과 신약의 차이점, 예정과 섭리, 기도교인의 생활 등을 더 다루었다. 그는 이 책을 신학 지망생들에게 하나님의 말씀을 감독할 준비를 시키는 교과서로 보았다.

칼빈의『기독교 강요』는 기독교신학의 전 분야를 다루는 경건의 대전(Summa pietatis)이다.『기독교 강요』는 네 권의 책으로 나눠지며 일반적으로 사도신경의 틀의 순서를 따르고 있다. 즉 성부, 성자, 성령 그리고 거룩한 공회인 교회의 순서이다. 칼빈은 하나님을 창조주로, 구속주로 그리고 인간에게 영감을 주는 분으로 다루며 교회를 신적인 사회로 — 그것을 통해 그리고 그 안에서 하나님께서 인간과 더불어 역사하시는 — 묘사한다. 이는 바르트의 교회 교의학에서도 동일하게 나타난다.

에밀 두메르그(E. Doumergue)는 칼빈은 말의 사람으로서 — 하나님의 말과 인간의 말 — 인간의 말이 하나님의 말씀에 의해 높임을 받도록 종교적 확신과 열정으로 살아간 실천적 종교개혁자라고 하였다.

(3) 슈트라스부르크에서 가르침을 받은 마틴 부처(M. Bucer)의 영향력이다. 특별히 예정론으로서『기독교 강요』의 초판과 재판을 이어주는 디딤돌 역할을 한다. 그의『교리문답』(1537-38)과『로마서주석』(1539)에 확실하게 보여진다.

(4) 슈트라스부르크에서의 프랑스인을 위한 소규모 회중목회기간

(1538-1541)의 경험이 들어 있다. 여기에서 그는 교회의 본질과 훈련, 기독교적 경배와 찬송에 대한 실질적인 체험을 갖게 되었다.

(5) 제네바의 생활 그 자체이다. 제네바를 개혁하기 위해 가능한 모든 법적이며 행정적인 체계를 동원하여 교회, 법원, 학교의 심방 그리고 광범위한 서신교환 이 모든 활동이 기독교 강요를 목회신학이 되게 한 것이다. 칼빈의 예정설과 삼위일체설을 비판한 볼섹(J. Bolsec)이나 캐롤리(Pierre Caroli) 그리고 미카엘 세르베투스(M. Servetus, 1511-1553)는 그의 신학의 깊이를 더해주는 자극제가 되었다. 이들의 사상은 자유스러웠으며 삼위일체를 부정하거나 유아세례를 비판하는 이단적인 사상을 가지고 있었다.

2) 자서전적 영적 일대기

그는 성경을 더 잘 이해하기 위해 『기독교 강요』를 기록했다. 그리고 성경의 참된 이해는 성령에 의한다고 말한다(1권 7장, 3권 2장). 구약의 인물들을 전기(傳記)와 동일시함으로서 루터에게서도 보여 지는 성경해석에 경험적인 접근을 시도하였다. 『기독교 강요』와 『시편주석』에 나오는 '다윗을 본받아'(Imitatio Davids)는 그 한 예이다. 그는 다윗으로 하여금 그의 영적 상태를 대변하게 하였다.

신약에서의 바울이 칼빈의 영혼 상태(Status animae)를 가장 잘 반영해 준다.『시편 주석』의 서문(1555/7)에서 밝힌 대로 자신의 개종과 신앙적 성장에 대해 그는 로마서 1:18-25를 든다. 진실과 거짓의 대립 그리고 하나님과 자아에 대한 두 지식의 가정은 이 구절에 근거를 둔다.

『기독교 강요』는 경건의 책이다. 하나님을 하나님으로 영화롭게 하자는 한 인간의 진실한 노력이며 간절한 바람이기도 하다(3, 20, 43). "하나님께서 모든 민족을 지배하신다. 하나님은 왕이시다"가 그 주제이다. 프랑수아 1세에게 보내는 편지에도 이것을 언급한다.

그는 바젤의 피난처에서 소르본 대학 가톨릭 신학부의 기독교신앙을 반대
하였으며 자신을 급진적인 신앙을 가진 재 침례파로부터 분리하고 있다. 이
시대의 정치적, 교회적 위기를 변증하는 변증서이기도 한다. 그러나 칼빈은
일차적으로 성서신학자이다. 철학, 논리학, 수사학 등 모든 조직에 필요한 것
들은 이차적 도구들이다. 항상 칼빈의 사고 속에는 "구원의 역사"에 대한 간
절함이 구구절절 흐르고 있다.

3) 『기독교 강요』의 구조

프랑스왕 프랑수아 1세에게 드리는 헌사
  1) 기독교 강요가 쓰여 진 배경
    ① 프랑스 민족의 독실한 신앙에 도움을 주려 함
    ② 그릇된 소문으로 인한 복음주의자들에 대한 박해의 지적
    ③ 왕의 공정한 조사 요구
  2) 핍박 받는 복음주의자를 위한 탄원
    ① 복음 주의자 가) 성서적 신앙 나) 영웅적 순교
    ② 가톨릭 성직자들 가) 성서적 신앙 경시 나) 미사, 연옥, 순례와
      같은 하찮은 일 강조
  3) 복음주의적 교리에 반대하는 적대자들의 주장
    ① 복음주의적 교리를 새것, 갓 태어난 것, 의심스럽고 불확실한
      것이라고 함.
    ② 참된 교리가 인간의 불경과 잘못으로 오랫동안 잊혀져 왔다.
    ③ 우리의 확신은 죽음의 공포와 심판을 두려워하지 않는다.
    ④ 기적은 하나님의 영광을 위해야 함.
  4) 교부들이 개혁 교훈을 반대한다는 부당한 주장
    ① 가톨릭 성직자들은 교부들의 미덕 보다 단점이나 실수를 숭배
      한다.
    ② 성경의 증거 없는 제도, 교회법, 교리적 결정은 경솔한 짓이다.

가) 하나님은 금이나 은을 필요로 하시지 않음: 풍성한 의식.

나) 고기를 먹는 것과 금함: 사순절 금식.

다) 수도사들도 일을 해야 함: 게으름과 음란.

라) 그리스도나 성자들의 성상의 문제

마) 죽은 자의 안식: 죽은 자의 영원한 고독.

바) 빵과 포도주의 성찬예식 사용: 화체설.

사) 모든 신자들의 주님의 만찬(Lords Supper)에의 초대: 공적 미사와 사적 미사.

아) 성서적 근거: 법령과 법칙의 범람.

자) 성직자 결혼: 독신 생활.

차) 하나님의 말씀: 사색적인 신학 논쟁.

제1권: 창조주 하나님에 관한 지식(The Knowledge of God the Creator)

1) 하나님: 1-4장 하나님에 관한 참된 지식, 5장 거짓된 철학적 지식

2) 계시: 6-9장 성경의 계시와 성경 이외의 그릇된 계시

3) 경배의 대상으로서의 하나님: 10-12장 미신, 우상

4) 하나님: 13장 삼위일체에 관한 참된, 그릇된 견해(세르베투스)

5) 창조: 14장 천사와 사탄, 옳고 그릇된 견해

6) 인간의 지식: 15장-16장 영혼과 육체, 인간에 대한 진실 된 성경의 견해와 그릇된 철학적 견해.

7) 섭리: 16장 진실과 그릇된 견해, 17장 교리의 적용, 18장 불경한 자들의 심판과 하나님의 역사.

제2권: 그리스도 안에 계신 구속자 하나님에 관한 지식(The Knowledge of God the Redeemer in Christ)

1) 인간의 타락과 원죄

2) 율법과 복음

3) 중보자 그리스도

4) 선지자, 왕, 제사장으로서의 그리스도

5) 그리스도의 죽음, 부활, 승천

제3권: 그리스도의 은혜를 받는 길(The Way in which We receive the
　　　Grace of Christ)
　　1) 성령의 역사
　　2) 믿음
　　3) 회개
　　4) 기독교인의 삶
　　5) 믿음에 의한 칭의
　　6) 기독교인의 자유
　　7) 기도
　　8) 예정설
　　9) 최후의 부활

제4권: 그리스도의 공동체로 초대하시는 하나님(God invites us into the
　　　Society of Christ)
　　1) 교회의 본질과 조직: 진정한 교회는 경건한 자의 어머니이다
　　2) 교회의 회의와 권위
　　3) 교황의 제도
　　4) 성례와 세례
　　5) 성만찬
　　6) 국가통치

3. 칼빈의 정치사상과 두 개의 정부(duplex in homine regimen)

'영적인 정부와 시민정부'(『기독교 강요』 제3권 19장과 제4권 20장)는 근대
민주주의의 발전에 큰 기여를 하였다. 이 이론은 사상적으로 세네카에까지 거
슬러 올라간다. 하나의 공화국은 법과 정치적인 시민국가이고 다른 하나는 이
성적 존재들로 구성된 사회로서 도덕적, 종교적 사회라고 보았다. 이 두개의
법적통치와 영적 통치는 모두 하나님께 속한다. 두 개의 정부가 구분되지만

분리되지는 않는다. 이것은 교회 안에도 존재한다. 칼빈이 배격하는 두 가지의 시민정부 형태는 재세례파와 마키아벨리적 입장이다. 전자는 신앙과 양심의 자유를 절대시하며 자신들의 양심을 속박하는 어떠한 법적인 제도나 규정도 인정하지 않음으로써 하나님이 정하신 제도를 전복하려 하는 이상적인 세계관을 갖던 그룹이었으며, 후자는 제후들에게 아첨하며 절대 권력을 만들어감으로써 하나님의 통치와 대립시키려는 것을 말한다.

칼빈은 이 두 가지를 모두 해악으로 보았다. 그에게 있어서 영적 통치와 국가 통치는 모두 하나님께 속하며 서로 다른 사명이 있음을 말한다. 교회 안에서의 법적이며 영적인 통치는 장로교회의 제도에 의하면 당회와 제직회 그리고 공동의회에서 구체적인 실례를 볼 수 있다. 당회는 교회 안에서 교회의 질서를 유지하고 교인들의 신앙과 생활을 책임지는 중요한 기관이다. 목회자가 의장이 되며 당회원들이 구성원들이다. 당회는 법적인 면이 강하다. 그러나 공동의회는 개인의 신앙과 양심에 의해 당회에서 결정한 사안들을 민주적인 투표에 의해 재청하고 결정하는 총회이며 중요한 기관이다. 제직회는 교회의 사업과 예산에 대해 심의하고 결정하는 중간 기관이다. 이곳은 법적이며 영적인 통치가 들어있다.

영적 통치는 지상에 있는 우리 안에 하나님의 나라를 이미 시작하게 하며, 죽을 수밖에 없고 허무한 이 생명 속에서 영원히 썩지 않을 축복을 예지하도록 한다. 국가 통치의 우선적인 직무는 정의의 실현이다(롬 13:1-4). 정부의 공무원들은 하나님의 대리자요, 그의 뜻을 행하는 사람들이므로 그들의 양심이 하나님의 말씀의 원리로 인도되어야 한다. 국가통치의 목적은 하나님께 향한 외적인 예배를 보호하며 교회의 경건한 교리와 지위를 보호하며 우리의 생활을 사회에 적응시키며 우리의 행위를 사회정의와 일치하도록 하며 우리가 서로 화해하여 전체적인 평화와 평온을 증진시키는 것이다.

칼빈이 여기에서 양심을 영적인 정부에서 인간의 표준으로 삼은 것은 양심을 하나님과 사람의 중간적인 것으로 이해했으며 바울이나 베드로도 양심을 이렇게 이해했다고 주장한다(양심의 증거, 롬 2:15-16, 선한 양심, 벧전 3:21). 의미상으로 볼 때 영적인 통치는 영적인 생활에 관한 것이요, 세속적 통치는 현실생활에 관한 것인데 먹고 입는 것 뿐 아니라 거룩하고 고결하고 절제 있는 사회생활을 하는 데 필요한 법률을 제정하는 것에 관한 통치이다.

두 세계에는 각기 다른 왕과 법률이 권위를 행사한다. 그러나 이 둘이 철저히 구별되어 분리되는 것이 아니다. 기독교인들이 하나님 앞에서 양심의 자유를 얻었다고 해서 외적인 통치인 인간사회의 법에 복종할 필요가 없는 것이 아니며 영적으로 자유스럽다고 해서 모든 육적 예속으로부터 해방된 것은 아니라는 것이다.

4. 칼빈의 신학과 인문주의

1) 칼빈의 신학

칼빈의 신학이 교리적으로 보면 신본주의적 이라는 평가는 이미 다 알려진 사실 중의 하나이다. 그러나 인문주의 교육(humanistic education)을 받은 칼빈이 자신의 『기독교 강요』를 통해 개신교의 신앙 내용과 교리를 집대성했다고 전제할 때 이 칼빈의 신학적 사고를 어떻게 이해하는 것이 좋을까라는 질문을 해 봄직하다. 칼빈이 자신의 회심이후 신학자와 목회자의 길을 갈 때 과연 인문주의적 사고를 다 버렸을까? 칼빈의 신학과 인문주의를 어떻게 이해해야 하는가라는 것이 이글이 갖는 논리전개에 요청되는 부분이다.

(1) 인문주의란?

인문주의는 르네상스 정신의 여러 가지 형태 가운데 하나인 지적 운동 형태로 나타난다. 인문주의는 중세의 지적 활동을 주도하면서 스콜라철학을 발전시킨 철학자들에 의해서라기보다는 세속 문필가들에 의해 시작되었다. 인문주의가 맨 먼저 시작되고 열매를 맺은 곳은 이탈리아였으며, 그 선구자는 단테, 페트라르카 같은 사람이었다.

인문주의에는 몇 가지 중요한 특징이 있다. 첫째, 모든 다양한 표현과 작품에서 인간의 본성을 그 주제로 삼고 있다는 점이다. 둘째, 모든 철학·신학의 학파와 그 체계에 나타나는 진리의 통일성과 조화성을 강조하는 이른바 혼합주의다. 셋째, 인간의 존엄성에 대한 강조를 들 수 있다. 인문주의자들은 인간의 활동에서 가장 고귀한 형태로 인식되던 속죄의 생활이라는 중세의 이상 대신에 창조를 위한 투쟁과 자연의 정복에 대한 시도를 소중히 여겼다. 넷째, 인문주의는 상실된 인간 정신과 지혜의 부활을 고대했다. 인간정신과 지혜의 재생을 위해 노력하는 과정에서 인문주의자들은 새로운 정신과 지식에 대한 전망을 공고히 하고 새로운 학문을 발달시키는 데 공헌했다. 인문주의는 전통적 종교교리가 강요한 정신의 억압상태에서 인간을 해방시키고, 자유로운 탐구와 비판력을 자극했으며, 또한 인간의 사고와 창의력의 가능성에 대한 새로운 자신감을 불러일으켰다.

새로운 인문주의 정신과 그것이 일으킨 르네상스는 인쇄술의 발명에 힘입어 이탈리아에서부터 유럽 전역으로 확산되어나갔다. 인쇄술의 발명은 문자 해득 계층을 증가시키고 고전 저작들을 접할 수 있는 기회의 폭을 넓히는 데 크게 기여했다. 북부 인문주의자 가운데 가장 유명한 인물로는 데지데리우스 에라스무스(c. 1466-1536)를 들 수 있다. 그의 저작 『愚神禮讚』(praise of folly)(1509)은 형식주의적인 경건함에 대립하는 요소로서 마음속에서 우러나오는 선을 주장하는 인문주의의 윤리적 본질을 집약하는 것이다. 이 책은 에라스무스의 종교 비판서로서 1511년에 간행된 작품이었다. 우매한 여신의 자기 예찬을 빌려서 종교 개혁 시대의 왕후·귀족·사제·교황, 나아가서는 인간 전체에 대한 통렬한 비판과 풍자를 인문주의적인 입장에서 시도하였다. 소박한 신앙심의 부활과 자연스럽고 자유로운 인간상의 회복을 꾀한 것으로, 르네상스 정신의 선구가 되었다. 인문주의자들이 제공한 지적 자극은 이후 종교개혁을 촉진했다. 그러나 막상 종교개혁이 시작되자 에라스무스를 포함한 많은 인문주의자들은 당초의 입장에서 후퇴, 소극적인 면모를 드러냈다.

(2) 종교개혁과 삶의 개혁

16세기 종교개혁은 기독교교리(christian doctrine)의 갱신과 함께 종교와 사회의 개혁을 가져왔다. 기독교신앙을 삶의 전 영역에 적용시키는 학문적이며 정신적 태도였다. 1517년 루터의 95개조 반박문은 교황청의 신학 이데올로기에 대한 개신교적 입장을 표명한 것이었으나 루터의 신학은 아직 체계와 교육프로그램으로 정착되지 못하고 있었다. 칼빈은 르네상스와 종교개혁의 두 요소를 지니고 있는 사람이다. 그는 신 중심의 세계관에서 인간 중심의 세속주의적 세계관을 지향하는 이탈리아 인문주의자들과 고전─고대의 내용을 종교에 적용시켜 성서와 교부문헌을 복원하고 번역하는 북유럽의 인문주의자들의 입장을 수용하였다.

이러한 맥락에서 볼 때 칼빈은 자율적 인간성을 거부하는 듯한 예정론이나 인간의 전적 부패 등을 통해 철저한 신본주의자이면서 동시에 문화적 상관성을 종합하는 사람이었다. 자아와 현세를 부정하는 수도원운동이나 신비주의와는 전혀 다르다. 그의 이중신지식론(duplex cognitio Dei)은 인간과 창조세계의 가치를 세속영역에서도 발견하려는 개방성을 갖는다. 그의 영혼 구원신앙과 경건한 교회 공동체를 추구하는 신학은 가는 곳마다 정치적 민주주의와 합리적 경제체계로서의 자본주의, 고등교육의 발달을 이루어 내는 사회적 사상의 원천이 되었다. 이런 면에서 장로교회는 선교지에서 선구자적 역할을 수행한다.

(3) 칼빈의 신학함(doing theology)

칼빈신학의 중요한 특성은 신앙의 본질을 앎(knowledge)에 둔다. 신적인 계시인 성경의 말씀을 성령의 조명을 통해 이성적 이해가 아닌 심령의 확신으로 아는 것을 말한다. 이는 중세 후기의 이성주의적 사변신학인 스콜라철학이나 신비주의를 극복한 것이다. 멜랑히톤(1497-1560)은 칼빈을 신학자 중의 신학자(the theologian)라고 불렀다. 종교개혁과 연관을 갖는 인문주의는 그들의 저술을 분석하는 것으로 뿐 아니라 사회적 기능과 역할을 통해 실체를 파악할 수 있다.

인간의 개성과 자율성을 중시하고 합리적 세계관을 갖는 인문주의 정신이 초자연적 세계관에 기초한 종교개혁과 양립할 수 있을까? 크리스텔러(P. O. Kristeller)는 인문주의를 수사학을 주 내용으로 하는 교육적 문화프로그램으로 이해한다. 그리스 로마의 고전학습을 통해 스투디아 후마니타스(studia humanitas)를 사회전반에 확산시키는 학문 교육운동이라는 것이다. 인문주의가 갖는 개방적이며 비판적인 정신이 다른 전통이나 문화적 요소들과 어떻게 상호작용했는지를 알게 된다.

르네상스와 인문주의는 긴밀한 연관을 갖으면서 동일시되는 것은 아니다. 수사학적 언어와 문헌적 지식을 통해 그 시대의 정신적 요소와 문화의 흐름을 담아낼 수 있었다. 고대의 학문과 종교가 라틴어를 통해 전승된 것과 같다.

인문주의는 언어연구, 문헌고증, 문학적 표현과 웅변술에 기반을 둔 학문과 사고방식인데 이것이 신학에 영향을 준 것은 원전을 존중하는 것이었다. 스콜라신학자들이 이성의 지배 하에서 신학을 했다면 인문주의자들의 '신학함'(doing theology)은 본문의 지배를 받는 것이었다. 르페브르의 5중 대역 시

편과 바울서신 주석 ,그리고 에라스무스의 그리스-라틴어 대역성경 등이 대표
적이다. 다른 하나의 기여는 동방교회에 관한 역사적 편견을 극복하고 지적
개방성을 갖게 된 점이다. 중세 라틴 세계에서는 그리스 교부들에 관한 지식
은 이교적인 것이었다. 암브로시우스, 바실레이오스, 나지안스의 그레고리오
스, 크리소스톰 등의 전작들이 번역 출간되었다. 기독교 인문주의는 신 중심
의 세계관을 전제로 하여 인간을 하나님의 형상으로 창조된 피조물로 인식하
며 하나님의 뜻과 관련된 인간성의 실현이 기독교 인문주의의 내용이다.

2) 칼빈의 신학과 인문주의

칼빈의 신학사상에서 신본주의와 인문주의의 관계는 영혼과 몸의 관계로 설
명하는 것이 적합하다. 신본주의적 신앙과 경건 개념이 인문주의적 학문과 문
화 속에서 신학적 언어와 논리의 형식을 취하면서 사상화 되었다. 이에 대한
외형적 구조로는 신본주의를 내원으로 하는 인문주의의 외원 관계와 인문주
의가 신학사상의 전달매체로서 기능을 담당했다는 해석이 있다. 칼빈의 신학
방법론은 철저히 성경에 근거하여 인문주의적 언어와 수사학을 사용한 것이
었다. 신본주의적 경건을 추구하되 인문주의적 학문방법론과 사고방식을 적
극적으로 수용한 것이다. 이를 종합하면 칼빈의 신학은 신본주의적 인문주의
라고 표현하는 것이 적합하다.

제19장

칼빈의 경건 사상

여는 말

칼빈의 경건에 관한 소논문은 한국 칼빈학회가 1998년에 펴낸『칼빈 신학 해설』에서 '칼빈의 경건'이라는 제목으로 이수영 교수가 다루었다. 이 교수는 먼저 칼빈의『기독교 강요』를 경건의 책으로 규정하면서 칼빈의 경건은 일차적 협의의 의미로 볼 때 "하나님을 두려워함, 경외심, 순종과 연관이 있다"[1]고 하였다. 그는 칼빈의 경건을 예배와 기도, 지식에까지 연관을 갖는다고 보았는데 경건은 칼빈이 말한 대로 "하나님이 베푸시는 온갖 유익들을 아는 데서 생겨나는바 하나님에 대한 두려움과 그를 향한 사랑이 하나로 결합된 상태를 뜻한다."[2]라는 말과 같다. 경건은 기독교 신앙 생활가운데에서 필요한 신앙적 행위들 가운데 하나님의 은혜로 주어지는 것이라는 말이다.

이 교수는 칼빈이 말한 넓은 의미에서의 경건을 '하나님을 향한 경건과 인

---

1) '경건론', 이수영,『칼빈신학 해설』(서울: 한국 칼빈학회, 1998), 268쪽 이하.
2) 존 칼빈,『기독교 강요』(서울: 크리스찬 다이제스트, 2003), 46쪽.

간을 향한 의와 사랑'으로 도식화 하면서 이들을 각각 수직적 경건과 수평적 경건으로 이해하고 있다.[3] 칼빈은 이를 경건과 믿음의 생활로 구분지어 말하고 있는데 믿음은 율법의 첫째 서판인 하나님과 율법을, 그리고 둘째 서판인 인간의 문제를 포함하는 것으로서 전자는 경건을 후자는 의와 사랑을 나타내는 것으로 보고 있다. 경건은 믿음으로부터 시작되며 믿음의 행위가 경건을 이룬다는 말이 된다. 본 논문에서는 경건이란 과연 무엇이며 성경을 경건의 책이라고 규정할 때 칼빈의 경건이 어떠한 경건으로 해석될 것인가를 살펴본 후 칼빈의 경건성을 그의 주저서인 『기독교 강요』와 『주석 책』등 에서 찾아 보려한다.

1. 칼빈의 경건에 대한 문제 제기

칼빈이 제네바에서 23년간 파렐의 간청과 도움에 의해 종교개혁의 일을 단행할 때 처음 13년간은 고전(苦戰)을 면치 못했으나 나머지 10년간은 승리의 시기를 맞게 된 것을 우리는 잘 알고 있다. 제네바 도시를 하나님의 뜻이 실현되는 성시(聖市)로 만들기 위해 그가 쏟은 정성과 심혈은 너무도 커서 칼빈이 죽을 때의 모습은 "머리끝에서 발끝까지 병이 들었다"라고까지 전해진다. 실제로 그는 위가 약해 하루에 한 끼만 취했다고 한다. 종교개혁자요, 신학자, 성경 주석가, 교회조직가, 설교자, 목회자인[4] 칼빈에게 있어서 종교개혁의 일은 힘

---

3) 이수영, 상게서, 282쪽.

4) 신복윤, 『칼빈의 신학사상』 (서울: 성광문화사, 1993), 258쪽. 칼빈은 일생동안 28년간 목회생활에 몸을 바쳤다. 1536년 8월에서 1538년 4월까지 처음 제네바에서 2년 동안 목회를 했고 제네바에서 쫓겨나 당시 독일령이었던 슈트라스부르크에서 1938년 9월부터 1541년 9월까지 3년간 프랑스교인들을 위해 교회 일을 보았다. 1541년 9월 다시 제네바의 초청을 받아 1564년 5월 27일 죽을 때까지 23년간 거기서 목회생활을 했다.

들고 고독하고 어려운 길이었다. 이러한 어려운 종교개혁의 일을 해 낼 수 있었던 근본 힘은 어디에서 왔을까?

우리는 이 물음에 답하기 위해 그를 통해 주어진 개신교의 변증서이자 교리서라고 할 수 있는『기독교 강요』를 주의 깊게 살펴보면서 답하는 것이 하나의 방법이 될 수 있다. 칼빈의『기독교 강요』가 교리서인가 변증서인가라는 것에 대해서는 상반된 의견들이 있다.[5]

칼빈이 제네바에서 종교개혁운동을 활발하게 전개 하여 나갈 때 그의 사역을 통해 한 가지 주의 깊게 생각해 볼 것은 '1542년부터 1546년까지 법에 저촉되어 사형에 처한 사람들이 58명, 추방된 사람이 76명'[6]이라고 하는 기록이 나오는데 "춤을 추었다는 이유로, 설교를 듣고 웃었다는 것으로 인해 처벌을 가했다는 것은 너무하지 않았는가?"라는 의문을 던져 볼 수 있다.

칼빈이 개혁을 단행 할 때 제네바시에서는 자신들의 자제를 교회학교에 보내기를 꺼려하는 부모는 시민권을 박탈하였으며, 도박장은 폐쇄되고, 사교무도회는 엄금되고, 그것을 위반하면 골패를 그 목에 걸고 거리로 다니면서 시민들의 구경거리로 삼았고, 가장무도회에 갔던 사람은 성베드로교회 앞에서 무릎을 꿇고 사죄를 받았다. 사치한 화장을 시킨 미용사는 이틀 동안 감금당하고 간음한 자는 남녀 함께 형리에게 끌려 거리를 돌게 한 다음 시외로 추방을 시켰다.[7]

칼빈의 이 준엄한 정치를 경건과 어떻게 연관을 지어 생각할 수 있으며 과

---

5) 와타나베 노부오는 그의 책『기독교 강요란 어떤 책인가?』에서 프랑스 왕 프랑수아 1세에게 드리는 헌정사가 기독교 강요의 처음부분에 첨부되어 있는데 그 내용은 '복음적 신앙의 정당성을 이해해 달라'고 했기 때문에 기독교 강요에는 변증적 성격이 있으나 '기독교 강요는 카테키즘으로 보아야한다'라고 주장한다. 와타나베 노부오,『기독교 강요란 어떤 책인가?』(부산: 고신대학교 출판부, 2000), 33쪽 이하. 김재성 교수 역시 '신학적 견지에서 요리문답적인 요소가더 중요하다'고 보았다. 참조: 김재성,『칼빈, 그의 신학사상의 근원과 발전』(서울: 크리스챤 다이제스트, 2001), 170쪽.

6) 이종기,『교회사』(서울: 세종문화사, 1976), 292쪽 이하.

7) 전경연,『칼빈의 생애와 그 신학 사상』(서울: 신교출판사, 1965), 42쪽

연 이러한 정치가 종교개혁 속에 들어있는 경건의 모습이라고 할 수 있는가라는 물음이다. 칼빈은 종교개혁을 단행하면서 반대파들로부터 많은 저항과 도전 그리고 심지어 죽음의 고비와 위협을 받기도 했다. 그 대표적인 사람들이 종교적으로는 신령파들(Spiritueles), 즉 정치적으로는 자유주의자들이었으나 더 유력한 적은 교리상의 반대자들이었다. 그는 그때마다 이들을 단호하게 법적용을 시켜 처단하였으며 국외로 추방시켜 버렸다.

칼빈의 개혁에 교리적으로 맞서 반대하던 대표적인 사람들은 세바스티안 카스텔리오(Sebastian Castellio, 1515-1563), 제롬 볼제크(Jerome Bolsec) 그리고 미카엘 세르베토(Michael Serveto, 1519-1553) 등이었다. 이들은 각각 성경의 정경성을 부분적으로 부정하거나 칼빈의 예정설에 반대하다가 직분을 빼앗기고 추방당했으며, 세르베토는 삼위일체 교리를 부정함으로써 성경의 권위를 무시하는 죄에 저촉되어 1553년 화형에 처하게 되었다. 칼빈이 이렇게 법적용을 시키면서까지 종교개혁의 깃발을 높이 든 것은 그의 교육적인 배경 및 회심과 밀접한 연관이 있다.

2. 칼빈의 교육과 회심

칼빈은 원래 아버지의 권유에 의해 아버지를 기쁘게 하기 위해 1528년 올레안 대학에서 법학을 공부했던 사람이다. 칼빈의 『시편주해』서문에 의하면 "나는 아버지의 뜻에 순종하려고 내 자신을 적응하려고 충실히 이러한 권유에 전념하려 하였으나 하나님께서는 비밀한 섭리로써 나를 다른 길로 방향을 돌리게 하셨다."[8] 칼빈의 아버지는 칼빈이 어렸을 때는 신학을 하기를 원했

---

8) John Calvin, *Commentary on the book of Psalms*(Michigan: WM. B. Eerdmans publishing company, 1963), in the Author's Preface, p. XL.

으나 나중에는 법을 전공하여 부를 축적하는 직업을 갖는 것이 좋다는 판단을 하여 칼빈으로 하여금 법학을 전공하도록 하는 계기를 마련하였다.

1531년 아버지가 죽은 후 부르쥬(Bourges)대학으로 옮겨 그곳에서 볼마르(M. Wolmar, 1496-1561) 교수를 만나게 되었는데 그곳에서 인생의 전환점을 갖게 되었다. 그는 이것을 후에 회심이라고 까지 부른다. 볼마르는 히브리, 헬라어 등 고전어 학자인 스위스 출신 루터파 교인으로서 칼빈에게 헬라어를 가르치면서 희랍어 성경을 읽게 하였고 그에게 종교개혁사상을 전수하였다. 칼빈의 회심은 아버지의 권유에 의해 법을 공부하다가 인문학으로 전환하여 고전어를 배우고 성경을 읽고 그리고 종교개혁 사상에 접한 것을 말한다. 이것을 우리는 사상적인 회심이라고 말할 수 있다.

칼빈의 회심의 시기와 성격에 관해서는 세 가지 설이 있다. 첫째로, 『시편 강해』의 내용대로 돌연한 것이라는 설인데, 그 시기는 대략 1527-28년(칼 홀) 혹은 1532-33년(A. 랑)이다. 둘째로, 칼빈의 생애를 처음으로 기술한 베자[9]의 설에 의해 그것은 수년간에 걸쳐 점진적으로 이루어진 것이라는 설이 있다. 그 시기는 대략 1528년부터 33년에 이르는 약 7년 동안 내적인 고투에서 된 것이라는 설이다. 마지막으로 베른레(Wernle)에 의한 제3의 해석인데 칼빈 자신의 저술이나 베자의 기록들은 오랜 시간이 지난 후에 기록된 것이기 때문에 신빙할 만한 자료가 될 수 없으므로 『세네카의 관용론 주해』나 그의 서신들 그리고 『시편 주해』에 산재해 있는 어귀들을 근거로 하여 회심의 시기를 알 수 있다는 것이다. 참 경건을 맛보고 회심이라는 단계를 거쳐 기독교에 전념

---

[9] 테오도르 베자(Theodore Beza, 1519-1605)는 프랑스 에즐레주 출신으로 법률을 공부하여 20세에 법학사 학위를 받았다. 고전 문학을 공부하여 29세에 시집 Juvenilia를 발표하여 칭송을 받았다. 큰 병으로 사선을 헤메이다가 회심을 경험하였다. 칼빈을 12세에 만나 함께 지낸 일이 있었다. 1558년 제네바 대학의 헬라어 교수가 된 이후 칼빈의 동료이자 후계자가 되었다. 그의 저서 칼빈의 생애(Via de Calvin)는 처음 쓴 칼빈전으로 『칼빈 대전집』(Calvini Opera) 제21권에 수록되어있다. 참조: 전경연, 『칼빈의 생애와 그 신학 사상』(서울: 신교출판사, 1965), 12쪽.

하였다는 말이 된다.10) 회심에 관한 세 가지의 설 가운데 그의 『시편주석』에 근거하여 칼빈의 회심은 1532년 봄 세네카의 주석을 낸 이후인 1534년까지 갑작스러운 회심(sudden conversion)을 경험하였다고 보여 진다.11) "먼저 교황 종교의 미신에 집착하여 깊은 수렁에서 빠져나오기가 어려웠을 때 하나님께 서는 돌연한 회심으로 연령에 비해 완고했던 나의 마음을 인도해 주셨다."12) 는 인용문이 그 근거이다.

세네카의 논문이 칼빈으로 하여금 주장하게 하였던 것은 하나님의 섭리에 대한 국가의 복종이었는데 하나님 이외로부터 나오는 권력은 없으며 만물이 하나님의 뜻에 복종한다고 하였다. 그는 군중을 본래 선동적이고 이성이나 분별력이 결핍되어있다고 생각했다. 이는 칼빈의 귀족적인 태도이기도 하다.13) 그의 로마서 13:1절에 대한 주석은 이를 뒷받침해 준다. "하나님께서는 정치가들을 세상정부의 정의와 법질서를 위해 지명하셨다. 비록 전제적이며 불의한 권력은 규정된 정부는 아닐지라도 정부의 권리는 인류의 복지를 위해 하나님에 의해서 규정된 것이다."14)

칼빈이 자신의 회심을 방향전환 이라고 표현한 것을 보면 칼빈의 회심은 그가 지금까지 추구했던 학문과의 단절을 의미했으며 이제까지 그의 생의 목표로 삼았던 인문주의에서의 탈피를 말한다. 회심 이후 그는 인간의 위대성에 근거하여 정립된 인문주의에 맞서서 인간의 죄악성과 하나님으로부터의 소외를 부르짖게 되었다. 인문주의는 이제 그에게 있어서 하나의 지적인 수단에

---

10) 전게서, 25쪽 이하.

11) 류형기 역편, 『기독교회사』 (서울: 한국기독교문화원, 1990), 418쪽.

12) *Calvin's Old Testament commentaries*, Psalms Vol. I (Michigan: Grand Rapid, 1963), in the Author's Preface, XL.

13) 프랑시스 웬델, 『칼빈의 신학서설』, 한국칼빈주의연구원 역(서울: 기독교문화협회, 1986), 35쪽 이하.

14) *Calvin's New Testament Commentaries*, The Epistles of Paul to the Romans and Thessalonians (Michigan: Grand Rapids, 1973), p.281.

불과하였다.15)

칼빈의 개혁사상은 1533년 10월에 행해진 자신의 부르쥬대학의 동기생이자 친구인 니콜라우스 콥(Nicholas Cop)의 파리대학 학장 취임연설에서 볼 수 있다. 그 내용은 인문주의자 에라스무스적인 것이 아니었으며 루터적인 개혁자의 신앙에 가담하는 일종의 성명서였다. 그는 신학을 기독교 철학으로 말하면서 마 5:3에 기초하여 하나님의 은총에 의한 구원은 오직 하나님을 믿는 믿음에서만 오는 것이라고 강조하였다.16) 복음에 헌신한 성도들을 박해하는 것은 이단적이라고 공개적인 비판을 가하였다.

콥의 연설은 칼빈에 의해 기초된 복음주의를 발표한 것이었으며 일대 파란을 일으켜 두 사람 모두 추방을 받아 피난을 가야 하는 대소동이 벌어졌다. 당시의 복음주의란 가톨릭의 예전중심적인 제도적 신앙에 전면적으로 대항하는 것이었다.

칼빈은 1535년 바젤에 머물면서 『기독교 강요』를 저술하게 되었다. 1536년에 라틴어로 간행된 『기독교 강요』는 프랑수아 1세에게 드리는 헌정문을 통해 프랑스 개혁의 목적과 성질 등을 변증적으로 보여주는 문서로서 율법과 신앙, 기도, 예전, 기독교의 자유에 관해 서술하였다. 칼빈은 죽기까지 이 책을 손질하였으며, 1541년에는 두세 번 개정을 한 것을 더 많은 사람들이 읽을 수 있도록 프랑스어로 출간하였다.

칼빈의 『기독교 강요』가 여러 번 증보, 보충되어 출간을 했다 하더라도 개신교를 조직적으로 핍박하던 16세기 프랑스라는 가톨릭 국가에서 『기독교 강요』의 근본 내용과 뜻이 변하지 않았다면 교리서라기보다는 변증적인 성격이 더 강했으리라는 판단이 든다.

---

15) 김재성, 『칼빈, 그의 신학사상의 근원과 발전』(서울: 크리스찬 다이제스트, 1999), 51쪽 이하. "그는 인문주의와 싸우기 위해 인문주의를 사용하였다"라는 말은 유명하다.
16) 전경연, 『칼빈의 생애와 그 신학 사상』(서울: 신교출판사, 1965), 23쪽.

3. 경건과 경건운동

경건을 의미하는 말인 라틴어 Pietas는 희랍어 Εὐσέβεια(행 3:12)나 영어 piety 그리고 독일어의 Frömmigkeit에 비해 매우 포괄적이고 폭넓게 사용되는 말이다.[17] 경건이란 어떤 일을 해내야 된다는 의무감(Dutifulness)이나 조국을 사랑하는 마음(Patriotism), 인간의 자질을 존경하는 마음(Respect for human qualities) 그리고 신들로부터 오는 연민의 정(The compassion from the gods)을 말하기도 한다. 이렇게 경건이란 단어가 폭넓게 사용되어진 이유는 "국가는 세상의 법을, 교회는 하나님의 법을 수행하는 기관"이라고 이해되고 있을 때 교회가 세상의 법을 지배한다는 논리에서 이 말이 만들어졌기 때문이다.[18] 이것을 우리는 넓은 의미에서의 경건 혹은 가톨릭적인 경건이라 부른다.

이에 반하여 좁은 의미에서의 경건, 즉 개신교의 경건은 하나님께 대한 인간의 내적인 태도와 구체적인 삶을 말한다. 경건이라는 말은 종교심리학에서 매우 중요한 말로 인간의 감정과 정서적 생활 그리고 예배와 신앙적 삶과 밀접한 연관관계가 있는 말이다.

우리가 기독교 신앙생활을 하면서 경건이란 말을 조심스러우면서도 즐겨

---

17) 참조: 한인수편, 『경건신학과 경건운동』,(도서출판 경건), 1996, 95쪽 이하. 송재식 교수는 이 책에서 "경건을 어떻게 말 할 것인가?"라는 장을 할애하며 경건의 역사적 의미를 구체적으로 요약하면서 정리해 준다. 하나님께 감사하는 삶이 경건이라고 말한다.

18)) 로마 교회의 교리에 의하면 국가는 보편 교회의 일면에 불과하다. 1870년 제1차 바티칸 공의회의 교회에 관한 제일 교리 헌법 4장에 의하면 교황이 목자요 신앙 치유자로서 신앙과 도덕에 관하여 교회를 통해 선포한 판단은 정확무오하며 개정이 불가하다고 말하고 있다. 이러한 언급들은 제1차 바티칸 공의회를 전후해서 언급되었으며 이는 교회가 국가를 지배하는 형태에서 나온 발상들이다. 참조: 황성수, 『교회와 국가』(신망애사, 1972), 284쪽 이하. 이러한 생각은 교회만이 구원을 보증할 수 있다고 주장한 카르타고의 감독(248-258) 사이프리안(Cyprian of Karthago)에게서 온 것으로 보여 진다. 그의 말 "교회밖에는 구원이 없다. 만약 교회를 어머니로 모시지 않는 자는 하나님을 아버지로 모실 수 없다"(Extra ecclesiam nulla salus. Si quis ecclesiam non habet matrem, Deum, non habet patrem)는 교회의 통일을 보전하려는 말이었다. 이 말은 결국 로마 교황권 확립의 기초가 되었다. 참조: J. L. 니이브, 『기독교교리사』, 서남동 역, 대한기독교서회, 1965, 131쪽 이하.

사용하는 것은 어떤 연유에서 일까? 이 말이 우리의 신앙생활에 꼭 필요할까? 우리의 삶에 이 말이 필요하다면 어디까지 적용해야 할까? 이러한 질문은 한 번쯤 제기해 볼 만하다.

우리가 흔히들 "진실한 철학자는 경건한 자(者)"라든가 유대종교에서 율법과 하나님을 높이는 것, 기쁨으로 하나님을 찬양하는 것이나 신약에서 하나님은 인간과 우주의 창조주이시며 구원주이시기 때문에 '하나님을 높이는 것'(Gott-ehren) 그리고 '그를 섬기는 것'(Ihm-dienen)이 경건의 생활이라고 말하곤 한다.

이러한 폭넓은 의미를 갖는 경건(Piety)이란 말이 한국교회에서는 거룩(Holiness)이란 말과 함께 보수신앙을 대표하는 것으로 사용되어 왔다. 그러기에 일반적으로 긍정적인 면보다는 부정적인 면이 더 많은 것으로 인식되어 왔다. 가령 어떠한 사람이 경건하다고 하면 '신앙심은 있으나 시대에 뒤떨어진 사람, 뭔가 세상 적으로 부족한 사람'으로 인식되기까지 하여왔다. 이러한 현상이 기독교내에 까지 깊숙이 자리를 잡게 된 것은 우리 한국사회가 가지고 있는 "가부장적이며 불교적이며 무속 신앙적인 영성"19)에 기인한다고 보여진다.

사람들은 흔히 "신앙적으로 경건하다"라고 하면 찬송, 성경을 옆에 끼고 교회에 가는 것만을 생각하곤 한다. 그리고 그다음에 전개되는 일들은 무슨 행동을 하건 아무런 책임을 느끼지 못하는 신앙적인 태도는 기독교 신앙생활의 핵심용어인 "경건"(Piety)을 매우 잘못 이해 한 것에 연유한다.

필자는 『경건과 신앙』이라는 책을 통하여 경건운동이 독일의 개신교인들에게서 왜 일어났는가를 역사적으로 바르게 인식하고 경건을 경건운동이라

---

19) 정행업, "기독교이단이란 무엇인가?"「사이비이단연구 II」, 대한예수교장로회 총회 사이비 이단 문제 상담소, 상담소 자료집 6, 1993, 39쪽. 정행업 목사는 이 글에서 한국인의 종교심성을 1. 혼합적 요소 2. 기복적 요소 3. 신비적 감정적 요소 4. 형식적 요소 5. 도피적 요소라고 말하고 있다. 이러한 것에서 비기독교적인 것이 나오며 이단이 된다는 것이다.

는 차원에서 이 운동에 참여한 사람들을 중심으로 그들의 삶과 신앙 그리고 신학을 살펴본 적이 있다. 아울러 한국교회의 신앙적인 유산에서 보여 지는 경건운동을 칼빈의 경건과 비교하면서 논리를 전개해 보는 것이 필요하다.

성경에서 경건이라는 말을 대표하는 성경구절은 많이 있다. 대표적인 것이 야고보서 1:27절인데 "하나님 아버지 앞에서 정결하고 더러움이 없는 경건은 곧 고아와 과부를 그 환난 중에 돌아보고 또 자기를 지켜 세속에 물들지 아니하는 것 이니라"이다. 경건은 자신의 신앙이 하나님 앞에서 부끄러움이 없어야 함은 물론 사회적인 약자인 고아와 과부를 돌아보는 것이라는 신앙실천적인 삶을 요구하고 있다.

이미 언급한 것처럼 경건은 경건운동[20]이라는 차원에서 이해되어야 한다. 그럼에도 불구하고 교회사적으로 볼 때 경건이란 말은 신학적으로는 개신교 정통교회로부터 비판을 받아온 말 중의 하나이다. 가장 큰 이유로는 정통주의 교회 내에서 신앙의 경건성을 추구하는 사람들에 의해 일어난 신앙개혁운동이 있었기 때문이다. 이들은 교회의 공적예배 이외에 별도로 모여서 성경의 내용들을 묵상하며 신앙 서적들을 읽고 토론하고 자작시들로 쓰인 영적인 노래들을 불렀다. 그리고 주일에는 신앙이 약한 사람들을 찾아간다든지 병자들을 심방하면서 이웃사랑을 실천하였다. 이러한 별도의 모임들을 신앙을 사변적이며 철학적으로 교리화한 정통주의자들이 인정할 수 없었던 것은 당연한 일이다.

사람들은 이들의 모임을 "교회안의 작은 교회"(Ecclesiola in ecclesia)라고 불렀다. 이러한 교회의 특성을 가진 경건운동의 선구자라고 불리는 사람은 필

---

20) 한국에서 경건신학을 경건운동으로 정의한 사람은 한인수이다. 그는 현재 경건신학연구소의 소장으로 일하고 있으며 최근에 경건에 관한 여러 권의 책을 저술하였다. 참조: 한인수편, 『경건신학과 경건운동』, 도서출판 경건, 1996. 경건신학연구소는 전주에 사무실을 가지고 있다. 경건신학연구소는 매년 정기적으로 동계와 하계 신학강좌를 개최하고 있으며 그 이외의 정기모임도 갖는다. 필자는 경건신학연구소의 총무이다.

립 야곱 슈페너(1635-1705)이다. 슈페너가 이끌던 영성계발을 위한 사적인 모임인 "경건의 모임"(Collegia pietatis)이 1670년 평신도들의 제안에 의해 만들어졌을 때 이 모임에 참여하는 사람들은 전 주일의 설교에 대한 이해를 돕기 위해 질의나 응답을 주고받거나 성경을 읽으며 성경 내용에 대한 토론을 하였고 주일날은 신앙이 약한 사람들을 권면하고 환자들을 심방하는 등 경건운동을 신앙공동체로 형성하여 나갔다.

이때 나온 것이 슈페너의『경건한 요망』(Pia desideria)이라는 소책자이다. 그는 이것을 1675년 요한 아른트(Johann Arndt) 복음서 강해(설교집, 1615/16) 신판의 서문으로 헌정하였다.[21] 이것의 부제목을 "하나님이 기뻐하시는 개혁을 위한 참된 복음주의 교회의 경건한 소원"이라 했는데 여기에서 그는 교회와 사회에 대한 진단과 비판, 나아가서는 처방과 개혁의 방법을 구체적으로 제시하였다. 서론부분에서 그는 당시의 사회와 교회를 심각하게 진단하고 비판하면서 구체적인 교회와 사회 그리고 신학의 개혁안을 내어 놓는다: "우리들이 탄식하는 바의 비참한 형편들은 세상이 다 아는 바이다. 눈물 흘리는 것을 금할 사람은 아무도 없다. 고통과 질병을 보게 될 때 치료의 방법을 강구하는 것은 당연하다. 그리스도의 보배로운 영적 몸이 지금 고통과 질병으로 괴로움을 당하고 있다. 우리들은 모두 몸의 지체들이므로 몸 안에 있는 괴로움을 우리와 상관없는 것으로 볼 수 없다. 치료에 필요한 약을 구하여 처방하는 것이 우리들의 의무이다."[22] 그는 당시의 교회가 세 가지 면에서 병들었다고 한다.

그 첫째가 교회의 지도자들이다. 주교와 감독, 수도원장, 기독교의 기관들을 운영하는 사람들이다. 둘째는 설교자들이다. 목회를 담당하고 있는 설교자들의 영적능력을 상실했다는 말이다. 셋째는 평신도들이 중병에 걸렸다고 한

---

21) 마르틴 슈미트,『경건주의』, 구영철 역, 성광문화사, 1992, 12쪽.
22) 배경식,『경건과 신앙』(서울: 장로교출판사, 2002), 153쪽.

다. 이들에게 진실한 살아있는 신앙이 결여되었기 때문이다.

슈페너는 기독교적인 모임이나 행사가 신앙을 주제로 하는 대화나 경건한 공동체를 유지하기보다는 먹고 마시고 즐기면서 분수에 넘치는 교제하는 것을 보면서 마음 아파하며 교회를 진단하는 예언자적인 의사가 되어 중병에 걸린 교회를 치유하는 여섯 가지 개혁안을 내어 놓게 된 것이다.

1) 더 많은 성경공부와 신앙에 대한 공동대화 그리고 기도의 생활이다. 기독교인들이 성경의 본문을 읽고 다른 사람의 해석방법에 의한 설교를 듣는 것으로 영적인 신앙생활이 충분하지 않다는 것이다. 기독교인들은 성경을 더 분명하게 읽고 깊이 연구해야 한다는 것이다.

2) 신앙인들의 일반 제사장직을 강화시키는 것이다. 평신도들이 영적 제사장직을 실현함으로써 교인들 상호간에 피차 신앙의 감독과 권면을 하는 신앙의 유대를 갖도록 하는 것이다.

3) 실천적 삶의 강조이다. 기독교인들은 단순히 교리적인 내용 속에 갇혀 있을 수 없으며 신앙생활의 전적인 체험이 삶 전체에서 우러나와야 한다.

4) 불신자들과 이단자들에 대한 종교적 논쟁을 줄이는 것이다. 그들에 대한 교리적인 정죄는 복음적이 아니기 때문에 그들에게 확고한 진리를 제시할 뿐 아니라 풍부한 말씀과 성례전의 집행에 근거한 사랑의 실천과 권면에 더 큰 관심을 가질 것을 촉구하고 있다.

5) 신학연구를 위한 개혁이다. 목회자의 훈련은 논리적인 정통신학을 넘어서서 '경건한 실천'(Praxis pietatis)에 중점을 두어야 한다.

6) 설교는 내적인 인간을 교화시키며 그것에 중점을 두어야 한다. 설교의 내용은 실제생활과 거리가 먼 교리나 강론 그리고 지식인들을 위한 논리 전개에서 벗어나 신자들을 교육시키고 교화, 양육하는 것이 되어야 한다.[23]

---

[23] 필립 야곱 슈페너에 대한 연구의 대가는 요한네스 발만이다. 참조. Johannes Wallmann, Philipp Jakob Spener und die Anfänge des Pietismus, J. C. B. Mohr Tübingen, 1986. 발만이 쓴 경건운

우리가 여기에서 묻고 싶은 것은 이러한 슈페너의 비판적이며 예언적인 사상이 누구의 영향 하에서 왔는가라는 물음이다. 필자가 연구한 바로는 슈페너가 1662년 학문 연구여행을 갔을 때 튀빙엔 대학에서 읽었던 테오필리 그로스게바우어(Theophili Großgebauer)의 『황폐된 시온에서의 파수군의 소리』[24]라고 볼 수 있다.

이 책은 성경을 체계적으로 재편집한 책이라는 느낌을 받는다. 그러면서도 그 책을 읽는 독자로 하여금 강력한 회개를 촉구한다. "육체적인 지혜는 하나님과 원수가 되느니라"(롬 8:7)라는 전제 하에 그는 성경을 신구약성경에서 자유롭게 인용하면서 신앙고백적인 글을 써 나간다. 그는 이 책의 부제목을 "이것은 신실하고 꼭 필요한 발견이다. 개신교회가 회개를 거의 외치지 않는 것과 하나님 없음을 두려워하며 왜 개신교 교회들이 오늘날 하나님의 영의 말씀을 설교함에 있어서 비 영적이며 하나님 없는 것처럼 되어 갈까?"라고 칭하였다.

4. 경건과 경건한 삶

기독교 신앙생활에서 경건이라는 말은 기독교를 대표할 만한 가치를 지니는 매우 중요한 말 중의 하나이다. 다윗은 "여호와께서 자기를 위하여 경건한 자

동에 관한 개론적인 책은 Der Pietismus 이다. 그 이외에 M.. Schmidt의 책이 『경건주의』라고 번역되었으며 다른 책들이 두 세권 더 있다.

24) Theophli Großgebauer, Drey Geistliche Schrifften, Wächter-Stimme aus dem verwüsteten Zion, wider die Pest der heutigen Atheisten in Alte Religion, Franckfurt ind Leibzig, MDCCX(1710). 이 책은 필자가 한 번 읽어 보려고 그간 독일의 여러 곳에서 시도해 보았으나 책을 빌려 볼 수 없었는데 최근에 사회사업을 통한 경건운동의 본산이라 할 수 있는 할레(Halle)의 프랑케(Francke) 기념도서관에서 접하게 되었다. 한국의 작은 신구약 성경 합본만한 귀한 책으로 대여해 주지 않는 비대출서이었다. 서문부터 이 책은 성경을 꿰뚫는 그리고 말씀에 입각하여 독자들로 하여금 회개를 촉구하며 신앙을 북돋우는 책이었다.

를 택하신 줄을 너희는 알 지어다"(시 4:3)라고까지 표현하고 있다. 하나님을 위하여 자신과 교제하기 위해 경건한 자들을 선택하신다는 말이다. 하나님께서는 이들을 통해 자신의 뜻을 사람들에게 전달하시고 일을 하시고 계시는 분이시다. 그들 가운데에는 믿음의 조상 아브라함으로부터 시작하여 이삭 ,야곱, 그리고 하나님의 충성스러운 종 모세, 여호수아, 기드온, 다윗, 엘리야, 엘리사 등등 수없이 많다.

신약성경에서 경건한 사람이라면 시므온과 안나(눅 2:25-38)를 들 수 있다. 이들은 예루살렘 성전에 기거하면서 이스라엘의 위로와 구원을 기다렸다. 이들이 경건한 사람들이었기 때문에 성령의 인도함을 받아 아기 예수를 만날 수 있었으며 성전에 거하면서 주야에 금식하고 기도함으로 섬길 수 있었다. 하나님의 택정함과 인정을 받으며 성령의 인도함을 받아 성도들의 구원과 위로를 기다릴 수 있는 사람이 바로 경건한 사람들임을 보여주는 구체적인 예이기도 하다.

칼빈은 경건성을 율법의 서판에 기록된, 하나님과 인간, 이 두 부분 가운데 전자에 연결을 시키면서 경건은 그리스도 안에서 약속되어진 회복에 근거한 신앙으로 이해하였다: "경건성과 의로움은 율법의 두 서판들과 연관이 있다: 삶의 성실함도 이러한 두 부분으로 이루어진다. 그가 경건하다는 증거는 이스라엘의 위로를 기다리는 것인데 하나님은 이러한 구원의 확신이 없이는 역사하지 않으신다. 그 구원은 그의 약속과 특히 그리스도 안에서 약속되어진 회복 안에 있는 신앙에 의존하기 때문이다."[25]

시므온의 경건은 그의 영혼이 약속된 구원을 기대하는 가운데 더 강해졌다. 마찬가지로 자신이 하나님의 아들임을 원하는 사람들은 약속된 구원을 위

---

25) Calvin's commentaries, D. W. Torrance, T. F. Torrance(ed.), A Harmony of the Gospels Matthew, Mark and Luke, Vol. I (Michigan: WM. B. Eerdmans Publishing Company Grand Rapids, 1972), p. 91.

한 끝없는 탄식을 해야 하며, 견딤은 그리스도의 오심의 마지막까지 요구된다.

가이사랴의 군대의 백부장 고넬료 역시 "경건하여 온 집으로 더불어 하나님을 경외하며 백성을 구제하고 항상 기도하더니"(행 10:1-2)라고 했다. 칼빈은 "하나님을 경외하며 기도하는 것은 경건성과 하나님께 예배하는 것의 열매와 증거들이다"[26]라고 하였다. 이 말은 고넬료는 경건한 사람이었기 때문에 하나님을 경외하고 백성을 구제하고 기도에 항상 힘썼다는 말이다.

칼빈은 고넬료의 경건성의 원천을 하나님의 법도와 계명을 성실하게 지키며 하나님께 기도하는 것에 두었다. 고넬료는 율법을 온전히 지킨 사람이다. 율법의 첫 번째 부분은 고넬료의 경건에서 충족되었으며 그리고 두 번째 부분은 다른 사람들을 향한 자비로운 행위에서 이루어졌다는 것이다.

성경은 경건한 사람들의 이야기로 가득 차 있다. 그렇다면 경건을 어떻게 표현할 수 있을까? 오늘을 살고 있는 우리 기독교인들에게 있어서 기독교와 경건한 신앙생활을 표현할 수 있는 길은 구체적인 삶을 통해서이다. 이러한 말은 종교개혁자들이나 경건운동가들에 의해 실제적으로 보여 진다. 경건이란 좁은 의미에서의 영성이다. 영성은 여러 사람들의 연구에 의하면 헌신(Devotion)이라는 말로 요약할 수 있다. 헌신이란 자신을 드릴 수 있는 대상에게 온전히 드리는 것, 내적인 사랑을 갖는 것, 신실한 마음으로 가까이 가는 것 등으로 표현된다.

하나님의 은혜를 깨달음으로써 생기는 하나님에 대한 사랑에 존경이 결합된 것이 칼빈이 이해한 경건이라면 인간은 모든 것이 하나님의 은혜이며 그들 자신이 하나님의 부성적인 돌보심에 의해 양육되고 하나님이 모든 축복의 창조주이시며 그분을 떠나서는 아무것도 할 수 없다는 것을 깨닫게 된다. 하나님 안에 완전한 행복을 두지 않는 한 인간은 결코 진실하고 경건하게 자신을

---

26) Calvin's commentaries, W. J. G. Mc Donald(trans.), The Acts of the Apostles Vol. I, Ebd. p. 248

하나님께 헌신하지 않는다는 것이다.[27]

한국에 그리스도의 복음이 전해지면서 한국문화와 기독교의 접촉에서 일어난 반응을 적응형, 충돌형, 몰입형의 세 가지로 분류해 보는 것도 의미 있을 것으로 본다. "기독교와 함께 들어온 물질문화는 '적응'하였고, 행동 문화는 '충돌'하였으며, 정신문화 특히 기독교의 가치관은 도리어 한국문화에 '몰입'되어 갔다는 것이다."

우리가 이런 전제를 가지고 다룰 독일에서의 경건운동은 교회적으로 볼 때 제2의 종교개혁운동이자 개개인의 신앙 각성운동이다. 이 운동은 개인의 삶 속에 구체적으로 남아 주님의 몸 된 교회를 나눔과 섬김의 공동체가 되게 했으며 교육과 의료 그리고 선교를 통한 신앙과 교회 그리고 사회적인 개혁을 가져오게 하였다.

경건이라고 하면 먼저 독일을 생각하게 되는 것은 독일의 경건주의는 경건의 운동으로서 경건의 특색이라고 할 수 있는 예배시간 이외의 가정 모임들, 문서 활동, 복음적 찬양, 신앙과 교육선교의 실천 등을 이 운동에서 찾아볼 수 있기 때문이다. 이런 면에서 한국의 경건운동은 독일 경건주의에서 보여 지는 경건운동과 접목시켜 이론과 실천적인 접목을 시켜 볼 가치와 필요가 있다.

5. 칼빈의 경건운동

1) 정치 제도적 경건

제네바의 정치적 상황은 1530년 이후 사보아제후의 권력이 약화되면서부터 시민의 권리가 증진되었으며 시의 모든 정치는 평의회라는 소회의와 2백인

---

27) 존 칼빈, 『기독교 강요』, I,2,1, 46쪽.

회의 그리고 최종적으로는 시민총회를 통해 이루어졌다. 1532년 교황 클레멘스 7세가 제네바에서 면죄부를 판매하면서부터 민심이 크게 들끓게 되었고 개혁의 물결이 넘치게 되었다. 이러한 와중에 한동안 완강한 가톨릭 세력의 저항에 의해 개혁당의 지도자 파렐은 어려움을 당하기도 했으나 1535년 8월 베른(Bern) 지역의 정치적인 협조와 프로망(Proment)과 뷔레(Viret)의 도움으로 개혁사업이 성공하여 그때부터 제네바시는 미사를 금하는 개신교 도시가 되었다.

칼빈은 파렐을 돕는 위치에서 성경을 가르치는 일을 우선적으로 시작하였다. 성경에 근거한 도시 건설을 시도하였다. 시정부는 종교개혁을 허락하였으나 시민들은 여전히 타성에 젖어 옛 종교적 관습과 생활방식을 포기하려 하지 않았다. 이러한 제네바의 혼란상황에 직면하여 개혁의 과제를 설정한 것은 1536년 11월 의회에 제출한 제네바 교회조직에 관한 조항과 신앙지침서 그리고 신앙고백을 통해 알 수 있다. 종교개혁을 위한 제안들로 는 성만찬의 매월 거행, 출교의 강화 및 감독관 임명, 신앙고백 의무, 시편 찬양, 신앙교리 교육, 혼인업무 이관 등 이었는데[28] 가톨릭 신앙에 깊이 뿌리를 내린 시민들은 이를 견디지 못하고 1538년 4월 리브(Rive)교회에서 부활절을 맞아 저녁 설교를 마친 이후 2백인 회의와 시민총회에서 파렐과 칼빈 두 사람을 시외로 추방시켜버렸다.[29] 칼빈은 그 후 3년간 슈트라스부르크에 머물면서 성경의 주석을 저술하고 『기독교 강요』를 증보하였다. 칼빈과 파렐이 추방을 당한 이후 제

---

28) 황정욱, 『칼빈의 초기사상연구 II, 칼빈의 두서신과 니코데미즘』 (서울: 한신대학교출판부, 2002), 113쪽 이하

29) 175) 칼빈이 설교를 시작하자 사람들이 앞으로 몰려나와 설교자를 향하여 위협적으로 칼을 뽑아들고 흔들어댔다. 이들은 지난 몇 일 동안 칼빈의 집에 몰려와 총을 쏘면서 "론 강에 던져라" 라고 외치던 폭도들이었다. 칼빈의 친구들이 칼빈을 보호하기위해 앞으로 달려 나갔다. 칼빈은 태연히 설교단에 서있었다. 사람이 가장 안전할 수 있는 것은 언제나 하나님의 뜻을 행하는 순간이라는 것을 알고 있었다. 참조: 엘지 엠 존슨, 『칼빈 이야기』, 박일만 역(서울: 성광문화사, 2001), 88쪽 이하.

네바는 종교적으로 혼란을 거듭하다가 1540년 9월 다시 이들을 초청하였다. 이때부터 본격적인 제네바의 개혁운동이 시작된 것이다.

칼빈의 종교개혁운동은 경건운동이다. 그래서 그는 종교개혁의 기본서 이자 지침서라고 할 수 있는 『기독교 강요』에 분명히 자신의 경건을 추구하는 입장을 표명하고 있다. 그렇다면 앞에서 거론한 바대로 왜 단호한 정치 물리적인 힘으로 제네바에서 종교개혁이자 경건운동을 해 나갔는가라는 문제이다. 이에는 법과 제도적인 근거가 있다.

칼빈의 정치사상은 개신교가 일찍 뿌리를 내린 스코틀랜드나 네덜란드 그리고 유럽의 근대국가들의 민주주의 발전에 큰 기여를 했다는 것이 잘 알려진 견해이다. 그의 정치사상은 『기독교 강요』 제 3권 19장 '그리스도인의 자유'와 제 4권 20장 '국가 통치'에 자세히 다루어져 있으며 이를 중심으로 그의 정치사상을 살펴보려 한다.

칼빈에 의하면 인간에게는 이중적 통치인 두개의 정부가 있다(duplex in homine regimen). 영적인 정부와 시민정부이다. 영적인 통치와 국가의 통치라고도 번역이 된다. 전자는 "경건함과 하나님을 경외하는 가운데에서 양심이 훈련을 받는 곳이며, 후자는 정치적인 것으로서 사람들 사이에 유지되는 인간성과 시민 됨의 의무를 위해 교육을 받는 곳이다."[30] 이 두 가지의 측면을 영적 및 세속적인 통치권이라 부른다.

영적인 통치와 국가의 통치는 서로 대립하는 것이 아니며 상호 보완적인 것이다. 전자는 이 땅에 있는 우리 속에서 하늘나라를 시작하였고 영원토록 썩지 않을 미래의 복락을 예고하고 있으며, 후자는 우리가 세상에 사는 동안 하나님께 드리는 예배를 존중하고 보호하며 경건의 도리와 교회의 지위를 변호하고 사회에 적용시키며 전체의 평화와 안정을 도모하는 것이다.[31]

---

30) 참조: 존 칼빈, 편집부 역, 『영한 기독교 강요 제3권』,(서울: 성문출판사, 1993), 628쪽 이하.
31) 존 칼빈, 『기독교 강요 제4권』, 원광연 역(서울: 크리스챤 다이제스트, 2003), 585쪽.

칼빈이 양심(conscience)을 영적 정부에서 인간의 표준으로 삼은 것은 양심을 하나님과 사람 사이의 중간적인 것으로 이해한 것이며 바울이나 베드로도 양심을 그렇게 이해했다고 주장한다(양심의 증거, 롬 2:15-16, 선한 양심, 벧전 3:21). 그는 딤전 1:5의 '청결한 마음, 선한 양심, 그리고 거짓이 없는 믿음'을 예로 들면서 양심이란 지성(intellect)과는 전혀 다르다고 한다. 칼빈에 있어서 양심은 하나님을 섬기고자 하는 살아있는 성향이며 경건함과 거룩함으로 살기를 바라는 순전한 열심이기에 양심의 자유를 말한다.

우상의 제물을 취하지 않는 것에 대해서도 하나님의 명령이 있기 때문이기도 하지만 양심의 자유가 있기에 그 법을 준수해야 한다는 것이다. 마음을 청결케 하는 것, 정욕을 제하는 것, 그리고 모든 음란과 더러운 말까지도 다른 사람들에게 모범을 세우는 것은 물론 양심의 법을 준수해야 한다.[32] 의미상으로 볼 때 영적인 통치는 영적인 생활에 관한 것이요, 세속적 통치는 현실생활에 관한 것인데 먹고 입는 것 뿐 아니라 거룩하고 고결하고 절제 있는 사회생활을 하는 데 필요한 법률을 제정하는 것에 관한 통치를 인간의 양심이 대변한다는 것이다.

두 세계에는 각기 다른 왕과 법률이 권위를 행사한다. 그러나 이 둘이 철저히 구별되어 분리되는 것이 아니다. 기독교인들이 하나님 앞에서 양심의 자유를 얻었다고 해서 외적인 통치인 인간사회의 법에 복종할 필요가 없다는 것이 아니며 영적으로 자유스럽다고 해서 모든 육적 예속으로부터 해방된 것은 아니라는 것이다.

두 개의 정부 이론은 사상적으로 세네카에까지 거슬러 올라간다. 하나의 공화국은 법과 정치적인 시민국가이고 다른 하나는 이성적 존재들로 구성된 사회로서 도덕적, 종교적 사회라고 보았다. 칼빈은 이 두개의 정부가 궁극적으로는 왕의 왕인 하나님께 속한다고 보았다. 이런 면에서 두개의 정부가 구

---

32) 존 칼빈, 『기독교 강요 제3권』, 414쪽 이하.

분되지만 분리되지는 않는다고 보았다.[33]

칼빈이 배격하는 시민정부 형태에 관한 두 가지의 다른 입장은 재세례파와 마키아벨리적 입장이다. 전자는 신앙과 양심의 자유를 절대시하며 자신들의 양심을 속박하는 어떠한 법적인 제도나 규정도 인정하지 않음으로써 하나님이 정하신 제도를 전복하려 하는 이상적인 세계관을 갖던 그룹이었으며 후자는 제후들에게 아첨하며 절대 권력을 만들어 감으로써 하나님의 통치와 대립시키려는 것을 말한다.[34] 칼빈은 이 두 가지를 모두 국가 사회와 공동체를 저해하는 해악으로 보았다. 그에게 있어서 영적 통치와 국가 통치는 모두 하나님께 속하며 서로 다른 사명이 있음을 말한다.

영적 통치는 지상에 있는 우리 안에 하나님의 나라를 이미 시작하게 하며, 죽을 수밖에 없고 허무한 이 생명 속에서 영원히 썩지 않을 축복을 예지하도록 한다. 국가 통치의 우선적인 직무는 정의의 실현이다(롬 13:1-4). 정부의 공무원들은 하나님의 대리자요, 그의 뜻을 행하는 사람들이므로 그들의 양심이 하나님의 말씀의 원리로 인도되어야 한다.[35] 국가통치의 목적은 하나님께 향한 외적인 예배를 보호하며 교회의 경건한 교리와 지위를 보호하며 우리의 생활을 사회에 적응시키며 우리의 행위를 사회정의와 일치하도록 하며 우리가 서로 화해하여 전체적인 평화와 평온을 증진시키는 것이다.[36] 칼빈에게 남는 하나의 물음은 칼빈이 제네바에서 신정정치(theocracy)를 했느냐 라는 것이다. 이 말이 성직자통치(hierocracy)나 성경적 통치(Bibliocracy)와 같은 의미로 사용되었다면 칼빈의 신정정치는 불가능했다. 그 이유로는 칼빈이 제네바에서

---

33) 이양호, 칼빈, 『생애와 사상』 (서울: 한국신학연구소, 1997), 241쪽.

34) 참조: 상게서. 칼빈의 『기독교 강요』 제4권 20장을 보라.

35) H. 헨레미터『, 칼빈주의 기본사상』, 박윤선, 김진홍 역(서울: 개혁주의신행협회, 2000), 125쪽 이하.

36) 참조: 존 칼빈, 편집부 역, 『영한 기독교 강요』, 제 4권 제 20장 국가 통치(서울: 성문출판사, 1993), 961쪽.

관리와 성직자를 구분했으며 그가 말한 것은 각 민족에게 그 민족에게 유익되는 법률을 만들 자유를 인정하고 있기 때문이다. 1535년 독일 뮌스터를 장악하고 구약의 제도를 모방한 신정사회를 건설하려던 재세례파의 참사를 경험한 칼빈은 구약의 사법적 규정을 그대로 적용하려던 시도를 받아들일 수 없었다.

칼빈의 통치는 그리스도 통치(Christocracy)이다. 육체 안에 있는 그리스도가 구원을 위해 십자가에 못 박힌다면 육체 밖에 있는 그리스도는 온 세계를 다스리고 있다는 것이다. 그리스도를 통한 하나님의 구속활동과 창조활동을 말한다. 칼빈의 정치적 이상은 성직자가 직접 정치를 하는 것은 아니었다. 설교와 교육을 통해 훌륭한 정치가를 길러내어 그들을 통해 하나님의 뜻에 따른 훌륭한 사회를 건설하려는 것이었다. 그리고 이 사회는 성경의 사법적 규정을 맹목적으로 따르는 것이 아니라 일반은총에 속하는 지성과 양심에 의한 사회였다.

칼빈이 제네바 개혁운동을 통해 이루고 싶었던 것은 정교일치의 도시건설이었다. 교회의 정치화(Politisierung der Kirche) 내지는 정치의 기독교화(Christianisierung der Politik)라고 할 수 있다. 이 일을 이루기 위해 제일 먼저 한 것은 소의회를 통해 교회법(Ordonnances)을 기초하여 2백인 회의의 의결을 거쳐 법률로 정하는 것이었다. 이 법률에 의한 교회정치는 거의 사도시대의 것과 같았다. 감독이 없었으며 국가의 간섭을 받지 않는 순수한 교회조직 그 자체이었다. 교회의 직원은 목사, 교사, 장로, 집사의 4종류로서 설교를 맡은 목사가 교회에서 가장 중요한 지위를 차지한다. 목사는 목사회의에서 선정하고 시의회의 의결을 거쳐 교회의 동의를 얻어 확정하였다. 장로는 정치를 맡고 집사는 회계와 자선사업을 관장하였다. 이것이 오늘날 장로교회의 정치 규범이 되고 있는 제도이다.

제네바에서는 시민 전부가 교회 회원이 되며 신앙고백에 동의할 것을 서약하도록 하였다. 어린아이를 위해서는 간단한 신앙문답서를 외우고 배우게 하였으며 이를 통해 제네바시는 그 자체가 교회가 되도록 하였다. 시의 풍습과 도덕을 개신교 신앙적으로 유지하기 위해 평의회를 조직하였는데 이 회의는 목사 5인과 장로 12인으로 구성하였다. 이 회의는 매주 1회 회집하여 교회의 규율과 시민의 도덕을 관리하였다. 칼빈은 이 평의회의 일원이었으나 설교자와 성경해석자로서 특별한 권위를 가져 결정적인 영향을 미치기도 하였다.

당시 제네바의 풍습은 극도로 피폐한 상황에 이르렀다. 평의회는 규율을 정하고 시행하는 데 매우 준엄하여 조금도 용서가 없었다. 음주, 무도, 사치, 외설, 비속한 노래 등이 모두 금기사항이었다. 평의회는 이러한 범죄 행위를 행하는 자들을 교회로부터 추방하고 일반 법정에서 그 밖의 형벌을 관장하였으나 실제로는 평의회의 정하는 바를 그대로 준수하였다.

칼빈에 대해 말할 때 사람들은 흔히 설교가, 주석가, 신학자, 문필가, 법률가 정도로 말하고 있으나 그의 개혁의 전 과정을 보면 교회와 사회의 정치가로서 제네바시를 23년 동안 전적으로 뒤바꾸어 놓은 것을 보게 된다.

칼빈은 제네바의 개혁을 위해 1537년 1월 제네바 시의 소의회와 2백인 회의를 통해 교회의 정치기구를 채택한 후 신앙요리문답서를 발표하였다. 여기에 모든 시민들이 참여하여 배우기로 서약하고 아이들까지 의무적으로 참여하게 하였다는 것은 매우 놀라운 일이다. 물론 거기에는 반대파들이 있어서 심지어 칼빈을 아리우스파로 정죄하기도 하였다.

시정부와의 충돌은 교직자들이 성경만 전하지 왜 정치에 관여하는가라는 비판이었다. 이에 대한 표현으로 과격파들은 습격을 한다든지 투석과 협박까지 하였다. 이러한 일로 인해 결국 시의회는 가결에 의해 칼빈과 파렐을 제네바로부터 추방시켜버렸다.

개혁을 시도하다가 슈트라스부르크로 온 칼빈은 부처(M. Bucer)의 도움을 받으며 프랑스 이민교회를 섬기면서 저술과 신학연구에 전념하였다 1539년 『기독교 강요』 제2판을 내고 『로마서 주석』도 출판하였다. 제네바는 날로 부패하여 갔으며 반대파 세력의 약화로 인해 칼빈이 다시 초청되었다. 칼빈은 이러한 재초청에 응하지 않으려 했으나 파렐의 강력한 권고에 의해 1541년 9월 제네바에 들어가 1564년 그가 세상을 떠날 때까지 23년간 개혁운동가로서 일생을 마쳤다.

1541년부터 시작된 그의 개혁운동은 처음 13년간은 고전의 시기이었다. 나중 9년은 승리의 시기를 맞게 되었는데 3세기까지의 교부들의 글을 사랑하고 그것에 근거한 단순하면서도 엄격한 정치의 실현을 위해 노력하였다.

제네바에서는 시민 전부가 교인이 되어 신앙고백에 동의하게 하였으며 어린아이들은 문답서를 배우게 하였다. 이와 같이 시 전체가 교회가 된 것이다. 도시의 교회화라고 할 수 있다. 그는 목사 5인과 장로 12인으로 구성한 평의회를 조직하여 교회의 규율과 시민의 도덕을 관리하였다. 평의회는 규율을 정하여 제네바 시민으로 하여금 음주와 무도, 사치, 외설, 저속한 노래 등을 금하였다. 칼빈은 이 회의에서 성경해석자로 절대적인 권위를 갖게 되었다.[37]

2) 교회 제도적 경건

칼빈의 신학과 신앙운동에서 특이한 것은 기독교적 삶이 이웃의 유익을 구하는 청지기직을 강조한 것이다. 그가 저술한 『기독교 강요』의 내용은 서론 부분이 프랑스 왕에게 드리는 헌정의 말씀으로서 기독교 변증서 라는 점과 그가 다룬 내용들은 거의 모두 기독교인으로서 어떻게 청지기직을 행할 것인가를 사도신경에 비추어 하나님과 예수 그리스도, 성령과 그리고 교회를 각 권에서 서술했기 때문이다.

칼빈의 신앙운동은 종교개혁 이후 국가와 종교의 영역이 구분됨으로서 교회의 역할이 더욱 두드러지게 되어 병약자, 빈민 구제 등의 사회복지 사업이

---

37) 김의환 감수, 『교회사』(서울: 세종문화사, 1976), 291쪽 이하.

주된 것이었다.[38]칼빈은 그리스도인의 삶 자체를 '자기 자신을 부인함'으로 규정하면서 이웃사랑의 실천은 행위로만 되는 것이 아니라 순전한 사랑의 마음에서 행해져야 함을 강조하고 있다. 자기에게 도움을 요청하는 바로 그 사람의 입장에 서서 그 사람의 불행을 자기가 당하는 것처럼 안타깝게 여길 때에 마치 자기에게 하듯 그 사람을 도울 수 있다는 것이다.[39]

그의 신앙적인 가치관은 자기의 유익보다 이웃의 유익을 열심히 추구는 데 있다. 이 일은 오직 사랑으로만 가능하며 성경적으로 말하면 하나님 나라의 가치관을 말한다. 하나님의 나라의 가치관은 사랑의 실천과 정의의 구현이라고 할 수 있다. 대표적인 것이 산상수훈적인 삶이다. 그곳에 나오는 하나님 나라의 가치관을 가지고 사는 것을 말한다. "남에게 대접을 받고자 하는 대로 남을 먼저 대접하는"(마 7:12) 윤리관이라 할 수 있다. "오른편 뺨을 치거든 왼편도 돌려대며 속옷을 가지고자 하는 자에게 겉옷까지도 가지게 하며 억지로 오리를 가게 하거든 그 사람과 십리를 동행 하며 구하는 자에게 주며 꾸고자 하는 자에게 거절하지 않는 삶"(마 5:39-42)을 말한다. 이러한 삶이 가능한 것은 예수의 "무엇 무엇을 하였다는 것을 너희가 들었으나 나는 너희에게 말하노니…"(Ηκούσατε ὅτι ἐρρέθη, ἐγω δὲ λέγω ὑμίν)를 든다.

가톨릭과 프로테스탄트의 차이는 시각적인 것과 청각적인 것, 통일적인 것과 다원적인 것, 구심적인 것과 원심적인 것, 미사주의와 설교주의, 사제주의와 예언자의 종교 등으로서 역사적 변천에 따라 기독교의 이중구조를 갖게 하였다[40]라는 예수의 말씀에 결단을 보일 때이다. 신앙 안에서 보여 지는 새로운 삶의 윤리라고 할 수 있다.

칼빈은 '디도서 2장의 교훈'을 통해 우리의 삶에 속한 모든 행동들을 '신중

---

38) 주성수, 『NGO와 시민사회, -이론, 모델, 정책-』 (서울: 한양대학교출판부, 2004), 60쪽 이하.
39) 존 칼빈, 『기독교 강요』, 원광연 역 (서울: 크리스챤 다이제스트, 2003), 212쪽 이하.
40) 김성식, 『루터』 (서울: 삼오문화사, 1986), 40쪽.

함과 '의로움' 그리고 '경건함'으로 구분하였다. 신중함은 순결함과 절제 그리고 세상의 제물을 검소하게 사용하며 인내로 궁핍함을 끝까지 견디는 것까지 포함한다. 의로움은 각 사람을 합당한대로 대하는 공평의 의무를 다 포괄하며 경건함은 세상의 부패 상태에서 우리를 구별시키며 또한 참된 거룩에서 우리를 하나님과 연결시켜 주는 것을 말한다.[41]

중세 가톨릭은 자신들의 교리를 뒷받침하기 위해 하나님의 말씀을 교회의 전승(Tradition)에다 가두어 버린 것이라면 종교개혁은 하나님의 말씀인 성경으로 교회의 전승을 재해석하고 그 속에서 새롭고 놀라운 진리와 삶의 의미를 찾는 것이다.[42] 이는 "진리가 너희를 자유케 하리라"(요 8:32)는 말씀의 발견이기도 하다.

교회 안에서는 오직 주께서 최고의 권위와 자리를 차지하셔야 하고 그분이 다스리시고 통치하셔야 한다. 그리고 그 권위는 오직 그 말씀으로 시행되고 운영된다. 주께서 우리 가운데 눈에 보이는 상태로 임재하시지 않기 때문에(마 26:11) 자신의 사역의 대리자인 직임자를 교회에 세우셔서 운영하신다.

칼빈은 1541년 11월에 '교회에 관한 칙령'(Ecclesiastical Ordinances)을 목회적 기능의 견지에서 작성하여 법으로 통과하였다. 교회는 목사와 교사, 장로와 집사의 4가지 직분을 가진다. 교회의 임무는 복음을 전파하고 성례를 집행하며 성도들에게 믿음을 가르치고 순종하도록 훈련시키며 고통당하는 자를 보살피는 것이다.[43]

하나님께서 어떤 다른 도움이나 도구, 예를 들면 천사들을 이용하시지 않고 사람을 도구로 사용하시는 것은 사람들을 통해 사람들에게 응답하시기를 원하시며 그것이 겸손을 실천하고 훈련하는 가장 유용한 방법이 되기 때문이

---

41) 존 칼빈, 상게서, 206쪽 이하. 칼빈은 디도서 2장 11-14를 주석하면서 성도의 삶의 각 부분에 대해서 간결하면서도 분명하게 가르침을 주고 있다.

42) 정성구, 『칼빈주의 사상과 삶』(서울: 기독교문서선교회, 1992), 31쪽.

43) T.H.L.파커, 『존 칼빈의 생애와 업적』, 김지찬 역(서울: 생명의 말씀사, 1986), 172쪽 이하.

다. 연약한 사람이 하나님의 이름으로 말할 때에 그 사람이 우리보다 나은 것이 아무것도 없는 데도 불구하고 우리가 그의 가르침을 받는다면, 여기에서 하나님을 향한 우리의 경건과 순종이 가장 적나라하게 드러난다는 것이다. 이것은 마치 하늘의 지혜의 보화를 연약한 질그릇 속에 감추어 두신 것과 같다 (고후 4:7).

더 나아가서 한 사람이 가르치고 다른 사람이 가르침을 받는 이러한 사랑의 끈으로 사랑을 증진시킨다면 연합을 유지할 수 있는 가장 강력한 수단이며 이것을 끈으로 삼아 구원과 영생의 교리를 사람들에게 위탁하셔서 교회 안에서 가르치도록 했다고 한다.[44]

칼빈은 엡 4:11과 롬 12:7-8을 근거로 하여 교회 안에 여러 가지의 직분이 있음을 말한다. 사도, 선지자, 복음 전하는 자, 목사 그리고 교사이다. 이 가운데 끝의 둘만이 교회 내의 정상적인 직분이고 처음 셋은 필요에 따라 부활시키신 특별직 이다. 신약성경은 장로와 집사를 언급한다. 결국 목사와 교사, 장로와 집사의 4직제가 되는 데 제네바에서 칼빈은 교사인 박사의 직을 두지 않았다. 자신이 성경교사로 시작하였는데 목사가 박사의 기능을 포함했다고 보인다.

여기에서 우리가 주의 깊게 볼 것은 로마가톨릭교회는 교황을 정점으로 하여 주교와 집사, 부집사를 두어 상하 질서를 두었는데 칼빈의 교회는 그리스도의 몸에 속한 지체로서 상호 대등한 입장에서 주님을 봉사하는 기능적 관계로 이해 한 점이다. 이는 초대교회의 은사 중심적 교회의 건립이라고 볼 수 있다.

---

44) 참조: 존 칼빈, 『기독교 강요 제4권』, 상게서, 60쪽. 제3장 교회의 교사들과 사역자들: 그들의 선출과 직분, 제1절 하나님께서 사람을 도구로 사용하시는 목적.

(1) 사도들과 목사들

사도들은 교회의 창설자로서 "온 천하에 다니며 만민에게 복음을 전파하라"(막 16:15)는 주님의 명령을 받은 사람들이다. 이들은 온 세계에 다니면서 복음을 전파하여 하나님나라를 세우는 사람들이다. 선지자는 어떤 특별한 계시의 은사에 있어서 뛰어난 사람들이었다. 이런 사람들은 오늘날에는 거의 없다. 복음 전하는 자는 전도자로서 사도들 보다는 직분이 낮으나 그들 다음으로 활동한 사람들이다. 누가, 디모데, 디도 등과 같은 전도자들로서 70인의 제자들도 전도인들 이었다(눅 10:1).

목사와 교사가 없이는 교회를 유지할 수 없다. 교사들은 성경 해석하는 일을 전담하였다. 그 이외에 제자 훈련이나 성례집행이나 경고와 권면을 하는 일은 목사가 전담하였다. 선지자와 사도를 함께 보면 서로 상응하는 두 쌍을 보게 된다. 교사들은 선지자에 그리고 목사는 사도에 해당한다.

하나님은 생명이며 지혜의 근원인 기록된 말씀인 성경을 교회에 주시고 하나님의 말씀인 성경을 해석하고 설명하는 사역을 교회에 부여하셨다. 이 말씀 사역은 하나님께서 뜻하신 교회의 목적을 이루시는 데 중요한 직무이므로 자신의 사역을 감당할 목사에게 소명감과 능력을 주신다. 목사는 성경과 일심동체가 되어야 하며 최대의 경외심을 가지고 성경을 다루어야 한다.[45]

선지자의 직분은 그 탁월한 계시의 은사 때문에 두드러졌으며 교사의 직분도 성격이나 목적에 있어서 비슷하다. 사도들은 특별한 소식을 전하는 사람들로서 이들의 사명을 알리는 것이 중요하였다. 목사들은 맡겨진 교회를 다스린다는 것을 제외하고는 사도들과 같다.

하나님께서 그 교회를 다스리시기 위하여 교회에 직제를 두셨다. 이 권위는 오직 그의 말씀에 의해 행사되어져야 한다. 그들의 입을 통하여 자신의 사

---

45) 로널드 S. 월레스, 『칼빈의 말씀과 성례전 신학』, 정장복 역(서울: 장로회신학대학교출판부, 2002), 181쪽 이하.

역을 이루시려하신다. 이는 마치 노동자가 연장을 사용하는 것과 같다. 물론 하나님께서는 아무의 도움이 없이 친히 일하실 수도 있고 천사들을 시켜서 일하실 수도 있다. 그러나 사람을 통해 일하시기를 원하신다. 바울은 인간의 사역은 신자들을 묶어서 한 몸을 이루게 하는 힘줄과 같다고 한다. 인간의 사역이 하나님께서 교회를 다스리시기 위해 사용하시는 중요한 힘이 된다. 교회의 구원을 이루기 위해 교회를 안전하게 유지하기만 하면 교회가 온전히 지켜질 수 있다.

그리스도께서 가져오신 구원과 영원한 축복의 참여자가 되는 것은 복음을 믿음으로써 이루어진다. 게으른 우리들에게 이러한 믿음이 생기게 하고 증대시키고 그 목표에 이르도록 하기위한 외적인 장치가 교회이다. 교회 속에 있는 이 보물을 "그들의 입술을 통해 자기 백성들을 가르치시려고 목사와 교사들을 임명하셨고(엡 4:11), 그들에게 권위를 주셨으며 신앙의 거룩한 일치와 올바른 질서를 위해 도움이 되는 것은 하나도 빠뜨리지 않으셨다."[46]

목사의 주된 기능은 복음을 전하며 권징(치리)과 성례를 담당하는 것이었는데 초대교회의 계승자이다. 감독이나 장로의 칭호를 갖기도 하였다. 주께서 사도들을 파송하실 때 복음을 선포하고 성례전을 집행하라고 하셨다(마 28:19). 바울은 목사에 대하여 "그리스도의 일꾼, 비밀을 맡은 자"(고전 4:1)라고 한다. 감독에 대하여는 바른 교훈으로 권면하고 거스르는 자를 책망한다(딛 1:9)라고 하고 있다. 목사의 직은 복음을 전하고 성례를 집행하는 특수한 기능이 있다. 교회를 다스리고 돌보는 일을 위해 목사가 세워지며 목사는 하나님의 소명에 의해 부름을 받는다.

목사는 가르치는 자질도 있어야 하며 권징의 실시에도 관여하고 고통당하는 자를 돌보기도 해야 할 것이다. 그의 본질적인 임무는 하나님의 말씀을 설교하고 성례를 집행하며 권징의 실행을 돕는 것이다. 목사는 의회에서 성직

---

46) 전게서, 『기독교 강요 제 4권』, 9쪽 이하.

취임 면허증(certificate)을 받으며 자신이 하나님을 충실히 섬길 것과 교회에 관한 칙령을 지키고 충성할 것과 정부와 시의 명예를 드높일 것과 하나님을 경배하는 데 방해가 되지 않는 한 제네바의 법을 준수할 것을 맹세한다는 것이다.47)

칼빈은 교회를 신자의 어머니, 그리스도의 몸 그리고 선택받은 자들의 공동체로 이해하였다. 하나님이 아버지인 사람에게, 교회는 어머니라고 까지 말한다. "하나님께서는 이 교회의 품속으로 자녀들을 모으시기를 기뻐하시는데 이는 그들이 유아와 어린아이 시절에 교회의 도움과 봉사로 양육되도록 하기 위해서 뿐 아니라 그들이 성숙하여 신앙의 목표에 이를 때까지 어머니와 같은 사랑에 의해 인도함을 받게 되도록 하기 위함이기도 하다."48) 교회의 품을 떠나서는 죄 사함의 용서와 축복을 받을 수 없다는 것이다. 교회는 정적인 제도가 아니라 살아 움직이는 공동체로서 피차에 도움을 주는 신앙 공동체이다.

교회의 기초는 하나님의 숨겨진 선택에 있으며 이를 통해 그는 하나님의 주권과 영광을 말하려 하고 있다.

교회란 결코 이상적인 공동체를 추구하며 모인 경건한 사람들의 모임이나 경건한 공동체라고만 말할 수 없다. 하나님의 교회는 하나님의 말씀이 올바르게 선포되며 또 그리스도께서 제정하신 성례들이 올바르게 시행되는 것에 있다. 말씀과 성례는 그리스도의 임재와 교회의 특색을 나타내 보이는 표지이다. 이러한 표지가 있는 교회는 아무리 불완전하고 허물이 있다 하더라도 버려서는 안 된다.49) 참된 교회와 거짓 교회는 말씀의 선포와 성례전의 집행에 의해 구분된다. 이것을 통해 그리스도께서 죄인 된 우리에게 베푸시는 교제가 중요하다.50) 이를 위해 세우신 그리스도의 대리직이 사도들과 목사들이다.

---

47) 파커, 상게서, 173이하.
48) 상게서, 『기독교 강요 제4권』, 제1장 진정한 교회, 11쪽.
49) 로날드 S. 웰레스, 『칼빈의 개혁사상』, 박성민 역(서울: 기독교문서회, 1995), 185쪽.
50) 해롤드 나이트, 『칼빈의 신학사상』(서울: 기독교문화협회, 1987), 221쪽 이하.

목사의 직은 친히 그리스도 안에서 자신의 독특한 사역이나 사도들의 사역에 필적하는 직분으로 교회에 부여하신 것이다. 목사가 신자들을 가르치고 목사의 입에서 나오는 공통된 교리를 받아들일 때는 목사는 하나님께서 그의 사역을 통해 신자들이 연합하여 서로 사랑을 베풀도록 하기 위해 사용하시는 사람으로 간주할 수 있다.

목사는 백성에게 순수한 교훈을 가르치며 성례전을 집행하는 것 외에 또한 성결한 삶의 모범이 되어야 한다고 말한다. 교회의 훈련과 질서를 멸시하는 자들은 이단자와 같으며 교회는 목사 없이 존립할 수 없고 교회를 통한 경건훈련이 신앙에 필수임을 인식하였다. 그리스도에 의해 파송된 목사에 대한 복종은 곧 그를 파송한 그리스도에 대한 복종을 의미한다. 목사는 그리스도의 대언자이다.[51]

목사에 포함 할 수 있는 교사의 임무는 신자들에게 성경을 해석하는 일과 교리의 순수성을 유지하는 일을 하는 것이다. 참된 교리를 가르치고 오류를 몰아내는 것이다. 교사의 임무는 언제나 성경의 율법에 따라 목사의 설교를 평가하고 목사 후보생들을 교육하는 것이다.[52] 구약을 주해하고 신학을 주해하는 2명의 교사가 있어야 했다. 신학의 보조 학문인 언어학과 인문학을 가르치기 위한 남학교와 별도의 여학교에 교사와 보조 교사가 임명되어야 했다.

(2) 장로와 감독

가르치며 다스리는 사람들을 말한다. 장로(πρεσβυτέριον)는 감독, 장로, 목사, 사역자라고 불리기도 한다. 칼빈은 딛 1:5와 1:7, 행 20:17과 20:28을 근거로 하여 감독과 장로는 같은 직책임을 주장한다. 다스리는 사람들은 신자들 사이에서 선택된 장로들이었으며(고전 12:2), 각 도시에서 장로들이 자기들 가운데

---

51) 황정욱, 상게서, 116쪽.
52) 『기독교 강요 제4권』 제1장 5절, 23쪽.

한 사람을 뽑아 감독이라 불렀다. 이는 계급이 같은 사람들 사이에서 일어나는 불화를 막기 위함이었다.[53] 장로들은 감독들과 함께 도덕적인 견책과 권징을 행하는 일들을 맡았다. 그러므로 "다스리는 자 는 부지런함으로 할 것"(롬 12:8)을 말한다. 처음부터 각 교회에는 경건하고 위엄 있고 성결한 사람들 가운데에서 선택된 장로회가 있어서 과오를 시정하는 재판권을 가지고 있었다. 이 직분은 한 시대에 국한된 것이 아니라 모든 시대에 필요하다.

감독과 장로들은 말씀 선포와 성례전 집행에 전력을 다했다. 장로가 설교를 해서는 안 된다고 결정된 것은 아리우스의 논쟁이 있은 후 알렉산드리아에서 이었다. 하나님의 백성들에게 말씀을 먹이고 건전한 교리로 교회를 세우는 것은 감독의 일차적인 의무라고 하는 것이 교회에서 오래 지속된 원칙이다.

(3) 집사

선출에 의해 임명되는 집사들에게는 우선 가난한 자를 보살피는 일이 맡겨졌다. 구제하는 일과 긍휼을 베푸는 일을 했다(롬 12:8). 이를 볼 때 집사에는 두 종류가 있다(딤전 5:9-10). 교회의 구제 사업을 관리(administrative)하고 조직하며 봉사하는 집사들과 직접 환자와 빈민을 돌보는 실행(executive)집사들이다. 전자는 관리인(guardians) 즉 소위 구호 감독관의 역할을 하였으며 후자는 실제로 가난한 자들을 구제하고 병원에 환자들을 위문하는 일을 맡고 있었다.

집사라는 말에서 나온 기독교 사회봉사(διακονία)는 더 넓은 뜻을 가지지만 성경에서 집사라고 명명되는 사람들은 구제 물자를 분배하며 가난한 자들을 돌보고 빈민 구제금을 관리하는 일을 교회로부터 맡은 사람들이다.

누가가 이들의 기원과 임명 그리고 직분에 대하여 사도행전에 기록하였다(행 6:3). 헬라파 유대인 과부들이 매일 구제에서 제외된다는 소식을 듣고 사도들은 말씀 전하는 일에 전무하기위해 정직한 사람 일곱 명을 택하여 이 일

---

53) 『기독교 강요 제4권』 제3장, 125쪽. 감독의 지위 참조.

을 맡기라고 신자들에게 부탁을 하였다. 칼빈은 이런 종류의 집사들이 사도들의 교회에 있었고 우리도 본받는 것이 마땅하다고 주장한다. 칼빈이 일하던 제네바는 두 종류의 집사들이 있었다고 한다. 구제품을 분배하는 집사와 병자들을 돌보는 집사들이었다.[54]

칼빈 자신이 제네바에서 교회와 사회의 개혁을 시도한 것은 항구적으로 보다 나은 현실을 추구하는 것이었다. '개혁되어진 교회는 개혁하는 교회'(Ecclesia reformata semper reformanda)라는 것이 칼빈 신학 전통의 입장이다. 칼빈은 교회뿐 아니라 세계도 하나님의 뜻에 의해 좋게 변화되기를 원했다. 사회윤리로서 칼빈의 윤리는 개인의 도덕에 근거하여 인간적이며 세계적인 현실 속에서 하나님의 사랑과 정의가 실현되는 것을 목표로 하고 있다. 즉, 개인이나 교회 뿐 아니라 피조물의 세계 전체가 변화되어 보다나은 세계로 개혁되기를 바라고 있는 것이다.[55]

6. 경건주의와 경건운동

경건주의(Der Pietismus)란 가톨릭교회와 개혁교회간의 치열한 교권쟁탈 종교전쟁이던 30년 전쟁 이후 17세기 후반부터 시작되어 18세기에 그 전성기를 이루었던 유럽 대륙에서의 개혁교회 종교갱신운동(renewal movement)을 말한다. 이 운동은 영국의 청교도주의와 같이 종교개혁 이후 가장 의미 있던 중요한 종교운동의 하나이다. 이 운동에 참여했던 사람들은 처음에는 개혁교회 내에서 '분리주의자들'(Separatisten)이라는 매우 부정적인 말들을 들었다. 왜냐

---

54) 상게서, 111쪽, 각주 참조.
55) 칼빈은 제네바에서 1541년부터 1564년까지 23년간 파렐(Farel)과 함께 제네바를 성시로 만들기 위해 정치, 경제, 사회, 문화 등 제반 분야에서 개혁을 단행하였다. 참조: 정성국, 『칼빈주의 사상과 삶』 (서울: 한국성경협회, 1979), 45쪽 이하.

하면 이들은 교회의 예배 이외에 별도로 모여 성경과 영적인 감화를 주는 신앙서적들을 읽고 연구하며 영적인 노래들을 부르고 성경의 내용들을 묵상하며 수많은 글들을 남겨 "교회안의 작은 교회"(Ecclesiola in ecclesia)로서 많은 사람들에게 종교적인 영향력을 주었기 때문이다. "경건주의는 영적인 역사로 고찰해보면 루터교회의 경건한자들안에서 13세기의 신비주의적인 국민운동이 소생된 것이다. 이것은 새로운 시도로서 고정화된 교리와 생기가 없어져버린 교권주의에 반대하여, 살아있는 영과 신비주의적인 기독교를 다시 완성하려는 것이었다." 경건주의자들이 중요시 여기는 성경구절들 중에는 우선 디모데 후서 3:5을 들 수 있다. 이것을 근간으로 하여 그들은 "교리보다는 생명을(Leben gegen Lehre), 직제보다는 영(靈)을(Geist gegen Amt), 그리고 믿는 체하는 모양보다는 능력(Kraft gegen Schein)"을 원했다. 경건운동에서 중요한 것은 생명과 영 그리고 신앙의 능력이다. 국가종교적인 모형을 가진 당시의 교회가 중요시 여기던 교리와 직제 그리고 모양은 경건운동에서는 그리 중요하지 않다. 이러한 상황에서 "경건주의는 결코 독자적인 신학을 발전시키지 않았으며 전반적으로 볼 때 삶의 실천(Lebenspraxis)이지 교리(Dogma)가 아니다."

이 운동을 비판적인 시각으로 보는 알브레히트 리츨(Albrecht Ritschl)은 경건주의를 "하나의 사적(私的)인, 사상 도피적인 기독교"라고까지 매우 심하게 표현한다. "경건주의는 개개인의 영혼을 얻기 위해 신앙적으로 고무시키는 것은 사실이나 동시에 교회 안에서의 관계를 끊으며 와해시키는데 영향을 끼쳤다."는 것이다. 리츨은 경건주의를 규정하는 상(象)을 개인주의에서 보는데 "한편으로는 중세의 신부신비주의의 종교적인 사랑으로, 다른 한편으로는 중세의 수도원제도에서 직업을 반대하는 경향으로 가는 금욕주의"라 칭하였다. 그리고 교회를 와해시키는 교회 밖에서의 기도모임의 영은 중세후기의 바리새주의와 재세례파를 되풀이 한다고 보았다. "교회사적으로 놓여 진 개별적인 대표들이나 변화들인 이러한 구조적인 도식을 가지고는 슈페너의 신학적인 역동성을 충분히 전하는데 성공했다고 볼 수 없다."라고까지 표현하였다.

7. 경건주의에 관한 평가들

지금까지 우리에게 알려지기로는 경건주의에 대하여 긍정적인 것보다는 부정적인 표현들이 더 많다. 감정주의, 신비주의, 합리주의, 주관주의, 금욕주의, 정적주의, 신인(神人)협력주의, 천년왕국주의, 도덕주의, 율법주의, 분리주의, 개인주의, 내세 지향주의 등이 바로 그런 것들이다. 심지어 "이 경건주의자들과 더불어 존재하지도 않는 천국에 있느니보다는 교회와 더불어 지옥에 있는 편이 낫다"라고 표현한 신학자도 있다. 그러나 이것은 경건주의에 대한 매우 일방적이며 잘못된 이해에서 나온 성급한 판단일 뿐이다.

경건주의가 무엇인가에 대하여 약간 비꼬는 어조로 경건주의를 집약시켜 잘 표현한 사람은 라이프치히의 수사학 교수 요아힘 펠러(Joachim Feller)이다. 그는 1689년 그가 쓴 무도곡시가(Leichcarmen)에서 "경건주의는 이제 잘 알려져 있다. 경건주의자는 누구인가? 경건자는 하나님의 말씀을 연구하며 그 말씀대로 거룩한 삶을 사는 사람이다"라고 정의하였다. "정확한 근거를 가지는 것은 아니나 일반적으로 받아들이는 것은 라이프치히(Leipzig)에서의 아우구스트 헤르만 프랑케와 파울 안톤(Paul Anton) 및 요아힘 펠러의 시를 통해 있던 논쟁과 연관되어 이 이름이 생겨났다고 본다." 이때는 경건운동이 프랑케의 디모데후서 2장에 관한 강의를 통해 폭넓은 학생들을 얻도록 시작되었었다. 1689년 8월 요한 베네딕트 카르프초프(Johann Benedigt Carpzov)는 자신의 목회학 연습시간에 참여하며 동시에 경건주의 운동에 동참하던 한 대학생의 장례식 설교를 비학문적인 것을 추구하는 이 새로운 운동에 대해 싸울 것을 말하는 기회로 이용하였다. 그의 설교는 말씀 안에 있는 경건주의자인 한 학생의 모습을 보여 준다. "성경을 가지고 설교하고 성경을 기록하고 성경을 배우는데 무엇을 적용할 수 없을까? 성경을 그는 연구할 필요가 없다. 그래서 그는 성경의 학생이라 불린다." 여기에서 우리는 경건주의가 얼마나 성경 중심적인가 하는 것을 보는 반면 다른 한편으로는 비학문적이며 분리주의적인 편협성을 갖는 것으로 묘사된 것을 보게 된다. 이런 일이 있은 후 교회와 정부로부터 질문을 받던 경건주의를 비꼬는 시가 요아힘 펠러 교수에 의해 편집되어진 것이다. "지금까지 사람들은 경건주의가 추구하는 바들을 퀘이커교 (Quakertum)라고 했었는데 여기에서 경건주의(Pietist)라는 이름이 사용되었다. 경건주의는 펠러 교수의 시구들을 통해 널리 알려지게 된 것이다."

이러한 표현을 독일 경건주의의 아버지라 불리는 필립 야곱 슈페너(P. J. Spener)는 기꺼이 받아들이지 않았고, 독일 할레(Halle)의 경건주의자 아우구스트 헤르만 프랑케(A. H. Francke)는 1706년 다음과 같은 반박문을 썼다. "누구도 이 시간까지 경건주의가 무엇인지 정확한 정의를 내릴 수가 없었다." 이 말은 경건주의가 갖는 그 다양성 때문에 경건주의를 쉽게 정의할 수 없다는 말과 같다. "경건주의는 개혁교회역사 안에서 그 본질과 가치가 역으로 판단되어질 뿐 아니라 그의 폭과 넓이가 전혀 다르게 규정되어지는 하나의 현상이다."

프리드리히 바운(F. Baun)은 독일 남쪽 "쉬바벤 지방의 공동체 삶"(Das schwäbische Gemeinschaftsleben)을 연구하면서 경건주의를 한 마디로 "마음으로 믿는 경건성"(Herzensfrömmigkeit)으로 표현한다. 경건주의란 경건주의의 창시자인 필립 야곱 슈페너(1635-1705)가 적합하게 말한 것처럼 "머리를 마음으로 가져가는 것이다. 오직 하나의 올바른 믿음, 다시 말하면 모든 면에 있어서 그 당시의 경직화된 교회 안에서의 이 믿음을 깨우려는 것"이었다. 이것은 루터(Luther)의 종교개혁 이후 개혁교회가 다시 신학적인 교리 논쟁과 교권 다툼에 휩싸여 버렸을 때 이미 영적인 힘을 잃고 경직화되어 버린 개혁교회 내에서 새롭게 일어난 "지적인 신앙을 마음으로 가져오자"는 성경적이며 영적인 갱신운동이라는 말이 되는 것이다.

8. 경건주의와 신앙 개혁운동

경건주의 연구가 중의 하나인 마틴 쉬미트(Martin Schmidt)는 경건주의를 루터(Luther)의 종교개혁의 연장선상에 두어 "종교개혁의 갱신운동, 종교개혁의 충분한 전개운동, 더 나아가 종교개혁의 완전한 성취 운동"으로 보는데 이에는 충분한 근거가 있다.

경건주의의 종교적 경험인 교리적 해석은 후기 루터신학의 형태로 가는 것으로 본다. 그러나 근원적으로 경건주의자들의 관심은 실천적인 기독교나 하나님의 은혜에 대한 신비적인 체험, 경건한 삶, 열광적인 하나님의 사랑 그리고 신앙교화적인 고찰에 있는 것이지 결코 교의나 신학논쟁 그리고 주해에 더 관심을 두는 것이 아니었다.

프로테스탄트주의로 대별되는 종교개혁은 개혁과 혁명이라는 두 가지 차원에서 이해되어야 한다. 개혁은 구원교리에 관한 것이요, 혁명은 가톨릭교회와 그 권위 그리고 조직에 연관된 것이었다. 개혁자들의 교회관은 하나님의 말씀이 바르게 선포되는 신앙의 공동체이다. 이에서 보는 것처럼 종교개혁의 본질은 인간에게 구원을 제시하는 복음의 말씀과 내적 체험에 근거한 신앙이라 할 수 있다. 신앙은 개인적 경건의 처음이요, 중간이요, 마지막이 되는 것이다.

루터의 종교개혁이 천주교라는 제도와 전통 아래 놓여있던 하나님의 말씀인 성경을 재발견해냈다면 경건주의는 생명력 없는 교리와 직제 속에 갇혀 있던 개혁교회와 신학의 "신앙과 삶"을 들춰낸 영적 각성운동이다. 경건주의는 교리의 개혁인 루터의 종교개혁에다가 삶의 개혁을 보충시킨 개혁교회 역사에 있어서 두 번째의 종교개혁이다. 당시 이들이 하나같이 부르짖었던 "기독교는 아는 것이 아니라 행하는 것이다"라는 말속에 이런 내용이 여실히 포함되어 있다.

경건주의가 "개혁교회 내에서의 하나의 종교 갱신운동이다"라는 말은 적절한 표현이다. 그럼에도 불구하고 이 말은 긍정적인 것보다는 부정적인 평가를 받아왔다. 단편적인 그 이유로서는 특별히 루터교회 내에서의 새로운 내적 각성운동이라는 점 때문이다.

그러면 왜 개혁교회 내에서의 종교적이며 교회적인 각성운동이 일어나게 되었는가? 여기에는 두 가지의 외적인 원인들이 있다. 그 하나는 30년 전쟁(1618-1648)이며 다른 하나는 평신도 신학운동이라고 볼 수 있다.

9. 나가는 말

칼빈의 경건은 경건한 어머니로부터 시작되어 신학 교육을 시키려던 아버지의 열성과 부르쥬 대학에서의 볼마르 교수의 개혁신앙적인 영향에서 찾을 수 있다. 그의 교육 여정은 신학과 법학 그리고 인문주의 교육이었는데 종교 개혁을 하던 제네바 시에서 그는 자신이 배운 학문을 배경으로 하여 자신의 역량을 한껏 발휘하였다.

파렐의 초청과 강권적인 권유에 의해 스위스 제네바를 중심으로 종교개혁을 단행할 때 그를 억압하는 정치 세력의 반발은 매우 거세었다. 제네바의 종교개혁은 베른이라는 이웃도시의 지원 여하에 달려있었기 때문에 이 도시의 종교개혁은 정치적인 면이 더 강했다. 시정부가 종교개혁을 허락하였으나 시민들은 과거의 전통과 타성에 젖어 옛 종교적 관습과 생활방식을 포기하려 들지 않았다. 결국 이들은 거센 저항에 부딪쳐 개혁을 중단하고 그곳에서 쫓겨나 한동안 슈트라스부르크로 피신을 했다. 그럼에도 불구하고 다시 개혁의 기회가 주어져 23년 동안 제네바시를 개혁적 성향을 갖는 도시로 바꾸었다는 것은 실로 놀라지 않을 수 없는 일이다.

칼빈 당시 제네바시의 교회들은 복음을 수호하기 위해 외적으로는 가톨릭교회의 박해와 탄압에 투쟁하고 내적으로는 복음을 훼손하는 온갖 사상들과 대립해야 했다. 칼빈은 교회의 일치와 영원성 그리고 확실성을 강조하면서 마태복음 18장에 근거한 출교를 실천하였다. 출교는 본래 주가 제정하신 것 중에서 구원을 위해 유익한 일로 여겼다.

칼빈에게서 보여 지는 두 개의 정부는 영적인 정부와 시민정부이다. 전자는 양심이 후자는 법률이 각기 그 정부를 지배한다. 이 둘은 서로 다른 것이 아니라 상호 보완적이다. 칼빈이 배격하는 다른 시민정부로서는 재세례파와 마키아벨리적인 입장이다. 전자는 신앙 양심을 절대시하고 앞세우면서 어떠한 법적인 제도나 규정도 무시하며, 후자는 제후들에게 아부하면서까지 절대 권력을 만들어내는 태도이다. 칼빈은 이러한 것들 모두를 개혁의 큰 장애물들로 여겼다.

경건이라는 말은 좁은 의미로는 하나님께 대한 인간의 내적인 태도와 구체적인 삶을 말하지만 넓은 의미로는 조국을 사랑하는 의무감이나 높은 사람에 대한 존경심 그리고 신들로부터 오는 연민의 정이라는 뜻을 가진다. 이렇게 보면 경건이라는 말은 원래 법적인 용어 중의 하나이다.

칼빈에 의하면 "인간 이성이 인간과 사회에 대해 좀 더 깊고 근본적인 지식을 획득하는 데는 한계가 있다. 오직 하나님만이 인간 본성의 궁극적인 정체를 인간에게 알려줄 수 있다. 그 이유는 하나님과 인간이 할 수 있었던 원래의 관계가 깨졌기 때문이다. 인간 쪽에서 하나님께로 가는 길은 없다. 바로 여기에서 우리는 칼빈의 복음주의의 근거가 되는 소위 급진적 비관주의를 만나게 된다."56)

칼빈은 인문주의 교육을 받은 사람이다. 갑작스러운 회심의 경험을 통해 계시의 말씀인 복음에 사로잡힌 사람이기도 하다. 성경을 통해 구원의 확신과 영원한 생명을 추구하는 개인적인 경건에 근본을 두면서도 그의 경건은 개인적 경건이라기보다는 제도적 경건으로 보는 것이 옳을 듯하다. 당시의 제네바라는 특수한 상황에서는 정치 제도적 경건으로 제네바시를 교회화하였으며 교회 제도적 경건으로 교회를 정치화 내지는 사회화하였다. 이를 구체적으로 말하면 사회와 기독교적 삶이며, 교회와 기독교적 삶이다.57) 기독교적 삶을 교회와 사회에 연결시킨 것이다.

칼빈이 제네바에서 신정정치를 했느냐는 질문에 대해서는 1535년 재세례파의 뮌스터사건을 간접적으로 경험했기 때문에 매우 부정적이었으며 그리스도 통치(Christocracy)라고 대답할 수 있다. 육체 안에 있는 그리스도는 인간의 구원을 그리고 육체 밖에 있는 그리스도는 온 세계를 다스린다는 것이다. 그리스도의 구원사역과 창조사역을 그리스도의 통치로 이해하였다. 그는 이런 면에서 제네바시를 개혁할 때 설교와 성경 그리고 교리교육을 중요시하였으며 훌륭한 정치가를 길러내어 그들을 통해 하나님의 뜻에 합당한 사회를 건설하려 하였다. 그리고 그 사회는 일반 은총에 속하는 지성과 양심에 의한 사회이었다.

교회의 직임과 봉사의 사역들로는 엡 4:11과 롬 12:7-8을 근거로 하여 사도, 선지자, 복음 전하는 자, 목사 그리고 교사이다. 이 가운데 끝의 둘만이 교

---

56) 앙드레 비엘레, 『칼빈의 사회적 휴머니즘』, 박성원 역(서울: 대한기독교서회, 2003), 28쪽.
57) 존 H. 리스, 『칼빈의 삶의 신학』, 이용원 역(서울: 한국장로교출판사, 1996), 177쪽 이하. 칼빈에게서 보여 지는 교회와 기독교적 삶을 존 H. 리스는 1. 하나님의 창조행위로서의 교회 2. 성도의 교제 3. 통치와 훈련기관으로서의 교회로 구분하였다. 사회와 기독교적 삶은 자기 부인의 실천을 통한 이웃을 위한 사랑으로 연결시키면서 이것이 사회적인 책임이라고 한다.

회 내의 정상적인 직분이고, 처음 셋은 필요에 따라 부활시키신 특별직들이다. 교회는 이런 면에서 예배와 교육의 장이다. 그 이외에 제자 훈련이나 성례 집행이나 경고와 권면을 하는 일은 목사가 전담하였다.

하나님께서 그 교회를 다스리시기 위하여 교회에 직제를 두셨다. 이 권위는 오직 그의 말씀에 의해 행사되어져야 한다. 연약한 사람들의 입을 통하여 하나님의 말씀을 전하시며 말씀 속에 거하시는 성령의 역사를 통해 사랑의 띠를 이루어가는 것이 하나님의 공동체가 가진 특권이기도 하다. 이를 통해 자신의 복음 전파 사역을 이루시고 계신다. 하나님께서는 아무의 도움이 없이 친히 일하실 수도 있고 천사들을 시켜서 일하실 수도 있다. 그러나 사람을 통해 일하시기를 원하신다.

사도와 목사들은 복음 전파와 성례전의 거행을 그리고 장로와 감독은 가르치며 다스리는 일을 한다. 집사는 구제하는 일과 긍휼을 베푸는 일을 한다. 집사라는 말은 사회봉사자라는 더 넓은 뜻을 갖는데 오늘의 말로 구제와 사회적 약자를 돕는다고 한다면 사회가 다양화 되고 전문적인 지식이 요청되는 상황에서는 교회가 갖는 가능성과 다양성을 체계화하는 것이 필요하다.

칼빈에 의한 교회의 규율은 온전히 하나님의 명령에 의존한다. 여기에서 보는 두 가지 규율은 우선 하나님께서 자신이 세우신 대리자를 통해 일하시기를 원하신다는 것과 다음으로는 직분에 합당한 다양한 은사를 주셔서 서로 간에 기능적 봉사를 통해 교회를 세우며 연합시키신다는 것이다.[58] 칼빈은 자신이 하나님의 대리자라는 강한 책임감을 가지고 제네바를 개혁시키려했으며 개혁에 대한 저항과 반발을 교회 내부적으로, 외부적으로 제도를 만들어 그들을 통해 치리하며 온전히 이루어 나갔다.

물론 이 일은 칼빈으로 하여금 하나님의 말씀 아래 있는 자신을 발견하게 한 강권적인 힘이 그로 하여금 하나님의 말씀을 체험하게 하고 해석하게 하고

---

58) 해롤드 나이트, 『칼빈의 신학사상』 (서울: 기독교문화협회, 1986), 246쪽 이하.

자신의 모든 사역을 결정하게 했다.[59]

칼빈의 제도적 경건에서 한가지 언급하고 싶은 것은 한국교회 역시 선교 초기부터 성경을 중심으로 하는 개인전도에 힘을 썼을 뿐 아니라 엄격한 권징을 실시하도록 하였으며 1891년 주한 선교부는 이것을 규칙과 내규로 제정 시행하였다.[60]

지난 80년대 이후 한국교회의 부흥이 정체되고 목회자가 경쟁적으로 수많은 교파에서 양산되면서 목회자의 자질과 윤리가 의심을 받게 되는 상황에 처하게 되었으며 이러한 일부 자격 없는 목회자로 인해 교회는 교회대로 영적으로 피폐해져 교회의 영적인 각성이 요구되는 현 시점에서 칼빈의 엄격한 제도적 경건은 우리에게 시사해주는 바가 크다.

최근 한국의 기독교는 전 국민 대비 20.3%의 교인들을 가지고 있다고 하는 통계를 보면서 서울과 호남지방을 제외한 복음전도가 취약한 여타 지역에 개척의 불길을 붙이는 운동이 일어나야 할 것이다. 이에 절대적으로 요구되는 것은 교회가 교회되게 하기 위한 칼빈의 제도적 경건이 재정착되어야 하며, 이로부터 실추된 한국교회의 모습을 다시 세우고, 거룩한 하나님의 말씀이 개인 뿐 아니라 교회를 구원과 영원한 생명으로 이끄는 믿음의 기초가 세워져야 할 것이다.

유럽의 교회들이 교회 내에 상주하는 사회봉사 부서(Soziale Station)를 두어 그곳을 통해 노인들의 관리와 사회적 약자들을 도와주는 일들을 일회성이 아닌 정기적이며 지속적으로 해나가는 것을 접하게 된다. 미래의 한국교회의 모습은 유럽교회와 같은 NGO의 성격을 더 가지는 것이 바람직하다고 보며,

---

59) 로날드 S. 월레스, 『칼빈의 사회개혁사상』, 박성민 역(서울: 기독교문서선교회, 1995), 5쪽.
60) 김수진, 한인수, 『한국기독교회사, 호남편』 (서울: 범륜사, 1980), 86쪽 이하. 1890년 6월 언더우드, 마펫 등 초기 선교사들은 북장로교 선교사로서 장기간 중국 산동성에서 선교를 한 네비우스(John L. Nevius) 목사를 서울로 초빙하여 두주일간 한국 선교방법에 대한 조언도 듣고 토의도 하였다. 이때 채택한 선교의 기본원칙들은 자조적인 토착교회를 형성하려 한 의도를 보게 된다.

이러한 표식을 450년 전 제네바시를 개혁한 칼빈에게서 찾아볼 수 있다.

칼빈의 사상이 신학에만 국한되지 않고 정치, 사회, 과학, 예술 등 인간 삶의 모든 것을 포함하여 하나님의 주권을 강조한다면 만물에 대한 하나님의 절대적 지배를 가리킨다. 이는 "만물이 주에게서 나오고 주로 말미암고 주에게로 돌아감이라. 영광이 그에게 세세에 있으리로다. 아멘"(롬 11:36)이라는 성경의 진리를 생활의 원리로 삼아 실현하려 한 것이다.61)

이는 칼빈의 신학이 하나님의 주권을 강조한 영광의 신학이라는 것을 명백히 보여준다.

---

61) 헨리 미터, 『칼빈주의』(서울: 한국개혁주의신행협회, 1981), 14쪽 이하.

제20장

칼빈의 교회론이 한국교회에 주는 의미

들어가는 말

칼빈의 『기독교 강요』를 주의 깊게 읽어 보면 개신교 신앙의 근본 내용인 신앙이나 성경, 창조, 교회, 성찬 등을 설명할 때 다양한 자연적인 것들을 예로 드는 것을 보게 된다. 이는 마치 예수님께서 하나님 나라의 복음을 선포하실 때 예화를 드신 것과 같다는 느낌을 받는다. 이렇게 한 것은 가톨릭과 다른 것이라고 지적을 받던 개신교의 교리를 독자로 하여금 이해하기 쉽게 하려는 시도였을 것이다.

그동안 한국칼빈학회를 통해 칼빈의 교회론에 관한 여러 편의 글들이 발표되었다. 논문의 내용은 교회론의 분석으로부터 시작하여 교회일치와 목회사역, 정치 그리고 사회복지와 경영에 이르기까지 다양하게 전개되었다.[1] 『기

---

1) 위의 논문들은 다음과 같다. 황정욱, '교회론', 『칼빈신학해설』 (서울 : 대한기독교서회, 1998), 이오갑, '교회론', 『칼빈신학과 목회』 (서울 : 대한기독교서회, 1999), 배경식, '교회정치', 『최근의 칼빈 연구』 (서울 : 대한기독교서회, 2001), 최윤배, '칼빈의 교회직분과 교회권위에 관한 연구', 『칼빈연구』제4집(서울 : 한국장로교출판사, 2007), 안은찬, '칼뱅의 교회훈련에 대한 목회신

독교 강요』에서 교회론을 분석한 논문들을 보면 대개 칼빈이 말하는 교회의 본질과 기능, 직제 등이 무엇인가를 논하는 것이 일반적이었다. 교회의 본질로는 구조적인 본질과 차원적인 본질로 나누어서 전자는 신자들의 어머니, 그리스도의 몸 그리고 선택받은 하나님의 백성을 다루었고 후자는 교회의 유일성과 거룩성 그리고 세계성을 다루었다.[2]

교회의 기능으로서는 목회와 선교적 기능을 강조하기도 하고 봉사와 진리, 사랑과 성장의 공동체로[3] 표현되기도 하였다. 교회의 직제로는 만인 사제직과 사역의 직무를 나누어서 전자는 평신도에 관한 것을 다루었고 후자는 개혁교회의 삼중직무인 목사와 장로, 집사를 다루는 것이 일반적인 것이었다.

이 글은 칼빈이 말한 교회의 속성이 무엇인가를 가늠하는 교회의 참된 표지에 비추어 한국교회를 살펴보며 칼빈이 오늘 한국교회에 주려는 의미가 어떠한 것인지를 살펴보고 대안적인 비판과 함께 제안을 하려한다.

이 글에서는 성경적 원리에 충실하면서 교회의 본질에 치중되었던 칼빈의 교회론 해석을 되새겨봄으로써, 그동안 교회의 외적인 성장과 부흥에만 관심을 갖던 한국교회가 본질의 훼손과 교회다움의 변질로부터 회복해야 한다는 것에 중점을 두고 교회의 참 의미를 되새겨 보려 한다.

이런 면에서 이 글은 칼빈의 「교회개혁의 필요성」이라는 제하의 문서와 『기독교 강요』 제IV권을 중심으로 하여 그의 교회론을 살펴보면서 칼빈의 『기독교 강요』의 각권에 스며들어 있는 교회에 관한 내용들을 인용하면서 칼빈이 말하는 교회의 교회다움을 논의해보려 한다.

학적 고찰', 『칼빈연구』 제6집(서울 : 한국장로교출판사, 2009), 박경수, '칼빈과 교회일치', 『칼빈, 그후 500년』 (서울 : 한국장로교출판사, 2009) 등이다.

2) 박근원, '칼빈의 교회론', 한국신학대학출판부, 『칼빈신학의 현대적 이해』 (서울: 기독교서회, 1978), p.167.

3) 황대우, '칼빈의 교회론', 한국칼빈학회, 『칼빈1:칼빈신학개요』 (서울: 두란노 아카데미, 2009), p.145ff.

1. 성도들의 거룩한 모임

종교 개혁자들의 개혁원리중의 하나인 '코람 데오'(Coram Deo)는 '하나님 앞에서'라는 의미를 가진다. 이것은 하나님이 베푸신 죄인 된 인간의 구원사역과 은총에 대한 마음 깊이에서 우러나오는 감사의 표현인 두려움과 존경심을 갖는 것을 말한다. 초대 교회는 이 거룩하고 장엄한 하나님께 대한 경외심과 두려움을 가지고 그리스도의 복음을 전했으며 종교개혁자들은 이것을 기초로 하여 가톨릭이라는 거대한 정치 조직에 맞서 당시의 교회제도와 기독교 문화를 변혁시켰다.

오늘 한국 교회에 가장 필요한 것은 바로 하나님을 향한 이 거룩한 두려움과 존경심이다. 특히 21세기에 진입한 한국교회는 교단을 대표하는 상당수의 목회자와 장로 등 교회 지도자급들이 세속화의 물결에 휩쓸려버려 하나님을 향한 두려움과 존경심을 잊은 채 자신이 속한 개 교회와 집단의 이익을 채우려는 교회정치에 안주하고 있는 형편이다.

개신교회의 교회 수는 증가하였으나 오히려 교인수가 감소했다는 것은 분명히 한국 교회는 1990년대 이후부터 성장둔화의 단계에 들어있으며 여기에서 오는 위기의식과 허탈감으로 인해 교회 내에 존재하는 목회자와 장로의 눈에 보이지 않는 대립과 갈등은 심각한 상태에 있다. 이 결과로 나타나는 교회의 부패와 신앙의 세속화는 교회 안팎으로부터 지적과 큰 도전을 받고 있다. 사실 오늘날 한국교회의 위기의 중심에는 교회의 지도자들이 교회 내에서와 그 주변의 현실을 제대로 인식하지 못하는 교회론의 위기가 존재하고 있다고 보여 진다.

최근 필자가 신학대학원생들을 대상으로 한국교회의 문제점과 사회적인 지탄에 대해 조사한 결과는 다음과 같다. 학생들이 지적한 한국교회의 문제점들로는 1) 대형화된 기업교회 2) 프로그램에 물든 기독교 3) 가진 자들을 위한 교회 4) 축복신앙 강조 5) 치리의 부재 6) 무분별한 신학생 배출 등을 들었다. 이러한 결과는 한 마디로 요약해서 한국교회는 '하나님의 말씀 전파와 구원사역의 요람'이라는 본질에서 떠나 기업화가 되고 있다는 말이다.

한국교회가 사회에서 지탄의 대상이 되고 있는 이유들로는 1) 말씀과 삶의 불일치 2) 교회의 외형적 대형화 3) 소음 공해의 종교 4) 너무 많은 모임과 예배의 강요 5) 개 교회중심주의를 들었다. 한국사회가 교회에 대해 기대하는 바는 버림받은 자와 소외된 자들의 영혼의 안식처일 텐데 한국교회가 그 사명을 감당하지 못하고 있다는 진단이기도 하다.

위의 결과에서 보듯이 교회의 대형화가 한국교회의 문제점과 지탄의 대상으로 주목받는다는 것은 교회가 크다는 것이 문제가 아니라 대형교회를 통해 배출되는 성도들의 관리가 부족하기 때문에 사람들이 교회에 다닌다고 하지만 그들의 삶속에는 전혀 십자가와 고난, 희생과 헌신의 개념이 없다는 점을 든다. 익명의 기독교인이 되어서 신앙생활을 편안하게 하는 경우가 대부분이라는 것이다. 경건의 모습은 있지만 경건의 능력은 부인하는 교인들의 모습을 통해서 믿지 않는 비 그리스도인들로부터 지탄의 대상이 된다는 것이다.

교회 유지를 위한 강력한 헌금의 강요이다. 신앙이 자라고 신앙을 통해 주님이 주신 은혜에 감동하여 내는 헌금이 아닌 직분에 맞는 헌금을 내야하는 맞춤형 헌금을 원하기 때문에 교회를 안식처라 생각하지 못하고 돈이 있어야 신앙생활을 할 수 있다는 선입견까지 생긴 상태이다.4) 일부의 사람들은 한국

---

4) 최근 한국 보수교회를 대표로 하는 서울의 모 교회가 현재 있는 교회당이 비좁아 더 이상 교인들을 수용할 수 없기 때문에 2,000-2,500억 원을 들여 교회당을 짓겠다는 발표 이후 여러 가지 긍정과 부정의 목소리들이 높다. 인터넷에 올라온 그 교회 조감도를 보면 12-13층 건물에 예배당은 지하에 건축되며 6,000석 규모로 만들어진다. 신축 건물에는 체육관과 카페, 레스토랑, 콘서트홀, 결혼 채플, 광장, 120여개의 소그룹 룸 등이 들어설 예정이라고 한다. 이 돈은 교인들이 헌금한 돈이며 교인들이 5만 명이라고 가정하면 한 사람당 400-500만원의 건축 헌금을 해야 해결되는 액수이다. 교회당을 새로 짓는다는 것에 대해 반대할 이유는 전혀 없지만 지난 70년 대 부터 깡통교회로 알려진 전주 안디옥 교회의 참신한 일화와 비교 하여 보면 차이가 너무나 난다. 그 교회는 지금도 미군들이 쓰던 둥근 콘세트 건물을 사용하고 있으며 그 교회 교인들은 그런 불편한

사회에서 중요한 인간관계를 형성하여 큰 교회에 가면 자신이 하고 있는 사업에 도움이 될 수 있다고 생각한다. 이렇게 사람들이 큰 교회로 몰려 작은 개척교회는 문 닫는 시대가 왔다는 이유를 들었다.

그렇다면, 이와 비슷한 위기 상황에서 개혁의 불길을 지폈던 종교 개혁자들이 꿈꾸고 있었던 참된 교회의 모습은 무엇인가. 한마디로 말해서 교회란 건물이나 제도가 아니라 사람들의 모임 다시 말해 예수 그리스도를 구주로 믿는 '성도들의 모임'(The communion of the saints)[5]이라는 말이다. 그러므로 교회가 타락했다면 그것은 건물이나 제도가 썩었다는 말이 아니라 곧 교회의 지체이자 구성원인 우리 자신들이 부패하고 타락했다는 말이다. 이를 정리하면 교회 안에 바른 신학이 없음으로 인해 실질적인 기능을 갖는 직분의 개념이 약화 내지는 부재하며 교회의 본질(本質)보다 기능(機能)에 치중하는 오류내지는 본질에만 매달려 생명 없는 교회가 되었다는 것이 그 원인이 되고 있다. 한마디로 말하면 예수님이 지적하신 회칠한 바리새적 이며 사두개적인 외식적 신앙생활을 한국교회가 하고 있다는 말이 된다(마 23:25-28).

오늘날 교회의 본질적인 사명에 대한 견해는 크게 두 가지로 보수주의와 자유주의의 입장이다. 전자는 종교개혁전통에 충실하여 성경의 권위와 근원의 필요성 및 복음화의 중요성을 강조하는 보수주의의 입장이다. 후자는 이러한 보수주의적인 전통적 구원관을 비난하면서 교회가 인간의 공동생활을 위한 세속적인 사명에 참여하는데서 비로소 완성되어진다고 말하며, '교회를 세상 속으로' 이끌려는 입장이다.

곳에서 예배를 드린다는 것에 대해 오히려 자부심을 가지고 있다. 한국의 여러 도시에서 대형교회당을 크게 짓는 것이 유행처럼 되어 버렸으나 저 출산 여파로 2018년부터 우리나라의 인구가 감소세로 돌아서서2018년에는 전체인구에서 65세 이상 노인 인구가 차지하는 비중이 14%이상 되는 고령사회가 되는 추세에서 교인들에게 건축헌금 강요라는 부담을 주는 대형교회당 건축은 바람직하지 않다.

5) 존 칼빈, 『영한 기독교 강요』, 편집부번역(서울 : 성문출판사 1993), 제 4권 1장 3절, 15쪽 이하; 이후 인용은 『Institutes』 IV. 1. 3, p.15라고 명명함.

한국교회의 신학을 보더라도 보수주의 신학에서는 교회의 본질에 너무 치중한 나머지 교회의 기능을 소홀히 다루었고, 자유주의 신학에서는 기능으로서 교회의 역할에는 목소리를 높였지만 정작 중요한 본질적 원리를 간과하고 말았다. 교회의 본질과 기능이라는 두 부분은 모두 교회론에 필요불가결적인 요소로서 효과적인 조화를 이루어야 한다. 이런 면에서 칼빈의 교회론을 재조명하는 것이 필요하다. 칼빈에게 보수와 진보라는 극단적인 말은 없다.

제네바의 종교개혁자 칼빈은 불가시적 교회의 중요성을 강조하고 나아가 불가시적 교회는 가시적 교회를 통하여 구현되어야 한다는 점을 강조하고 있다. 가시적 교회는 제도로서의 외형적인 교회라기보다는 "하나님의 말씀이 올바로 선포되고 성례전이 바로 집행되는 그리스도의 몸"6)으로 이해된다. 그리고 "하나님의 거룩한 교회를 만들기 위해 권징이 신실하게 시행되는 곳"이어야 한다.

2. 개혁하는 교회(Ecclesia reformanda)

종교개혁자들은 종교개혁을 '교회의 회복과 건설'로 이해하였기 때문에 '교회의 사람들', '교회의 신학자들'이라고 이해하는 것이 타당하다.7) 루터와 칼빈의 차이라면 전자는 '은혜를 인하여 믿음으로 말미암아 구원을 받는다'(justification through faith by grace)에 강조점을 두었고 후자는 자신의 교회론을 통해 '하나님의 진리위에 서있는 교회가 참된 교회'라는 말로 개신교회를 변호했으며 개신교회를 위한 이론적 토대를 마련했다는 점에서 '교회의 교

---

6) 『Institutes』 IV. 1. 9, p.34.
7) 황대우, "칼빈의 교회론", 한국칼빈학회, 『칼빈신학개요』 I, 칼빈 탄생 500주년기념(서울: 두란노 아카데미, 2009).

사'(doctor ecclesiae)라는 칭호를 받는다.[8] 이런 면에서 칼빈의 교회론은 자신의 종교개혁이 분파적인 행동이 아니라 하나님의 진리를 찾고 참된 교회를 회복하려는 것임을 보여주는 변증적인 성격을 가진다.

칼빈의 『기독교 강요』를 변증적인 책으로 이해하려면 프랑수아 1세에게 보내는 헌사를 주의 깊게 보아야 한다. 헌사에는 『기독교 강요』의 저술 배경으로부터 시작하여 복음주의자들의 탄원서가 들어있다. 가톨릭교회의 개신교인들을 향한 무자비한 횡포들인 투옥과 추방, 재산몰수, 화형, 방화, 협박, 공포심 조성 등이다. 헌사에서는 가톨릭교회의 관습과 교회에 관한 잘못된 오류들을 지적하였으며 동시에 프랑수아 1세 왕을 통한 하나님의 변호를 기다린다는 것으로 끝을 맺고 있다. 개신교가 추구하는 신앙의 내용은 하나님의 말씀에 근거하며 구원은 교회를 통해서가 아니라 오직 예수 그리스도를 통해서만 가능하다고 주장하였다. 가톨릭교회의 가시적인 기적을 요구하는 신앙인 신비스러운 미사와 성자숭배를 단호히 거부하며 그 이유를 들고 있다.[9]

칼빈의 「교회개혁의 필요성」이라는 제하의 문서는 「기독교 고전문서시리즈」 XXII권, 『칼빈: 신학적 협정문들』(Calvin : Theological Treaties)이라는 책 안에 게재되어 있는데 이 문서는 최근 발간된 「칼빈연구」 제7집에서 '교회개혁의 필요성과 종교개혁의 정당성'을 함께 담보하는 것이라는 주제로 발표되었다.[10]

이 논문은 칼빈을 제2세대 종교개혁자로 전제하고서 개혁의 한 세대가 지나면서 개신교회가 로마교회로부터의 분리가 돌이킬 수 없는 현실이 되었을 때 독자적인 교회론이 필요하게 되었으며 칼빈이 직접 개혁의 정당성을 신성

---

8) 박경수, 『교회의 신학자 칼뱅』(서울 : 대한기독교서회, 2009), p.65f.
9) 배경식, '칼빈의 『기독교 강요』에서 보여 지는 변증적 성격', 한국칼빈학회, 『칼빈연구 창간호』 (서울: 한국장로교출판사, 2003), p.255f,
10) 박경수, "칼뱅의 「교회개혁의 필요성」에 나타난 종교개혁의 정당성에 관한 연구", 한국칼빈학회, 『칼빈연구 제7집』(서울: 한국장로교출판사, 2010), p.29-p.44.

로마제국의 황제 카알 5세를 포함한 귀족들과 이 회의에 참여하는 사람들로 하여금 알게 하는 일종의 개신교 '변증적 협정문서'(Apologetic treaties)라고 규정하였다.

이러한 일을 하게 된 배후에는 슈트라스부르크의 개혁자 마르틴 부처(M. Bucer)의 역할이 결정적이었다. 부처는 1543년 10월에 보낸 편지를 통해 칼빈이 직접 1544년 2월에 열릴 슈파이어(Speyer)종교회의에서 "개신교의 종교개혁은 분파운동이 아니라 하나님의 말씀 에 기초를 둔 참된 교회를 회복하기 위한 운동"이라는 것을 밝히도록 권고하였다. 그 회의에서 칼빈은 개신교회의 입장을 분명히 밝힘으로써 신성로마제국의 황제와 영주들이 교황청과의 관계를 끊고 종교개혁을 지지해달라는 교회 정치적인 희망을 담은 이 문서를 작성하게 되었다는 것이다.11)

이 문서에서 보여 지는 가톨릭교회의 교회개혁의 필요성들로는 첫째, 하나님 대신 마리아나 성인들 심지어 성물들까지를 숭상하는 타락한 예배, 둘째, 구원교리에 있어서 이신칭의와는 달리 인간의 선행은 영원한 구원을 위한 공덕으로 생각하는 왜곡된 내용, 셋째, 그리스도께서 제정하신 세례와 성만찬 이외의 성례들을 거부하고, 넷째, 가톨릭교회의 성직매매나 사제들의 타락, 잘못된 교회정치, 성직자 독신제도 등을 통해 보이는 영혼에 대한 폭정을 심각하게 다루었다.12)

이러한 해악들에 대해 칼빈이 제시하는 치료책들은 하나님의 말씀과 초대교회의 신앙적 관습과 표준에 근거한 것이었다. 올바른 예배는 하나님의 위대하심과 거룩하심에 합당한 경외를 표하는 것이다. 교황주의자들이 주장하는 사도들의 권위 계승에 관해서는 사도적 신앙과 진리가 우선이라는 것도 분명

---

11) 상게서, p.29f.
12) J. K. S. Reid, *Calvin Theological Treatises* Vol. XXII, The Library of Christian Calssics(London: SCM Press LTD, 1954), p.188ff.

히 하였다.

칼빈의 이 문서는 카알 5세로 하여금 국가 주도의 공의회를 약속케 하였으며 교황 바오로 3세의 1544년 '아버지로서의 충고'(Paternal Admonition)라는 교서를 작성하도록 하였다. 이로써 칼빈의 교회론은 로마가톨릭주의자들의 개신교회를 향한 비난에 대한 의미 있는 변론인 동시에 개신교회를 위한 견고한 이론적 토대를 제공한 당대의 가장 강력하고 중요한 저술이 되었다는 평가를 받는다는 것이다.

3. 신앙생활의 학교

칼빈은 『기독교 강요』 최종판 제IV권의 제목을 '하나님께서 우리를 그리스도의 공동체로 인도하시며 그 안에서 있게 하시려는 외적인 은혜의 수단'이라고 하였다. 제IV권의 1장 서두에서 교회의 필요성에 대해 다음과 같이 말한다. "우리가 복음을 믿음으로 인해 그리스도가 우리의 그리스도가 되시고, 우리는 그가 가져오신 구원과 영원한 부에 참여하게 된다. 그러나 우리 안에서 믿음을 일으키고 키우며 목적지까지 나아가려면 무지하고 태만한 우리들에게 외적인 도움이 필요하기 때문에, 하나님께서는 우리의 약함을 위해서 필요한 보조 수단들을 더해 주셨다. 그리고 복음이 활발하게 전파되도록 이 보물을 교회에 맡기셨다."[13] 이처럼 하나님께서는 인간의 무지와 태만과 나약함 때문에 외적인 보조수단으로 교회를 세우시고 교회를 통해 구속 활동을 하신다. 무한하신 하나님께서 우리에게 적합하도록 자신을 낮추시는 하나님의 은혜를 보여주신 곳이 교회이다. 교회가 은혜의 산물이라는 것은 교회가 단순히 외형적인 제도를 갖는 사람들의 모임이 아니라는 것을 의미한다.

---

13) 『Institutes』 IV. 1. 1, p.9

칼빈에게 있어서 교회는 신앙생활의 학교이다. "연약한 우리는 일평생 교회에서 생도로 지내는 동안 이 학교로부터 떠나는 것을 허락 받을 수 없다. … 교회의 품을 떠나서는 죄의 용서나 어떠한 구원도 바랄 수가 없다."[14] 여기서 교회 밖에는 구원이 없다는 말은 교회 자체가 구원의 능력을 소유하고 있다는 말이 아니라, 교회를 세우고 말씀과 성례를 통하여 구원하는 하나님의 구원 방법에 참여하지 않는 자들에게 구원이 없다는 뜻이다.

칼빈에게 있어서 교회를 교회되게 하는 두 가지 표지는 말씀과 성례이다. 그의 1559년 최종판 『기독교 강요』에서 교회의 표지에 대해서 "하나님의 말씀이 순수하게 전포되고 그리스도께서 제정하신 성례전이 지켜질 때에 거기 하나님의 교회가 존재한다는 것은 의심의 여지가 없다"[15]라고 말한다. 그러나 변증적인 성격을 갖는 그의 교회론을 한국교회와 연결시켜 볼 때 그가 한 장을 할애하여 강조한 '견책과 출교'라고 명시되는 '권징의 신실한 시행'은 오늘의 한국교회를 참된 교회로 회복시키는 한 요소가 될 것이다.[16]

신앙생활의 학교인 교회가 행해야 하는 것들은 무엇인가? 그것들은 1) 말씀의 바른 전파와 2) 성례의 정당한 집행 그리고 3) 권징의 신실한 시행 등이다.

1) 말씀의 바른 전파

칼빈은 교회를 성도들의 신앙학교 내지는 훈련장이라고 언급하고 있는데 하나님을 아는 참된 신앙은 무엇인가에 대한 답을 "우리를 향하신 하나님의 사

---

14) 『Instutites』 Ⅳ. 1. 4., p.19. 칼빈은 그 증거로 이사야(사 37: 32)와 요엘(욜 2: 32), 에스겔(겔 13: 9)을 인용한다. 하나님이 하늘나라의 생명에서 거절한 사람들은 하나님의 백성의 반열에 가 입되지 못할 것이라고 한다(겔 13: 9).

15) 『Instutites』 Ⅳ. 1. 12,, p.37

16) 참고; 『Institutes』 Ⅳ. 1. 9,, p.33. Augsburg Confession. art. 여기서는 '복음을 올바르게 가르치며 성례전을 올바르게 집행하는 성도의 회중'이라고 정의한다. 칼빈은 교회의 권징을 중요시하지만 교회를 인식케 하는 표지라고는 하지 않는다.

랑에 대한 분명하고도 확고한 인식"17)이라고 간략하게 정의 하고 있다. 이 사랑은 하나님께서 예수 그리스도를 통해 보여주신 십자가의 사랑과 대속적인 죽음 그리고 부활의 영광스러운 영생의 확신과 소망이다.

하나님은 자신의 존재를 자연을 통해서 알리신다. "모든 인류가 동일한 죄 의식을 갖도록 하기 위해 피조물 가운데 자신의 임재를 예외 없이 나타내 보이신다."18) 하지만 이러한 창조 속에 나타난 자연계시는 하나님에 대한 참된 지식으로는 불충분하다. 이것을 아신 하나님께서는 말씀의 빛을 더하셔서 이 말씀으로 구원을 알게 하신다. 인간의 마음은 그 연약함으로 인해서 하나님의 거룩한 말씀에 의한 도움과 뒷받침이 없는 한 도저히 하나님께 다가 올 수가 없다.19)

이 말씀은 성령의 도움이 없이는 바르게 이해될 수 없다. 성령은 복음이 말하는 바로 그 교리를 우리의 마음에 인 쳐 주신다. 칼빈은 성령과 그리스도, 성령과 설교말씀 그리고 성령과 기록된 말씀 간에 긴밀한 관계가 있음을 말한다. 성령을 통하여 심령 속에 감동을 주고 또 우리에게 그리스도를 제시해 줄 때 그것은 생명의 말씀이요, 영혼을 소생케 하고 우둔한 자를 지혜롭게 만드는 말씀인 것이다(시 19:7).20) 그러므로 칼빈은 말씀을 '하나님께서 신자들에게 성령의 빛을 주시는 도구'라고 말한다.

따라서 교회는 하나님의 말씀위에 서있다. 교회의 기초는 하나님의 말씀이다. 교회의 기초는 사람의 판단이나 사제직에 있는 것이 아니라 사도들과

---

17) 존 칼빈,『칼빈의 요리문답』, 한인수 옮김(서울: 도서출판 경건, 1995), 134쪽.
18) 『Instutites』 I . 6. 1,, p.129; 『Instutites』 I . 5. 14., p.127; 시도 비 율이 히니님을 알만한 것이 세계 창조에 명백히 나타나 있다고(롬 1:19)말한 것은 인간의 식별력으로 이해할 수 있는 그러한 계시를 의미한 것이 아니라 인간들이 핑계할 수 없을 정도의 계시를 말하는 것이다. 이런 면에서 자연을 통한 하나님의 계시는 인간에게 아무 소용이 없다 라고 까지 칼빈은 말한다. .
19) 『Instutites』 I . 6. 4., p.139. 모든 인류는 유대인을 제외하고는 모두 하나님의 말씀 없이 하나님을 찾았기 때문에 허망과 오류 속에서 헤매일 수밖에 없었다.
20) 『Instutites』 I . 9. 3., p.181; 하나님께서는 효율적인 말씀의 확증에 의해 그의 사역을 완성하시기 위해 그의 능력을 그의 말씀에 부여한 동일한 성령을 보내셨다는 것이다.

예언자들의 교훈에 있다. 교회는 그리스도의 나라이며 그리스도께서는 그의 말씀으로 지배하신다.[21] 교회를 '진리의 기둥과 터'요 '하나님의 집'이라고(딤전 3:15) 부르는 것은 중요한 일이다. 그러므로 교회는 하나님의 진리가 이 세상에서 없어지지 않도록 하기 위한 '진리의 신실한 파수꾼'이라 불린다. 하나님께서는 교회의 사역과 수고에 의해서 말씀이 순수하게 선포되기를 원하셨고, 영적 양식과 구원에 유익한 모든 것을 우리에게 주심으로써 친히 한 가족의 아버지이심을 보이고자 하셨다. 그러므로 교회로 부터 분리되는 것은 하나님과 그리스도를 부정하는 것이 되며 독생자께서 우리와 맺어주신 혼인(엡 5:23-32)을 깨트리는 무서운 죄악이다.[22]

교회에서 선포되는 하나님의 말씀은 어떤 의미를 갖는가? "하나님만이 교회를 다스리시고 통치하시며 교회 안에서 권위와 우월한 지위를 가지셔야 한다. 그리고 이 권위는 그의 말씀에 의해 행사되어야 한다."[23] 하나님이 교회의 권위를 행사하시는 방법은 말씀 선포이며 이를 위해 자신의 입인 사도와 선지자, 복음 전하는 자, 목사와 교사인 봉사자들을 세우셔서 이들의 입을 통해 자신의 사업을 이루신다. 이는 마치 노동자가 일을 할 때 연장을 사용하는 것과 같다. 교회는 '그리스도 안'에 있는(빌 2:1, 5) 혹은 '그리스도를 본받는'(롬 15:5) 이 말씀을 통하여 건전한 교리의 일치를 이루며 형제애의 교통을 유지한다.[24]

로마가톨릭교회는 예배의 중심이 예전인데 반하여 개신교에서는 설교가

---

21) 『Instutites』 IV. 2. 4., p.79.
22) 『Instutites』 IV. 1. 10., p.35f.
23) 『Instutites』 IV. 3. 1., p.93f.
24) 『Instutites』 IV. 2. 5., p.79f; 칼빈은 아우구스티누스를 인용하여 이단과 분파의 구별을 한다. 이단은 거짓된 교리로 진실한 믿음을 부패시키지만 분리론자들은 간혹 같은 믿음을 가졌으면서도 친교를 깨트리는 것이라고 한다. 여기에서 칼빈이 말하고 싶은 것은 가톨릭교회는 이단이며 혹 가톨릭교회가 이단이 아니라면 개신교회와의 친교를 깨트릴 수 없다는 논리적인 말이다. 주의 말씀을 떠나서는 신자간의 일치가 있을 수 없고 파당만이 있다는 말이다. 교회와의 연합을 강조하는 엡 4:5 말씀이 근거가 된다.

중요한 위치를 차지한다. 칼빈에 의하면 하나님의 말씀을 전파하는 것은 곧 구원을 얻는 신앙을 주기 위하여 하나님께서 정하신 방편이라는 것이다. 그것은 믿음이 말씀을 들음에서 오기 때문이다.

칼빈은 교회의 사역자에 대해 말을 할 때 "네 위에 있는 나의 신과 네 입에 둔 나의 말이 이제부터 영원토록 네 입에서와 네 후손의 입에서 떠나지 아니하리라"(사 59:21)는 말씀을 든다. 하나님 나라의 진리의 선포는 목사와 교사를 통하여 이루어지며 그들이 없이는 "교회가 유지될 수 없다"라고 말한다.[25] 전자는 말씀 전파와 제자훈련, 성례 집행, 경고와 권면을 하도록 했으며, 후자인 교사들은 성경 해석을 하여 신자들 사이에서 교리를 온전하고 순수하게 유지하도록 하였다. 칼빈의 교회관에 있어서 순수한 교리의 유지는 매우 중요한 위치를 갖는다.

하나님은 자신이 말씀하시는 것과 같이 그 말씀을 그 종을 통하여 전달되게 하시며 그 말씀에 우리가 복종할 수 있도록 그의 말씀이 계속 선포되게 하셨다. 그리하여 "예수 그리스도의 교회는 하나님의 거룩한 말씀이 순수하고 신실하게 선포되는 곳"이다.[26] 하나님은 교회를 그의 말씀으로 다스리시고 지배하신다. 그리고 이 말씀을 통하여 사망에서 생명으로 인도하시며 절망한 사람을 소망으로 이끄신다. 그러므로 말씀의 선포를 위임받은 설교자의 중요성은 그가 하나님의 도구로 쓰임 받고 있다는데 있다. 이러한 인간의 사역은 신자들을 묶어 한 몸을 이루게 하는 주된 근육과 같으며 하나님께서 교회를 다스리시기 위해 사용하시는 가장 중요한 힘이 된다.[27]

---

25) 『Instutites』 Ⅳ. 3. 4., p.101.

26) 이장식,『기독교 사상사』제2권, (서울: 대한기독교서회, 1983), p.231.

27) 『Instutites』 Ⅳ. 3. 2., p.97. 하나님께서 이 직책을 목회자들에게 위탁하시고 직무를 수행할 수 있는 은혜를 베푸시며 그들을 통해 은사를 교회에 분배하시며 그의 이 제도 안에서 성령의 능력을 나타내심으로써 친히 임재 하신다는 것을 보여주신다. 이로써 그리스도의 몸이 세워지며(엡 4:12), 범사에 머리이신 그리스도에게까지 자라며(엡 4:15) 그리스도와의 연합을 이룬다.

이같이 설교자의 위치를 중요하게 생각한 칼빈은 말씀이 효과를 갖기 위해서는 성령의 역사가 중요하다고 말한다. 즉 성령이 역사하시면 인간의 말은 생명을 소유하여 하나님의 말씀이 된다는 것이다. 그러나 하나님이 자신을 설교자에게서 분리하시면 그들에게는 아무 것도 남지 않는다고 말한다. 그는 성령의 역사가 없는 단순한 말씀이나 하나님의 말씀이 없는 성령의 역사 모두 불완전하다고 말한다. 성령은 말씀의 터 위에서만 교회를 바른길로 인도한다. 성령은 "교회의 안내자이다"(요 16:7, 13), 성령은 "그리스도의 말씀을 생각나게 하고"(요 14:26), "하나님의 말씀을 살아있게 한다."

그러면 기록된 말씀인 성경은 무엇을 말해주는가? 성경은 "예수 그리스도를 드러낸다"라고 칼빈은 말한다. 예수 그리스도는 그의 백성을 하나님께 이르게 한 구속자이다.[28] 하나님은 그의 유일한 빛이요, 지혜요, 진리이신 아들을 통하지 않고는 자신을 인류에게 계시하지 않으셨다.[29] 이 성육신은 하나님이 자신을 인간의 능력에 맞게 낮추시는 일 중에서도 최고의 겸비이다. 구약과 신약이 여러 가지 면에서 차이점이 있음에도 불구하고 양자가 다 같이 그리스도를 선포하고 있다는 점에서는 동일하다. 인간의 약함을 돕기 위해 하나님이 주신 성경이 예수 그리스도를 증거 하듯이 외적 도움으로 주어진 교회에서의 설교도 예수 그리스도를 증거 하는 것이다.

2) 성례의 정당한 집행

칼빈은 『기독교 강요』 IV권에서 5장을 할애하여 14장에서 17장까지는 개신교의 성경적인 성례에 관하여 논한 후 18-19장에서는 로마가톨릭의 미사와

---

28) Wilhelm. Niesel, "The Gospel and The Churches", 이종성, 김항만 역, 『비교교회론』 (서울: 대한기독교출판사, 1988), p.101.
29) Ibid., p.32.

다섯 가지 의식을 논박한다. 칼빈이 말하는 성경적인 성례란 무엇인가? 그것은 인간의 무지와 나약함을 돕는 또 하나의 수단이며 그리스도의 복음 전파를 위한 또 하나의 방편이다. 30)

성례는 우리 신앙의 약함을 도와주기 위해 주께서 우리를 향한 그의 선한 약속들을 우리 양심에 인 치시는 외적 표시이다. 그리고 우리 편에서는 주님과 주의 천사들과 사람들 앞에서 그에 대한 우리의 경건을 증거 하는 것이다.31) 이처럼 성례는 우리에게 주시는 주님의 약속들을 외형적인 표로써 확증시키는 역할을 하며, 우리로 하여금 하나님의 말씀의 진실성을 더욱 확실하게 만드는 역할을 한다.

칼빈은 성례를 문서에 찍힌 인장에 비유하였다. "문서가 그냥 백지일 경우에 인장 자체는 아무런 의미가 없으나 문서인 경우 인장이 있어야 거기에 쓰인 내용을 확증하는 것이 된다."32) 칼빈은 로마서 4:11의 예를 들어 아브라함이 받은 할례는 의롭다함을 얻기 위함이 아니라 믿음으로 이미 의롭다함을 받았다는 그 믿음의 언약에 날인하는 것이라고 주장한다. 성례는 말씀과 언약의 첨가된 것이어서 성례 그 자체로는 아무런 의미를 갖지 않는다고 본 것이다. 하지만 그것이 믿는 자들에게는 큰 의미가 있다는 것이다. 주께서는 그의 약속을 '언약'이라고 부르고 성례는 '언약의 표'라고 부르신다. 그러므로 성례는 우리로 하여금 하나님의 말씀의 진실성을 더욱 확실하게 믿게 만드는 예식이다. 지도 교사가 어린아이들의 손을 잡아 친절하게 인도하듯이 성례도 우리의 우둔한 능력에 맞도록 가르치려는 것이다. 이런 면에서 성례는 아우구스티누

---

30) 『Instutites』 Ⅳ. 14. 1., p.539.
31) Ibid., p.541. 참조: 각주 2. Fuhrmann은 표징(sign), 표지(mark), 인(seal), 표(token) (라틴어의 tessera)에 대한 칼빈의 사용을 설명하면서 이런 단어들이 상징(symbol)으로 번역되는 것은 잘못이며, 칼빈은 성례에 대해 상징이란 말을 거의 사용하지 않았다고 한다. 국어사전에 의하면 상징이란 말로 설명하기 어려운 개념을 구체적인 사물에 의해 나타내는 일이나 대상을 말하는 데 대표적인 것은 '비둘기는 평화의 상징'이라는 말이다.
32) 『Instutites』 Ⅳ. 14. 5,, p.547.

스가 말한 것처럼 하나님의 약속들을 그림으로 그려 보여주며 사실적인 형상으로 묘사해서 우리의 눈앞에 보여주는 '보이는 말씀'이다.[33]

칼빈이 성례를 비유한 또 다른 한 가지는 거울이다. 성례는 말씀의 확인을 위해서가 아니라 말씀에 대한 우리의 믿음을 더 굳세게 하기 위해서 필요하다. 주님은 육신의 일에 집착해있는 나약한 인간들을 인도하시기 위해 자신을 낮추시고 이 땅에 속한 요소들을 사용하여 자신에게 인도하시는 데 성례는 우리 앞에 놓이는 영적인 축복들의 거울이다. 우리에게 베푸시는 하나님의 풍성한 은혜를 그 거울 속에서 볼 수 있다고 말한다.[34]

칼빈은 성례에 대해서 다른 비유를 들어서 더 분명하게 말한다. 성례는 '우리의 믿음의 기둥'이라고 본 것이다. 믿음의 집을 진다고 가정할 때 건물이 기초 위에 서 있지만 기둥으로 받쳐져야만 확고하게 서 있을 수 있는 것과 같이, 믿음은 하나님의 말씀을 기초로 삼고 그 위에 서있으며, 성례가 기둥이 되어 믿음을 받치게 되어 더욱 튼튼하게 서있게 된다는 것이다.[35] 말씀에 기초를 둔 믿음의 집의 든든한 기둥은 성례이다.

우리는 성례를 통해서 하나님의 은총을 확증하며 우리의 믿음을 지탱하고 자라게 하며 성장시킨다. 이러한 성례를 통해서 우리의 믿음이 자라고 성장하기 위해서 칼빈은 먼저 내적 교사인 성령이 오셔야 한다고 말한다. 그리고 칼빈은 우리의 믿음을 강화시키는 데에는 말씀과 성례가 동등하게 역사한다고 주장한다. 믿음의 집에서 필요한 요소들이 말씀과 성례라는 말이 된다. 그러므로 성례를 믿음으로 받지 않으면 그것은 마치 받을 그릇의 뚜껑을 열지 않고서 포도주나 액체를 붓는 것과 같다. 성례는 잔에 포도주를 따르듯이 그 힘으로 성령의 내적인 은혜를 우리에게 부어주신다는 것이다. 우리의 마음을 열

---

33) 『Instutites』 IV. 14. 6,, p.549.
34) 『Instutites』 IV. 14. 3,, p.543.
35) Ibid.

어 이 증거를 받아들일 수 있게 만드는 것은 성령이시다.36)

성례(Sacrament)라는 말은 그의 약속의 신실성을 확실하게 믿도록 하시기 위한 자연적인 것들이나 기적 등의 표징들을 포함한다. 여기에서 칼빈이 말하는 넓은 의미의 성례가 있다. 칼빈이 말하는 넓은 의미에서의 성례는 무엇을 의미할까? 칼빈은 하나님이 자기의 약속을 확증하기 위해 제시한 모든 표지들을 성례라고 부른다. 그러므로 그는 구약시대에도 성례가 있었다고 본다. 아담과 하와에게는 생명나무가 있어서 그 열매를 먹는 동안 영생을 확신했으며(창 2:9, 3:22), 노아와 그 후손들에게는 무지개를 두시고 홍수로 땅을 멸망시키지 않겠다는 표징으로 삼으셨다. 이러한 것들이 성례였다. 하나님께서 인간의 약한 믿음을 붙들어 주며 강화하기 위해 사용하신 것들은 성례전이다. 이는 마치 은덩어리를 관인을 찍어 은전을 만들면 다른 가치를 지니는 것과도 같다고 말한다.37)

성례는 주께서 자신의 신실함을 보여주시기 위해 각 시대에 맞도록 여러 가지 방법으로 시행하셨다. 아브라함과 그 후손들에게는 할례를 명하셨으며(창 17:10), 이후 모세의 율법에서는 성결 예식들과(레 11장-15장) 희생제사와 다른 의식들을 더 하셨다. 이것들이 그리스도께서 오시기 전 유대인들의 성례전이었다. 그리스도께서 오심으로 이것들이 폐지되고 세례와 성만찬이라는 두 가지 성례가 제정되어 오늘 그리스도의 교회가 사용하고 있다(마 28:19, 26:26-28)38)

구약시대의 성례는 신약시대의 성례와 마찬가지로 예수 그리스도를 지향

---

36) 『Instutites』 Ⅳ. 14. 17,, p.571f.
37) 『Instutites』 Ⅳ. 14. 18,, p.575f. 여기에서 칼빈은 구약에서 다른 종류의 성례의 예들을 아브라함이 연기 나는 풀무 속에서 타는 횃불을 본 것(창 15:17), 기드온에게 승리를 약속하실 때 보여주신 젖은 양털과 마른 양털의 기적(삿 6:37-40), 히스기야 에게 건강회복을 약속하실 때 해 그림자가 10도 물러가게 하신것 등을 든다.
38) 『Instutites』 Ⅳ. 14. 20,, p.579.

하고 있다고 보았다. 따라서 구약과 신약의 성례는 통일성을 갖는다고 볼 수 있다. 칼빈은 신약의 교회를 위해서 세례와 성만찬이라는 두 가지 표지를 주심으로 주님께서는 그것으로 우리 마음에 언약을 인 치셔서 우리 신앙이 연약할 때 보호하신다고 말한다.

성례는 우리의 약한 믿음을 받쳐주기 위해 하나님께서 우리에게 대한 그의 선하신 뜻의 약속을 우리의 양심에 인 치시는 외형적인 표이고, 우리 편에서는 그 표에 의해서 주와 주의 천사들과 사람들 앞에서 주께 대한 우리의 충성을 확인하는 것이다.

칼빈은 우리의 연약함을 도우시는 하나님의 수단의 하나로서 성례전을 언급하면서 성례전에서 성령의 역사를 강조하였다. 성령은 성례전을 통하여 무슨 신비스러운 것을 전해주는 것이 아니라 바로 예수 그리스도를 계시하여 준다. 설교 말씀의 중심이 예수 그리스도이듯이 성례전의 본체 역시 예수 그리스도이시다. 신자들은 이 성례전을 통하여 예수 그리스도와 그의 은혜를 더욱 풍성히 받게 된다.

칼빈이 말하는 성례전을 종합하여 요약하면 다음과 같다.

첫째, 무엇보다도 성례의 주인은 하나님이시다. 새로운 성례를 정하는 것은 인간이 할 일이 아니라 하나님만이 하실 일이다. 칼빈에게 있어서 성례는 무엇보다 하나님으로부터 인간에게로 오는 것이라고 할 수 있다.

둘째, 그리스도의 몸과 피의 결합으로 이루어지는 성례의 본체나 실체는 '그리스도'라고 대답한다.[39] 주께서는 그의 말씀과 성례를 통해서 그의 자비와 은혜의 약속을 우리에게 제시하신다. 성례전은 그리스도에 대한 참된 지식을 증가시키며, 그리스도를 좀 더 충만히 소유하게 되며, 그의 풍부한 축복을 누리게 한다. 하지만 이러한 축복은 누구나 누리는 것은 아니다. 확실한 믿음으로 말씀과 성례를 받는 사람만이 이 일을 깨닫는다. 성례는 하나님의 은혜

---

39) 『Instutites』 Ⅳ. 14. 16., p.569.

에 대한 증거이다. 성례는 하나님의 은총을 우리에게 확증함으로써 우리의 믿음을 지탱하고 자라게 하며 강화하고 증진시킨다.

셋째, 성례는 우리 신앙의 약함을 도와주기 위한 것이다. 성례는 하나님의 거룩한 말씀을 확인하기 위해서 필요하다기보다는 그 말씀에 대한 우리의 믿음을 확립하기 위해서 필요하다. 성례라는 은혜의 약속을 깨닫기 위해서는 믿음이 전제돼야 한다고 할 때, 칼빈은 성례가 믿음을 일으키기 위해서 복음 선포가 필요하다고 말한다. 우리는 성례의 말씀을 들을 때에 목사가 분명한 음성으로 선포하는 그 약속이 신자들의 손을 잡고 표징을 가리키며 지시하는 곳으로 인도한다는 것을 알아야 한다.[40] 실체가 없는 표징이 아니라 실체와 표징을 겸해서 가지기 위해서는 거기에 포함된 말씀을 믿음을 가지고 이해해야 한다. 성례를 통해서 그리스도를 나눠 가짐으로써 우리는 유익을 얻으며 따라서 그만큼 성례에서 유익을 얻는 것이다.[41]

넷째, 성례전은 내적 스승인 성령이 같이 계실 때 비로소 그의 임무를 행할 수 있다. 성례가 믿음을 증진시키지만, 이 믿음은 성령의 고유한 역할이기 때문이다. 성례가 그 임무를 올바르게 수행하려면 반드시 내적 교사인 성령께서 오셔야 한다. 성령의 힘이 아니면 마음속에 침투하고 감정을 움직이며 우리의 영혼을 열어서 성례가 들어오게 할 수 없다. 성령의 힘이 없으면 성례는 아무 유익도 주지 못하며, 이 교사의 가르침을 이미 받은 마음속에서 성례가 믿음을 강화하며 증진시키는 것을 아무 것도 막을 수 없다. 성령과 성례를 구

---

40) 『Instutites』 Ⅳ. 14. 4., p.546f. 갈빈은 이를 통해 교황의 압세 하에서 행해진 사세들의 축성문 (the formula of consecreation)을 비판한다. 로마가톨릭교회는 배우지 못한 신자들에게 쉰 목소리가 섞인 라틴어로 함으로써 마술사의 주문 같은 신비감을 갖게 했다. 아우구스티누스는 이에 대해 '성례에 사용되는 표징에 말씀을 첨가하라'고 했다. 말씀의 선포가 아니라 믿어지는 말씀을(롬 10:8) 의미한다.

41) 『Instutites』 Ⅳ. 14. 15., 567f. 성례의 내용과 형식이 성례에 포함되어 두 가지가 긴밀하게 결합되어 서로 분리할 수 없으며 항상 본체를 표징과 구별하여 한쪽에 속한 것을 다른 쪽으로 옮겨서는 안 됨을 의미한다.

분하여 역사하는 힘은 전자에만 있고 그 임무는 후자에 돌린다. 성령의 역사가 없으면 성례는 실속 없고 빈약한 것이 되지만 성령이 역사하고 힘을 나타날 때는 위대한 효력을 발휘한다. 42)

다섯째, 주께서 성례를 제정하신 것은 주를 경배하는 종들이 한 믿음을 가지며 한 믿음을 고백하도록 장려하시려는 것이다. 이 표징들은 위에서 주로부터 오는 은혜와 구원의 증거라고 말한 것과 같이 우리 쪽에서는 고백의 표 즉 우리가 하나님께 대한 충성을 공개적으로 서약하며 하나님께 충성하겠다는 의무를 지는 표지이다.43) 하나님과 인간의 신앙적 관계를 의미하는 진정한 경건을 위한 보조 수단이다. 이런 면에서 칼빈이 이해한 성만찬은 성령의 능력에 의한 그리스도의 실재적 임재로 파악된다. 그것은 설교와 마찬가지로 보이는 하나님의 말씀의 형식이다.44)

여기서 우리가 한 가지 명심해야 하는 사실은 성례는 하나님의 도구 일뿐 그 자체에는 효력이 없다는 것이다. 하나님께서 그의 관용하심과 자비로 우리가 쓰도록 마련해 주신 다른 피조물들을 신뢰하지 않는 것이 우리의 의무이다. 우리는 성례 자체를 믿거나 하나님의 영광을 성례에 옮겨서는 안 된다.45) 그리스도께서 더욱 완전하게 계시 될수록 성례는 더욱 분명하게 그리스도를

---

42) 『Instutites』 Ⅳ. 14. 9., p.555. 성령이 없다는 것을 칼빈은 어두운 눈에 비치는 태양의 빛이나 막힌 귀에 울리는 음성과 같이 아무런 효과가 없다고 한다.

43) 『Instutites』 Ⅳ. 14. 19., p.883ff. 아우구스티누스의 말을 빌리면 참 종교이든 거짓 종교이든 사람을 하나로 뭉치게 하려면 반드시 표징이나 가시적 성례에 참여하게 함으로써 서로 결합시켜야 한다는 것이다. 이것을 아신 하나님께서 종들을 위해 성례를 제정하셨다고 한다. 그 후에 사탄은 이것을 사악하고 미신적인 행위로 변질시켜 타락 시켰다고 한다. 크리소스톰의 말처럼 이 의식은 하나님께서 우리와 관계를 맺기 원하시는 계약(covenants)으로서 하나님께서 그의 백성들을 훈련시키고자 하시는 것이다.

44) 정승훈, 『종교개혁과 칼빈의 영성』 (서울: 대한기독교서회, 2000), p.21.

45) 『Instutites』 Ⅳ. 14. 12., p.561. 칼빈은 성찬이란 우리의 믿음을 강화시키는 것이기 때문에 성찬에서 사용되는 빵과 포도주는 하나님의 도구로서만 가치가 있다고 말한다. 이를 통해 가톨릭교회의 화체설을 반대한다. 성례의 기능은 하나님의 약속을 우리의 눈앞에 놓고 바라볼 수 있게 함으로써 약속의 보증이 되는 것이다.

우리에게 제시한다. 세례는 우리가 깨끗하게 씻음을 받았다는 것을 우리에게 확증하며 성만찬은 우리가 구속을 얻었다는 것을 확증한다. 물은 씻음을, 피는 속죄를 나타낸다. 물과 피는 깨끗하게 하며 구속하는 증거다. 그러나 가장 중요한 증거인 성령은 이런 증거를 우리가 확신하게 만드신다.46)

3) 권징의 신실한 시행

칼빈은 『기독교 강요』 제VI권 12장에서 '교회의 권징'을 다루고 있는데, 주로 권책과 출교로 한정하고 있다. 칼빈은 교회 안에서 권징의 필요성에 대해서 다음과 같이 말한다. "사회나 조그마한 가정도 권징이 없이는 올바른 상태를 유지할 수 없다면 가장 잘 통제 되어야 할 교회에서는 더욱 더 권징이 필요하다. 따라서 그리스도의 구원의 교훈이 생명인 것 같이 권징은 그 근육이며 이 근육을 통해 몸의 지체들이 서로 결합되고 각각 자신의 위치에 있을 수 있다."47)

칼빈은 권징의 필요성을 논하기 전에 군주들이 권위를 가지고 국가의 강제력을 통해 교회 문제에 간섭하는 예를 들면서 그것이 교회의 질서를 보존하며 확립하는 것이라면 그 개입을 비난하지 않는다고 말한다. 법률과 칙령과 재판으로 종교를 유지 존속케 하는 것은 경건한 군주들의 의무라고까지 하면서 긍정적인 평가를 했다.48) 그는 권징의 종류를 일반 권징과 특별 권징으로 나누고서 전자는 모든 사람들이 복종해야 될 것으로 후자는 성직자에게 해당되는 것으로 말한다.

---

46) 『Instutites』 Ⅳ. 14. 22., p.583.
47) 『Instutites』 Ⅳ. 12. 1., p.445f.
48) 『Instutites』 Ⅳ. 11. 16., p.444f. 구체적인 실례로 경건한 마리우스 황제가 야만족으로 부터 내어 쫓긴 감독을 받아들이라고 다른 감독들에게 명령을 했을 때 교황 그레고리오스는 황제의 명령을 받아들이고 감독들에게 복종하라고 권면을 했으며, 또한 콘스탄티노플의 요한 감독과 화해하라고 했을 때는 자신의 양심이 허락하는 대로 복종하겠다고 한 것을 들었다. 동시에 그는 이런 명령은 경건한 군주로서 합당한 처사라는 것이다.

칼빈은 권징의 목적을 세 가지로 구분하였다.[49]

첫째는 추악하고 부끄러운 생활을 하는 자들에게서 그리스도인이라는 이름을 빼앗으려는 것이다. 품행이 단정치 못하고 불명예스러운 생활을 하는 자가 하나님께 모욕을 끼치며 하나님의 거룩한 교회(엡 5:25)를 사악하고 음모단체의 사람들의 소굴로 만드는 것은 그리스도인이라 말할 수 없다는 것이다. 둘째는 선량한 사람이 악한 사람들과 교제함으로 말미암아 타락되는 일이 없게 하기 위함이다. 셋째는 자신의 추악함에 대한 부끄러움에 스스로 회개하도록 하고자 함이다.[50]

자기의 악행에 대한 징벌을 받고 매를 맞아 각성하며 유익을 얻도록 함이라는 것이다. 따라서 칼빈이 의도하는 참 교회는 권징이 바로 시행되는 교회이다. 신자들이 어떻게 믿어야 하는가 하는 신앙의 표준이 있어야 하고, 어떻게 행해야 하는가 하는 도덕적, 윤리적 행위의 표준도 있어야 함을 보여 준다. 교회는 교리의 혼란을 초래하거나, 추문이 있을 때 말씀의 순결함과 성도들의 성화의 생활을 보존하는 수단으로서 권징을 집행해야 한다는 것이다.[51]

바울은 고린도 교회 신자들을 말로 견책했을 뿐만 아니라 교회에서 추방했고, 고린도교회 신자들이 그를 오래 묵인 한 것을 책망했다(고전 5: 1- 7). 고대 교회는 범죄하여 교회에 누를 끼치는 일이 발생하면 우선 그런 사람이 성찬에 참가하는 것을 금하고, 다음에는 하나님 앞에서 겸손한 태도를 취하며 교회 앞에서 회개한 증거를 보이도록 명령했다. 그뿐 아니라 실수한 사람들에게는 회개의 표시로서 엄숙한 의식을 지키도록 명령하는 것이 그들의 관습이었다. 고대 교회에서는 이 권징에서 아무도 제외되지 않아서 군주나 평민이나 동등하게 적용되었다.

---

49) 『Instutites』 Ⅳ. 12. 5., p.451ff.
50) 『Instutites』 Ⅳ. 12. 5. p.451ff.
51) 신복윤, "칼빈의 교회관", 『신학 정론』 제6권 1호, p.39.

칼빈은 교회가 권징을 행함에 있어 '온유한 심령'(갈 6:1)을 갖는 것이 합당하다고 말한다. 바울이 지시한대로 그들에 대한 사랑을 보여야 한다(고후 2:8). 또한 우리는 그들을 위해서 끊임없이 기도하는 것을 잊지 말아야 한다고 하였다. 교회에서 출교를 행함에 있어서도 출교 당하는 사람을 영원한 파멸과 멸망에 빠뜨리려는 것이 아니라 교정수단으로 행하는 것이다. '출교와 저주'는 다르다. 저주는 죄의 용서를 거부하고 사람을 영원한 멸망에 정죄 하는 것이다. 그러나 출교는 단지 그의 도덕적 행위를 처벌하며 징계하는 것이다. 출교도 벌을 주는 것이지만 장차 정죄를 받으리란 것을 미리 경고함으로써 사람을 불러 돌이켜서 구원을 얻게 하려는 것이다.[52] 징계 대상자를 온유하고 아버지 같은 태도로 대하며 참회자가 교회가 만족할 정도의 의식을 지키면 안수함으로써 은혜 안으로 받아들이는 화목을 우선으로 하였다.

그러나 칼빈은 권징에 의해서 완전한 교회의 정화를 기대하지는 않았다. 다만 그리스도의 몸 된 교회가 최대한 단일성을 유지하도록 권징을 사용할 것을 말한 것이다. 따라서 칼빈은 권징을 통해서 분리를 추구하는 것이 아니라 하나 됨을 기대하는 것이었다.

웨스트민스터 신앙고백서는 '교회의 권징'에 관해 기술하기를 "과오를 범한 형제를 교정하고 잃어버리지 않기 위해 필요하다"[53]고 전제한다. "다른 사람들이 같은 과오를 범하는 것을 방지하며 많은 사람들에게 좋지 못한 영향을 줄지 모르는 누룩을 없애버리고 그리스도의 명예와 복음의 거룩한 직업을 옹호하고 하나님의 진노를 막는 데 필요하다."[54]라고 언급하고 있다. 이 목적을

---

52) 『Instutites』 Ⅳ. 12. 8. p.459f. 칼빈은 고대교회가 행한 엄격한 참회와 친교정지를 3년, 4년, 7년 혹은 종신토록 강요한 과격한 엄격주의를 용납하지 않는다. 그것은 주의 명령에서 벗어난 것이라고 지적한다. 다른 예를 들어 아우구스티누스가 도나투스파를 회개한 즉시 받아들였다고 강조한다.
53) 『대한예수교장로회총회 헌법』(서울: 한국장로교출판사, 2007), 125쪽.
54) 상게서.

더 효과적으로 달성하기 위해서는 충고로 부터 시작하여 얼마동안 주의 만찬에 대한 배석을 정지하고 범죄의 성격과 본인의 과실에 따라서는(살전 5:12, 살후 3:6, 14-15, 고전 5:4-5, 13. 마 18:17, 딛 3:10) 교회에서 제명도 구체적으로 제안하고 있다.55)

나가는 말

칼빈은 자신의 주저서인 『기독교 강요』를 서술할 때 많은 자연적인 예들을 들면서 신앙의 중요한 개념들을 설명한다. 이는 독자들이 이미 가톨릭 신앙에 물들여져 성경에 무지했기 때문에 그 사람들로 하여금 개신교 신앙을 더 잘 이해하도록 하기 위함이었을 것이다.

종교개혁자들이 꿈꾸고 있었던 참된 교회의 모습은 무엇인가? 한마디로 말해서 교회란 건물이나 제도가 아니라 사람들의 모임 다시 말해 예수 그리스도를 구주로 믿는 '성도들의 모임'(The communion of the saints)이었다.

칼빈의 교회론을 교리적 측면에서만 본다면 '하나님의 말씀이 올바로 선포되고 성례전이 바로 집행되는 그리스도의 몸'으로 규정하면 되지만 그의 교회론이 변증적인 모습을 가지려면 한국교회의 현재 모습과 견주어 볼 때 '하나님의 거룩한 교회를 만들기 위해 권징이 신실하게 시행되는 곳'이어야 한다.

칼빈이 말하는 '개혁하는 교회'(Ecclesia reformanda)란 1544년 2월에 열린 슈파이어(Speyer)종교회의에서 '가톨릭교회로 부터의 분파적인 행동이 아니라 하나님의 진리를 찾고 참된 교회를 회복하려는 것'임을 보여준 변증적인 성격을 가진다. 여기에서 그는 가톨릭교회가 행하는 하나님 대신 마리아나 성인들 심지어 성물들까지를 숭상하는 타락한 예배를 지적하면서 비성경적인

---

55) 참조: 상게서.

인간의 공로에 의한 구원관과 가톨릭교회의 인위적인 성례전 비판 나아가서는 성직매매와 잘못된 교회정치 등 신앙의 해악들에 대해 지적하였다. 이에 대해 칼빈이 제시하는 치료책들은 하나님의 말씀과 초대교회의 신앙적 관습과 표준에 근거한 것이었다.

칼빈은 교회를 신앙생활의 학교라고 전제하고서 교회의 필요성을 인간의 무지와 태만과 나약함 때문에 외적인 보조수단으로 교회를 세우시고 교회를 통해 구속 활동을 하신다고 말한다. 무한하신 하나님께서 우리에게 적합하도록 자신을 낮추시는 하나님의 은혜를 보여주신 곳이 바로 신앙생활의 학교인 교회이다.

칼빈은 교회를 성도들의 신앙학교 내지는 훈련장이라고 언급하면서 하나님을 아는 참된 신앙은 '우리를 향하신 하나님의 사랑에 대한 분명하고도 확고한 인식'이라고 정의한다. 하나님께서 예수 그리스도를 통해 보여주신 십자가의 사랑과 대속적인 죽음 그리고 부활의 영광스러운 영생의 확신과 소망을 아는 것이다. 교회의 기초는 하나님의 말씀이다. 교회의 기초는 사람의 판단이나 사제직에 있는 것이 아니라 사도들과 예언자들의 교훈에 있다. 그래서 설교자의 위치가 중요하며 말씀이 효과를 갖기 위해서는 성령의 역사가 중요하다고 말한다.

칼빈은 권징의 필요성을 논하면서 경건한 군주들이 권위를 가지고 국가의 강제력을 통해 교회문제에 간섭하는 것을 교회의 질서를 보존하며 확립하는 것이라면 그 개입을 허용하였다. 칼빈이 말하는 권징의 목적은 무엇인가? 1) 추악하고 부끄러운 생활을 하는 자들에게서 그리스도인이라는 이름을 빼앗으려는 것. 2) 선량한 사람이 악한 사람들과 교제함으로 말미암아 타락되는 일이 없게 하기 위함. 3) 자신의 추악함에 대한 부끄러움에 스스로 회개하도록 하고자 함이었다. 그러면서도 그는 교회가 권징을 행함에 있어 '온유한 심령'(갈 6:1)을 갖는 것이 합당하다고 말한다. 징계 대상자를 온유하고 아버지 같은 태도로 대하며 참회자가 교회가 만족할 정도의 의식을 지키면 안수함으로써 은혜 안으로 받아들이는 화목을 우선으로 하였다. 그리고 칼빈은 권징을 통해서 분리를 추구하는 것이 아니라 하나 됨을 기대하는 것이었다.

이러한 칼빈의 교회론에 비추어 보는 한국 교회의 문제점들로는

1. 주님의 사랑만을 강조하며 공의를 말하지 않음으로 죄에 무디어져 있다.
2. 교회 내에서 철저한 신앙 교육이 제대로 이루어지지 않고 있다. 심지어 교회에서 학습이라는 과정이 없이 세례를 베푸는 것은 시정되어야 한다.56)
3. 교회의 성장을 질보다 양으로 평가하여 외형적인 것에 치중하는 것은 시정되어야 한다.
4. 교회에서 진정한 예배를 드리기보다 이벤트성 행사에 치중하려는 경향이 있다.
5. 교인들이 하나님께 인정받는 삶보다 목회자에게 인정받으려는 신앙생활을 한다.

한국사회의 변화에 따른 이농현상으로 농촌교회는 텅 비어 있다. 도시교회는 대형교회로 변모해 가고 있고 개척교회는 생존을 위해 안간힘을 다하고 있다. 교회의 수평이동을 통해 교인들은 자신들의 입맛에 맞는 교회들을 찾아 헤맨다. 그럼에도 한국교회를 움직이는 힘은 바알에게 무릎을 꿇지 않은 남은 자들이 교회 안에 있다는 것이며 이들의 애절한 기도가 상달되어 오늘의 한국

---

56) 배경식, 『종리교회백년사』(전주: 집현전, 2007), 1907년에 설립된 전북 완주 종리교회의 당회록(1907-1936)에 의하면 학습문답과 세례문답이 정확하게 6개월을 주기로 당시 선교사이던 마로덕(L. O. McCutchen) 당회장의 주도로 시간과 장소, 배석자가 4-5명이 있는 가운데 실시되는 것을 보게 된다. 당시 학습, 세례 시에 알아야 될 내용들은 주기도문과 사도신경, 십계명은 기본으로 알아야 하며 주일성수와 조상숭배 문제, 십일조, 주초와 부도덕한 생활 등을 자세히 묻고 대답을 했다. 학습은 최소 교회생활을 모범적으로 6개월을 해야 하며 세례는 학습 후 다시 6개월 후에 세례를 받게 하였다. 가톨릭은 이이들이 개신교의 세례에 준하는 견신례를 행할 때 1년 이상 가톨릭의 교리를 교육받아야 한다고 하는데 개신교회의 신앙적 각성이 요구된다.

교회를 살지게 하고 있다.

이러한 상황에서 한국교회의 미래는 어떻게 될까? 거대한 대형교회보다는 신앙의 공동체를 유지하면서 말씀에 충실한 소규모의 교회들이 들어 찰 것으로 예상된다. 그곳에서 칼빈이 말한 1) 말씀의 바른 전파와 2) 성례의 정당한 집행 그리고 3) 권징의 신실한 시행이 제대로 이루어져 교회다움을 추구하는 교회가 이루어진다면 교회 구성원들은 신앙적으로 만족하게 되고 하나님께서는 이일을 기뻐하시고 한국교회를 바로 세워주시며 축복하실 것이기 때문이다. 이러한 교회들이 소수이지만 한국사회의 보이지 않는 곳 도처에 남아 있기에 정치적으로나 자원적으로 빈약하며 세계 유일의 분단국가이지만 세계에 당당히 한국이라는 이름을 드높이며 기독교 선교 대국으로 존재하는 것이다.

제21장

하이델베르크 교리문답과 개혁신학

들어가는 말

지금으로부터 55년전인 1950년대 필자가 주일학교를 다닐 즈음에 예배당에서 미국남장로교 대한선교단에서 발간된 초학문답과 교리문답을 배웠던 기억이 난다. 주일오후에 ㄱ자로 된 예배당에 신발을 벗고 들어가면 1부 예배를 드리고 반별로 나누어져 분반공부를 했는데 거의 매주일 초학문답과 요리문답을 선생님을 따라 반복하며 외우는 것이 분반공부의 전부였다. 당시 저급반인 1-3학년은 초학문답을, 고학년인 4-6학년은 교리문답을 외우게 하였다. 그리고 2부에는 다시 예배당에 모여 재미있는 동화를 듣는 것이 하나의 즐거움이었다. 가끔 새로운 동요노래도 배웠다. 특히 매월 첫주 꽃주일이 되면 전체 학생들이 교회 앞마당에 둘러앉아서 수건치기나 짝짓기를 하면서 놀이시간인 소창시간을 가졌던 기억이 난다.

지금 돌이켜 생각해 보면 내 개인의 신앙적 성숙이 분반공부를 통해 이루어 졌으며 그때 배운 기억으로 하나님이 세상을 6일 동안에 창조하셨다는 것과 사람의 제일 되는 목적은 하나님을 영화롭게 하고 영원토록 그를 즐겁게 하는 것이라고 앵무새처럼 외웠다. 그것이 의미하는 정확한 뜻은 잘 몰랐던 것이 사실이다.

당시 주일학교는 나의 신앙을 키워준 학교이자 내 자신을 기쁘게 해주는 마음의 안식처였다. 그래서 열심히 예배당을 다녔고 예배당은 예술가로 말하면 나의 무대였으며 크리스마스를 그 어떤 명절보다 더 크게 생각하며 연극의 주인공 요셉 역을 도맡아했다. 1980년대 독일에 유학을 갔을 때도 성탄연극을 한인교회에서 했는데 주인공 요셉은 내차지가 되었다.

그 후 55년이 지난 2013년은 하이델베르크 교리문답(Der Heidelberger Cathechismus)이 작성 공표된 지 450주년을 맞는 해이다. 하이델베르크 교리문답 반포 450주년을 맞아 독일과 네델란드, 영국, 미국을 비롯하여 세계 각국의 개혁교회 전통을 갖는 나라에서는 하이델베르크 교리문답 작성 공표 450주년 기념행사를 갖게 되었다. 한국에서도 개혁신학회가 주관하여 학술대회를 가졌다.

필자는 안식년을 맞이하여 2013년 봄학기를 하이델베르크에서 지내는 동안 그곳의 개신교회들이 경쟁적으로 신앙강좌를 통해 하이델베르크 교리문답 450주년 기념행사를 갖는 것을 보며 참여를 했다. 또한 그곳에서 벨커(M. Welker) 교수가 주관하는 신학주제발표모임에 참석하여 하이델베르크 교리문답에 관한 논문집과 해설서인 『신앙의 힘』(*Macht des Glaubens*)[1]이라는 귀한 책을 선물로 받아 잘 보관하고 있다.

하이델베르크 교리문답은 1618/19년 도르트회의(Canons of Dort) 이후 벨기에 신앙고백, 도르트 신경과 함께 개혁교회의 3대 신앙고백으로 받아들여

---

1) Karla Apperloo-Boersma und Herman J. Selderhius, 『Macht des Glaubens』, 450 Jahre Heidelberger Kathechismus (Göttingen: Vandenhoeck & Ruprecht, 2013). 이 책은 하이델베르크 교리문답의 역사와 신학에 관한 논문해설집으로서 배경이 되는 다양한 사진을 첨부하여 매우 아름답게 꾸며진 양장책이다.

지고 있다. 그중 가장 사랑을 많이 받았고 개인의 신앙생활과 교회와 학교에서 널리 사용된 것이 하이델베르크 교리문답이었다.[2] 이 교리문답은 웨스터민스터 신앙고백과 함께 대표적인 개혁교회 신앙고백서이다.

본 논문은 2013년 9월 28일 한국장로교총연합회가 주최하고 한국장로교신학회가 주관한 한국장로교연합회 제22회 학술발표회인 "하이델베르크 교리문답과 한국장로교회"의 내용과 2013년 10월 21일 한국개혁신학회 제 35회 정기학술심포지엄에서 발표된 내용들을 인용 재정리하면서 하이델베르크 교리문답의 작성 공표 배경과 내용 그리고 그 내용이 칼빈의 신학과 어떤 연관이 있는가를 살펴보려 한다.

본 논문에서 집중적으로 다루어지는 것은 개혁교회가 가톨릭이나 루터교회와 차별적으로 갖는 독특한 신학내용인 성만찬과 그리스도의 신성과 인성, 교회의 권징에 관한 것을 다루어보려 한다.

1. 하이델베르크 교리문답의 시대적 배경

하이델베르크 교리문답이 공표된 1563년은 아우그스부르크 협약(1555)이 이루어진 이후 8년이 지난 해였다. 이때부터 루터의 사상을 담은 아우그스부르크 신앙고백과 개혁파 신앙고백인 하이델베르크 교리문답을 통해 개신교는 루터교회와 개혁교회로 그 모습을 나타내게 되었다. 루터파라는 말은 1520년

---

2) 박성환, "가르치는 설교: 새로운 하이델베르크 교리문답 설교", 한국개혁신학회 제 35회 정기학술심포지엄 논문 모음집, 2013년 10월 12일, p.121. 하이델베르크 교리문답은 교회에서 주일 오후 예배 때 52과로 나누어 설교 했으며 학교와 부모는 가정에서 하이델베르크 교리문답을 가르치며 암송하게 했다. 화란의 개혁교회에서는 반드시 하이델베르크 교리문답이 설교되었다. 하이델베르크 교리문답설교는 독일, 화란, 헝가리, 폴란드 그리고 화란의 식민지였던 아프리카와 아시아까지 그 영향력을 확장해 나갔다.

이래로 로마 교회에 의해 '종교개혁을 고집하는 자들'이라는 말로 사용되어 왔다.

칼빈주의가 독일의 서남부 팔츠(Pfalz)지방인 선제후령에 들어오면서부터 루터파와 칼빈주의파 사이의 구별이 생겨나게 되었는데 1585년 이후 루터의 추종자들은 자신들을 루터파라고 불렀으나 칼빈의 추종자들은 자신들을 칼빈주의자로 불리는 것보다는 개혁파라는 이름을 선호하였다. 칼빈주의 자들이 이처럼 개혁파라고 불리어지게 된 것은 아직도 개신교회 안에 로마가톨릭주의 잔재를 내포하고 있는 독일 루터교회의 개혁을 끈임 없이 추구하기 위함이었다.[3] 이것이 개혁교회의 근본정신이다. 그래서 개혁교회의 원리는 "개혁된 교회는 개혁하는 교회"(Ecclesia reformata semper eccesia reformanda)이다.

당시 독일을 포함한 신성 로마제국내에서는 '통치자의 종교가 주민의 종교'(cuius regio, eius religio)가 되는 일이 관례화되었다. 이 말을 문자적으로 번역하면 "그분의 종교가 그(녀)의 종교"라는 말이다. 그 당시 선택 가능한 종교는 천주교회냐, 루터파 교회냐 둘 중의 하나였다. 그 외의 다른 신앙을 고백한다는 것은 제국회의에서 받아들여지지 않았다. 이런 상황에서 1563년 강력한 개혁파적인 신앙을 천명한 하이델베르크 교리문답은 제국회의 참여자들을 놀라게 했다.[4] 새로운 교리문답에 대한 반대는 출간 직후부터 시작되어 1566년에 이르러서 그 극치에 이르렀다. 그리하여 그 해(1566)에 하이델베르크를 통치하는 팔라티네이트(Palatinate, 독일에서는 Pfalz라고 한다)의 선제후요, 하이델베르크 교리문답 작성의 정치적 후원자였던 프리드리히 3세(the Elector

---

3) J. L. 니이브, O.W. 헤이크 공저, 『기독교교리사』, 서남동 역(서울: 대한기독교서회, 1992), p.595. 중인, 참고: H. Heppe, 『Ursprung und Geschichte der Bezeichnung reformierte und lutherischer Konfession』, 1859.

4) 실제로 바덴의 제후의 필리베르트(Philibert of Baden)는 1566년 프리드리히 3세가 아우그스부르크 평화협정(1555) 위반이라고 고소하였다. Cf. 김헌수, "하이델베르크 교리문답과 팔츠의 교회," 『하이델베르크 교리문답의 역사와 신학』, p.130. 평화협정 밖에 놓인다는 것은 "곧 선제후의 직위를 빼앗긴다는 뜻이었다"(p.130f.).

Frederick III of the Palatinate, 1515-76, 재위기간은 1559-76)는 아우그스부르크 제국의회(the Diet of the Augsburg)에 소환되기까지 하였다.5) 그는 신성로마제국의 황제 막시밀리안 2세(Emperor Maximillian II, 1564-1576 재위) 앞에서 자신의 주장을 폈다.

그는 강력한 통치자인 신성로마제국의 황제 막시밀리안 2세와 다른 제후들 앞에서 "1) 나는 칼빈의 글을 읽은 적이 없다. 따라서 사람들이 칼빈주의자라는 말이 무엇을 말하는 것인지 모른다. 3) 나는 '아우그스부르크 신앙고백'(수정판)을 고수한다. 3) 나는 하이델베르크 교리문답이 성경으로부터 성경에 근거하여 도출된 신앙을 표현한 것이다"라고 말하였다.

이처럼 프리드리히 3세가 자신이 통치하던 팔츠 지역 내의 교회의 질서와 정치적 평화를 위해 제정한 신앙고백서가 갖는 기능은 무엇이었을까? 신앙고백서는 일반적으로 1) 자기 규정적 기능 2) 공동체적 기능 3) 한계설정의 기능 4) 신앙 고백적 찬양의 기능 5) 교리문답적 기능을 갖는다. 이 신조에는 개혁교회의 신앙내용과 실제적인 삶의 내용이 모두 들어 있다.6)

---

5) 이것은 1521년 루터가 찰스 5세(Charles V)가 소집한 보름스 제국회의(The Diet of Worms)에 소환된 것과 비슷한 것이었다. 그 때(1521) 루터는 한사람 신부의 자격으로 소환되어 자신이 개혁하고자 한 신앙의 내용을 성경과 합리적 이유에 근거해 끝까지 붙든다고 선언했다. 이것을 주장함으로 인해 자신이 죽을 수도 있는 상황에 빠질 것인가 아니면 이미 1520년에 루터를 출교한다는 칙서(the Bull of Excommunication)를 발표했던 당시 교황인 레오 10세(Leo X, 1475-1521, 1513년부터 재위)와 교황의 교회 문제 대리인인 제롬 알렉산더(Jerome Alexander, 1480-1542)가 요구하는 대로 이제까지 3년여간(1517-1520) 말한 바를 철회하고 잘못했다고 할 것인가를 드러내어야 할 선택의 기로에 섰다. 1520년 6월 15일자로 작성된 이칙서의 내용은 Philip Schaff, *History of the Christian Church*, vol. VII: *The German Reformation* (New York: Charles Scribner's Sons, 1910, reprint, Grand Rapids: Eerdmans, 1977), p.227-47에서 찾아 볼 수 있다.

6) Hans Schwarz, "Glaubensbekenntnis", in *Theologische Realenzyklopädie*, Bd.13, Hrsg. von Gehard Müller, (Berlin, New York: de Gruyeter, 1984), p.437ff.

2. 하이델베르크 교리문답 저작의 문제

하이델베르크 교리문답의 원저자는 명백하게 밝혀진바 없다.[7] 교리문답 제정과 저작의 문제에 관한 자세한 기록이 남아있지 않기 때문이다. 이것에 관한 다음과 같은 세 가지의 견해가 있다.[8]

첫째, 전통적인 견해로서 하이델베르크 교리문답 제정에 주도적인 역할을 한 사람은 하이델베르크의 신학자인 교의학 교수 자카리우스 우르시누스 (Zacharias Ursinus, 독일어로는 Zacharias Bär, 1534-1583)와 하이델베르크 성령교회(Heiliggeistkirche)의 담임목사였던 카스파 올레비아누스(Caspar Olevianus, 1536-1587)라는 것이다. 이들은 선제후 프리드리히 3세로부터 위탁을 받아 교리문답을 작성했을 것으로 추정한다. 신학적인 작업은 우르시누스가 했으며 마지막 독일어 편집과 실천적인 것은 올레비아누스가 했다고 한다.

둘째, 여러 사람들의 공동작품으로 보는 입장이다. 이것이 지지를 받는 것은 하이델베르크 교리문답 작성의 정치적 후원자였던 프리드리히 3세의 하이델베르크 교리문답 서문과 알려진 그의 개인 서신에서 여러 사람들의 도움을 받아 하이델베르크 교리문답 제정되었다는 언급이다. 서문에는 "모든 신학자들과 감독 그리고 교회 지도자들의 조언에 의해서"라고 기록되어있으며 이때 올레비아누스와 우르시누스가 신학회의에 참석하여 만들었다는 것이다. 또한 하이델베르크 교리문답은 신학적으로 멜랑톤, 불링거 그리고 칼빈에 이르기까지 다양한 신학을 갖고 있다는 것이다.[9] 여기에서의 발생하는 문제는 다

---

7) Otto Weber(Hrsg.), 『Der Heidelberger Cathechismus』(Gütersloch: Feuerche Verlagt, 1983), p.44.

8) Jürgen Fangmeier, "Heidelberger Cathechismus" in 『TRE』 Bd. XIV(Walter de Gruyter: Berlin, 1985), p.582.

9) Wilhelm Neuser, "Der Uebergang eines Teils der Melanchtonschuler zum Calvinismus" in 『Handbuch der Dogmen- und Theologiegeschichte』, Bd.2, Die Lehrentwicklung im Rahmen der Konfessionalitaet(Goettingen: Vandenhoeck & Ruprecht, 1988), p.285ff.

양한 어법과 표현의 통일과 신학자들의 상이한 입장을 하나로 조율하기가 매우 어렵다는 것이다.

셋째, 우르시누스의 저작으로 보는 입장이다. 그 이유로는 우르시누스의 신학이 하이델베르크 교리문답에 잘 반영되어있고 특히 그는 프리드리히 3세의 가정신학자(Haustheologe)이자 하이델베르크대학의 조직신학자로서 선제후 프리드리히 3세의 입장을 잘 이해했을 것이라는 점이다.[10] 특히 프리드리히 3세는 이미 1562년에 우르시누스로 하여금 소교리문답(Cathechismus minor)을 제정하도록 위촉했는데 그는 이미 신학총론(Summa theologiae)을 저술하여 신학적 교리자료를 확보한 상태였다. 소교리문답은 하이델베르크 교리문답과 같은 구조를 가지며, 인간의 비참함과 구원 그리고 감사로 나누어져 있었다.

이를 종합하여 보면 하이델베르크 교리문답은 1562년 프리드리히 3세가 자신의 가정신학자 우르시누스에게 하이델베르크 교리문답을 초안 작성하도록 위촉했으며, 얼마 후 두 가지 초안인 학생들을 위한 라틴어판과 어린이와 일반 평신도들을 위한 독일어판을 만들어 군주에게 제출했다. 프리드리히 3세는 이 초안을 신학자들과 목사들로 구성된 편집위원회로 하여금 검토하기에 이른 것이다.

편집위원 가운데 주도적인 역할을 한 사람은 카스파 올레비아누스로서 우르시누스의 초안에 적절한 형식을 부여하여 교의학적인 어법을 대중적인 경건한 독일어로 바꾸었으며, 1562년 말에 완료되어 1563년 1월에 소집된 총회에서 인준을 거쳐 그해 11월에 팔츠(Pfalz)주의 교회헌법에 포함되었다.[11] 초안 작성은 우르시누스의 몫이었다.

---

10) Erdmann Sturm, "Heidelberger Cathechismus", 『RGG』 Bd.3, p.1514f.
11) 『하이델베르크 교리문답』(1536), 기독교고전 원전번역 5, 한인수 옮김(서울: 도서출판 경건, 2005), p.8.

한가지 조심스럽게 거론되는 또 하나의 저작문제로는 프리드리히 3세를 우르시누스와 더불어 공동저자로 보는 입장이다. 그는 독일 내의 개혁신학 정립을 통해 자신의 통치지역내에 있는 루터교신학과 개혁신학의 종합을 통해 교회의 일치를 기하려 했다는 점에서 하이델베르크 교리문답은 프리드리히 3세의 의지와 뜻이 담긴 개혁문서라는 것이다. 그는 이 하이델베르크 교리문답을 "나의 교리문답"이라고까지 명명하면서 그것을 애독했다고 한다.[12]

하이델베르크 교리문답의 저작 문제를 종합하여 보면 초안 작성은 우르시누스가 했으며, 편집위원회에서 올레비아누스가 교의학적인 어법을 대중적인 경건한 독일어로 바꾸었고, 이것을 교회법적으로 시행한 사람은 프리드리히 3세였다. 이런 면에서 하이델베르크 교리문답의 저작자는 우르시누스로 편집자는 올레비아누스를 중심으로 한 편집위원회 그리고 최종 반포자는 에서 프리드리히 3세로 보는 것이 타당하다.

3. 하이델베르크 교리문답의 개혁교회적인 특성들

1) 언약사상

하이델베르크 교리문답은 성경적인 구원의 전체 역사와 구조를 보여주는 언약신학에 기초하고 있다. 이 언약사상은 시간과 인간 역사의 진행과정을 창조와 타락, 메시아 약속과 그리스도의 강림 그리고 재림으로 이어지는 인류 구원의 연속과정을 설명한다. 이것은 하이델베르크교리문답 전체인 129개의 질문과 답에 들어있다. 교리문답의 전체 구조는 인간의 죄와 비참함(제3-11문답)

---

12) 주도홍, "하이델베르크 교리문답의 역사와 정신", -개혁교회 그 분명한 정신을 추구하며-, 한국 개혁신학회 제35회『정기학술심포지엄 논문 모음집』, 2013년 10월 12일, p.307f.

과 그리스도를 믿음으로 구원받음(제12-85문답) 그리고 감사(제86-129문답)이다.[13)

인간이 율법으로 아는 것은 죄와 비참함뿐이다. 이것을 해결하기 위해 피흘림의 제사를 드린다. 그런데 예수 그리스도의 보혈의 공로로 인해 죄사함과 구원의 길이 열렸다. 여기에서부터 자유와 기쁨과 감사와 새로운 생명의 길이 열렸다. 이것은 말씀과 성령의 역사로 가능하다. 그러면 어떻게 감사의 생활이 가능한가? 이러한 질문과 답에 대해 제91문답은 감사의 구체적인 표현인 선행을 "율법에 따라 하나님께 영광을 돌리기 위해 행해지는 것"[14)으로 표현한다. 이것이 율법의 제3용법이다.

죄로 인한 인간의 타락이후 진정한 행복은 창조주 하나님과의 교제를 통한 관계회복임을 성경은 말하고 있다. 이것이 삶과 죽음에 직면한 인간의 유일한 위로(제1, 52문답)이며 인간이 죄와 비참함에서 구원을 받아 감사함으로 사는 것임을 알려 주고 있다(제2문답). 이러한 언약신학은 초대교부들로부터 언급이 되었으며 이레네우스, 제롬, 갑바도기아 교부들과 어거스틴에게서 강조되었다. 개혁신학자들에 의해 재정리된 것이다.[15) 이를 통해 가톨릭교회의 교황중심적이며 전통과 인습에 메인 신학을 거부한 것이다.

---

13) 하이델베르크 교리문답을 개략적으로 분석하면 1; 인간의 죄와 비참함(제3-11문답)에서는 인간자신의 죄를 알게 하여 그리스도 안에 있는 구원으로 인도하는 '율법의 제2용법'(usus elenchticus legis)이 서술되어있다. 2. 구원 부분(제12-85문답)에서는 구원론의 핵심인 예수 그리스도의 구원, 복음, 신앙을 다룬 후 사도신경(23-64)에 근거한 삼위일체를 다루고 신앙의 인침과 확신으로서의 성례에 대해 말하고 있다. 3. 감사(제86-129문답)에서는 구원받은 신자들의 선행과 기도를 다루는데 선행의 기준은 하나님의 율법인 십계명(92-115)이며 기도의 모범으로서 주기도문(118-129)을 설명한다.

14) 『하이델베르그 교리문답』, 전게서, p.153.

15) 김재성, "하이델베르그 교리문답과 웨스터민스터 고백서의 언약사상", 한국개혁신학회 제 35회 『정기학술심포지엄 논문 모음집』, 2013년 10월 12일, p.32. 중인. 참조: Carolinne White, 『Christian Friendship in the Fourth Century』(Cambridge: Cambridge University Press, 1992). 이 책에서는 Synesius of Cyrene, Ambrose, Pauline of Nola, John Chrisostome, Olympias 등의 교부들이 하나님과 인간 사이에 나누는 교제에 대해 언급한 부분들을 보여준다.

16세기에 스위스에서는 유아세례를 거부하는 재세례파와의 논쟁에서 쯔빙글리(Ulrich Zwingli)가 언약사상을 강조하였으며 불링거(Heinrich Bulinger)가 언약사상을 발전시켰으며 칼빈의 영향을 받은 우르시누스와 올레비아누스는 이들의 언약사상을 종합하여 독일 하이델베르크에서 언약사상의 기틀을 마련하였다.

하이델베르크 교리문답 제74문은 "어린아이들에게도 세례를 베풀어야 합니까?"이다. 이에 대한 답으로 "그렇습니다. 그들 역시 성인들과 마찬가지로 하나님의 계약과 그분의 공동체(교회)에 소속되어 있기 때문입니다. 그들에게도 성인들과 똑같이 그리스도의 피안에서 사죄가 약속되었고 신앙을 일으키는 성령이 약속되었습니다. 그러므로 그들은 계약의 표인 세례를 통해 그리스도의 지체들로서 교회에 접합되어져야 하고 불신자들의 자녀들과는 구분되는 것이 마땅합니다. 이는 구약에서 할례를 통해 일어난 것과도 같습니다. 신약에서는 할례 대신 세례가 제정되었습니다." 하이델베르크 교리문답을 통해 유아세례는 하나님과 세례를 받는 아이와의 계약관계에 들어가는 것이기 때문에 세례를 베풀어야 한다는 명백한 규정을 정해 놓고 있다.

우르시누스의 『신학총론』(Summa Theologiae)[16]에는 은혜의 언약이 반영되어 있으며 올레비아누스도 이 은혜 언약을 하나님의 일방적인 화해가 아니라 보다 넓게 해석하여 예수 그리스도 안에서 일어난 하나님과 인간의 쌍방적인 것으로 이해하였다. 이 언약은 단 하나뿐이며 영원한 은혜의 언약이다.

개혁신학자들이 언약사상을 중요하게 취급하게 된 것은 구원의 역사가운데 하나님과 인간의 언약관계가 있다는 것을 알게 된 것에 기인한다. 루터(M. Lyther)와 멜랑톤(P. Melanchton)의 영향으로 인해 독일에서는 율법과 복음의 연구가 전개되었으며[17] 특히 비텐베르크에서 는 강조하던 율법과 복음의 대

---

16) 참조: 『하이델베르그 교리문답』, 전게서, p.8. 이 책은 1561년 우르시누스가 쓴 것으로 『신학개론』으로 번역되기도 하는 교리문답을 작성하기 신학입문서 책이다.

립개념을 넘어서서 예수 그리스도의 중보적 사역의 성격과 이치를 강조하는 신학을 발전시켰다.[18] 개혁신학에서는 전자는 행위언약으로 후자는 은혜언약으로 이해되었다. 하이델베르크 교리문답에는 이두가지가 다 다루어지고 있다.

하이델베르크 교리문답 제68문에서 언급한 성례인 '거룩한 세례와 거룩한 성찬'에 관련하여 신약에서 계약의 표를 세례로 규정하고 구약에서 계약의 표는 할례로 말하고 있다. 교회에서 행하는 세례와 성찬은 신약에서 거룩한 교회의 성례 예식일 뿐 아니라 새 언약의 표로 말하고 있다. 그 이외에 언약은 옛 언약과 새 언약(제77답, 제79문) 그리고 하나님의 언약(제74문, 제82답) 등으로 나타난다.

이 언약신학을 체계화 시킨 사람은 코케이우스(J. Cocceius, 1603-1669)이다. 그는 1648년『하나님의 언약과 증거들에 관한 교리요약』에서 최초의 언약은 행위언약이며 후에 은혜언약이 나왔고 그 근원은 영원하신 구속언약이라고 세 가지로 언약을 정리하였다.

이러한 언약의 표징을 칼빈은 그의『기독교 강요』Ⅳ권 14장 성례에서 잘 설명하고 있다. 성례는 하나님의 언약의 표징이며 개인의 믿음을 돕는 또 하나의 수단이다.[19] 모세의 율법에 있는 화려한 제사와 할례의식들은 그리스도

---

17) J. L. 니이브, O.W. 헤이크 공저,『기독교교리사』, aaO., p.444f. 루터는 율법과 복음의 구별을 명백히 하였다. 율법은 인간의 죄악 됨을 드러내고 공포와 절망을 주어 은총의 복음에 이르도록 한다. 복음은 인간에게 하나님의 명령을 지키고자하는 마음을 일으켜 준다. 신구약성서에는 다 같이 율법과 복음이 포함되어있다. 그리스도의 산상수훈말씀과 바울의 서신에도 율법이 많이 포함되어 있으며 구약성서에도 은총의 말씀으로서 복음이 들어 있다. 인간은 율법과 복음을 필요로 하는 존재이다.

18) 김재성, 전게서, P.37.

19) 칼빈은 성례를 하나님의 약속의 신실성을 보여주기 위해 사람들에게 보여 주신 표징으로 이해하였다. 이것은 자연물과 기적들이다. 넓은 의미의 성례에 관해서 아담과 하와에게는 생명나무, 노아와 그의 후손들에게는 무지개가 하나님의 언약의 보증과 인이 되었다. 또한 약한 믿음을 붙들어주고 강화하기 위해 주신 기적들이 있다. 아브라함에게 보여주신 연기나는 화로속의 횃불(창 15:17), 기드온의 양털과 땅위의 이슬(삿 6:37-40), 히스기야왕 시대에 해 그림자 10도가 물

를 지양해야 하며 그가 육신으로 오셨을 때에 성취되었다. 그리스도가 오심으로 그 의식들이 폐지된 것은 마치 그림자가 태양의 밝은 빛에서 사라지는 것과 같이 당연한 일이었다.[20] 행위언약과 은혜언약은 구속의 언약을 이루기 위해 있다는 말이 된다.

2) 그리스도의 영적 임재

성찬에 관해서 진술할 때에 하이델베르크 교리문답은 루터파의 입장에 대해서 언급하지 아니한다. 그리고 성찬에 대한 적극적 진술에서도 명확히 개신교적 입장 가운데서 어떤 쪽의 입장을 취하고 있다는 것을 알 수 없을 정도로 표현하고 있다.[21] 그래서 오랫동안 하이델베르크 교리문답의 성찬론이 칼빈적인가, 쯔빙글리적인가, 불링거적인가, 멜랑흐톤적인가, 아니면 그것들 중 일부를 결합한 것인가 하는 문제를 제기하고, 이를 논의한 학자들은 이 중의 어느 하나의 명칭으로 하이델베르크 교리문답의 성찬론을 규정하기 어렵다는 결론을 내리고 있다.[22]

하이델베르크 교리문답을 연구하는 일에 헌신 했던 화란의 빌렘 베르붐 교수는 팔츠지역의 다양한 신앙 고백적 흐름들속에서 '최대 일치'(maximal

---

러남(왕하 20:9-11) 등이다. 아브라함과 그의 후손들에게 명하신 할례(창 17:10)와 모세의 율법에서 결례(레 11:15)와 다른 희생제사와 의식들(레 1장-10장) 모두 그리스도께서 오시기전 유대인들의 성례전이었다. 그리스도께서 오심으로 이것들이 폐지되고 세례와 성만찬이라는 두 가지 성례가 제정되어 사용 되고 있다. J. Calvin, 『영한기독교 강요』 제IV권 xiv, 25(서울: 성문출판사, 1993), p.539ff.

20) J. Calvin, 『기독교 강요』, 상게서, p.589.

21) 천주교적 성찬이해에 대해서는 어떤지는 마지막 6절에서 자세히 논의할 것이다. 여기서는 부드러움은 있지 아니하다.

22) 이 점에 대해서 특히 Lyle D. Bierma, 전게서 참조. 이와 같이 균형 잡혀진 견해가 나오기 이전에 하인리히 헤페는 하이델베르크 교리문답은 철저히 멜랑흐톤적인 것이지 전혀 칼빈주의적인 것이 아니라고 평가한 바 있다(『Dogmatik des deutschen Protestantismus im sechzehnten Jahrhundert』, 4 vols. [Gotha, 1857], 1: p. 443.

consensus)와 '최소의 불일치'(minimal dissensus)를 이룬 것이 하이델베르크 교리문답의 성찬론이라고 표현하기도 했다.[23] 그러므로 성찬에 대한 진술 자체만 가지고 이야기하면 하이델베르크 교리문답은 개신교 전체를 다 포괄 할 수 있는 형식으로 되어 있는 듯이 보인다. 심지어 하이델베르크 교리문답의 성찬론이 멜랑톤적인가를 생각할 정도로 온건한 루터파 사람들이 들어도 별로 문제가 되지 않을 정도로 표현되어 있다.

그럼에도 불구하고 하이델베르크 교리문답은 성찬론에서 칼빈적이다.[24] 성찬에 대한 논의에서는 이를 직접 언급하고 있지는 않지만, 다른 곳에서, 즉 46문에서 49문까지에서 칼빈적인 입장을 천명하고 있다.[25] 46문에서 49문까지의 주제는 주기도문의 내용가운데 있는 "하늘에 오르사"라는 부분인데 하늘에 들려 올리심을 받은 그리스도께서 심판하러 오실 때까지 우리를 도우신다는 내용이다. 그분은 신성과 인성을 가지신분으로서 하나님 앞에서 대언자로 계시지만 머리되신 그분은 지체가 되는 성도들을 끌어 올리실 뿐 아니라 성령을 담보물로 보내셔서 성도들이 위엣 것을 찾도록 하신다는 것이다.

특히 48문의 신성과 인성의 분리문제를 다루면서 하나님은 인성밖에 계시지만 또한 그분은 인성 안에도 계셔서 인격적으로 인성과 결합됨을 주장한

---

23) Willem Verboom, 『De Theologie van de Heidelbergese Catechismus』 - Zwaalf Thjema's: De Context en de Latere Uitwerking (Zoetermeer: Boekencentrum, 1996), p.215, cited in Lyle D. Bierma, "The Unity of the Church and the Pure Administration of the Sacraments," in 『Eduardus Van der Borgh』t, ed., The Unity of the Church: A Theological State of the Art and Beyond (Leiden and Boston: Brill, 2010), p.133. 평생 하이델베르크 교리문답을 연구하고 가르치는 일에 열심이었던 베르붐 교수는 한국에서도 하이델베르크 교리문답 강해서가 출간되었다는 말을 듣고 그것을 보내달라고 요청하기도 했었다.

24) 이런 견해를 표현한 P. Schaff, 『History of the Christian Church』, vol. VIII: The Swiss Reformation, p.811참조: "It gives the best expression to Calvin's views on the Lord's Supper, and on Election."

25) 이 문답들에서 특히 요한 브렌츠(John Brentz, Jonammes Brenz, 1499-1570)의 루터파적인 그리스도의 몸의 편재를 염두에 두면서 이를 비판하고 있는 것이 라는 논의로 Fred H. Klooster, 『The Heidelberg Catechism: Origin and History』(Grand Rapids: Calvin Theological Seminary, 1981), 34-35, 92-97을 보라.

다. 이로써 "성찬이 지상적인 것과 천상적인 것 두 부분으로 되었다고 선언하고, 그 지상적인 부분은 명백히 떡과 포도주라고 해석"[26]하는 화체설을 부인하며 칼빈의 영적 임재설을 주장하는 것을 보여주고 있다. "성찬의 신비에서 그리스도의 살 자체는 우리의 영원한 구원과 마찬가지로 영적인 것이다."[27]

이것을 성찬론과 함께 보면 개혁파적인 성찬 이해가 나온다. 이것이 하이델베르크 교리문답의 특성이다. 성찬론에서는 논쟁적인 주제를 언급하지 않고 있으며 루터파나 쯔빙글리나 불링거도 상당히 근접할 수 있는 논의를 제시하면서도 그 내용을 자세히 보면 개혁파적인 이해가 그 안에 들어 있다.

그것은 승천 이후의 그리스도의 인성과 신성에 관한 존재와 관련해서 생각해 볼 수 있는 중요한 신학적인 문제이다.[28] 하늘 영광 가운데 계신 그리스도는 그의 인성으로서는 더 이상 제자들과 함께 있지 않다. 그러나 주님은 신성으로는 우리와 항상 함께 계실 수 있고, 약속하신 바와 같이 우리와 항상 같이 하신다. 개혁파 신학은 "신성은 신성이고, 인성은 인성(Gott ist Gott, Mensch ist Mensch)이라는 원리"에 끝까지 충실했다.

개혁파 신학자들은 루터파 신학이 주장하는 바와 같이 부활 승천 이후에는 인성에 신성의 성질이 적용될 수 있으나 거꾸로 그리스도의 인성이 신성과 같이 어디에나 다 있을 수 있다고는 볼 수 없었다. 즉, 그리스도의 신성과 인성 사이의 본질적인 속성교류(communicatio idiomatum)를 인정할 수 없었다. 하이델베르크 요리 문답은 이런 개혁파의 전통을 잘 반영하면서 다음과 같이 매우 분명하게 이점을 선언하고 있다. 하이델베르크 교리문답 제46-제51문답은 그

---

26) J. Calvin, 『기독교 강요』 IV, xvii, 14, p.737.

27) 상게서, 『기독교 강요』 IV, xvii, 33, p.797ff. 칼빈은 성찬의 신비를 '외적인 수단'으로 언급한다. 33장의 제목을 "그리스도께서 참여하는 것은 영적이며 실제적이다"라고 표현하고 있다.

28) 이하 몇 문단은 하이델베르크 교리문답 47문에 대한 강해에서 언급한 것을 상당히 그대로 사용한 것임을 밝힌다. Cf. 이승구, 『진정한 기독교적 위로』(서울: 여수룬, 1998; 개정판, 서울: 나눔과 섬김, 2011, 2013), p.286-88. 또한 이승구, "우리는 왜 개혁파 목사가 되려고 하는가?" 『21세기 개혁신학의 방향』(서울: SFC, 2007), p.153-55 참조.

의 승천과 신적인 임재 그리고 만물 통치에 관해 다루고 있다.

제47문은 다음과 같이 시작한다. "그리스도께서는 당신이 약속하신대로 세상 끝 날까지 우리와 함께 계시는 것이 아니란 말인가?" 이에 대한 대답으로 "그리스도께서는 참인간이시고 참 하나님이십니다. 그분은 당신의 인성 이후에는 더 이상 지상에 계시지 않습니다. 하지만 그분은 당신의 신적위엄과 은혜와 성령에 따라서는 결코 우리로부터 더 이상 떨어져 있지 않으십니다."29) 따라서 이 세상에 사는 동안 우리는 그리스도와 따로 거하는 것이다. 그의 인성은 하늘에 있고 우리는 이 땅에 있기 때문이다.

제48문에서 그리스도의 신성의 편재하심을 다루면서 신성과 인성의 분리 문제를 묻는다. 이에 대한 답으로는 그의 신성은, 인성과는 달리, 시공을 초월하신다고 답한다: "하나님이신 그분은 포촉이 불가하며(unbegreiflich) 도처에 현존하십니다. 따라서 하나님이신 그분은 자신이 취하신 인성 밖에 계십니다. 하지만 그분은 또한 인성 안에도 계시고 인격적으로 인성과 결합되어있으십니다."30) 그렇기에 그리스도의 신성은 하늘에 계시면서도 동시에 우리와 함께 계실 수 있다. 이렇게 그의 신성은 그의 인성 밖에서도(*extra humanum*) 역사하시고 작용하시는 것이다. 그리스도의 신성이 인성 밖에서도 역사하고 사역한다는 이런 주장은 칼빈주의자들이 주장하는 것이었으므로 루터파 신학자들은 이에 대해서 "칼빈주의 신학의 주장 밖에서"(*extra Calvinisticum*)라는 별명을 붙일 정도였다. 그러나 이것을 신성과 인성이 분리되어 있는 것으로 오해할 필요는 없다. 하이델베르크 교리문답은 그러나 그럼에도 불구하고 그의 신성은 그의 인간성 안에 있는 것이며 여전히 인격적으로 연합되어 있는 것임을 잘 설명하면서 사람들의 신성과 인성의 분리문제에 대한 답을 해주고 있다(48문 하).

---

29) 『하이델베르그 교리문답(1536)』, 기독교고전 원전번역 5, 전게서, p.87.
30) 상게서, p.87f.

그러나 이것은 성경이 우리에게 보여주고 있는 중요한 말씀중의 하나이다. 예를 들면, 부활하신 주님께서 그의 사역을 하는 제자들에게 "세상 끝날까지 항상 함께 있으리라"(마 28:20)고 말씀하셨고, 또 그 이전에 가르치실 때에도 "두 세 사람이 내 이름으로 모인 곳에는 나도 그들 중에 있느니라"(마 18:20)라고 말씀하셨다. 그러므로 그리스도께서는 그의 신성으로는 하늘에 계시면서도 동시에 우리와 함께 하신다. 그의 신성으로 그는 교회와 함께 하시고 우리를 다스리시고 인도하신다고 고백해야 하는 것이다.

그러므로 하이델베르크 교리문답 46문에서 49문답의 내용은 성경의 가르침에서 온 것이며, 역시 성경의 가르침을 따라서 그리스도의 신성과 인성이 한 인격 안에 있으나 신성은 신성이고 인성은 인성임을 분명히 천명한 칼케돈 신조(451)에 충실한 고백인 것이다.[31] 이것은 칼빈이 『기독교 강요』 가운데서 그의 이런 입장을 잘 표현했으므로 이점에 있어서 하이델베르크 교리문답은 칼빈의 견해를 잘 따른 것이라고 할 수 있다.

이 하이델베르크 교리문답의 내용을 성찬에 적용하면 그리스도께서 인성으로 성찬에 임재하시는 것이 아니고, 영적으로 성찬에 함께 하신다는 영적임재설이 나타나는 것이다. "이 참여는 성령의 권능에 의해서 생기는 것이지 그 몸을 물질적 요소 밑에 가상적으로 포함시키는 것이 아니라고 생각한다면 그렇다."[32] 칼빈은 그리스도의 성찬의 임재와 참여를 성령의 권능으로 이해했지 그 몸의 물질적이며 가시적인 임재를 단호하게 거부했다. '빵과 포도주는 하나님의 도구로서만 가치가 있다'[33]고 보았다.

성찬 이해는 그리스도의 몸에 관한 것으로서 그리스도에 관한 교리이다.

---

31) 이것이 칼케톤 정의에 충실한 것임에 대한 좋은 지적으로 Klooster, 『하나님의 강력한 위로』, p.104 참조.
32) J. Calvin, 『기독교 강요』, IV, xvii, 26, p.775.
33) 상게서, p.561. 성례는 믿음을 강화시키며 영적으로 자라게 하신다. 하나님의 약속을 보게 하며 약속의 보증이 된다. 그러므로 성례자체를 믿거나 그것에 영광을 돌려서는 안 된다.

따라서 성찬에 관한 이해가 다르다는 것은 그리스도에 관한 이해가 다르다는 것을 의미한다. 성찬에 관한 이해가 달랐기 때문에 개신교회들은 로마가톨릭 교회와 결별할 수밖에 없었고, 개혁파와 루터파 교회는 마부르크(Marburg, 1530년) 회담에서 다른 모든 신앙의 조항에 합의를 하고서도 성찬논쟁으로 인해 하나의 교회를 이룩할 수가 없었다. 이렇게 서로 다른 이유 중에 하나는 개혁파가 특별히 그리스도의 승천에 있어서 다른 교파들과는 다른 독특한 견해를 발전시켰기 때문이다.

성찬은 성도와 그리스도의 교제, 즉 땅에 있는 성도와 하늘에 있는 그리스도의 몸과의 신비로운 교제이다. 이 둘의 간격은 너무나 크기 때문에 서로가 하나가 되어 교제하는 것은 엄청난 신비라고 할 수 있다. 이 신비가 가능하기 위해서는 어떤 일이 일어나야 할까? 전통적으로 승천하신 주님의 몸이 땅에 내려와야 한다고 생각하였다. 화체설은 그 내려오심을 설명하는 교리로 채택되어 정교하게 발전되었다. 루터파는 이 화체설을 거부하였지만 그리스도의 몸이 내려와야 한다는 점에서는 로마가톨릭과 크게 다르지 않았다. 이 두 교파가 그리스도의 육체적 임재가 있어야 한다고 주장한 이유는 그리스도와 신자의 교제가 실제적이라는 것을 강조하기 위해서였다. 그러나 개혁파는 이러한 견해가 그리스도의 영광을 이 땅으로 끄집어 내리는 것이라고 생각하면서 신자와 그리스도의 몸이 교제하기 위해서는 신자가 하늘에 들려 올라가야 한다고 주장하였다.

성찬과 관련하여 우리가 주목해야 할 부분은 제47문답에서 제49문답까지이다. 그리스도의 승천과 세상 끝날 까지 우리와 함께 계시겠다고 하신 주님의 약속 부분이다. 이것에 관한 교리문답의 답은 "그의 인성으로는 더 이상 세상에 계시지 않으나 그의 신성과 위엄과 은혜와 성령으로는 잠시도 우리를 떠나지 않으십니다."이다. 하이델베르크 교리문답은 그리스도의 임재에 있어서 그리스도의 신성과 인성을 아주 분명하게 구분하고 있다. 문제는 만약 이것이 사실이라면 그리스도의 신성과 인성의 분리는 피할 수 없게 될지도 모른다. 신성이 있는 곳에 인성이 없다면 그리스도의 신성과 인성이 나누어진다는 말이 된다. 이것이 제48문이 제기하는 질문이고 이것은 루터파의 편재설 (ubiquity) 내지는 공재설을 염두에 둔 질문이다. 루터파의 이 교리인 그리스도의 양성의 교류(communicatio idiomata)에 의하여 신성이 있는 곳에 인성도 존재한다. 신성과 인성의 연합에 관한 교리문답의 답이 주는 의미는 다음과 같다. 신성은 어느 한 곳에 갇힐 수 없다. 따라서 그 신성은 인성과 하나 되어 위격적으로 결합되어 있음과 동시에 그 인성을 초월하여야 한다. 달리 말하면 그리스도와 신성과의 교제는 이 땅에서 가능하지만 그리스도의 인성과의 교제는 이 땅에서 불가능하다. 그렇다면 그리스도의 인성과의 교제는 어떻게 가능할 것인가?

교리문답 제49문답은 우리에게 승천의 유익에 대해서 다루는데 성찬과 관련하여 아주 생소한 가르침을 주고 있다. 승천의 유익 중에 둘째는 "우리의 몸이 그리스도 안에서 하늘에 있으며, 이것은 머리 되신 그리스도께서 그의 지체인 우리를 그에게로 이끌어 올리실 것에 대한 확실한 보증"이다. 교리문답은 우리의 육신이 그리스도 안에서 하늘에 있다고 선언한다. 이것은 제1문답에 나오는 "나의 몸도 영혼도 그리스도의 것"이라는 고백의 논리적 귀결이다. 그리스도와 신자가 아주 친밀하게 하나로 연합되어 있기 때문에 그리스도께서 하늘에 계시다면 신자들의 육신도 하늘에 있어야만 한다. 한가지 중요한 것은 그리스도의 승천이 성찬에 있어서 매우 중요한 기독론적 토대가 된다.

이 승천의 교리는 로마가톨릭 교리를 반박하는 중요한 역할을 하고 있다. 교리문답에 따르면, 주의 만찬은 우리가 성령에 의해 그리스도께 연합되었다는 것과 그의 참된 몸은 지금 하늘에 계시고 하나님 우편에서 우리의 경배를 받으신다는 것을 확증한다. 즉 그분의 몸은 승천하셨기 때문에 하늘에서 경배를 받으셔야 한다. 그런데 로마가톨릭의 미사는 "떡과 포도주의 형체 속에서 몸으로 존재하기 때문에 그 속에서 경배를 받아야 한다."고 가르친다. 이 때문에 하이델베르크 교리문답 제80문답을 통해 주님의 성찬과 미사의 차이점에 대해 언급하면서 로마가톨릭의 미사를 "저주받아 마땅한 우상숭배"라고 단호하게 정죄한다.[34]

3) 교회의 본질과 권징의 시행

하이델베르크 교리문답서는 교회를 정의 할 때 '신앙의 공동체'라는 개혁주의적인 입장을 보여준다. 제54문의 '거룩하고 보편적 교회'가 무엇인지에 대하여 이렇게 답한다.

> "나는 하나님의 아들이 전 인류 중에서 영생을 주시기 위해 하나의 공동체(교회)를 선택하셨다는 것을 믿습니다. 또 그분은 이 공동체(교회)를 당신의 성령과 말씀을 통해 세상의 시작부터 끝까지 참된 신앙의 일치 안에서 불러 모으시고 보호하시고 보전하심을 믿습니다. 그리고 나는 나 자신도 이 공동체(교회)의 산 지체임을 믿으며 영원히 그러할 것을 믿습니다."[35]

루터는 초기에 노예의지론(de servo arbitrio)에서 하나님의 절대적 예정을 주장했다. 가톨릭교회를 비판하면서 그는 "교회는 숨겨져 있고, 성도들은 감추어져 있다"고 말했다.[36] 그럼에도 불구하고 루터교회는 교회에 대하여 말할 때, 아우크스부르크 신앙고백서 안에 머물면서 선택을 말하지 않고 부름받은 보이는 교회만을 대상으로 말했다. 하이델베르크 교리문답서의 핵심인

---

34) 『하이델베르크 교리문답』(1536), 기독교고전 원전번역 5, 한인수 옮김(서울: 도서출판 경건, 2005), p.135ff.
35) 상게서, p.97.
36) "... abscondita est ecclesia, latent sancti." Martin Luther, WA 18, p.652.

물인 우르시누스의 스승이었던 멜랑톤은 교회에 대하여, 롬 8:30의 "미리 정하신 그들을 또한 부르시고"에 따라 교회에 대해 다룰 때는 가시적 교회(Ecclesia visibilis)인 부름받은 공동체(coetum vocatorum)에 관해 생각해야 한다고 말했다.37) 그리고 예정에 대하여 말할 때 교회를 연결해서 말했다. 하나님께서 특별히 이 세상에서 지키시고, 방어하시고 다스리는 택함 받은 자들의 교회가 항상 있을 것이라고 한다.38)

개혁주의 신앙고백서는 교회에 대하여 선택에까지 연관을 시켜 고백한다. 물론 벨직신앙고백서(1561)처럼 교회에 관해서 선택에 대한 언급 없이 모든 신자들의 모임(coetus omnium fidelium)으로 규정하는 신조도 있으나, 이미 제네바 교리문답(1545)에서처럼 교회를 하나님의 선택과 연결시켜 말했다. 제네바는 교회가 무엇이냐는 질문에 하나님께서 영생으로 예정하신 신자들의 모임(societas)과 몸(corpus)이라고 답한다.39) 스코틀랜드신앙고백서(1561)는 선택받은 사람들의 한 공동체와 무리(one company and multitude of men chosen by God)라고 한다. 따라서 교회를 택함 받은 하나의 공동체(eine auserwählte Gemeinde)40)라고 말한 이 하이델베르크 교리문답서의 자리는 제네바의 영향을 받은 개혁주의적인 특징을 드러낸다고 할 수 있다. 동시에 교회의 보편성을 말하는 '세상의 처음부터 끝까지'란 표현이나 교회가 모아지고 보호받고 보존된다는 표현들은 멜랑톤의 영향 아래 있다고 보인다. 하이델베르크 교리문답서는 영원 전에 선택받은 자들의 공동체(coetus electorum)라는 것과 시간

---

37) Philip Melanchthon, 『Loci Praecipui Theologici』(Berlin: Sumibus Gust. Schlawitz, 1856), p.95.

38) "Mansura est igitur semper aliqua electorum Ecclesia, quam Deus mirabiliter etiam in hac vita servat, defendit et gubernat ..." Melanchthon, "Loci Praecipui Theologici (1559)," CR 21, p.130.

39) "Quid est ecclesia? Corpus ac societas fidelium, quos Deus ad vitam aeternam praedestinavit." Ernst Friedrich Karl Müller, 『Die Bekenntnisschriften der reformierten Kirche』(Leipzig: A. Deichert'sche Verlagsbuchhandlung Nachf., 1903), p.125.

40) "거룩한 보편적 교회(Kirche/ecclesia)"에 대한 물음에 "영생으로 택함받은 공동체"(Gemeinde/coetus)로 답했다. 여기서 게마인데(Gemeinde)는 교회의 유기체적 성격을 드러내는 용어로서 지교회를 칭할 때 또는 그 회중전체를 칭할 때 흔히 사용하는 단어이다.

속에서 부름 받은 공동체(coetus vocatorum)라는 것을 둘 다 드러낸다.

교회는 영원 전에 선택받은 자들의 공동체이면서 동시에 이 땅에서 부름받은 공동체이다. 선택이 교회의 기초라면, 이 선택은 선택받은 자들의 믿음으로 드러난다. 그리고 부름 받은 자, 곧 선택받은 자임을 증거하는 믿음은 신앙고백과 선행으로 나타난다. 개혁교회가 참된 교회의 표지인 말씀과 성례 외에도 권징 또는 생활의 거룩성을 추가한 이유가 여기에 있다. 칼빈과 개혁신학자들 중 말씀과 성례만을 언급한 이들도 성례에는 거룩한 생활이나 권징이 포함된 성례를 말했다. '순수한 복음의 말씀의 선포와 주님이 제정하신 올바른 성례집행'이 궁극적 의미에서 교회의 표지이지만,[41] 이 말씀은 교회의 모든 부분에 적용되어져야 하고, 따라서 개혁교회는 말씀선포와 성례 그리고 교회의 권징도 포함한다.

하이델베르크 교리문답서에서 교회의 권징은 성만찬에 포함되어있다. 믿음이 어디서 오는가라는 질문에서 은혜의 방편을 통해 온다. 하이델베르크 교리문답서는 믿음이 일으켜지는 것을 말씀에, 믿음이 강화되는 것을 성례와 연결시킨다. 즉 성례에 참여하는 자는 이미 믿는 자다. 그리고 성찬론의 후반부에 누가 주의 성찬에 참여할 수 있는지 묻는다(제81문). 자신의 죄악을 혐오하는 사람, 그리스도의 고난과 죽으심에 의한 죄 사함을 믿는 사람, 삶을 교정하기를 소망하는 사람을 성찬에 참여할 자로 소개한다. 성찬 참여에 대한 제82문에서 다시 불신앙적이며 불경건한 자들에게도 성찬이 허용되는 지를 묻는다. 이에 대한 답은 다음과 같다.

아닙니다. 그렇게 되면 하나님의 계약(언약)이 모욕을 당하게 되며 전 공동체(교회)에 대해 하나님의 진노가 야기됩니다. 그러므로 교회는 그들이 자신들의 삶을 개선할 때 까지 그리스도와 사도들의 명령에 따라 권징의 직무를 통해

---

41) Herman Bavinck, *Gereformeerde Dogmatiek 4* (Kampen: J. H. Kok, 1930), p.296.

그들을 (공동체로부터) 제외시켜야 합니다.

하이델베르크 제83문에서부터 교회의 권세인 교정권(열쇠의 직책, das Amt der Schlüssel)이 등장한다. 교정권은 거룩한 복음의 설교와 기독교적인 훈육(기율)이다. 제84문의 답에서 '신자들에게는 복음의 약속을 통해 죄의 용서가 선포되지만 불신자들과 위선자들에게는 하나님의 진노와 영원한 저주가 있다는 말씀이 선포된다'고 한다.

기독교적인 훈육은 어떻게 시행되는가?(제85문) 형제애로서의 권면과 통보와 성례금지와 제외이다. 신앙공동체로 부터의 출교를 말한다. 제85문을 마지막으로 하이델베르크 교리문답서의 세 가지 구성인 삶과 죽음에서의 세 가지 위로들 즉 '죄악에서의 비참함, 죄와 비참에서의 구원 그리고 구원에의 감사 중 두 번째 부분인 '어떻게 구원을 얻는가'에 대한 부분이 끝나고 제86문부터 감사에 대한 부분으로 선행에 대한 부분이 설명된다. 그 뒤로 자연스럽게 율법이 해설되며 율법의 제3사용이라는 개혁교회의 특징을 보여준다. 이를 재정리하면 '믿음과 성례(세례, 성만찬), 천국열쇠들(말씀, 권징) 그리고 선행-율법'의 구도이다. 믿는 자가 성만찬에 참여함으로 교회의 지체 곧 그리스도의 지체로 증명되는 데, 그 믿음은 생활에서 드러나기 때문에 권징은 언약의 표와 선행 더 나아가 율법의 제3사용에 연결시키고 있는 것이다.

제85문에서 권징이 교회에 의해 주도적으로 진행된다는 점이다. 국가 대신 교회가 그 일을 위해, 즉 권징을 위해 세워진 자들이 나타난다. 대교리문답과 비교할 때 하이델베르크 교리문답서는 장로들이라는 정확한 직분을 소개하지 않았으나 권징을 위한 자들이 필요함을 말하고 있다. 권징에 있어서 교회의 독립적인 주도성, 권징을 위한 직분의 소개 등은 하이델베르크가 개혁교회 편에 섰다는 것을 보여준다. 물론 루터도 권징이 실행되어서 악한 자가 반복적인 권면 후에 성만찬에서 제외되기를 바랐다. 나아가 교회권징이 국가의 직원들에게 넘어가는 것에 반대한 적도 있었다. 멜랑톤도 교회권징이 지역교회에 귀속되기를 바랐다. 그러나 루터교회에는 권징을 위한 장로직이 없었고 유스투스 요나스(Justus Jonas, 1493-1555)의 본을 따라 정부에 점점 위임하는 방식을 띠고 정부관리의 업무가 되어져 갔다. 뷔르템베르크주의 오랜 권징 논쟁은 국가교회(Staatskirche) 안에서 권징이 허물어졌다는 것을 상징적으로 보여준다.[42] 츠빙글리는 처음에 교회의 독립적인 권징을 말하는 것 같기도 했지만, 1525년 이후로는 정부에 그 우선권을 주었다. 왜냐하면 교회와 국가는 가까워졌고 분리할 수 없다고 생각했기 때문이다. 목사가 비록 권면할지라도, 판단하고 최종적으로 실행하는 것은 정부가 했다.[43] 그러나 칼빈은 제네바에서 교회의 독립적인 권징권을 얻기 위해 거의 20년간 싸운 후 1555년에서야 이 권세를 획득했다. 하이델베르크 교리문답서에 암시되는 교회의 독립적인 권징은 하이델베르크가 특별히 제네바의 노선을 따르고 있음을 보여준다는 점이다.

하이델베르크 교리문답서에서 교회권징이 이렇게 개혁교회의 특정 노선을 따라 표명되는 것은 드문 경우이다. 최근 비어마(Bierma)는 하이델베르크 교리문답서는 예정, 언약, 성찬교리에서 논쟁이 될 만한 특정한 입장을 드러내지 않음으로 논쟁을 최소화했다고 주장했다.[44] 이것을 염두에 둔다면, 교회권징은 틀림없이 논쟁을 몰고 올 문제였는데, 하이델베르크 교리문답서는 교회권징을 구체적으로 진술하며, 나아가 교회의 고유한 일로 진술함으로서 어느 정도 칼빈을 따르고 있다는 것을 보여주는 것은 매우 흥미로운 부분이다. 이 후의 논쟁에서 불링거는 우르시누스를 설득하려 했으나 우르시누스는 자기 입장을 고수했다.[45] 많은 부분에서 취리히와 깊은 관계를 맺고 그 영향

---

42) *Theologische Realenzyklopädie* 19, "Kirchenzucht," p.180-181.

43) 상게서, p.177-178.

44) Lyle D. Bierma, "The Sources and Theological Orientation of the Heidelberg Catechism," in: *An introduction to the Heidelberg Catechism* (Grand Rapids: Baker Academic, 2005), 94.

하에 있었던 우르시누스가 이 부분에서 제네바의 입장을 드러낸 것이다.

그러므로 하이델베르크 교리문답서에 있는 교회의 권징 시행은 특이한 부분이다. 만일 칼빈주의가 더 많이 세력을 얻은 후인 한 세대 후에 교회권징에 대해 말한다면 당연하게 받아들여졌을 것이다. 그러나 이제 칼빈주의의 확장이 시작되는 시기에, 그것도 이제 막 성만찬 입장에서 개혁주의로 방향을 잡고 루터주의와 많은 논쟁을 치루고 있는 곳의 문답서에, 칼빈주의자 뿐만이 아니라 츠빙글리주의자와 멜랑톤주의자가 함께 있는 지역에서 이 항목이 발견되는 것은 흥미로운 부분이다.

하이델베르크 교리의 개혁주의 적인 특성을 보기위해 칼빈의 권징에 관한 내용을 살펴보기로 하자. 칼빈은 교회에서 권징의 신실한 시행을 강조한다. 그는 『기독교 강요』 제Ⅵ권 12장에서 '교회의 권징'을 다루고 있는데, 주로 권책과 출교로 한정하고 있다.46) 칼빈은 교회 안에서 권징의 필요성에 대해서 다음과 같이 말한다. "사회나 조그마한 가정도 권징이 없이는 올바른 상태를 유지할 수 없다면 가장 잘 통제 되어야 할 교회에서는 더욱 더 권징이 필요하다. 따라서 그리스도의 구원의 교훈이 생명인 것 같이 권징은 그 근육이며 이 근육을 통해 몸의 지체들이 서로 결합되고 각각 자신의 위치에 있을 수 있다."47)

칼빈은 권징에 의해서 완전한 교회의 정화를 기대하지는 않았다. 다만 그리스도의 몸 된 교회가 최대한 단일성을 유지하도록 권징을 사용할 것을 말한

---

45) 우르시누스는 여러 부분에 있어서 불링거의 도움을 받았다. 멜랑톤의 사후에 취리히로 가서 도움을 받았으며, 우르시누스가 하이델베르크로 오게 된 것도 불링거의 천거에 의한 것이었다. 불링거는 우르시누스에게 가능한 좋은 자리를 주기 위해서 프리드리히3세를 설득했다. 그럼에도 불구하고 우르시누스는 이 점에 있어서 불링거와는 다른 관점을 유지했다. E. K. Sturm, *Der junge Zacharias Ursin* (Neukirchener Verlag, 1972), p.308.

46) 배경식, "칼빈의 교회론이 한국교회에 주는 의미", 『한국조직신학 논총』, 제26집 2010년 6월, 한국조직신학회편 (서울: 한들출판사, 2010), p.213ff.

47) 『기독교 강요』 Ⅳ. xii. 1., p.445f.

것이다. 따라서 칼빈은 권징을 통해서 분리를 추구하는 것이 아니라 하나 됨을 기대하는 것이었다.

웨스트민스터 신앙고백서는 '교회의 권징'에 관해 기술하기를 "과오를 범한 형제를 교정하고 잃어버리지 않기 위해 필요하다"[48]고 전제한다. "다른 사람들이 같은 과오를 범하는 것을 방지하며 많은 사람들에게 좋지 못한 영향을 줄지 모르는 누룩을 없애 버리고 그리스도의 명예와 복음의 거룩한 직업을 옹호하고 하나님의 진노를 막는 데 필요하다."[49]라고 언급하고 있다. 이 목적을 더 효과적으로 달성하기 위해서는 충고로 부터 시작하여 얼마동안 주의 만찬에 대한 배석을 정지하고 범죄의 성격과 본인의 과실에 따라서는(살전 5:12, 살후 3:6, 14-15, 고전 5:4-5, 13. 마 18:17, 딛 3:10) 교회에서 제명도 구체적으로 제안하고 있다.[50] 이 내용은 하이델베르크 교리문답과 그 내용이 비슷하다.

4) 그리스도의 삼중직

하이델베르크 교리문답은 31문답에서 그리스도의 사역을 삼중직으로 설명한다.

제31문. 왜 성자께서 그리스도 곧 "기름부음 받은자"라 불리우시는가?

답. 그분은 하나님 아버지에 의해 임명되시고 성령으로 기름부음을 받으셔서, 우리의 구원에 관한 하나님의 은닉된 결의와 뜻을 우리에게 온전히 계시하신 최고의 예언자와 선생이 되셨고, 자신의 몸을 단번에 제물로 드리심으로 우리를 구속하셨고 항상 성부 하나님앞에서 간구로써 월를 위해 변호하시는 유일한 대

---

48) 『대한예수교장로회총회 헌법』 (서울: 한국장로교출판사, 2007), 125쪽.
49) 상게서.
50) 참조: 상게서.

제사장이 되셨으며, 자신의 말씀과 성령으로 우리를 다스리시며 완성된 구원에 머물도록 우리를 보호하시고 보전하시는 우리의 영원한 왕이 되셨습니다(신 18:15, 요 18:37, 행 2:36, 요일 2:1-2, 히 4:14-16).

하이델베르크 교리문답에서 그리스도의 사역과 인격을 삼중직으로 이해하여 전개한 것은 칼빈에 충실한 것으로 볼 수 있다. 칼빈은 그의 기독교 강요 제3권에서 "그리스도께서 성부의 보내심을 받은 목적과 직분"을 선지자, 왕 그리고 제사장이라는 삼중직으로 서술하고 있다.

중세신학의 기독론은 그리스도의 사역에서 제사장 사역에 한정하는 경향이 있었다. 그리스도는 제사장이고 또한 희생제물이다. 안셀름은 죄책에 대한 보상으로서 그리스도의 희생을 강조하고 그리스도의 수난을 통해서 죄값을 치루고 종 됨으로부터 벗어나게 된 사실에 집중하였다. 토마스에게도 여전히 왕직과 선지자직은 거의 다루어지지 않고 구속론적 관점에서 제사장직이 중요하게 다루어졌다.[51]

칼빈 역시 그리스도가 우리의 유일한 대제사장임을 강조한다. 그러나 그는 중세의 기독론과는 다른 논리로 제사장직을 설명한다. "그리스도께서는 제사장 역할을 행하시되 화목이라는 영원한 법을 통하여 하나님으로 하여금 우리에게 은혜를 베푸시고 화해할 수 있게 하실 뿐 아니라 우리를 이러한 큰 영예에 참여할 수 있는 동료로서 영접해 주신다."[52]

칼빈이 말하는 대제사장직은 무엇인가?
1) 그리스도는 단지 죄로 인해 발생한 죄책, 곧 빛을 갚으시는 분에 한정되

---

51) 정홍렬, "토마스 아퀴나스의 그리스도론" 한국조직신학회편 『그리스도론』 (서울: 대한기독교서회, 2011), p.86.
52) Calvin, 『기독교 강요』 II. xv. 6, p.531,

지 않는다. 그 분은 우리를 대신해서 우리가 져야 할 하나님의 진노를 대신 감당하셨다. 더 구체적으로 우리가 감당해야 할 모든 공포, 두려움, 고통을 우리를 대신해서 직접 당하셔서 우리를 거기로부터 건져내신다. 2) 이런 의미에서 그리스도는 그의 희생을 통해서 우리의 죄를 덮으실 뿐 아니라 그것을 도말하신다. 3) 그리스도는 단지 죄의 빚을 없애는 도구적인 의미의 제사장이 아니라 죄를 도말해서 우리를 다시 언약관계의 당사자로 돌려놓은 구원의 주체이시다. 그는 죄를 사해서 언약의 가능성만을 열어두는 것이 아니라 이 언약관계를 실재적으로 것으로 만든다. 이를 요약하면 화해와 중보의 역할을 하는 것이다.

칼빈은 "하나님께서 어떻게 창세전부터 사랑하시는 자들을 은혜로 받아들이기 시작하시는가?"라는 질문을 하는데 이는 하이델베르크 교리문답 제12문답이 담고 있는 이중적 질문 중 두 번째인 "어떻게 다시 하나님의 은혜를 입을 수 있겠습니까?"와 동일한 내용임을 보여준다. 요약하면 칼빈에게서 그리스도의 제사장직은 단지 죄를 사해 빚을 청산하는 도구적인 것에 한정되지 않고 대속적 형벌을 통해 우리를 다시 하나님과의 실재적인 언약 관계 안에서 살게 하시는 생명의 주인으로서의 사역까지 포괄하고 있다.

교리문답 제12문에서 죄의 형벌을 면하는 것만이 아니라 하나님의 은혜를 입어 영생가운데 사는 것을 함께 말하는 구속의 이중적 구조를 곳곳에서 드러낸다. 제59문에는 하나님 앞에서 의롭게 되는 것과 영원한 생명의 상속자가 되는 것으로, 제88문답에서는 참된 회개를 옛사람이 죽고 새사람으로 같이 산다는 구조로 설명한다. 이런 점에서 칼빈이 말하는 것은 단지 죄를 사해주는 것 뿐 아니라 죄를 도말해서 생명가운데 살게 한다는 제사장직의 이중적 구조가 교리문답에 그대로 반영되어 있다.

한걸음 더 나아가 하이델베르크 교리문답에서는 제사장직을 성령론과 교회론과 연관지어 생각한다. 지금도 그리스도께서 성부 앞에서 우리를 위해 항상 간구하고 계신다는 점을 제사장직과 연결시킨다. 이는 요한복음 17장를 대제사장의 기도로 이해한 고대교회의 이해와 일맥상통한다. 그리스도께서 성령과 말씀으로 여전히 교회를 다스리시면서 자신의 십자가와 부활사역이 사도들의 말을 듣고 믿게 될 모든 자들에게도(요 17:20-23) 여전히 유효한 일이 되도록 일하시고 기도하신다. 그리스도와 연합된(내가 그들 안에 있고 아버지께서 내안에 계신다, 요 17: 22, 24) 교회 안에서 생명이 풍성하도록 간구하신다(히 7:25). 이런 점들을 통해서 교리문답은 제사장직을 중세 기독론보다 훨씬 폭넓게 해석하고 있다고 보아야 할 것이다.

칼빈은 그리스도의 왕직을 그가 아버지 하나님과 함께 가진 주권으로 주로 설명한다. 동시에 그는 이 주권을 궁핍하고 고난가운데 있는 교회를 자신의 권능으로 무장시키고 자신의 웅대한 미로 장식하시며 자기의 부요하심으로 풍요하게 하시는 일에 사용하신다.[53] 교리문답은 그리스도의 왕직을 그의 말씀과 성령으로 교회를 다스리시는 것에서 구체화된다고 본다. 그리고 유일한 대제사장이 지금도 하나님 앞에서 간구하시는 것과 그가 왕직을 수행하는 것을 사실상 하나로 다음과 같이 말한다. "교회를 위해 획득하신 구원을 누리도록 교회를 보호하고 보존하신다." 만물은 그리스도의 발아래에 복종한다(엡 1:22). 만물이 그의 안에서 통일되고 만물은 그 안에 함께 섰다(골 1:18). 영원한 왕이신 그리스도의 통치의 범위는 우주적이다. 그러나 그리스도 왕직은 교회에 집중되어 나타난다. 직접 만물이 아니라 말씀과 성령으로 교회를 다스리시는데 그의 영원한 왕으로서의 사역이 맞추어진다. 교리문답에 나타난 그리스도의 왕직에 대한 내용은 칼빈이 밝히고 있는 다음의 내용을 통해서도 확인될 수 있다. "그리하여 우리로 하여금 비참, 굶주림, 추위, 멸시와 모욕 및 기타 곤경 등으로 차 있는 이 세상을 참을성 있게 지내가며 드디어는 우리의 싸움이 끝나고 우리에게 승리를 주실 때까지 우리의 왕(그리스도)께서 우리를

---

53) Calvin, 『기독교 강요』 xv. 4-5 p. 523ff.

결코 버려두지 않으시고 우리의 위급한 때에 구조해 주신다는 확신 하나로 만족하게 한다.".54)

우리를 그의 권능으로 무장시키시고 교회를 장엄함으로 꾸며주시고 풍성케 하시는 사역은 교회와 교회에 속한 각 지체들에 구체적으로 나타나는 것에서도 찾아질 수 있다. 그런 면에서 의와 거룩함과 구속함뿐만 아니라 중생과 회개, 영화로 표현되는 모든 구원의 은덕들은 그리스도가 영원한 왕으로서 행하시는 사역과 연관된다고 볼 수 있다.

칼빈은 선지자직을 예수님 자신이 가르치는 직책을 다하신 것 뿐 아니라 그의 몸 전체(교회)를 위해서 그 말씀을 주시고 그 복음이 계속해서 전파되는 일이 성령의 권능을 통해 이루어지도록 하신다. 이어서 사도들을 통해서 전해지는 복음사역이 사실상 그리스도의 선지자직의 연장선상이자 현재적인 구체화로 해석한다.55) 교리문답도 그리스도의 선지자로서의 사역을 현재시제로 표시하면서 지금도 우리의 구원을 위한 하나님의 감추인 경영과 뜻이 복음설교를 통해서 이루어지는 곳에서 그리스도의 선지자직이 구체화되고 있음을 분명히 하고 있다. 그리스도의 선지자직은 일차적으로 사도들의 복음 증거를 통해서 구체적으로 나타난다. 그리고 사도들의 증거의 말씀을 성령 안에서 기록하게 하신 성경과 그 성경을 사도들로부터 거룩한 유산으로 넘겨받아 계속해서 교회 안에서 설교하는 직분자의 사역에서도 그리스도의 선지자직은 계속되고 있다.

칼빈과 하이델베르크 교리문답은 단지 제사장과 제물로서, 죄로 인해 발생한 빛을 제거하는 도구적인 것으로 이해되었던 그리스도의 사역의 의미를 삼중직을 통해서 매우 포괄적으로 이해했다. 무엇보다도 성령 안에서 복음 설교와 성례를 통해서 회복된 언약 안에서 살면서 생명을 누리는 교회의 삶 전

---

54) Calvin, 『기독교 강요』 II. xv. 4. p.526.
55) Calvin, 『기독교 강요』 II. xv. 2. p.517f.

체를 주관하시는 언약의 중보자로서의 사역이 이 삼중직 안에 들어있다.

나가는 말

하이델베르크 교리문답이 공표된 1563년은 아우그스부르크 협약(1555)이 이루어진지 8년이 지난 해로서 독일을 포함한 신성로마제국에서는 통치자의 종교가 그 주민들의 종교가 되는 일(*cuius regio, eius religio*)이 관례화 되었다. 이 때 선택 가능한 종교라는 것이 천주교회냐, 루터파 교회냐 둘 중의 하나였으며 그 외의 다른 신앙을 고백한다는 것은 제국회의에서 받아들여지지 않았다. 이런 상황에서 1563년 강력한 개혁파적인 신앙을 천명한 하이델베르크 교리문답은 제국회의 참여자들에게 큰 충격을 주었으며 하이델베르크 교리문답 작성의 정치적 후원자였던 프리드리히 3세는 아우그스부르크 제국의회(the Diet of the Augusburg)에 소환되기까지 하였다.

　아우그스부르크 제국회의 기간 중인 1566년 5월 14일에 프리드리히 3세는 개혁파적인 내용을 다 고치라고 이미 여러 번 명령을 받은바 있었다.

　하이델베르크 교리문답의 원저자는 명백하게 밝혀진바 없으나 세 가지의 견해가 있는데. 1) 하이델베르크의 신학자인 교의학 교수 자카리우스 우르시누스와 하이델베르크 성령교회의 담임목사였던 카스파 올레비아누스라는 것이다. 2) 여러 사람들의 공동작품으로 보는 입장. 3) 우르시누스의 저작으로 보는 입장으로 1562년 프리드리히 3세가 자신의 통치 지역 내에서 활동하는 신학자(Haustheologe) 우르시누스에게 하이델베르크 교리문답을 초안을 작성하도록 위촉했으며 이 초안을 신학자들과 목사들로 구성된 신학편집위원회로 하여금 최종 검토하기에 이른 것이라는 견해들이다. 이 중 우르시누스 개인 저작이라는 설이 가장 유력하다.

하이델베르크 교리문답의 개혁교회적인 특성들에는 1) 언약사상 2) 그리스도의 영적임재 3) 교회의 본질과 권징의 시행 4) 그리스도의 삼중직 등이다.

이 언약사상은 시간과 인간 역사의 진행과정을 창조와 타락, 메시아 약속과 그리스도의 강림 그리고 재림으로 이어지는 인류 구원의 연속과정을 설명한다. 이것은 하이델베르크교리문답 전체인 129개 조항의 질문과 답에 들어있다. 교리문답의 전체 구조는 인간의 죄와 비참함(제3-11문답)과 예수 그리스도를 통한 구원(제12-85문답) 그리고 감사의 신앙생활(제86-129문답)이다.

율법은 인간의 비참함과 죄를 깨닫게 한다. 복음은 예수 그리스도를 믿음으로 얻는 구원의 길을 제시한다. 여기에서 얻는 자유와 기쁨과 행복은 감사의 생활로 나타나게 된다. 그렇다면 어떻게 감사의 생활이 가능한가? 성령의 인도하심과 말씀의 신앙생활로 가능하다. 여기에서 구체적으로 필요한 것은 하나님 사랑과 이웃사랑이다. 이것은 율법의 요약이다. 이것을 율법의 제3용법이라고 한다. 하나님 사랑과 이웃사랑을 통한 감사의 생활이 행복한 참 신앙이다.

성찬에서 그리스도의 임재는 육적으로 임한다는 가톨릭의 화체설이나 루터의 공재설을 부정한다. 전자는 성찬에 그리스도가 육적으로 임재한다고 하는 것이며 후자는 육적으로와 동시에 영적으로 임재한다고 믿는 것을 말한다. 그러나 칼빈은 영적임재를 강조했다. 거룩한 성찬에 그리스도께서 인성으로 임재하시는 것이 아니라 영적으로 성찬에 함께 하신다는 영적임재설이 강조된다. 우리가 성령에 의해 그리스도께 연합되었다는 것이다. 그의 부활하신 참된 몸은 승천이후에 하늘에 계시고 하나님 우편에서 우리의 경배를 받으신다는 것을 확증한다. 그리스도의 영적임재는 신령한 하늘의 몸이 영적으로 성찬에 임재한다고 믿는 것이다. 이것을 강조한 것은 그리스도께서 단번에 피흘리시고 죽음으로써 인간의 죄사함을 이루셨다고 하는 믿음을 강조하기 위해서이다. 그렇지 않으면 그리스도가 매번 육적으로 성찬에서 죽어야 죄사함이 있다는 우상숭배인 화체설에 빠지게 된다.

교회의 본질과 권징은 성찬, 성도들의 생활, 교회정치, 교회직분, 교회와 국가와의 관계 등과 긴밀하게 연결되어 있다. 교회는 생명의 말씀을 바르게 선포하는 곳이다. 언약의 표인 성찬에 참여하는 자를 돌아보게 하고 악한 자로부터 언약의 표를 보호해야 한다. 교회는 말씀의 선포와 주께서 제정하신 성례전의 집행이 있는 곳이다. 성도들의 생활이 지속적인 살핌 가운데 있게 하여서 그 생활을 보호하고 지켜 거룩을 향하게 한다. 이 일을 하기 위해 장로 직분이 세워지고, 논의하고 처리하는 회가 있게 된다. 국가와 교회가 각기 자기영역에서 자기 일을 감당하기에 교회 내에서 발생한 권징은 국가의 일이 아니라 교회의 독립적인 일이라는 생각이 지배하게 되었다. 이에 반해 국가를 교회의 대적으로 생각하는 재세례파의 무정부적인 것을 거부하고, 국가를 교회의 제어 아래 두어야 할 대상으로 보는 로마가톨릭의 생각도 반대한다. 교회의 갈등과 분쟁적인 일을 세상 법에 기준에 맡기는 것은 재고해야 한다.

교회권징은 개혁교회의 중요한 특징 중의 하나이다. 왜냐하면 개혁교회는 신자들의 생활이 개혁되는 것이 참된 교회의 모습이라고 생각했기 때문이다. 이러한 사상은 개혁의 원리로 자리를 잡고 있다. "개혁된 교회는 개혁하는 교회"(Ecclesia reformata semper reformanda)이어야 한다. 하이델베르크 교리문답서 제85문은 우리 한국교회의 형편과 한국교회성도들의 삶의 모습을 돌아보게 한다. 후에 교회권징은 개혁신학의 영향 하에 있는 거의 모든 교회의 법에 들어오게 된다.

한국장로교회의 법에도 교회권징은 자리 잡고 있으나 시행은 되지 않고 있는 실정이다. 그 결과로 한국의 장로교회는 여러 가지 윤리적인 면에서 다양한 비판의 소리를 사회로부터 받고 있다. 특히 다양한 장로교회들의 기득권 유지를 위한 분파주의는 심판의 대상이기도 하다. 거룩함의 추구가 성도의 삶의 방향임을 보여주기 위해서는 교회권징이 바로 세워져야 한다. 교회권징이 살아 있다는 것은 그 벌함이 살아 있어야 한다는 것이 아니라, 세워진 장로들이 그 본분대로 성도들의 삶을 부지런히 살피고 권하는 그 실제적인 직무가 살아 있어야 한다는 것이다. 주님의 몸 된 교회를 바로 세우기 위해 신앙의 종교 개혁자들이 제시한 교회의 권징이 업신여겨지거나 버려지거나 교리문답서와 교회법에만 남지 않고 실제 생활로 들어오는 것이 절대적으로 필요하다.

그리스도의 삼중직은 대제사장과 왕 그리고 예언자직에서 찾는다.

그리스도께서는 지금도 성부 앞에서 우리를 위해 항상 간구하고 계신다는 점을 제사장직과 연결시킨다. 이는 요한복음 17장을 대제사장의 기도로 이해한 고대교회의 이해와 일맥상통한다. 인간들의 죄악을 친히 담당하신 속죄주로서의 사역을 말한다. 사도들의 말을 듣고 믿게 될 모든 자들에게도(요 17:20-23) 유익하도록 일하시고 기도하신다.

영원한 왕이신 그리스도의 통치의 범위는 우주적이며 교회에 집중되어 나타난다. 말씀과 성령으로 교회를 다스리시는데 여기에 그분의 영원한 왕으로서의 사역이다. 예언자로서의 사역은 현재시제로 표시되며 우리의 구원을 위한 하나님의 감추인 경영과 뜻이 복음 설교를 통해 구체화되고 있다. 이런 면에서 말씀 선포는 예언적이다. 그리스도의 예언자직은 일차적으로 사도들의 복음 증거를 통해서 시행되었다. 이후에는 성령 안에서 사도들의 증거의 말씀을 기록하게 하신 성경과 그 성경을 사도들로부터 거룩한 유산으로 넘겨받아 계속해서 교회 안에서 설교하는 직분자의 사역에서 그리스도의 예언자직은 계속되고 있다.

하이델베르크교리문답은 교회연합적인 의미를 갖는다. 교리문답이 제정 반포되면서 40개 이상의 언어로 번역되었으며 1880년경에는 성경, 그리스도를 본받아 그리고 루터의 소요리문답에 이어 네 번째 많이 읽힌 책이었다. 이 교리문답은 개신교가 믿는 신앙의 내용을 성경에 근거하여 요약한 칼빈의 제네바 요리문답의 지성적인 면과 다르게 개혁적인 성격을 가지면서도 대중적이며 매우 쉽게 요약했다는 점이 다르다. 이 교리문답은 네덜란드를 거쳐 폴란드, 체코, 루마니아, 헝가리 개혁교회에까지 확산이 되었고 네덜란드의 식민지교회에도 전해져 교회의 설교 자료와 신앙 교육을 시키는 도구가 되었다 특히 네덜란드의 식민지였던 인도네시아, 말레이시아에서의 이 교리문답의 평가는 온갖 우상숭배와 정령숭배 나아가서는 이슬람교에 맞서는 중요한 개혁교회의 신앙고백적인 문서가 되었다는 것이다.56) 신앙고백적인 그 내용의 명료함과 확실함 때문이다. 우리가 왜 믿는가? 어떻게 믿어야 하는가? 구원의 확신이 무엇인가라는 물음에 대한 답이 이 교리문답에 실려 있다.

한국교회로 돌아와서 한가지 생각할 것은 교회가 어려울수록 우리가 믿는 개혁교회 신앙본연의 자세로 돌아가는 것이 필요하다. 교회는 더 성경으로 되돌아가 우리의 참 믿음을 확인하며 특히 이단들이 창궐하는 어려운 혼란의 상황에서 우리의 신앙과 생활을 바로 세우는 일이 필요하다. 이러한 신앙적 기준으로써 하이델베르크의 교리문답은 웨스터민스터 요리문답과 함께 오늘의 시대에 걸맞게 재해석되면서 한국교회 교인들을 위한 신앙생활의 머릿돌로 자리매김을 해야 한다. 그때 교회에는 바른 신앙인들이 양육되고 이들을 통해 주님의 몸 된 교회가 거룩을 회복하게 되며 주님이 명하신 지상명령을 제대로 실천 할 수 있으리라 확신한다. 오늘의 한국교회를 바라보면서 "좋은 나무가 나쁜 열매를 맺을 수 없고 나쁜 나무가 아름다운 열매를 맺을 수 없느니라"(마 7:18)는 주님의 말씀이 새롭게 다가온다.

---

56) Jürgen Fangmeier, "Heidelberger Cathechismus" in 『TRE』 Bd. XIV(Walter de Gruyter: Berlin, 1985). p.588.

제VII부

기독교와 신앙

제22장

칸트의 철학과 관념론

1. 칸트의 철학과 관념론

우리가 믿는 기독교 신앙은 성경과 전통 그리고 신앙적 기준에 관한 개인의 확신을 넘어선 지식이며 신앙고백이 되어야 함은 부정할 수 없는 사실이다. 그럼에도 불구하고 한국에 기독교가 전래된 이후 1세기를 지내면서 교회가 사회에서 빛과 소금의 직분을 감당하지 못함으로 인해 복음 전파와 선교가 정체현상에 머무르게 된 것은 근본적으로 교회 안에 내재해야 하는 신학의 부재 때문이다.

신학이 부재하다는 것은 신앙의 내용을 체계화 시킨 그 내용이 없다는 말과도 같다. 신학은 교회의 삶이라고 전제할 때 성경에 관한 연구와 기도, 찬양, 개인의 신앙고백, 그리고 개인적 삶은 신학의 내용이 된다. 이것을 체계화시키기 위해 신학은 지금까지 2000년 역사에서 철학이라는 도구를 사용하여 왔다.

교회를 통한 말씀의 봉사자인 신학이 학문적인 훈련을 통해 전문적인 말씀 선포의 역할을 감당하기 위해서는 미래의 세계를 탐험하는 것과 같은 용기

를 가지고 신학의 주변 학문들을 수용하는 것이 무엇보다 필요하다. 신학연구
는 개인적인 취미를 넘어선 교회와 사도적인 부르심에 관한 응답으로서 하나
님의 말씀과 교회 그리고 사회에 대한 책임의식을 가지고 일생을 이 사명을
위해 헌신하는 성직이라는 사실에 겸허함과 조바심을 갖는 것이 필요하다.

우리가 칸트를 알아야 할 것은 칸트에게서 영국의 경험론과 대륙의 합리
론이 통합되어 인식론으로 서구철학이 자리매김을 하게 되었으며, 인간의 이
성과 오성 그리고 판단력을 비판한 것이 분석되어 재해석되었기 때문이다. 이
성이 강조되던 시대에 태어나 권력의 시녀가 되어버린 당시 가톨릭교회의 권
위주의를 비판하던 그 시대의 예언자의 외침을 듣는 것은 오늘의 시대를 사는
우리들에게 다른 하나의 큰 도전이 될 것이다. 그의 인식 이론들은 프랑스 혁
명에 직접, 간접으로 영향을 끼치게 되었을 것으로 판명된다.

2. 칸트와 계몽주의(Enlightenment)

18세기는 유럽에서 계몽운동의 회오리바람이 몰아치던 시대였다. 칸트는 계
몽주의를 "인간이 다른 사람들의 의견에 굴종하는 것으로 부터 해방되어 자
신의 독립적 이성을 행사할 마음의 준비가 되어있는 것"이라고 정의를 하였
다. 프랑스의 사상가들에게 사상의 통일성은 없었으나 볼테르(Voltaire)와 디
드로(Diderot), 달랑베르(d'Alembert)를 중심으로 이성의 밝은 빛에 비추어 인
간과 사회의 모든 문제들을 해결하고 사회의 불합리한 요소들을 제거하려는
사상운동이 전개되었다. 이 사상의 근본정신은 인간이 사후에나 얻을 수 있다
는 완전한 행복의 상태를 이 지상에서 이루어 낼 수 있다는 낙관론적인 생각
이었다. 이들은 초월적인 하늘나라를 부정하고 이상적인 지상의 나라 건설을
꿈꾸었다. 루소는 감정을 인간의 여러 가지 의견을 위한 현실적이고 합당한

기초로 보고 이성보다 높게 평가하였다.

사회적인 현실을 볼 때 모순과 불합리 그리고 부자연스러운 일들이 발생하는 것은 사람들의 마음이 어둡기 때문이라고 보았고, 이렇게 된 배후에는 기독교의 비합리적인 교리의 영향이 크다고 보았다. 기독교인들은 귀족과 결탁하여 사회적 불평등을 조장하여 대중의 생활을 비참하게 만들었다는 것이다. 이에 대해 볼테르는 "파렴치한을 분쇄하라"고 했으며, 루소는 "자연으로 돌아가라"고 외쳤다.

이와 같이 18세기는 이성을 높이 평가하는, 이성을 통해 사회의 전반적인 문제들을 해결하려는 이성의 시대였다. 이 운동의 공격 목표는 기성 정치세력인 귀족계급과 이와 결탁하고 있는 가톨릭교회의 성직계급이었다. 볼테르는 이신론자로서 신의 존재를 부정하지는 않았으나, 디드로는 무신론을 주장하였고, 이들의 영향을 받은 사람들로 인해 교회에 대한 반감이 고조되었다. 이러한 사상이 정치에 영향을 주어 결국 1789년 프랑스 대혁명을 가능케 하였다. 프랑스 대혁명은 모든 사회적 모순을 타파하고 이 땅에 자유, 평등, 박애의 아름다운 사회를 건설하는 것이었다.

칸트(Immanuel Kant, 1724-1804)는 쾨니히스베르크(Königsberg)에서 출생하여, 경건주의 전통을 가진 어머니의 보살핌과 학교에서 교육을 받으며 자랐다. 경건주의란 내심의 순결과 도덕적 성실성을 강조하는 기독교의 한 분파였다. 그의 나이 23세가 되던 1746년 쾨니히스베르크(Königsberg)대학을 졸업한 후 인근 도시에서 9년 동안 가정교사를 했다. 가정교사를 통해 상류사회의 사교에 익숙해졌고 세간의 지식을 넓혀갔다. 1755년 쾨니히스베르크(Königsberg)대학에서 강사로 시작하여 교편을 잡았으며, 그의 처음 작업은 유성과 지진, 불, 바람, 에테르, 화산 등을 연구하는 것이었다. 그는 철학뿐 아니라 수학, 물리학, 논리학, 지리학, 인류학 등을 연구했다. 그의 초기 저술로는 천체들에 관한 이론, 바람에 관한 이론 등이 있다. 1770년 논리학과 형이상학의 교수가 되었다.

칸트는 학생들에게 배우는 것을 답습하지 말고 철학적 사색을 하도록 격려하였다. "스스로 생각하라, 스스로 탐구하라, 자기 발로 서라"는 말은 유명하다. "철학(Philosophie)은 배우는 것이 아니라 철학하는 것(philosophieren)을 배우라"고 하였다. 이러한 사회적 격동기에 독신으로서 규칙동사나 시계와 같이 기상과 차 마심, 집필, 강의, 식사 등 일과를 철저하게 지키면서 연구에 전념하였다. 매일 여덟 번 철학자의 길이라고 불리던 보리수의 좁은 길을 왕복하였다.

1804년 2월 12일 물에 탄 포도주를 입에 대고 "좋다"(Es ist gut)라는 말을 남기고 80세의 일기로 세상을 떠났다. 그의 유해는 대학의 묘지에 안장되었으나 1880년 고딕풍의 예배당에 이장되었다. 그 예배당의 벽에는 "내 위로는 별이 반짝이는 하늘, 내 안에는 도덕의 법칙"(Der bestrinte Himmel über mir und das moralishce Gesetze in mir)이라는 실천이성비판의 결론 부분의 글귀가 걸려 있다.

칸트를 흔히 소크라테스와 비교하는 것은 두 사람 다 내면적인 사명을 첫째 일로 삼았고 외면적인 지위와 명성에 무관심하였다는 점에서다. 소크라테스는 저술을 남기지 않았으나 칸트는 60세가 되어서야 그의 저서를 통해 세상에 명성을 떨치게 되었다. 칸트가 회색 코트를 걸치고 한 손에는 스페인식 지팡이를 들고 사환 람페(Lampe)와 함께 철학자의 보리수 길을 나서면 오후 세 시반 이라는 것을 사람들이 알았다. 칸트의 철저한 규칙생활을 나타내는 유명한 일화이다. 람페는 30년 동안 오전 5시 5분전에 칸트의 침실에 들어가 "시간이 되었습니다."라고 말함으로서 그의 일상생활이 시작되었다.

칸트는 유럽대륙을 휩쓴 이 모든 사상운동과 정치 사회적인 변혁은 모두 이성의 이름 아래 행해지는 것을 경험하면서 사회개혁에 희망을 걸어보기도 하고 찬사도 보냈지만, 이성의 횡포에 의한 지나친 주장과 파괴에 대해서는 반대 입장을 취하기도 했다. 이성에는 장점도 있지만 분명히 한계가 있음을 지적하였다. 이러한 이성의 비판이 칸트철학의 중심과제가 된 것이다.

그 후 10여 년간 다섯 가지의 위대한 작품을 세상에 내어 놓았다. 순수이성비판(Critique of Pure Reason, 1781, 1787), 장래의 모든 형이상학에의 프롤레고메나(Prolegomena,1783), 도덕형이상학의 근본원리(Fundamental Priciples of the Metaphisic of Ethics, 1875), 실천이성비판(Critic of Practical Reason, 1788), 판단력비판(Critic of Judgement, 1790) 등이 그것이다. 1794년에는 이성의 한계 안에서의 종교(Religion Within the Bounds of Reason Alone)가 출판되었다. 그의 기력이 차차 쇠퇴하여 만년에는 시력과 기억력을 잃어 쓸쓸한 나날을 보냈다.

3. 칸트의 주 저서들

1) 순수이성비판 (Critique of Pure Reason, 1781, 1787)

"나는 무엇을 알 수 있는가?"라는 주제를 가진 그의 제1 주저서인 『순수이성비판』은 뉴턴의 수학적 자연과학가운데 사실로서 확립해 있던 학적 인식의 보편타당성을 경험에 의존하지 않고 시간과 공간 그리고 범주라는 주관 가운데에 있다고 보았다.

여기에서 비판(Critique)이라는 말은 비판(criticism)이라기보다는 비평적 분석(critical analysis)이라고 보는 것이 옳다. 순수한 이성을 공격하는 것이 아니라 그 가능성을 증명하고 순수이성이란 우리의 감각을 통해 들어오는 것이 아니라 일체의 감각적 경험에서 독립한 인식임을 보여주고 있다.

순수이성비판에서 코페르니쿠스적인 사고의 혁명(Revolution der Denkart)이 제시되었다. 지구가 우주의 중심이요, 별도 태양도 지구의 주위를 돈다는 성경적 세계관을 타파하고 거꾸로 지구가 태양의 주위를 돈다는 것을 확증한 것이 코페르니쿠스였다. 칸트의 사고방식의 혁명은 무엇인가?

지금까지 인식작용은 대상에 준거하여 이루어진다고 믿었다. 그러나 칸트는 비판적인 인식이론에서 대상이 우리의 인식작용에 준거해야 확실한 지식을 얻을 수 있다는 것이다. 인식은 일반적으로 알려지는 것과 아는 작용으로 이루어진다. 전자를 재료, 여건, 객관이라고 하면 후자는 형식, 조건, 주관이다. 형식이 재료를, 주관이 객관을 확인한다는 것이 인식의 기본 틀이다. 인식의 필연성과 보편타당성을 보증하는 것이 주관이라는 것이다. 그는 단순한 경험론자가 아니라 선험적(a priori) 인식론자이다.

칸트는 순수이성비판에서 '신과 자유 그리고 영혼불멸'을 인간정신이 근본적으로 알고 싶고 획득하려는 대상이라고 규정한다. 칸트는 인간의 이성이 무엇을 어떻게 알며 어디까지 알 것인가라는 인식 가능성과 타당성 그리고 한계를 밝히고 있다.

인식론은 데카르트와 라이프니츠에 의한 대륙의 합리론과 로크나 흄의 영국의 경험론을 종합, 지향하였다. 인식의 성립에서 경험적 요소와 합리적 요소가 함께 해야 한다는 것이다. 사물의 인식은 감각을 무시할 것이 아니고 그렇다고 감각과 경험만으로 인식이 성립되는 것도 아니다. 그의 "직관 없는 개념은 공허하고 개념 없는 직관은 맹목이다"라는 말은 유명하다. 여기에서 직관은 감관 경험이며 개념은 인간정신의 순수한 생각을 의미한다.

인간이 인식한다는 것은 무엇인가? 확실한 지식을 갖는 것을 말한다. 확실한 지식을 갖는 데는 두 가지의 기관이 필요하다. 하나는 감성이요 다른 하나는 오성이다. 감성은 눈에 보이는 감각을 받아들이는 능력이다. 감성의 대상은 표상으로서 우리에게 주어진다. 오성은 감성에 의해 주어진, 보이는 것을 사고하는 능력이다. 이것은 전자처럼 감각을 수동적으로 받아들이는 것이 아니라 대상을 능동적으로 개념화하는 능력이다. 이 두기관은 서로 협력해서 확

556 | 제VII부_ 기독교와 신앙

실한 지식을 얻는다. 내용 없는 사고는 공허하고 개념 없는 직관은 맹목이다. 오성은 사물을 직관할 수 없고 감성은 어떤 사물도 사고할 수 없다. 가령 물 안에 넣은 막대기는 감성의 경험적 직관에 의해 꺾여 보인다. 물리학적 이론(오성)에 의해 설명되어 막대기는 꺾여 보일지라도 곧은 것으로 인정된다.

인식의 대상은 처음에 직관에 의해 받아들여진다. 직관에 의해 우리의 정신에 주어지는 것은 현실적 사물로서 반드시 시간과 공간의 제약을 받는다. 그러므로 시간과 공간은 직관의 형식이다. 직관에 의해 주어지는 것은 통일과 질서가 없다. 이것에 통일과 질서를 주는 것은 개념이다. 현실적 대상을 생각할 수 있는 능력과 개념을 만들어 내는 것은 오성이다. 직관에 의해 주어진 잡다한 것이 오성에 의해 통일되어 인식이 이루어지는 것이다.

인간의 정신 속에는 경험에 의해 생기지 않는 순수한 오성개념인 범주(Kategorie)가 있다. 칸트는 순수(rein)와 선험적(a priori)이라는 말을 같은 의미로 사용한다. 이것은 경험에 의한 것이 아닌 인간의 정신 속에 본질적으로 들어있는 것이라는 말이다. 보편적 인식은 인식주관이 가지는 a priori가 사물을 인식할 때 이것에 의해 잡다한 것이 통일된 대상으로 파악된다는 것이다.

칸트는 12개의 범주를 도출하였다. 양(量)에는 단일성과 다수성 그리고 전체성이며, 질(質)에는 실재성과 부정성 그리고 제한성이다. 관계(關係)로는 실체성과 인과성 그리고 상호작용성이다, 양상(樣相)에는 가능성과 현실성 그리고 필연성이다.

한그루의 나무를 지각할 때 직관을 통해 시간과 공간의 제약을 받는 여러 성질을 파악하지만 그것이 한 개의 나무임을 파악하는 것은 감관지각이 아니며 하나라는 수 개념은 인간정신이 추상한 것이 아니라 인간의 정신 속에 본래부터 선험적으로 a priori 하게 있는 것이다. 현실의 나무의 여러 성질을 보고 한 개의 통일성을 파악하는 것은 오성이며 순수한 오성개념인 범주를 적용한 것이다.

칸트의 대상에 관한 두 가지 인식능력과 작용						
첫 번째 단계	감각	직관	감성	알려짐	경험적 현상	객관적 시간, 공간
두 번째 단계	인식	사유	오성	알음	선험적 범주	주관적 인식

이와 같이 우리의 인식이 경험에 의해서만 이루어지는 것이 아니라 경험에 의해 주어진 것을 정신의 순수한 통일능력인 오성이 규제함으로써 성립한다고 보았다. 인식의 객관적 측면을 강조하는 경험론에 대해 인식의 주관적인 측면인 질서를 주고 통일을 주는 오성의 역할을 강조했기 때문에 그의 인식론은 코페르니쿠스적인 전환이라고 불린다. 칸트는 자기 철학을 선험적 철학 혹은 선험적 관념론이라고 한다.

2) 실천이성비판 (Kritik der praktischen Vernunft, 1788)

"나는 무엇을 해야 하는가?"라는 물음은 그의 제2 주저서인 『실천이성비판』의 주제가 된다. 자연물은 기계적 법칙에 의해 움직인다. 이성적 존재인 인간은 원리에 따라서 행동하려는 능력 즉 의지를 가지고 있다. 어떤 원리를 행하려면 이성이 의지적으로 작용해야 한다. 이것이 실천이성이다. 실천이성은 실천하는 의지가 아니라 실천에 앞선 의지이다. 유한한 인간에게 행복은 자연스러운 욕구사항이다. 그러나 행복은 인간의 욕구와 자연적, 사회적 환경과의 감성적 조화를 말하는 것이므로 순수한 이성적 이상은 아니며 상상적인 것이다. 그 이상을 실현하기 위해 내용이나 행동의 경험적 결과에 관계없이 지금 여기에서 특정한 행동양식을 명령하는 도덕률이 존재한다. 이 도덕률은 개인의 생활 경험에 선행해서 모든 행복 추구를 필연적으로 규제해야 할 선천적인 것으로서, 무조건적인 명령이다. 이것을 정언적 명령(Kategorischer Imperativ)

이라고 하며 정언적이라 함은 이 도덕률이 어떤 조건 밑에서 타당한 가언적 (hypothetisch)이 아니라 무조건적으로 보편타당한 것이며, 명령이라 함은 이 성적이며 감성적인 인간에게 당위성(Sollen)이 있다는 말이 된다.

경험적 의지는 이성적-감성적 인간에게 가언명령(hypothetischer Imperativ) 을 부과한다. 어떤 목적을 예상하고 그 목적의 실현을 이루기 위해 우리에게 행위를 명령하는 것이다. 모욕을 당한 사람이 앙갚음을 한다거나 노후를 대비 하는 것 등은 가언명령이지만 이것은 법칙이 아니라 준칙일 뿐이다.

인간은 이 도덕률을 규정 근거로 하여 단순한 행위주체에서 도덕적 행위 주체가 되고 여기에 인간의 도덕성이 성립된다. 이때의 의지는 욕구 대상에 의존함이 없기 때문에 자율(Autonomie)이며, 이 자율적 의지가 자유이다. 이러 한 자유의 주체를 인격성(Persönlichkeit)이라 불렀다. 이것은 수단이 될 수 없 는 목적 자체(Zweck an sich selbst)이다. 정언적 명령에 의해 칸트는 인간의 존 엄성을 강조하였다. 도덕률을 통해 인간의 자유이념이 명백해졌으며 여기에 서 보이는 최고선(das höchste Gut)은 신의 존재와 영혼불멸을 푸는 열쇠가 된 다. 최고란 최상과 완전을 의미하며 최고선이란 의지가 도덕법에 완전히 일치 하는 상태를 의미한다. 도덕법을 무조건적으로 준수하는 미덕(Tugend)을 취한 상태로서 덕은 행복을 얻을만한 최상의 조건이다. 도덕률에의 완전한 복종은 인간이 감성적 존재인 한에 있어서는 기대할 수 없다. 덕과 행복의 균형도 현 세에서는 보증이 되지 못하므로 신의 존재가 요청(postulat)된다. 덕은 선험적 인 실천이성으로서 도덕적인 자유의지에 관계하는 것이고 행복은 경험의지 가 추구하는 이론 이성과 감성계에 있는 사실에 관한 것이다. 덕과 행복과의 일치를 인간의 힘으로는 이룰 수 없다.

최고선을 현실화하는 일은 전능하신 하나님의 힘에 의존하지 않을 수 없 다. 하나님은 자연적인 감성 질서의 최고원인이며 자연의 질서를 도덕법의 실 현에 적응하도록 조정하는 존재이다. 최고선을 희구하는 인간의 순수한 실천

이성이 이러한 하나님을 요청(신앙)하는 것이다. 요청은 이론적 관점에서는 배제되어야 하나 실천적 관점에서는 도리어 필연적이 되고 실천이성비판에서는 지금까지의 형이상학적인 과제에 긍정적이며 적극적인 해답을 주게 된다. 칸트가 말한 실천우위사상은 여기에서 유래한다.

순수한 이성의 입장 하에서는 신의 존재가 증명될 수 없고 자연의 현상은 필연의 법칙 아래 있으므로 인간의 의지 역시 필연의 법칙 아래 있으므로 자유로운 것이 아니며 영혼의 불멸도 증명할 수 없다고 하였다. 이렇게 순수이성비판에서 부정된 신의 존재와 자유의지, 영혼불멸은 실천이성비판에서 긍정되었다. 순수한 이성의 입장에서는 신의 존재가 부정되지만 실천 즉 행동에서는 전제되지 않으면 안 된다는 것이다. 자연 전체의 인과법칙에서는 인간의 의지도 필연성을 따르지만, 행동의 세계에서는 우리의 의지가 자유스럽다고 한다. 그래야 우리의 행동에 책임을 지는 것이다. 영혼의 불멸도 종교생활의 중심을 이루는 것으로서 불사를 바라는 것은 인간 정신의 희망이다. 이렇게 칸트는 이론의 세계와 행동의 세계를 엄격히 분리시켰다.

그는 최고선을 논하면서 무조건적으로 선한 것은 오직 선의지(善意志)라고 하였다. 행위의 선악은 선의지의 결과에 의해서가 아니라 동기에 의해 결정된다. 심정주의 혹은 동기주의 윤리이다. 이것을 정언명령이라고도 한다. "너 자신을 포함한 모든 인격에 있어서 인간성을 언제나 목적으로 대우하고 수단으로 사용하지 말라"는 것이다. 인격에 대한 존귀함을 말한다. 이러한 사상은 현대 민주주의에서 인권의 소중함을 갖게 하는 초석이 되기도 했다.

칸트는 판단력비판에서 안다는 것과 바란다는 것 사이에 느낀다는 것을 말함으로써 심성의 삼원설을 주장하였다. 예술이 학문이나 도덕에 예속되지 않는 자율성을 가지고 있다고 했다.

칸트는 신앙을 세 가지로 구별한다. 실용적 신앙과 교의적 신앙 그리고 도덕적 신앙이다. 실용적 신앙은 의사가 생명이 위급한 환자에게 임기응변적으로 판단을 내리는 확신으로 일시적인 것이다. 교리적인 신앙은 하나님의 존재를 이론적으로 증명하고자 하는 종교-형이상학자가 갖는 신앙이다. 그는 이러한 신앙을 모두 거부했다. 도덕적 신앙은 도덕법을 기초로 하는 신앙으로서 모든 이성인이 지닐 수 있는 절대필연적인 정언명령 신앙이다.

3) 판단력비판(Kritik der Urteilskraft, 1790)

자연 현상의 진위를 선험적 인식(a priori)으로 다루는 감성적인 것과 최고선에 목표를 두고 선악을 다루는 자유개념의 초자연적인 영역이 구별되면서도 관계를 맺을 수 있다는 것이 판단력 비판이다. 칸트는 판단력을 오성과 이성과의 중간자로 규정하였다. 이론이성의 표상 능력과 실천이성의 욕구 능력과의 중간자로서 판단력을 지적하고 이렇게 하여 자연과 인간 각각의 합법칙성과 도덕성과를 매개함에 있어서 예술과 자연 유기체의 합목적성에 관하여 검토한 것이 제3 주저서인 『판단력비판』이다. 판단력비판은 미적 판단력비판과 목적론적 판단력비판으로 되어있다. 이 둘은 서로 조명(erleuchten)한다.

예술적 제작에 있어서 예술가 품은 정신적인 원형(Vorbild)이 소재를 만들어 소재에다 목적으로 작용하는 형상을 반영한다고 보았다. 우주의 통일성도 모든 개별적 형상들이 궁극은 모든 형상의 형상(신)에 이르러 종결하는데 기인하고 자연의 전체성은 생명을 불어 넣고 목표를 주는 동일한 자연의 신령으로 이해하였다.

칸트 이전의 형이상학에서는 현실의 합목적적인 형상성은 그 원인의 하나인 최고절대의 이성에 의해 증명될 수 있다고 보았다. 이러한 독단적인 형이상학적 목적론에 사고방식의 혁명을 가해 정신적 태도로부터 주어진 것을 합목적적인 것, 내면적 형식의 표현으로 판정한다(beurteilen)는 것이다. 이러한 고찰 방식에 의해 자연의 나라와 도덕의 나라도 각각 특수한 정신적 태도의 산물이라고 지적하였다. 가령 동일한 행동이 필연적 원인의 현상인 견지에서 보느냐 아니면 도덕적 당위성으로 보느냐에 따라 그것은 자연적인 현상이 되기도 하고 도덕적 의의를 갖는 행위가 되기도 한다.

칸트가 판단력비판 서론에서 제시한 분류표는 다음과 같다.

분류	비판	정신능력	고차의 인식능력	선천적원리	적용분야
1	순수이성비판	인식능력	오성	법칙성	자연
2	실천이성비판	욕망능력	이성	규범성	도덕
3	판단력비판	쾌 불쾌의 감정	판단력	합목적성	예술

자연법칙들의 체계적인 질서를 주어진 것으로 받아들이면 쾌감이 없으나 반성적 판단력을 통해 우리의 인식에 대한 자연법칙들의 합목적성을 경탄하게 되고 동시에 쾌감을 의식한다. 현상들의 합목적성이 존재하는가? 자립적인 개체는 자연의 나라와 도덕의 나라에서와는 다르며 예술의 나라에서 존재한다고 말한다.

예술적으로 아름다운 것은 쾌감을 환기시킨다. 이 쾌감은 욕망이나 대상을 점령하는 데서 오는 것이 아니라 관조하는 데서 온다. 객관의 주관에 대한 합목적성에 의한 것이다. 오성은 개념에 대한 인식능력이고 구상력은 선천적인 직관능력이라면 판단력은 직관을 개념에 관계시키는 능력이다. 오성과 구상력이 서로 조화하도록 하는 합목적인 판단력은 쾌감을 주는 것이다. 이것이 미적 판단(ästhetisches Urteil)이다. 미적 판단은 취미판단으로서 아름다운 것과 정신적 감정에서 발생하는 숭고(das Erhabene)에도 관계한다. 미적 판단력의 비판은 미론과 숭고론으로 나누인다.

미가 구상력과 오성과의 조화에 존립한다면 숭고는 구상력과 이성(정신)과의 조화에 존립한다. 구상력과 이성과의 대립을 통한 조화이다. 미의 근본에는 자연개념이 있으나 숭고에는 정신적 자유개념이 있다. 미는 유희할 수 있으나 숭고는 엄숙해야 한다. 미는 직접적으로 생을 촉진하는 감정을 동반하지만 숭고는 간접적으로 쾌감을 낳는다. 숭고에 접하면 생명력이 일시적으로 저지를 당하는 것 같으나 우리의 정신능력을 통해 더 강열한 힘이 분출되어 쾌감을 느낀다. 자연을 아름답다고 말할 수 있으나 숭고하다고는 말하지 않는다. 숭고한 것이 되기 위해서는 대상들이 우리의 심중에 무한계성의 의식을 환기시켜야 한다. 이 무한계성은 이성의 이념을 통해서만 표상할 수 있다.

칸트는 수학적 숭고와 역학적 숭고로 나눈다. 전자는 절대적으로 큰 것으로서 정적이요 후자는 동적이며 자연이 갖는 힘찬 대상이다. 자연은 우리에게 숭고함을 준다. 높이 솟은 준령과 거센 파도는 우리를 위협하고 두려운 감정에 휩싸이게 하여 역학적 숭고함을 갖게 한다. 그런데 인간은 자연을 그 정신에 의해 넘어서기 때문에 인간성 속에 진정한 역학적 숭고함이 있다.

칸트의 철학은 대륙의 이신론과 영국의 경험론 이라는 두 개의 흐름을 함께 받아들여 독일관념론을 가능케 하였다. 칸트 철학은 근대철학의 저수지이며 그의 위대함이 여기에 있다.

제23장

바르멘신학선언(1934)

1. 배경

독일 국가의 형성기를 연대별로 구분하면 다음과 같다. 첫 번째는 864-1806년으로 신성로마 제국 하의 독일 민족 국가였다. 왕은 칼 대제였다. 그는 프랑스왕이 되거나 독일왕이 될 수 있었다. 유럽 전체가 신성로마 제국에 속해 있었다. 이 후 이 제국은 프랑스의 나폴레옹에 의해 한동안 지배를 받게 되었으며 후에는 프랑스, 독일, 스페인, 헝가리, 스위스, 오스트리아 등으로 나뉘었다.

두 번째는 1871년 독일통일부터 1918년 세계 1차 대전이 끝날 때까지이다. 이때를 제2의 독일제국이라고 할 수 있다. 결국 1차 대전 이후 제2제국이 끝나고 1933년까지 바이마르공화국이 성립, 존속하였으며 1933년부터 1945년까지는 나치의 제3제국이 들어섰다.

1933년 국가사회주의당(Nationalsozialistische Deutsche Arbeiterspartei)이 개신교의 도움을 받아 히틀러를 수상으로 만들고 정권을 잡게 되었다. 그 후 정치적인 혼란 속에서 정권을 완전히 장악하기 위해 전권을 갖는 법을 제정했다. 히틀러가 전권을 갖던 이날 포츠담에 있는 군인들이 예배하는 교회에서 함께 예배를 드렸다. 이렇게 되어 개신교인들이 그를 절대적으로 추앙하며 지지하는 상황으로 변했다. 이때 폴 틸리히, 불트만, 바르트 등이 히틀러를 비난하며 나섰다.

독일 기독교인들이 국가사회주의에 무엇을 기대하며 지지했을까? 낙관적으로 그들은 히틀러가 절대 권력을 갖게 되면 개신교 선교가 활발해질 것이라고 생각했다. 그래서 민족적 선교가 이뤄지도록 정치적인 기회를 히틀러에게 주자는 것이었다. 히틀러는 1년 정도 이러한 개신교의 기대에 부응하는 정치를 폈다.

그러나 1934년 신학자들이 모여 이것에 반대하는 신학 입장을 정리하였다. 이것이 바르멘신학선언이다. 이것은 그 당시 기독교인들을 비판하는 성명서이며 동시에 국가 사회주의를 반대한 선언이다. 이 선언 후 작성자의 한 사람인 바르트는 독일을 떠나도록 추방당했다.

제1차 세계대전을 전후로 한 독일의 정치, 경제, 상황은 참혹하였다. 엄청난 전쟁 부채로 인해 국가의 재건이 거의 불가능하게 되어 국민들은 희망을 상실한 상태였다. 이런 상황에 히틀러는 국가사회주의를 표방하면서 등장하여 집권 2년이 채 안되어서 600만 실업자의 문제를 해결하겠다는 희망을 제시하였다. 히틀러는 전쟁을 통해서만 독일의 문제가 해결될 수 있음을 알았다. 공장주들의 재산을 몰수하여 국유화하였으며 국민들의 지지를 얻어냈다. 세계 최초로 고속도로를 건설하여 외형적으로 국민들의 열광적 지지를 받았다. 이때에 일부의 목회자와 신학자들이 히틀러 통치의 위험성을 인식하여 '고백교회'를 시작하였다. 히틀러의 통치는 게르만민족의 우수성을 주장하면서 결국 제2차 세계대전으로 귀결되었다.

바르멘선언은 1934년 5월 독일 고백교회에서 국가사회주의의 출현과 히틀러의 전제정치에 항거하는 독일 교회의 신앙적 입장을 바르멘에 모여서 고백한 것이다. 이 고백서를 작성 하는 데에는 칼 바르트(Karl Barth)와 한스 아스무센(Hans Assmussen)이 큰 역할을 하였다.

이일로 인하여 칼 바르트는 결국 독일 국가로부터 추방을 당하게 되지만 바르멘선언을 통해 독일 국가를 재건하는데 기초가 되었다.

1933년 독일 교회는 총선거를 실시하였다. 당시 독일교회연맹(Deutsche Christen)이 지지하던 루드비히 밀러가 독일의 국가 주교로 당선되어 독일교회연맹은 결국 히틀러의 어용 단체가 되었다. 독일의 국가교회는 히틀러 통치의 앞잡이로 된 후 다음과 같은 성명서를 발표하였다.

1933. 8. '그리스도는 히틀러를 통해 우리에게 오셨다.'
1933. 12. '모든 민족들에게 그러했던 것과 마찬가지로 우리 민족에게도 영원한 하나님께서 특별한 종류의 법을 주셨다. 이 법은 아돌프 히틀러와 그가 이룩한 국가사회주의 속에서 그 구체적 모습을 드러내었다.'
1934. 3. '독일 민족을 위한 시대는 히틀러 안에서 성취되었다. 왜냐하면 히틀러를 통해 참 도움이시며 구원자이신 하나님 곧 그리스도께서 우리 가운데 그의 능력을 나타내셨기 때문이다.'
1934. 3 '히틀러가 그리고 국가사회주의가 독일민족을 그리스도의 교회로 만들고자 하시는 하나님의 뜻이자 성령의 길이다.'

이것을 모두 종합해보면 결국 하나님이 히틀러를 통해서 오셨으며, 국가사회주의가 하나님께서 이상적으로 생각하시는 영원한 모습이 구현된 독일 국가라는 것이다. 이러한 사회적 배경 속에 개신교의 도움으로 1934년 히틀러가 수상이 되어 정권을 잡았다. 히틀러는 정권을 잡은 날 개신교 교회에서 예배를 드리게 됨으로 개신교에서 히틀러를 추앙하게 되고 지지하게 된 것이다. 제3제국 때에 불트만과 칼 바르트 등과 같은 신학자들이 히틀러 정권을 비판하기 시작하였다. 이에 히틀러는 개신교인들의 기대에 부응하여 민족선교를 위한 정치를 1년 정도만 펼치게 되었다. 이와 같이 국가사회주의와 히틀러를 반대하고 일어난 것이 고백교회 사람들이었고 이들을 통해 만들어진 선언이 바르멘신학선언이다. 그 당시의 개신교의 흐름은 루터주의, 개혁교회주의, 자유신학주의가 대립을 하고 있는 상황이었다.

이와 같이 독일교회연맹에 저항해서 일군의 신학자들과 교회 지도자들이 바르멘에서 총회를 개최하였다. 여기에서 발표한 성명서를 바르멘선언(Barmer Theologische Erklaerung) (1934. 5. 29-31)이라고 한다. 이와 함께 고백교회(Bekennende Kirche)가 형성되었으며, 이들은 히틀러 집권초기에 히틀러 통치의 위험성과 악마적 특성을 일찍이 간파하였다.

2. 기초위원

바르트(Barth,개혁파 대표), 브라이트(Breit,루터파 대표), 아스무센(Asmussen, 연합교회 대표), 자세(Sasse,교회사가) 네 사람이 바르멘신학선언 기초를 위한 위원으로 선출되었다. 바르트가 원안을 기초할 때 브라이트와 아스무센은 낮잠을 자고 있었고, 자세는 아파서 참석하지 않았다. 이것이 바르트 신학선언으로 된 원인이다. 바르트는 이 신학선언으로 인해 독일교회의 신학적 아버지로 존경받게 되었다.

3. 바르멘 선언문

1934년 5월 독일 고백교회는 6개 조항의 선언문을 바르멘에 모여 고백하였다. 바르멘 선언문은 전체가 6개 조항으로 이루어져 있는데, 각 조마다 성경구절을 인용하고 그 이후에 성명서가 나온다. 처음에는 긍정적인 이야기가 나오고 나중에는 부정적인 이야기가 나온다.

첫째 조항은 신학적인 물음이었고, 둘째 조항은 정치적인 물음이었다. 셋째 조항은 교회에 관한 것으로 교회의 존재의 근거와 교회가 질서를 가져야 한다는 내용이었다. 넷째 조항은 복음전파에 대한 것이었고, 다섯째 조항은 교회와 국가와의 관계, 여섯째 조항은 교회의 사명이 무엇인가에 대한 내용으로 요약할 수 있다. 구체적인 내용은 다음과 같다.

1) 제1조

'나는 길이요 진리요 생명이니 나로 말미암지 않고서는 아버지께로 올 자가 없느니라'(요 14:6), "내가 진실로 진실로 너희에게 이르노니 양의 우리에 문으로 들어가지 아니하고 다른 데로 넘어가는 자는 절도며 강도요, 내가 문이니 누구든지 나로 말미암아 들어가면 구원을 얻으리라."(요 10:1, 9): 성경에서 증언하고 있는 예수 그리스도가 하신 우리가 들어야 할 단 하나의 하나님의 말씀(Das eine Wort Gottes)이다. 우리는 이 예수 그리스도를 살 때나 죽을 때나 신뢰하고 순종해야 한다. 이 한 분 하나님의 말씀 외에 다른 사건이나 능력이나 형상이나 진리를 설교의 자료로 사용하며 하나님의 계시가 있는 것처럼 전하는 그릇된 이론을 우리는 배격한다.

제1조는 신학적인 물음으로 쉴라이어마허의 자유주의 신학을 칼 바르트가 부정하는 내용이다. 그리고 루터신학을 보면 가정, 민족, 일, 직업, 결혼 등을 하나님이 주신 위임명령으로 말하는데 특별히 민족이라는 것은 하나님이

선택한 민족이고 히틀러는 하나님이 지정한 지도자라고까지 말을 하였다. 이러한 것을 부정하고 유일한 계시 사건은 예수 그리스도를 말해야 한다고 했다. 유일한 계시 사건은 하나님께서 스스로 말씀 하셨는데 바로 예수 그리스도이시다.

물론 자연 신학을 무조건 배제 할 수 없지만 가정, 직업, 일, 민족, 결혼, 이런 것은 문화적으로 중요한 도구일 뿐 계시의 사건으로 이해해서는 안 된다는 것이다. 그래서 신학적인 작업을 할 때(Doing Theology) 먼저 계시의 말씀인 성경에 근거하여 시작해야 하며 성경말씀의 내용을 받아들여야 한다. 신학의 뿌리를 성경에 두되 문화적 유산을 같이 받아들여야 한다. 신학 작업을 할 때는 총체적으로 해야 하지만 설교할 때는 오직 예수 그리스도가 계시의 원천이다. 가정이나 직업, 결혼 등에 대해서도 이야기 할 수도 있지만 중심은 오직 예수 그리스도이어야 한다.

하나님 말씀 이외의 것인 잘못된 교리와 다른 사건들, 형상들과 진리들을 복음 전파의 원천으로 삼아 계시의 사건으로 받아들이는 것을 배제한다는 신학의 기초 내용을 바르트는 분명히 지적하였다. 이 말은 신격화된 히틀러와 국가사회주의를 배격한다는 것을 의미한다. 히틀러는 하나님의 말씀이 아니다. 하나님의 말씀은 성경이 증언하는 예수 그리스도뿐이다. 이 외에 다른 곳에서 하나님의 말씀, 계시를 듣고자 하려는 것을 배격한다는 것이다. 히틀러와의 투쟁의 동기가 내재되어 있다. 여기에 바르트 신학이 뚜렷이 내재해 있다. 계시는 성경과 예수 그리스도 그리고 설교 외에는 없다. 기록된 말씀, 계시되신 분, 그리고 선포된 말씀이다. 이 외에 제2, 제3의 하나님의 말씀은 존재하지 않는다는 것을 천명하였다. 이런 관점에서 바르트는 국가사회주의 이념을 철저히 배격한다.

2) "예수는 하나님께로 부터 나와서 우리에게 지혜와 의로움과 구속함이

되셨느니라"(고전 1:30). 예수 그리스도가 우리의 모든 죄들을 사하는 하나님의 허락이 되는 것처럼 그는 이렇게 동일한 진지함으로 우리의 전체 삶에 하나님의 강력한 요구가 되신다. 그를 통해 기쁜 해방이 이 세상의 하나님 없는 구속으로부터 그의 피조물에게 자유롭게 감사한 섬김으로 우리에게 주어진다.

고전 1:30의 말씀을 통하여 정치적인 물음을 던지고 있다. 율법과 복음의 대립이 있는데 복음이 선행하며 도덕적인 것이 필요할 때에 기쁨으로 하는 것이 복음이라는 것이다. 복음이 먼저 주어지고 행위가 따르게 될 때에 진정한 기독교인이라 할 수 있으며 여기서 복음을 사회봉사로 이야기하면서 이해할 수가 있다.

선한 사마리아인이 강도 만난 자를 구하기 위한 행위를 한 것처럼 기쁨과 감사함과 자원하여 섬기는 것이 기독교 사회봉사이며, 하나님의 은혜에 감격하는 마음으로 다른 사람들을 돕는 것이 중요하다고 강조한다. 또한 예수를 통한 의로움과 거룩함이 요구되지 않는다는 잘못된 교리를 배제하며 예수를 통해, 즉 하나님의 은혜로 그 은혜에 감격하여 감사함으로 남을 섬길 때 진정한 사회봉사라 할 수 있으며 이러한 사회봉사를 복음이라고 할 수 있다는 내용이다.

3) "오직 사랑 안에서 참된 것을 하며 범사에 그에게까지 자랄찌라. 그는 머리니 곧 그리스도라. 그에게서 온 몸이 연락 하느니라"(엡 4:15, 16). 기독교 교회는 그리스도 안에 있는 형제자매들의 신앙적 공동체이다. 그 안에서 예수 그리스도가 성령을 통해 성례 안에서 현존하시도록 한다. 여기서는 두 가지 문제를 다룬다. 첫째, 교회의 존재 근거다. 둘째, 교회는 질서를 가져야 한다. 교회는 선교하는 공동체이다. 선교를 통해 교회는 자란다. 선교의 도구는 무엇인가? 첫째, 선교는 개인의 신앙이다. 둘째, 하나님께 순종하는 것이다. 셋째는 복음전파 그리고 넷째는 교회의 질서이다.

이 그리스도의 교회는 은총을 입은 죄인들의 교회로서, 죄 많은 세상 한 복판에서 그 자신의 신앙과 순종과 복음과 질서를 통해, 예수 그리스도의 소유는 교회뿐이고, 이 교회만이 그리스도의 나타나심을 기다리며 그의 위로와 지도를 받으면서 살고 또 살기를 원하고 있다는 것을 증거해야 한다. 우리는 교회가 교회만이 가지고 있는 질서의 모습들을 교회가 제 마음대로 작정한 어떤 것이나, 현재 유행되고 있는 세상 이념이나 정치적 신념으로 바꿀 수 있다고 가르치는 그릇된 이론을 배격한다.

교회는 형제들의 공동체이며 용서받은 죄인들을 확인하는 교회로 기쁜 소식을 가지고 오직 그의 나타나심을 기대하는 위로와 가르침으로 살고, 살려 하는 것이 교회의 유일한 소유물이라는 것이다. 교회가 그의 사명과 질서의 형태를 각기 다른 지배적인, 세상적인, 그리고 정치적인 확신들의 선호함과 바꿈에 맡기는 잘못된 교리를 배제한다며 복음전파를 위한 선교의 도구가 무엇인가를 제시한다. 교회의 법은 사회법의 모범이 되어야 한다는 것이다. 교회를 강조함으로써 단 한 분 예수 그리스도라는 결정적 계시를 말한다. 그분의 몸은 교회 안에서만 발견될 수 있다.

4) "이방인의 집권자들이 저희를 임의로 주관하고 그 대인들이 저희에게 권세를 부리는 줄을 너희가 알거니와 너희 중에는 그렇지 아니하니 너희 중에 누구든지 크고자 하는 자는 너희를 섬기는 자가 되리라"(마 20:25, 26).

교회의 사회적 책임에 관한 문제이다. 교회가 결국 복음 전파를 해야 하지 않겠는가. 어떤 이는 사회적 일에 참여하며 어떤 이는 복음을 전파한다. 이들은 지배자가 아니라 섬기는 자이다. 기능은 상대적 관계이지 그것으로 남을 지배하는 것은 아니다. 교회에서 목사님이 지도자가 되면 안 된다. 은사파 교회에서는 목회자가 절대 권위를 가지며 지배권이 경영자 쪽으로 가는데 이것도 아니다. 마 20:25-26에 의하면 교회 안에서 직책들은 상대적 관계를 가져야지 지배를 해서는 안 된다는 것이다. 상호간에 지배로 기초가 되는 것이 아니라 모든 공동체의 행함이 맡겨진, 그리고 명령 된 섬김들이므로 교회가 섬김에서 벗어나 지배권을 부여한 지도자가 주어지며 주어지도록 할 수 있다는 잘못된 교리를 배제한다는 내용으로 은사 중심의 절대적 권위를 가져서는 안 된다는 것이다.

5) "하나님을 두려워하며 왕을 공경하라"(벧전 2:17).
교회와 국가 관계를 말하는 부분이다. 국가는 국가의 기능을 하는 제한된 과정이 있는데 교회에 간섭하면서 국가의 일을 해서는 안 된다. 여기에서 강조되는 것은 국가의 기본적 규정들은 하나님으로부터 오는데 국가의 일은 인간의 권리와 평화를 위해 있다. 교회는 하나님 나라, 계명, 공의를 가지고서 일을 해야 한다. 서로 지배적인 입장이 아니라 섬기는 입장이 되어야 한다. 정치적으로 교회를 결코 지배 할 수 없다.
국가는 인간을 보호하고 평화를 유지하며 사회복지를 통해 인간의 삶의 질을 증진 시켜야 한다고 보았다. 교회는 하나님 나라와 계명, 의를 가지고 일을 해야 한다는 것이다. 국가가 기능을 발휘 하는데 제한되는 것이 있다고 보고 교회의 문제를 국가로 끌어들여 개입 시켜서는 안 되며 국가 또한 교회의 결정권에 개입을 해서는 안 된다며 이를 엄격히 제한하며 그것을 배제하고 있다.

6) "볼찌어다 내가 세상 끝 날까지 너희와 항상 함께 있으리라 하시니라"(마 28:20). "하나님의 말씀은 메이지 아니 하니라"(딤후 2:9).
성경 딤후 2:9를 통해 끝으로 교회의 사명에 대하여 말하고 있다. 교회는 자유함을 근거로 그리스도 대신에 설교와 성례전을 통한 그의 말씀의 섬김과 행함 안에서 사명이 하나님의 자유스러운 은혜로부터 모든 민족에게 주어지도록 하는데 있으므로 교회를 정치적인 목적이나 소원을 이루기 위한 수단으로 삼아서는 안 된다는 입장이다. 그 당시 독일 개신교회들이 히틀러의 국가 사회주의를 주창하고 선전하게 되므로 이를 반대하며 고백교회가 일어난 것이다. 교회는 국가의 문제에 직접 개입이 아니라 도울 수 있는 입지에 서 있어야 한다는 내용이다. 이것은 교회의 사명이 무엇인지를 말한다. 교회는 국가를 도울 수 있는 데까지만 한다. 교회는 본인의 소원, 목적, 계획을 세워서는 안 된다. 교회는 특별히 할 일이 있다. 하나님의 은혜를 전해야 한다. 오늘날은 교회법이 세상법과 반대되는 양상이 문제다. 문제는 어떤 일을 행함으로써 무엇이 보장된다는 보상심리가 문제이다. 교회 안에서 하나님의 은혜라는 것은 아무런 대가 없이 주어진다.

4. 결과

이처럼 바르트가 바르멘 신학선언을 통해 히틀러와 투쟁할 때 에밀 브루너가 아무 생각 없이 『자연과 은총』(Natur und Gnade)을 썼다. 이에 대해 바르트는 아니다(Nein!)라고 답변하였다. 이에 대해 두 사람의 논쟁은 격화되었으며 죽을 때까지 화해가 이루어지지 않았다고 한다. 바르트는 자연(Natur)이 결국에는 히틀러를 긍정하게 한다고 생각하였다. 이 논쟁의 핵심은 '접촉점'의 문제이다. 우리는 이 논쟁을 당시의 역사 속에서 읽어야 이해가 간다. 당시에 고가르텐도 『복음과 민족문화의 일치』라는 책을 저술했는데, 이에 대해 바르트는 그와도 결별을 선언하였다. 함께 출간하던 「시대의 사이」(Zwischen den Zeiten)라는 계간지들을 폐간하고 「오늘의 신학 실존」(Theologische Existenz Heute)을 새로 발간하였다. 1935년 결국 바르트는 본(Bonn)대학 교수직에서 해직당하여 고국 스위스로 귀국하게 되었다.

히틀러와 투쟁하던 시기에 바르트는 하나님의 계시는 오직 성경과, 예수 그리스도와 설교를 통해서만 가능하다고 하였다. 그러나 후기 바르트의 자연신학에 대한 인식은 에밀 브루너와 별 차이가 나지 않음으로서 자연계시의 가능성을 인정하게 되었다는 것이 일반적인 해석이다. 바르트의 신학적인 입장이 계시신학에서 자연신학으로 변모되었다는 말이다.

제24장

하나님의 존재 증명

1. 하나님의 존재 증명

하나님이 계시다는 것(하나님의 존재)을 어떻게 알 수 있는가? 하나님은 영
(靈)이시기 때문에 돌이나 나무처럼 증명할 수 없으며 더욱이 인간의 죄악으
로 인해 이성적 사고와 판단력이 부패하고 악해져(Total depravity) 하나님의
존재나 기독교의 진리를 헤아려 알 수 없다. 그러므로 하나님의 존재를 믿음
으로 전제하고 증명하는 것이 타당하다(Credo, ut intelligam Deum). 이러한 신
학적 태도는 하나님의 절대 주권과 인간의 죄성(罪性) 그리고 이로 인한 인간
의 무능력을 인정하는 것이 된다.

가톨릭교회는 1869년 12월 교황 피우스 9세에 의해 열린 21차 바티칸 공
의회에서 "모든 사물의 근본이요 목적이신 하나님을 인간 이성의 자연적인
빛의 도움으로 피조된 사물로부터 인식할 수 있다"는 입장을 정리하였다. 이
에 대해 많은 개신교 신학자들은 하나님 존재 증명에 대해 비판적인 견해를
보이고 있다.

성경은 하나님을 완전히 이해할 수는 없으나(욥 11:7, 사 40:18) 알 수 있음을 말한다(요 17:3, 요일 5:20, 사 11:9, 롬 1:19-20, 28 참조). 인간이 하나님을 완전히 아는 것은 불가능하다. 그러나 하나님에 관한 부분적인 지식을 가질 수는 있다. 하나님에 관한 지식(Knowledge of God) 가운데에는 선천적인 것(Innate)과 후천적인 것(Acquired)이 있다. 전자는 생득적인(Inborn) 인간의 감각과 이성, 도덕을 통해 얻어지는 지식을 말하며, 후자는 일반 계시와 특별계시를 통해 보여 지는 하나님 지식이다.

하나님의 존재를 인간의 이성적 사고로 증명하려던 유신논증(The Arguments for the existence of God)은 어떠한 것이었을까? 이 논증은 가능의 가능성(신앙 간증이나 체험담)과 가능의 불가능성(계시와는 상반됨)을 가지고 있다.

1) 우주론적 논증(The Cosmological Argument for the Existence of God)

가장 단순하면서도 오랜 역사를 가진 논증이며 우주를 하나의 결과로 보고서 그 원인으로서의 하나님의 존재를 추구하는 것이기 때문에 인과 논증(The Cause Argument)이라고도 한다. 모든 결과는 원인에 기인한다. 현실세계는 선행하는 어떤 것의 결과이다. 창조된 것은 어떤 원인에 의해 창조되었다는 것이다. 우주론적 증명은 그 출발성이 우주이기 때문에 우주론적 증명이라 한다. 우주론적 관점에서 우리는 우주의 창조와 그 보존에는 하나님의 능력과 지혜를 필요로 한다. 이것이 아리스토텔레스, 토마스 아퀴나스, 스피노자, 라이프니츠 그리고 존 로크의 신존재 증명이다.

(1) 아리스토텔레스
우주의 원인을 소급하여 올라가면 맨 처음의 원인이 되는 원인 즉 제일 원인

(prima causa)이 있다는 것이다. "우주의 원인들을 소급해 올라가면 자체의 원인은 없으나 영원하고 순수한 본질적인 원인, 즉 최종원인인 동적정력(動的靜力)이 있다. 이것은 선과 사랑을 근거로 동작한다"(아리스토텔레스의 형이상학 XII, 7장). 이 세계에 존재하는 만물들이 생성변화의 원인을 가진다면 생성변화를 가능케 하는 우주의 초월적 존재 즉 제1원인으로서의 신의 존재를 전제해야 한다는 것이다. 이 이론은 단순하면서도 명료하기 때문에 많은 사람들의 지지를 받아 왔다.

(2) 토마스 아퀴나스

아리스토텔레스의 우주론적 논증을 "부동의 동자"(The Unmoved Mover)라는 용어를 사용하면서 삼단논법으로 더 부연 설명하였다. "모든 존재는 변화한다. 변화에는 원인이 있다. 그 변화에 대한 원인이 되는 어떤 존재, 즉 자체는 변화하지 않으나 다른 것들을 변화시키는 영원한 원인 즉 부동(不動)의 동자(動者)가 있다. 아퀴나스의 우주론적 논증에 의한 네 가지 방법은 다음과 같다.

① 이 세계에서 일어나는 운동은 가능성(potentia)에서 실제(actus)로 실현되는 과정이다. 이 가능성의 과정에서 더 이상 소급되지 않는 존재 즉, 자신은 다른 것에 의해 움직이지 않으면서 최초로 다른 것을 움직이게 하는 존재(prinum movens)가 있다. 이것이 진리이다.

② 이 세계의 모든 사물들은 원인으로부터 온 결과이다. 이 원인을 소급하게 되면 최초의 원인(prima causa)이 신이라고 전제된다.

③ 이 세계에는 가능적 존재와 필연적 존재가 있다. 가능성의 존재는 그것을 존재하게 하는 필연적 존재로 소급된다. 어떤 필연적 존재로부터 오지 않는 존재, 자신의 존재의 필연성을 자기 자신 안에 가진 존재(ens per se necessarium)가 곧 신이다.

④ 이 세계의 존재의 단계들로부터 시작된다. 이 세계의 사물들은 존재의 상이한 단계들을 형성하고 있다. 가장 큰 존재(maxime ens)가 사물들의 원인으로서 곧 신이다.

(3) 스피노자

우주의 각 순간의 상태는 양태(樣態)이다. 신은 일정불변하게 확립된 자연의 체계로서 자연계에 나타나는 만물의 근원이다. 신은 세계라기보다는 세계의 이법(理法)이다. 일정한 순간에 있어서 세계의 모습은 세계의 이법에 따라 결정된다. 이곳에서 보여지는 것은 비인격적 자연의 체계로서의 신이다. 모든 유한적 존재는 신과 자연 안에 잠재하는 가능성을 보여 준다.

(4) 로크와 라이프니츠

비존재는 존재를 생산할 수 없다. 그렇다면 우주를 생산한 존재가 어딘가에 존재해야 한다. "가장 능력이 있고 지혜로운 존재 그가 곧 신이다."

이 세상의 어떤 물체도 자체가 원인인 것은 없다. 그것들은 존재하기 위한 외부적 원인을 갖지 않으면 안 된다. 의존적 존재물들의 무한성을 생각할 수 없으므로 최초의 동자와 제일원인, 즉 하나님이 계시지 않으면 안 된다. 많은 과학자들과 떼이야르 드 샤르뎅(Teilhard de Chardin) 같은 고생물 학자들은 이 우주론적 증명을 받아들인다. 우주는 참으로 복잡한 것이어서 초인간적 지혜에 의해 만들어지지 않을 수 없는데 우리는 그 지혜를 하나님이라 부른다. 단순한 우연으로서 이 세계가 생겨났다고 말 할 수 없다.

이 논증에 반대하는 사람들을 들어 보면 데이비드 흄(1711-1776)이나 존 밀(1806-1873) 그리고 실증주의자 꽁트(1798-1857) 등이 있다. 흄은 인과율이란 인간이 고안해 낸 주관적인 법칙으로서 자연 현상계에서 객관적인 작용을 하고 있지 않다는 것이다. 인간의 마음이 연상을 한 것이라 한다. 밀은 현대과학을 들어 물질의 제1원소들은 영원부터 상존하는 물질의 기본 단위들이며 우주를 하나의 결과로 보면서 그 원인을 추구하고 증명하려는 시도를 거부한다. 실증주의자들은 우주를 자연법칙에 따라 움직이는 시작도 끝도 없는 물질적 변화의 과정이라고 한다.

이렇게 볼 때 우주론적 논증은 현상계나 경험계에 있는 만물은 인과적이며 의존적이어서 연쇄관계를 갖는 자기원인 즉 우주를 단계적으로 고찰하면서 유추에 의해 가장 높은 신의 존재를 이끌어 낸 것인데 그것을 어떻게 인식할 수 있느냐가 문제이며 인과의 범위가 과연 인간의 마음의 연상인 감성계에만 있느냐는 한계성을 가진다. "모든 존재하는 것이 원인이 있다면 신의 존재는 과연 무엇이며 인격적인 신을 어떻게 이해해야 하는가"라는 질문을 남긴다.

2) 목적론적 논증(The Teleological Argument for the Existence of God)

목적론적 증명은 우주와 우주 안에 존재하는 만물에 질서와 조화와 목적이 있으며 이것에 근거하여 전지전능한 창조자로서의 신을 추구하려는 시도이다. 우주론적 논증이 우주의 제1원인을 증명한다면 목적론적 논증은 그 제1원인이 우주를 계획, 경영하는 이지적이며 인격적인 것임을 증명하는 것이다. 한 개의 시계가 존재하려면 그 제작자가 있어야하는 것처럼 이 복합적 세계는 신적 창조자를 필요로 한다.

이 세계 안의 모든 사물들은 질서 있게 하나의 목적을 향해 나아가고 있다. 이 질서는 세계 밖의 어떤 존재에 의해 결정되는데 그것이 신이다. 신은 모든 존재를 제정(design) 하실 때 ① 성취 가능한 목적에 의해 ② 목적 달성의 방법을 만드시고, ③ 방법의 적용을 가능토록 하신다. 창조 질서를 부여하실 때 그의 지성과 의지, 권능을 사용하신다. 이 최고의 목적에 질서를 주는 것이 신이다.

하나님에 대한 목적론적 증명은 창조는 목적성을 나타낸다는 사상 위에 세워져 있다. 자연에는 무수한 작은 규모의 계획과 전체를 포괄하는 우주적 계획들이 있다. 기생이나 습생(악어와 악어새) 그리고 인간의 신체구조를 보더라도 "전망하는 적응성"(perspektive adaptation)은 자연에는 하나의 목적이 있다는 견해를 지지하는 것이다. 이 설계된 행위는 하나님의 전반적인 목적의 한 부분이다. 스탠리 쟈키(Stanley Jaki)는 그의 기포드 강연(Gifford Lectures)에서 과학 자체는 자연에 하나의 합리적인 계획이 있다는 기독교 신앙에 근거하고 있다고 주장하였다.

칸트(I. Kant)는 도덕률의 필요조건에 근거하여 신 존재에 대한 도덕적 증명을 발전시켰다. 선을 행한 사람들이 언제나 현세에서 그 보상을 받는 것이 아니고 행악 자들이 언제나 벌을 받는 것이 아니므로 정의가 내세에서 실현되도록 하기 위해서는 영혼불멸을 자명한 것으로 하지 않을 수 없다. 순수이성이 아니라 실천이성의 필요조건으로서 도덕률의 실시를 보장하기 위해 하나님의 존재를 필요로 한다.

하나님은 단순히 자연의 일부일 수가 없다. 그렇게 되면 하나님은 위에서 언급한 많은 실패를 저지르게 되기 때문이다. 그는 "자연의 조화의 원리"를 지니고 있는, 즉 자연과는 구별되는 모든 자연의 원인이시지 않으면 안 된다. 칸트는 모든 도덕적 의무의 토대로서 하나님의 존재를 가정하는 것은 도덕적으로 필연적이라는 결론을 내린다. 모든 인간은 양심의 권위를 인정한다. 하나님의 공의에 관한 신앙은 도덕적 객관성을 보장하며 이러한 사고에는 진리와 선의 기준이 되는 "마음"(mind)의 존재를 인정하지 않으면 안 된다.

3) 존재론적 논증(The Ontological Argument for the Existence of God)

하나님의 존재에 대한 최초의 체계적인 논의로서 안셀무스(1034-1109)에 의해 제기되었다. 그의 논증은 삼단논법 형식을 갖는다. "인간의 사고 속에 있는 하나님은 완전자이다. 완전자는 완전자이기 때문에 존재하지 않을 수 없다. 그러므로 하나님은 존재한다.”

이 논증은 귀납적이며 경험론적인 우주론적인 논증과는 달리 연역법적이자 선험적이며 형이상학적 그리고 관념주의적이다. 머리속에 존재하는 것(in intellectu)과 실재하는 것(in re)은 전혀 다를 수도 있다. 데카르트, 라이프니츠, 헤겔에 의해 발전되었다.

(1) 안셀무스

신이란 최고, 완전, 절대이기 때문에 신의 관념이 있다는 것을 누구도 부정할 수 없다는 것이다. 그는 두 단계로 그것을 발전시켰는데 “최대로 가능한, 가장 완전한 존재”로서가 아니라 우선 “그보다 더 큰 것이 생각 될 수 없는 것”(aliquid quo nihil maius cogitari potest)이라고 전제한다. 실재하는 한 존재는 생각 속에만 있는 존재보다는 더 위대하다는 것, 바로 그 존재 즉 더 위대한 존재를 더 이상 생각 할 수 없는 분 곧 하나님이 단순히 이해에 있어서가 아니라 실제로 존재하지 않으면 안 된다는 것이다.

제2단계의 존재론적 증명은 “반드시 있어야할 존재는 어쩌다 우연히 있는 존재에 비하여 훨씬 우월하다”는 것이다. 우리가 하나님을 “더 위대한 어떤 존재도 생각해 낼 수 없는 분”으로 생각한다면 거기에는 두 가지의 가능성이 있다.

1) 하나님은 존재 하신다 2)하나님은 존재하지 않는다. 그러나 만일 2)의 논리가 생각될 수 있다면 그때 우리는 존재하지 않는다고는 생각 할 수 없는 존재로서의 하나님 정의에서 벗어나는 것이다. 존재하지 않을 지도 모르는 신은 설령 그가 존재한다 할지라도 이는 우연에 불과하다. 따라서 2)의 논리는 맞지 않고 하나님은 필연적으로 존재하신다. 논리적 술어와 실제적 술어의 구별을 혼동하는 오류를 범하고 있다.

(2) 데카르트

인간은 불완전과 유한의 의식을 갖고 있다. 완전과 무한의 관념은 불완전과 유한의 의식에 포함되어 있다. 불완전은 완전의 빛에서만 알 수 있다. 인간이 이렇게 느낄 수 있는 것은 그의 마음 한 구석에 완전과 무한의 관념이 존재하기 때문이다. 그렇다면 이와 같은 완전과 무한의 관념을 산출하는 완전 무한자로서의 하나님이 존재해야하지 않는가? 또한 하나님의 관념은 하나님의 존재를 내포한다고 주장한다. 이는 마치 삼각형의 세 각이 직각과 같다는 삼각형의 관념에 포함된 것과 같다 한다.

안셀무스의 논증에 대한 중요한 반대 이론들은 다음과 같다.

1. 하나님의 관념은 시대와 장소에 따라 가변적이다. 모든 사람이 동일한 하나님의 관념을 가질 수 없다. 구미 선진 제국의 신과 원시인이 생각하는 신, 천주나 상제로서의 신개념은 다르다.

2. 중세교회의 수도사이며 안셀무스의 친구인 가우닐로는 "아름답고 자원이 풍부한 섬을 머리속에 그린다고 해서 그것의 존재에 관계없이 섬의 존재를 믿어야 하느냐? 어리석은 일이다."라고 지적한 바 있다. 이에 대해 안셀무스는 "하나님은 특수 관념이기 때문에 사유로부터 존재로의 진행이 가능하다"고 했다. 하나님은 존재하시는 분이시며 존재하시기 때문에 사유가 가능하다는 말이다.

3. 임마누엘 칸트(1724-1804)의 논증: 우리의 머리로 어떤 존재(하나님까지도)를 생각한다고 해서 그 존재가 정말로 존재하는 것은 아니다. 삼각형이 직각이 된다는 것은 삼각형의 관념이 존재한다는 전제 하에서 성립할 수 있는 공리일 뿐이다. 하나님의 관념과 하나님의 존재는 봉투와 봉투 속에 들어있는 물품과 같은 것으로서 봉투를 소유하면 물품도 가질 수 있으나 봉투를 버리면

물품도 버리는 것과 같이 상호 의존적이다. 십만 원 수표의 개념과 그것을 소유한 것과는 무관한 것이며 이와 마찬가지로 신의 관념이 있다는 것과 신의 실재는 다른 것이다. 신의 실재에서 신의 관념이 나온다는 결론이다.

하나님의 실재에 대한 두 가지 경험적 증명도 있다. 원시사회나 진보사회나 그 모든 문화에는 초자연자에 대한 신앙이 있다는 사회학적 증거가 있다. 이를 칼빈은 "종교의 씨앗"(The seed of religion)이라고 부른다(기독교 강요 제1권 3장).

"And they who in other aspects of life seem least to differ from brutes still continue to retain some of religion. So deeply does the common conception occupy the minds of all, so tenaciously does it inhere in the hearts of all! Therefore, since from the beginning of the world there has been no religion, no city, in short, no household, that could do without religion, there lies in this a tacit confession of a sense of deity inscribed in the hearts of all."

인간은 선천적인 오만함을 버리고 하나님을 위해 가장 낮은 곳까지 자신을 낮추게 될 때 변화하는 것이다. 다른 하나는 개인적인 종교적 체험에 의해 하나님의 실재하심을 예증 할 수 있다. 신비주의자들은 그 분의 임재하심을 느낀다.

4) 흑암 안에서 사역하시는 하나님

신학은 우리가 믿는 체험적 신앙의 내용을 시대적인 언어라는 도구를 사용하여 체계화시킨 논리이자 설득이다. 기독교인들의 신앙의 내용은 말씀으로 주어진 성경이 근본이 된다. 이런 면에서 기독교 신앙을 가진 모든 사람들은 신학을 하는 사람들이다. 이 성경을 어떻게 이해하고 생활 하느냐에 따라 신학의 모습은 달라진다. 신학이라는 고정 단어 보다는 '신학 함'(Doing theology)으로 표현하는 것이 옳을 듯하다. 그리고 인간의 삶속에는 다양한 사고와 행동이 뒤따르기 때문에 신학 함을 다양성이라는 범위에서 인정하는 것이 좋을 것 같다.

이 글은 최근 쿰란출판사에서 발간된 고재명목사의 글을 요약해 본 것이다. 독자는 흑암(darkness)이라는 주제를 성경에서 발견하여 이것을 체계화 시키면서 그 속에 거하시며 활동하시는 하나님의 사역을 발견하려고 노력을 하였다. 필자가 이해하는 바로는 루터의 '숨겨진 하나님'(Deus absconditus), 독일의 신학자 융엘의 '숨겨진 하나님'(der verborgene Gott)과 비교해 볼만한 논리적 전개이기도 하다. 고재명 목사는 구약성경적인 입장에서 주석을 하는 것처럼 이 책을 전개하였다.

하나님은 하늘나라의 찬란한 보좌에서 천군천사의 호위를 받으며 그의 백성들로부터 찬양과 영광을 받으시는 분이시다. 그러나 하나님이 지구촌 작은 마을에서 사역하실 때는 어두움과 캄캄함과 흑암 속에서 사역하신다. 하나님의 사역은 첫째로, 하나님이 택하신 대리자를 세워서 일하신다. 아브라함, 모세, 다윗, 여호수아 등이다. 둘째로, 하나님의 출현은 자신의 형상을 여러 가지 모양으로 변화시키신다. 떨기나무 불꽃으로(출 3:2), 나귀를 통해(민 22:30), 계시와 꿈으로, 환상, 바람, 폭풍, 빛, 천사 등으로 나타나셔서 자신의 뜻을 전하신다. 셋째로, 자신이 선택하신 사역자들의 시간에 맞추신다. 사르밧 여인(왕상 17:12), 사라 수태고지(창 18:14), 사무엘 잉태(삼상 1:20). 넷째, 하나님의 사역대상은 개인이다. 이사야, 예레미야, 아모스, 요나, 베드로, 바울 등이다. 이들을 종합하여 보면 하나님은 자신의 일에 최선을 다하는 사람들을 부르신다.

1. 구원의 선두에 계신 흑암의 하나님: 첫째, 하나님이 그의 공동체의 현장에서 직접 함께 하시며 인도하신다. 둘째, 어두움은 흑암이나 구름, 캄캄함 등 다양

하다. 셋째, 하나님이 사역하실 때는 하나님의 구원사의 역사적 시간계획표에 따르게 하신다. 넷째, 흑암의 사역은 민족적 단위인 총체적이며 전 인류 공동체적이다.

흑암의 하나님은 창 1장에서부터 예수님의 십자가상에 이른다. 광야에서 구름기둥은 보호자라기보다는 인도자이시다. 모세가 시내 산에서 십계명을 받은 이후 증거 궤가 이스라엘 민족 공동체를 인도하신다.(출 25:10) 흑암의 하나님 사역은 특별한 장소가 있으며 하나님이 정하시며 산이다. 아브라함과 모리아 산(창 22:1)등이다. 아브라함의 제사에서(창 15:10-15) 최초의 약속을 재확인하신다. 십자가상의 출현은 어두움의 하나님이시다. 하나님이 어두움 가운데에서 그의 아들과 함께 고통을 나누신다.(마 27:45-46, 막 15:33).

아브라함의 제사-암혹의 밤에 탈출-구름 속에서 계명을 주심-증거 궤의 암흑-법궤의 사역-솔로몬 성전 구름 가득 참- 십자가상의 어두움의 하나님. 이 하나님이 모든 인류를 초청하시며 그의 품으로 돌아오시기를 기다리시며 부르신다.

2. 흑암의 하나님의 목적: 온 인류가 천상의 낙원에서 사는 것이다.

3. 흑암의 하나님은 첫째, 과거를 묻지 않으신다.(사 43:25) 현재가 중요하며 미래의 목표를 향한다.(출 32:1-4) 둘째, 하나님의 움직이심과 동시적 실행의 완성을 이루신다.

하나님의 의지와 실행에서 시간과 공간의 차이가 있을 수 없다. 소돔과 고모라(창19:16), 장자심판(출 12:11), 요단강 건넘(수 3:15) 구원의 하나님은 선택과 연단, 시련과 성취라는 과정이 필요하다. 이스마엘(창 21:18). 사무엘(삼상 1:11) 셋째, 만남과 대상의 특정장소가 있다. 아브라함-갈대아 우르, 하갈-사막, 에스겔-그발 강가, 요나-바다. 하나님은 산을 좋아하신다. 이스라엘을 제사장 나라가 되게 하시기 위해 모세를 떨기나무 불꽃 가운데에서 만나셨으며 그를 시내 산으로 부르셨다. 솔로몬 성전(모리안산, 대하 3:1) 넷째, 구원과 심판의 사역을 담당하신다.(진노의 속성과 다곤 신당, 삼상5:2) 그날(마 24:29)-흑암과 빛에서 구름과

빛을 동반(1:1:1)

4. 제사와 심판의 보류: 흑암의 하나님이 다른 어두움을 동반하면 심판의 사역이 시작되고 불을 동반하면 구원의 사역이 실행된다. 이것은 동시적으로 이루어진다. 하나님이 흑암으로 제사에 참석하시는 동안 진노를 참으시며 심판을 보류하시는 완전한 사랑의 명제이다. 아브라함의 제사(창 15:12)-암흑의 잠, 캄캄함, 어두움(심판, 3:0)-복된 구원의 제사, 솔로몬의 성전 낙성식-법궤, 지성소, 구름 : 외소의 등대 불(3:0)-제사(대하 5:12), 하나님이 준비하신 십자가의 제사-어두움과 해가 빛을 잃음(2:0)-산제사의 진행 중임을 보여준다.

제25장

기독교와 신비

1. 신비주의란?

기독교 신비주의란 신비한 지식을 추구하는 철학이나 영원한 것을 묵상하는 능력(the power of contemplating eternity)이 아니다. 신비주의는 일반적으로 하나님과의 직접적인 접촉을 경험한다든지 절대적인 실체(Absolute Reality)인 하나님과 영혼의 연합을 말한다. 이러한 경험들은 우선 심리적인 것이며 다양한 방법과 모습들을 갖는다.

신비스러운 경험은 주관-객관(subject-object)이 뚜렷하게 분리되지 않고 하나 속에 융합되며 그 속에서 자아가 객관과 동일시되는 경험을 갖게 된다. 이때 개인의 영혼은 자신이 추구해오던 것을 만난 기쁨으로 인해 생동감이 넘치며 넘치는 자유 함을 얻게 된다.

기독교 신비주의의 기초가 되는 형이상학은 소크라데스와 플라톤, 아리스토텔레스, 그리고 플로티누스의 합리주의적 형이상학에 근거한다. 신은 물질과는 전혀 혼합되지 않은 변화의 잠재성이나 가능성이 없는 절대적 실체요, 순수한 존재요, 완벽한 형상이다. 신은 하나이고 영원하며 변하지 않고 발전이나 생성 등으로부터 자유로운 절대적으로 존재하시는 분(That which absolutely is)이시다.

인간의 영혼가운데 절대자로부터 분리되지 않은 근본적으로 실체 자체인 것이 존재한다. 이것들은 이성과 마음, 의식과 영혼의 중심 등이다. 영혼은 초경험적 실체를 알 수 있는데 영혼이 가장 깊은 중심에 내려갈 때 그 실체와 하나가 된다. 영혼이 연합되기를 추구하는 궁극적 실체인 신은 구체적이고 유한한 모든 존재 위에 초월하여 존재한다. 영혼 역시 현재의 상태와 변화를 초월하고 감정과 사고 그리고 야망과 행동을 초월하여 올라가거나 내려가는 부정의 길(via negativ)을 가야 한다. 여기에는 영혼 중심의 절대 실체와의 접합점인 유일자에로의 비약이 필요하다.

유일자에로의 비약은 가파르고 고독하고 험난하고 힘든 길이다. 사다리와 층계와 비탈길이다. 이 길에 대한 단계와 수준은 정화(purgatio)와 조명(illuminatio) 그리고 신비적 합일(unio mystica)이다.

하나님의 임재를 명상에 의해 감지할 수 있다는 것이 신비적 합일이며 그 단계는 기도와 마음의 평정, 완전한 합일, 무아경 그리고 영적인 결합이다. 신약성경에서 영적인 합일을 대표적으로 보여주는 것은 요 15장의 포도나무 가지의 비유와 바울이 여러 다른 표현으로 160회 이상 사용한 "그리스도 안에서"라는 표현이다. 신자는 그리스도를 떠나서는 열매를 맺을 수 없고 살 수도 없다. 그리스도의 몸의 지체들로서 각기 다른 은사들을 소유하고 있다(고전 12장). 이 모두는 한 성령에 의해 이루어지며 그리스도인이 그리스도 안에 있듯이 그리스도는 신자 안에 계시다. 신자는 이러한 관계 속에서 새로 태어난 피조물이기도 하다.

2. 구약의 신비주의

구약성경의 신비주의는 선지자들의 환상의 경험들에 근거를 둔다. 이사야의 환상인 "하나님의 옷자락이 성전에 가득하였다"든지 에스겔의 보다 높은 통찰로서의 황홀경 등은 조명의 한 본보기가 되기도 한다. 시편 기자들은 아름다운 자연 속에서 하나님의 신성을 보았다(시104:3-4, 139:1-13).

하나님을 열정적으로 갈망하며 그에 대한 하나님의 보답을 남녀 관계로 표현한 곳도 있다(시 73:25, 렘 31:3). 이를 남녀 간의 사랑의 신비주의(erotic mysticism)라고 한다. 여기에는 사랑의 열망이 무한적으로 표현되어 있기도 하다.

3. 신약의 신비주의

그리스도 자신의 말과 행동인 개인적 경험은 하나님과의 긴밀하고도 직접적인 교제로 이루어 졌다. 그의 탄생으로부터 시작하여 세례와 사단의 시험, 기적을 행하심, 변화 산에서의 변형, 십자가의 죽음과 부활은 모두 신비적인 모습을 갖는다. 그의 윤리학인 산상수훈은 기도체험과 밀접하게 연관되어 있다. 하나님을 인격적으로 체험한다는 내면적인 사실은 그의 모든 가르침을 통해 보여 진다. "이는 내 사랑하는 아들이다"는 하나님의 인정은 아바(Abba) 경험으로 이어지며, 아들만이 아버지를 안다(마 11:27)는 내적 사랑의 경험을 갖게 한다.

공관복음에서는 "두 세 사람이 내 이름으로 모인 곳에는 나도 그들 중에 있느니라"라는 하나님의 임재에 관한 집단경험이 있으며 이는 사도행전의 성령의 임하심으로 연결된다.

사도 바울은 하나님의 임재 경험을 개인적으로 서술하고 있다(갈 1:15,

2:20, 고후3:18, 4:6, 12:1-4, 롬 8:2, 엡 3:14-21). 하나님을 영으로 보는 그의 신개념은 스토아의 영향을 받은 것으로 보인다.

기독교의 신비는 하나님의 약속과 비밀이 그리스도의 십자가와 부활을 경험하는 것으로서 사랑의 영을 창조해낼 수 있는 능력을 공급해 준다.

기독교 신비주의는 하나님의 사랑을 자신의 삶 속에 온전히 성취시키려는 영적인 행위나 신앙생활이다(E. Underhill, Mysticism, Dutton & Co 1961, p.81). 이러한 영적 신비주의를 베르나르두스(Bernard de Clairvaux, 1090-1153)와 에크하르트(Meister Eckhart, 1260-1327)에게서 대표적으로 보게된다.

베르나르두스의 하나님은 사랑(Deus Caritas est, 요1서 4:8)이며, 에크하르트의 하나님은 존재(Esse est Deus)이다. 베르나르두스는 "예수 그리스도가 하나님께 이르는 유일한 길"로 이해하였는데, 그리스도의 십자가의 수난과 부활을 묵상함으로써 자신의 참모습을 깨닫고 겸손(humility)을 본받게 되며 하나님의 사랑(love)의 단계로 나아간다고 하였다. 인간의 이성과 의지를 겸손과 사랑으로 가득 채우면 진리와 존재 자체이신 성부 하나님께 이르게 된다는 것이다. 사랑을 통해 겸손을 완성하고, 묵상(contemplation)으로 하나님의 뜻에 이른다는 것이다. 이것을 그는 영적인 결혼(mystical marriage)이라 하였다.

에크하르트는 "신은 오직 한분이신 유일자로서 모든 존재를 넘어서는 존재"이시다. 신에게 있어서 존재(Being)는 움직이는 존재(Beinging)이다. 움직이는 신으로부터 유출되고 되돌아오는 선(善)과 미(美)가 신성을 가지며 신은 동적인 존재라고 하였다. 에크하르트는 신과 신성을 구별하여 삼위일체를 말하는데 신은 유일자이시다. 신성의 특징은 신과 하나가 되려는 인간의 영혼의 심층에 탄생하여 오시며 그 실례가 예수 그리스도 이시라고 주장하였다.[1]

이들의 공통점은 신앙인인 인간에게 신을 만나는 요인이 있다는 것과 그 길은 자기 자신의 내면세계로 가는 길이다. 이들에게서 보여지는 신은 부동의

---

1) 노종해, 『중세기독교 신비신학 사상 연구』 (서울: 도서출판 나단, 1991), 115쪽 이하.

동자(The unmoved mover)이다. 베르나르두스는 신을 부동의 존재로, 에크하르트는 존재의 유일성으로 보았는데 차이점은 베르나르두스의 신에 이르는 길은 삼위일체적이다. 그리스도의 십자가를 통하여 이성이 회복되어 겸손에 이르고, 성령을 통하여 의지가 회복되어 사랑에 이르게 되어 신지식에 이른다는 것이다. 이것은 그리스도 중심적 신비신학(Christicentric-mystical theology)이다. 에크하르트의 신은 유일자 한분으로서 삼위일체의 일치성을 강조하여 신 중심의 신비신학(Godcentric-mystical theology)을 주장하였다. 이들에게서 삼위일체는 아버지-아들-영이라는 종속개념을 갖는 것이 뚜렷하게 보여 진다.

베르나르두스는 신 인식에 있어서 그리스도를 통한 사랑의 실천적이며 행동적인 특성을 갖는데 비해 에크하르트는 하나님 존재에 대한 깊은 사색이며 지성적인 특성을 갖는다. 문제는 베르나르두스가 성부, 성자, 성령이라는 삼위일체를 사랑과 겸손, 의지로 표현한 점이며 에크하르트는 성부를 유일자 신으로 규정한 후 성자와 성령을 신적인 모습을 갖는 신성으로 표기한 점이다. 베르나르두스가 주장하는 겸손과 의지를 통해 사랑의 단계에 이른다는 것은 하나의 심리적인 신 이해 방법이며 에크하르트의 신성을 통해 신에 이른다는 것은 "그리스도가 참 신이자 참 인간"(Christus est vere Deus et vere homo)이라는 신학적인 명제를 약화시키는 것이 된다.

베르나르두스는 인간에 있어서 하나님의 형상(창 1:26-28)을 형상(image)과 모양(likeness)으로 구분하여 이해하였다. 인간의 죄로 말미암아 모양은 상실되었어도 하나님의 형상은 남아있다는 것이다. 그러므로 인간은 하나님의 모양을 되찾아 자신의 존엄성을 알고 하나님의 형상을 온전히 이루어야 한다. 지성을 통한 의지에 강조점을 두고 겸손을 통해 사랑에 이르고 사랑을 통해 신지식에 이른다고 한다. 이러한 베르나르두스의 신비 신학은 요한적이다.

에크하르트는 인간을 육과 영인 겉사람(outward man)과 속사람(inner man)으로 구분하였다. 속사람을 하나님의 씨앗(the seed of God)으로 보았다. 인간의 영혼 속에 신적 본질(divine nature)이 있으며 이것은 멸절시킬 수 없다고 말한다. 그러므로 영혼 심층에서 인간은 신을 만나게 되며 그와 합일하게 된다. 에크하르트의 신학은 사도 바울적이다.

이들의 차이점은 베르나르두스가 실천적인 지성을 통한 의지에 강조점을 두어 그리스도가 인간의 심층에 탄생하시는 하나님의 은총과 믿음을 통해 사랑의 하나님의 모습을 회복시킨다고 말하는 반면 에크하르트는 영혼 그 자체가 신적인 본질을 갖는다는 지성적인 신관에 기초하고 있다.

근세기의 최대의 신학자인 칼 바르트는 존재론적인 논증을 형이상학적이며 관념주의적이기 때문에 반대하면서도 안셀무스의 유신론적 논증과 그 신앙은 기독교를 믿지 않는 이방인들에게 지적인 차원에서 전하려 했던 "지적 선교적 논증"이라고 인정하고 있다. 폴 틸리히는 존재론적 논증은 이성과 실제를 존재론적 구조 속에 공통적으로 존재하는 무조건적인 요소(The unconditional element)로 보았다고 평가하였다. 이러한 결과는 존재는 이성이며 이성은 존재라는 헤겔(1770-1831)의 범신론적 주지주의에 동조하기 때문이다.

하나님은 존재하시는가? 오늘날 "오직 믿음만으로"(sola fide)라는 생각을 받아들일 사람은 매우 적다. 위에 언급한 하나님에 대한 논리적 증명은 하나님을 믿고 사랑하고 신뢰하게 되는 것이 아닐 수도 있으나 만일 이성과 모든 합리적 증거들에 근거한 신 존재증명을 포기한다면 많은 사람들은 무신론적인 사고에 빠져 그들의 종교적 신앙을 포기할 것이다. 이런 면에서 하나님의 존재 증명은 계속 되어야 하며 인간의 삶에 하나님에 대한 신앙이 잃어버려지는 날이면 이 세계는 무질서와 파멸에로 떨어지고 말 것이다(H. Küng).

4. 신비신학의 특징

베르나르두스에게 있어서 하나님은 사랑이다(Deus Caritas est). 그리스도는 하나님께 이르는 길로서 말씀으로 인간의 이성을 회복시켜 겸손에 이르는 진리의 첫 단계를 이르게 한다. 그리스도의 고난과 부활을 묵상하는 데서 자기의 참모습을 깨닫고 겸손을 본받게 되고 사랑의 단계로 나아가게 된다. 성령은 하나님의 영과 의지를 회복시켜 사랑을 이루게 하여 이웃을 알게 하고 원수까지도 사랑하게 한다. 이성과 의지를 겸손과 사랑으로 회복시키면 하나님의 모습이 회복되어 진리와 존재 자체이신 성부 하나님께 이르게 된다. 겸손은 사랑에 필수적이며 사랑을 통해 겸손을 완성하고 묵상(contemplation)으로 하나님의 뜻에 이른다: 그리스도 중심적(christcentric-mystical theology), 신비의 실천신학.

그리스도의 수난에 기초한 겸손과 사랑으로 시작되는 묵상은 신비적 결혼(mystical marriage)이며 이성과 의지가 완성된다. 이일은 하나님이 먼저 사랑하셨기 때문에 하나님의 일이지 인간의 일이 아니다. 묵상의 결과는 하나님의 뜻과 온전히 합하는 데 있다.

에크하르트의 하나님은 존재이다. 신은 유일자로 모든 존재를 넘어서는 존재이시다. 존재(Being)는 움직이는 존재(Beinging)이시다. 유출되고 되돌아오는 동적인 존재, 이점에서 신은 모든 선과 미 그 자체이다. 여기에서 신과 신성(Godhead)이 구분되며, 강조 되는 것은 유일자이다. 신성의 특징은 하나 되려고 하는 것으로 인간 영혼의 심층에 탄생하여 온다는 것이다: 신 중심의 신비신학(God-mystical theology), 사변적이며 지성적 신학. 그의 신비적 방법은 초연(disinterest)으로 무와 공을 만드는 것이다. 인간을 모든 유한한 피조물과 자기중심적인 것에서 제거하여 무(nothing)와 공(empty)을 만드는 것이다. 이 방법이 초연이다. 이 초연은 겸손이나 사랑, 자비보다 더 높은 단계이다. 왜냐하면 온전히 하나님께 향하는 것이 되며 이곳에 신성이 탄생하게 된다.

베르나르두스의 신비적 일치는 신적존재와 인간존재를 일치시키는 본질의 결합이 아니라 의지의 완전한 일치를 기반으로 하는 유사성의 방법으로 일치를 말하였으나 에크하르트는 초연으로 인한 무의 상태에서 영혼의 심층에서 신성과의 일치가 이루어진다는 점이 중요한 차이점이다. 하나님이 존재, 존재가 하나님으로 본질이 신적존재의 근원임을 주장하여 일치(unity)를 말하였다.

틸리히(Tillich)에 의하면 베르나르두스의 신비주의를 그리스도 신비주의, 에크하르트를 지성적 신비주의라 하였다. 에크하르트에서의 지성과 이성처럼 칸트에게서도 순수이성과 이해가 사유에 영향을 미친다고 보았다. 그러나 문제점은 역사 속에서의 하나님의 역할과 사랑 속에서 성육신하신 그리스도의 역할을 흐리게 하는 것이 아닌가? 어떻게 피조물이 신성의 심층에 이르게 되는가? 이는 범신론이 아닌가? 계시관이 약하며 영혼의 심연과 인간 내부에 있는 신적인 불꽃에서 하나님을 찾는 내재사상은 신적인 것과의 차별을 애매하게 하여 결국 인간을 신성시하는 위험이 있다.

베르나르두스는 신적 존재와 인간존재의 본질적인 완전한 일치가 아니라 의지의 일치를 기반으로 하기 때문에 인간의 이성과 의지는 파괴되지 않는 영적 결혼을 말하는 그리스도의 계시 중심이라는 점에서 베르나르두스가 기독교적이라고 구스타프 아울렌은 말한다. 그러나 에크하르트에게서 보여지는 인간 영혼의 무와 공의 상태에서 신성이 탄생 된다는 것은 신과 신성을 구별하여 하나님존재를 넘어선 존재로 보았고 인간 영혼의 심층인 내면의 세계에서 신과 만난다는 것은 교부들의 신학이기도 하다. 진리의 지식방법으로 초연을 통한 무와 공의 길을 제시하였는데 절대적 무와 동양적 무는 어떤 연관이 있을까? 공허한 허무주의가 심층에 깔려있는 오늘 우리의 시대에 역사의식과 윤리의식 없이 신비적 환상을 쫓는 열광적인 신앙에 대하여 올바른 방향을 제시하고 기구화 되고 조직화되어서 열기가 없는 교회를 새롭게 갱신하며 과학 물질문명에 지친 현대인의 인간의 존엄성과 위대성을 회복시켜 주지 않을까? 신비주의적인 한국문화의 심성 속에 파고드는 신학의 토착화를 이루어 선교의 과제를 이루어 내는 것이 우리에게 남겨진 과제이기도 하다.

5. 하나님의 본성

우리가 지금까지 본 것처럼 기독교 정통주의는 성경의 인격주의와 철학적 절대주의를 혼합한 것이었다. 철학의 하나님은 절대, 영원불변, 초월의 존재이시다. 이에 반하여 성서의 하나님은 인간과 친밀히 관계하시며 그들의 요구에 응답하시는 인격의 주이시다.

그 하나님은 인간에게 말씀하시고, 도움을 청하는 인간의 부르짖음을 들으신다. 철학자들이 말하는 하나님의 속성은 자존성(Aseity)으로 하나님의 자체 완전성, 세상으로부터 절대 독립성, 피조 세계의 만물에 대한 전적 무관심 등이다. 브루너의 "세계 빼기 하나님은 영(zero) 하나님 빼기 세계는 하나님" 이라는 말은 하나님의 자존성을 강조하는바 신약 성경의 사랑의 하나님과는 거리가 멀다.

성경의 하나님은 매우 인격적인 분으로 묘사되어 있다. "나는 스스로 있는 자다"(출3:12)에서 하나님은 항상 주체이시며 자존자이시다. 모세의 인격신은 이스라엘 조상의 야훼(YHWH) 하나님으로 재해석되었다. 아브라함과 이삭과 야곱의 하나님, 그는 유대 역사 가운데 인격적 관계를 갖는 분이시다. 신약성경에서도 하나님은 인격의 하나님이시다. 그 하나님은 Abba이시다. 신약 성도들에게 있어서도 하나님은 매우 인격적인 신이시다. 하나님은 그리스도와 같은 분이시다. 스스로를 주시며 희생시키시는 사랑의 하나님으로 자신을 예수에게 계시하셨다.

6. 에크하르트(Meister Eckhart)와 신비신학

요하네스 에크하르트는 1260년 독일 호크하임에서 태어났다. 그의 생애에 대해서 거의 알 수 없는 것은 자기 자신을 거의 잊으려는 그의 특징이라고 블랙크니(Raymond B. Blakney)가 말한다. 그가 살던 13세기는 학문과 스콜라철학이 절정을 이루어 파리와 옥스포드는 신학으로, 볼로냐대학은 교회법과 민법으로, 살레르노대학은 의학으로 유명하였다. 이러한 가운데 신비적인 경향도 강하게 나타났다. 15세 때 도미니칸 수도원에서 9년 동안 사제를 위한 공부를 하였으며 1302년에는 파리에서 학위를 받아 그 후 마이스터 에크하르트로 알려지게 되었다.

1303년에는 도미니칸 교단의 감독교구를 만들었고 1307년에는 설교와 저작에 몰두하였다. 그 당시 "하나님의 위안"(The Book of Divine Comfort)이라는 유명한 책을 썼다. 이 책은 헝가리 공주 아그네스를 위해 쓴 책으로 그녀의 부모와 친척이 죽었을 때 "하나님은 인간의 고난 속에 오셔서 해결하시는 분으로서 신의 근원, 유일자, 신과 인간의 합일"에 관하여 쓰고 있다. 1313년에는 슈트라스부르크에서 설교자와 수도원장이 되었다. 60세 때인 1320년 콜로냐 대학에서 교수하면서 수준 높은 설교를 하였으며 그가 죽은 해인 1327년까지 그곳에 있었다. 그가 말년에 주장한 "신인합일사상"은 프란시스칸 교단의 공격을 받았다. 1329년 교황 요한 2세는 그의 저작 중 28개를 정죄하였고 그중 17개는 이단적인 것으로 판결하였다. 그러나 그의 사상은 타울러(Tauler)와 수소(Suso)에 의해 전해졌으며, "하나님의 친구"(The Friends of God)운동을 통하여 신비신학에 큰 영향을 주었다. 그의 사상은 독일 관념론의 조상이라는 평을 받으며 신비신학의 체계를 이루게 된다.

그는 인간존재를 두 가지 구조로 본다. 육의 속성을 "겉사람"(the outward man), 영의 속성을 "속사람"(the inner man)이라 하였다. 전자는 영혼보다 육체에 접한 자로 눈, 귀, 혀, 손 등의 여러 가지 협력기능에 의존한 자로 성경은 옛 사람, 지상적 사람, 외적인간, 원수(the enemy), 종(the servant)이라 하였다. 후자는 새 인간, 하늘의 사람, 젊은 사람, 친구, 귀족(the aristocrat)이라 하였다. 모든 인간은 선한 영인 천사와 함께 선이나 덕, 신이나 천상적인 것, 영원한 것으로 향하나 악한 영인 악마는 인간을 현세적이며 고통을 향하도록 충고하고 유혹하여 죄 되게 하며 악하게 하고 흉악하게(devilish) 한다. 그래서 육과 영은 서로 계속해서 투쟁하게 되며 육은 악을 충고하고 영은 하나님의 사랑과 화평과 기쁨 등의 선을 권하며 육에 순종하면 죽음으로 영에 순종하면 영생으로 이끌림을 받는다.

그의 특이한 점은 속사람을 "하나님의 씨앗"(The seed of God)으로 보는 점이다. 이 씨앗은 하나님의 아들이며 하나님의 말씀이다. "배 씨는 자라서 배나무가 되고 밤 씨는 자라 밤나무가 되듯이 하나님의 씨앗은 자라서 하나님에 이른다." 만일 선한 씨를 어리석고 악한 농부가 가지고 있다면 잡초가 그 씨와 함께 자라서 그것을 뒤덮고 무성하여 빛도 못 얻고 자랄 수 없다. 그러나 멸종시킬 수 없다고 말한다. 이 하나님의 씨앗이 우리 안에 있으며 그 결실은 신성(God-nature)이며 속사람의 결실이다. 이 씨앗이 자라서 신 지식과 신 존재에 이르게 된다. 하나님의 아들인 신 본질의 씨앗은 가려질 수 있어도 면할 수는 없다. "구름에 태양이 가려져 빛이 없는 것 같아도 태양이 있듯이 인간 존재 속에 신성이 거주한다."

그는 속사람을 형성하는데 여섯 단계가 있다고 한다. 1) 선한 사상과 거룩한 사람들을 따라 사는 어린 단계 2) 더 이상 선한 사람의 예를 따르지 않고 하나님의 교훈이나 신적 지혜를 추구하지도 않으며 하나님의 무릎 아래로 기어

나가는 단계 3) 가슴에서 떠나 그의 돌보심을 피하여 두려움에 빠져 무정하고 잔인하게 되어 만족함이 없는 단계 4) 하나님의 사랑에 뿌리박고 고난도 기쁘게 받으며 즐거워하는 단계 5) 자신이 화평하게 되어 "극도의 지혜"(Unspeakable wisdom)에 거하는 단계 6) 신의 영원한 본성으로 변화되어 형체도 잃고(disform) 완전에 이르는 단계이다. 현세의 생활을 잃고 하나님의 형상(the likeness of God)을 이루어 하나님의 자녀가 되는 것으로 이보다 더 높은 단계는 없고 이것을 초월하는 것도 없는 영원한 안식이며 축복이다.

하나님의 발자국에 불과한 피조물 세계에서 하나님께 돌아갈 수 있는 것은 영혼뿐이며 우리의 영혼이 하나님의 뜻으로 충만하게 하기 위하여서는 유한한 모든 것을 제거시켜 무와 공을 이루어야 한다. 그에게서 완전이란 하나님의 뜻에 합당하게 하는 것이 아니라 모든 유한성에서 자기를 제거시키는 것이다. 참된 사랑은 하나로 만드는 것이다.

이러한 신비주의를 오토(R. Otto)는 내성의 신비주의(the mysticism of Introspection)라 한다. 외적인 모든 것에서 자기 자신의 영혼 깊숙한 곳으로 파고들어 자기 자신을 향하도록 하는 것으로 자아의 심층에서 무한한 것 혹은 신을 발견하기 때문이라 한다. 이러한 점에서 에크하르트는 전통적인 신비의 3단계인 정화(the via purgativa), 조명(illumiativa), 신비적 합일(unio mystica)을 인식하였다.

제26장

신학의 형성과 방법론
— 쉴라이어마허와 바르트를 중심으로

1. 쉴라이어마허와 바르트의 생애

신학자의 신학 형성과 사상을 알기 위해서는 그의 생애를 간략하게 살펴보는 것이 필요하다. 쉴라이어마허(F. Schleiermacher, 1768-1834)는 계몽주의가 한창 꽃을 피우던 18세기에 태어나 19세기까지 철학자이자 신학자로서 활동을 하였다. 그를 자유주의 신학의 아버지로 부르는 것은 그의 신학은 자신의 종교적 경험에 근거를 두기 때문이다. 그는 스피노자와 칸트의 연구, 쉴레겔 및 셸링과의 교제, 그리고 할레에서의 교육을 통해 계몽주의와 낭만주의 그리고 경건주의의 영향을 받게 되었다.

계몽주의(Enlightenment)란 인간의 이성을 사고와 판단의 근거로 삼는 인본주의적 사고체계로서 교회의 권위에 대항하여 하나님 역시 인간과 자연, 이성과 문화 속에 존재한다고 주장하였다. 하나님의 초월성보다는 내재적인 면을 강조하여 성속의 일치를 강조하는 16-17세기에 극치를 이룬 일종의 세속화 운동이기도 하다. 낭만주의(Romanticism)는 인간의 꿈과 이상을 음악이나 미술, 건축 그리고 문학 등의 예술 활동에 표현함으로써 인간의 아름다움을 추구한 17-18세기의 사조를 말한다.

쉴라이어마허는 독일 브레슬라우(Breslau)에서 헤른후트파인 경건한 군목의 아들로 태어났다. 어렸을 때 고전을 공부하였으며 그리스도의 수난과 죄인이 받을 형벌의 문제로 많은 고민을 하였다. 그가 15세 되던 1783년 니스키(Niesky)에 있는 모라비안 학교에 입학하여 그곳에서 그리스도의 사랑 안에서 즐기는 감정적 기쁨을 경험하였다.

모라비안 학교에서 경건주의 운동에 접하게 되었는데 경건운동은 17세기 말의 슈페너(P. J. Spener, 1635-1705)에 의해 시작된 개신교 내의 평신도 신앙 갱신운동이었다. 이러한 운동의 배경이 된 것은 요한 아른트(J. Arndt, 1555-1621)가 저술한 『참된 기독교』(Das Wahre Christentum)이었다.

쉴라이어마허는 1785년 바르비(Barby)신학교에 입학하였으나 철학적 토론에 몰두하다가 퇴교를 당했으나 할레(Halle)대학에 가서 그리스철학과 칸트 연구에 전념하였다. 1790년 신학시험에 합격하여 개혁파 칼빈주의 교회(Reformed Calvinistic Church)의 설교자가 되었다. 그 당시의 관습에 의해 백작의 가정교사 일을 하면서 교양 있는 부인들과의 모임을 만들어 참여하기도 하였다. 그의 설교는 도덕주의적인 그리스도를 선포하는 것이었다. 1793년 교사자격을 획득한 후 베를린(Berlin)으로 이주하여 자선병원에서 6년간 설교를 하였다.

1798년 "종교를 멸시하는 교양인을 위한 강연"이라는 책을 익명으로 저술하였다. 이 책은 자신이 생각하고 있는 신앙적 윤리의 문제들을 다룬 것이었다. 쉴레겔(F. Schlegel), 노발리스(Novalis)등과 함께 낭만주의(Romanticism)의 입장에 서서 그는 자연적 본능과 생명, 자유, 개인적인 취미, 자발적인 창조와 명상 등 인간성 본연의 모습을 신학적으로 서술하려 하였다. 생명의 신비로움을 가지고 자연과 인생을 보았으며 권위를 무시하고 개인적인 자유를 강조하는 운동에 그는 앞장을 섰다. 그의 평생 과제는 자신이 자란 경건주의적인 종교적 감정과 자유스러운 사고와 비판주의를 어떻게 결부시킬 것인가 이었다.

베를린을 떠나 슈톨페 에서 2년간 은둔하며 궁중목사로 일을 하였다. 그곳에서 플라톤 번역을 시작하였으며 프로이센의 루터파와 칼빈파를 서로 가까이 하도록 하기 위한 소책자들을 출간하였다. 1804년 할레대학의 교수로 초청을 받아 강의를 시작하였다. 구약학을 제외한 모든 과목을 강의하였다. 그의 강의들은 신학전반, 변증법, 철학사, 윤리학, 교육학, 국가학 등이었다. 이때 강연집과 플라톤 번역 그리고 디모데전서에 대한 비판적 논문을 발표하였는데 디모데전서는 영어로 번역이 되었다. 그의 설교는 많은 사람들을 감동시켰으며 독일의 재상 비스마르크(Bismark)로 하여금 견신례에 참여하도록 하였다. 1807년 베를린으로 돌아와 헬라 철학에 관한 강의를 시작하였으며 1810년 베를린 대학이 개교되면서 지도적인 교수의 일을 시작하였다. 그는 성 삼위일체교회(Holy Trinity Church)의 설교자가 되었다.

그는 이 강단을 통해 사람들에게 많은 감명을 주었다. 정열에 불타는 애국자이기도 하였다. 프랑스에게 점령당하고 있는 동안에는 프랑스 대장 다보스(Davoust)에게 불려가 경고를 받은 적도 있다.

오랜 세월동안 저술과 설교, 하루에 3시간의 강의를 계속하면서 종교와 과학주의를 융화시키려고 노력하였다. 종교와 지적 생활이 분리되는 것을 원치 않았으며 경건이라는 말이 무지라는 말로 대치되는 것을 반대하였다.

그는 몇 분간의 묵상으로 강연 준비를 끝낼 만큼 탁월한 자유주의적 성격 때문에 교수직을 박탈당할 뻔하기도 하였다. 1822년에 출간된 그의『신앙론』(*Der Christliche nach den Grundstzen der evangelischen Kirche im Zusammenhangdargestellt*) 은 칸트와 헤겔의 철학과 기독교 신앙을 조화하여 합리적인 것을 만들어 그

시대에 소개하려 하였다. 그의 사후 편집된 저술들은 신학이 13권, 설교집 10권 그리고 철학의 분야가 9권이 있다.

바르트(K. Barth, 1889-1968)는 스위스 베른의 신약 신학자 프리츠 바르트의 아들로 태어났다. 베른, 베를린, 튀빙엔, 마부르크에서 수학하고 자펜빌 (Safenwil)에서 1911-1921년까지 10년 간 농촌목회를 하였다. 삶과 성경의 문제에 깊은 관심을 가졌으며 1919년『로마서 강해』를 출판하여 세계적인 신학자가 되었다. 1921년부터 괴팅엔, 뮌스터를 거쳐 1930년에는 본(Bonn)대학의 교수가 되었으며 히틀러가 집권하여 교회까지 장악하려 하자 고백교회에 참여하여 교회 투쟁 지도자의 한사람이 되었으며 독일 민족주의와 히틀러에 반대하는 신앙고백서인「바르멘 선언」을 기초하였다. 독일에서 스위스로 돌아와 바젤대학에서 교수 생활을 하다가 82세의 나이로 세상을 떠났다.

2. 신학의 방법론

신학의 방법론에는 두 가지가 있다. "위로부터의 신학"(Theologie von oven)과 "아래로부터의 신학"(Theologie von unten)이다. 전자는 선지자들로부터 시작하여 오늘에 이르는 신앙가들의 신학적인 방법론으로 하나님의 말씀 속에 나타나는 계시와 하나님의 뜻이 중요하다. 후자는 시대주의 신학자들의 신학적인 방법론인데 이들은 신학이란 그 시대의 산물이어야 한다고 말하면서 하나님의 뜻이나 성경의 내용보다는 그 시대의 정신(Zeitgeist)을 가지고 성경을 해석하려 하였다.

쉴라이어마허는 "아래로 부터의 신학"에 속하는 최초의 개신교 신학자이다. 그래서 사람들은 그의 신학을 자유주의 신학, 시대정신의 신학, 인본주의 신학이라고 한다. 바르트는 쉴라이어마허를 칼빈 이후 최대의 신학자요 가장 영향력 있는 사상가라고 평하면서도 그의 신학을 "의식의 신학"이라고 하여 이를 거부하며 극복하려고 노력하였다. 그에 대한 부정적인 평가로서는 범신 론자, 주관주의자, 19세기의 대 이단자라는 것이었다.

그가 사용한 우주의 개념을 보더라도 "세상 모든 것"(Weltall)으로 보는 것 이 옳다. 인간성의 진수, 숭고한 세계정신, 영원한 사랑, 응보, 운명, 신성 등 우주는 시간적으로나 공간적으로 동일시 할 수 있는 경험적인 것이 아니라는 것이다. 우주는 자연과 인간 사건의 다양성과 대조되는 불변성과 전체성을 말 하는 것이다. "모든 것이 변할 수 있는 곳 어디서나 불변하는 것을 찾고, 무한 한 것과 유일한 것 이외의 어느 곳에도 신뢰를 두지 않는 것 바로 그것이 종교 이다."[1] 이것은 신화와 고대 세계관에서 보는 하나님 개념에 대한 거부이다.

미국에서 그를 긍정적으로 보고 재평가하려는 운동이 일어났는데 리차드 니이버(R. Niebuhr)와 윌리암즈(R. R. Williams), 게리쉬(B. A. Gerrish) 등이다. 이들은 쉴라이어마허를 루터와 칼빈의 합법적인 상속자로 규정하고 이를 입 증하려 하였다. 이런 면에서 우리는 자유주의 신학의 시조라고 불리는 쉴라이 어마허를 재평가하는 것이 필요하다.

바르트의 신학은 "위로부터의 신학"으로 시작된다. 그는 신학을 모든 인 간학적 전제로부터 해방하고 오직 하나님의 말씀과 계시 위에 세우려 하였다. 그에 의하면 인간이 하나님을 알 수 있는 유일한 길은 하나님이 자신을 인간 에게 알려주는 계시의 일이다. 계시는 하나님이 그의 말씀을 통해 자신을 드 러내심이다.

바르트의 신학적 첫 작업인 『로마서 1판』 연구를 하던 당시 그가 즐겨 쓰 던 신학적 명제들은 다음과 같다. "하나님은 하나님이지 세계가 아니다. 세계 와 인간과 역사와 문화와 종교와는 전혀 다르다. 세계는 세계이지 하나님이

---

1) 마르틴 레데커, 『슐라이에르마허 생애와 사상』, 주재용 역(서울: 대한기독교출판사, 1985), 45 중인.

아니다. 하나님은 심판을 통해 말씀 속에서 세계와 인간을 만난다."2) 하나님의 긍정과 부정 속에서 심판과 은혜를 경험하는 인간의 무능력을 말하고 있다.

하나님의 말씀은 바르트에게는 세 가지 형태를 갖는다. 기록된 성경의 말씀과 그리스도 안에 계시된 말씀과 선포된 설교의 말씀이다. 세 가지 형태는 모두 하나님을 계시하는 면에서 하나이다. 인간은 하나님의 계시를 오직 하나님으로부터 오는 믿음을 통해 받는다.3)

하나님의 절대 주권과 초월을 강조하고 이성을 가지고 있는 인간의 모든 능력이 범죄 후 타락하여 악화되어 있기 때문에 자연신학은 불가능하다고 말하였다. 신의 계시는 오직 그리스도에게 있고 하나님의 말씀이 인간과의 교제의 유일한 수단이라고 한다.

이러한 이유로 인해 신학의 구성을 위한 과학, 문화, 예술에 대한 실증적인 태도를 거부하였으며 신비주의와의 공감이나, 감정의 종교를 수반하는 종교 철학의 오류 등으로부터 신학을 해방시켰다. 신학은 하나님의 절대적인 주권과 성경의 가르침에 기초해야 한다는 것이다.

이에 대한 반론도 만만치 않다. 살아 계신 하나님의 말씀에의 봉사(ministerium verbi Dei)라는 관점에서 보면 신학은 역사와 사회 즉 세계 속에서 하나님을 중언하기 때문에 역사적이고 역동성을 갖는다고 본다. 교회 의 말씀을 전제하면 "하나님으로 부터"(von Gott her)이며 세계 속의 교회로 보면 "하나님에로"(zu Gott hin)가 동시에 가능해 진다는 것이다.4)

---

2) 헤르만 뎀보브스키, 『변증법적 신학의 이해』, 양화자, 임태수 역(천안: 한국신학연구소, 1995), 23쪽 이하.

3) 오인수, 『오늘의 신학사조』(서울: 대한기독교출판사, 1977), 50쪽 이하.

4) 바르트 학회, 『말씀과 신학, 칼 바르트 논문집 I』(서울: 대한기독교서회, 1995), 5쪽 이하. 이 책의 머리말에서 박순경 교수는 바르트의 신학 기준을 『교회교의학』(Kirchliche Dogmatik)이 출간되기 시작하던 1932년 전후로 보면서 초기 문서는 그리스도론적인 하나님의 말씀이 중심이었으나 후기 문서에는 하나님의 말씀의 세계성을 말하고 있다고 주장한다. 이런 면에서 바르트 신학의 역동성을 강조한다.

바르트는 1932년부터 그의 생애의 말기까지 『교회 교의학』(Kirchliche Dogmatik)이라는 신학적 대작을 썼다. 이 책은 사도신조의 구조인 "하나님, 그리스도, 성령, 그리고 교회"라는 네 가지의 주제를 가지고 쓴 개신교 신학의 역사에서 불후의 신학적 대작이다. 교회가 하나님의 말씀을 제대로 전하고 있는가를 판가름해주는 교회의 책이라고 할 수 있다. 바르트가 현대 개신교 신학에 미친 영향은 절대적이며 바르트를 이해하지 못하고서는 현대신학을 이해하지 못할 정도의 영향력을 갖고 있다.

3. 초기의 신학 형성

1) 쉴라이어마허

쉴라이어마허에게 영향을 준 사람들은 칸트와 플라톤, 스피노자, 라이프니츠, 피히테, 쉘링 등이다. 특히 칸트와 플라톤 철학이 그의 사상형성에 큰 도움을 주었다. 플라톤에게서 종교는 "무한자에 대한 의식"임을 알게 되었다. 그의 종교에 대한 논지는 "종교는 우주에 대한 직관과 감정이며 형이상학과 도덕에 병행하는 본질적이고 필연적인 제3의 인간정신"이었다. 이 말을 통해 그는 종교의 본질은 사유나 행위가 아니라 직관과 감정임을 보여주고 싶었다. 살아 움직이는 모든 것의 생성과 변화 속에서 무한한 존재를 발견하는 것 그리고 그런 존재로서 사는 것이 종교라는 것이다. 그는 모든 개별자와 유한자, 그리고 인간의 속에서도 무한자를 보며 각인된 흔적과 연출을 볼 수 있다[5]고 함으로써 범신론자라는 평을 받는다. 이는 스피노자의 영향이다. "모든 실재는 실질에 있어서 하나이다. 원인에 있어서 하나이며 근원에 있어서 하나이다. 그

---

[5] 슐라이어마허, 『종교론』, 최신한 역(서울:한들, 1997), 55쪽 이하.

리고 신과 이 실재는 하나이다. 그러므로 철학의 과제는 다양한 것에서 통일을, 물질 중에 정신을, 정신 중에 물질을 인정하는 것이며 신의 사랑의 지적 영상인 우주적 통일의 최고 인식에 도달하는 것이다."[6]

쉴라이어마허의 초기 사상과 후기 사상의 관계에 대해서는 일반적으로 강조점의 점진적 변화로 본다. "하나님은 세계의 활동에 의해 알려지며 세계는 하나님의 계시의 장소"라는 벤틀란트(J. Wendland)의 입장과 "일자와 전체(the one and All), 전체 속의 일자(the one in the All)"로 이해하던 하나님 개념이 『신앙론』에서는 존재의 근원으로 바뀌는 변화를 그레비(J. K. Graby)가 제시하였다. 이렇게 볼 때 『종교론』(1799)에서 『신앙론』(1830-31)에 이르기까지 범신론적인 경향에서 본질적인 변화가 없었다고 본다.[7] 『종교론』의 신 개념을 범신론으로 『신앙론』의 신 개념을 하나님의 초월성과 내재성을 강조하는 유신론으로 보는 입장도 있다.[8]

칸트에 매력을 느낀 것은 이성을 이성이 속한 영역으로 복귀 시켰기 때문이었다. 칸트를 연구하면서 그는 종교보다 윤리를 우위에 두었으며 기독교신

---

6) 윌 듀란트, 『영원한 사상의 발자취』, 최혁순 역(서울: 휘문출판사, 1970), 145쪽, 제4장 스피노자 참조. 스피노자는 이러한 사상을 가진 유대인이었기 때문에 1656년 이단의 혐의를 받아 교회당의 장로들에게 불려가 심문을 받고 파문을 당한다. 당시의 종교적 파문은 공동체에서 제외당하는 것만이 아니라 영적인 저주와 사형을 의미한다. 심문 내용과 파문은 다음과 같다. 심문: "신은 물질의 세계를 가질지도 모른다. 천사는 환상일 것이다. 영혼은 단지 생명 일런지 알 수 없다. 구약성경에는 영생에 관하여 아무 말도 하지 않았다고 한 것이 정말이냐?" 파문: "그는 낮에도 저주를 받고 밤에도 저주를 받고 일어날 때도, 나갈 때도, 들어올 때도 저주를 받을 지어다. 주께서는 그를 결코 용서치 않을 것이다. 아는 체도 않을 것이다. 그를 이스라엘족속으로부터 제거하시고 율법서에 기록된 천하의 모든 저주가 그를 괴롭힐 것이다. 입으로 그와 말하지 말며 글로 그와 교통하지 말고 그를 돌보지 말며 그와 함께 한 지붕밑에 살지 말고 4에르렌 이내로 접근하지 말며 그의 손으로 쓴 문서나 남에게 쓰게 한 문서도 읽지 말라."
7) 목창균, 『슐라이에르마허의 신학사상』 (천안: 한국신학연구소, 1991), 37쪽 이하.
8) 이러한 입장을 가진 학자들은 리피시우스(R. A. Lipsius), 샌드바하 마샬(Sandbach Marshall), 브랜드(Brandt) 등이다. 하나님은 더 이상 세계전체(Welt-totalität)가 아니라 지고의 통일체이며 제일원인 세계의 창조자와 보호자라는 것이다. 특히 마샬은 『종교론』의 신 개념을 범신론으로 『신앙론』의 신 개념을 유신론으로 보았다. 참조: 목창균, 전게서, 39쪽 이하.

앙을 칸트의 윤리학적 관점에서 평가하였다. 자신의 스승 에버하르트의 가르침에 의해 칸트와 다른 입장을 취하게 된 것은 종교의 자리는 감정이지 실천이성인 도덕이 아니라는 점이었다. 이렇게 말함으로써 칸트가 주장하던 이론이성과 실천이성의 분리를 극복 한 것이다. 종교는 아는 것(knowing)과 실천하는 것(doing)의 통일체라는 입장을 취하였다.

2) 바르트

바르트의 초기신학 작업을 살펴보면 바르트가 경건주의자들과 신학적인 논쟁을 하고 있는 것을 볼 수 있다. 이러한 신학적인 논쟁은 많은 연구들을 통해서 입증이 되었으며 특별히 에바하르트 부시의 작품인 『칼 바르트와 경건주의자들』9)이라는 책에서 더 구체적으로 보여 지고 있다.

바르트의 초기 신학이 어떻게 형성되었는가에 대한 지금까지의 연구로는 블룸하르트의 신앙적 영향이라고 말하고 있으나 신학연구의 동반자 투르나이젠과의 학문적인 서신 교환과 신학의 전개10) 그리고 요한 토비아스 베크의 『로마서』 연구가 결정적임을 주의하여 볼 필요가 있다.11)

베크를 우리가 경건주의 신학자이자 동시에 마지막 성경주의 신학자라고 한다면 그의 영향이 어떻게 바르트의 신학에 미치게 되는가 하는 것을 연구하는 것은 가치가 있다고 생각된다. 바르트와 베크를 연결시켜주는 한 점으로서는 바르트의 책 『19세기의 개신교 신학』이라는 책에서 볼 수 있다. 그러나 여기에서 서술되는 베크는 그를 제대로 알기에는 충분하지 못하다. 그 이유로서

---

9) E. Busch, *Karl Barth und die Pietisten, Die Pietismuskritik des jungen Karl Barth und ihre Erwiderung*, Beiträge zur evangelischen Theologie, Bd. 82, München, 1978.

10) Karl Barth und Eduard Thurneysen Briefwechsel, Bd.1, 1913, Karl Barth Gesamtausgabe v. Briefe(Hg.), E. Thurneysen, Zürich, 1973, p.160.

11) 배경식, 『경건과 신앙』 (서울: 장로교출판사, 1998)

는 바르트가 베크의 초기 작품들만을 소개했기 때문이다.

성경주의적인 영향에 힘입어서 바르트는 자신의 신학적인 작업에서 역사
비판적인 성경연구의 방법과 입장으로부터 나오는 것을 보게 된다. 이러한 신
학적 입장은 지금까지 바르트의 신학 연구를 형성해왔는데 이제는 그의 성경
해석학에 영향을 주는 영감론으로 방향을 바꾼다. "역사 비평적인 성경 연구
의 방법은 옳은 점이 있다. 그것은 인간의 이해들을 준비하는데 있어서 너무
나 과장된 영향력을 주지 않도록 해준다. 그러나 역사적인 성경연구방법과 영
감론 가운데 하나를 선택하라고 한다면 나는 영감론을 선택하고 싶다. 그 이
유는 그것은 폭이 더 넓고 깊고 중요한 옳은 점들을 가지고 있기 때문이다."12)
이를 통해 우리는 바르트가 성경연구 방법에 있어서 루터적인 입장을 중시함
을 보게 된다.

바르트는 그의 아버지의 죽음에 하나의 감동적인 설교를 통해서 반응하였
다. 그는 그의 아버지를 이 시점에서부터 객관적으로 재평가하게 되었으며 그
가 신학공부 기간 동안에 많이 남겨두었던 신앙적인 것들을 가지고 시작했다
고 볼 수 있다. "역사 이해는 계속되는 것이다. 그것은 어제의 지혜와 내일의
지혜 간에 끊임없이 계속되는 대화이며 하나의 동일한 것이다. 존경심을 가지
고 여기 내 아버지 프리츠 바르트에게 감사를 드리는 것은 전 일생 동안 그가
하나의 통찰력을 가지고 머물렀다는 그 점이다."

그의 설교들은 하나님에 관한 물음들로 가득 차 있다. 동시에 기독교 공동
체에 있어서 사회주의는 매우 중요한 위치를 차지하게 된다. 무엇보다 하나님
의 사건은 "항상 무조건적으로 우선을 갖게 되며 '먼저 하나님의 사건, 그리고
인간인 우리의 사건들', 이때 인간은 하나님과 그의 전 생에 있어서 진지한 삶
을 누릴 수가 있으며 사회적인 어려움을 해결할 수가 있다. 사회주의는 복음
의 매우 중요한 그리고 필요한 한 적용이 된다."

---

12) Karl Barth, Der Römerbrief, Bd. I,(Hg.), H. Schmidt, Zürich, 1985, p.3.

바르트는 신앙과, 계시, 그리고 하나님의 개념에 대해서 실질적으로 어떻게 이야기 할 것인가를 얻기 위하여 노력을 하였다. 그는 이러한 생각들을 설교 시간에 피력을 했으며, 그는 자기 자신의 신앙적인 입장을 버렸을 때에만 올바른 신앙을 가질 수 있다고 이야기한다. 제1차 세계대전을 찬성하던 93명의 독일 지식인들의 놀라운 선언이 있게 되자 그는 자신을 전 신학과정을 통해서 만났던 신학자들, 예를 들면 A. 폰 하르낙, R. 세베르크, A. 쉴라터, W. 헤르만, M. 라데, R. 오이겐 등의 신학으로부터 떠나 방향을 달리하게 되었다.

칼 바르트는 "어디까지 기독교인이 사회주의자가 될 수 있을까?"에 대해 생각하고 있을 동안에, 그는 스스로 "얼마만큼이나 하나님 나라의 사상을 그의 신학에 연결시킬 수가 있을 것인가?"라고 물었다. "자유—신학적인, 그리고 종교—사회적인 문제들의 범위를 벗어나서 성경적으로 실제—초월적인 의미를 갖는 용어인 하나님 나라의 사상이 나에게 도전하기 시작했다. 그런데 이런 생각들을 가지고 내가 지금까지 의도적으로 오랜 동안 설교해왔던 성경의 내용들이 문제가 되기 시작한 것이다."[13]

이런 여러 가지 문제들을 해결하기 위해서 그는 신학적인 방향 전환을 먼저 시도했다. 그러나 이 일은 그 혼자서로는 너무나 벅찬 것이어서 그는 자신의 신학 형성을 위한 대화의 상대자인 투르나이젠에게 조언을 청했다. 투르나이젠은 그에게 용기를 주었다. "설교나 강연 그리고 목회를 위하여 필요했던 것들은 전혀 다른 신학적인 기초석이었을 것이다." 이 말은 바르트로 하여금 쉴라이어마허, 칸트, 헤겔 등 독일 지성인들의 학문체계를 벗어나 관심을 성경에 돌리며 독자적인 신학의 길을 가게 하는 결정적인 조언이 되었다.

---

13) 배경식, 상게서, 311쪽 이하.

4. 신학적 주제와 사상의 발전

1) 쉴라이어마허

쉴라이어마허의 신학적 물음은 '종교는 무엇인가?' 그리고 '기독교는 무엇인가?'이었다. 전자는 1799년에 발표된 그의 『강연집』과 1800년에 그의 윤리론인 『종교론』에서, 후자는 1822년에 출간된 『신앙론』에서 취급하였다.

일반적으로 사실 그 자체(Sache selbst)를 해석할 때 두 가지 방법이 있다. 하나는 사실을 개별적, 주관적인 관점에서 추상화하고 객관화함으로써 보편화시키는 것과 다른 하나는 사실 그 자체와 직접적이며 구체적으로 만나 실존적인 체험의 현장에서 자기화 시키는 것이다. 쉴라이어마허는 후자의 관점을 가지고 논리를 전개한다.

그의 대표적인 책 『강연집』은 다섯 개의 강연부분으로 나누어진다.

첫째 강연은 계몽주의적인 종교비판으로 부터 종교를 옹호한다. 종교는 교양인들의 체계적인 개념의 틀 안에 갇혀질 수 없으며 이것을 체험하는 사람의 내면 가운데에서 생동적으로 작용한다. 종교는 체계적인 형이상학이나 도덕과 근본적으로 구별되는 것임을 지적하였다.

둘째 강연은 종교의 본질이다. 종교의 고유한 영역은 인간의 심정이 무한자의 적극적인 활동에 전적으로 사로잡히게 됨으로 형성된다. 이러한 감동과 사로잡힘은 이성이나 의지라기보다는 직관과 감정의 일이다.

셋째 강연은 종교의 교화나 교육은 교의적인 가르침에 의해 이루어지지 않으며 오직 무한자에 대한 감각능력의 개방에 근거한다. 무한자에 대한 생동적인 체험과 관계가 없는 가르침은 죽은 문자에 불과하다.

넷째 강연은 종교의 외적인 사회적인 현상과 성직에 관한 것이다. 진정한 교회와 교의적인 교회, 국가와 교회의 구별, 성직자와 평신도의 관계가 경건

즉 무한자를 향한 심정 즉 진정한 감동에 의해서 된다는 것이다.

　다섯째 강연은 개별종교의 분석과 진정한 종교의 이상을 제시한다. 종교의 내용을 개념적으로 추상화하고 체계화하는 자연 종교 내지 자연신학을 비판하며 역사적인 실증 종교를 옹호한다. 종교의 생명력은 보편적인 개념에 있는 것이 아니라 개별적이고 특수한 형태를 갖기 때문이다. 이것을 더 잘 이해하기 위해서는 그의『독백론』(*Monologues*)과『변증론』(*Dialectic*)을 읽어보아야 한다.

　그는『독백론』에서 칸트의 지상명령이라는 개념을 반대하면서 도덕은 그 질에 있어서 법적이 아니며 자연법적이고 유기체적임을 말한다. 자유인은 도덕법에 복종하라는 명령 아래 있는 것이 아니라 그 자신 안의 영혼의 권위보다 더 높은 아무런 권위에 구속받거나 통제를 받지 않고 사는데 있다고 한다. 마치 나무와 같이 자유스럽게 자라고 꽃이 피고 열매를 맺는 것과 같다. 나무가 자라는 자유스러운 모습 속에서 신앙 안에서의 참된 자유를 보았다.

　사람이 자기충족의 자연스러운 성장으로 자신의 본성을 표현한다고 볼 때 그의 가는 길을 아무도 막을 수 없을 것이다. 그것들이 세상이거나, 운명이거나, 하나님이거나 간에 인간의 개별적인 성격을 충분히 다채롭게 표현해야 할 것이다. 이때 자유인은 모든 것의 주가 된다. 이는 루터의 그리스도 안에서 자유는 "그리스도인은 모든 것에 대해 완전히 자유스러운 주인이요, 어떤 것에도 종속되지 않는다. 그리스도인은 모든 것에 대해 완전히 의무를 지닌 종이요, 모든 것에 종속된다."로 표현되었는데 이것과 다른 차원의 자유이다.

　자유라는 것은 하나의 자연현상으로서 자연적 원인과 결과로 이해하여 인간의지에서 출발하였다. "너 자신의 인격 안에서 인간성을 특수하게 구체화하라"는 것이『독백론』의 요점이다. 인간은 인간의 개성을 충분하게 발달시켜야 한다. 혼자가 아니라 사회 안에서 이루어져야 한다. 그는 이 책에서 인간의 도덕적 실패나 죄에 관한 것은 언급하지 않는다. 그가 목적하는 바는 성취한 것이 아니라 소망에 관한 것이며 미래에 대한 것은 이상적인 형태를 가지는 것이다. 낙관주의적인 사고 속에서 본 인간 이해에 대한 결과이다.

『변증론』에서 보여 지는 그의 사고의 이론은 인식론과 형이상학의 구조를 갖는다. 생각한다는 것은 지식에 어떤 결과를 가져오는 것을 의미한다. 지식은 두 종류의 대상이 전제된다. 생각과 실재 그리고 생각과 다른 생각 사이의 응답이다. 전자는 상호관계가 성립된다는 전제 하에서만 설명된다. 이념의 세계와 실제의 세계라는 두 개의 서로 반대되는 세계의 밑바닥에 어떤 근본적인 통일성이 있을 것이라는 것이 전제된다. 이렇게 함으로써 두 세계 사이에 서로 일치할 수 있는 조건을 제공한다. 이것이 지식이다. 우리가 무엇을 인식한다는 것은 이러한 공통된 기반을 가지고 있기 때문이다. 생각이란 가능성에 대한 정신적인 도전이 될 때 실재적이 되는 것이다.

지식의 타당성을 확인한다는 것은 궁극적인 의미에서 모험이며 믿음이며 신념이기 때문에 불가능하다. 지식의 타당성 그 자체는 증거할 수 없는 진리이다. 그러나 우리가 말할 수 있는 것은 이것을 부정한다면 이성 자체를 부정하는 것이 되기 때문에 부정할 수 없다. 이 궁극적이며, 기본적 그리고 보편적인 관계성을 가진 기반을 우리는 한편으로는 하나님, 다른 한편으로는 세계라고 부르는 것이다. 그의 전 사상은 기독교적이라기보다는 헤겔의 변증법과 논리주의 그리고 칸트의 윤리에 기초한 합리설이 근본정신이다. 이것을 가지고 여러 가지로 성경을 해석하였다.

문예부흥 이래로 근대를 특징 지어주던, 신(神) 대신에 인간(人間)을 높이 평가하는 낭만주의가 그의 사고를 지배하였다. 헤겔은 인간의 이성을 칸트는 인간의 도덕의지를 예찬했다고 한다면 쉴라이어마허는 인간의 감정이 종교의 기초가 된다고 하였다. 인간의 감정을 인간존재의 기초로 두고 시문학, 음악, 미학, 정치, 윤리, 종교 등을 해석하고 발전시키려 한 사람들이 낭만주의자들이다. 이에는 루소, 하이네, 횔덜린, 바이론, 칼라일, 위고, 괴테, 쉴레겔, 쉴라이어마허 등이다.

2) 바르트

바르트의 신학사상은 그의 교육 및 교회활동과 연관시켜 시대적인 구분을 통해 볼 때 아래와 같이 다섯 단계를 거쳐 발전하였다.

(1) 초기 바르트의 신학 형성은 쉴라이어마허의 사고형에 빠져 19세기에 발전한 종교적 개인주의와 자유신학이었다. 그가 신학연구를 할 때 많은 영향을 주었던 종교사학파의 교수들인 파울 베르네(1875-1936), 헤르만 쿠터(1863-1931)나 레온하르트 라가즈(1868-1945) 등을 통해 자유스러운 이성적 신학을 연구하였다. 올바른 기독교를 그는 올바른 사회주의에서 찾으려 하였다.[14]

(2) 바르트가 튀빙엔에서 공부할 때 인 1915년 바드 볼(Bad Boll)에 있는 블룸하르트를 방문하게 되었다. 그와의 만남과 대화를 통한 새로운 하나님 이해이다. 점진적으로 세계를 새롭게 하시며 변혁시키시는 하나님 안에서 그는 기독교와 희망이라는 새로운 주제를 발견하게 되었다.

(3) 새로운 신학에로의 출발이다. 1차 세계대전을 찬성하던 93명의 독일 지식인들의 선언이 있던 날 자신의 전 신학 과정에서 만났던 신학자들 예를 들면 하르낙, 제베르크, 쉴라터, 헤르만, 라데 등으로부터 떠나 다른 신학의 방향을 가게 되는 것이었다. 이때 중요한 신학의 대화 상대자는 에두아르트 투르나이젠이다. 이것은 『로마서 주해』 1판을 낼 때까지 계속된다.

(4) 『로마서 주해』 제2판을 펴낸 후부터 바르트는 인간과 신을 혼동하고 인간을 하나님의 자리에 놓은 개신교 신학의 주관주의를 비판하면서 하나님

---

14) 배경식, 상게서, 309쪽.

은 사람과 비교하여 볼 때 전혀 다른 분이심을 공식적으로 표현한다. "하나님은 절대 타자(Gott ist ganzanders)"라는 말이 이를 대변한다.

이러한 신학적인 사고는 그로 하여금 변증법적 신학의 주제를 갖게 한다. 거룩하신 하나님과 죄 된 인간, 창조주와 피조물, 영원과 시간, 하나님의 긍정과 부정 등이다. 영원자 되신 하나님이 말씀하시고 역사에 참여하시고 동시에 그곳에 존재한다고 볼 때 하나님과 사람의 관계는 위기라고 보았다. 이러한 사고는 자신에 대한 철저한 비판과 성경연구의 결과에서 온 것이다. 그가 얻은 결론은 사람이 하나님께 대해 생각하는 것이 아니라 하나님이 사람에 대해 어떻게 생각하시고 행하셨는가를 그는 신학적인 주제로 물었다. "하나님이 말씀하셨다(Deus dixit)"는 그의 명제는 바르트의 신학이 "말씀의 신학(the Theology of the Word of God)"임을 보여준다.

5) 『교회 교의학』(*Church Dogmatics*) 제1권을 쓸 때인 1932년부터 그는 하나님의 말씀을 가장 구체적인 용어로 표현하기 시작하였다. 이때부터 그는 위기나 변증법적인 용어를 사용하지 않고 예수 그리스도의 품성, 말씀이 육신이 되심 등 참 하나님과 참 인간에 대해 신학적인 작업을 하게 되었다.

5. 절대의존의 감정과 그리스도 중심

1) 절대의존의 감정

쉴라이어마허의 『종교론』은 종교를 멸시하며 종교와 유리 되어있는 교양인을 상대로 한 것이다. 그는 교양인들과 종교에 대한 논쟁을 하려 한 것이 아니라 인간의 어떤 소질에서 종교가 발생하는가를 보여주려 하였다. 칸트와 같이 도덕으로 종교를 환원하거나 헤겔과 같이 형이상학에 종속시키는 것을 부정하고 종교는 직관과 감정임을 보여주기 위해 계몽주의 종교관을 비판하기 시작하였다. 그가 얻은 결론은 "종교는 도덕이나 형이상학, 교의가 아니라는 것"이다. [15]

그가 즐겨 쓰는 종교는 인식이나 의지의 문제가 아니라 지식과 의지의 중간인 인간정신의 본연적이며 필연적인 제3의 영역인 심정의 문제이다. 지식과 의지는 절대자를 가정하거나 요구할 수는 있어도 신을 파악할 수는 없다. 감정 속에서만 절대자의 현존이 계시되는 것이며 거기에서만 우리는 신을 직접 파악할 수 있다. 모든 마음의 중심을 이루는 이 경건의 감정이 종교라고 보았다.

종교는 이런 면에서 지적인 작용이나 과정의 결과도 아니다. 그렇다면 이것은 하나의 학설에 불과할 것이다. 종교는 행위로 성립되는 것도 아니다. 도덕이 아니기 때문이다.

종교에서 행위를 요청하는 것은 종교가 도덕을 포함하고 행위를 있게 하는 동기가 종교 안에 있기 때문이다. 도덕적 행위는 종교의 일부가 되는 것이지 전부는 아니다. 헤겔은 종교를 지적 작용으로 보았다. 칸트는 종교를 도덕적 행위에 기초하여 성립된다고 하였는데 이것은 잘못이다.

종교는 또한 지식, 감정, 행동(知, 情, 意)의 합성물도 아니다. 신을 절대로 의존하는 "절대 의존의 감정"(Schlechthinnige Abhängigkeitsgefühl)에서 시작된다. 여기에서 인간은 회개와 회열을 맛보고 모든 지식이나 도덕적 행위도 출발하는 것을 알 수 있다.

종교는 이런 의미에서 객관적인 사상의 체계가 아니다. 인간이 느끼고 사무치는 감정에 뛰노는 생명이 있는 주관적 경험의 내용이다. 생명력 있는 신앙의 회복이라는 경건주의 운동이 자유주의신학에서 자리매김을 하게 된다.

지적작용은 사색을 통해 철학을 있게 하고 선한 행위는 윤리의 기초가 될

---

15) 목창균, 상게서, 60쪽 이하.

것이나 종교의 기본적 요건은 감정이다. 이런 면에서 신학은 철학도 아니요 윤리학도 아니며 종교적 감정을 경험하고 기술한 그의 소산물이다. 종교적 감정을 표현하는 것이 있는데 육체적 증거와 언어 그리고 시와 설교이다. 그중 시와 설교는 매우 중요하다. 교리는 인간을 진리로 인도하는 것이 아니라 시와 같이 종교적 감정을 일으키는 자극에 불과 하며 이적 역시 종교적 감정과는 관계가 없으므로 그리 중요하지는 않다.

쉴라이어마허의 신관은 스피노자와 같이 "세계에서 떠난 신은 공허하다"고 말하는 것을 볼 때 내재신론적(內在神論的)이다. 신은 세계가 보여주는 복합적 상관의 통일이라는 점에서 범신론적이기도 하다. 그에게 있어서 신은 세계와 질적으로 동일하다. 신은 절대불분리의 전체로서의 통일이며 세계는 분리된 부분이다. 신은 세계, 세계는 자연 그러므로 신은 자연이라는 결론이 나온다.

산출하는 자연(能産的自然, natura naturans) 즉 신으로서의 자연은 세계로서 자연을 있게 하는 자연이다. 피조 된 자연(所産的自然, natura naturata) 즉 세계로서의 자연은 신으로서의 자연이 있기 때문에 있는 것이다. 전자는 자연을 있게 하는 자연으로서의 능동적인 자연을 말하며 후자는 피조 된 자연으로서 수동적인 자연을 말한다.

세상에 만물이 있는 것은 전 우주를 통합하는 전체로서의 큰 자연에서 이 세상에 있는 모든 만물의 자연이 작은 자연으로서 자연적으로 발생하여 존재한다는 것이다. 만물은 자연이라는 원인에서 자연한 방법으로 자연히 있게 된다고 하는 것이다. 그래서 만물은 서로 상관되는 힘의 통일로 유지되며 존재한다. 그러므로 전 우주에서 자연만이 전능하며 이 자연의 창조와 섭리로 세계가 있게 되는데 이것이 신의 창조요, 힘이라고 본다.

그에게 있어서 신의 전능은 자연적인 힘이다. 이 자연의 힘이 전 시간을 꿰뚫을 때에 무한이 되고 전 공간에 미칠 때에 편재가 되며 전 도덕에 미칠 때에 성(聖)이 되며 지식에 나타날 때 전지가 된다. 이 모든 것들은 자연의 힘이 미치는 곳에서 나타나며 자연과의 관계에서만 이해할 수 있다.

그의 신관은 인격적인 존재로서의 신이 아니다. 기독교적인 신은 자연이 있기 이전에 계셔서 세계와 자연을 창조하셨고 지금은 섭리하시고 계시는 신이시다. 하나님은 세계 밖에서 이 세상을 창조하셨고 그가 창조하신 세계 안에 계시면서 섭리하고 계신다. 기독교의 신은 초월적이면서 내재적이다. 쉴라이어마허의 신관은 초월적인 신을 부정한 내재 신이요 자연이 신이라고 한 것은 비인격적인 범신론이다. 인간의 오관으로 경험되면서 영감을 불러일으키고 거룩으로 인도하는 모든 것을 계시라고 본다. 그는 초월적인 인격신에 대한 믿음을 제거하여 버렸다. 하나님과 개인적인 만남인 "나와 당신"(I-Thou)의 관계가 없다. 그는 구주로서의 예수를 사랑했으나 대표적인 인간으로서의 예수였지 성육신 된 하나님으로서의 구주는 아니었다. 구원의 교리에서 가현설이 보여 지며 죄는 하나님께 대한 반역이기보다는 육과 영사이의 갈등으로 보았다. 이것은 사실상 신이 아니라 자연이다.

그의 신관은 스피노자(Benedictus de Spinoza, 1632-1677)의 신관에다 기독교의 신관을 붙여 본 것에 불과하다. 스피노자는 "신은 신체-물질의 세계-를 가지고 있을 것이다. 영혼은 단지 생명이며 구약성경에서는 영생에 대해 아무런 말도 하지 않는다."라고 말한다. 그의 신관은 범신론적이다. "자연은 신이다"라고 한다.

2) 바르트

바르트 신학의 가장 중요한 핵심은 예수 그리스도에 대한 교리이다. 한 인성 안에서 '참 하나님 참 인간'(vere Deus vere homo)이신 예수 그리스도 안에서 신앙적 신비를 직면하게 된다. 그가 즐겨 쓰는 말은 "예수는 승리자"(Jesus ist

Sieger)이다.

그의 신학을 순종의 신학이라고 평하는 사람들이 있다. 인간은 하나님의 말씀에 대한 무익한 종이기에 하나님에 대해 말할 때 성부, 성자, 성령을 올바로 나타낼 수 있는 길은 오직 인간이 그리스도에게 순종할 때만 가능하다고 보았다.

그리스도의 인성과 사역을 신학의 주제로 가져온 바르트의 신학 작업은 구미신학계에 100여 년간 예수 그리스도에 관한 진리의 말씀을 연구하도록 공헌하였다.

6. 창조론

창조는 기독교 신앙인가 아니면 신화의 영향을 받은 다른 것인가? 이 물음은 오늘도 남아있는 문제이다.

1) 쉴라이어마허

쉴라이어마허는 하나님이 세상을 창조하셨다는 기사의 사실 여부를 중요시하지 않는다. 다음의 사실을 아는 것으로 족하다고 한다. 1) 세계는 하나님에 의해 기원되었다. 2) 세계의 기원은 하나님의 활동에 의한 것이다. 3) 신의 활동력은 일시적으로 제한되지 않으며 변화의 조건이 된다는 것 등이다. 신약성경을 보면 다음 구절들은 하나님이 세상을 창조했다는 창조 기사의 자료가 되지 못한다(행 17:24, 롬 1:19-20). 종교개혁자들은 창조 기사를 사실 기록으로 보기는 하였으나 루터는 비유적인 설명을 반대하였고 칼빈은 이론적으로 이것을 말하기를 회피하였다.

창조의 기사가 창세기 1장과 2장에 있는 것은 그것이 사실이 아님을 보여주는 것이다. 그것이 사실이더라도 우리의 절대의존의 감정과는 아무런 연관이 없다. 그런고로 우리의 교리가 될 수도 없다. 교리는 성경에 있음으로 교리가 되는 것이 아니라 우리의 감정으로 경험 할 수 있을 때에 생명 있는 교리가 되는 것이다. 그의 견해는 결국 세계는 신의 창조가 아니라 자연의 발생 과정에서 생겨진 것이라는 것이다. 자연을 있게 하는 "능동적인 자연으로서의 자연"(natura naturans)을 말한다. 이는 실체 및 자연을 신과 동일시하는 스콜라철학에서 온 이론으로 스피노자에게서 나타난다.

2) 바르트

창세기 1장-11장까지는 상징적 혹은 신화적이며 창세기 12장-50장까지는 역사적이라고 하는 해석도 있다. 이에 대한 대표적인 학자는 칼 바르트와 게하르트 폰 라트이다. 이들은 창조를 역사적인 이야기로 본다.

바르트는 창세기 1장-2장을 신화적으로 연관을 지어 해석하였다. 바벨론의 창조신화인 에누마 엘리시(Enuma Elisch)라는 서사시는 신년 축제와 연관이 있는 것으로 보았다. 신의 어머니 티야마트를 무찌른 마르두크신은 티야마트를 양분하여 하늘과 땅으로 만들고 신들 중의 하나를 제물로 바쳐 그 피로서 인간을 창조하였다고 한다. 마르두크의 역할을 그 당시의 왕이 극적으로 대행했다고 한다. 그러나 창조설화는 신화가 아니라 현실적인 창조의 역사이다.

바르트는 사제문서(P문서)에 사용된 창조하다를 의미하는 히브리어 동사 "바라"(בָּרָא)는 신적인 창조에만 사용하는 것으로서 무에서의 창조라는 사상을 내포하고 있다고 말한다. 헬라어 크티제인(κτίζειν)과 같은 뜻이다. 성경은 하나님께서 이미 있는 재료를 사용하여 새로운 무엇을 만드는 제2차적인 창조를 하실 때도 이 말을 사용하였다(창 1:21, 27, 5:1, 사 45:7, 12, 54:16, 암 4:13,

고전 11:9, 계 10:6). 하나님은 창조주로서 세계와 인간과 전적으로 다른 분이심을 주장한다. 우리가 세계를 하나님의 창조라고 말할 수 있는 것은 세계 자체를 보면서가 아니라 이스라엘의 역사에서 일어난 하나님의 계시행동에 대한 신앙에 의해서이다.

창조 이해의 출발점은 그의 백성을 출애굽 시킨 하나님의 해방하는 능력에 있다. 하나님의 역사적인 구원과 능력을 경험하면서 이스라엘은 창조적인 능력으로서의 하나님을 확인하였다. 성경에서 "만들다"를 의미하는 단어들은 아사(ה, machen, herstellen, arbeiten, erzielen)와 포이에인(ποίειν) 그리고 야차르(ר, bilden, formen, gestallten), 프랏소(πλάσσω) 등이다. 이 단어들은 이미 있는 재료들을 사용하여 만드는 제 이차적 창조와 섭리를 의미한다.16)

그러면 바르트에게서 창조가 갖는 신앙적인 의미는 무엇인가?

(1) 창조는 하나님의 자유로운 행위(a free act of God)와 선한 의지의 결단이다. 하나님은 이 세계에 대해 자유스러운 존재이시다. 자신의 내적인 자유를 통해 세계를 창조하셨다. 이 자유는 피조물에 대한 사랑과 구원으로 나타나셨다.

(2) 창조는 삼위일체 하나님의 행위이다(창 1:1; 사 40:12; 44:24; 45:12). 만물은 성부로부터 성자로 말미암아 성령에 의해 창조되었다(out of the father, through the son, by the Holy Spirit). 존재(being)는 성부로부터, 상상이나 이념(thought or idea)은 성자로부터, 생명(life)은 성령으로부터 온다.

(3) 창조는 하나님의 시간적인 행동(temporal act of God)이다. 창 1:1의 "태초에 하나님이 천지를 창조하시니라"(In the beginning God created the heavens and the earth)라는 말은 시간과 공간의 제한을 받는 사물의 시작을 말한다. 창조 전에는 시간도 물질도 없었다. 하나님은 시간을 초월하여 계시는 분이시나 창조는 하나님의 시간적 사역이다. 아우구스티누스는 세계가 "시간과 함

---

16) 참조. 라보도, 김달생(공저), 『바른신학』(서울: 대한예수교장로회신학교, 1980), 118쪽 이하.

께"(cum tempore) 창조되었다고 한다. 창 1:1은 세계가 시작을 갖게 되었음을 말한다(참조. 마 19:4, 8, 막 10:6, 요 1:1-2, 히 1:10, 시 90:2, 102:25).

(4) 창조는 무로부터의 창조이다. 무로부터의 창조는 기독교의 독특한 교리로서 하나님의 초월성과 능력을 말해준다. 이것에 대한 확실한 표현은 외경 마카비 2서 7:28에 언급되어 있다. 세계는 하나님 자신이나 하나님의 일부가 아니다. 범신론자들처럼 우주는 절대적인 필연도 아니다(엡 1:11, 계 4:11). 이 것은 하나님의 말씀 안에서 보여 지는 그분의 절대 주권을 믿는 신앙으로 받 아들일 수 있는 교리이다(시 33:6, 9, 148:5, 히 11:3, 롬 4:17, 행 17:28, 느 9:6, 골 1:16, 롬 11:36, 고전 8:6, 시 90:2).

무에서의 창조는 세계가 하나님께 의존적임을 나타낸다. 피조물과 하나님 과의 긴밀한 연관을 보여준다. 이는 피조물에서 보여 지는 하나님의 내재성을 의미하는 말이다. 하나님은 세계의 각 부분에 임재 하시고 영으로 역사 하시 는 내재적인 신이시다. 이것을 기독교적인 용어로는 충만이라 한다(시 139:7-10, 엡 2:2, 렘 23:24).

(5) 창조의 목적은 "하나님의 영광을 드러내는 것"이다. 가톨릭에서는 "인 간의 행복을 위해서"라고 하였다. 고대 희랍과 로마의 철학자들, 종교개혁시 대의 인문주의자들 그리고 18세기의 합리주의자들이다. 창조는 구원과 연관 되어 이해할 수 있다. 태초의 창조는 역사의 지평을 열어주며 종말에 새로운 창조로 완성되어야 할 것이다. "보시기에 좋았다"는 것은 형성된 것(factum)이 라기보다는 되어야 할 것(fieri)으로 이해된다. 창조는 그리스도 안에서 일어난 구원의 완성을 지양하는 시간의 과정이다. 창조의 최종 목적은 하나님의 고유 한 초월성의 현현(顯現) 속에 있다. 하나님의 현현 속에 피조물의 안녕과 평화 가 있는 것이다. 하나님의 영광을 나타내기 위함이다(사 43:7, 60:21, 겔 36:21-22, 눅 2:14, 엡 1:5-6, 계 4:11, 골 1:16, 고전 15:28, 롬 9:17).

쉴라이어마허와 바르트는 개신교 신학에 있어서 자유주의와 신정통주의의 거장으로 알려져 있다. 두 사람 모두 경건한 목회자의 가정에서 태어나 신앙적 교육을 가정에서 자연스럽게 몸에 익혔으며 계몽주의적 입장에 서서 그리스 철학과 칸트, 헤겔의 철학에 뿌리를 두고 신학적인 작업에 전념하였다.

쉴라이어마허는 바르비와 할레 대학에서 철학에 근거를 둔 신학을 연구하였다. 대학 졸업 후 자선병원과 궁중에서 그리고 베를린 성삼위일체 교회의 목사로서 설교를 하였으며 할레와 베를린대학의 교수로서 철학과 신학 그 이외에 설교집 등 30여권의 많은 저술을 남겼다. 특히 1822년에 출간된 그의 『신앙론』은 철학과 기독교를 조화하여 합리적으로 소개하려던 사변적인 작품이다.

바르트는 원래 스위스와 독일에서 자유주의 신학적인 교육을 받았으나 독일 지식인들과 결별을 선언 한 후에는 하나님의 말씀에 기초한 종교개혁적인 신학을 하기를 원했다. 바르트는 베른, 베를린의 하르낙, 튀빙엔의 슐라터, 마부르크의 헤르만에게서 공부한 후 스위스의 자펜빌에서 10년간(1911-21) 목회하였다. 1921년부터 1935년까지 괴팅엔과 뮌스터 대학에서 강의를 하였으며 나치스에 의해 해직 당한 후 1968년까지 바젤대학의 교수로 활동하였다.

이러한 신앙적인 배경을 갖는 이들에게서 보여 지는 신학적인 입장은 처음에는 같았으나 나중에는 다르게 나타나는 것을 보게 된다. 우리가 앞에서 전제한 것처럼 신학의 주제는 처음에는 "하나님에 관한 이야기(God-talk)"이었으나 교회의 회의를 통해 제기된 삼위일체 하나님에 관한 논쟁으로 발전되었음을 보게 된다.

토마스 아퀴나스에 의해 신학은 교의학의 전분야가 되었으며 13세기 이후부터 신학은 더 이상 '학문의 여왕'(regina sicentiae)이 아니라 철학, 법학, 의학 등 학문의 한 분야가 되게 된다. 그 이후 루터와 정통주의 신학자들에 의해 제기된 신학은 '하나님의 영과 그리스도'라는 두 개의 축을 가지고 성경이 해석되고 오늘의 정통주의 신학이 되었다고 본다. 신학을 '신-인-세계학'이라고 할 때 정통주의에서는 분명 신에 대한 물음을 통해 인간과 세계의 문제를 신학적으로 답하려는 의지가 보인다. 대표적인 사람이 위로부터의 신학을 시도한 바르트이다.

쉴라이어마허는 신의 물음보다는 먼저 인간의 문제를 중시한다. 플라톤이 말한 "종교란 무한자에 대한 인간의 의식"이라고 규정하면서도 자신이 영향을 받으며 자라왔던 모라비안의 경건성을 신학의 한 방법론으로 제시한다. "종교의 본질은 사유나 행위가 아니라 직관과 감정"이라는 것이다. 그가 즐겨 쓰는 신학적인 용어는 "절대의존의 감정"(schlechthinnige Abhänigkeitsgefühl)이다.

쉴라이어마허와 바르트가 근본적으로 다른 신학적인 명제를 내게 된 것은 하나님에 대한 전혀 다른 이해에서 출발한다. 전자는 그리스 철학의 좌파적인 전통을 이어받는 스피노자의 영향을 그대로 답습하여 실존의 체험을 자기와 동일시하는 범신론적인 사고를 가졌으며 이것을 헤겔의 변증법과 논리주의, 칸트의 윤리에까지 연결시켜 만들어 낸 합리주의적 신학 작업을 하였다. 후자는 신학적인 작업을 처음에는 쉴라이어마허와 별 다를 바가 없이 시작하였으나 세계 제1차, 2차 대전이 주는 실존의 문제와 인간의 죄성과 악함을 경험하면서 인간과 전혀 다른 하나님의 모습을 신학적인 주제로 삼아 변증법적인 과정을 통해 논리전개를 한다.

그는 칼빈의 후예이며 철학적으로 키르케고르와 하이데거의 실존주의 철학의 추종자이다. 하나님과 인간 사이의 질적 차이를 강조하고 하나님에 관한 진리를 변증법적으로 표현한 것은 키르케고르의 영향이다. 그의 신학은 신정통주의 신학, 하나님의 말씀의 신학, 변증법적 신학, 위기 의 신학, 스위스학파라고 불리 운다. 그의 신학은 철저히 그리스도 중심이다.

바르트의 30년에 걸쳐 쓴 노작 『교회 교의학』(*Church Dogmatics*, 1932-67)은 예수 그리스도 안에 나타난 하나님의 계시에 신학의 토대를 둔다. 중심과 초점은 예수 그리스도 자신이다. 예수는 "진짜 하나님이시며 진짜 사람"(vere

Deus vere homo)이다.

바르트는 『로마서 주해』를 출판한 이후 변증법적 신학 운동을 전개하였다. 불트만, 고가르텐, 틸리히 등이 참여하였다. 학술 잡지 「시간들 사이에서」(*Zwischen den Zeiten*)를 창간하여 신학 전개를 하였다. "시대의 사이"라고 번역이 되기도 한다. 변증법적 신학은 19세기의 자유주의 신학 비판을 출발점으로 삼는다.

쉴라이어마허의 신관은 내재신론적이다. 그의 신은 세계와 질적으로 동일하다. 인격적인 존재로서의 신이 아니라 "능산적 자연"(natura naturans)으로서의 신이다. 초월적인 신을 부정하는 범신론을 말한다. 그러므로 그에게 있어서 계시는 인간의 오관으로 경험하면서 거룩으로 인도하는 모든 것을 말한다. 죄는 하나님께 대한 반역이라고 보기보다는 영과 육의 갈등이다. 인간 안에 주어진 내적인 능산적인 자연과 외적인 만들어진 자연의 부조화라고 할 수 있다. 종교는 이런 면에서 절대의존의 감정에서 시작된다.

하나님을 인간으로 대치하고 신학을 인간학으로 변형시킨 자유주의 신학은 하나님의 실재성과 계시의 필요성 그리고 성경의 권위, 인간의 유한성과 죄성, 신앙의 본질을 진지하게 취급하지 아니하였다. 하나님 말씀에 대한 근본적인 오해이다. 이것을 바르트는 뒤집어 놓았다. 아래에서 위로 올라가는 밑으로부터의 신학이 아니라 위로부터 내려오는 위로부터의 신학을 주장하였다. 바르트의 하나님만이 "하나님 그분"(Gott, der ist)이시다. 이 말은 인간과의 차원에 있어서 "하나님은 전혀 다른 분"(Gott ist ganz Andere)이라는 말이다. 하나님의 말씀 이외에 다른 것을 근거로 하여 신학을 정립하는 것은 바르트에게는 불가능하다.

창조에 대해서 쉴라이어마허는 하나님의 세상 창조를 중요시하지 않는다. 단지 세계가 하나님의 기원을 갖는 하나님의 활동이라는 것과 지속적인 변화를 인정한다. 성경해석에 있어서 창조의 기사인 창세기 1장과 2장의 창조 사실을 인정하려 하지 않는다. 감정으로서의 경험을 강조한 나머지 세계의 창조는 자연발생적임을 말한다.

바르트는 하나님의 구원의 역사를 볼 때 창조의 사건이 이스라엘의 역사에서 나타난 하나님의 계시행동에 대한 신앙에 의해서 고백된 것이라고 말한다. 창조는 하나님의 자유스러운 행위이며 시간적인 행위이며 하나님의 영광을 드러내는 것이다.

이러한 것을 종합하여 볼 때 쉴라이어마허는 만물에서 드러난 신성을 보면서(롬 1:20) 아래로부터의 신학을 제기하였으며, 바르트는 창조를 삼위일체 하나님의 행위로서(창 1:1, 사 40:12) 무로부터의 행위로 보았다.

신학은 하나님에 관한 학문이다. 이 하나님은 인간과 세계와의 관계에 있다. 성경은 인간과 세계와 관계없는 하나님에 대해서 관심이 없다. 세계의 역사와 문화, 종교, 정치적 상황은 모두 다르다. 인간과 세계의 다양성과 문화에서 보여 지는 이 세대를 향한 하나님의 뜻이 무엇인가를 연구하기 위해 폭 넓은 신학의 연구가 필요하다.

특히 신에 대한 이해를 존재론적으로가 아니라 과정과 변화로 이해하려는 상대성적인 시도에 대해 쉴라이어마허의 자연과학적인 "능산과 소산"(Naturans et Naturata)의 신 이해는 과학 속에서 종교를 찾으려는 오늘을 사는 우리 모두에게 신학적 사고와 이해의 폭을 넓 혀 줄 것이다. 역사적으로 볼 때 정통주의와의 완전한 결별을 선언한 자유주의적인 것이다.

동시에 바르트의 신학은 말씀과 계시의 신학으로서 하나님의 말씀인 성경을 신학의 기본으로 삼는다는 것이 정통주의 신학이라는 평가를 받는다. 신학은 시대적인 신앙의 체계를 논리적으로 서술한 것인데 성경을 문자적으로 보기보다는 의미를 추구하는 면에서 바르트는 신정통주의라는 신학을 가능케 하였다.

신학에서 자유주의와 신정통주의와의 만남은 성경해석의 방법에서 "성경을 문자적으로 받아들이지 않는 것"에서 가능하다. 동시에 근본적인 차이점은 헤겔의 변증법과 칸트의 윤리에 기초한 합리성을 받아들여 성경을 해석한 것과 전적인 타자이신 하나님의 계시의 말씀이라고 보는 입장이다. 인간에게 주어진 절대의존의 감정을 신적으로 보는 것과 그리스도를 통한 계시의 사건에 의해 기독교를 이해하는 것은 정반대의 입장을 갖는 것이다.

신학을 신에 관한 이야기로부터 시작한다고 전제하면 바르트의 입장에 서야 함은 당연하나, 신학이 인간과 세계를 우리가 믿는 기독교적인 신앙을 가지고 체계화시키려면 쉴라이어마허의 아래로부터의 신학적인 입장을 가지고 해결해야 될 문제들이 시간이 지날수록 산적해 있다는 것이다. 이를 미루어볼 때 바르트의 신학은 쉴라이어마허에게서 보이지 않는 계시의 부분을 보충하여 주었으며 쉴라이어마허는 정통주의가 갖는 성경 중심적인 신학의 틀을 깨어서라도 인간과 세계와 문화의 문제에까지 갈 수 있도록 동기부여를 하여준 셈이다. 특히 자연신학과 하나님의 선교라는 문제를 개신교신학의 장에서 해결하기 위해서는 쉴라이어마허의 신학적 틀이 공헌하는 바가 있다.

제VIII부

희망과 한국교회

제27장

'희망'과 '기다림'에 관한 고찰

1. '희망'에 관하여: 몰트만의 연구

종말론에서 희망과 기다림은 개인적 차원에서나 공동체적 차원 그리고 우주적인 차원에서의 용어들이다. 지금까지 서구신학에서는 희망이라는 용어를 가지고 기다림의 문제까지를 포괄하는 신학을 전개하였다. 그 대표적인 것이 1960년대 세계적인 신학의 주제가 된 몰트만 교수의 '희망의 신학'이다. 희망의 신학은 절망의 죄에서 인간이 갖는 신앙의 희망을 제공하고 있다.

몰트만에게서 "믿는다"는 것은 곧 하나님의 약속을 희망하는 것이다. 희망은 그리스도 안에 계시되었고 약속된 하나님의 새로운 세계에 대한 희망과 기다림을 그 내용으로 하기 때문이다. 기독교의 종말론은 그리스도의 역사와 부활에 근거하기 때문에 그 희망은 약속의 형식이며 그리스도는 "그가 누구냐, 그가 무엇을 말했느냐"만이 아니라 "그가 장차 무엇이 될 것이냐, 그에게서 무엇이 기대되느냐."를 포함한다. 그리하여 그리스도는 우리의 희망으로서(골 1:27) 희망은 신앙을 유지시키고 미래를 향하여 끌고 나가는 힘이 되며 사랑의 삶 속으로 이끌어 들이는 동인으로서 신앙의 인식과 나아가서는 역사를 이끌어 가는 힘이 된다. 즉, 그리스도인은 그가 신앙하는 것을 인식하기 위하여 희망한다는 것이다.

한국인의 신앙은 이성적인 유럽인들과 달리 정적인 면이 강하다. 정을 기본으로 하고 있는 한국인의 역사적 신앙경험은 기다림 그 자체라고 말할 수 있다. 본 연구자가 주의 깊게 시도하고 싶은 것이 바로 이점이다. 한국인의 대표적인 품성을 은근과 끈기라고 하면 고기잡이를 하러 나간 남편을 기다리다 지쳐서 돌이 된 내용을 담은 망부가와 단군신화에서 100일 동안 마늘과 쑥을 먹고 사람이 된 웅녀에게서 찾을 수 있다.

성서 역시 언약의 성취를 바라던 이스라엘 공동체와 초대교회라는 신앙공동체의 삶을 기록한 책이다. 동시에 기다림을 가능케 하시는 하나님의 언약과 약속은 희망을 주시는 그분의 사랑의 인내에 근거한다.

지금까지 이를 신학화한 독창적인 한국 신학으로는 인간다운 권리와 삶을 다룬 민중신학이나, 토착화의 문제를 다룬 풍류의 신학, 개인의 목회 경험에서 우러나온 별세신학, 그리고 한국인의 영성을 무속과 연결시켜 신학화한 영성신학 등이며 이들은 모두 희망과 기다림이라는 단어로 재해석해 낼 수 있다.

본 연구자는 기다림에 관한 구체적인 해답을 성경에서 찾아 체계적인 한국의 독창적인 신학으로 만들어 한국과 세계의 신학계에 한국인의 역사적 경험과 종교적 심성을 담은 기다림의 신학을 알리려 한다. 이러한 사고를 가지면서 확신하는 것은 성경 전체가 하나님의 약속과 성취에 대한 기다림의 연속임을 알게 된 것이다. 그리고 그 기다림은 하나님의 은혜와 축복으로 가게 하는 기다림임을 깨닫게 되었다. 그때부터 필자는 성경을 기다림의 책으로 보게 된 것이다. 이러한 결과물로 나온 책이 『기다림의 신학』이다.

기다림의 신학의 종결부는 피조물 안에서 하나님의 안식을 기다리는 세계의 평화에 있다. 세계평화는 열강들의 일방적인 무력으로 이루어지는 것이 아니라 종교 간의 상호 대화와 평화를 위한 공동노력으로 이루어질 것이다. 세계의 평화를 기다린다는 것은 단순히 전쟁이 없는 상태가 아니라 보다 전체적이고 역동적인 '샬롬'을 어떻게 이루어내느냐는 신학적 답을 성서에서 찾으려 한다.

몰트만의 신학은 '성서적 근거를 갖는 신학', '종말론적 방향을 갖는 신학', '정치적으로 책임적인 신학'으로 인류의 고통에 귀를 기울이는 신학, 하나님에 대한 기쁨을 간직하는 신학, 항상 놀라는 신학을 수행하려는 태도를 꾸준히 보여 주려고 한다. 몰트만이 남달리 우리에게 감동과 영향을 미치는 것은 그의 신학이 그 누구의 신학보다 더 강하게 '삶에서 우러나오는 신학'이기 때문이다. 그는 '신학을 위한 삶'을 살았고 '삶을 위한 신학'을 수행하고 있다.

『기다림의 신학』은 본 연구자가 몰트만의 희망을 기다림과 차별화 시키면서 구성한 새로운 신학 함(doing theology)이다. 한국적인 역사적 경험에 기초한 신학으로서 성경적 근거를 갖는 신학의 한 시도이다.

성경은 기다림에 관한 책이다. 단순한 기다림이 아니라 하나님의 계시와 약속에 의해 주어진 기다림이다. 하나님이 언약의 성취에 있어서 신실하신 분이라면, 기다림은 분명 그분의 은혜와 축복에 의해 주어지는 값진 선물을 담보 할 것이다. 연약한 인간에게는 하나님을 신뢰하고 그분의 말씀을 의지하는 믿음에 의해 기다림이 열려지며 성령의 능력에 의해 기다림의 삶은 가능해진다. 믿음이 희망의 단계로 들어가고 희망이 사랑을 이루어내는 전제 조건이 된다면, 희망은 기다림을 가능하게 하는 동력이 되는 것이다. 이런 면에서 희망과 기다림은 동전의 양면과 같이 공존한다.

본 연구자는 몰트만 교수의 제자로서 성경에서의 기다림에 관한 연구를 통해 비교 연구를 하던 중 Asem 장학재단의 지원을 받아 2004년도에 『기다림의 신학』이라는 소책자를 출판했으나 단기간의 연구이었기 때문에 내용이 빈약하여 금번에 학술진흥재단의 지원을 받아 『희망과 기다림』을 본격적으로 비교 연구하려 한다.

기독교 신앙에서 "우리는 무엇을 기다릴 것인가?"라는 질문에 대한 답은 다양할 것이다. 문화사적 차원에서 보면 한국인으로서 기독교 신앙적 답은 한국인의 심성에 근거하여 주어지게 된다는 것을 간과해서는 안 된다.

한국은 반만년 역사를 지녀오면서 숱한 외세의 침략을 받아오면서도 평화를 사랑하는 은근과 끈기의 민족이기에 기다림이라는 소박한 마음을 가지고 사는, 하나님의 선택함을 받은 특이한 민족이다.

몰트만은 1960년대 중반에 제1, 2차 세계대전을 치름으로 인해 폐허가 되어 버린 유럽의 기독교 사회에 『희망의 신학』을 내어놓았다. 하나님의 약속과 계시에 근거한 희망을 십자가와 부활의 사건으로 재해석함으로써 희망의 종말론을 기독교 신학의 근거로 제시한 바 있다. 인간에게 희망이 있는 한 자신을 더욱 성숙하게 이끌 수 있다는 미래지향적인 태도를 기독교 신앙에 적용시킨 것이다.

21세기를 맞는 이 시점에서 우리는 넓은 의미를 갖는 이 희망이 기다림이라는 보다 구체적인 말로 변화되어야 할 필요성을 갖는다. 우리가 기다리는 것은 '보다 나은 삶'이다. 어제보다 오늘이, 오늘보다 내일이 나아질 것이라는 기대감과 확신을 갖고 우리는 살아가고 있다. 오늘 우리가 추구하고 있는 모든 세속 학문도 예외가 아니라고 보여 진다.

기다림의 신학 역시 희망의 신학에서처럼 하나님의 계시와 언약의 말씀에 근거를 두어야 한다는 전제를 갖는다. 희망의 신학이 십자가와 부활의 종말론이라면 이는 기다림의 신학과 그 맥을 같이 한다. 다만 희망이 갖는 큰 의미와 기다림이 갖는 보다 구체적인 의미는 구분되어야 한다는 것이 필자의 주장이다.

희망과 기다림은 같은가라는 질문에 대하여 지금까지의 많은 신학자들은 희망과 기다림을 구분하지 않고 써온 것이 사실이다. 구태여 두 가지 개념을 구분하려 하지 않았다. 그러나 필자의 연구결과와 판단으로는 다른 부분이 있다는 것을 발견하게 되었다. 기독교적 희망이 십자가와 부활의 신앙에서 나왔다면 기다림은 이 희망에 근거하여 발전된 것으로서 그리스도의 오심과 성령의 능력을 준비하며 경험하는 기독교의 신비스러움에 강조점을 둔다.

기다림의 신학은 희망의 신학에 근거를 가지고 있다. 희망의 신학이 과거 60년대 신앙의 틀에서 희망의 새로운 틀을 가지게 되었다면, 기다림의 신학은 기다림이라는 심성을 가진 한국인들의 희망을 보다 구체화시켜 기다림으로 표현하는 신학이다. 그 기다림은 단순한 맹목적인 기다림이 아니라 이스라엘의 메시아사상, 십자가와 부활에서 계시되고 약속된 오시는 분으로서의 주님을 기다림, 그리고 약속하신 성령의 기다림, 나아가서는 하나님 나라의 역군으로서 삶 자체가 기다림을 가능케 하는 요인들이 될 것이다.

기다림의 신학에서 종말론은 한걸음 더 나아가 희망의 종말론이 제공하는 모든 내용을 이루기 위해 실천적으로 준비하며 재림의 주로 오시는 예수 그리스도의 오심에 응답하는 삶을 향한 종말론적 삶의 실천을 말한다. 기다림을 인간의 삶과 연관시켜 표현해 보면 "내가 숨 쉬는 한 예수 그리스도의 오심을 기다리기 위해 기다린다"(Dum spiro, maneo, ut adventum Jesu Christi)이다.

기다림의 신학의 동인을 제공한 『희망의 신학』(1964년)은 원래 그 당시에 활발히 논의되던 '약속과 역사'에 관한 토론에 대한 그의 입장을 제시하기 위해 착수된 것이지만, 무신론적 신(新)마르크스주의자 에른스트 블로흐(E. Bloch)의 『희망의 원리』(1960년)를 통해서도 큰 자극을 받았다고 한다.

『기다림의 신학』을 차별화하고 체계화하기 위해 『희망의 원리』를 분석하며 몰트만의 책들을 『희망의 신학』으로부터 시작하여 『십자가에 달리신 하나님』, 『성령의 능력 안에 있는 교회』, 『삼위일체와 하나님의 나라』, 『창조 세계 속의 하나님』, 『예수 그리스도의 길』, 『생명의 영』, 『오시는 하나님』, 등 30여권의 책들을 통해 나타난 희망과 기다림의 용어들을 다양한 성경주석들과 독일의 경건서적들과 함께 비교분석하려 한다.

몰트만은 『희망의 신학』(*Theologie der Hoffnung*)으로부터 출발하여, 이후 그의 모든 신학이 '희망'을 원리로 하여 펼쳐지고 있다. 그렇기 때문에 이를 중심으로 어느 정도 그의 넓고도 깊은 신학의 체계를 조심스럽게 살펴볼 수 있을 것이다. 그의 신학은 우선 마르틴 루터(M. Luther)의 '십자가의 신학'(theologia crucis)[1]으로 그 중심 주제를 갖는다. 이 '십자가의 신학'은 그의 고통의 경험으로부터 일어난 체험의 신학이며, 또한 바르트(K. Barth)의 '위기의 신학' 그리고 '화해의 신학'과 그 흐름을 같이한다.[2]

몰트만이 2차 세계대전(1943년 영국의 함부르크 대공습) 당시 그의 목전

---

1) 몰트만은 이를 1948-49년 한스 요아힘 이반트(Hans Joachim Iwand)에게서 처음 배웠는데, '십자가의 신학'은 "참된 기독교 현실주의"이며 "참된 칭의론"으로써 그 대상이 누구인지 밝힌다는 것을 깨달았다. Jürgen Moltmann, *Erfahrungen theologischen Denkens: Wege und Formen Christlicher Theologie*, 김균진 역, 『신학의 방법과 형식: 나의 신학여정』 (서울: 대한기독교서회, 2001), 102쪽

2) 65) 이는 바르트 신학이 당시 절대적인 영향력을 갖고 있는 상황에서, 몰트만 자신 또한 "젊은 시절 나는 바르트의 발뒤꿈치도 따라가지 못할 것이라 생각했고, 그의 위치는 감히 쳐다보지도 못할 정도였다."라고 고백한 것이 이에 대한 근거를 더욱 확실하게 한다. 그러나 몰트만은 지금 말하기를 "바르트는 희망의 신학의 길로부터 벗어나게 되었다. 왜냐하면 그는 그 신학을 너무 지나치게 가파른 길로 몰아갔기 때문이다."라고 한다. 이전까지 바르트는 블룸하르트(Christoph Blumhardt)를 '희망의 신학자'(블로흐의 입장을 따른 몰트만의 그것과 다른 개념)라고 지칭하며 극찬했지만, 1922년 그의 『로마서 주석』 II 에서 블룸하르트 대신 키르케고르(Kierkegaard)의 입장을 따른 것이다. 즉, 블룸하르트가 예기하던 미래에 대한 소망은 시간의 순간 속에 있는 영원성이 만든 심연의 낭떠러지에서 길을 잃고 말았다. 블룸하르트가 갖고 있던 그리스도의 미래에 대한 절박함은 바르트에 의해 영원하신 하나님의 나라에 대한 믿음의 편안함으로 변모되었던 것이다. 영원성은 전시간 - 초시간 - 후시간의 관점들로 시간을 감싸 안는 것이 되었고, 미래는 그 어떤 특별한 가치를 갖지 못하게 되었다. 그러므로 몰트만의 『희망의 신학』은 바르트로 하여금 자신이 젊었던 한 때(1921) 가졌던 신학적 전환의 순간들을 회상하게 만들었고, 그러한 이유로 모순적 반응을 보이는 것으로 생각된다고 몰트만은 이야기했다. 사실 바르트는 몰트만의 『희망의 신학』을 접하고서 친구 투르나이젠(Eduard Thurneysen)에게 1964년 11월 8일 보낸 편지에서 '『희망의 신학』을 기쁜 마음으로 읽었지만 그 책의 견해를 다 좇을 수는 없었네… 왜냐하면 이 새로운 시도는 — 많은 찬사가 있어도 되겠지만 — 너무 아름다워서 진실하기는 어려워 보이기 때문이네'라고 했다. 몰트만은 회상하기를 바르트는 블로흐에 대해 전혀 모르는 상태라고 했다. 위의 내용은 모두 2004년 6월 5일(토) 감리교신학대학교에서 개최되었던 '한국 조직신학회 심포지움' 〈희망의 신학 - 그 이후 40년〉(Theologie der Hoffnung - 40 Jahre danach)에서 몰트만이 말했던 내용을 편집한 것이다.

(目前)에 이른 죽음의 경험으로 인한 공포는 뼈마디를 떨게 할 정도라고까지 표현했다. 몰트만은 이 죽음의 경험들이 그 자신에게 현재적이며, 당시의 공포가 지금도 자기 자신을 불안케 한다고 한다. 하지만 비록 이전에는 '하나님의 부재'를 생각하며 은혜가 없었지만, 지금은 '상처를 치료하시는 하나님'을 경험하며 그 큰 사랑이 '지속적인 현재'로 결국 십자가 안에서 희망을 갖게 한다는 것이다. 그는 이를 '행복의 넘침'이라고 표현하면서, 고통과 사랑의 원초적 경험은 인간의 의지와 자율이 아니라 하나님께서 주시는 은혜임을 고백한다.3) 이것이 곧 지금의 몰트만을 있게 만든 십자가의 희망이다.

이런 몰트만이 원한 것은 "희망에 대한 신학이 아니라, 희망으로부터의 (aus) 신학 곧 종말론으로서의 신학, 세계 안에서 해방하는 하나님 나라의 신학"4)이었다. 이는 그가 비록 블로흐(E. Bloch)에게서 영감을 받아 '희망'을 주제로 하는 신학을 전개했지만, 그의 무신론은 받아들이지 않았음을 밝히는 대목이다.

몰트만 신학은 세계의 아픔과 현실에 신학적인 관심을 갖는 것을 큰 장점으로 갖고 있다. 북미의 '흑인 신학', 라틴 아메리카의 '해방신학', 인도의 '달리트 신학', 한국의 '민중신학' 등에 동기를 부여하고 큰 힘을 불어 넣어 주었다. 그의 종말론은 역사와 무관하지 않으며, 따라서 이 땅의 현실을 무시한 채 배타적으로 개인의 영혼 구원만을 주장해 온 기독교 신학의 전통에 새로운 전환점을 가져다주는 성과를 이루었다. 이제 이러한 이해를 바탕으로 몰트만의 신학을 긍정적인 면을 중심하여 살펴보도록 하겠다.

---

3) Jürgen Moltmann, *Der Geist des Lebens: Eine ganzheitliche Pneumatologie*, 김균진 역, 『생명의 영』 (서울: 대한기독교서회, 1992), 40-41쪽.
4) 김균진 역, 『신학의 방법과 형식』, 108쪽.

1) 역사와 정치

몰트만의 초기 신학은 '정치'와 관련이 있었다. 실존하는 하나님을 증명하면서, 이 땅의 역사와 그 일어나는 일들에 대해 많은 관심을 가지고 그의 신학을 전개했다. 그러므로 그의 『정치신학』5)은 상황적이며 비판적이다. 이 사회의 문제는 곧 교회와 제도에도 개혁적인 요청을 한다. 몰트만은 역사를 말할 때에 구약성경에 근거를 두어 '하나님의 약속'과 연결 지으면서, 이는 "아브라함과 같은 특정한 인물에게 일어나며 그러므로 회상과 이야기를 통하여 현재화된다"6)고 정의하고 있다. 아울러 과거의 현재화는 그리스도의 미래를 전망하는 통일성을 갖는다. 이러한 역사성 안에는 "정치적인 것"을 함께 포괄하고 있는데, 여기서 과거에 대한 '역사적'(historisch) 연구는 역사에 대한 '역사적' 해석의 한 부분에 불과하다. 역사에 대해 정치적으로 해석한다는 것은 "억압으로부터 생명으로의 해방을 지향"하는 것으로 그는 보고 있다. 또한 역사의 경험과 그에 대한 참여는 과거의 삶의 증언들을 함께 공유하는 것인 것처럼 공동체적이다.7) 그렇기 때문에 역사적 본문들에 대한 모든 양식사적 분석은 그들의 공동체 안에 있는 그들의 '삶의 자리'를 드러내고 있다.8) 그들의 경험을 함께 나누며, 미래를 바라보는 것이 역사의 의미이다.

이러한 역사 안에서 교회와 신학이 이제껏 해 놓은 업적은 그릇된 것이 아니지만, 종종 그 일들이 사회. 정치적으로 그릇된 장소에서 실행되었다.9) 몰

---

5) 이에 대한 철학적 근거는 헤겔 좌파 또는 신 마르크스주의에 있다. 또한 가톨릭 신학자 메츠(J. B. Metz)는 많은 점에서 프랑크푸르트학파(Th. Adorno, M. Horkheimer)를 따른다. 몰트만은 여기에 덧붙여 블로흐(E. Bloch)의 『희망의 철학』을 따르고 있다.

6) 위의 책, 115쪽. 여기에 대한 확장된 구체적 내용은 같은 책 118-123쪽을 참조.

7) 역사에의 참여는 여전히 인류의 역사, 정치·사회적으로 과학적으로 그리고 기술의 역사에 참여한다. 하지만 이것이 보다 심원하게는 한 존재의 의미를 연구하는 것으로 인도한다. 본 각주의 내용에 대한 근거는 Jürgen Moltmann, "Toward a Political Hermeneutics" Union Seminary Quarterly Review Vol. XXⅢ No. 4(Summer 1968), p. 310

8) 참조. 이신건 역, 『희망의 신학』, 265-66쪽

트만의 『정치신학』은 신앙을 정치에 들여놓는다든지 교회를 정치 운동에로 끌어들이려 하지 않는다. 다시 말하면 정치신학은 정치를 돕는 것이 목적이 아니다. 도리어 그리스도인, 교회와 신학을 바른 말씀이 바른 곳에서, 또 바른 행위가 바른 정황에서 일어나는 곳에 갖다 놓는 것이다. 이 장소는 십자가에 달린 분에 의하여 단 한 번 그가 버림받은, 병든, 주린, 옥에 갇힌, 멸시받는, 고난 받는 자들의 친구가 되신 것으로써 이름 지어진 것이다. 그래서 십자가의 도를 정치적으로 실현하여 하나님의 나라가 임하게 하는 것이다. 이것이 기독교 정치적 신학에 그 방향을 제공해 준다. 일정한 국민의 정치적 종교의 우상숭배로부터의 해방은 이 민족 안의 사람들의 마음을 열어 하나님 나라와 인류의 보편주의에 눈뜨게 한다. 그것은 한 민족의 그들 종교에서 갖는 자기 확신을 이 땅 위의 고난 받는 자들의 대리 행위와 그들과의 연대 책임으로 변화시킨다. 이것이 기독교 정치 신학에 그 세계적 지평을 열어 준다.[10)]

2) 생명의 영과 '희망'

몰트만은 고후 13:13을 인용하면서 성령의 인격을 인정하면서, 그 존재는 '사귐'의 능력을 통하여 분명히 자기 자신을 내어 준다고 한다. 이 상호관계 속으로 들어가는 '성령의 사귐'은 또 다른 표현으로 '살리는 영'이다. '살리는 영'으로서의 '성령의 사귐'은, 몰트만의 표현에 따르면 "무리하게 요구하지 않으며 소유하지 않고 오히려 자유하게 하며 다른 자들을 자신과의 관계 속으로 받아 들인다."[11)] 그리고 이 사귐의 삼위일체적 개념은 본질적으로 '통일성 안에 있

---

9) 그는 『삼위일체와 하나님의 나라』에서 삼위일체론을 통해 정치적·교권적 일신론을 비판했다. 아울러 몰트만은 여기서 삼위일체론을 통하여 교권적 일신론의 체계를 제거하고 대립의 해소와 회복 그리고 지배로부터 자유로운 사귐의 길을 제시하였다.

10) 73) Jürgen Moltmann, *Politische Theologie*, 전경연 역, 『정치신학』 (서울: 대한기독교서회, 1995), 87쪽.

는 다양성'과 '다양성 안에 있는 통일성'을 추구한다. 이러한 성령의 사귐은 곧 모든 창조의 세계를 결합시키는 '사랑'으로 경험되는 동시에, 모든 것을 각자 지닌 고유한 특성을 유지하면서 자기 자신에게로 오도록 하는 '자유'를 경험케 한다.12)

따라서 '사귐'가운데 있는 성령은 경험적인 존재이다. 그래서 몰트만은 그의 책 『생명의 영』(*Der Geist des Lebens*)에서 여러 차원의 '경험'을 우선적으로 다루고 있다.

그것은, 몰트만의 모든 신학체계가 그러하듯이, 역사로부터 출발하여 오늘날의 '삶의 자리'(Sitz im Leben)를 충실히 파악한 뒤 '희망'으로 대변되는 미래를 기다리는 것이다.

이에 몰트만은 "하나님의 영의 경험은 삶의 새롭고 예견하지 못한 기다림들을 불러일으킨다. 성령의 경험은 구원의 완성을 향한, 몸의 구원과 모든 사물들의 새 창조를 향한 종말론적 동경을 근거시킨다."13)고 한다. 그러므로 성령의 사귐과 이의 경험은 새 창조를 기다리는 구원의 열망인 것이다. 거듭 말하지만, 이는 어느 특정한 부류에만 해당되는 것이 아니라 우주적인 차원에서의 창조세계를 총괄한다.

성령의 경험을 '성화'로 이해하게 될 때에, 이는 먼저 '생명의 거룩함'과 '창조의 신적 비밀'을 회복하고 생명의 인위적 조작과 자연의 세속화, 그리고 인간의 폭력을 통한 세계의 파괴에 반하여 생명을 보호하는 것을 뜻한다. 몰트만에 의하면 오늘날의 성화는 인간의 권위적 공격, 억압과 착취 그리고 파괴로부터 하나님의 창조를 지키는 것이다. 또한 그는 슈바이처(Albert Schweitzer)의 "생명에 대한 경외"라는 삶의 윤리를 근거로 생명은 거룩하기

---

11) 김균진 역, 『생명의 영』, 291쪽
12) 위의 책, 294쪽
13) 위의 책, 108쪽

때문에 거룩하게 되어야 한다고 주장한다.[14] 그러나 본질적으로 하나님만이 거룩하기 때문에, 성화의 근거는 오직 하나님 자신의 '거룩하심'에 있다. 그러므로 오직 희망은 하나님으로부터만 나온다.

3) 오시는 하나님

몰트만은 종말론이 "십자가에 달려 죽은 그리스도의 부활을 회상함에서 비롯된 희망이요, 그럼으로써 살인적인 종말 안에 있는 새로운 시작에 대하여 말한다."[15]고 정의했다.

그의 종말론은 기독론의 차원에서 다루어지며, 그것은 십자가에서 선취된 하나님의 약속의 계속적인 성취에 있다. 그러면서 그는 기독론적인 종말론을 칼 바르트(K. Barth)의 입장을 받아들여 '만유화해론'으로서 접근하며 이를 십자가의 신학으로 연결 짓는다. 그리고 이는 우주론적 차원에서 샬롬의 세계를 지향하며, 마침내는 "오직 하나님께만 영광"(Soli Deo Gloria)을 돌리는 '신적 종말론'으로 귀결된다.

몰트만은 많은 논란 가운데에 있는 이 '만유의 화해', '모든 것의 회복', '구원의 보편주의' 혹은 '모든 사물의 회복'을 종말론적 문제로 다루고 있으며, 오직 기독론에 의해서만 해답을 구할 수 있다고 한다.[16] 그는 '만유의 화해'의 입장을 고수하면서 말하기를, "만유의 화해에 대한 희망의 참된 기독교적 근

---

14) 77) 위의 책, 234-35쪽. 몰트만에 따르면 '생명에 대한 경외'로서의 성화는 다음과 같은 세 가지 차원을 가지고 있다. ① 인격적 차원: 나는 소비와 쓰레기를 어떻게 다루는가? 나도 던져버림의 사회(Wegwerfgesellschaft)에 속하는가 아니면 나는 창조의 이름으로 이 사회에 저항하는가? ② 사회적 차원: 서로간의 대화와 서로간의 예배에 있어서 그리스도인들은 경외하는 삶의 스타일을 어떻게 생각하는가? ③ 정치적 차원: 환경과 이웃 피조물들을 보호하기 위하여 우리는 어떠한 법의 제정을 위하여 노력하는가? 등이다.

15) 김균진 역, 『오시는 하나님』, 15쪽

16) 위의 책, 409쪽

거는 십자가의 신학이며, 십자가의 신학으로부터 나오는 유일한 실제적 귀결(Konsequenz)은 모든 사물의 회복"[17]이라 한다. 몰트만의 주장에 따르면, "만유의 화해와 모든 사물의 회복을 그리스도의 십자가의 죽음에 근거시킴으로써, 보편적 은혜의 신학(universaler Gnadentheologie)과 개별적 신앙의 신학(partikularer Glaubenstheologie) 사이의 논쟁은 극복되었다."[18] 그러면서 그는 그리스도의 십자가 사랑에 대하여 우리가 일반적으로 알고 있듯 '값없이 주신'(umsonst, gratis) "값비싼 은혜"(costly grace)임을 고백한다. 그런데 이는 "하나님의 깊은 고난으로 말미암아 생성하였으며, 하나님이 주실 수 있는 가장 비싼 것"[19]이다. 하나님은 바로 이 세상과 함께 아파하고 슬퍼하신 분이다.

이런 값비싼 은혜의 하나님은 세계를 향해 '오시는 분'으로서 그 존재를 이해하여야 한다. 몰트만은 다음과 같이 하나님의 존재를 종말론적인 이해로 설명을 한다.

하나님의 존재는 되어감(Werden) 속에 있지 않고, 오심(Kommen) 가운데 있다. 만일 그것이 되어감 속에 있다면, 그것은 지나감(Vergehen) 속에 있을 것이다. 그러나 "오시는 분"(ὁ ἐρχόμενος)으로서의 하나님은 그의 오심보다 앞서 오며, 그의 오심을 선포하는 그의 약속들과 그의 영을 통하여 이미 지금 현재와 과거를 그의 종말론적 도래의 빛 속에 세우며, 그의 도래는 그의 영원한 나라를 세우고, 그가 그 안에 거하시도록 변화된 창조 안에 거하게 되심에 있다. 더 이상 죽지 않는 존재가 하나님의 오심과 함께 오며, 더 이상 지나가지 않는 시간이 온다. 영원한 생명과 영원한 시간이 온다. 종말론적인 오심 속에서 하나님과 시간은, 하나님의 존재가 세계 안에서 종말론적으로 이해될 수 있고, 시간의 미래가 신학적으로 이해될 수 있는 방법으로 결합되어 있다(김

---

17) 위의 책, 433쪽
18) 위의 책, 440쪽
19) 위의 책, 440쪽

균진 역,『오시는 하나님』, 59쪽).

따라서 몰트만이 생각하는 '오시는 하나님'은 시간의 미래나 무시간적 영원 안에 계신분이 아니다. 오히려 그 자체로서 하나님 자신의 미래(Zukunft)와 오심(Ankunft)이다.[20] 곧 세계의 종말(하나님의 나라)은 단순히 선적인 시간으로서 미래의 것이 아니라는 것을 뜻한다. 하나님의 나라는 성령의 능력 속에서 역사의 현실을 변혁시키는 현재적 힘으로 나타나기도 한다. 그러므로 아래로부터 바라봤을 때 그가 꿈꾸는 하나님의 나라는 불의하고 무자비하며 비인간적인 이 세계의 상황들을, 하나님이 그 안에 계시며, 하나님의 의와 자비가 다스리는 인간적인 세계를 향하여 변화시키어 세계를 역사화 하는 동력이요 해방의 힘이 된다.[21]

4) 십자가의 신학

몰트만은『희망의 신학』에서 제시된 그의 종말론적 입장을 '십자가의 신학'을 통하여 심화시킨다.『희망의 신학』에서 그가 기독교의 종말론을 예수의 부활에 근거시켰다면, '십자가의 신학에서'는 부활하신 그리스도의 십자가를 강조한다. 십자가에 달린 그리스도 안에 참된 하나님 인식과 신학이 있다. 육체의 건강, 사회적인 성공, 물질적인 행복이 찬양과 숭배의 대상이 되고, 이 세상의 가난하고 소외당하는 연약한 생명들의 고난에 대하여 눈을 감아버리는 무자비하고 비인간적인 세계 속에서, 십자가에 달린 예수에 대한 회상은 약하고 약한 생명들의 고난과 그들을 향한 하나님의 사랑에 대하여 눈을 뜨게 한다.

전통적인 신학의 입장은 예수 십자가의 고난과 죽음이 철저하게 인간에

---

20) 83) 위의 책, 57쪽.
21) 편집부 편,『현대 신학을 이해하기 위해 꼭 알아야 할 신학자 28인』(서울: 대한기독교서회, 2002), 398쪽.

대하여 갖는 의미를 질문하고, 또 그것이 인간에 대하여 갖는 구원의 의미에 대답하기를 노력한다.

그러나 '십자가의 신학'에서 몰트만은 예수의 십자가가 하나님 자신에 대하여 어떤 의미를 가지는가를 질문한다. 그것이 바로 필자가 위에서 살폈던 창조 세계와 함께 고통 당하는 '사랑'으로서의 하나님이다. 그는 "무격정의 하나님"(deus apatheticus)이 아니라 "연민의 하나님"(deus sympatheticus)이다.[22]

따라서 예수께서 십자가의 죽음의 고통을 당할 때, 아버지 하나님은 성령 가운데서 예수의 죽음의 고통을 함께 당한다. 그러나 이것은 "신의 죽음의 신학(철학)"이 말하는 '하나님의 죽음'(니체)을 뜻하지 않는다. 성령을 통하여 아버지 하나님은 아들 예수의 죽음의 고난에 깊이 참여하는 동시에 아들로 구분되기 때문이다. 십자가의 죽음은 아버지 하나님과 아들 예수 사이에 일어난 것이 아니라, 아버지 하나님과 아들 예수와 성령에게 함께 일어난 관계적 사건 곧 '삼위일체적 사건'이다.[23]

삼위일체적 십자가의 사건을 통하여 하나님은 이 세계의 거짓과 위선과 불의를 드러내는 동시에, 그의 삼위일체적 구원의 나라를 세우신다. 그것은 하나님이 패배한 사건이 아니라, 성부, 성자, 성령의 내재적 삼위일체의 역사의 새로운 시작이다. 십자가에 계시되는 삼위일체 하나님을 믿는 사람은 하나님을 닮은 사람이 된다. 그는 피조물들의 고난에 대하여 무관심하고 아무런 마음의 아픔을 느끼지 않는 무열정의 사람(homo apatheticus)이 아니라, 그들의 고난을 함께 아파하는 연민의 사람(homo sympatheticus)으로 변화된다. 그는 무관심(apatheia)의 사람이 아니라 사랑의 파토스(pathos)를 가진 사람으로 변화되며, 창조세계 안에 있는 생명들의 '죽음과 슬픔과 울부짖음과 고통이 더 이상 있지 않는' 하나님 나라의 미래를 기다리며 희망하게 된다.[24]

---

22) 위의 책, 399쪽.
23) 위의 책, 400쪽.

2. '기다림'의 미학: 배경식의 연구

배경식은 '기다림'이란 단어를 신학의 주제로 삼았다. 이는 그의 삶속에서 성경을 묵상 하던 중 발견한 주제인데, 성경을 '기다림에 관한 책'[25]으로 정의하였다.

이 '기다림'은 감성(感性)을 중요시하는 현 시대의 문화를 반영하고 있으며, 그 기반은 한국인의 역사적 경험으로 이루어진 민족성을 발견하게 한 것이다. 아울러서 이런 역사적이고 문화적인 근거가 신앙이라는 특수한 상황 속으로 들어옴으로서 일반화된 한국교회의 신앙정서를 설명하고 있다. 이렇게 『기다림의 신학』은 한국교회의 특수한 상황을 보편적 역사의 시각을 통해서 신앙을 분석하는 위로부터의 신학이다. 그러나 이에 국한하지 않고 대다수의 민족의 자리와 감정을 반영한 아래로부터의 관점 또한 견지(堅持)하고 있다.

그의 신학이 '아래로부터'도 다루어지고 있는 점은 그 사유의 출발이 1980년 광주민중항쟁에 있기 때문이다. 한국의 정치 상황에 기민하게 반응한 배경식은 정치적이면서, 이를 말씀과 기도로 ,그리고 실제적인 체험으로 명상하며 풀어내는 그의 작업은 신앙적이다. 그의 연구 및 업적은 후자에 더 비중(경건한 삶과 봉사 그리고 섬김)을 두고 있으나, 한편『기다림의 신학』을 연구하는 데 있어서 '민중신학'을 살펴보는 것은 그 흐름을 파악하기에 여러모로 도움이 될 것이다. 따라서 먼저 간략하나마 '민중신학'의 개념과 현재적 위치 및 발전방향을 알아보기로 하겠다.

---

24) 위의 책, 400쪽 이하.

25) 배경식은 성경이 말하는 기다림이란 "단순한 기다림이 아니라 하나님의 계시와 약속에 의해 이루어진 기다림"이라고 밝혔다. 기다림은 하나님의 은혜와 축복의 선물이라고 고백하면서, "믿음에 의해 기다림이 시작되며, 성령의 능력에 의해 기다림은 가능해진다. 믿음이 희망의 단계로 들어가고 희망이 사랑을 이루어 내는 전제 조건이 된다면, 희망은 기다림을 가능하게 하는 동인이 되는 것이다."라고 설명했다. 이는 전개되는 그의 신학이 몰트만의 입장에 근거를 두고 있음을 알게 하는 대목이다. 배경식,『기다림의 신학』, 4쪽.

1) 민중과 한국의 신학

한국의 대표적인 신학 중 하나는 '민중신학'이다. 그러므로 한국은 민중의 나라이다. 민중이라 함은 1970-80년대 이전 지배층으로부터 억압 받고 눌림 받던 피지배층의 한(恨)[26]이 서려있는 끝없는 자유와 해방을 갈망하는 씨알이다. 보다 래디컬(radical)한 사람들은 '분노'로까지 민중의 개념을 풀이하였다. 절대다수가 가난하고 병든 자들이었던 당시의 한국. 일제의 식민탄압, 한국전쟁, 보릿고개, 유신정권, 박정희에 이은 전두환 군사정권 등의 사회. 정치적 상황은 충분히 민족의 한과 분노를 가지고 소수의 기득권층에 저항할 수밖에 없게끔 만들었다. '민중신학'의 정치 · 사회적 의식에 의한 실천적 투쟁은 역사와 문화를 새로 일구는 한국 기독교 전래 100여 년의 역사에 있어 혁혁한 업적이 아닐 수 없다.

하지만 현재 우리나라는 OECD 가맹국이며, 절대다수가 가난과 억압, 탄압과는 거리가 멀다. 더군다나 지금의 30대 이전의 젊은이들은 혼란과 격동의 세월을 경험하지 못했거나 표피적이기 때문에 이에 대한 사상적 관념이 약하다. 그렇기 때문에 그들에게 '한'과 '분노'의 정서는 보다 윗세대 사람들과 견주어 모양과 성격이 다르다. 따라서 한국은 더 이상 민중의 나라가 아니다. 그

---

26) 같은 한자문화권에 있더라도 일본 사람은 '원(怨)'이란 말을 많이 쓰고, 한국 사람들은 '한(恨)'이란 말을 즐겨 쓴다. 그리고 일본에서는 '원'도 '한'도 다 같이 '우라미(うらみ; 원망)'이라고 읽고 있지만, 한국의 경우에는 각기 다른 뜻으로 사용하고 있는 경우가 많다. 자전을 찾아보면 금세 알 수 있다. '원'은 '원망할 원' 자로 되어 있다. 원수란 말처럼 그것은 주로 남에 대한 것, 또는 자기 밖에 있는 무엇인가에 대한 감정이다. 그러나 '한'은 '뉘우칠 한'이라고도 있듯이 오히려 자기 자신에게 향한 마음이며, 자기 내부에 쌓여가는 감정이다. 남에게서 피해를 본 것만으로도 '원'의 감정은 생겨난다. 그러나 '한'은 자기 마음속에 무엇인가를 희구하고 성취하려는 욕망 없이는 절대로 이뤄질 수 없는 정감이다. 그러한 꿈이 없을 때 '한'의 감정은 단순한 절망감이 되어 버리거나 '복수심'으로 전락되고 만다. '원'과 '한'의 차이점을 더 구체적으로 알기 위해서 일본의 『주신구라: 忠臣藏』와 한국의 『춘향전』을 비교해 보라. 이어령, 『푸는 문화 신바람의 문화』(서울: 문학사상사, 2003), 100쪽.

러므로 "'민중신학'은 이제 주변신학이 되어 버렸다."27)

왜냐하면 '민중신학'은 상황신학으로, 이는 경험의 신학이기 때문이다. 상황은 경험을 전제로 한다. 경험이 없는 상황은 더 이상 살아있는 것이 되지 못한다. 그렇다면 '민중신학'은 이제 더 이상 가치가 없는 것으로 사장(死藏)되어야만 하는 것인가? 한국에는 더 이상 민중은 없지만, 그 정신을 이어 받아 새로이 전환하여 발전시킬 수 있다. 그건 바로 '자기 비움'의 자세를 갖는 것이다. 이 '자기 비움'의 절대가치가 '민중신학'을 재도약하게 하는 원천이 될 것이다. 내가 가진 것을 그것이 필요한 사람 또는 그 어느 곳에 아낌없이 분여(分與)할 수 있는 비움의 삶이 바로 민중을 대신하는 오늘의 모습이다.

'자기 비움'은 바로 예수의 삶이었다. 이 세상에 성육신한 것으로부터 공생애, 그리고 결국의 십자가 죽음에까지 예수의 삶은 철저한 자기 비움이었다. 그러므로 예수는 민중이다. 그러나 민중은 예수라는 '민중신학'의 틀 거리에는 동의할 수 없다. 왜냐하면 '민중 신학'은 사회변혁을 통한 구원을 말하는 신학인데, 하나님의 사역은 그에만 국한되지 않는 우주적인 행동과 섭리이기 때문이다.

'기다림'이라는 신학적 주제는 이상의 모두에 대한 대안이 되고 있다. 다만 '민중신학'에 비하여 사회참여적인 요소가 약화된 것이 사실이나, 전체적으로 보았을 때에 역사와 이에 녹아있는 정서를 깊이 다룸으로써 '민중신학'의 원리를 아울러 담고 있는 확장된 개념으로 이해할 수 있다. 왜냐하면 '기다림'은 탁상공론이 보이는 동화(童話)적 이상(理想)만을 꿈꾸는 것이 아니라, 역사의 경험을 바탕으로 한 현실의 고통을 극복하는 인내의 적극적인 반향(反響)이기 때문이다. 더구나 『기다림의 신학』은 한국 기독교의 정서를 깊이 들여다보면

---

27) 주변신학이 된 '민중신학'에 대한 것은 2004년 5월 한일장신대학교에서 세미나를 가진 당시 '문희석 박사'(샌프란시스코 신학대학원 구약학 교수)의 말이다. 그는 여기에서 지금껏 정립되지 않은 '민중'의 개념을 차근차근 짚었으며, 나아가 '민중신학'의 방향성을 제시하였다.

서 이를 반영하고 있기 때문에 '기다림의 종교'[28]로서의 의미를 현실감 있게 새겨준다. 이것이 바로 한국의 신학으로서의 가능성을 열어주는 『기다림의 신학』의 가치이다.

2) 경건과 '기다림'

『기다림의 신학』이 전적으로 경험을 바탕으로 한 것이라 하였을 때, 실천을 중요시 하는 '경건'의 사상도 함께 살펴봐야 할 것이다. 그도 그럴 것이 배경식은 '경건주의' 학자이며, 그의 생각과 삶도 이 학문적 태도와 다르지 않다.

한국에서 경건에 대한 연구는 지난 1980년대 한때의 유행처럼 되어 있었다. 이러한 신학적인 연구들이 한국 교회에 얼마나 영향을 주었는지의 문제는 별개의 사항이 되어 버렸다.

그 이유는 지금까지 한국교회의 경건에 대한 연구가 교회를 위해서 실천적이라고 했지만, 근본적으로 개개인의 신앙과 경건한 삶에 대해서는 큰 영향을 미치지 못했기 때문이다.

왜 그런지 그 원인을 역사를 통하여 살펴 이해해보도록 하자. 한국의 전통적인 문화는 기독교의 그것과 오묘하게 섞이게 된다. 때문에 한국에 그리스도의 복음이 전해지면서 한국문화와 기독교의 접촉에서 일어난 반응을 '적응형', '충돌형', '몰입형'의 세 가지로 분류할 수 있다. "기독교와 함께 들어온 물질문화는 '적응'하였고, 행동 문화는 '충돌'하였으며, 정신문화 특히 기독교의

---

28) 배경식은 이에 대하여 종말론적으로 다음과 같이 그 개념을 풀이하였다: "아무런 희망도 없었던 고난의 시대에 메시아의 오심을 기다리던 자들에게 예수 그리스도가 메시아로 계시되었고, 이 신앙은 메시아의 재림에 대한 또 다른 기다림을 가능하게 하고 있기 때문이다. 유대 민족이 그 긴 고난의 역사를 견딜 수 있었던 것은 바로 메시아에 대한 하나님의 신실한 언약을 믿었기 때문이며, 그 믿음의 기반 위에서 끈질기게 메시아를 기다렸던 기다림의 결과라고 할 수 있다." 배경식, 『기다림의 신학』, 75쪽.

가치관은 도리어 한국문화에 '몰입'되어 갔다."29)

그런데 우리와는 달리 독일에서의 경건운동은 교회적으로 볼 때 제2의 종교개혁 운동이자 개개인의 신앙각성 운동이다. 이 운동은 개인의 삶 속에 구체적으로 남아, 주님의 몸 된 교회를 나눔과 섬김의 공동체가 되게 했으며 교육과 의료 그리고 선교를 통한 신앙과 교회 그리고 사회적인 개혁을 가져오게 하였다. 이는 감나무 밑에서 감이 떨어지기를 바라며 시간을 허비하는 것이 아니라, 열매를 얻기 위하여 남모르는 눈물과 땀으로 인내하며 일구어내는 숨은 열정을 궁극적인 태도로 지녀야 한다.

경건이라고 하면 먼저 독일을 생각하게 되는 것은 독일의 경건주의는 경건의 운동으로서 경건의 특색이라고 할 수 있는 예배시간 이외의 가정 모임들, 문서 활동, 복음적 찬양, 신앙과 교육 선교의 실천 등을 이 운동에서 찾아볼 수 있기 때문이다. 이런 면에서 한국의 경건운동은 독일 경건주의에서 나타나는 경건운동과 접목시켜 이론과 실천적인 접목을 시켜 볼 가치와 필요가 있다.

이렇게 경건의 본질은 인간의 삶 전체에 있어서 '하나님의 임재하심'을 기다리는 능동적인 표현임을 알 수 있다. 왜냐하면 인류의 사명과 인생의 목적이 '하나님의 나라'가 이 땅에 임하도록 기다리는 것이라 한다면, 경건운동이 보이는 구체적인 실천들은 '하나님의 임재하심'을 기다림과 이에 대한 영적 임무를 성실히 감당하고 있기 때문이다. 진리이신 하나님은 분명히 지금도 우리를 향해서 오고 계시는데, 그 오시는 하나님을 맞이하는 구체적인 방식은 '경건한 모양을 지닌 기다림'이다. '경건'의 능동적이고 실천적인 표현방식이 '인내'를 밑거름으로 한다는 것을 통찰하였을 때, 바울은 다음과 같이 짧고도 명확하게 말하고 있다: "만일 우리가 보지 못하는 것을 바라면 참음으로 기다

---

29) 이 내용은 배경식 교수가 2000년 5월 17일 장로회신학대학교 신학대학원에서 「경건신앙과 경건운동」이라는 제목으로 특강한 것이다.

릴지니라.”(롬8:25). 이에 유다는 구체적으로 경건한 기다림의 방법과 결과 그리고 그 은혜의 공급자를 설명하고 있다: “하나님의 사랑 안에서 자신을 지키며 영생에 이르도록 우리 주 예수그리스도의 긍휼을 기다리라.”(유 1:21).

우리의 기다림은 스스로의 인간적인 노력이 아니다. 성령이 주시는 믿음의 행위이며(갈 5:5), 다음과 같은 방법으로 기다리게 하시는 하나님의 은혜이다.

> “모든 사람에게 구원을 주시는 하나님의 은혜가 나타나 우리를 양육하시되 경건하지 않은 것과 이 세상 정욕을 다 버리고 신중함과 의로움과 경건함으로 이 세상에 살고 복스러운 소망과 우리의 크신 하나님 구주 예수 그리스도의 영광이 나타나심을 기다리게 하셨으니”(딛 2:11-13).

3) 섬김의 신앙

오늘을 살고 있는 우리에게 있어서 기독교와 영성을 표현할 수 있는 길은 구체적인 삶을 통해서이다. 이러한 말은 종교개혁자들이나 그 이외에 경건운동가들에 의해 구체화됨을 보게 된다. 경건이란 좁은 의미에서의 영성인데, 이것은 ‘헌신’(Devotion)이라는 말로 대체할 수 있다. 헌신이란 자신을 드릴 수 있는 대상에게 온전히 드리는 것, 내적인 사랑을 갖는 것, 신실한 마음으로 가까이 가는 것 등으로 표현된다.

칼빈(John Calvin)은 하나님의 은혜를 깨달음으로써 생기는 하나님에 대한 사랑에 존경이 결합된 것이 경건이라고 보았다. 이때 인간은 모든 것이 하나님의 은혜이며 그들 자신이 하나님의 부성적인 돌보심에 의해 양육되고 하나님이 모든 축복의 창조주이시며 그분을 떠나서는 아무것도 할 수 없다는 것을 깨닫기까지는 기꺼이 봉사할 수 없다고 보았다. 하나님 안에 완전한 행복을 두지 않는 한 인간은 결코 진실하고 경건하게 자신을 하나님께 헌신하지 않는다는 것이다.

경건주의는 신학적 정의나 의식형태에서 찾기보다는 사람들의 헌신적 삶을 강조하는데 역점을 두었다. 경건주의는 성경연구와 신앙의 교화, 사회사업, 구제, 교육과 선교 등 역동적인 활동에 역점을 둔다. 경건주의는 습관적으로 중세의 신비적 전통과 같이 논쟁보다는 십자가를 지는 것에 가치를 두었으며, 이는 경건주의가 갖는 개혁적인 성향과 맞물려 헌신적인 생명 살림 운동으로 모든 창조세계를 섬기는 것이다. 따라서 경건주의는 바른 신앙을 갖기 위한 평신도 신앙운동이자 사랑의 실천운동이며, 이와 같이 경건운동은 요하네스 발만(Johannes Wallmann)이 주장하듯 새로운 종교개혁, 제2의 종교개혁, 그리고 개신교의 생명운동이다.[30]

섬김은 상황윤리에 관계한다. 그리고 이는 궁극적으로 오직 사랑에 의해서만 가능하다. 먼저 상황윤리를 가능하게 하는 것에는 네 가지의 원리가 있는데,

> (1) 실용주의적 원리: 인간 윤리의 모든 생각과 행위의 기준은 사랑이며, 이를 이루는 것은 선한 반면 방해하는 것은 나쁘다.
> (2) 상대주의적 원리: 사랑만이 불변하며 그 외의 것들은 가변적인데, 사랑은 도덕이나 법 위에 있다.
> (3) 실증주의적 원리: 사랑을 통해 신을 인식한다(갈 5:6).
> (4) 인간중심적 원리: 원리나 법, 사물보다 인간을 중시하는 윤리이다.[31]

그러나 여기서 항목 (4)의 원리는 인간중심에서 그 적용 대상범위를 모든 창조세계로 넓혀야 할 것이다.

---

30) 배경식, 『경건과 신앙』 (서울: 한국장로교출판사, 1998), 59-61쪽.
31) 배경식, 『사회복지 윤리와 철학』 (완주: 한일장신대학교 출판부, 2005), 55쪽.

아울러 섬김의 구체적인 방법은 성 베네딕트 수도원의 선행규칙에서 찾아볼 수 있다. 물론 이것은 수도사들을 위한 것으로 자기 자신의 수양과 상대방을 대하는 요령의 인간 중심적인 규칙이라 볼 수 있으나, 오늘 우리에게는 그 대상범위를 확대하여 적용할 수 있을 것이다. 성 베네딕트 수도원의 규칙을 요약하여 살펴보면 다음과 같다.

1. 십계명을 지켜라(하나님, 이웃 사랑과 실천)

2. 다른 사람들을 존경하라

3. 쾌락을 찾지 말고 금식을 좋아하라

4. 화내지 말라

5. 악을 악으로 갚지 말라

6. 불의를 행하지 말고, 자신이 당한 불의를 인내로 참아라

7. 주정뱅이와 과식가가 되지 말라

8. 잠꾸러기와 게으름뱅이 그리고 불평 쟁이, 험담 꾼이 되지 말라

9. 자신에게 있어 좋은 점은 하나님께, 나쁜 점은 자신의 탓으로 돌리라

10. 심판의 날과 지옥을 두려워하라

11. 죽음을 날마다 눈앞에 두라

12. 나쁘고 추잡한 말을 하지 말라

13. 말을 많이 하지 말라

14. 실없는 말이나 웃기는 말을 하지 말고, 지나친 웃음을 하지 말라

15. 아무도 미워하지 말라

16. 하나님의 계명을 매일 행동으로 채워라

17. 다투지 말라

18. 연로한 이들을 존경하고, 연소한 이들을 사랑하라

19. 원수를 위해 기도하라

20. 불화(不和)한 자와 해지기 전에 화해하라.[32]

우리는 그리스도를 본받아야 한다. 이 말은 '이웃을 사랑하라'는 예수의 계명과 다르지 않다. '이웃 사랑'은 또한 말로써만 하는 '울리는 꽹과리' 같은 것이 아니라, 참 신앙에서 우러나오는 그리스도를 본받는 인생 전체이다. 예수는 낮은 자로 오셨고, 일생동안 이웃[33] 섬기기에 헌신했으며, 그 죽음마저도 자기를 버리기까지 하나님과 인류를 위해 '섬겼다'. 스스로 아무 간섭도 받지 않는 하나님은 오래 참고 기다리며, 고난에 동참하고 은혜를 베푸시기 위해 때를 기다리신다. 하나님의 섬김은 모든 창조세계로 기다림을 가능케 한다. 상처입고 고통당하는 이 창조세계는 이해할 수 없는 전능자의 자기 비하와 섬김의 모습을 통해 결국은 그 마음이 신앙으로 전해져 구원을 기다림이 가능하도록 하는데, 이는 궁극적으로 신과 모든 생명 간 쌍방적인 교통과 호흡이다. 따라서 기다림이 가능한 섬김의 신앙은 희망을 가져다주는 온 우주의 새 전망이다.

III. '희망'과 '기다림', 그 미묘한 차이의 신비

1) '기다림' 없이 '희망'은 없다

배경식의 『기다림의 신학』은 몰트만의 '희망'으로부터 그 원리적 배경을 가지고 있으나, '희망'과 '기다림' 사이에는 언어 해석학적 차이가 있다. 여기서 배

---

32) 위의 책, 57-58쪽.
33) '이웃'의 대상은 창조세계 전체로 그 범위를 정할 수 있다. 왜냐하면, 들의 백합화나 공중의 새도 모두 주님께서 입히시고 먹이시기 때문이다(마6:26, 28b-29).

경식은 아예 '기다림'과 '희망'이 다르다는 것을 전제로 한다. 칼빈(John Calvin) 과 바르트(Karl Barth) 그리고 몰트만(Jürgen Moltmann)은 '희망'과 '기다림'의 개념이 같고, 반면 벵엘(Johann Albrecht Bengel)과 외팅어(Friedrich Christoph Oetinger) 그리고 베크(Johann Tobias Beck)는 이 둘 사이의 개념 이해가 다르다 고 한다.

배경식은 몰트만과 같이 하나님을 '오시는 분'(ὁ ἐρχώμενος)로 이해한 다.[34] 이 때 몰트만은 '희망은 기다림을 내포하며 기다림은 희망을 전제'한다 는 생각을 갖고 있다.

배경식에 따르면 "'오시는 분'(ὁ ἐρχώμενος)을 전제로 하는 희망은 이루어 지는 것이 확실하지만, 언어적 의미로 볼 때 희망은 인간 편의 의지가 더 강하 게 부각되어진 용어"[35]라고 하여 주체와 객체 간 불균형을 이룬다. 그런데 '희망'과 '기다림' 사이에는 엄연히 차이가 존재한다는 그의 입장을 살펴보면 다음과 같다.

기다림에는 존재의 확실함이 약속으로 전제된다. 기다림은 서로의 신뢰와 약속에 의해 성립되는 것이다. 기다림은 오시는 분인 하나님에 의해 이루어지 지만, 인간 편에서는 오시는 분을 맞을 준비를 한다는 면에서 확실하게 희망 과 구별된다. 예수 그리스도는 우리의 희망이시며, 이 희망의 예수 그리스도 가 메시아로 다시 오실 것을 기다리는 재림의 신앙은 개신교에 있어서 최고의 분수령이다. 이런 면에서 『기다림의 신학』은 … '메시아 중심적 신학'이다.[36] 또한 약속과 신뢰에 의한 쌍방의 교통인 '기다림'에 의한 '희망'은 몰트만 신학의 핵심이자 근거인 '출애굽 사건'을 보다 구체화한다. 따라서 '기다림'은

---

34) 배경식은 튀빙엔에서 몰트만의 지도 하에 논문 「요한 토비아스 베크의 종말론 연구」 (Eschatoloie bei Johann Tobias Beck)로 1988년 박사학위를 취득하였는데, 이 연구가 후에 몰트 만의 『오시는 하나님』(Das Kommen Gottes) 저술 연구에 밑거름이 되었다.
35) 배경식, 『기다림의 신학』, 60쪽
36) 위의 책, 63쪽

'희망'을 전제하며, '기다림' 없이는 '희망'도 없음을 알 수 있다. 그럼에도 불구하고 '기다림'과 '희망'은 그 내용과 형식에 있어서 미묘한 차이가 있는 것은 분명하다.

여기에서 '기다림'은 마치 등(燈)의 기름을 예비하여 신랑이 오기만을 깨어 기다리는 지혜로운 다섯 처녀(마 25:1-13)와 같은 준비와 인내가 필요하다. 그리고 이는 젖과 꿀이 흐르는 땅을 향해 40년을 기다리며 나아갔던 이스라엘 백성들이 종착점인 난공불락(難攻不落)의 여리고 성을 하나님의 명령에 따라 일곱 날 동안 돌았던 행함 있는 순종의 신앙에 근거한다.

2) '기다림'은 하나님의 선물

창조세계는 궁극적으로 '구원'을 기다린다. 성경은 구원을 하나님의 선물이라 기록하고 있다(엡 2:8). 바울은 이런 은혜와 의의 선물을 통하여 예수 그리스도로 말미암아 생명 안에서 왕 노릇하게 될 것이라 증거 한다(롬 5:17). 그 '기다림'은 의의 믿음을 따라 성령이 주는 것이며(갈 5:5), 우리는 하나님의 사랑 안에서 자기 자신을 지키며 영생에 이르도록 그리스도의 긍휼을 기다려야 한다(빌 3:20, 유 1:21). 따라서 기다림 또한 하나님이 주시는 큰 선물임에 틀림없다. 그렇다면 어떤 자세로 기다리는 것이 복된 것인가?

먼저 은혜의 수여자인 '하나님'을 기다려야 한다. 다윗은 그의 시편에서 영혼을 다하여 하나님을 우러러 본다고 고백했다(시 25:1). 다윗은 주의 진리를 따르기 위하여 구원의 하나님을 종일 기다린다고 간절하게 기도했다(시 25:5). 그가 기다리는 하나님은 영혼을 지키시고, 원수로부터 수치를 당하지 않으며, 환란을 면케 하사 구원을 이루는 분이시다.

다윗은 이어 진리와 구원의 하나님을 '강하고 담대하게' 기다릴 것을 요구한다(시 27:14). 왜냐하면 하나님의 선하심을 이 땅에서 깨닫게 하시며, 그 지으신 생명을 떠나지 않으시고 꼭 붙드셔서 이를 지켜 구원케 하시기 때문이다. 늘 처음처럼 한결같은 마음과 자세는 상대방으로 하여금 신뢰를 갖도록 한다. 형성된 신뢰는 그 도수(度數)가 높을수록 강하고 담대한 기다림을 가능케 한다.

마지막으로 '여호와를 의지하고 잠잠히 참고' 기다려야 한다(시 37:7). 이 일에 있어서 세상의 불합리한 상황에 괴로워하며 부정적인 마음을 갖지 말아야 한다고 다윗은 곧 이어 말한다. 사람이 여호와의 구원을 바라고 잠잠히 기다림은 좋은 일이다(애 3:26). 그 구원의 기다림 중에 여호와를 의지하고 그를 신뢰하여 선을 행하면, 이 땅에 사는 동안 그 성실함으로 하나님으로 하여금 삶이 풍요하게 채워질 것이다(시 37:3). 그리고 선을 행하면 영원히 살게 된다(시 37:27).

또한 여호와를 의지하며 조용히 인내함으로 기다리는 자들은 온유하여서 땅을 차지하고 평안한 삶 가운데 기쁨을 누릴 것이다. 이들은 악하지 않으며 여호와를 소망한다(시 37:9). 그리고 더욱 놀라운 사실은 그 미래 또한 평안하며(시 37:37), 자손의 복도 받게 된다(시 37:26). 그런데 이 '기다림'은 "상전의 손을 바라보는 종들의 눈 같이, 여주인의 손을 바라보는 여종의 눈 같이…… 은혜 베풀어 주시기를" 기다리는 충성스런(faithful) 겸손의 자세이다(시 123:2). 선한 주인은 한결같이 충성스런 종을 책임지고 그의 인생을 돌본다(애 3:25). '악을 갚겠다' 하지 않고 여호와를 기다리면 구원을 얻는다(잠 20:22).

선물은 받는 자로 하여금 기쁨을 누리게 한다. 서로 사랑을 하면 받는 것도 주는 것도 그 기쁜 마음을 나누게 된다. 그것은 서로 신뢰하는 마음이 클수록 더욱 가치 있고, 기쁨과 즐거움 가운데 확실하고 흔들림 없는 기다림을 갖게 한다. 다음의 성경 구절의 증거들이 이를 뒷받침한다.

그 날에 말하기를 이는 우리의 하나님이시라 우리가 그를 기다렸으니 그가 우리를 구원하시리로다. 이는 여호와시라 우리가 그를 기다렸으니 우리는 그의 구원을 기뻐하며 즐거워하리라(사 25:9).

여호와여 주께서 심판하시는 길에서 우리가 주를 기다렸사오며 주의 이름을 위하여 또 주를 기억하려고 우리 영혼이 사모하나이다(사 26:8).

그러나 여호와께서 기다리시나니 이는 너희에게 은혜를 베풀려 하심이요 일어나시리니 이는 너희를 긍휼히 여기려 하심이라 대저 여호와는 정의의 하나님이심이라 그를 기다리는 자마다 복이 있도다(사 30:18).

이 모든 일에는 우선적으로 구원을 받기 위한 선재 조건 '회개'가 필요하며, '회개'로 인한 죄 씻음의 가시적 증표인 '세례'를 받아야 한다. 베드로는 "너희가 회개하여 각각 예수 그리스도의 이름으로 세례를 받고 죄 사함을 받으라. 그리하면 성령의 선물을 받으리니"(행 2:38). 왜냐하면 우리 구원의 선물, 즉 '하나님의 나라'가 가까이 왔기 때문이다(마 3:2, 4:17). 그런데 이 모든 선물은 죄인과 과부, 이방인 그리고 온 우주에게 베푸시는 불가항력적인 은혜이며, 결국 선물을 받는 자들은 하나님께 영광을 돌리게 되어 사랑 가운데 서로 기쁨을 누리게 된다(행 11:15-18).

제28장

『희망의 신학』과 계시적 종말*

들어가는 말

제2차 세계대전은 전 유럽에 엄청난 인적 물적 피해를 안겨 주었다. 이 전쟁에 동원된 인원이 무려 1억 5,000만 명이며 그중 3분의 1이 넘는 숫자인 5,600만 명 이상이 피해를 입었다고 한다.[1]

　　유럽이 이렇게 두 번의 세계대전을 치루면서 유럽인들이 갖던 낙관주의적인 사고는 좌절되었으며 개인적으로나 신앙적으로 급격한 사상적인 변화를

---

* 이 글은 「한국조직신학논총」 제36집(2014. 6)에 "『희망의 신학』과 우주적 종말," 제하로 게재될 예정이다.

1) 제2차 세계대전은 1939년부터 1945년까지 독일과 이탈리아 그리고 일본이 동맹을 맺어 유럽은 물론 아시아, 북아프리카, 태평양 등지에서 전쟁이 일어났다. 제2차 세계대전의 결과는 연합군 13개국 참전으로 세계경제의 침체화, 유럽이 초토화 되었으며 동서 양극화의 블록이 형성되어 공산주의와 민주진영으로 냉전체제가 구축 된 부정적인 측면이 있는 반면 제삼세계의 독립가속화로 세계가 유럽중심에서 다변화로 바뀌면서 유엔창설 세계화로 가속화가 되었으며 미국의 세계 경찰국가로써 역할이 등장하였다. 일본은 핵폭탄의 위력앞에 무릎을 꿇었으며 한국은 독립되었으나 해방공간에서 좌우이념 사상투쟁의 결과로 전쟁 발발 남북고착의 시대가 열려 세계 유일의 분단국가로 남아있는 실정이다.

가져오게 되었다. 그 대표적인 사람들이 본 회퍼와 칼바르트 그리고 율겐 몰트만이다.

본 회퍼는 독일 고백교회에 속한 목회자로서 히틀러가 이끄는 나치정권에 항거하다가 1945년 미군이 진격하기 몇 일전에 베르린 플로센뷰르크 (Flossenbürg) 형무소에서 형장의 이슬로 아깝게 목숨을 잃었다. 그는 짧은 일생을 살다 갔지만 불후의 작품들을 남겨 많은 젊은이들에게 감동을 주며 그들의 심금을 울리고 있기도 하다. 필자 역시 1970년대 한국에서 기독학생운동 (KSCF)에 참여하면서 본회퍼의 작품을 읽으며 눈물을 많이 흘린 적이 있다.2)

칼 바르트는 스위스 사람으로서 독일에서 신학을 연구하고 교수직을 가진 사람이었다. 그는 히틀러의 등장을 신앙적으로 비판하면서 바르멘 선언3)을 기초하는 등 유럽인들이 한 하나님을 믿는 사람들이 동물처럼 싸우는 것을 강렬하게 비판하였다. 또한 그는 자연신학이 가져온 히틀러 메시아니즘을 잘못된 것으로 규정하고 그것을 전면적으로 부정했다. 그래서 그가 주장한 것이 계시의 신학이다.

---

2) 필자가 1970년대 감동을 받은 본회퍼의 작품으로는 『옥중서간』이었다. 본회퍼 연구는 많이 되어있다. 최근 출판된 본회퍼에 관한 책으로는 Eric Metaxas, 『Bonhoeffer』, Pastor, Martyr, Prophet, Spy, A Righteous Gentile VS. The Third Reich(Nashville Dallas Mexico city Rio De Janerio, 2010) 이 있다. 이 책에서 본회퍼를 목사, 순교자, 예언자, 간첩으로 명칭 한 것은 특이하며 그는 제3제국 대항한 의로운 사람이라고 칭하였다. 본회퍼의 행위를 통해 기독교의 세계적인 사명을 더 잘 알게 된다. 한국에서는 1012년 본회퍼 전집이 출간되었다.

3) Martin Heimbucher / Rudolf Weth (Hg), 『Die Barmer Theologische Erklärung』, Einführung und Dokumentation, mit einem Geleitwort von Wolfgang Huber (Neukirchen-Vluyn: Neukirchener Verlag, 2009), p.7. 이 책은 독일의 교양인과 신학생들에게 필독서이다. 독일고백교회의 히틀러 정권에 대항하는 신앙고백서이다. 2009년에 7판으로 수정과 내용을 더 보충하여 나왔다. 볼프강 후버는 인사말에서 "시간은 흐르는데 책임이 없다(Zeit vergeht – Verantwortung nicht)"는 말로 시작한다. 1934년 5월 31일 138명의 고백교회 지도자들이 모여 총회를 할 때 국가사회주의가 독일 개신교회를 정치 도구화하며 교회의 신앙을 강제로 규제할 때 과감히 "Nein" 이라고 외쳤으며 동시에 교회의 사명은 그 하나의 하나님 말씀인 예수 그리스도를 "Ja"로 응답했다는 것에 큰 의의를 두고 있다. 오직 예수 그리스도만이 유일한 길이요, 진리요, 하나님의 유일한 계시임을 강조한다.

위르겐 몰트만은 독일이 벌린 제2차 세계 대전에 공군 보조병으로 참여했던 젊은 청년으로서 전쟁의 참혹함 속에서 살아남아 전쟁이 끝나기까지 긴 여정의 포로생활을 통해 기독교신앙에 귀의한 사람이다. 그의 전기를 읽어보면 그는 기독교와는 거리감이 있던 수학과 물리학에 관심을 가졌던 학생이었다. 1943년 7월 말 함부르크가 "고모라 작전"(Operation Gomorrha im Juli, 1943)으로 처절하게 파괴될 때 그의 인생항로는 전혀 달라졌다. "나는 세속적인 가정의 출신이다. 그러나 그날 저녁 처음으로 나는 하나님께 부르짖었다. '나의 하나님 어디 계십니까?' 왜 나는 다른 사람처럼 죽지 않고 살아있습니까?'"4) 그가 전쟁의 포로가 되어 미군 군목이 전해준 쪽복음 성경 가운데 시편의 말씀과 마가복음서의 수난사를 읽으면서 예수 그리스도의 십자가와 부활의 신앙을 체험하게 되었다. 그는 말씀과 기도를 통해 주님 앞으로 인도 되었다.5) 희망의 신학은 이렇게 해서 나온 경험신학 중의 하나이다. 필자는 몰트만의『희망의 신학』을 분석, 재고해 보면서 이것을『기다림의 신학』으로 발전시켜 보려한다.

1. 희망의 하나님

몰트만의『희망의 신학』은 '그리스도교적 종말론의 근거와 의미에 관한 연구'라는 부제를 갖고 있다. 이 책은 1964년에 출판되어 지금까지도 다양한 신학

---

4) Jürgen Moltmann, 『Erfahrungen thelogischen Denkens』, Wege und Formen christlicher Theologie (Gütersloch: Chr. Kaiser, 1999), p.19.

5) J. Moltmann, 『Weiter Raum』, Eine Lebensgeschichte(Gütersloher Verlagshaus: München, 2006), p.41. 미군군목으로부터 받은 쪽 복음가운데 그가 읽은 시편은 시39편이다 그리고 마가복음의 수난사이다. 특히 마가복음 15:34절의 "나의 하나님 나의 하님 어찌하여 나를 버리셨나이까?"는 그의 기도와 생의 전환점이 되었다. 그리고 이어지는 하나님 안에서의 부활에 대한 희망은 그의 자서전의 제목으로 선정된 단어 "넓은 공간"(Weiter Raum)이었으며 그곳에는 억눌림이 전혀 없었다고 표현한다. 몰트만의 자서전은 이렇게 십자가와 부활을 자신의 생과 연결하여 서술 되었다.

의 주제 연구에 영향을 끼치고 있다. 세계 260여 개국 가운데 유일한 분단국가인 대한민국에서 남북이 정치적으로 첨예하게 대치되고 있는 현 상황에서 몰트만의 『희망의 신학』은 신학적으로 더 재고할 만한 가치가 있다고 보여진다.

최근 한반도를 위협하고 있는 북한의 전시체제 선포와 불가침조약 파기는 한민족의 전쟁이 아니라 미국과 중국이라는 거대한 국가가 실력 대결을 하는 듯한 상황에서 『희망의 신학』이 독일이 통일되기 35년 전인 1964년에 쓰여졌다는 데 그 의미를 두고 싶다. 이처럼 암울한 시대에 살고 있는 한국교회가 기도하며 국가의 운명에 책임을 갖는 교회로서 『희망의 신학』 회년을 맞는 시점인 2014년에 이것을 한국의 통일신학의 이론적 틀로 사용해 보자는 것이다.

『희망의 신학』이 추구하는 가치는 기존의 종말론이 갖던 틀인 "마지막 일들에 관한 가르침"이나 "마지막에 관한 교리"를 벗어나 종말론이야 말로 "예수 그리스도와 그의 미래에 관한 것"임을 강조하면서 그의 종말론을 기존의 것으로부터 차별화시키는 것이었다. 종말이라는 마지막 사건 기술이 단순히 마지막 사건이[6] 아니라 '그리스도의 십자가와 부활에 근거를 두는 희망의 종말론'이라는 것이다. "몰트만에게서 기독교적 희망은 전적으로 예수의 십자가와 부활사건에 초점을 둔 기독론적이다. 그의 유명한 주장인 '처음부터 끝까지 그리고 단지 부록에서가 아닌, 기독교는 종말론이며 희망이다."[7]

실제로 그의 신학은 1960년대부터 지금에 이르기까지 시대적인 상황에 걸맞게 제3세계를 중심으로 하는 정치적인 변혁과 이에 상응하는 신학적인 작업에 큰 영향을 미쳐온 것이 사실이다.

우리가 잘 아는 제임스 콘(James Cone)의 '흑인신학'이나 구스타보 구티에레즈(Gustavo Gutiérrez)와 혼 소브리노(Jon Sobrino)의 '해방신학', 한국의 서남

---

6) Richard Bauckham, 『The Theology of Jürgen Moltmann』 (Edinburgh: T&T Clark, 1995), p.9.

7) Jürgen Moltmann, 『Theologie der Hoffnung』 (Müchen: Chr. Kaiser Verlag, 1964), p.12.

동과 안병무의 '민중신학' 등이 그 대표적인 것들이다. 이 신학들은 대표적인 정치신학으로써 약자의 인권보호나 그 이외에 환경 운동, 평화 운동, 인권운동, 여성 운동과 다른 여타의 독재 정권에 항거하여 민주화를 앞당기는 사회 변혁적인 내용을 담지하고 있다. 이러한 신학운동은 개인의 신앙적인 결단과 행동이 요구되는 다양한 운동 속에서 폭넓게 전개되었다. 그리고 누구나 절망적으로 생각하던 21세기의 정치의 무대에서 그 누구도 기대하지 않았던 '표적과 기적'을 국가적으로 경험하게 되었다고 술회한다.

특히 남미에서의 해방신학은 군부 독재자들에게 선교적인 차원에서도 위협적인 존재로 부상했으며 한국에서의 민중신학은 독재정권에 항거하여 오늘의 민주화를 가져오는 초석이 된 것이 사실이다. 그로 인해 한국은 작은 나라이지만 경제 강국을 이루게 되었다.

그 후 반세기가 지나면서 1989년 독일이 통일되고 1991년 소비에트 연방이 무너져 15개의 작은 나라들로 나뉘어졌을 때, 그리고 남아프리카에서 인종차별의 체제가 피 흘림이 없이 평화롭게 사라졌을 때, 역사는 우리 기독교인들에게 그리스도의 십자가와 부활에 대한 그 믿음이 없었음을 보여주었다는 평을 받는다. 이 말은 기독교신학에서 중요한 신학용어인 '희망'을 교회가 선포하지 못했다는 말이 된다. 몰트만은 교회가 잊어버린 '희망'을 되찾아 자리매김을 하기 위해 종말론에서 '새로운 길'(viam novam)을 찾고 있었다고 보여진다.

이를 종합하여 보면 1980년 말엽에서부터 1990년 초엽에 이르기까지 철의 장막으로 알려진 사회주의체제가 가졌던 이 거대한 폭력의 체제들에 대항했던 비폭력적이고 평화스러운 개혁, 혁명과 촛불 행진에 몰트만의 『희망의 신학』이 강력한 후원군(後援軍)이 되었음을 알게 된다. 이러한 결과를 가져오게 한 것은 몰트만이 말하는 희망은 고난과 역경을 수반하는 십자가가 전제되며 그 후에 영광스러운 승리의 부활이 주어진다는 약속의 말씀에 근거를 둔 신앙적인 결단을 촉구하기 때문이다.

몰트만은 그의 희망의 종말론을 전개하여 나갈 때 먼저 하나님 이해를 바로하기를 주문한다. 기독교가 믿는 하나님은 "초월적이거나 내재적인 하나님이 아니라 희망의 하나님으로 이해를 해야 한다"는 것이다. 하나님은 "알파와 오메가요 처음과 마지막이라"(계 21:6)라는 말을 거듭 강조한다.

몰트만에게서 하나님은 "태초부터 종말에 이르기까지 희망의 하나님이시다"라고 언급하고 있다. "하나님은 안에서나 세계 밖에 계신 분이 아니라 이스라엘의 출애굽과 예언들을 통해 알려진 희망의 하나님(롬 15:13), 미래를 존재의 속성으로 지니신(E. Bloch) 하나님이다."8) 몰트만은 이를 통해 하나님의 수동적인 면을 과감하게 버리는 듯하다. 하나님의 임재가 세계 안이라면 인간이 만들어 놓은 제도나 기독교 세계에서 권력의 상징인 거대한 교회당 안에 좌정하신 하나님을 연상케 하고, 세계 밖이라고 하면 하나님의 초월성에서 나온 절대 타자의 개념이기 때문에 인간과의 깊은 교제나 연관성이 없어진다. 그렇다면 천지를 창조하시고 섭리하시는 희망의 하나님이 과연 인간이 만든 제도나 교회 그리고 인간이 상상하는 초월적인 이상적인 곳에 좌정하고만 계실까?

초월적인 하나님은 인간의 관념적인 사고와 하나님 이해에서 온다. 그럼에도 불구하고 하나님이 초월자로서 세계 밖에 계신다고 가정하면 하나님은 다시 인간의 좁은 사고 속에 갇히게 되는 결과를 가져온다. 그분을 관념적으로 표현하는9) 개념들에는 숱한 용어들이 있다. 예를 들면 전지전능으로부터

---

8) Ebd.
9) Pseudo-Dionysius Areopagita, 『Die Namen Gottes』(Stuttgart: Hiersmann, 1988), p.6. 이 책은 하나님의 명칭에 관하여 구약과 신약성경, 플라톤과 신플라톤주의 그리고 그리스 교부들에 이르기 까지 폭 넓게 연구한 책이다. 그리스 교부들에게서는 부정(否定)의 신학이 반영되는데 예를 들면 하나님을 '측량할수 없는 자(unermeßliche) 또는 파악할 수 없는 자(unbegreifliche)'로 표현하였다.

시작하여 유일자(das Eine), 모든 형태에서 형상이 없고(das Gestaltlose vor aller Form) 모든 움직임과 쉼에서 초월자(Überseiende)이기에 알 수 없고, 그에 대해 말할 수 없고, 이름이 없는 분, 기본과 원인이 되는 분, 무소부재 그리고 거룩 거룩 거룩하신 하나님이라는 헬라적이며 사변적인 수식어들이다.

우리가 만약 이런 하나님을 믿는 다면 우리의 신앙은 역시 교회와 제도에 갇혀 그래서 결과적으로 세상과는 동떨어진 거룩한 삶을 추구하는 신앙이라고 말할 것이다. "사람들은 가끔 성자란 금욕적이며 도덕적으로 높은 수준에서 완전하며 그래서 사람들이 그를 존경한다고 하지만 누구도 개인적인 삶에서는 그것을 결코 따를 수 없다. 이것은 얼마나 거짓되고 실망스러운 말인가!"10) 이것은 '일일일선'(一日一善)을 강조하는 가톨릭의 수장이 최근에 한 말

---

10) Benedikt XVI, 『Wer hofft, kann anders leben』, Worte an junge Menschen(Freiburg: Herder, 2012), p.11. 교황 베네딕트 XVI세는 2013년 2월 28일 사임을 하였다. 이로써 그는 수 세기만에 처음으로 선종을 맞이하지 않고 생전에 건강상의 이유로 지난 2월 11일 사임을 발표한 교황이 되었다. 86세 생일을 두 달 앞둔 교황 베네딕트 16세의 전격적인 사임 발표는 충격에서 감동의 물결로 이어졌다. 종신 임기가 보장된 교황의 생전(生前) 사임은 1294년 첼레스티노 5세 이후 719년 만이다. 그는 7년 10개월 재임기간의 짐을 내려놓으면서 "고령으로 직무 수행이 어렵다"며 매우 인간적인 이유를 들어 사임을 선언했다. 몸과 마음이 쇠약하고 지쳤다는 사실을 서슴없이 밝힌 그는 나이로 인한 인간의 한계를 고스란히 받아들이고 작별을 고해 아름다운 뒷모습을 보였다. 그의 본 이름은 Georg Ratzinger(1924- 현재)로서 필자가 1980년대 튀빙엔 대학에서 박사과정을 밟고 있을 때 가톨릭신학부의 교수였으며 가끔 신학부 건물에서 마주친 적이 있다. 교황 베네딕트 XVI세는 명예교황(emeritus pope)으로 추대를 받았다. 그리고 3월 13일(현지시간) 후임 제 266대 교황으로 이탈리아계 아르헨티나 출신의 호르헤 마리오 베르골리오(Jorge Mario Bergoglio) 추기경(76)이 선출됐다. 교황선출은 콘클라베라고 불리는 80세 이하 추기경들(현재 115명)의 콘클라베(Conclave·추기경단 비밀투표 회의)비밀 회의에서 진행되며 3분의 2 이상의 표를 얻은 이가 선출된다. 13일 수요일 저녁 19시 6분, 바티칸 시스티나 성당의 굴뚝에서 제 266대 새로운 교황이 선출되었음을 알리는 흰색 연기가 솟아 올랐다. 다섯 번 째 투표 결과이다. 흰 연기가 솟아오르기 시작하자 바티칸 성 베드로 대성당 광장에 모인 전 세계 수 천명의 가톨릭 신자들은 환호성을 올렸다. 독일에서도 곳곳에서 새 교황의 선출을 알리는 성당의 종소리가 울려 퍼졌다. 쾰른 대성당에서도 세계에서 가장 큰 움직이는 종으로 알려진, 시민들이 '뚱뚱한 피터(Dicker Pitter)'라고 부르는 종이 울렸다. 교황 프란치스코는 '가난한 사람을 위한 가난한 교회'가 될 것을 촉구하는 뜻에서 아시시의 성인 프란치스코로부터 즉위명을 따왔다고 밝혔다.

라틴아메리카 출신의 성직자가 교황이 된 건 가톨릭 2000년 역사상 처음이다. 또 비(非) 유럽권

이다. 기독신앙에서 보이는 삶의 다양함은 가치관의 문제이기 때문에 하나님에 관한 어떠한 상을 갖고 있느냐는 매우 중요한 문제 중의 하나이다.

몰트만은 이 희망의 하나님의 '삶의 자리'(Sitz im Leben)를 구체적으로 명시하는데 그 자리는 "우리 안이나 우리 위에 가질 수 없고, 항상 우리 앞에서만 존재하시는 분으로 생각"한다.11) 왜 그럴까? 그 이유로는 하나님은 자신의 약속 가운데에서 우리를 만나시고 그분의 말씀을 통해 위로와 희망을 주시기 때문이다. 하나님은 다양한 방법으로 인간에게 약속을 주신분이시다. 이러한 몰트만의 사상은 기존의 헬라 철학적인 옷을 입고 있는 기독교의 하나님을 새롭게 해석하는 계기가 된다. 지금까지 기독교가 가지고 있던 정적인 하나님 이해에서 동적인 하나님 이해에로의 전이이다. 희망의 하나님은 그의 약속과 말씀 속에서 우리 인간을 만나시기 위해 부단히 행동하시는 하나님이시다. 이것을 우리는 행동하는 희망이라고 부른다. '행동하는 희망'은 많은 다양한 정치적, 문화적 상황(Kontext) 속으로 옮겨졌다. 희망은 언제나 오직 인간의 다양한 환경과 상황 속에서만 활동하기 때문이다. 하지만 성서적 회상과 약속의 본문(Text)은 어디서나 동일하다. 앞에서 말한 영역에서 '희망의 신학"이 영향을 끼칠 수 있었던 것은 역사적 해방과 종말론적 구원에 대한 일관된 전망 때

국가에서 교황이 나온 건 시리아 출신이었던 그레고리오 3세(731년) 이후 1282년 만이다. 새 교황이 된 베르골리오 추기경은 자신의 교황 즉위명으로 '프란치스코'를 택했다. 앞으로 그는 교황 프란치스코로 불리게 된다. 필자가 3월 17일 하이델베르크의 성령강림 구 도시개신교회 (Ev. Altstadtgemeinde Heiliggeist-Providenz)에 가서 예배를 드렸는데 Baden주의 개신교 주교 이신 Dr, Ulrich Fischer께서 오셔서 450주년 하이델베르크 교리문답서(Der Heidelberger Katechismus) 제정 축하 기념예배를 드렸다. 그가 설교를 통해 강조한 것은 두가지였는데 교리문답서가 교회와 대학 그리고 도시가 함께 했다는 것과 이 교리서에서 인간의 죄와 구원의 문제가 예수 그리스도의 십자가와 부활로 연결되었다는 것이었다. 이를 통해 독일교회는 교회만이 아니라 교회와 대학, 도시 그리고 지역사회와 함께 하는 교회가 되어야 한다고 강조했다. 더 한 가지 특이한 것은 그날 예배를 인도한 여자 목사님의 기도로 200여명 이상의 교인들과 함께 새로운 교황의 즉위를 축하하며 교회연합차원에서 개신교와 함께 동역하기를 바라는 것이었다. 유럽은 이렇게 12억의 가톨릭신자와 함께 개신교를 기독교라고 말한다. 이렇게 하여 기독교는 개신교 8억과 함께 약 20억이 된다.

11) J. Moltmann, 『Theologie der Hoffnung』, aaO.

문이었다고 보여 진다.

그렇다면 몰트만이 『희망의 신학』에서 말하려는 중심내용은 과연 무엇일까?

1) 기독론적 신학의 방법론

몰트만은 신학방법론에 있어서 그리스도와 그의 미래에 근거를 둔 기독론적 신학의 방법론을 사용한다. 기독교가 지금까지 일반적으로 사용해 오던 헬라적 로고스나 경험적 명제의 방법이 신학의 중요내용이 될 수 없고, 그리스도와 그의 미래가 희망적 명제와 미래적 약속의 방법이 된다는 것이다. 이에 관한 성경적 근거는 "그리스도가 우리의 희망이다"(골 1:27)에서 출발한다.

성경에서 희망은 아직 보이지 않는 것을 바라고 있다. "보이지 않는 것을 바라면, 참음으로 기다려야 한다."(롬 8: 24-25). 이러한 표현은 희망의 신학이 기다림의 신학으로 발전될 가능성을 보여주는 단초가 된다. 믿음에 기초하여 약속되어진 것을 바라는 것은 그 자체가 희망이다. 또한 그것이 이루어질 것을 믿고 현실에서 주어지는 조급함과 고난을 인내로 참고 견디는 것은 기다림에서 가능하다.

희망으로 말미암아 인간이 그 자신과 세계의 기존 현실과 겪게 되는 갈등은 바로 희망 그 자체를 태어나게 하는 갈등이다. 고난을 전제로 한 십자가가 없는 부활은 의미가 없으며 존재하지도 않는다. 그것은 결국 십자가와 부활의 갈등이다. 그리스도교적 희망은 부활의 희망이다. 그리고 그 안에서 전망되고 보증되는 의(義)의 미래는 죄와 갈등하고, 생명은 죽음과 갈등하며, 영광은 고난과, 평화는 분열과 갈등한다. 이러한 갈등 속에서 그 희망은 자신의 진리를 입증한다.

칼빈(Calvin)은 부활의 희망이 일으키는 이런 모순을 아주 정확하게 깨달았다. 그는 히브리서 11장을 주석하면서 다음과 같이 말한다. "우리는 영생의 약속을 받았다. 하지만 그 약속은 죽은 자들에게 약속된 것이다. 사람들은 우리에게 복된 부활을 선포한다. 그러나 우리는 아직도 부패에 둘러싸여 있다. 우리는 의로운 자라고 일컬어진다. 하지만 우리 속에는 아직도 죄가 숨어있다. 우리는 형언할 수 없는 축복에 관해 듣고 있다. 하지만 아직도 우리는 이 세상에서 끝없는 고통에 억눌려 산다. 우리에게는 풍성한 모든 선(善)들이 약속되어 있다. 하지만 우리에게 넘치는 것이라고는 배고픔과 목마름뿐이다. 만약 우리가 희망 위에 굳게 서지 않는다면, 그리고 만약 우리의 마음이 하나님의 말씀과 성령이 밝히 비추는 길 위에서 어둠의 한복판을 뚫고 이 세상을 서둘러 떠나지 않는다면 우리는 어찌될 것인가!"[12](히 11: 1). 그리스도의 십자가와 부활에 근거를 둔 이 희망은 이러한 모순 속에서 자신의 능력을 입증해야 한다.

그러므로 희망의 종말론은 머나먼 땅을 바라보고만 있는 것이 아니라 경험할 수 있는 고난과 악, 죽음의 현실과 갈등하는 가운데서 자신의 희망을 구체적으로 신앙적으로 표명해야 한다. 다시 말하면 인간의 다양한 삶의 자리(Sitz im Leben)에 고난의 십자가를 세워 영광스러운 부활을 기대하는 신앙적 태도를 말한다.

2) 신앙과 희망의 상호보완적 변증법

몰트만은 인간의 모든 희망을 무너뜨리는 한계선이 십자가에 달린 자의 부활속에서 무너질 때, 신앙은 희망을 향해 열려질 수 있고 또 당연히 열려진다고 보았다. 이 신앙은 담대한 확신(παρρησία)이 되고, 인내(μακροθυμία)가 된다. 이때 희망 안에서 위대함을 향한 영혼의 팽창(extencio animi ad magna)이 일어난다. 그 신앙은 인간을 그리스도에게 매어 준다. 그리고 희망은 그리스도의

---

12) Ebd., p.14. 중인.

위대한 미래를 향해 자신을 열게 한다. 그러므로 희망은 신앙과 떨어질 수 없는 동반자이다.

여기에서 몰트만은 칼빈의 입장을 따른다. "이것이 참되다: 신앙은 동일한 하나님을 보게 한다. 그러나 거기에 한 가지 첨부할 것은 예수 그리스도를(요 17:3) 보내신 하나님을 알아야 한다. 왜냐하면 그리스도가 그의 광채를 비추지 않으면 하나님 자신은 숨겨져 멀리 계실 것이다."13) 그러므로 "만일 신앙으로 하나님이 참되시다는 것을 확신한다면 하나님이 자신을 진리가운데로 드러내실 것을 기대한다. 신앙은 하나님이 우리 아버지가 되심을 확신한다. 희망은 신앙을 키우고 지원한다. 우리의 연약한 신앙이 지쳐서 넘어지지 않으려면, 참는 가운데 바라고, 기다리는 가운데서 신앙이 용기와 격려를 받아야 한다. 희망은 언제나 신앙을 새롭고 활기차게 하며, 항상 힘 있게 일어서게 함으로써 신앙이 끝까지 견디도록 도와준다."14) 신앙은 하나님을 드러내어 주는 길이요 문이며 희망은 신앙으로 하여금 그 하나님을 기다리고 만나도록 안내하는 나침판과 같다.

그리스도가 승천한 이후 하나님의 나라는 은혜의 나라로 교회 안에서 현재적이다. 주기도문에서 "아버지의 나라가 임하시게 하소서"라는 간구는 루터와 마찬가지로 우선적으로 그리스도의 현재적으로 오심을 의미하는 것으로서 그의 통치가 말씀과 성례로 이루어지는 동시에 마귀와 죄악의 사슬로 부터 자유함을 얻도록 간구하는 것이다.15)

그리스도의 부활 안에서 희망이 인식하는 것은 하늘의 영원함이 아니라

---

13) Johannes Calvin, 『Unterricht in der christlichen Religion』, Institutio Christianae Religionis(Neukirchener Verlag: Neukirchen Vluyn, 2008), p.292.

14) Ebd.

15) Votum des Theologischen Ausschusses der Evangelischen Kirche der Union, 『Die Bedeutung der Reich-Gottes-Erwartung für das Zeugnis der chrstlichen Gemeinde』(Veukirchner Verlag: Neukirchen, 1986), p.83f.

그의 십자가가 서있는 이 땅의 미래이다. 그리스도의 부활과 함께 새로운 세계가 활짝 열렸기 때문이다. 그리스도 안에서 희망은 그가 죽기까지 사랑한 그 인류의 미래를 인식한다. 그러므로 십자가와 부활은 이 땅의 희망이며 인류의 미래이다. 희망은 몸의 부활을 기다리기 때문이다. 교회는 "죽은 사람들이 부활 할 것이라는 희망 때문에"(행 23:6) 이 땅에서 고난을 받는다. 이런 일이 일어날 때마다 교회는 항상 자신의 진리를 대변하며, 그리스도의 미래의 증인이 된다. 교회는 그리스도의 몸으로서 그리스도가 십자가에 못 박힌 것과 똑 같은 골고다로 향하는 '고난의 길'(via dorsa)을 걷는다.

3) 절망의 죄를 극복하는 신앙의 종말론

몰트만의 죄의 개념은 전통적인 것을 벗어난다. 과거의 일반적인 죄의 개념은 '하나님과 같이 되려함'(sicut Deus, 창 3:5)으로 규정하고 있는데 이는 도덕적으로나 성적으로 아니면 다른 부분의 인식을 말하는 것이 아니라 '모든 인간 됨'(das ganze Menschein)을 규정해주는 인식(Erkenntniss)을 말한다.16) 몰트만은 이를 근거로 하여 죄를 인간의 절망과 게으름 그리고 비탄으로까지 넓혀 규정하고 있다. 이렇게 죄를 규정한 것은 인간의 절망과 게으름이 바로 희망이 없음에서 나온 반대 개념들이기 때문이다. 오만과 게으름 그리고 절망은 인간의 인간됨을 부정하는 행위이다.

　죄를 짓는 자들은 믿지 않는 자들이요, '두려워하는 자들'(계 21:8)이며 '산 소망'(벧전 1:3)을 저버리는 자 들이다. 베드로전서에서 산 소망이란 예수 그리스도를 죽은 자 가운데에서 부활하게 하신 하나님이 주신 거듭남과 함께 오는

---

16) C, Westermann, 『Genesis』(Neukirchener Verlag: Neukirchen-Vluyn, 1974), p.337. 하나님 같이 된다는 것은 인간의 외형적인 가능성을 말한다. 그것은 신적인 것으로서 존재를 넘어서기 까지 최고 높은 곳까지 이르는 것을 말한다.

선물이다. 그러므로 산 소망을 저버리는 행위는 결국 그리스도의 부활을 믿지 않는 죄악 된 행위이며 고난과 시험 가운데에서 신앙을 포기하고 삶에 대해 좌절하는 것을 의미한다.

하나님은 자신의 선한 의지로 만물을 창조하셨으며 보존하시고 섭리하신다. 그리고 이 공의와 평화 속에서 다시 창조될 것을 약속하셨다. 하나님은 그 중에 인간을 자신의 약속에 합당한 귀한 존귀한 존재로 여기셨으나 인간은 자신에게 주어진 기대와 축복을 거부하기까지 하였다. 이것이야말로 개인을 가장 위협하는 죄악이다. 인간을 죄인으로 만드는 것은 그가 행한 악뿐 만이 아니라 그가 행하지 않는 선이며, 그의 악행에 앞서 그의 태만이 죄악이다. 하나님의 말씀과 계명을 어김으로써 생겨나는 인간의 자연적인 현상 이것이 죄악이라는 말이다.

요셉 피퍼(Joseph Pieper)는 "희망에 관해" 라는 그의 책에서 희망은 신학뿐 아니라 철학에서도 미덕(Tugend)이라는 것을 강조한다. '미덕으로서의 희망'(Hoffnung als Tugend)을 말하는 그는 절망(Verzweifelung)을 '성취되지 않은 것을 미리 선취하는 것'(Die Vorwegnahme der Nicht-Erfüllung)으로 보고, 오만 불손함(Vermessenheit)을 '성취된 것을 미리 취함'(Die Vorwegnahme der Erfüllung)으로 보았다.17) 이 두 가지 절망(desperatio)과 오만(praesumptio)은 모두 미덕으로서의 희망이 아니다.

오만은 하나님이 기대하시는 것의 성취를 성급하게, 자기 멋대로 미리 취하는 것이다. 자신의 잣대로 규정하고 가정하는 것을 말한다. 절망은 하나님이 기대하시는 것에 대해 부정적인 선입견을 가지고 자포자기하는 것을 말한다. 이렇게 미리 취한 희망이나 포기해 버린 희망을 통해 일어나는 절망의 두 가지 방식은 희망의 역동성을 은폐시키며 심지어 폐기해 버린다. 그러므로 오만이든 절망이든, 그 속에는 참으로 하나님이 인간에게서 기대하시는 창조적

---

17) Josef Pieper, 『Über die Hoffnung』(Im Kösel Verlag: München, 1949), p.49ff.

인 모습이 보이지 않고 사라져 버린다. 오직 희망만이 밀려오는 자유 속에서 참으로 인간을 통해 계속되는 창조적인 것을 소유할 수 있다.

몰트만은 인간의 오만함을 먼저 독일의 관념주의에서 보았다. 관념주의자들로 괴테나 실러, 랑케, 칼 마르크스를 들었다. 이들은 신으로부터 불을 훔친 프로메테우스(Prometheus)와 같은 사람들이라고 지적한다. 이들은 자신들의 만든 이론과 주장하는 이론으로 스스로 현대의 성자가 되었다는 것이다. 여기에서는 하나님의 말씀에 순종하는 모습이 보이지 않으며 각자에게 적합한 자유와 인간중심적인 나라를 건설하려고 계획했던 철학적, 혁명적 천년왕국설(Chiliasmus)이 나온다.

또한 20세기 중반의 실존주의 문학에서 시지프스(Sisyphus)의 모습으로 변형된 좌절의 다른 모습을 들었다. 시지프스는 가야 할 길, 투쟁과 결단, 노동의 인내를 알았으나 성취할 가망은 전혀 없었던 것의 대표적인 모습이다. 여기에는 희망도 없고, 기다림도 없고 하나님도 없다. 다만 예수의 외형적인 모습에게서 볼 수 있는 정직한 사랑과 이웃 사랑만이 남았을 뿐이다.

오직 희망만이 '현실적인' 것이라고 말할 수 있다. 그러나 십자가에서 부활한 희망은 십자가 상태의 그 사물을 존재하고 있는 모습 그대로 받아들이지 않고, 오히려 그것이 진행하고 움직이는 모습대로, 그리고 변혁의 가능성 속에서 변화될 수 있는 모습으로 새롭게 받아들인다. 이는 바울의 "이전 것은 지나갔으니 보라 새것이 되었도다"(고후 5:17)라는 신앙고백적인 실천의 장에 이르게 된다.

이렇게 희망은 '존재하지 않는 곳'을 바라보는 것이 아니라 '아직은 존재하지 않지만 존재할 수 있을 곳'을 바라보는 실제적인 것이다. 사랑의 순종을 실천하기 위해 현실주의 적인 유토피아에 대항하며 "보라 내가 만물을 새롭게 하노라"(계 21:5)라고 들려오는 이 약속의 말씀에서 이 땅을 갱신하고 이 세계의 모습을 변혁할 수 있는 자유를 얻는다.

4) 희망의 기다림

인간은 현실적인 존재로서 현재에 살고 있다. 과거를 회상하지만 과거에 살고 있지 않다. 언젠가는 행복해지기를 바라지만, 이런 기대는 현재의 행복을 지나쳐 버리게 한다. 인간은 회상과 희망 속에서 결코 자신의 완전한 정체성을 찾지 못하며, 현재 속에서도 그러하다. 이것을 몰트만은 '도상의 인간'(homo viarorum)으로 묘사한다.

도상의 인간은 현재적인 존재가 되는 것을 말하며 그곳에 하나님의 사건이 일어난다. 여기에 루터의 예정에 관한 단계를 적용해보자. 루터는 예정의 3단계를 말한다. 첫째 단계는 하나님의 뜻에 있는 그대로 만족하는 단계이다. 둘째 더 높은 단계는 자신을 하나님의 뜻에 보내며 마음으로 만족하는 단계로서 하나님이 자신을 구원하지 않고 버리시면 적어도 그것을 염원하는 단계이다. 마지막 가장 좋고 가장 높은 세 번째 단계는 실제 하나님의 뜻에 걸맞게 많은 경우 어떤 때는 죽음의 시간과 같은 지옥으로 자신을 보내는 단계이다. 루터는 여기에 "사랑은 죽음같이 강하다(아 8:6)."를 덧붙인다.[18]

이러한 사랑을 하나님은 이 세상에서 자신이 선택한 사람들을 잠깐 시기적으로 알맞게 주셨다. 만약 이 사랑을 충분히 그리고 오랫동안 간직하게 되면 그들은 자기상을 이미 받은 것이 된다(마 6:2).

몰트만의 『희망의 신학』에서 중심 키워드인 '출애굽과 부활의 하나님'은 영원한 현재가 '아니다.' 오히려 그분은 미래를 향한 그분의 사명에 순종하는 사람에게 자신의 현존과 가까움을 약속하시는 분이시다. 하나님의 이름으로 표현되는 야웨(YHWH)는 먼저 자신의 현존과 미래를 약속하시고 미래의 전망을 제공하시는 분이시다. '미래를 존재의 속성으로 지니시는' 하나님, 약속

---

18) M. Luther, 『Vorlesungen über den Römerbrief』, 1515/1516 Lateinisch-deutsche Ausgabe, Zweiter Band. (Wissenschaftliche Buchgesellschaft: Darmstadt, 1960), p.133.

의 하나님, 현재로 부터 미래로 출발하시는 하나님, 자신의 자유로부터 오심과 새로움의 원천이 되시는 하나님이다.[19]

그분의 이름은 길(Weg)의 이름이요, 새로운 미래를 여는 약속의 이름이다. 그분은 "죽은 사람들을 살리시며 없는 것들을 불러내어 있는 것이 되게 하시는"(롬 4:17) 하나님이다. 우리가 희망과 변화 가운데서 그분의 약속을 현재적으로 경험할 때, 이 하나님은 현존하신다. 없는 것들을 있는 것이 되게 하시는 하나님 안에서는 아직 존재하지 않는 것, 미래의 것도 '생각될' 수 있다. 왜냐하면 그것은 희망의 대상이 될 수 있기 때문이다.

몰트만의 신학에서 한 가지 더 생각할 것은 파루시아 개념이다. 헬라인에게서 '파루시아' 는 하나님의 현존의 총괄 개념, 존재의 현존의 개념이었다. 신약성서에서 그리스도의 파루시아는 오직 기대의 범주 안에서만 이해된다. 그러므로 그것은 그리스도의-현재(praesentia Christi)가 아니라 그리스도의 도래(adventus Christi)를 의미 한다. 이 역시 동적인 파루시아의 이해이다.

그의 하나님 이해는 '무로부터 창조하신 분'(creator ex nihillo)이라는 전제에서 부터 시작한다. 이 '무로부터의 창조'(Schöpfung aus nichts) 교리를 더 의미 있게 해주는 것은 게하르트 숄렘의 "무로부터의 창조와 하나님의 자기 축소"이론이다.[20] "세계의 창조는 창조주로서 하나님의 자기결정에 있다. 하나님이 창조자로 자신을 드러내시기 전, 자신 안으로 들어가셔서, 그 안에서 결정하시기를, 결단하시고, 자신을 결정하셨다."[21] 그분은 죽은 자를 살리신 분

---

19) J. Moltmann, 『Theologie der Hoffnung』, aaO, p.25.

20) G. Scholem, 『Schöpfung aus Nichts und Selbstverschrängkung Gottes』, Eranos, 1956, 115ff. 하나님의 자기 축소를 발전시킨 사람은 Isaak Luria 인데 이것을 신학용어로는 점줌(Zimzum)이라고 하며 집중이나 수축으로 해석되며 이것이 의미하는 바는 자신을 자신안으로 움추 려드는 것을 말한다. 루리아는 세키나에 관한 고 유대이론에서 이것을 취하여 하나님과 창조에 적용하였다. 더 자세한 설명은 배경식, 창조와 생명(장로교출판사: 서울, 2004)에서 "하나님의 자기축소와 확장"을 참조.

21) J. Moltmann, 『Gott in der Schöpfung』, Ökologische Schöpfungslehre(Chr. Kaiser Verlag: München), p.98. 몰트만의 이러한 생각은 그의 저서 『삼위일체와 하나님의 나라』(Trinität und

으로서 약속하신 대로 장차 오실 것을 기대하면서 하루하루를 살아간다는 것이다. 이때 그리스도의 파루시아와 현재는 시간을 열어 주고, 역사를 움직인다. 희망은 '현재의 십자가를 기꺼이 짊어질 수 있게 만들어 준다. 기독교 신앙과 이 하나님에 대한 희망 속에서 우리에게 가능한 것과 약속된 것을 바라보며 살기 시작할 때, 역사 속에서 사랑해야 할 삶의 부요함이 드러난다.

존재하는 것과 같은 필리아적인 친구의 우정적 사랑과 존재하지 않는 것과 죽은 것과 같은 아가페의 사랑은 오직 이 하나님의 지평에서만 가능하다. 사랑 안에서 희망은 모든 것을 하나님의 약속으로 인도한다. 희망은 하나님의 나라가 그들을 위해 오고 있음을 알게 한다. 이러한 사랑의 행위 안에서 인간의 기다림은 삶을 행복하게 만든다. 기다리는 인간은 자신의 현재를 받아들일 수 있다. 기다리는 사람은 행복 속에서만 기뻐하지 않고 고난 속에서도 기뻐할 수 있으며, 행복 속에서만 행복해 하지 않고 고통 속에서도 행복해 할 수 있다. 이것이 기다림이 갖는 신비이다. 실로 희망은 기다림에게 행복과 고통을 뚫고 나가는 힘을 제공한다. 이것이 희망과 기다림이 갖는 변증법이기도 하다. 희망은 기다림과 같은 의미를 가지며 신앙의 목표를 향해 함께 출발하지만 분명히 차별화된다.

5) 피조물의 기다림

몰트만은 희망의 종말론을 세상에서 일어나는 사건들과 상황에 연결시켜 세상적 사고를 신앙의 희망으로 변혁시키기를 주장한다. 이것이 몰트만의 신학이 갖는 강조점 중의 하나이다. 여기에서 그는 안셀름(Anselm von Canterbury)의 신학의 표준이 되어 온 명제 fides quaerens intellectum - credo, ut intelligam(지식을 추구하는 신앙 - 나는 알기 위해 믿는다)를 fies quaerens in-

---

Reich Gottes)에서 발전시켰다.

tellectum - spero, ut intelligam(인식을 추구하는 희망 - 나는 알기 위해 희망한다)로 바꾸어 적용한다. 만약 희망이 신앙적 삶에 있어서 사랑의 생활로 인도하는 것이라고 한다면, 신앙의 사고와 그 인식, 인간의 역사와 사회 변혁에 대한 책임감을 갖고 살아가는 것이 바로 희망이라는 것이다.

기독교적 희망은 '궁극적인 새로움'(ultimum novum), 즉 그리스도를 죽은 자들 가운데서 일으키신 하나님이 만물을 새롭게 창조하실 것을 기대한다. 죄악과 죽음을 부활의 생명으로 이끄신 재창조의 하나님이 바로 희망의 하나님이 된다는 것이다. 이것이 우리가 믿고 추구하는 기독교의 희망이다. 이 희망은 실로 '더 좋은 약속'(히 8:6) 위에서 더 좋고 더 인간적이고, 더 평화로운 세상에 대한 미래의 환상(Vision)을 가능하게 할 것이다.

기독교적 희망은 현실을 창조적으로 변혁하도록 부름을 받고 있으며, 그렇게 할 수 있는 힘을 얻고 있다. 신앙의 희망은 자신을 변혁하는 가운데, 옛 것으로 부터 탈출하고 새로운 것을 바라보는 가운데에서 '가능한 것의 열정'을 통해 당면한 사회의 정신의 역사 안에서 항상 혁명적 영향을 끼쳐왔다.

루터는 바울의 로마서 8:19의 '피조물의 탄식' 을 다음과 같이 설명했다. "그(사도)는 피조물의 본질이나 활동, 행동(actio)과 고난(passio) 혹은 운동(Bewegung)에 관해 말하지 않고 '피조물의 기다림'(exspectatio creature)에 관해 새롭고도 신기한 신학 용어로 표현한다"[22] 여기에서 중요한 것은, 그가 신학적인 '피조물의 기다림과 기대'로 부터 출발하여 세계에 관한 새로운 사고, 즉 기독교적 희망에 상응하는 기다림의 사고를 요구한다는 점이다. 피조물의 기다림은 탄식 속에서 '하나님의 아들들의 나타남'(롬 8:19)을 통해 얻어지는 자유함과 평화를 전제한 실천적 장이다. 이곳에서 창조주 하나님은 인간뿐 만이 아니라 모든 피조물의 아버지로 표현되고 있다. 구약성경에서 하나님이 "아

---

22) M. Luther, 『Vorlesungen über den Römerbrief』, 1515/1516 Lateinisch-deutsche Ausgabe, Zweiter Band. (Wissenschaftliche Buchgesellschaft: Darmstadt, 1960), p.99.

버지로 표현되는 것을 통해 하나님을 창조주로서 높여지는 것이다."[23]

종교개혁자 칼빈이 본문에서 전제하는 것은 두 가지이다: '모든 피조물이 고통을 당한다' 그리고 '그들은 희망 안에서 바로 산다'이다. 이는 "그가 비이성적인 피조물에게 희망을 첨가하여 기록한 것은 신앙인들이 눈을 떠서 지금까지 파손된 육체 안에 숨겨져 있기를 즐겨하던 그 보이지 않는 생명을 바라보도록 함이다."[24]라고 해석한다. 그리고 이일은 마지막 그날에 하나님의 자녀들로 동시에 보여 지는 것이 아니라 부단히 애쓰거나 행복한 상태에서 그날들에 그의 썩어짐을 벗고 영광에 이르게 된다. 이런 면에서 희망이 요청한다면 기다림은 답을 준다고 볼 수 있다. 기다림에서 요청되는 것은 어떠한 상태에서든 하나님의 자녀들의 영광에 이르기까지 인내심을 가지는 것이다.

신학은 이렇게 그리스도의 부활 안에서 주어진 피조물에게 약속된 전망으로부터 출발하여, 인간과 역사, 그리고 모든 현실 속에서 역사에 관해 독자적으로, 새롭게 사고해야 할 것이다. "그리스도의 부활에서 펼쳐지는 기쁨은 우주적이며 종말론적인 지평을 온 우주의 구속에까지 이른다."[25] 기독교의 종말론은 이렇게 세계와 역사, 온 현실의 영역에서 신앙과 희망의 사고(intellectus fidei et spei)를 갖게 된다. 우리가 희망으로부터 새롭게 사고하고 계획하지 않는다면 신앙으로부터 창조적인 행동을 할 수 없을 것이다. '지식을 추구하는 희망'(Spes quaerens intellectum)은 종말론의 출발점이다. 그리고 '기

---

23) J. Jermias, 『ABBA』, Studien zur Neutestamentlichen Theologie und Zeitgeschichte (Vandenhoeck & Ruprecht: Göttingen, 1966), p.16. 구약성경에서 하나님을 아버지로 표현하는 것은 15번 정도이다. 창조주로서 하나님은 주님이시며 그의 뜻을 다스리신다. 그는 순종을 통해 높임을 받는다. 그러나 아버지라는 말은 하나님을 동시에 인자하신 분으로 찬양되는 것이다.

24) J. Calvin, 『Der Brief an die Römer』, Ein Kommentar, Bd.5,2(Neukirchener Verlag: Neukirchen-Vluyn, 2007), p.417.

25) J. Moltmann, 『Das Kommen Gottes』, Christliche Eschatologie(Chr. Kaiser: München, 1995), p.367. 몰트만은 이것을 영원한 기쁨의 축제로 표현하며 그곳에서 하나님의 충만함과 모든 피조물의 기쁜 탄성이 준비된 축제임을 서술한다.

다림을 추구하는 신앙'(manes quaerens intellectum)은 종말론의 종착점이다. 이
곳에 희망한 자들이 오면 예수님의 오심과 만남이 이곳에서 이루어진다. 기다
림 안에서 하나님의 계약과 말씀으로부터 주어진 희망이 시작되며 응답이 이
곳에서 주어지기 때문이다. 이런 면에서 하나님은 계약과 약속의 말씀을 신실
하게 기다리는 사람들에게 응답을 주시기까지 참고 인내하며 기다리시는 분
이시다.

2. 종말론과 계시

1) 종말론연구와 비판

예수의 메시지와 설교 그리고 원시 기독교에서 종말론의 중요성을 지적한 사
람은 요한네스 바이스(Johannes Weiss)이다. 그는 『하나님의 나라에 관한 예수
의 설교』(Die Predigt Jesu vom Reiche Gattes)에서 "하나님의 나라는 절대적으로
세상을 초월하는 실체로서 이 세상과는 배타적 대립 관계 속에 있다. 하나님
나라의 표상에서 원래의 종말론적-묵시적 의미를 완전히 제거한 현대 신학이
이 표상을 종교적-윤리적으로 사용한 것은 잘못이다."[26]라고 말한다.

이 문장을 통해 강조된 것은 예수는 더 이상 산상설교의 도덕이나 윤리 교
사로 등장하지 않고 종말론적 메시지를 전하는 묵시사상가가 되었다는 점이
다. 바이스는 자신의 장인인 알브레히트 리츨(A. Ritschel)을 비롯한 당시 자유
주의 신학자들과 전혀 다른 반대 주장(Antithese)을 폈으나 자유주의자들이 이
해하는 예수로 되돌아갔다.

---

26) J. Weiss, 『Die Predigt Jesu vom Reiche Gottes』(Vandenhoeck & Ruprecht: Göttingen, 1900),
   p.49f. 그는 하나님의 나라에 관한 구약성경적이며 유대적인 표상을 가지고 이 책을 시작한다.

알버트 슈바이쳐(A. Schweitzer)도 마찬가지이다. 그의 『예수전 연구』 (*Geschite der Leben-Jesu Fofschung*) 제1판에 "그때에 세례 요한이 나타나서 외쳤다. 회개하라! 하나님의 나라가 가까이 왔다! 그 뒤를 이어 스스로를 오고 있는 인자(人子)로 생각한 예수는 세계의 바퀴살 속으로 끼어들었다. 그 바퀴를 마지막으로 돌려서 세계의 자연스러운 역사를 끝장내기 위함이었다. 하지만 그 일이 뜻대로 되지 않자, 그는 종말을 가져 오기는커녕 오히려 종말을 없애 버렸다. 세계의 바퀴는 계속 돌아가고 그 사람의 시체 조각은 여전히 바퀴살에 매달려있다. 이것이야말로 그의 승리요, 그의 통치이다."[27] 2000년 동안 파루시아가 일어나지 않았다는 사실을 경험했기 때문에 종말론이 불가능하다는 것이다. 철저종말론(Konsequente Eschatologie)이라고 한다.

제1차 세계대전 이후 종말론이 변증법적 신학의 창시자들에 의해 주석 분야만이 아니라 이제는 교의학 분야에서도 연구의 중심에 놓여졌다. 1922년에 발표된 칼 바르트(Karl Barth)의 『로마서』(*Römerbrief*) 제2판은 "전적으로, 완전히, 그리고 부단히 종말론이 아닌 그리스도교는 전적으로, 완전히, 그리고 부단히 그리스도와 아무런 상관이 없다"[28]라고까지 말했다. 여기에서 말하는 종말론은 슈바이쳐가 말한 진행되는 역사가 종말론적 미래의 희망을 위기에 빠뜨리는 것이 아니라 그와는 정반대로 초월적으로 돌입하는 종말이 인간의 모든 역사를 궁극적 위기에 빠뜨린다. 이로써 종말은 초월적 영원, 모든 시간의 초월적 의미로 변한다. 종말은 역사의 모든 시간과 가까우면서도 동시에 그와는 멀기도 하다.

바르트처럼 영원을 초월론적으로 이해하여 비역사(非歷史), 초역사(超歷史) 혹은 원역사(原歷史)를 말하거나, 불트만(Bultmann)처럼 종말을 실존론적

---

27) A. Schweitzer, 『Geschite der Leben-Jesu-Forschung』(Mohr Siebeck: Tübingen, 1984), p.322.

28) K. Barth, 『Der Römerbrief』, Zweite Fassung, 1922(Theologischer Verlag Zürich: Tübingen, 2010), p.298.

으로 이해하여 '종말론적 순간'을 말하든, 혹은 파울 알트하우스(Paul Althaus) 처럼 종말을 가치론적(價値論的)으로 생각하여 "종말론은 거의 모든 신학적인 비밀을 알게 한다"[29]라고 생각하든, 이 무렵에 경건한 구원사적(救援史的) 종 말론과 세속적, 진보주의적 종말론을 극복하려고 애쓰던 사람들은 한결같이 초월적 종말론으로 빠져들고 말았다. 이로 말미암아 원시 그리스도교적 종말 론이 발견되었던 사건은 활기를 띠지 못하고 은폐되고 말았다. 바로 이 초월 적 종말론은 교의학(Dogmatik) 안에 종말론적 차원이 폭넓게 자리 잡을 수 있 는 길을 막고 말았다.

이러한 초월적인 종말론 비판과 함께 또 한 가지 몰트만이 지적하는 것은 종말론의 언어가 헬라적 사고로 감싸져 있다는 것이다. "헬라적 정신은 로고 스(Logos) 안에서 존재의 영원한 현존을 경험하며, 바로 그 안에서 진리를 발 견한다. 칸트(Kant)처럼 사고하는 현대인들도 근본적으로는 이러한 진리의 개 념을 지향 하고 있다."[30]

몰트만은 그리스도교적 종말론을 헬라적 언어와 비교하면서 차별화한다. 그 언어는 헬라적 로고스가 아니라, 이스라엘의 언어와 희망, 경험에 영향을 준 약속이라고 한다. 영원한 현재를 드러내는 로고스가 아니라 희망을 주는 약속의 말씀 안에서 이스라엘은 하나님을 경험하였다. 그러므로 바로 이 말씀 안에서 역사는 전적으로 다르게 그리고 열린 방식으로 경험되었다.

종말론적 메시지를 올바로 이해하려면 구약성서와 신약성서에서 '약속'이 무엇을 의미하는지, 그리고 더 넓은 의미에서 약속에 의해 규정되는 언어와 사고, 희망이 하나님과 진리, 역사와 인간존재를 어떻게 경험했는지를 이해하 고 알 필요가 있다. 더욱이 이스라엘의 약속 신앙이 삶의 모든 영역에서 주변

---

29) P. Althaus, 『Die letzgen Dinge』(Verlag C. Bertelsmann: Gütersloh, 1933), p.VIII im Vorwort.; 알트하우스는 종말론이 알려주는 신학적인 비밀은 역사 인식, 성서원리, 기독론, 죄와 의로움의 사고, 율법과 복음 교리, 신앙인식으로서의 신학의 개념까지를 다 포함 한다고 보았다.

30) J. Moltmann, 『Theologie der Hoffnung』, aaO, p.34.

세계의 에피파니 종교들과 전개하였던 끊임없는 논쟁에 주목할 필요가 있다. 기독교의 종말론은 "참 생명의 시작과, 하나님의 나라의 시작과, 모든 피조물이 그 영원한 모습으로서 새롭게 창조되는 시작"[31]과 관계가 있다. 종말에 새로운 시작이 있다는 것이 기독교적이다.

오늘날까지도 이 논쟁은 교회의 임무로 주어져 있다. 신학이 세계를 이해하고 역사를 경험하는 일에서도 이 논쟁은 교회의 임무로 주어져 있다. 이때에 약속의 언어를 사용하는 그리스도교적 종말론은 그리스도교의 진리를 푸는 본질적인 열쇠가 될 것이다. 기독교는 신학적 사고를 하는 동안 사변적이고 논리적인 헬라적 정신 안으로 들어가 절충됨으로써, 사람들이 도대체 어떤 하나님을 말하는지 불분명해졌다. 마찬가지로 기독교는 고대의 국가 종교의 유산을 물려받았다. 이로 인해 기독교는 '사회의 왕관'과 '구원의 중심'으로 등극하였으며, 불안을 조성하고 비판하는 종말론적 희망의 능력을 상실하고 말았다. 서구의 교회가 종말론적 사고에서 떠난 것은 이론적으로는 헬라의 로고스 사고로 기독교의 교리를 체계화한 것이며 외형적으로는 국가종교의 유산을 이어받아 안정된 체제 속에서 종말에 관한 관심을 가질 여유가 없었다는 것이다.

2) 하나님의 약속으로서의 계시

몰트만은 계시를 약속과 함께 사용하기를 주저하지 않는다. 지금까지의 신학은 헬라의 형이상학의 도움을 받아 계시신학을 설명하려 하여 왔다. 그리고 계시신학은 마치 자연신학과 대치 개념으로서 초월적인 하나님 존재의 증명을 할 수 없다고 규정하였다. 최근의 구약성서 신학은 구약성서에서 '하나님

---

31) J. Moltmann, "희망의 시작과 우리의 미래", 『참된 희망 우리의 미래』, 국민일보 창간 25주년, 실천신학대학원 개교 8주년 기념 콘퍼런스 자료집, 2013년 10월 1일, 13쪽.

의 계시'에 한 언어와 문장이 '하나님의 약속'의 언어와 철저히 결합되어있다는 사실을 밝혀내었다. 하나님은 약속의 방식으로, 그리고 약속의 역사에서 자신을 계시하신다.

비교종교학적 연구를 통해 이스라엘의 '약속의 종교와 주변세계의 계시하는 신들의 에피파니 종교들 간의 차이점이 점점 더 강하게 드러나고 있다. 이 에피파니 종교들도 그 나름대로 모두 계시의 종교들이다. 여기서 드러나는 본질적 차이는 이른바 자연의 하나님과 계시의 하나님의 차이가 아니라, 약속의 하나님과 에피파니 하나님의 차이이다.

계시를 약속의 관점에서 이해하는 또 다른 이유는 종교개혁자들의 신학에서 비롯한다. 종교혁자들에 의하면 신앙의 상관 개념은 계시에 대한 표상(表象)이 아니라 하나님의 약속(promissio Dei)이다. 신앙과 약속은 상관 개념이다(fides et promissio sunt correlativa). 신앙은 약속에 의해 생겨난다. 신앙은 본질적으로 자신의 약속의 말씀을 신실하게 지키시는 하나님을 향한 희망과 확신과 그리고 신뢰이다. 종교개혁자들에 의하면 복음은 약속과 동일한 것이다.

개신교 정통주의 시대에 이르러서 계시의 문제가 교의학의 서론(Prolegomena)의 중심 주제가 되었는데, 이것은 이성과 계시, 자연과 은총에 대한 질문을 던질 수밖에 없는 상황에 처하였기 때문이었다. 이성(理性)의 개념과 자연의 개념이 신학적으로 사용되면서부터 비로소 계시의 문제도 지금과 같은 형태로 생겨나게 되었지만, 이런 개념들은 약속에 대한 이해로부터 취해온 것들이 아니라, 그 당시에 아리스토텔레스(Aristoteles)로부터 물려받았던 스콜라철학의 유산들이었다. 여기에서 이성과 계시의 이원론(Dualisus)이 생겨났고, 그 결과로 계시에 대한 신학적 진술은 인간의 인식과 실제 생활에서 점점 더 부적합한 것으로 변해 갔다.

일반적으로 계시란 가려져 있던 것을 벗기는 것, 숨겨져 있던 것을 드러내는 것으로 이해된다. 불트만은 하나님의 계시를 그리스도뿐 아니라 자연과 역사에서도 인정한다. 동시에 그가 하나님 개념으로 제한하는 것은 "전능하심과 거룩함의 요구, 영원과 내세에 관한 사고"[32]이다. 불트만에게 하나님의 계시는 각자의 실존에게 일어나는 사건이며, 바로 그래서 실존의 문제로 말미암아 제기된 질문에 대한 답변이다. 이와 반대로 바르트에게 있어서 계시란 존재하는 모든 것들의 창조자가 되시고 모든 존재를 주관하사는 분의 자기 계시이다. 그래서 하나님의 초월적인 자기 계시이다. 불트만이 정통주의적─초자연주의적 계시 개념에 반대하여 계시의 역사적 사건의 성격을 드러내려고 애썼다면, 바르트는 하나님의 자기 계시의 절대적 독자성, 증명할 수 없고 유추할 수 없으며 비교할 수 없는 그 성격을 강조하였다. 불트만이 자신의 계시 이해를 새로운 실존적 신증명(神證明)의 범주 안에서 전개하였다면, 바르트가 발전시킨 하나님의 자기계시라는 개념은 안셀름의 존재론적 신증명과 일치한다. 그러나 몰트만은 성서 문헌에서 '계시'라는 용어를 들어 계시를 철저하게 약속의 사건에 의해 규정하고 있다.

3) 초월적 주체성의 신학

바르트가 주장하는 '하나님의 자기 계시'의 개념과 불트만이 주장하는 인간의 '본래적인 자기 존재의 드러남'으로서의 계시 이해를 이끌어 가는 지배적인 종말론은 과연 무엇인가? 바르트는 로마서 13장 12절(밤이 깊고 날이 가까웠다)을 다음과 같이 주석하였다. "영원한 순간은 비교할 수 없이 매순간과 맞서고 있다. 왜냐하면 그것은 모든 순간의 초월적 의미이기 때문이다. "구원과 그 날, 하나님 나라의 모든 시대는 바로 모든 시대의 완성이기 때문이다."[33]

---

32) R. Bultmann, "Die Frage der natürlichen Offenbarung" im 『Glauben und Verstehen』, Zwiter Band(J.C.B.Mohr: Tübingen, 1968), p.79f.
33) K. Barth, 『Der Römerbrief』, aaO., p.665.

참된 종말에 관해 말하자면, 모든 시간이 바로 종말이라고 말할 수 있다. 종말은 가까이 있다. 이러한 초월적 종말론은 역사철학적으로 두 개의 영역, 즉 "모든 시대가 하나님에게 직접 맞닿아 있다"라는 랑케(Ranke)의 용어와 "영원과 마주보며 존재하는 것은 오직 하나밖에 없는데, 그것은 바로 현재이다'라는 키에르케고르(Kierkegaard)의 용어를 결합하여 작업한 것이다.

1922년에 바르트는 "모든 순간은 계시의 비밀을 품고 있으며, 모든 순간은 계시적 성격을 갖는 순간이 될 수 있다"라고 말하였는데, 불트만도 1958년에『역사와 종말론』(Geschichte und Eschatologie)의 결론 부분에서 문자적으로 거의 똑같이 그렇게 말한 적이 있다. 바르트와 불트만이 계시와 관련하여 '자기'를 강조하게 된 것은 마르부르크(Marburg)대학의 스승이었던 헤르만으로부터 유래한 것이다.

헤르만이 쓴 "우리에게 일어난 하나님의 계시"(Gottes Offenbarung an uns)라는 글에서 "하나님이 우리에게 활동하심으로써 자기 자신을 우리에게 계시하시지 않는다면, 달리 우리가 하나님을 인식할 수 있는 방법은 없다"라고 말한다. 우리가 하나님을 믿는다면 인식에서 그의 목소리를 듣게 되는데 그러나 그 인식으로는 하나님을 믿는 사람은 없다는 것이다. 34)

헤르만의 영향을 받은 바르트와 불트만은 이 문장에서처럼 하나님의 계시와 활동, 인식을 하나로 결합하는 행동주의(Aktualismus)를 대변한다. 논쟁의 초점은 바르트와 불트만이 헤르만의 계시이해로 부터 시작하다가 각기 달라지는 지점을 객관적으로 이해하는 것에 있다. 이 문장은 하나님이 분명히 자기 자신(sich-selbst)을 우리에게 계시하는 뜻인지, 아니면 하나님이 분명히 자기를 우리 자신(uns-selbst)에게 계시하신다는 뜻인가? 자기계시라는 말에서

---

34) W. Hermann,『Gottes Offenbarung an uns』, 1908. p.7.; W. Hermann,『Die Wirklichkeit Gottes』(Verlag von J.C.B.Mohr: Tübingen, 1914), p.16. 헤르만은 인간이 그의 생에서 진리를 추구하는 세 가지 형태를 말하는 데 그것은 도덕, 학문 그리고 예술이라고 한다. 이것들은 종교와 연관이있다고 주장한다.

'자기'는 실제적으로 하나님과 관련된 것인가, 아니면 인간과 관련된 것인가? 하나님의 계시는 객관적으로 설명될 수 없다. 그러나 객관화할 수 없는 주체성 안에서 경험될 수 있다. 그러므로 헤르만의 신학을 대변하는 용어로서 인간학적 의미를 지닌 '자기' 보다 더 나은 것은 없다. 하지만 바르트는 자신의 논문에서 '자기' 라는 단어가 이런 의미로서는 계시신학의 최종적인 말이 될 수 없다고 말한다.

"하나님이 '자신'을 인식할 수 있도록 인간에게 내어주시기를 기뻐하기 때문에, 하나님의 말씀이 인간에게 주어졌으며 비로소 인간은 자기 '자신'을 질문할 수 있게 된다." 이런 면에서 교의학은 Deus dixit(하나님이 말씀하셨다)로부터 시작해야 한다. 그러므로 바르트에게서 신학적 지식의 근거는 종교적 체험에 있지 않고 그리스도교적 진리의 자족성(Autopistie), 독자성에 있다.

바르트가 요구하는 전환이란 하나님이 말씀하신(Deus dixit) 행위 안에서 자기 자신을 계시하시는 하나님의 삼위일체적, 초월적 주체성으로의 전환을 말한다. 이것은 안셀름의 존재론적 신증명에서 이미 제시되었고, 그 다음에는 헤겔에 의해 상세하게 설명되었으며, 그리고 나중에는 바르트에 의해 하나님의 자기계시라는 사상으로 더 진척되었던 사상적 전환이다.

헤르만의 '자기'는 바르트에게서 신학적인 개념이 되었다. 하나님은 우주로부터도, 인간 실존의 심연으로부터도 증명될 수 없다. 하나님은 자기 자신을 통해 자신을 증명하신다. 그분의 계시는 하나님 자신에 의해 성취되는 하나님 증명이다. 하나님 자신 외에는 그 누구도 하나님을 드러낼 수 없다. 하나님이 누구신가는 오로지 그분의 계시로부터만 알 수 있다. 그러므로 각자에게 자기가 경험한 역사는 결정적인 의미를 갖는다. 이 궁핍함과 기적이라는 역사 안에서 그에게 영향을 주는 하나님을 발견하게 되는 것이다.[35]

삼위일체론은 자기 계시의 전개, 즉 하나님의 말씀(Deus dixit) 사건의 주

---

35) W. Hermann, 『Die Wirklichkeit Gottes』, aaO., p.47.

체, 술어와 대상에 대한 질문으로 부터 생겨났다. 하나님 자신이야 말로 곧 계시하시는 자(아버지), 계시 사건(성령), 계시된 자(아들)이다.[36] 하나님이 자기 자신을 계시하신다는 것은 하나님이 자신을 '하나님과 주님으로' 계시하신다는 것을 의미한다. 이런 맥락에서 '자기 계시' 란 무엇을 의미하는가? 자신을 계시하실 때 하나님은 지금 자신을 계시하는 모습 그대로 '예전에도 그 자신 안에서' 그렇게 존재하셨다는 것, 자신을 주님으로 드러내시는 하나님의 계시 안에서 인간은 하나님 자신과 관계를 맺는다는 것, 그분 자신을 신뢰할 수 있다는 것을 의미한다. 하나님은 자신의 통치를 계시하시고, 아들 안에 있는 약속과 희망으로 자신을 계시하심으로써, 자기 자신을 계시하신다.

나가는 말

몰트만은 제2차 세계대전을 전쟁의 비참함과 죽음이 얼마나 두려운 것인지를 몸소 경험한 사람이다. 자신이 전쟁포로가 되어 미군군목이 전해준 쪽 복음인 시편과 마가복음을 읽으면서 하나님을 알게 되고 그리스도를 영접한 사람이 되었다.

그가 발견한 그리스도는 '영광의 희망'(골 1:27)이었다. 그리스도가 왜 희망인가? 그가 중요시 여기는 것은 죄와 죽음을 이기시고 부활하신 그리스도이다. 부활의 사건이 곧 희망이라는 것이다. 교회는 죽은 사람들이 부활할 것이

---

36) K. Barth, 『Kirchliche Dogmatik』, Erster Band, Die Lehre vom Wort Gottes(EVZ-Verlag: Zürich, 1964), p.124ff. 바르트는 말씀의 세 가지 형태를 말한다. 그것은 하나님의 말씀의 계시 됨(Offenbartes Wort Gottes), 하나님의 기록된 말씀(Geschriebenes Worrt Gottes) 그리고 선포된 말씀(Verkündigtes Wort Gottes)이다. 이것을 각기 계시(Offenbarung), 성경(Schrift) 그리고 선포(Verkündigung)으로 부른다. 이러한 말씀의 삼중성과 계시의 삼중성은 서로 연관을 가진다.

라는 희망 때문에(행 23:6) 이 땅에서 고난을 받는다. 그리고 고난은 바로 몰트만에 의하면 십자가의 사건 그 자체이다.

몰트만이 보는 희망의 반대는 절망인데 오만과 절망이 그 대표적인 것들이다. 하나님이 주시는 것을 미리 취하거나 아니면 자포자기하는 것을 말한다. 기다림으로 표현되는 라틴어 단어들(expectare, opperiri, manere)은 모두 '무엇인가를 취하기 위해 준비하고 서있는 것을'(zum Empfang bereit stehen) 의미한다.

몰트만은 희망의 종말론의 근거를 하나님의 말씀으로서의 계약과 약속, 계시에서 찾으며 그에게 출애굽과 그리스도의 부활의 사건은 희망의 종말론에서 핵심 용어이다. 이런 면에서 그는 바르트 신학에서 보여 지는 개혁의 전통을 이어 받고 있다. 그래서 그는 희랍의 사변철학적인 신학을 거부한다.

다른 한편으로 그는 세상에서 일어나는 제반 사건들과 상황에 '고난의 십자가와 영광스러운 부활'을 연결시켜 세상적인 사고를 신앙의 희망으로 변혁시키기를 주장한다. 이것이 몰트만의 신학이 갖는 강조점 중의 하나이며 이것은 불트만의 실존론적 신학 방법을 자연스럽게 받아들인다.

기독교적 희망은 우리가 바라는 것이나, 두려움이나 또는 미래 그 자체에 대해 말하는 것이 아니라 예수 그리스도와 그의 미래에 대해 말하는 것이다. 그가 이세계로 오심, 그가 전하신 가난한 자와 병자와 아이들을 위한 하나님 나라의 복음, 그가 당하신 고난과 십자가에 죽으심, 그리고 그의 영광스러운 부활과 그가 계시하신 생명의 영원함 등이다. 기독교적 희망은 그의 역사와 부활의 현존 안에서 예수 그리스도의 미래에 그 단단한 닻을 내리고 있다. 그리고 그이 삶과 역사 중간에 십자가가 서 있다.[37]

그렇다면 종말은 과연 무엇인가? 몰트만은 바르트의 초월적, 불트만의 실존론적, 알트하우스의 가치론적 그리고 헬라 철학의 영향을 받고 있는 독일

---

37) J. Moltmann, "희망의 시작과 우리의 미래", 전게서, 15쪽.

관념주의적인 종말에서 자신을 차별화 시킨다. 그것은 이스라엘이 경험한 하나님과의 약속에 근거를 둔 '계시적 종말'(offenbarende Endzeit)이다. 그래서 몰트만이 이해하는 하나님은 '오시는 하나님'(der kommende Gott)이시다.

그리스도께서 오신다. 우리는 그의 오심을 복음의 말씀과 우리를 살리시는 영안에서 경험한다. 우리는 그분의 현존을 믿음의 공동체 안에서 세례와 성찬을 통해 경험한다. 가난한 자들과 병든자들의 공동체 안에서 경험한다.38) 그리고 우리는 다른 피조물들과 함께 우리 몸의 속량을 기다리는 것이다(롬 8:23).

---

38) 상게서, 16쪽.

부 록

『군주론』의 경영원리에 나타난
한국장로교회 연합사역의 가능성

이 소논문은 마키아벨리의 『군주론』에서 보여지는 경영원리를 한국장로교회의 연합사역에 접목시켜 경영전략이 어떻게 한국장로교회에 접목되어 재해석 될 수 있는지를 살펴보려한다. 이 논문이 추구하는 논리 전개는 마키아벨리의 『군주론』에 충실하되 마키아벨리즘으로 대변되는 그의 경영 원리와 리더십 이론을 한국장로교회 연합사업에 적용해 보려한다.

들어가는 말

경영이라는 말의 사전적 의미는 '인간이 생명을 영위하기 위해 자연을 가공하여 인간에 필요한 재화나 서비스를 생산하여 필요한 사람들에게 전달하기 위해 수행하는 것'[1]이라고 말 할 수 있다. 이러한 재화나 서비스의 창출은 인간의 생활에 중요하며 그것들의 효율적인 수행이 기업이나 군대, 학교나 병원,

교회에 이르는 공공성을 띤 기관들에서 잘 이루어질 때 국가 경쟁력을 높이는 길임은 자명한 사실이다.

21세기에 살고 있는 우리에게 필요한 경영이란 물적자원, 인적자원, 재무자원 뿐 아니라 정보자원 등을 포함하여 여러 가지 자원들을 효율적(efficient)이고 효과적으로(effectively) 이용하여 고객이 필요로 하는 재화나 서비스를 제공하는 것이 무엇보다 급선무이다.[2] 과거의 경영학은 자본주의 체제하에서 가치창출의 역할을 담당하는 기업에만 국한 되었으나 90년대 후반부터 효율성 중심의 조직운영이 중요시 되면서 넓은 의미에서의 연구가 필요하게 되었고 현재 경영 마인드 도입이 활발히 진행되고 있다.[3]

본 논문에서 중점적으로 다루어질 마키아벨리의 국가경영 전략을 제시한 『군주론』은 지금까지의 전통적인 국가 경영의 원리인 '정의와 본질, 인간의 신에 대한 의무와 권리, 신의 목적과 인간의 구원' 등을 전제로 하는 종교적이며 철학적인 내용들에 관심을 갖지 않았으며 그것 보다는 무엇이 국가를 강력하게 하며, 무엇이 자유를 가능하게 하며, 어떻게 통일된 국가 권력이 쉽게 장악되어 지속될 것인가를 알고자 했다. 이러한 질문들에 대한 답으로 흥미를 끄는 것은 항상 역사였으며, 따라서 그의 책들은 구체적인 국가경영과 전략의

---

1) 유필화 외 4인, 『디지털 시대의 경영학』(서울: 박영사, 2001), 6쪽 참조.

2) 효율과 효과에 대해 구분해야 할 필요가 있다. 피터 드러커(P. Drucker)는 효율을 어떤 일을 바르게 하는 것으로 보았고 효과란 바른 일을 하는 것과 구분하였다. 효율은 행동계획과 자원의 양에 관계된 개념이고 효과는 목표와 질에 관계된 개념이라고 할 수 있다. 이 말은 전자는 계획을 잘 세우는 것(doing things right)을 의미하며 후자는 계획을 세운 것이 결과적으로 좋은 성과를 얻어야 한다(doing the right things)는 것을 말한다. 효율은 일정한 산출물을 생산하기 위해 더욱 적은 자원을 사용하는 것을 말하며 효과란 조직이 적절한 목적을 설정하고 추구하는 능력을 말한다. 참조: 상게서, 10쪽.

3) 조동성, 21세기를 위한 경영학(서울: 도서출판 서울경제경영, 2000), 19쪽이하. 이 책에서 정의한 경영학은 기업경영을 연구하는 학문에서 시작하여 경영체의 경영활동을 합리적으로 수행하기위한 제 법칙이다. 전자는 미국식 경영학, 후자는 독일식 경영학에 기초를 둔 이해이다. 경영학의 연구 대상은 산업조직체와 비영리기업이며 비영리 기업에는 정부와 교회, 단체, 군대, 경찰서, 학교, 가정, 도서관 등이 포함된다.

예들로 가득 차 있다.[4]

한국장로교는 이제 선교 130주년을 맞는다. 이런 시점에서 한국장로교회는 외형적으로 많이 성장했다. 곳곳에 있는 산재해 있는 대형교회들은 지역사회에서 무소불위의 막강한 힘을 가지고 있다. 그러기 때문에 관공서나 다른 여타의 기관들 특히 선거를 치루는 시군의회나 국회의원들, 심지어 대선후보들까지 교회의 협조를 받으려고 안간힘을 쓰는 경우가 비일비재하다.

그런데 내부적으로 한국장로교회를 들여다보면 많은 문제점들이 있다. 지난 2007년도에는 '1907년 성령 대 부흥운동 100주년'을 맞아 다시 한 번 성령의 바람을 전국적으로 불어 일으키자고 하면서 각 교단별로 교세확장운동을 전개하였으나 특별한 성과를 거두지 못하고 말았다.

한국장로교회에 속한 개 교회들은 교회의 본래 사명인 하나님 나라의 확장을 위해 "참된 하나님의 말씀 선포와 주께서 세우신 올바른 성례전"을 행하기 위해 최선을 다하고 있다. 또한 7만 8000개의 한국장로교회가 한국사회뿐 아니라 전세계 곳곳에 흩어져 존재하면서도 한국인이 나아가야 할 예언자적 방향제시를 뚜렷하게 제시하지 못하고 있다. 왜 그런가? 이에 대한 전적인 책임은 교회를 이끌어가는 목회자와 교회를 이끌어가는 지도층이라고 할 수 있는 당회원에게 있다.[5]

특히 한국의 장로교회는 당회가 교회행정의 중추적인 역할을 하기 때문에 당회의 어려움은 교회의 어려움이며 이것이 노회와 총회에까지 파급되어 가

---

4) 참조: J. Plamenatz, *Man and Society*, 김홍명 역, 『정치사상사』, 마키아벨리에서 몽테스키외까지 (서울: 풀빛, 1986), 37쪽. 그가 전통적인 의미에서 정치철학자가 아니었기 때문에 실천적 정치과 학자라고 불리었다. 그의 논리 전개방식은 사실에 호소함으로써 그의 결론들을 이끌어 냈다.

5) 한국장로교회는 2012년 현재 문화체육관광부 자료에 의하면 118개 종단에 7만 7966개의 교회가 있다고 한다. 교회를 성화의 공동체로 이해한 존 웨슬리의 말처럼 성화란 세상으로부터의 거룩함과 동시에 세상을 섬기는 사랑과 나눔으로 이해해야 한다. 『유럽 크리스챤 신문』. 제 137호 2013년 2월호, 11쪽.

는 것을 보게 된다. 그렇다면 오늘의 당회는 그 내부 형편이 어떠한가? 여기저기에서 듣는 바에 의하면 다수의 교회들이 평안하지 못한 것 같다. 그에 대한 원인으로는 목회자의 비전제시가 확실치 못한 것과 이에 못지않게 교회가 세속화 되어버려 목회자의 신분을 직업인으로 까지 격하시켜 마치 교회는 기업과 다르지 않은 또 하나의 기업체로 간주한다는 데에 그 근본원인이 있다. 이미 세속화된 이 사회에서 교회는 정말 기업으로 간주해야 할 것인가?

한국장로교회들이 몸살을 앓고 있다. 1980년대 까지만 해도 인구의 25%인 1,200만 명이 개신교인이라고 자랑을 했었는데 지금은 문공부 통계에서 개신교인은 약 870만 정도로 추산하고 있다. 반대로 가톨릭은 개신교처럼 전도에 열심을 내지 않았는데도 꾸준히 증가하여 1970년대 150만 성도가 공식적으로 500만 아니 그 이상이라고 발표하고 있다.[6] 비 신앙인이 기독교 신앙을 가지고 싶을 때 가톨릭을 선호하는 경우가 종종 있다.[7] 한국장로교회와는 다르게 가톨릭교회는 하나의 목소리를 내면서 사회를 향해 시대적인 예언자적 사명을 감당하고 있다. 왜 그런가? 그들이 갖는 중앙 집권적인 구조와 체제 때문 일 것이다.

그렇다면 이러한 상반된 상황을 접하면서 마키아벨리의 『군주론』[8]에서

---

6) 2012년 기준 한국의 종교별분포로는 개신교 22.5%, 불교 22.1%, 천주교 10.1% 기타 0.5% 순으로 개신교가 1위인 것은 사실이지만 천주교는 1998년 7.5%, 2004년 8.2%를 넘어 1012년 10.1%까지 상승세를 유지하고 있다.

7) 지난 4월 5일 장충동 엠베세더 호텔에서 열린 미래목회 포럼(대표 오정호) 제49차 정기조찬모임에서 "한국 교회의 미래를 논하다" 주제 발표를 한 최윤식박사(아시아 미래학회 회장) 의하면 "10년 안에 다가오는 위기에 대한 대응책이나 변화를 모색하지 않는다면 한국장로교회는 절체절명의 위기를 경험하게 될 것이다. 한국장로교회뿐만 아니라 한국의 선교도 동시에 무너질 것이다. 앞으로 10년은 한국 기독교역사 130년 만에 급격하게 몰락할 것인지, 새로운 100년의 부흥기를 열 것인가의 갈림길이 될 것이다."라고 말했다. 최박사의 구체적인지적은 한국장로교회의 양적 감소, 교회 인구의 노령화, 교회 재정 약화로 인한 교회 부도, 사역 약화, 선교 동력 상실 등 통계 및 분석 자료를 근거로, 앞으로 10년을 어떻게 준비하고 대응하는가에 따라 교회 몰락 내지 교회 부흥의 역사를 다시 쓰게 될 것이라고 주장했다. 참조: http://www.newsmission.com/news 2013년 4월 9일.

8) R. King, 『Machiavelli』, Philosoph der Macht, Aus dem Englischen von Stefanie Kremer (Knaus :

'교회경영의 한 기법을 찾아보는 것은 어떨까?' 라고 하는 것이 이 논문이 추구하려는 것이다. 여기에서 전제하고 싶은 것은 마키아벨리가 살던 그 당시의 이탈리아가 사분오열되어 통일된 이웃 국가들의 침략과 약탈의 장소가 되어 버렸을 때라는 점이다. 이때 마키아벨리는 『군주론』을 통해 강력한 군주가 메디치가에서 등장하여 자신의 조국을 통일시켜 주기를 염원하던 정치기술을 경영학적으로 제시하였다는 점이다. 오늘의 한국개신교회가 "몸이 하나요 성령도 한 분이시니"(엡 4:4)라고 신앙적으로 고백하면서도 외부적으로나 내부적으로 사분오열되어 있을 때 마키아벨리의 경영원리를 부분적으로 도입하여 볼 수 있지 않을까라고 문제를 제기해 본다.

이러한 전제하에서 본 논문이 추구하는 바는 마키아벨리즘을 형성시킨 그의 성장 배경과 경영원리를 살펴보고 그의 주저서인 『군주론』에서 나타난 리더십이 어떤 것임을 권력의 관점에서 분석하고 이것을 한국장로교회의 연합과 목회사역의 경영전략 관점에서 어떻게 접목되어 해석되는지를 살펴보려 한다.

I. 마키아벨리즘의 경영원리

1. 『군주론』과 마키아벨리즘

마키아벨리의 『군주론』에 관한 연구는 지금까지 정치, 사회학 분야에서 해외는 물론 국내에서도 수많은 논문과 저술, 번역서들이 나왔다. 그의 국가 경영과 정치사상을 담은 소책자 마키아벨리의 『군주론』은 그가 사망한 5년 후인

München, 2007). 이 책은 2007년 미국 Atlas Books 시리즈로 나온 것을 독일어로 번역된 것으로 마키아벨리를 '권력의 철학자'(Philosopher of Power)로 지칭 하고 있다.

1532년 로마에서 출간 이래 1536년 추기경 레지날 포올에 의해 '악마의 손에 의해 기록되었다'라고 단정되었으며 영국의 헨리 8세도 이 책의 독자들에게 경고를 했다.9) 로마 교황청은 1559년에 이 책을 금서로 낙인을 찍고 개신교 역시 여기에 동조했다는 것은 정치와 종교가 긴밀하게 연결되던 서구사회에서 이 책의 내용이 갖는 비도덕적이며 반정부적 그리고 반종교적인 사상이 얼마나 위험한 것이었는가를 반증해 주는 것이었다.10)

이 책이 출간 된 이후 많은 군주와 정치가들이 이 책에 대한 찬반을 논하면서 오늘에 이르게 되었는데 대표적으로는 1930년대 나찌즘과 파시즘으로 규정되는 전체주의가 인류의 공적으로 등장하자 그 전체주의의 잔학성과 부도덕성속에 「마키아벨리즘」11)의 망령이 내재하지 않았는가라는 물음을 던지기도 했다. 마키아벨리즘이 전체주의적이며 국수주의적인 정치이념과 국가 경영의 전략을 새롭게 제공했다는 말이 된다.

오늘의 정치학을 주도하는 영국과 미국의 사상가들은 정치의 궁극적 목적은 개개인의 행복추구라고 말하기 때문에 정치는 윤리와 도덕에서 독립하여 존재할 수 없는 것으로 이해하고 있다. 경영 역시 리더십의 관점에서 보면 "사람들의 개인적, 사회적, 전문 직업인으로서 삶을 개선시키는 방법"12)이라고

---

9) 세계대사상대전집 3, 마키아벨리,『군주론』(서울: 대양서적, 1992), 30쪽.

10) M. Knoll / S. Saracino (Hg),『Niccolò Machiavelli』, Die Geburt des Staates (Franz Steiner Verlag: Stuttgart, 2000), 10쪽. 마키아벨리의『군주론』에 대한 반대의 목소리는 매우 거셌다. 프로이센의 왕 프리드리히 II.세는 마키아벨리를 '범죄의 교사'라고 표현 하면서 인류를 거스리는 매우 악한 것이므로 막아야 한다고 말했다.

11) 마키아벨리즘은 흔히 이기적이고 교활하고 도덕적으로 잘못된 행위를 정당화하는 관념체계를 지칭한다. 곽차섭 교수는 서구 근대 정치사상사에서 마키아벨리즘이라는 개념의 역사적 전개 과정을 추적한 논문에서 그 개념을 세 가지로 파악하였다. 1. 마키아벨리즘은 무엇보다 공익, 특히 국가이익을 위해서는 수단의 도덕적 선악에 관계없이 효율성과 유용성만을 고려하는 마키아벨리 자신의 정치사상을 지칭한다. 2. 대부분의 사람들이 받아들이는 관념으로 공익을 도외시하면서 수단방법을 가리지 않고 오직 개인이나 파당의 이익만을 추구하는 정치관행을 지칭한다. 3. 광범위한 범위에서 정치라는 범주를 떠나 사회의 삶속에서 자기 이익을 거리낌 없이 남을 희생시키는 처세방식 이다. 참조: 곽차섭, 마키아벨리즘과 근대국가의 이념(서울:현상과 인식, 1994), 216쪽.

할 때 국가경영이 국가이성이 실현되는 권모술수의 장만이 아니라 도덕과 윤리를 실현하는 실천(實踐)의 장(場)이 될 수 있을까, 라는 문제를 제기해 볼 수 있다.

이 논문을 쓰면서 접한 국내의 선행연구들로는 1983년 진원숙의「마키아벨리의 도덕성론」으로부터 시작하여 2011년 김경희의 "독존"에서 "공존"으로: "마키아밸리의『군주론』해석에 대한 일 고찰"에 이르기까지 여러 편의 논문 등과 번역서들이었다.13)

마키아벨리는 국가 경영의 현실정치주의자로 해석되고 있다. 외국에서는 오래전부터 연구의 대상이 되어 왔으나 한국에서는 2003년 강정인 외 1인에 의해『로마사 논고』가 번역된 이후 그의 공화주의자적 면모가 재조명되기 시작했다.

마키아베리를 이해할 수 있는 입문서로는 Fischer Bücherei에서 나온 시리즈 133번『Machiavelli』로서 그이 생애로부터 시작하여 세계관 정치와 국가에 대해 간략하게 서술하고 있다.14)

마키아벨리의 연구의 필독서로는 마키아벨리의 문서모음(Machiavelli Gesammelte Schriften)이다.15) 이 책은 총 5권으로 되어있으며 로마제국의 멸

---

12) P. G. Northouse,『리더십 이론과 실제』, 김남현 역(서울: 경문사, 2010), 2쪽.

13) 전원숙, "마키아벨리의 도덕성론", 호서사학회,『역사와 담론』, 제11집, 1983년, 145-164쪽, 전원숙, "군주론의서술동기 일고", 계명대학교,『동서문화』, 제26집, 1994, 147-164쪽, 양참삼, "마키아벨리의 국가경영과 리더십", 한국인문사회과학회,『현상과 인식』, 제30권 1.2호(통권 98호), 2006, 109-125쪽. 세계대사상대전집 3, 마키아벨리,『군주론』(서울: 대양서적, 1992). N. Machiavelli, IL Principe, 강정인, 김경희 역,『군주론』(서울: 2011), N. Machiavelli, Discourses on the First Ten Books of Titus Livius, 강정인, 안선재 역,『로마사 논고』, (서울: 한길사, 2003).

14) C. Schmid,『MACHIAVELLI』(Fischer Bücherei : Frankfurt·Berlin, 1956). 이 책에는 그가 왜 글을 써서 많은 작품을 남겼는가 대한 언급이 나온다. 처음에 그는 애굽에서 신음하는 이스라엘의 신음과 모세의 용기있는 행동을 예를 든다. 아마도 자신이 그런 용기를 보여주고 싶다는 것 같다. 그래서 어떤 사람은 마키아벨리를 예언자라고 칭하기도 한다.

15) H. Floerke (Hg.),『Machiavelli / Gesammelte Schriften』(Georg Müller : München, MCMXXV). 이 책은 총 5권으로 되어있으며 제1권은 로마의 멸망로부터 1434년까지 이탈리아

망으로부터 시작하여 플로렌츠 도시국가의 형성과 내·외적인 사안들을 다룬 역사서 이다. 필자가 감동적으로 접한 책으로는 H. Münkler의 *Machiavelli*이다. 이 책은 부제가 '프로렌츠 공화국의 위기로부터 근대 정치사고의 확립'으로 되어 있다.16)

특히 독일 만하임에서의 열린 메디치전시회에서 구입한 『*DIE MEDICHI*』라는 화보겸용으로 된 책은 최근에 나온 책으로서 메디치가문을 통해 마키아벨리를 이해하는 데 매우 유용하다.17)

2. 왜 마키아벨리즘인가?

마키아벨리의 『군주론』을 접할 때 우선적으로 접하게 되는 '여우의 교활함과 사자의 잔인함' 이라는 말이다. 이 말에 대한 일반적인 해석은 인간관계에서

에서 일어난 사건을 간략하게 다루고 있다. 제2권은 플로렌츠 국가의 기원과 전쟁에 대해서인데 아테네에서 공작이 교황에게 쫓겨난 것을 서술하고 있다. 제3권은 네아펠의 라디스라우스 왕의 죽음을 다루며 제4-5권은 1434년 이후 플로렌츠국가에서 일어난 내외적인 일들을 서술하고 있다. 제1권 서문에서 언급된 베이컨의 이야기는 감동적이다. "우리는 그에게 감사해야 한다. 왜냐면 그는 어떻게 인간들이 행동해야 하는 것을 말한 것이 아니라, 습관적으로 행하는 것을 돌려서 말하지 않고 공개적으로 말했기 때문이다. Bacon.

16) H. Münkler, 『Machiavelli』, Die Begründung des politischen Denkens der Neuzeit aus der Krise der Republik Florenz (Europäische Verlagsanstalt : Frankfurt am Main, 1982). 이 책은 마키아벨리의 이론이 나오기까지 유럽의 정차와 종교 그리고 경제 부분의 역사적인 배경으로부터 시작하는 귀한 자료이다. 마키아벨리는 역사철학의 질서를 순환(Der Zyklus)으로 보았다. 그가 분석한 플로렌츠의 국가발전은 공화국(Republik)에서 시작하여 혼합정치, 순수 공화정, 혼합정치 등을 반복하여 거쳐서 순수한 군주국(Prizipat)으로 갔다는 것이다. 그가 제시한 메디치가의 지배는 1434년-1494년까지와 1612년-1527년은 혼합정치 이었으며 1531년-1737년은 순수 군주국으로 보았다. 이것을 곡선 그림으로 세밀하게 분석주명하였다. 참조: A. Wieczorek, 『Die Medici』, aaO., 83쪽.

17) A. Wieczorek, G. Rosendahl, D. Lippi (Hrsg.), 『Die Medici』, Menschen, Macht, Leidenschaft (Schnell-Steiner : Mannheim, 2013), p.11, im Vorwort. 이 전시회의 주제는 사람들, 권력 그리고 고난이었다. 이것은 권력을 장기간 소유한다는 것이 얼마나 어려운 것인가를 유품과 함께 보여주는 전시회였다. 주제를 오늘의 말로 해석해 사람들에 의해 권력이 형성 되지만 고난이 뒤따른다는 것이다. 이 전시회는 2013년 2월 17일부터 7월 28일까지 장장 6개월간 계속되고 있다.

'목적만 정당하다면 그 목적을 달성하기 위해 수단은 정당하지 않아도 되는 것'으로 인식되고 있다. 마키아벨리는 '악덕 없이 권력을 보존하기가 어려울 때에는 그 악덕으로 인해서 권력을 보존하는 것을 개의치 말라'라고 말한다.[18] 이것이 의미하는 바는 권력의 유지는 권력이 갖는 특성상 악덕이 뒷받침 되어야 한다는 것이다. 그러나 마키아벨리가 살았던 그 시대로 거슬러 올라가 마키아벨리즘이라는 말을 재조명해 보면, 그가 주장하는 논리가 당연하게 받아들여질 수도 있다.

마키아벨리가 살던 그 시대는 르네상스 시대였고, 이 시기를 통해 중세유럽의 문화가 근대적인 문화에로의 탈바꿈하던 때였다. 이러한 르네상스의 본고향인 이탈리아는 지적으로나 문화·사회적으로 그 어느 나라보다 뛰어났음에도 불구하고 과거 찬란하던 로마제국의 위용을 찾아보기 힘들 정도로 정치, 사회적으로 분열과 혼란의 시대에 놓여 있었다.

이렇게 된 이유로는 외부적으로 주변의 통일 국가를 이룬 프랑스 · 스페인 · 오스트리아 등이 자신들의 세력을 확장하기 위해 이탈리아 영토를 전쟁의 각축장으로 이용하고 있었다. 16세기 초반에 로마제국의 본토 이탈리아는 교황청(Rome), 나폴리 왕국(Königreich Neapel), 밀라노 공국(kirche Staat), 베네치아 공화국(Republik Venedig), 플로렌츠 공화국(Republik Florenz) 등 다섯 개의 도시국가로 분열되어 서로 대립하고 있기 때문이었다.[19] 그 분열 양상도 복잡하여 이 도시국가들은 외국세력과의 결탁이 없이는 독립 국가를 유지할 수 없었으며, 교황청도 정신적으로는 최고의 권위를 가진 국가였으나 이미 세속화되어 프랑스의 지원을 받아 그 세력을 겨우 유지할 수 있을 정도였다. "교황령의 독립도 외형상에 지나지 않았으며, 각국의 내부에 있어서도 당파적 대립이 격화되었던 시기였다."[20] 이러한 혼란과 격동의 시대에서 마키아벨리는

---

18) 니콜로 마키아벨리,『군주론』,강정인, 김경희 역(서울:까치출판사,2008) 107쪽.
19) R. King,『Machiavelli』, 상게서, 6쪽; 마키아벨리, 상게서. 6쪽.

"국민의 지지를 받는 절대 군주국의 조직을 지향하는 당대의 철학을 반영"하여 "봉건적 무정부 상태에 종지부"를 찍어야 하는 강력한 새로운 군주의 출현을 염원했다.[21] 이것이 그가 구상한 국가 경영전략의 원리이며 그 원리들은『군주론』에 담아 마키아벨리즘으로 계승하고 있다.

마키아벨리가 『군주론』에서 강조하고 있는 것은 '국가는 강하고 통일된 국가로 건설되어야 한다'는 것이다. 그 이유는 이탈리아가 주변의 통일된 국가들로 부터 "짓밟히고, 약탈당하고 갈기갈기 찢기고, 유린당하여, 한마디로 완전히 황폐한 상황에"[22] 있기 때문이었다. 그러려면 '강한 지도자가 출현해야 하고, 모든 권력이 군주에게 집중되어야 한다'고 주장한다. 마키아벨리가 주장하는 강한 지도자란 바로 '제방'을 튼튼히 쌓아 외세에 대항하여 그들을 쫓아낼 수 있는 강력한 통일국가를 이룩할 수 있는 메디치가에서의 특출한 인물을 말한다.[23]

마키아벨리즘에서 보여지는 강력한 통일국가를 이루기 위해 이때 군주에게 주어지는 권력은 군주 개인을 위한 권력이 아니라 국민을 위한 권력이다. 이 권력은 국내와 국외에서 야만족의 폭정에 시달리고 있는 이탈리아 국민들에게 안정된 국가를 제공하기 위한 절대 권력을 말하는 것이다. 마키아벨리는 이런 국가를 세워 안정시키고 발전시키는 군주라면 그가 갖는 권력은 어떤 것이 될지라도 정당하다고 『군주론』을 통해 밝히고 있다. 다시 말하면 마키아벨리즘으로 표현되는 '여우의 교활함과 사자의 폭력'이 통일대업을 이루려는

---

20) 정치학 대사전(서울, 전영사, 1996), 537쪽.

21) 안터니오 그람시 저,『현대의 군주』, 이상훈 역,(서울: 거름, 1986). 136쪽.

22) 상게서, 170쪽. 마키아벨리는 자신의 『군주론』에서 이탈리아가 이스라엘보다 더 예속되어있고, 페르시아인들 보다 더 억압받고 있으며, 아테네인들보다 더 지리멸렬해 있는 데다가 인정받는 지도자가 없어 질서나 안정도 없다고 당시의 처참한 국가의 상황을 예리하게 분석하고 있다.

23)『마키아벨리』, 상게서. 230쪽. 여기에서 그가 말하고 있는 것은 바로 모세나 키로스, 테세우스 같은 영웅들의 출현인데 메디치가의 체사레 보르자가 그 일을 수행할 능력이 있는 사람이라고 전제하고 있다.

메디치가의 군주에게 주어져야 하며 그것이 국가경영의 전략으로서 최적의 방법임을 지칭하는 것이었다. 마키아벨리가 지향하는 바는 그 무엇보다 조국 이탈리아를 통일 할 수 있는 강력한 힘이었고, 이를 성취하기 위한 메디치가에서의 절대군주의 탄생과 그 절대군주에게 주어지는 권모술수를 인정하는 것이었다.

필자는 2013년 3월 초에 독일 하이델베르크에 와서 제일먼저 눈에 띈 광고가 만하임(Mannheim)에서 열리는 '메디치 전시회'(Die Medici)였다. 관심을 가지고 찾아간 전시회에서 구입한 책 서문에 의하면 "메디치 가문은 세계에서 명문가족 중의 하나이다. 그들의 이름은 르네상스와 권력, 부 그리고 예술의 촉진과 긴밀한 연관이 있다. 350년간 그들은 먼저 상인과 은행가로서 그 이후에는 플로렌스와 유럽의 명문가 대 공작으로 각인되었다."[24] 메디치 가문이 이탈리아 플로렌스 공화국을 이끈 하나의 귀족 가문이었으며 나아가서는 유럽의 상업과 예술의 발전 그리고 정치에 큰 영향력을 행사했다는 말이 된다.

마키아벨리의 『군주론』은 수세기 동안 여러 분야에서 많은 연구들이 지속되면서, 국내는 물론 해외에서 수많은 논문과 저술들이 나오고 있다. 그 만큼 『군주론』에 관한 관심이 많다는 증거이기도 하다. 무엇보다 관심을 끄는 점은 마키아벨리즘이 국가 경영이라는 정치 현실에서 뿐 아니라 실천적 기업이나 군대조직, 교회, 기타 공적인 조직의 경영에도 많은 도움을 줄 수 있기 때문이다.

3. 마키아벨리즘의 경영적용

마키아벨리의 『군주론』은 르네상스시대 플로렌스의 외교관이자 정치이론가

---

24) A. Wieczorek, G. Rosendahl, D. Lippi (Hrsg.), 『Die Medici』, aaO,

그리고 인문주의적 사상을 가진 저술가였던 리콜로 마키아벨리(1469-1527)가 로렌초 데 메디치(1449-1492)에게 헌정한 소책자이다. 메디치가는 1378년경 부터 시작해 1737년까지 350여년간 플로렌츠를 통치했으며 유럽에 정치 경 제, 문화적인 영향력을 준 가문이기도 하다. 메디치가에서 가장 뛰어난 인물 은 로렌초 데 메디치(Lorenzo der Prächtige, 1449-1492)였다.

『군주론』은 총 26장으로 이루어진 국가경영 실천 교과서적인 책으로서 내용을 분류해 보면 1장에서 11장까지는 군주국의 여러 형태와 성립과정을 기술하고 있으며 이때 가장 중요한 것은 자신의 군대와 능력으로 신생군주국 을 창건하는 길 만이 이탈리아 통일의 가능한 형태라고 한다. 12장에서 14장 까지는 자국군대의 중요성을 서술하면서 그 결과 군주는 자신의 군대가 없으 면 절대 안전할 수 없으므로 자신의 군대를 가져야만 한다고 말하고 있다.[25] 15장에서 26장까지는 군주의 정치적 실천원리를 설명한다. 그는 정치를 종교 와 도덕 그리고 윤리로부터 완전히 분리할 것을 주장한다.[26]

---

25) H. Münkler, R. Voigt, R. Walkenhaus (Hrsg.), 『Demaskierung der Macht』, Niccolò Machiavellis Stssts- und Politikverständnis (Nomos : Baden Baden, 2004), 14쪽 이하. 마키아벨 리가 1969년에 태어났던 때는 메디치가의 통치기간(Lorenzo de' Medici, 1449-1492)이었다. 로 렌츠 통치의 말기인 1490년 경에 Girolamo Savonarola(1452-1498)가 등장하여 암울한 회개의 설교를 외치면서 플로렌츠의 평화로운 삶을 뒤흔들었다. 그는 메디치가를 저주하면서 1494년 새로운 법을 만들고 하나님의 절대통치를 보여준다면서 각개인에게 사치와 오락을 즐기는 삶 을 금지했다. 그의 통치는 약 4년간 지속되었다. 그러나 1498년 5월 교황에 의해 이단자로 몰려 피아차 델라 시그노리아 광장에서 화형을 당했다. 마키아벨리는 자국의 군대가 없는 지도자의 말로를 사보나롤라에게서 경험 한 듯하다. 마키아벨리는 군대의 개혁을 주장한 사람이다. 김남준, 『기롤라모 사보나롤라』, 이탈리아의 플로렌스를 깨운 설교자 (솔로몬 : 서울, 2010). 이 책은 사보나롤라를 중세기의 세례요한으로 극찬한 책이다. 사보나롤라는 무장하지 않은 예언 자로서 플로렌스가 프랑스의 침략을 당한 것에 대해서 하나님의 심판이라고 예언하였다. 그러 므로 플로렌스 공중에 가득한 죄들을 회개해야 한다는 것이었다. 그는 압박한 종말을 외치면서 사람들을 열광주의 적인 종말신앙으로 이끌었다. 참조: V. Reinhardt, 『Machiavelli』, oder Die Kunst der Macht, Eine Biographie (Verlag C.H.Beck : München, 2012), 44쪽 이하.

26) 한국의 예를 들어보면 1970년대 군사 독재하에서 민주화의 열풍이 불어올 때 미국의 대통령으 로 당선된 지미 카터(J. Carter)에 대한 젊은 대학생들의 기대는 대단했었다. 기도하는 대통령이 한국이 인권탄압에 대한 것을 우선적으로 다루어 줌으로써 한국의 민주화가 앞당겨 질것으로

그가 근대 유럽사상사에 남긴 공적은 국가 경영 영역이 윤리나 종교 등 다른 영역과 구분된다는 점을 명료하게 밝힌 것 이었으며 그것이 종교적 규율이나 전통적인 윤리적 가치로 부터 자유스러워야 한다는 것이었다. 사상적으로는 현실주의 정치사상을 대변하고 정치적으로는 중앙집권적인 절대왕정의 정당성을 옹호하였다.[27] 정치는 결과를 중시하고, 그 과정에서 수단을 도덕이나 윤리로 부터 해방시킨다. 이렇게 결과를 목표로 하는 정치현실은 정치의 장에서 발생되는 신의에 바탕을 둔 과정으로서의 도덕과 윤리 그리고 법질서까지도 무시되는 냉혹함이 존재한다. 정치의 대상인 인간의 심리를 정확하게 꿰뚫고 이를 통치하는 구체적인 방법을 제시한다.『군주론』의 표지에는 비록 그 책이 로마 교황청인 바티칸의 금서이었지만 '500년 동안 세상을 다스린 리더들의 지침서'라고 표기되어 있다.

마키아벨리가 심혈을 기울여 연구한 "『군주론』은 권력의 운전자로서의 군주가 정치적 목적을 달성하기위해서는 수단과 방법에 구애되지 않는 타산가로서 어떻게 처신하여야 하는 가를 플로렌츠를 비롯한 당시의 정치상황과 과거의 사실을 들어 논한 것이다."[28] 이 책을 쓴 의도는 이탈리아를 완전히 통일하려는 애국적 희망과 르네상스시대의 이탈리아의 낮은 정치 수준을 끌러 올리려는 의도하다. 그러나 그 의도와는 다르게 『군주론』은 수단과 방법

예상했었다. 그런 기대와는 달리 미국은 이란에서 대사관이 점령되어 대사관 직원들이 눈을 감기고 끌려가는 등 큰 수모를 겪고 말았다. 결국 민주당은 그다음 대선에서 공화당 소속인 로널드 레건(R. Regan)에게 대통령직을 물려주어야만 했다. 정치가 갖는 대표적인 속성이 따로 존재한다는 것이다. 이후 카터 대통령은 일상으로 돌아가 한손에는 망치와 다른 손에는 톱을 들고 '집짓기 운동'(Havitate movement)을 전 세계적으로 전개하고 있다. 그는 집짓기로 더 유명하다.

27) N. Machiavelli, *Discourses on the First Ten Books of Titus Livius*, 강경인, 안선재 역,『로마사 논고』, (서울: 한길사, 2003), 11쪽. 이점이 그가 르네상스 이래 전개해온 중세유럽의 세속화 경향을 정치영역에서 철저히 추구하고 관철 시키려한 서양정치사상사에서 근대 기원을 연 인물로 평가된다.

28) 세계대사상대전집 3,『군주론』, 전게서, 39쪽.

을 가리지 말라는 정치철학서로 〈마키아벨리즘〉이란 부정적인 말을 만들어내게 됐다.

마키아벨리즘으로 이해되는 국가 경영의 이념을 바로 이해하기 위해서는 그의 인간관을 살펴볼 필요가 있다. 그의 인간관은 철저하게 부정적 인간관이다. 그가 받은 인문주의 교육에 의하면 인문주의란(humanism, 人文主義) 인간의 존재를 중요시하고 인간의 능력과 성품 그리고 인간의 현재적 소망과 행복을 무엇보다도 귀중하게 생각하는 정신이다. 이 휴머니즘이란 용어는 라틴어 휴마니스타(humanista)에서 나왔으며 그 의미는 인간적인 것들이다.29)

그런데 인문주의자 마키아벨리의 인간관이 부정적이라는 것은 어디에서 온 결과일까? 이에 대한 답으로는 그가 살던 이탈리아의 파벌적인 정치 현실과 투쟁속에서 보여지던 프랑스와 스페인의 침범과 그로인한 전쟁도발, 정치 현실에서의 배반과 아첨 그리고 자신이 공직생활을 통해 경험한 수많은 부정적인 인간의 심리상태를 통해 얻어진 결과일 것이다.

그렇다면 왜 마키아벨리는 인간의 합리성을 추구하는 인문주의 교육을 받고서도 인간에 대한 부정적인 생각을 떨쳐 버릴 수 없었을까? 이것을 알기 위해서는 그가 『군주론』을 통해 달성하고자 했던 국가 경영을 위한 메시지가 무엇이었는지에 대해 알아보아야 한다. 따라서 『군주론』의 내용을 중점적으로 요약하고 『군주론』의 지향점을 고찰하고자 한다.

---

29) 유럽에서의 르네상스(Renaissance)의 특징적 경향을 지칭하기도 한다. 인간의 창조적 표현물들인 예술·종교·철학·과학·윤리학 등을 높이 평가하고 고유의 가치를 지닌 것으로 여기며 이러한 것을 짓밟으려는 모든 압력으로부터 이러한 가치들을 옹호하려는 노력이 휴머니즘으로 통한다. 인간성(人間性)의 옹호를 목표로 하는 휴머니즘은 본질적으로 인간성을 신적인 제도와 굴레로부터 해방하려는 노력에서 시작되어서 14-15세기 이탈리아 르네상스를 계기로 개화하였다.

II. 권력의 원천과 리더십

1. 위대한 정신력(virtú)

라틴어에서 사용되는 덕(virtus)은 도덕적 차원에서 말하는 덕(morality)이 아니라 큰 대업을 이루게 하는 인간의 정신력과 역량을 의미한다. 이 말은 남자와 군인을 의미하는 라틴어 vir에서 왔으며 여기에 남자다움이라는 남성 어미 -tus를 붙여 virtus가 된 것이다. 인간의 행동이 거기에서 일어나는 힘과 활력으로서 일반적인 지혜나 이성과는 다른 차원의 것이다. 국가의 지도자가 갖는 "집중된 의지력, 안으로 부터 용솟음치는 구실을 개의치 않는 통찰력이다."30) 이 덕(virtus)은 국가의 지도라면 꼭 필요한 것으로서 개인과 집단에도 있다. "서구사회는 중세에서 근대로 오면서 역사의 무대에서 인간이 중요한 역할을 하는 것을 인식하게 되었다. 인간이 이성을 사용하는 한, 인류는 진보한다는 낙관주의가 지배하게 되었다. 역사가 인간소외와 투쟁의 역사로 전개되어갈 때, 역사의 심연속에 어떤 절대의지가 숨겨져 있음을 발견하게 되었다. 이것이 인간의 정신인 이성이다."31)

마키아벨리가 요구하는 정치지도자의 덕목은 정신력으로 번역되는 '비르투'(virtú)라는 단어로 대표된다. 마키아벨리적 국가 지도자의 경영을 이해하기 위해서는 역량과 운명으로 번역되는 '비르투(virtú)와 포르투나(fortuna)'의 연관성을 잘 이해하는 것이 필요하다.32) 기본적으로 비르투의 핵심 개념은

---

30) 상게서, 43쪽.

31) 배경식,『창조와 생명』(서울: 한국장로교출판사, 2002), 112쪽. 역사의 주체를 이성과 정신으로 보는 헤겔의 입장은 군주에게 필요한 힘과 활력으로서의 덕(virtus)을 내면화 시킨 것이다.

32) 비르투와 포르투나는 반비례관계에 있다. 즉 사람들이 비르투를 많이 갖고 있으면 포르투나의 활동은 적어지는 반면, 비르투를 거의 갖고 있지 않고 있는 경우 포르투나는 활달하게 활동하는 것으로 마키아벨리는 말하고 있다. 비르투는 자신에게 주어진 운명과 환경을 개척해 가는 의지의 표현이라면 포르투나는 그와는 정반대로 우연과 행운에 맡기는 소극적인 개념이다.

현실 정치에서 불가피하게 나타나는 우연성과 불확실성의 운명인 '포르투나'(fortuna)를 극복·통제하는 능력이다.

마키아벨리는 완벽하지 못한 인간본성을 받아들이면서도 전통적인 덕과 더불어 실천적이고 경영적인 덕(virtú)의 필요성을 피력하고 있다. 마키아벨리는 『군주론』17장에서 군주의 국가 경영 실천원리가 되는 덕목에 대해 말한다. 그의 주장은 군주에게 있어 절제의 미덕은 반드시 필요한 덕성이며 부와 쾌락에 있어 절제하는 혹은 절제하는 것처럼 보여야만 하는 군주의 모습에 주목하고 있다. 또 악한 인간의 본성과 관련해서는 군주로 하여금 사랑을 느끼게 하는 것보다 두려움을 느끼게 하는 것이 더 안전하다고 설명하고 있다. "인간은 두려움을 일으키는 자보다 사랑을 베푸는 자를 해칠 때에 덜 주저합니다. 왜냐하면 사랑이란 일종의 감사의 관계에 의해서 유지되는데, 인간은 악하기 때문에 자신의 이익을 취할 기회가 생기면 언제나 그 감사의 상호관계를 팽개쳐 버리기 때문입니다.33) 그러나 두려움은 항상 효과적인 처벌에 대한 공포로서 유지되며, 실패하는 경우가 결코 없었습니다"34)

마키아벨리가 사용하는 비르투(virtu)를 한마디로 표현하면 "정치적 역량과 권한의 총체개념"35)으로 이해하는 것이 좋다. 이것이 로마에서는 비르투

---

33) 유능하고 유연한 정신력의 소유자인 군주가 갖추어야하는 구체적인 소양들은 다음과 같다.
첫째, 현명한 군주라면 현재의 갈등뿐만 아니라 미래에 일어날지도 모르는 갈등에 대한 배려를 필요로 하며, 특히 미래의 갈등을 방지하기 위해서 모든 노력을 다해야 할 것이다.
둘째, 군주의 역량과 관련하여 운명을 잘 극복해내는 것은 반드시 필요하다. 만약 군주가 시대와 상황에 알맞게 자신의 성격을 변화시킬 수 있다면 운명은 변화하지 않을 것이다. 마키아벨리는 유연하게 행동하는 방법을 알 만큼 지혜로운 사람을 발견하는 것은 어렵고, 인간은 유연성을 결여하여 자신의 방식을 고집한다고 보았다. 그러나 인간의 처신방법이 운명과 조화를 이루면 성공하여 행복하게 되고, 그렇지 못하면 실패하여 불행하게 된다고 결론짓고 있다. 따라서 지배와 피지배 계급의 상호보완적 관계는 한 국가가 계속적으로 유지되는데 있어 가장 큰 축으로 존재한다. 마키아벨리적 군주의 정치적 삶은 군주 자신, 시민, 그리고 공동체의 지속을 위해 늘 긴장상태를 유지하고 있어야 하는 것이다.
34) 『마키아벨리』, 상계서, 114쪽.
35) H. Münkler, 『Machiavelli』, aaO., 313쪽.

스로, 그리스에서는 아레테(areté)로 쓰여지는 것이다.

군주론 17장의 제목은 군주의 덕목 중 "잔인함과 인자함, 그리고 사랑을 느끼게 하는 것과 두려움을 느끼게 하는 것 중 어느 편이 나은가"이다. 그 내용을 요약하면 '현명한 잔인함이 진정한 자비'라는 것인데 정치 현실에서 벌어지는 배신과 갈등, 파당과 모반 등을 적절하게 대처하는 군주의 모습을 떠올리는 장면이다. 현명하지 못한 자비로움의 예로 스키피오를 든다. 스키피오는 훌륭한 인물로 평가 받는 장군이었으나 적절한 군사 규율을 유지하는 데 필요한 것 보다 더 많은 자유를 병사들에게 허용함으로써 그의 군대가 스페인에서 반란을 일으켰으며 로크리(Locri) 지방이 자신이 임명한 지방장관에 의해 약탈을 당했을 때도 그 지방장관을 처벌하지 않음으로써 결국 파미우스 막시무스가 원로원에서 그를 탄핵했다.36)

여기에서 한 가지 생각해 볼 것은 사랑과 두려움의 변증법이다. 군주가 국민을 사랑한다는 것과 국민들이 지도자로 부터 느끼는 두려움이 어떠한 속성을 갖는가라는 점이다. 사랑이란 일반적으로 국민 개개인의 선택에 의한 주관적인 느낌이지만 두려움은 군주의 행위여하에 의해서 보여지고 느껴지는 감정과 판단이기 때문에 객관적이라는 점이다. 두려움을 주는 군주라도 그의 잔인함이 공익을 위한 것이라면 긍정적인 평가를 받게 된다. 국가라는 거대한 조직 집단을 운영하기 위한 공공의 법질서와 규율을 위해 시행되는 잔인함이란 필요악이자 국가 통치를 위한 최선의 방책이 된다는 것이다.

개신교 교회 목회자에게서도 인자함과 사랑의 모습은 필수적이다. 그러나 그보다 더 중요한 것은 강단에서 선포되는 말씀의 권위와 영적인 능력과 분별력이 교인들에게 먼저 보여져야 한다. 하나님을 사랑의 하나님으로만 이해 할 때와 두렵고 떨리는 마음으로 믿고 섬긴다는 것은 차원이 다른 신앙의 결과가 온다. 국가 군주에 대한 신적 대리 개념(롬 13:1-2)이 마키아벨리즘에 녹아져

---

36) 참조: 상게서, 116쪽 이하

있다.37)

위대한 정신력으로 번역된 비르투는 전통적이면서 실천적이고 경영적인 덕성(virtú)이기 때문에 결국 이를 요약해서 한마디로 말한다면 '사려 깊은 사고와 계획 하에 이루어지는 조심스러운 행동'으로 신중함(prudence), 자신의 책임감(self responsibility) 그리고 자율성(autonomy)이라고 표현하는 것이 좋다.38)

비르투(virtú)를 선(bontà)이라고 표현할 수는 없다. 전자는 크게 보면 공적인 면에서 사용되며 후자는 개인적인 면을 보여준다. 마키아벨리는 비르투(virtú)를 사용할 때 일반적인 시민보다는 정치적인 행동과 군주와 지도자들에 관심을 가지고 있었다.39)

2.『군주론』과 리더십

리더십(leadership)에 관한 사전적인 정의는 '어떤 과정에서 하나의 통로로서 안내하고 방향을 제시하며 역할을 수행하는 것'으로 되어 있으나 그 정의는 학자들의 수만큼 각기 상이하다.40) 리더십에 관련된 이론들은 오랜 역사와

---

37) R. Weber-Fas, 『Staatsdenker der Moderne』, Klassikertexte von Machiavelli bis Max Weber (Mohr Siebeck UTB : München, 2003), 24쪽. 지도자(Führer)는 자신이 조언을 필요로 할 시에는 상대방의 좋은 의견을 듣되 그렇지 않을 경우에는 자신이 스스로 결정하고 책임을 져야 한다는 것이다. 이 책에서는 근대 국가 사상가들로 J. Bodin, T. Hobbes, J. Locke, Montesquieu, I. Kant, Roussau, Fichte, Humboldt, Hegel, K. Marx, Mill, Tocqueville, M. Weber에 이르기까지 개관적으로 다루었다.

38) E. Benner, 『Machiavelli's Ethics』(Princeton University Press : Princeton and Oxford, 2009), 135 쪽 이하. 베너는 『군주론』에 '필요'(Necessity)와 '덕성'(virtú)이 함께 등장함을 밝히면서 전자는 인간의 행동을 강요하는 결과와 연관이 있으며 그리스어로 아낭케(anangkē)이다. 후자는 특정한 의미를 부여해 주는 용어로서 인간의 능력이 자연적이거나 초자연적 그리고 인간이 만든 강한 권고에 적합한 방법으로 응답하는 인간의 능력이라고 잘 정의했다.

39) J. Plamenatz, Machiavelli, Hobbes and Rousseau (Oxford Uni. Press : Oxford, 2012), 29쪽 이하.

40) P. G. Northouse, 상게서, 3쪽 참조. Stogdill의 리더십 연구개관에서 지적한 것에 의하면 그것은 마치 민주주의, 사랑, 평화 등과 같이 상이한 정의가 있음을 알게 된다.

더불어 각기 다른 접근법에 다라서 다양한 연구와 이론들이 있어왔다. 어떤 공동체나 조직을 막론하고 지속적으로 리더십에 대한 연구와 프로그램들이 개발되고 적용되고 있는 것은 그 만큼 리더의 역할이 중요한 것임을 강조하고 있는 것이기도 하다. 리더십 관련 연구로 널리 알려진 G. Terry는 리더십을 '집단목표를 위하여 스스로 노력하는 사람에게 영향력을 행사하는 활동 ' 이라고 하였으며, R. Tannenbaum, Wesler는 '커뮤니케이션 과정을 통하여 특정한 목표달성을 지향하고 있는 상황 속에서 행사되는 대인간의 영향력' 이라고 보았다. 또, H. Koontz, C. O'donnel 등은 '공통된 목표달성을 지향할 수 있도록 사람들에게 영향력을 미치는 것' 이라고 설명하고 있다.

존 맥스웰은 그의 책 '리더십의 법칙'에서 리더십을 '영향력'[41] 이라고 정의하였다.

조직 경영관점에서 리더십은 "리더가 성과 달성을 목적으로 집단 구성원들에게 영향을 주는 과정"[42]이며 집단이나 조직의 성과 달성을 결정하는 행동을 의미한다. 지금까지의 리더십 연구는 효과적이고 성공적인 리더십을 중심으로 연구되면서 리더의 특성과 행동 스타일 그리고 리더십 과정에 작용하는 상황적 요소에 초점이 맞추어져 있었다.

리더의 영향력은 그룹의 리더가 크고 작은 공동체의 구성원들에게 나타내야 할 기능적 역할을 뜻하는 것으로 이해된다. 다시 말하면 리더십이란 "한 사람이 다른 사람에게 영향을 주어서 그 사람들을 움직이게 할 수 있는 능력으로" 이해된다.[43]

막스 베버(Max Weber)와 프레더릭 테일러(Frederick Taylor)는 합리적인 행동을 내세워 리더십을 설명한다. 리더십이란 '주어진 상황 속에서 목표를 달

---

41) 존 맥스엘,『리더십의 법칙』, 강준민 역 (서울: 비전과 리더십 2003), 22쪽.
42) Ralph M. Stogdill, "Definiton of Leadership", 『Handbook of Leadership』(NY: Free Press, 1974), 7쪽 이하.
43) 오스왈드 샌더스,『영적 지도력』, 이동원 역,(서울: 요르단 출판사, 1994), 31쪽.

성하기 위하여 개인 또는 집단에 양향을 주는 과정'이라고 요약할 수 있다.

리더십의 필요성은 그것이 개인 및 조직의 변화를 가져오게 하고 조직의 인화와 생산성 증진과 개인 및 조직의 발전에 기여하기 때문이다. 리더십은 시대적 산물로서 절대군주시대에는 독재적이고 카리스마적 리더십이 필요했으나, 21세기 글로벌 경쟁시대에는 거래적 리더십과 변혁적 리더십이 필요하다. 한걸음 더 나아가 21세기 글로벌 경쟁체제에서 조직 구성원의 화합을 통한 구성원들의 단합된 힘으로 조직의 비전을 실현하기 위한 리더십이 필요한 시기이다.

그렇다면 조국 이탈리아의 통일을 위해 리더십에 필요한 폭력의 정당성을 갖는 사람은 누구인가? 마키아벨리에 의하면 로렌초 디 피에로 데 메디치 (Lorenzo di Piero de' Medici, 1492-1519)이다.[44] 그가 이 사람을 지명한 것은 메디치 가문이 플로렌츠를 당대 유럽의 주도적인 금융도시로 만들었으며 막대한 부로 예술가들을 후원할 뿐 아니라 플로렌츠의 통치자들과 교황 그리고 프랑스의 왕비들을 배출한 르네상스 이탈리아를 상징하는 가문이었기 때문이었다. 그는 교황 레오 X세의 조카이자 메지치가의 후계자이기 때문이었다. 마키아벨리가 여기에서 사용한 리더십은 특성이론(traits theory)[45]에 근거한다.

특성이론에 의하면 리더의 신체적, 성격적, 심리적 특성은 태어날 때부터 타고난다는 전제하에 특정인을 리더로 수용하는 것을 의미한다. 한국적인 정

---

44) 『군주론』, 상게서, 11쪽. 로렌초 디 피에로 데 메디치는 전시회에서 구입한 가계도에 의하면 '우르비노의 로렌초 공작'(Lorenz Herzog von Urbino)으로 불리었다.

45) 특성이론이란 지도자는 타고 난다는 전제하에 어떤 사람이 리더가 되pelcl 전시회에서 구입한 가계기 위한 특별한 특성을 지니고 있다는 리더십이론에 뿌리를 두고 있다. 특성이론에서 주요한 리더십 특성으로는 지능(intelligence)과 자신감(self-confidence), 결단력(determination)과 성실성(integrity) 그리고 사교성(sociability)을 든다. 특히 평민들에게 교육과 사회적인 참여가 제한된 절대군주의 지배 사회에서는 특성이론이 지지를 받는다. 과거의 왕정에서 세습이 가능한 것은 이러한 이론에 근거를 둔다. 특성이론을 우리말로 표현하면 특정인 인정이론, 수용이론 그리고 신봉이론이라고 까지 말할 수 있다. 이는 변혁적 카리스마 이론과 맥을 같이하기도 한다. 참고: Peter G. Northouse, 리더십 이론과 실제 (서울: 경문사, 2011), 30쪽 이하.

서로 표현하면 신언서판(身言書判)이 중요한 변수가 된다. 리더(leader)는 사회 심리학적으로 다른 무엇을 소유한자이며 카리스마 기질을 가지고 있기 때문에 그의 영적, 심리적 초자연적 특질을 신봉할 뿐 아니라 소그딜(R. Sogdill)에 의하면 과업완성을 위한 책임감과 추진력으로 부터 시작하여 목표추구의 지속성, 문제 해결의 모험성과 독창성, 자신감, 의사결정 수용성, 상호작용을 구조화하는 역량을 갖춘자[46]로 이해하고 있다.

한국의 건전한 목회자상도 특성이론에 근거한 긍정적인 면을 재고해 보는 것이 필요하다. 우선 목회자는 자신이 하나님으로부터 부름을 받았다는 확실한 소명감과 철저한 사명의식이 요청된다. 그러나 그것이 갑작스러운 자신이 개인감정과 결단에 이루어 진 것이라면 그것을 소명의식으로 보기에는 미흡하다. 한국의 교회의 문제는 결국 목회자의 문제이다. 편한 직업으로서의 목회자가 있다는 것은 본인에게도 불행한 일이다.

3. 리더십 실천

마키아벨리는 군주가 신의와 기만에 있어 각각의 가변적인 상황에 어떻게 효율적으로 대처해야 하는지에 대한 방법을 제시하고 있다. 그는 군주가 신의를 지켜나가며 남을 속이지 않고 올바르게 사는 것이 얼마나 칭찬을 받을만한가를 충분히 인식하고 있다. 목회자도 하나의 교회 경영인으로서 그의 목회사역에서 효율성은 비전과 방향을 제시하고 미래지양적인 것을 말하며 '일을 바르게 하는 것'(do the things right)이다. 그럼에도 불구하고 마키아벨리가 의문을 갖는 것은 역사적 경험에 비추어 볼 때, 위대한 업적을 이룬 대부분의 군주들

---

46) P. G. Northouse, 상게서, 27쪽 이하. 이것은 1974년에 발표된 연구에 의한 결과이다. 첫 번째 연구에서는 리더십이 리더의 성격특성보다는 상황요인에 의해 결정된다고 보았으나 두 번째 연구에서는 리더의 특성이 리더십의 한 부분을 이루고 있는지를 검증하여 이 모두가 리더십의 결정요인이라는 것이었다. 리더십의 특성은 리더십과 정적인 상관성을 갖는다는 것이다.

이 신뢰적인 부분보다 속이는 기만정책을 사용하여 성공했다는 점이다.

마키아벨리가 이러한 역사적 사실을 있는 그대로 받아들이는 경우 올바른 생각과 판단이 반드시 그대로 이루어지지 않는다는 국가 경영과 정치의 영역이 지닌 다면성과 가변성에 근거하고 있다. 때문에 그는 깊은 고민 끝에 위대한 군주는 인간의 선한 방법과 짐승의 야수적인 방법을 동시에 이용할 줄 알아야 한다고 지적하고 있다.47) 모든 사안이 갖는 변수를 지적하는 말이다.

"군주는 짐승의 방법을 잘 이용할 줄 알아야 하는데, 그 중에서도 여우와 사자를 잘 모방해야 한다. 왜냐하면 사자는 함정에 빠지기 쉽고 여우는 늑대를 물리칠 수 없기 때문입니다. 따라서 함정을 알아차리기 위해서는 여우가 되어야 하고 늑대를 혼내주려면 사자가 되어야 한다. 단순히 사자의 방식에만 의지하는 자는 이 사태를 제대로 이해하지 못한다. 현명한 군주는 신의를 지키는 것이 그에게 불리할 때, 그리고 약속을 맺은 이유가 소멸되었을 때 약속을 지킬 수 없으며 또 지켜서도 안 됩니다." 48) 이 말은 모든 인간이 선하다면 이 내용은 합당하다고 말할 수 없을 것이다. 그러나 여기에서 마키아벨리가 전제하는 인간은 사악하고, 군주와 맺은 약속을 지키려고 하지 않기 때문에 군주 자신이 그들과 맺은 약속을 굳이 지킬 필요가 없다고 주장한다.

인간이 살려고 하는 방법이 합당하고 완벽한 체제로 살아가는 국가가 이상적인 체제의 국가임에 틀림없다. 국가나 교회 등 단체를 이끌어 나가기 위해 규약이 필요하고 공공의 선을 위해 법률을 제정하고 외부의 침입을 막기 위해 군대가 필요한다. 이러한 이성적인 집단에서 인간이 살고 있는 현실의 체제가 온전한 방법으로 살려고 한다면 짐승의 방법은 잘 못 된 것이다. 그러나 현실의 국가 경영으로서의 정치는 그렇지 않다. 국가만을 놓고 볼 때 국가는 현실의 정치에서 완벽하지 못하고, 서로를 이해해 주며 덕성을 겸비한 군

---

47) 『군주론』, 상게서, 119쪽.
48) 상게서.

주와 시민, 그리고 완벽한 법체계를 갖추지 못한 것이 현실이다. 때문에 마키아벨리는 이러한 부족한 부분을 어쩔 수 없이 보충하기 위하여 짐승의 방법을 사용해야 한다고 보고 있다.

교회는 사랑이 공동체이다. 그리고 그것이 기독교의 생명이다. 그러나 하나님을 사랑으로만 보는 것은 천편일률적(monotonous)인 해석이다. 하나님은 사랑의 하나님이시자 동시에 거룩하신 공의의 하나님이시다. 모세가 하나님의 명령대로 반석에서 물을 낼 때 반석을 두 번이나 내려침으로서 물은 나왔으나 하나님의 거룩함에 손상을 입힌 결과 그는 이스라엘 백성을 끌고 가나안에 들어가지 못하게 되었다(민 20:11-12). 하나님의 거룩하심에 손상을 입히면서 도전한 결과이다.

마키아벨리가 구상하는 군주는 능숙한 기만자이며, 위장자의 모습으로 연기를 할 수 있는 군주의 모습을 가지고 있어야 한다고 충고하고 있다. 군주는 모든 성품을 실재로 갖출 필요는 없지만, 다른 사람이 볼 때 모든 품성을 갖춘 것처럼 보여야 하는 것이 반드시 필요하다고 주장한다. 군주가 모든 성품을 갖는 것이 쉽지는 안겠지만, 그 성품을 가지려고 부단히 노력하면 어느 새 군주는 훌륭한 덕성을 갖춘 통치자의 모습으로 나갈 가능성이 있다고 주장한다.

목회자 역시 일반 성도들에게 보이지 않는 하나님을 말씀으로 경험하도록 해야 하기 때문에 현실생활과는 질적으로 차이가 있는 영적인 면을 부각시킨다는 것이 위선적으로 보일 수도 있다. 어떤 면에서 부분적으로는 능숙한 탈렌트(Talent)라고 해도 과언이 아닐 것이다.

2011년 5월 하버드비지니스 리뷰(HBR)에 실린 "현명한 CEO"(The Wise Leader)라는 글에서 이쿠지로와 다케우치 히로타카는 새로운 시대가 원하는 CEO는 실천적 지혜인 '프로네시스'를 갖추어야 한다고 전제하면서 ① 옳고 그름의 판단능력 ② 상황파악 ③ 공유경험 창출 ④ 의사소통 ⑤ 역량강화의 힘 ⑥ 도제나 멘토링의 지혜 계발을 들었다.[49]

특히 역량강화의 힘은 정치적인 수완을 말하는 것으로서 "실천적 지혜를 갖춘 지도라면 사람들을 한데 모으고 이들의 행동을 이끌어 낼 수 있어야 한다. 또한 모든 사람의 지식과 노력을 모으고 종합해서 모두 한마음이 돼 목표를 향해 돌진하도록 만들어야 한다. 사람을 움직이려면 상황에 따라 필요한 모든 수단을 활용해야 한다. 권모술수도 예외일수는 없다. 새롭고 좋은 것을 만들기 위해서는 교활함과 완고함이 필요할 때가 있다."50)라고 말한다.

마키아벨리의 국가 경영원리와 전략을 경영의 관점에서 재해석한다면 그의 리더십은 국민의 열망과 조국 이탈리아의 통일을 전제로 하여 볼 때 전설적인 메디치가의 재등장에 대한 기대감에 의해 카리스마를 겸한 특성이론(traits theory)이다. 그러나 정치적 재기를 이루기까지 때를 기다리면서 자신을 낮추며 정적들과 타협하면서 교황의 자리에까지 이른 메디치가의 재등장은 상황 적합적(contingency)51)이라는 판단이 든다. 이를 좀 더 세분하면 마키아벨리적 신뢰경영(Machiavellinistic Authentic Leadership)52)이다.

---

49) 이 글은 2011년 5월호 하버드비지니스 리뷰(HBR)에 실린 글로서 현명한 지도자: 실천적 지혜인 '프로네시스' 갖춰라로 번역되어 있다. 참조: 동아일보사, Dong-A Business Review, December 2011 Issue 2, No.95, Special 2011 Best Marketing(서울: 동아일보사, 2011), 11쪽 이하.

50) DBR, 상게서, 119쪽.

51) 메디치가의 정치적 재등장은 교황청을 통해서였다. 1494년 갑자기 망한 메디치 가문 출신의 13살의 어린 추기경 조반니가 20년의 세월이 지난 1513년 교황 레오 X세가 되었다는 것은 이를 반증해 준다. 그는 자신이 당면한 상황을 바꾸면서 리더로서의 스타일을 유지하였다. 참조: 백기복, 조직행동연구(서울: 창민사, 1994), 384쪽 이하.

52) 명석한 두뇌를 가진 조반니는 절망의 시간을 보내면서도 희망을 잃지 않고 자신의 힘으로 메디치 가문의 영광을 부활시키겠다는 일념을 간직하면서 차기 교황을 선택하고 그와 돈독한 관계를 유지하면서 때를 기다렸다. 새로 부임한 보르자 가문의 교황 알렉산더 6세(1492-1503)의 독살의 위협속에서 재기한 메디치가문은 차차기의 교황을 구상하면서 마키아벨리적 신뢰경영(Machiavellinistic Authentic Leadership)을 구사하였다. 참조: 김상근, DBR 상게서, 54쪽 이하.

나가는 말

마키아벨리의 군주론은 정치현장에서 보여 지는 인간의 양면성을 적나라하게 서술한 고전문학작품 중의 하나이다. 이 책에 대한 평가는 "통치 역량과 무력을 겸비한 체사레에게서 외세의 각축장이 된 조국 이탈리아의 독립과 통일의 가능성을 발견하고 부분적으로 그를 모델로 삼아 쓴"53) 위대한 사고를 담은 정치교과서라는 긍정적인 것과 군주가 자신이 획득한 권력을 유지하기위해 권모술수를 써서라도 행동을 해야 한다는 것이 비도덕적이며 서양윤리의 기본이 되는 기독교의 신앙윤리와 배치되는 것이기 때문에 '악마의 책'이라고 단정한 부정적인 측면이 있다. 그럼에도 불구하고 이 책에 수록 된 구체적인 정치경험담과 사례들은 정치현실에서 적용된 생생한 과거의 증언들이기 때문에 인간의 사회성에 의해 이루어지는 자연스러운 정치의 현장에서 지침으로 남아 정치를 보다 나은 정치가 되도록 깨우침을 주는 자양분이 될 것이다.

이 책은 야심에 찬 청년들에게 '참주'(tyrannos)의 길 대신 '시민적 자유'를 회복하는데 헌신하려는 의도를 가졌다는 평을 받기도 한다. 참주는 백성의 지지를 받는다는 면에서 폭군(despotes)과는 다르다. 그럼에도 불구하고 참주 역시 '인민의 지지'를 통해 권력을 획득했다는 것, 자기만의 군대를 확보했다는 것, 그리고 외세로부터 다수를 보호했다는 것을 강조한다.54)

마키아벨리는 이 책을 통해 무엇이 정부를 강력하게 하며, 무엇이 자유를 가능하게 하며, 어떻게 권력이 쉽게 장악되어 지속될 것인가를 알고자 했다. 일종의 실용주의적 국가 경영과 나아가서는 수 없이 나누어진 교회들의 연합과 목회사역의 경영을 재고해볼 수 있는 자료가 될 수 있다고 본다.

---

53) 『군주론』, 상게서, 7쪽.
54) 참조: 곽준혁, "마키아벨리 다시읽기", '참주'와 '군주', 경향신문 2013년 6월 15일자, 책과 삶, 23면

『군주론』의 주요 내용을 한국장로교회 연합 사역에 적용하면 다음과 같다.

1. 마키아벨리의 경영원리를 담은 『군주론』은 권모술수라는 전제를 가지고 있기 때문에 사람들은 교회연합이나 목회사역의 원리로 사용하기에는 부적합하다고 평한다. 그러나 그는 이 책을 통해 당시 사분오열된 이탈리아를 어떻게 통일시키며 유지 지속 할 것인가를 제시한 경영원리와 전략을 제공하였기에 한국의 개신교회가 사분오열되어있다는 전제하에 그의 경영전략을 한국장로교회의 연합사역에 역으로 적용시켜 볼 가치가 있다.

2. 국가를 경영할 때 전략적으로 군주는 국민으로부터 사랑받는 것이 더 좋을까? 아니면 두려움의 대상이 되는 것이 좋을까? 여기에 개신교 목회자의 고민이 있다. 사랑은 매우 주관적이고 상대적이기에 두려움이 더 효율적이라고 한다. 이 두려움은 목회자의 영적인 능력을 말하며 그 두려움은 두려움 자체라기보다는 목회자가 갖는 카리스마적 특성들로[55] 이해함이 좋다.

3. 이 책에서 가장 논란이 되고 있는 것은 국가 경영자의 '여우의 교활함과 사자의 폭력'이라는 양면성이다. 이단 사이비 신앙이 난무하는 한국장로교회의 현실 속에서 교인들의 성화의 차원에서도 교회 내에서 심각한 신앙 윤리적 문제가 발생했을 경우 상호간에 양보와 타협 설득과 권고도 필요하지만 1970년대까지 교회가 시행해왔던 권징의 실행문제는 재고되어야 한다. 권징은 몸에서 근육과 같은 것이며 이 근육을 통해 지체들이 서로 결합되고 각각 자신의 위치에 있게 된다.[56]

---

55) 카리스마적 리더의 특성들로는 신체적 심리적/행동적 특성들이 있다. 전자는 매력적 외모, 강렬한 눈빛, 매혹적 목소리, 위용 등이며 후자는 에너지, 자신감, 지구력, 지배성향, 권력욕구, 청중의 욕구 감지 직관, 확신, 고도의 커뮤니케이션 기술 등이다. 이 특성들로부터 추종자들의 존경심과 충성심, 헌신, 애정, 기대감 복종 등이 나온다. 참조: 백기복, 『리더십리뷰』, -이론과 실제- (서울: 창민사, 2005), p.168.
56) 배경식, "칼빈의 교회론이 한국장로교회에 주는 의미", 『한국조직신학 논총』, 제26집 2010년 6월, 한국조직신학회편(서울: 한길사, 2010), p.213.

4. 국가 경영자는 멸시와 증오를 불러일으키는 일은 무조건 피해야 한다. 예를 들면 '자신의 고유한 법에 따라 자유롭게 사는 데 익숙한 나라를 점령했을 때' 새롭게 등장한 경영자가 많은 것들을 한꺼번에 바꾸는 것은 좋지 않다. 그 이유는 지배당한 국가의 덕(virtù)과 지배한 국가 경영자의 덕(virtù)이 충돌하기 때문이다. 여기에서 말하는 덕(virtù)이란 일반 도덕윤리의 차원을 넘어서는 정신력이나 '탁월한 능력'으로 보는 것이 좋다. 이러한 현상은 기업합병과 전략에서도 요구되는 것으로서 국가 경영과 기업이 다른 점에 착안하여 경영원리적인 전략과 지혜가 절실히 요구된다. 향후 한국장로교회가 교회성장의 둔화와 인구의 감소 그리고 젊은이들의 교회외면에 대한 전략적인 차원에서 덕(virtù)의 새로운 이해가 요청된다. 여기에서 말하는 덕(virtù)을 교회에 적용해 보면 "교회의 본래성과 진정성회복"⁵⁷⁾이라고 볼 수 있다.

5. 마키아벨리의 군주론에서 한국장로교회와 연관시켜 주의 깊게 볼 것은 메디치가로 대변되는 이탈리아의 통일에 대한 염원이다. 한국장로교회 역시 많은 교파가 있으나 한국장로교회의 하나 됨 이라는 전제하에서 '장로교 한 교단 다 체제에 대한 신학적 전거'⁵⁸⁾를 마련하고 여기에 참여하는 한국장로교회연합회가 이일을 이루어 낼 수 있다. 한국장로교회의 현 상황에서 하나

---

57) 심민수, "건강한 교회와 청년", -교회의 본래성과 진정성회복을 통한 청년사역-, 제7회 샬롬나비 토마토 시민강좌 1강 (서울: 샬롬을꿈꾸는나비행동, 2013), p.3ff. 심민수는 교회의 본래성과 진정성회복으로 1. 세속적 동기에서 본래적 동기로의 회복 2. 복음적 삶의 원형회복 3. 신앙적 가치와 덕의 실천을 통한 외연화의 회복 4. 섬김과 나눔을 통한 교회정체성의 회복 5. 교회의 본래성으로서의 도덕성 회복을 들고 있다. 이것을 한마디로 요약하면 예수 그리스도를 머리로 하고 있는 유기체인 교회는 세상의 운영원리가 아니라 세상과 구별되는 성경의 원리에 의해 존재해야 한다는 것이다.

58) 이종윤, "한국장로교회는 하나 될 수 있다.", -성경적 당위성, 역사성과 실제성을 중심으로-, 장로교 연합을 위한 월례세미나 자료집(서울: 한국장로교신학회 & 종교개혁500주년기념사업회, 2013), p.1ff. 한국장로교총연합회는 서울연지동 한국기독교회관에 본부를 두고 있는 단체이다. 2001년부터 한국장로교정체성회복위원회를 설치한 후 장로교에 관한 수많은 논문발표와 월례세미나 개최와 토론을 통해 장로교회의 '한교단 다체제'를 인정하는 안내지침서(road map)을 만들고 있다. 이를 통해 하나의 장로교라는 것을 신앙으로나 신학적으로 재확인한다는 것이다. 특히 이일에 앞장서는 분은 이종윤 목사로서 현재 한국기독교학술원장이시다.

됨을 목표로 하고 먼저 신앙적이면서도 신학적인 접근을 한다는 것이다. 이 일을 주도하는 사람들은 개신교회의 연합과 하나 됨을 위해 땀과 눈물을 흘리는 자들이며 이들을 통해 한국장로교의 권위가 회복되고 나아가서는 세계선교의 일익을 효율적으로 담당할 것이다.

6. 한국의 개신교회는 지난 2013년 10월 30일부터 11월 8일까지 제10차 세계교회협의회(WCC, World Council of Churches)부산총회를 성공적으로 잘 치루었다. 금번 부산총회의 주제는 "생명의 하나님 우리를 정의와 평화로 이끄소서"(God of life, lead us to justice and peace)였다. 세계 114개국에서 온 349개 교단지도자 2,500명과 한국교회지도자, 신학생, 평신도들이 대거참석을 한 가운데 연 인원 10,000 여명이 부산 벡스코(Bexco)에서 모여 예배와 성경공부 그리고 당면한 세계의 문제들에 대한 열띤 토론과 대화의 시간을 가졌다.

특히 금번 세계교회협의회 부산총회는 한국의 분단 상황을 위해 기도하며 한국교회가 예배 시간에 갖는 통성기도와 새벽기도를 직접 체험해보며 개교회의 예배참석을 통해 한국교회를 배우고 자신들의 교회를 소개하는 계기가 되었다. 한국교회 역시 한국장로교를 넘어서서 많은 교단이 참여를 했다 일부 반대의 목소리가 있었으나 그것은 교회의 본래적 사명인 교회의 교회다움을 바로 세우려는 염려스러운 지적이었다. 그러므로 한국장로교가 하나됨을 향해 우선적으로 할 일은 외형적인 것보다는 교회의 본래 사명인 복음적인 말씀 전파와 주께서 세우신 바른 성례의 집행 그리고 교회다움을 회복하는 권징의 시행이 장로교회 안에서 요청된다.

참고문헌

Wieczorek, A., Rosendahl, G., Lippi D.(Hrsg.), 『Die Medici』, Menschen, Macht, Leidenschaft.

    Schnell-Steiner : Mannheim, 2013.

Knoll M./ Saracino S.(Hg), 『Niccolò Machiavelli』, Die Geburt des Staates. Franz Steiner Verlag:

    Stuttgart, 2000.

Münkler, H., Voigt, R., Walkenhaus, R.(Hrsg.), 『Demaskierung der Macht』, Niccolò Machiavellis

    Stssts- und Politikverständnis. Nomos : Baden Baden, 2004.

Reinhardt, V. 『Machiavelli』 oder Die Kunst der Macht, Eine Biographie. Verlag C.H.Beck: München,

    2012.

Weber-Fas, R. 『Staatsdenker der Moderne』, Klassikertexte von Machiavelli bis Max Weber. Mohr

    Siebeck UTB : München, 2003.

Benner, E. 『Machiavelli's Ethics』, Princeton University Press : Princeton and Oxford, 2009.

Plamenatz, J. 『Machiavelli, Hobbes and Rousseau』, Oxford Uni. Press : Oxford, 2012.

Northouse, Peter G. 『리더십 이론과 실제』, 서울: 경문사, 2011.

양병무. 『행복한 논어 읽기』, 서울: 21세기북스, 2009.

Plamenatz, J. "*Man and Society*", 김홍명 역, 『정치사상사』. 마키아벨리에서 몽테스키외까지. 서

    울: 풀빛, 1986.

세계대사상대전집 3, 마키아벨리, 『군주론』, 서울: 대양서적, 1992.

전원숙. "마키아벨리의 도덕성론", 『역사와 담론』, 호서사학회, 제11집, 1983.

    _____. "군주론의 서술동기 일고", 계명대학교, 『동서문화』, 제26집, 1994.

백기복. 『조직행동연구』, 서울: 창민사, 1994.

    _____. 『리더십리뷰』, -이론과 실제- 서울: 창민사, 2005

배경식. 『창조와 생명』, 서울: 한국장로교출판사, 2002.

양참삼. "마키아벨리의 국가경영과 리더십", 한국인문사회과학회, 『현상과 인식』, 제30권 1.2호

    (통권 98호), 2006.

Machiavelli, N. *IL Principe*, 강정인, 김경희 역, 『군주론』. 서울: 까치, 2011.

Machiavelli, N. "*Discourses on the First Ten Books of Titus Livius*", 강정인, 안선재 역, 『로마사

    논고』, 서울: 한길사, 2003.

나나미 시오노.『나의 친구 마키아벨리』, 오정환 역, 서울: 한길사, 1996.

이수윤.『정치철학』, 이론과 실천의 통일, 서울: 법문사, 1995.

Calvin, J. *Institutio Christianae*,『영한 기독교 강요』 제4권. 서울: 성문출판사, 1993.

박상섭.『국가와 폭력』, 마키아벨리의 정치사상연구, 서울: 서울대학교출판부, 2003.

배경식. "칼빈의 개혁정신과 사회복지 실현",『칼빈연구』제7집. 서울: 한국장로교출판사, 2010.

_____. "칼빈의 교회론이 한국장로교회에 주는 의미",『한국조직신학 논총』, 제26집 2010년 6월,
        한국조직신학회편, 서울: 한길사, 2010.

대한예수교장로회총회.『헌법』, 서울: 장로교출판사, 1994.

강정인 외 2인.『서양근대 정치사상사』, 마키아벨리에서 니체까지, 서울: 책세상, 2008.

Kyung-Sik Pae.『*The Predestination of J. Calvin and Ethical Management*』, Thesis for MBA of
        Chonbuk National University, 2007.

황성수.『교회와 국가』, 서울: 신망애사, 1972.

한겨레신문. 2011년 11월 30일자, 1면.

그람시 안터니오.『현대의 군주』, 이상훈 역, 서울: 거름, 1986.

DBR, February 2011 Issue 2, No.75, 동아일보사.

Northouse, P. G.『리더십 이론과 실제』, 김남현 역, 서울: 경문사, 2010.

Stogdill, Ralph M. "Definiton of Leadership", Handbook of Leadership. NY: Free Press, 1974.

샌더스 오스왈드.『영적 지도력』, 이동원 역, 서울: 요르단 출판사, 1994.

동아일보사.『Dong-A Business Review』, December 2011 Issue 2, No.95, Special 2011 Best
        Marketing, 서울: 동아일보사, 2011.

김남준.『기롤라모 사보나롤라』, 이탈리아의 플로렌스를 깨운 설교자, 솔로몬 : 서울, 2010.

『유럽 크리스찬 신문』. 제 137호 2013년 2월호.

곽준혁. "마키아벨리 다시읽기", '참주'와 '군주', 경향신문 2013년 6월 15일자, 책과 삶.

심민수, "건강한 교회와 청년", -교회의 본래성과 진정성회복을 통한 청년사역-, 제7회 샬롬나비 토
        마토 시민강좌 1강, 서울: 샬롬을꿈꾸는나비행동, 2013.

이종윤, "한국장로교회는 하나 될 수 있다.", -성경적 당위성, 역사성과 실제성을 중심으로-, 장로교
        연합을 위한 월례세미나 자료집, 서울: 한국장로교신학회 & 종교개혁500주년기념사업
        회, 2013.

부 록 2

The meaning of the Ecclesiology of J. Calvin in Reference to the Korean Church

In the *Institutes*, John Calvin uses many natural examples to explain the concepts of the faith. The reason for this was to give more information to the people because of their lack of Biblical understanding. What is the real church which the reformer had envisioned? In a word the church is not a construction and not a system, but the congregation, that is to say, the communion of the saints, who believe in Jesus Christ as the Savior.

The ecclesiology of Calvin, in its doctrinal aspect, is 'the place where God's word is preached rightly, where the Sacraments are performed correctly as the body of Christ. But when his ecclesiology is regarded as apologetic, the church should be the place where discipline is carried out in a trustworthy and sincere way.

Calvin's expression, '*Ecclesia reformanda*', which was concluded in February, 1544in the Spyer Synod, shows the apologetic character, not of a sectarian splinter group of the Catholic church, but rather a recovering congregation of the true church, which seeks the truth of God. Here Calvin criticized the Mass, which in the Catholic church was focused on man's worship of Mary, the Saints and even on holy treasures instead of God. He pointed out the unbiblical theory of salvation through the merit of the human being. He also criticized the seven Sacraments, the clergy's selling of indulgences, and the false church politics and said they were harmful for the Christian faith. The remedies, presented by Calvin were rooted in God's Word and on the habits and the standards of the early church.

Calvin viewed the church as the school of the faith and saidthat the church is necessary because of the laziness of the human being, and because of their pride and theirweakness. The Holy Sprit constructed the church and enacted salvation through it. By God coming to us through the humiliation of Jesus Christ, the church is the place where the grace of God is manifested.

Then what is the work of the school of faith? It is: 1. The right preaching of the Word of God 2. The correct performance of the sacrament and 3. The sincere act of judgment.

Calvin referred to the church as a school of the saints and the place for discipline. He defined true faith as knowing God, as the clear and the stable cognition of God's love toward us. This knowledge consists of the love shown to us on the cross of Jesus Christ, his death and his resurrection.

The foundation of the church is the Word of God. The ground of the church is based not on human judgment, the authority of the pastor, but on the apostles and the instruction of the prophets. But the position of the preacher is important: when the Word of God is preached effectively, the role of the Holy Spirit is evident.

What is said by Calvin regarding the sacraments? It is one way to address our ignorance and dullness andanother way to preach the Gospel of Jesus Christ. It is an outward sign by which the Lord seals on our consciences the promises of his good will toward us,seal in the writing on our hearts and reflected in the mirror of our lives in which we see the abundant grace of God in order to sustain the weakness of our faith.

Also the sacrament can be seen as one of the pillars of the faith. Faith is rooted on the Word of God as its foundation. When the sacraments are added to the faith, it rests more firmly upon them as upon columns.

Synthesizing what Calvin has said about the sacraments, they include: 1. the host of sacraments is the Lord God2. the subject of the sacraments is Christ 3. sacraments help the weakness of our faith 4. the sacraments do God's duty in the presence of the holy Spirit 5. the worshiper of the Lord is encouraged by having one faith and confessing one faith. The Sacraments are therefore the marks by which man confesses his faith before men.

Calvin believed that regular discipline sustained the life of the church, just as it is needed also in the society, in the family and in the school. What is the purpose of the discipline? 1. Those who lead a filthy and infamous life may not be called Christians 2. The good are to separate themselves from the wicked, so as not to be corrupted by the constant company of the wicked, as commonly happens 3. Those overcome by shame for their baseness begin to repent. And he said that such severity as is joined with a 'sprit of gentleness'(Gal. 6:1) befits the church.

The problems of the Korean church, reflected in the view of Calvin, are: 1.the Korean church's emphasis on love rather than justice means it becomes insensitive to sin 2. Christians are not well educated in the church. They are baptized without pre-formation 3. Churches are evaluated by quantity rather than quality 4. churches focus on trends and special events rather than worship in the church 5. church congregations seek to live Christian lives to gain recognition from the pastors rather than from God.

The Church is a good guide forsalvation. The Catholic Church has accepted the practice of ancestor worship since the Vatican Synod II met in 1965 and recognized it as one of Korea's traditional customs. But how does ancestor worship comply with the first commandment of the Decalogue, to worship God only? And, is there a conviction of salvation for those who commit other sins, such as a adultery?

The Korean rural church is becoming a minor church due to the migration of young people to the cities according to changes in the larger Korean society. Churches in the cities have become very large and newly developed churches are in a survival mode. Christians are searching for churches where they can satisfytheir own interests. Nevertheless there are remnants in the Korean church, who do not kneel down to Baal. Their prayers are accepted by God and they grow fertile and supply spiritual strength to the Korean church today.

In this situation what will be the future of the Korean church? It ispresumed that the small church will survive rather than the big church, because it maintains the community of the faith and is faithful to the Word.

When we establish the Korean church on Calvin's ecclesiology, where: 1. God's word is preached rightly 2. the Sacraments are performed correctly as the body of Christ and 3. the performance of discipline is done sincerely, then church members will be satisfied in their Christian lives and God will be pleased with this and He will raise up the Korean church rightly and bless it without ceasing.

참 고 문 헌

1. 존 칼빈,『영한 기독교 강요』, 편집부 역(서울: 성문출판사, 1993).

2. 박경수,『교회의 신학자 칼뱅』(서울: 대한기독교서회, 2009).

3. 배경식, '칼빈의『기독교 강요』에서 보여 지는 변증적 성격', 한국칼빈학회,『칼빈연구 창간호』
     (서울: 한국장로교출판사, 2003).

4. 박경수, "칼뱅의「교회개혁의 필요성」에 나타난 종교개혁의 정당성에 관한 연구", 한국칼빈학
     회,『칼빈연구 제7집』(서울: 한국장로교출판사, 2010).

5. J. K. S. Reid,『Calvin Theollogical Treatises』Vol. XXII, The Library of Christian Calssics(London:
     SCM Press LTD, 1954).

6. 존 칼빈,『칼빈의 요리문답』, 한인수 옮김(서울: 도서출판 경건, 1995).

7. 이장식,『기독교 사상사』제2권, (서울: 대한기독교서회, 1983).

8. Wilhelm. Niesel, "The Gospel and The Churches", 이종성 김항만 역,『비교교회론』(서울: 대한기
     독교출판사, 1988).

9. 신복윤, "칼빈의 교회관",『신학 정론』제6권 1호.

10.『대한예수교장로회총회 헌법』(서울: 한국장로교출판사, 2007).

11. 황정욱, '교회론',『칼빈신학해설』(서울 : 대한기독교서회, 1998).

12. 이오갑, '교회론',『칼빈신학과 목회』(서울 : 대한기독교서회, 1999).

13. 배경식, '교회정치',『최근의 칼빈 연구』(서울 : 대한기독교회, 2001).

14. 최윤배, '칼빈의 교회직분과 교회권위에 관한 연구',『칼빈연구』제4집(서울 : 한국장로교출판
     사, 2007).

15. 안은찬, '칼뱅의 교회훈련에 대한 목회신학적 고찰',『칼빈연구』제6집(서울 : 한국장로교출판
     사, 2009).

16. 박경수, '칼빈과 교회일치',『칼빈 그 후 500년』(서울 : 한국장로교출판사, 2009).

17. 박근원, '칼빈의 교회론', 한국신학대학출판부,『칼빈신학의 현대적 이해』(서울: 기독교서회,
     1978).

18. 황대우, '칼빈의 교회론', 한국칼빈학회,『칼빈1:칼빈신학개요』(서울: 두란노아카데미, 2009).

19. 민경배, 『한국기독교회사』 (서울: 대한기독교서회, 1979).

20. 배경식, 『종리교회백년사』 (전주: 집현전, 2007).

21 정승훈, 『종교개혁과 칼빈의 영성』 (서울: 대한기독교서회, 2000)